李伯森◎主编

中国殡葬史

第五卷
宋代

徐吉军 著

社会科学文献出版社
SOCIAL SCIENCES ACADEMIC PRESS (CHINA)

本书出版受中央财政重大专项资助

《中国殡葬史》编撰委员会

总顾问 刘庆柱

主　任 李伯森

副主任 袁　德　张齐安　肖成龙（常务）

委　员 刘魁立　陈高华　史金波　宋德金　徐兆仁　刘一皋　刘　军
　　　　　宋大川　杨　群　徐思彦　王贵领　于海广　余新忠　徐吉军
　　　　　陈华文　张国庆　闵祥鹏　路则权　宋亚芬　徐福全　钮则诚
　　　　　尉迟淦　刘易斋　杨国柱　丁新豹　邓开颂　闫志壮　左永仁
　　　　　王　琦　孟　浩　王　玮　李　欣　光焕竹　姜海龙　冯志阳
　　　　　王瑞芳　裴春悦　马金生（常务）

《中国殡葬史》审定委员会

主　任 刘庆柱

委　员 刘魁立　徐兆仁　杨　群　徐思彦　刘　军　刘一皋　宋大川
　　　　　王贵领

《中国殡葬史》编审办公室

主　任 李伯森

副主任 肖成龙（常务）　马金生（常务）

成　员 刘　娟　胡道庆　景力生　周传航　王颖超　刘　杨　张　楠
　　　　　曾寒柳

主编简介

李伯森 1965年生，山东诸城人，中国民主建国会会员，1988年毕业于上海财经大学财政专业，现任民政部一零一研究所所长、民政部生态安葬重点实验室主任。主要科研成果：2003年以来，组织完成91个国家科研项目（课题）；组织制修订32项国家和行业殡葬标准；组织完成"十一五"国家科技支撑计划项目"殡葬领域污染物减排和遗体处理无害化公益技术研究与应用"，其中作为课题第一责任人，主持完成"殡葬园区生态规划与生态建设关键技术研究"课题；主持完成科技部下达的"建立善后保证金制度、完善社会保障体系"国家软科学课题；组织完成国家环保公益"殡葬行业污染控制与环境技术体系研究"重大专项；组织开展"十二五"国家科技支撑计划"殡葬行业节能减排技术与规范"项目、"中国殡葬文化与科技公共服务网络平台建设"（2014~2017）、"殡葬文化建设"等国家财政重大专项等科研工作。在着力加强殡葬自然科学和软科学的并重研究，着力开展殡葬标准化体系建设，着力进一步推动科技成果转化和推广应用，着力搭建多功能、宽领域的科技创新平台建设，着力抓殡仪场所环境监测和产品质检工作，着力开展殡葬文化建设、拓宽殡葬研究新领域等方面，为提升我国殡葬科研的整体水平做出了突出贡献。

本卷作者简介

徐吉军 1961年生，浙江宁海人，现为浙江省社会科学院历史研究所所长、研究员，杭州市社会科学院南宋史研究中心副主任。主要研究中国文化史和宋史，曾协助李学勤、陈高华、傅璇琮、陈桥驿等先生合作主编《长江文化史》、《黄河文化史》、《中国风俗通史》、《中国服饰通史》、《中国妇女通史》、《中国藏书通史》、《中国饮食史》、《中国都城辞典》、《五代史书汇编》、《西湖通史》等多部大型学术著作和辞典；独著或合著《南宋史稿》、《南宋都城临安》、《南宋临安工商业》、《南宋临安社会生活》、《中国丧葬史》、《浙江文化史》等多部学术著作。成果多次获中国图书奖、国家图书奖提名奖和浙江省、杭州市社会科学优秀成果奖。

目 录

导 论 …………………………………………………………………… 001

第一章 殡葬观念与殡葬制度 ………………………………………… 013
    第一节 殡葬观念 ……………………………………………… 013
    第二节 殡葬制度 ……………………………………………… 029
    第三节 宋代殡葬礼仪的变革及其特征 ……………………… 042

第二章 殡葬程序 ……………………………………………………… 057
    第一节 殡丧 …………………………………………………… 057
    第二节 埋葬 …………………………………………………… 070
    第三节 祭祀 …………………………………………………… 077
    第四节 墓祭 …………………………………………………… 084
    第五节 居丧 …………………………………………………… 089

第三章 殡葬礼仪 ……………………………………………………… 100
    第一节 帝王的殡葬礼仪 ……………………………………… 100
    第二节 官员的殡葬礼仪 ……………………………………… 112

第四章　殡葬习俗
第一节　火葬 …… 128
第二节　厚葬 …… 153
第三节　风水 …… 183
第四节　佛事 …… 204
第五节　缓葬与义冢 …… 239

第五章　墓地与墓室
第一节　帝王陵寝 …… 263
第二节　家族墓地 …… 290
第三节　墓室 …… 300
第四节　合葬与迁葬 …… 315
第五节　墓域设施 …… 319

第六章　葬具、明器和随葬品
第一节　葬具 …… 333
第二节　明器 …… 341
第三节　随葬品 …… 351

结　语 …… 376

参考文献 …… 388

索　引 …… 399

后　记 …… 409

导 论

宋代自公元960年赵匡胤建立宋朝开始,至公元1279年南宋灭亡,共存世三百余年。在这一时期,社会发生了重大的变革。史学大师陈寅恪先生就认为:"华夏民族之文化,历数千载之演进,造极于赵宋之世。"①他的这一观点也得到了海内外学者的认同,如英国著名科技史学家李约瑟说:"谈到11世纪,我们犹如来到最伟大的时期。"他认为这一时期中国的文化和科学"都达到了前所未有的高峰"。②

正由于宋代处在中国历史上承前启后、继往开来的时期,因此其时的风俗也对后世产生了极其深远的影响。近人严复从政治史的角度扼要地论述了这一点,他说:"古人好读前四史,亦以其文字耳!若研究人心政俗之变,则赵宋一代历史,最宜究心。中国所以成为今日现象者,为善为恶,姑不具论,而为宋人之所造就,什八九可断言也。"③著名汉学家、法国学者贾克·谢和耐教授在所著的《南宋社会生活史》一书中认为:"中国史并不是静止的一成不变的,却是一连串激烈的变革冲击和动荡。从公元6世纪直到10世纪,中国历经了一个使得它变得全然不可辨认的时期。"特别是在"蒙人入侵前夕,中国文明在许多方面正达灿烂的巅峰"。"其现代化的程度是令人吃惊的:它独特的货币经济、纸钞、流通票据,高度发展的茶、盐企业……在人民日常生活方面,艺术、娱乐、制度、工艺技术各方面,中国是当时世界上首屈一指的国家,其自豪足以认为世界其它各地皆为化外之邦。"④

---

① 陈寅恪:《金明馆丛稿二编》,《陈寅恪先生文集》第2卷,上海古籍出版社,1980,第245页。
② 〔英〕李约瑟:《李约瑟文集》,辽宁科技出版社,1986,第115页;《中国科学技术史》第1卷,科学出版社,1975,第284页。
③ 严复:《严复集》第3册,中华书局,1986,第668页。
④ 〔法〕贾克·谢和耐:《南宋社会生活史》,马德程译,台北:中国文化大学出版部,1982,第5页。

一　重文轻武政策的确立及其影响

鉴于唐末农民起义的教训以及为避免唐末五代以来长期的军阀割据局面的重现，宋太祖赵匡胤在统一全国后不久，便采取了一系列加强中央集权的措施，"兴文教，抑武事"[①]就是其中一条重要政策。

"抑武"首先从禁军入手。公元961年，赵匡胤策划了"杯酒释兵权"的历史事件。他劝谕石守信、王审琦等将领曰："人生如白驹过隙耳，所谓富贵者，不过欲多积金钱，厚自娱乐，使子孙显荣耳。汝曹何不释去兵权，择便好田宅市之，为子孙立永久之业，多置歌儿舞女，日饮食相欢以终天命。君臣之间两无猜嫌，上下相安，不亦善乎！"[②]在他的威胁利诱下，石守信等人的兵权被顺利地解除了。接着，宋太祖又利用同样的方法解除了五代以来一直盘踞一方的节度使的兵权。对方镇节度使的其他权力，朝廷也极力加以限止，如司法治安权、经济财赋权等。

在抑武的同时，宋代统治者实行兴文政策。史载"太祖好读书"[③]。"太宗崇尚儒术，听政之暇，以观书为乐，置翰林侍读学士以备顾问"[④]。此后的历朝皇帝也皆类此。

宋代的重文政策，最主要的内容是完善科举制、厚待文人士大夫。司马光《贡院乞逐路取人状》云："国家用人之法，非进士及第者不得美官。"[⑤]《宋史》载："宋兴六十有二载，天下乂安。时取才唯进士、诸科为最广，名卿巨公，皆繇此选，而仁宗亦向用之，登上第者不数年，辄赫然显贵矣。"[⑥]像寇准、范仲淹、晏殊、欧阳修、韩琦、王安石等，都是通过科举考试涌现出来的一代名相。同时，宋朝统治者实行厚待文人士大夫的国策。如宋代州县地方长官，在经济上除了有充裕的"公用钱之外，又有职田"之利，[⑦]还有冬春服装、祭祀经费及各种名目的赏赐。在这种复兴儒学、重整伦理纲常的时代氛围中，宋代士大夫的人生价值取向亦从整体上发生了根本性的转变，即由汉唐时代士大夫对功名的追求转向对道德主体精神的弘扬，立德已超越一切而上升为人生价值的首位。[⑧]王安石的"功名如梦幻，气节之士，岂肯摧气节以就功

[①] 李焘：《续资治通鉴长编》卷19，太宗太平兴国二年正月丙寅条，中华书局，1985，第2册，第394页。
[②] 邵伯温：《邵氏见闻录》卷1，中华书局，1983，第3页。
[③] 《宋史》卷264《卢多逊传》，中华书局，1977，第26册，第9118页。
[④] 《宋史》卷296，第28册，第9881页。
[⑤] 司马光撰、李之亮笺注《司马温公传集编年笺注》卷30，巴蜀书社，2009，第3册，第328页。
[⑥] 《宋史》卷155《选举志一·科目上》，第11册，第3611页。
[⑦] 赵翼：《廿二史札记》卷25《宋制禄之厚》，中国书店，1987，第330～331页。
[⑧] 郭学信：《时代迁易与宋代士大夫的观念转变》，《文史哲》2000年第3期。

名"①的论点,便是宋代士大夫对人生价值观的普遍认同。有鉴于此,清代思想家顾炎武在论宋代风俗时说道:"《宋史》言:士大夫忠义之气,至于五季,变化殆尽。宋之初兴,范质、王溥犹有余憾。艺祖首褒韩通,次表卫融,以示意向。真、仁之世,田锡、王禹偁、范仲淹、欧阳修、唐介诸贤,以直言谠论倡于朝,于是中外荐绅,知以名节为高,廉耻相尚,尽去五季之陋。故靖康之变,志士投袂,起于勤王,临难不屈,所在有之。及宋之亡,忠节相望。呜呼!观哀、平之可以变而为东京,五代之可以变而为宋,则知天下无不可变之风俗也。"②清代史学家赵翼也持同样的看法,他说:"其待士大夫可谓厚矣。惟其给赐优裕,故入仕者不复以身家为虑,各自勉其治行。观于真、仁、英诸朝名臣辈出,吏治循良。及有事之秋,犹多慷慨报国,绍兴之支撑半壁,德祐之毕命疆场,历代以来,捐躯殉国者,惟宋末独多。"③在此背景下,社会上出现了"满朝朱紫贵,尽是读书人"的现象。④

二 经济的发展

关于宋代社会经济的发展概况,漆侠先生在其所著的《宋代经济史》一书中曾经给予了详细的阐述,他认为:"唐末农民战争后两宋统治的三百年间,是我国经济和文化取得极大发展的时期。虽然在宋代统治的边缘地区、山区以及少数民族所居住的地方,还停滞在刀耕火种的原始农业阶段,但是在广大地区,农业生产都有所发展,产量一般地稳定在两石上下(这是唐代的最高产量);而在以太湖流域为中心的两浙地区,如前面提到的,产量高达六七石,是全国生产最发达的地区。桑、茶、甘蔗等种植面积扩大了,棉花的种植也逐渐由南到北扩展起来,至迟南宋末已经到达两浙一带。经济作物、商业性农业都有了发展。农业劳动生产率超越了以前的任何历史时期。""宋代官私手工业,特别是私人手工业有了很大的发展,远远超过了前代。火药、罗盘、活字印刷术以及胆铜法、火柴等等,大都是在十世纪末到十一世纪发明创造的;这些发明创造是宋代手工业生产发展极为显著的标志。手工业生产不论是规模上、分工上、技术上,从事生产的手工匠人的数量上,各类产品的数量和质量上,都超越了前代。""在农业和手工业生产发展的基础上,宋代城市经济也有了显著的发

---

① 李焘:《续资治通鉴长编》卷234,神宗熙宁五年六月癸亥条,第17册,第5678页。
② 顾炎武著、黄汝成集释《日知录》卷13《宋世风俗》,黄汝成集释《日知录集释》,花山文艺出版社,1991,第596页。
③ 赵翼:《廿二史札记》卷25《宋制禄之厚》,第331页。
④ 张端义:《贵耳集》卷下,《宋元笔记小说大观》第4册,上海古籍出版社,2001,第4322页。

展。城市人口增加了，前代坊市的格局被打破了，到处可以设店肆和作坊，商业活动场所扩大了。东晋南朝以来的草市或墟市在各地普遍发展，其中有一些形成为繁荣的小镇市。大小城市、镇市和草市，织成了地方商业之网，与广阔的农村有了较为密切的联系，在生产最发达的两浙地区更加如此，可以说区域性市场在宋代明显地发展起来了。"[1]

以南宋都城临安为例，这里的商业十分发达，远远胜过北宋的都城东京（今河南开封）。对此，时人吴自牧在其所作《梦粱录》一书中有载："大抵杭城是行都之处，万物所聚，诸行百市，自和宁门权子外至观桥下，无一家不买卖者，行分最多，且言其一二，最是官巷花作，所聚奇异飞鸾走凤，七宝珠翠，首饰花朵，冠梳及锦绣罗帛，销金衣裙，描画领抹，极其工巧，前所罕有者悉皆有之。"[2]其行业划分远比这细化得多，达到了"四百十四行"，比唐代最多的"二百二十行"[3]足足增加了近一倍。其行业与殡葬有关的，据《西湖老人繁胜录·诸行市》所载，就有蠲糨纸等。

当时许多的殡葬用品，在市场上都可以非常方便地买到。北宋都城东京和南宋都城临安等城市都开设有关于殡葬用品的店铺，即后人所称的棺材店等。词人秦观（1049~1100，字少游）卒，友人邹浩买棺殓葬。[4]大儒张载卒，"贫无以敛，门人共买棺奉其丧还"。[5]福建建安黄晞以道学闻名，太学助教致仕。嘉祐二年（1057）四月无疾卒于隆和坊僦舍，死时，他家中没有钱，只有藏书数万卷。他的儿子在远方，无法赶来办理丧事。其门人范迁、张粤认为，苏颂与先生黄晞关系较深，应该请他来主持丧事。于是派人告知，苏颂接报后当天就去吊丧，并为黄晞"买棺就殓，且谋寄骨郊寺"，殡寄于江都县扬子寺后园，由黄晞的旧友埋葬江都。[6]镇江军节度使兼中书令郇国赵允成俸入甚厚，其夫人康氏"常惧不克，曰：'此农家几户之赋，而我无功享之，宁不自愧？'故常推其财以赒其亲旧，间疾病，则亲为制方药治之，岁市药至十余万钱。有不幸，则又为买棺柩衣衾，哀恤之甚厚"。[7]鄱阳孝诚乡民王三一，其父母曾自买香木棺二具，准备在自己死后使用，结果儿子王三一偷偷换以信州杉树制作的棺，不久又将这两棺卖了，改成株板棺材。等到其母亲死，王三一又想留株板自

---

[1] 漆侠：《关于中国封建经济制度发展的阶段问题（代绪论）》，《宋代经济史》，上海人民出版社，1987，第26、27、28页。
[2] 吴自牧：《梦粱录》卷13《团行》，浙江人民出版社，1984，第115页。
[3] 宋敏求：《长安志》卷8《次南东市》载"市内货财二百二十行"，《宋元方志丛刊》第1册，中华书局，1990，第118页。
[4] 《宋史》卷444《文苑六·秦观传》，第37册，第13112~13113页。
[5] 《宋史》卷427《道学一·张载传》，第36册，第12724页。
[6] 苏颂：《苏魏公文集》卷64《扬子寺瞽隅先生祠堂记》，中华书局，1988，第983~984页。
[7] 郑獬：《霍国夫人康氏墓志铭》，《全宋文》卷1482，第68册，第204页。

用，而到市场上买来价格便宜的松棺葬母。①

宋代棺材的价格，因材料、做工及出售地点等的不同而有较大的差异。普通的棺材，大致在千钱左右。如宋仁宗时，张文蔚（字隐之）"尝游青城山。有媪行丐于道，人与钱者皆不受，曰：'我须千钱。'公熟视之，予千钱。媪出双笔授之曰：'而子作官，无忘我也。'明日，媪持所得钱以予里胥，曰：'我且死，汝买棺以葬我于道左，它日得吾笔者当改葬我。'后唐英及第，公往改葬之，视其棺，独布衣而已"。②陆游在一首诗中也提及这种棺材的价格："一樽且复罄幽欢，不是痴顽强自宽。死去何忧累儿子，千钱可买市成棺。"③而在都城临安，这种棺材的售价则要高得多，需要三千钱。乾道元年（1165），临安府收敛街市死亡的流浪者，"每名给钱三贯文，收买棺木埋瘗"。④庆元二年（1196），临安一富人突然病死，临死前，求人给三贯钱买棺，"望之久预笔墨之故，与三千买棺"。⑤

而好一点的棺材，其售价大约在数十贯。据李焘《续资治通鉴长编》所载，熙宁年间（1068～1077），秀州的一副棺材板大约需要三十贯钱。⑥如果是用进口的国外木材，则其价格还要高，达三四十贯钱。乾道年间（1165～1173），"四明、临安倭船到时，用三十千可得一佳棺"。⑦至于高档的棺材，价格则要昂贵得多，达数百贯。绍熙五年（1194），洪迈的从侄孙洪侶之妇彭氏产后病危，其家中预先为其置办棺材，"且预漆饰，凡为钱百千"。⑧绍熙（1190～1194）时，平江府某官去世，其家以五十万文钱买了一副新棺。⑨

甚至还有专售丧服、明器等物品的店铺，如死者所穿的"靴鞋、幞头、帽子、金犀假带、五彩衣服"。⑩一些纸马铺，除专门印刷钟馗、财马等赠送给顾客外，还能用纸、芦苇扎成楼阁以及人物、鸟兽等像，供丧户在丧葬和祭祀仪式上使用。⑪如北宋东京，每到清明节时，各纸马铺就"皆于当街用纸衮叠成楼阁之状"，以等待百姓上门购买，在上坟

---

① 洪迈：《夷坚志·甲志》卷8《不孝震死》，中华书局，1981，第71页。
② 范镇：《张寺丞文蔚墓志铭》，《全宋文》卷873，第40册，第308～309页。
③ 陆游：《剑南诗稿》卷36《龟堂东窗戏弄笔墨偶得绝句》，《陆游集》，中华书局，1976，第2册，第933页。
④ 徐松：《宋会要辑稿》食货68之126，59之42，中华书局，1957，第7册，第6316页；第6册，第5859页。
⑤ 洪迈：《夷坚志·支戊志》卷6《王法师》，第1101页。
⑥ 李焘：《续资治通鉴长编》卷268，熙宁八年九月乙酉条，1986，第19册，第6575页。
⑦ 叶盛：《水东日记》卷15《陆放翁家训》，中华书局，1980，第153页。
⑧ 洪迈：《夷坚志·支乙志》卷3《彭妇棺》，第819页。
⑨ 洪迈：《夷坚志·支丁志》卷1《王大卿》，第975页。
⑩ 孟元老：《东京梦华录》卷8《中元节》，邓之诚注，中华书局，1982，第211页。
⑪ 吴自牧：《梦粱录》卷6《十二月》，第49～50页。

时烧祭。① 七月十五中元节，俗称鬼节，最受时人重视。东京城内早在此节的前几天，市场上就开始"卖冥器靴鞋、幞头帽子、金犀假带、五彩衣服。以纸糊架子盘游出卖。……又以竹竿斫成三脚，高三五尺，谓之盂兰盆，挂搭衣服冥钱在上焚之"。南宋都城临安这一天市民也买冥衣。②"一应大小僧尼寺院设斋解制，谓之'法岁周圆之日'。自解制后，禅教僧尼，从便给假起单，或行脚，或归受业，皆所不拘。其日又值中元地官赦罪之辰，诸宫观设普度醮，与士庶祭拔。宗亲贵家有力者，于家设醮饭僧荐悼，或拔孤魂。僧寺亦于此日建盂兰盆会，率施主钱米，与之荐亡。家市卖冥衣。"③ 到九月下旬，北宋东京"即卖冥衣、靴鞋、席帽、衣段，以十月朔日烧献故也"。④

考古材料也证实了这一点。在河南、陕西一带所发现的宋墓，大多由成型的墓砖仿照木建结构拼搭而成，墓室内的供桌和椅子、供品、酒具、门窗、衣柜、女使等皆刻在墓砖上，成浮雕状。很显然，这种墓砖已经由窑主成批生产，然后配套出售。死者亲属只需订购一套墓砖，临时按图拼搭即成，可以节省许多麻烦和费用。⑤

另外，为婚丧筵席服务的机构，也早在北宋时就已经出现了。如孟元老《东京梦华录》卷四《筵会假赁》载：

> 凡民间吉凶筵会，椅卓陈设、器皿合盘、酒檐动使之类，自有茶酒司管赁；吃食下酒，自有厨司。以至托盘下请书，安排坐次，尊前执事，歌说劝酒，谓之白席人。总谓之四司人。欲就园馆亭榭寺院游赏、命客之类，举意便办，亦各有地分，承揽排备，自有则例，亦不敢过越取钱，虽百十分厅馆整肃，主人只出钱而已，不用费力。

此外，东京专门提供租赁的服务。"丧事，贫不能具服，则赁以衣之。家人之寡者，当其送终，则假倩媪妇，使服其服，同哭诸途，声甚凄惋，乃时自言曰：'非预我事。'"⑥ 因做佛事的人多，开封还有专门以此为业的生意人，时人谓之"罗斋"。如《东京梦华录》修整杂货及斋僧请道条云："道士僧人，罗主会聚，候人请唤，谓之罗斋。"

至南宋时，这一服务机构日趋完善，进一步发展为所谓的"四司六局"。他们的

---

① 孟元老：《东京梦华录》卷7《清明节》，邓之诚注，第178页。
② 周密：《武林旧事》卷3《中元》，浙江人民出版社，1984，第41页。
③ 吴自牧：《梦粱录》卷4《解制日（中元附）》，第25页。
④ 孟元老：《东京梦华录》卷8《重阳》，邓之诚注，第216页。
⑤ 何凤桐：《洛阳涧河两岸宋墓清理记》，《考古》1959年第9期。
⑥ 王得臣：《麈史》卷下《风俗》，上海古籍出版社，1986，第75页。

服务十分周到,据耐得翁《都城纪胜·四司六局》载:

> 官府贵家置四司六局,各有所掌,故筵席排当,凡事整齐,都下街市亦有之。常时人户,每遇礼席,以钱倩之,皆可办也。
>
> 帐设司,专掌仰尘、缴壁、桌帏、搭席、帘幕、罘罳、屏风、绣额、书画、簇子之类。
>
> 厨司,专掌打料、批切、烹炮、下食、调和节次。
>
> 茶酒司,专掌宾客茶汤、暖烫筛酒、请坐谘席、闲盏歇坐、唱揭迎送、应干节次。
>
> 台盘司,专掌托盘、打送、赍擎、劝酒、出食、接盏等事。
>
> 果子局,专掌装簇、钉盘、看果、时果、准备劝酒。
>
> 蜜煎局,专掌糖蜜花果、咸酸劝酒之属。
>
> 菜蔬局,专掌瓯饤、菜蔬、糟藏之属。
>
> 油烛局,专掌灯火照耀、立台剪烛、壁灯烛笼、装香簇炭之类。
>
> 香药局,专掌药楪、香球、火箱、香饼、听候索唤、诸般奇香及醒酒汤药之类。
>
> 排办局,专掌挂画、插花、扫洒、打渲、拭抹、供过之事。
>
> 凡四司六局人祇应惯熟,便省宾主一半力,故常谚曰:"烧香点茶,挂画插花,四般闲事,不许戾家。"若其失忘支节,皆是祇应等人不学之过。只如结席喝橐,亦合依次第,先厨子,次茶酒,三乐人。

据此可知,所谓的"四司六局",实际上是官府支持的一种服务性行业,专门为官府和富贵人家举办婚丧筵席提供全方位的服务。[①]

在此商业化背景下,本应以慈悲为善的佛家寺院,也利用殡葬来营利。如浙西平江(今江苏苏州)城外西南隅一里的通济寺,里面就专门设有焚人亭约十间以网利。[②]

三 科技的进步

宋代的科学技术,不仅处于中国封建社会的高峰,而且在世界科技史上也占有重要地位。在数学、天文、历法、医学、建筑、生物、地学、水利、造船、航海等诸

---

① 杨宽:《中国古代都城制度史研究》,上海古籍出版社,1993,第420页。
② 黄震:《黄氏日抄》卷70《申判府程丞相乞免再起化人亭状》,《黄震全集》第6册,浙江大学出版社,2013,第2082~2084页。

多方面，宋代人都创造了居于世界首位的科技成就，对人类文明做出了极其伟大的贡献。其中，中国古代的四大发明有三项产生和应用于宋代。1861年，马克思对中国古代三大发明做出了极高的评价，他说：

> 火药、指南针、印刷术——这是预告资产阶级社会到来的三大发明。火药把骑士阶层炸得粉碎，指南针打开了世界市场并建立了殖民地，而印刷术则变成新教的工具，总的来说变成科学复兴的手段，变成对精神发展创造必要前提的最强大的杠杆。①

除了上述的三大发明，宋代还有许许多多在世界居于首位的科技成就，以下列举数项。

第一，始建于皇祐五年（1053），完成于嘉祐四年（1059），坐落于福建泉州洛阳江入海口上的洛阳桥（又称万安桥）在建造过程中首创种蛎固基的技术，即在桥基和桥墩上种殖牡蛎，利用牡蛎石灰质贝壳附于石间繁殖的特性，使桥基与桥墩结成坚固的整体；还有"浮运架梁"技术，即利用潮水涨落，将20～30吨的大石块架上桥梁，开创了世界桥梁史上"浮运架梁"的先例；又沿桥位纵轴线抛石几万立方米，提升江底标高3米以上，在垫高的江底建筑桥基，这是现代桥梁"筏形基础"的先驱。

第二，蔡襄于嘉祐四年（1059）发表了《荔枝谱》，记载了32个荔枝品种和栽培技术，对病虫防治、加工贮存等也进行了论述。这是世界上流传至今的第一部果树栽培学专著。

第三，元祐三年（1088），苏颂研制了水运仪象台，其台顶自由拆闭的屋板是现代天文台圆顶的雏形；水运仪象台浑仪的窥管随天象旋转，和近代转仪钟控制的望远镜基本相同；水运仪象台的枢轮运转速度由一组叫"天衡"的杠杆装置来进行控制，"天衡"系统对枢轮的这种擒纵控制作用与现代钟表的关键部件——锚状擒纵器基本相同。水运仪象台这一项科研就占有三项世界第一。

第四，淳祐七年（1247），秦九韶完成了《数书九章》，他在北宋数学家贾宪首创的"增乘开方法"的基础上，发展出了一种完整的高次方程数值解法。在欧洲，直到1891年，英国数学家霍纳（Horner）才创造出类似的解法，但比秦九韶晚了600多年。以前欧洲数学史上此法称霍纳法，现已改称"秦九韶法"。秦九韶又系统地完成了求解一次同余组的计算步骤，正确而又严密，即"大衍求一术"。这项数学成就

---

① 马克思：《机器·自然力和科学的应用》，《马克思恩格斯全集》第47卷，人民出版社，1979，第427页。

早于欧洲数学家欧拉（Euler）和高斯（Gauss）500多年。

第五，淳祐七年（1247），宋慈完成了世界上第一部系统的法医学专著——《洗冤集录》，系统地论述了法医学的大部分内容。对尸体现象、损伤、窒息、现场检查、尸体检验等，都做了科学的观察与归纳。该书被译成日、法、英、德、俄、荷等国文字，为世界法医学界所推崇。它比意大利的菲德里（Fedeli）在公元1602年写的欧洲第一本法医学著作早350多年。

第六，淳祐七年（1247），王致远刻石于苏州的黄裳绘制的《天文图》，是中国也是世界保存至今的第一幅石刻天文图。它以北极为中心绘有三个同心圆，分别代表北极常显圈、南极恒隐圈和赤道。28条辐射线代表二十八宿距度，绘有银河、黄道等，计绘星1430颗。欧洲到14世纪文艺复兴以前，观测的星数只有1022颗，根本没有科学的星图。①

在宋代众多的科技成就中，有一些就与当时的殡葬活动密切相关，如罗盘、造纸、建筑、防腐等技术。

（一）指南针（罗盘）与堪舆

罗盘源于中国两千年前的司南，即指南车或指南鱼。这种实用的原始罗盘，在宋代已经颇为常见，多见于文献记载，如北宋中叶科学家沈括《梦溪笔谈》卷二四《杂志一》说：

> 方家以磁石磨针锋，则能指南。然常微偏东，不全南也。水浮多荡摇，指爪及碗唇上皆可为之，运转尤速，但坚滑易坠，不若缕悬为最善。其法取新纩中独茧缕，以芥子许蜡，缀于针腰，无风处悬之，则针常指南。其中有磨而指北者。予家指南北者皆有之。

沈括的记载告诉我们四项内容：（1）人工磁化是方家使用的技术。（2）指南针的磁化是由磁石与钢针的摩擦所造成的。（3）磁针指南有微偏东的磁偏角。（4）指南针装制技术上的四种方法的优缺点。书中，他还介绍了当时司南的四种装法，即"水浮法"、"碗唇旋定法"、"指甲旋定法"和"丝悬法"。②

---

① 以上参见管成学《南宋科技史》，人民出版社，2009，第5~6页。
② 沈括：《梦溪笔谈》卷24《杂志一》，文物出版社，1975年影印元刻本，第15页。

稍后的寇宗奭则更是完善了水浮法，即将指南针穿在灯草心中，再浮于水面。①这种"浮针"再装在刻有24个方向的罗盘上，就成了世界上最早的"水罗盘"。宋代曾公亮《武经总要》前集卷一五对其作用和制作方法做了记载：

>若遇天景曀霾，夜色暝黑，又不能辨方向，则当纵老马前行，令识道路，或出指南车或指南鱼，以辨方向。
>
>鱼法以薄铁叶剪裁，长二寸，阔五分，首尾锐如鱼形，置炭火中烧之。候通赤，以铁钤钤鱼首出火，以尾正对子位，蘸水盆中，没尾数分则止，以密器收之。用时置水碗于无风处，平放鱼在水面令浮，其首常南向午也。

陈元靓《事林广记》对指南鱼和指南龟也有记述：

>造指南鱼。以木刻鱼子，如拇指大，开腹一窍，陷好磁石一块子，却以腊添满，用针一半金从鱼子口中钩入，令没放水中，自然指南，以手拨转，又复如初。
>
>造指南龟。以木刻龟子一个，一如前法制造，但于尾边敲针入去；用小板子，上安以竹钉子，如箸尾大；龟腹下微陷一穴，安钉子上，拨转常指北。须是针尾后。②

现代科学表明，宋代人的制法是很有科学性的。磁铁的磁性是因磁畴的排列规则而产生的，非磁性的磁畴由于排列杂乱无章而不具有磁性。铁片烧红，其磁畴瓦解，在强大的地球磁场作用下，而成为顺磁体。铁片鱼投入水中，可以使磁畴的规则排列很快固定下来。鱼尾稍向下倾斜，地球磁场的磁倾角作用可以增大磁化的程度。这也说明了我国当时已在世界上首先发现了地球的磁倾角。这种人工磁化的方法，欧洲人似乎是在15世纪才懂得。到1450年，才开始在德国的日晷上出现一套非常像中国堪舆罗盘上所标的记号，这套记号显示了观察磁偏角的经验数据。③

在宋代，罗盘已经较为普遍地使用在当时的航海活动中。大约在北宋中晚期，中国航海家开始把这种当时最先进的科研产品——水罗盘装备到远洋船只上，用于远洋

---

① 寇宗奭：《本草衍义》卷5《磁石》，《丛书集成初编》本，商务印书馆，1937，第24页。
② 陈元靓：《新编群书类要事林广记》癸集卷12《事林广记》，中华书局，1999，第552页。
③ 〔美〕罗伯特·K. G. 坦普尔（Robert K. G. Temple）：《中国：发明与发现的国度》，陈养正等译，21世纪出版社，1995，第307页。

航行。成书于北宋末年的朱彧《萍洲可谈》和徐兢《宣和奉使高丽图经》两书就对此做了记载。朱彧《萍洲可谈》卷二在述及当时广州航海业的盛况时说:"舟师识地理,夜则观星,昼则观日,阴晦观指南针……便知所至。"这是中外科技史上公认的世界上关于航海罗盘的最早记载。稍后的徐兢《宣和奉使高丽图经》一书也再次证实了航海罗盘的运用:"舟行过蓬莱山之后……是夜,洋中不可住维,视星斗前迈。若晦冥,则用指南浮针,以揆南北。"①

可见,指南针在航海中具有十分重要的作用,这是中国和世界航海史上具有划时代意义的重大技术突破。世界著名的中国科技史专家李约瑟指出:指南针在航海中的应用,是"航海人员技艺的重大变革,也宣告了计量航海阶段的来临,而这项变革在 1090 年的中国船上确已得到实现,正如我们在第一部分所述,这正好较之西方进入这一航海阶段约早 1 个世纪"。②

宋代的罗盘除用于航海外,也较为普遍地使用在丧葬活动中,成为方士们寻找风水佳地的必备的工具。如前成书于 1041 年方家所用的专书《茔原总录》同样对此做了非常详细的描述:

> 客主取的,宜匡四正以无差,当取丙午针于其正处中而格之,取方直之正也。盖阳生于子,自子至丙为之顺;阴生于午,自午至壬为之逆,故取丙午、壬子之间是天地中,得南北之正也。丙午针约而取于大概,若究详密,宜曲表垂绳,卜以重物坠之,照重物之心,□而□□一如□□之晕,绳以占号,二晷渐移,逢晕致□,自辰巳至□未,申□□□□,其东西也,半折之,望坠物之下,则□南北之中正也。

1985 年,在江西临川县温泉乡窑背山南宋庆元四年(1198)邵武军知军州事朱济南墓中发掘出的两个"张仙人瓷俑",也证实了这一点。瓷俑高 22.2 厘米,眼观前方,炯炯有神,束发贯髻,身穿右衽长衫,右手持一大罗盘,置放于左胸前,底座墨书"张仙人",是典型的堪舆家形象。③可见,在庆元四年之前,罗盘已在中国问世,它是宋代方士们手中必备的仪器。

---

① 徐兢:《宣和奉使高丽图经》卷 34《半洋焦》,台北:商务印书馆,1971,第 120 页。
② 参见〔英〕李约瑟《中国科学文明史》(3)第 4 章,〔英〕柯林·罗南改编,上海交通大学科技史系译,上海人民出版社,2002,第 184 页。
③ 陈定荣:《江西临川县宋墓》,《考古》1988 年第 4 期。

（二）造纸业的发展与纸明器的出现

现代著名造纸史专家潘吉星指出："宋元时期造纸领域内占统治地位的纸种，是竹纸和皮纸。"他又说："宋元书画、刻本和公私文书、契约中有许多仍用皮纸，其产量之大、质量之高大大超过隋唐五代。"①这一观点是符合历史实际的论断。

宋代的造纸业，早在北宋时就已经达到一定规模。到南宋，造纸业更是盛极一时，都城临安内外及郊县设有多处造纸基地，并出现了"打纸作"这一行业。孝宗乾道四年（1168），朝廷认为从四川成都运输楮纸费用高昂，开始在行在临安"赤山湖滨"设立官营的造纸作坊（即"造会纸局"），"诏杭州置局于九曲池"，"安溪亦有局，仍委都司官属提领"。"工徒无定额，今在者一千二百人，咸淳五年之二月有旨住役。"②这个专门生产用于印制纸币纸张的"造会纸局"的兴建，极大地推动了临安造纸业的发展。

随着造纸业的发展，葬仪中供人在阴世间使用的各类纸制品不断涌现，且其制作也越来越精致。香纸是指人们在烧香时使用的一种纸，消费量巨大。如《西湖老人繁胜录·天竺光明会》载："递年浙江诸富家舍钱作会，烧大烛数条如柱，大小烛一二千条，香纸不计数目。"又述及"上真生辰"时，曰："殿前司在京十军各有社火，上庙酌献烧香，诸处有庙。唯殿前司衙内与游奕军庙，烧香者人多士庶，烧香纸不绝。"六月初六日，"内庭差天使降香设醮，贵戚士庶多有献香化纸"。③

由于社会上纸钱需要量的逐渐增大，纸钱的生产和经销成为一项专门的行业。宋仁宗时，章懿皇太后（李宸妃）之弟李用和（988~1050，字审礼，杭州人），早年与其姊失散，流落在京师（今河南开封），因家中穷困，乃以凿纸钱为业。④宁宗初年，绍兴府诸暨县陆生，居县后湖塍上，也同样以"以打凿纸钱为业"。⑤在此背景下，出现了身怀"绝艺"的纸钱户。当时有人在泰山见到一人表演凿纸钱技术，只见他叠起一百张纸凿成钱，"运凿如飞"。凿毕，拿起纸，上面九十九张都成为纸钱，而最底下的一张纸竟然丝毫未见凿痕。⑥

---

① 潘吉星：《中国造纸技术史稿》第5章第1节，上海人民出版社，2009，第261页。
② 吴自牧：《梦粱录》卷9《监当诸局》，第80页；《咸淳临安志》卷9《造会纸局》，《宋元方志丛刊》第4册，中华书局，1990，第3438~3439页。
③ 吴自牧：《梦粱录》卷4《六月（崔真君诞辰附）》，第24页。
④ 《宋史》卷464《外戚传中·李用和》，第39册，第13565页。
⑤ 洪迈：《夷坚志·支景志》卷8《诸暨陆生妻》，第940页。
⑥ 曾三异：《因话录》，陶宗仪：《说郛》卷19，《说郛三种》本，上海古籍出版社，1988，第1册，第352页。

第一章
殡葬观念与殡葬制度

第一节 殡葬观念

一 儒家的殡葬观

儒学在宋代有着辉煌的成就,陆九渊自豪地说:"儒学之盛,自三代以来,未有如我本朝者也。"① 然而与同时代的佛学相比,则呈现出佛教炽盛和儒风衰弱的现象,这一点在宋代儒家士大夫的无奈感叹中可以清楚地看到:

> 儒宫荒凉久矣。噫!天下太平,厥道斯用。会府之下尊师者,吾未见也。圣人礼法行于天地间,万物赖之而相养。苟一日暂废,则日月昏,阴阳错,岂止臣贼其君、子贼其父也?由吾道而进者,顶峨高冠,身曳大佩,享大牢而坐丰屋,王公大人,贵是极矣。过吾先师之庙下,则忘而不顾,怠而不恭,至于图像陨地,笾豆覆席,皆曰:"何害于吾也?"其有日斋严其容,月给费其产,崇夷狄之教,奉髡褐之徒,则未见稍怠于心,求福田利益也。苟释氏能福乎人,王公大人今日富贵,何不由夷狄之教以求之?福其身,福其家者,在吾先师之道之教也。我知其端矣,大者欲塞其责,小者将贪其利。塞责者,以其剥害黎元,黩乱道德,见释氏有他感之事,图在屋壁,惧身死之后罹其毒烈,故捐家财赎其过矣。贪利者,以其命将夭而能寿,疾不豫而得瘳,居位而见迁,鬻货而获倍,谓能祇信,福在其中。以此而言,得其诚矣。王公大人尚若是也,矧其愚不肖蠢蠢者乎?斯风浸

---

① 陆九渊:《陆象山全集》卷33《覆谥(朝请大夫行尚书考功员外郎丁端祖撰)》,中国书店,1992,第246页。

淫，天下从化，若洪水垫害，大禹未生，将何以救之也？于乎！余入吾先师之宫，不觉涕下。用之者不知其力，反趋于异类乎！视其垣墉圮毁，阶庑狼藉，痛心释氏之门庄如王室，吾先师之宫也反如是哉！闻斯言者，得不愧于心乎？……①

北宋理学家、教育家孙复在《儒辱》一文中同样无奈地说：

佛老之徒，横乎中国。彼以死生祸福、虚无报应为事，千万其端，惑我生民。绝灭仁义，以塞天下之耳；屏弃礼乐，以涂天下之目。天下之人，愚众贤寡，惧其死生祸福报应人之若彼也，莫不争举而竞趋之。观其相与为群，纷纷扰扰，周乎天下，于是其教与儒齐驱并驾，峙而为三。吁可怪也！……其为辱也，大哉！②

然而"赫赫炎宋，专以孝治"。③宋代封建统治者和儒家士大夫继承了孔孟之道，极力提倡孝道，认为"人生天地之间，所以异于禽兽者，谓其知有礼义也。所谓礼义者，无他，只是孝于父母、友于兄弟而已"。④真德秀在潭州《谕俗榜文》中就说："古者教民必以孝弟为本，其制刑亦以不孝不弟为先。盖人之为人，异乎禽兽者，以其有父子之恩，长幼之义也。"⑤而重视送死，则是孝道的重要表现。宋光宗曰："礼莫大于事宗庙……孝莫重于执丧。"⑥而宋代的儒家士大夫，大多奉行传统的"事亡如事存"的丧葬观念，把殡葬看作人生中最为重要的一件大事，认为"孝莫重乎丧"，⑦"养生不足以当大事，惟送死足以当大事"。⑧如宋仁宗时蔡襄在《福州五戒文》中说："人之子孝，本于养亲，以顺其志，死生不违于礼，是孝诚之至也。"⑨要求子女对父母生死尽礼。范质《原孝》曰："立身之谓道，本道之谓孝。上至天子，下至于庶人，未有不由而立也。呜呼！为孝之道是因乎心者焉！孝有小大，性有能否，君子小人，亦

---

① 柳开：《重修孔子庙垣疏》，《全宋文》卷129，第6册，第426～427页。
② 孙复：《儒辱》，吕祖谦编《宋文鉴》卷125，中华书局，1992，下册，第1756页。
③ 宋庠：《元宪集》卷16《孝治颂》，《丛书集成初编》本，中华书局，1985，第2册，第170页。
④ 胡颖（石壁）：《因争财而悖其母与兄姑从恕如不悛即追断》，《名公书判清明集》卷10《人伦门》，中华书局，1987，下册，第362页。
⑤ 真德秀：《政经》，文渊阁《四库全书》本，第706册，第456页。
⑥ 《宋史》卷391《周必大传》，第34册，第11970页。
⑦ 宋祁：《孙仆射行状》，《全宋文》卷524，第25册，第64页。
⑧ 陈柏泉：《江西出土墓志选编》57《衡阳守张敦颐埋文》，江西教育出版社，1991，第166页。
⑨ 蔡襄：《蔡襄集》卷34《福州五戒文》，上海古籍出版社，1996，第618页。

各存其分也。圣人之教，布在方策。不敢毁伤，存其始也；立身行道，要其终也。"①程颐虽然从"以俭安神"的角度反对皇帝厚葬，但对民间的厚葬他是极力赞成的。他认为"孝莫大于安亲，忠莫先于爱主，人伦之本，无越于斯"；②"冠昏丧祭，礼之大者……凡事死之礼，当厚于奉先者"。③"送死，天下之至重。人心苟能竭力尽此一事，则可以当天下之大事。"④黄仪曰："夫孝联于诚，诚著而本立；誉资于懿，懿至而名昭。故孝莫大于爱亲，誉无先于敦行。其生事死葬，岁祀时思，克馨厥心者。"⑤王随曰："伏以致孝之本，莫大于显亲；敦化之方，莫先于追远。"⑥张忠恕言："人道莫先乎孝，送死尤为大事。"⑦朱熹也承认死去的祖先与后人是能够相通相感的，说："人死虽终归于散，然亦未便散尽，故祭祀有感格之理。先祖世次远者，气之有无不可知。然奉祭祀者既是他子孙，必竟只是一气，所以有感通之理。"⑧有鉴于此，宋代士大夫明确提出："郡邑之布宣孝治，尤今日之先务也。"⑨

厚葬和居丧、祭祀等，均是人们显示孝心的最好方式。李觏说："死者人之终也，不可以不厚也，于是为之衣衾棺椁，衰麻哭踊，以奉死丧。"他还把"丧死之礼"视为"礼之大本"。⑩张载说："凡礼皆所以（致）[制]奢，独丧则情异。"⑪胡寅说："仁人君子之治葬也，竭诚于死者，必深长思，衣衾周、棺椁备，土厚而水深，藏之固则已矣。非礼不为也，是之谓慎终；自尽其心，致思而不忘，犹终身之丧焉，是之谓追远。此孔子之教也。"⑫他把丧葬厚薄视为衡量孝与不孝的重要标志。于是，王安石以"先臣未葬，二妹当嫁，家贫口众，难住京师，乞且终满外任，比蒙矜允，获毕所图。而门衰祚薄，祖母二兄一嫂相继丧亡，奉养昏嫁葬送之窘，比于向时为甚，所以今兹才至阙下，即乞除一在外差遣，不愿就试"。⑬出身于官宦之家的姜处恭，"大母、父

---

① 《全宋文》卷11，上海辞书出版社、安徽教育出版社，2006，第2册，第269页。
② 程颢、程颐：《二程集·河南程氏文集》卷5《伊川先生文一·为家君上神宗皇帝论薄葬书》，中华书局，1981，第2册，第527页。
③ 程颢、程颐：《二程集·河南程氏遗书》卷18《伊川先生语四》，第1册，第240~241页。
④ 程颢、程颐：《二程集·河南程氏遗书》卷6《二先生语六》，第1册，第93页。
⑤ 黄仪：《黄氏观象孝廉记》，《全宋文》卷360，第17册，第305页．
⑥ 王随：《庄献明肃皇太后谥册文》，《全宋文》卷281，第14册，第126页。
⑦ 《宋史》卷409《张忠恕传》，第35册，第12329页。
⑧ 黎靖德编《朱子语类》卷3《鬼神》，中华书局，1986，第1册，第37页。
⑨ 真德秀（西山）：《取肝救父》，《名公书判清明集》卷10《人伦门》，下册，第384页。
⑩ 李觏：《李觏集》卷2《礼论第一》，中华书局，1981，第6~7页。
⑪ 张载：《张子语录》，《张载集》，中华书局，1978，第319页。
⑫ 胡寅：《斐然集》卷20《陈氏永慕亭记》，中华书局，1993，第426页。
⑬ 王安石：《王文公文集》卷17《辞集贤校理状》，上海人民出版社，1974，第198页。

母皆散死他州不能葬",祖父也旅殡于都昌佛寺达四十余年。为此,姜处恭"营衣食,治坟墓,收拾诸柩,见星出入",经数年努力,"然后得聚葬",从而博得了"孝"的美名。① 江西进贤人吴愿,"母丧,哀毁过情,葬祭能竭其力,乡闾共称其孝"。②

儒家历来在丧葬上强调"入土为安",并重视对死者尸体的保护,把"慎护"先人发肤作为后人"扬名后世"的行孝方式。宋代士大夫也普遍持这一观点,如贾同《禁焚死》便云:"父母既殁,敛手足形,旋葬,慎护戒洁,奉尸如生,斯之谓事死;身体发肤,无有毁伤,以没于地,斯之谓归全;古今达礼也。夫生而或毁伤之,虽不仁,犹有为也;死而后毁伤之,则其不仁,不亦甚矣!故曰'君子慎终',此之谓欤!"③ 刘爚在《闽县谕俗》文中曰:"身体发肤受之父母,不敢毁伤。"并注曰:"一毫发一皮肤,皆是父母遗体,不敢毁伤,何况轻犯刑宪,自害身命。"④

二 佛家的殡葬观

两宋时期,中国佛教经历了唐代鼎盛时期以后,开始由高峰向下衰落,理论日见衰微,组织也逐步溃散。为了求得生存,佛教不得不在"内而诸宗融合,外而三教合一"中寻找自己的生路。于是,不讲理论、修行简便的禅宗和净土宗成为佛教诸宗的主流,诵佛念经、祈祷、超度亡灵等神学迷信逐渐取代了对佛学理论的探讨研究,使佛教进一步世俗化、中国化,在各地广为流行。这种重视现世利益且又简单易行的佛教,以取得天堂入场券的廉价许诺和超度亡灵的花言巧语骗得了千千万万善良民众的信任。于是,"自佛法入中国至宋兴逾千年,衡岳、庐阜、钱塘、天台,佛僧之盛甲天下"。⑤ "浮屠之寺庙被四海",⑥ "上自王公、下逮民庶,莫不崇信"。⑦ 欧阳修说:"佛法为中国患千余岁,世之卓然不惑而有力者,莫不欲去之。已尝去矣,而复大集,攻之暂破而愈坚,扑之未灭而愈炽,遂至于无可奈何。"⑧ 朱熹说:"今老佛之宫遍满天下,大郡至逾千计,小邑亦或不下数十,而公私增益,其势未已。"⑨ 又曰:"老氏煞清

---

① 叶适:《叶适集·水心文集》卷14《姜安礼墓志铭》,中华书局,1961,第1册,第259页。
② 陈柏泉:《江西出土墓志选编》32《助教吴愿墓志铭》,第94页。
③ 贾同:《禁焚死》,吕祖谦编《宋文鉴》卷125,下册,第1751页。
④ 刘爚:《云庄集》卷7,文渊阁《四库全书》本,第1157册,第434页。
⑤ 孙觌:《抚州曹山宝积院僧堂记》,《全宋文》卷3479,第160册,第355页。
⑥ 王安石:《王文公文集》卷35《扬州龙兴寺十方讲院记》,第421页。
⑦ 陈襄:《乞止绝臣僚陈乞创造寺观度僧道状》,《全宋文》卷1080,第50册,第26~27页。
⑧ 欧阳修:《居士集》卷17《本论上》,李之亮笺注《欧阳修集编年笺注》,巴蜀书社,2007,第2册,第56页。
⑨ 朱熹:《朱熹集》卷13《延和奏札七》,四川教育出版社,1996,第2册,第531页。

高，佛氏乃为逋逃渊薮。今看何等人，不问大人、小儿，官员、村人、商贾，男子、妇人，皆得入其门。最无状，是见妇人便与之对谈。"①

佛教的盛行，对当时的社会产生了全面而深刻的影响，宋代郑獬《礼法》一文便对此做了极其深刻而详尽的说明：

> 孔子作《春秋》，常事不书，变礼则书。明圣人之典礼，中国世守之，不可以有变也。甚矣，浮屠氏之变中国也。浮屠，夷礼也。
>
> 古者建辟雍，立太学以育贤士。天子时而幸之，躬养三老五更，习大射，讲六经，用以风动天下之风教。而今之浮屠之庙，萝蔓天下，或给之土田屋庐，以豢养其徒。天子又亲临之，致恭乎土木之偶。此则变吾之辟雍太学之礼而为夷矣。
>
> 古者宗庙有制，唐虞五庙，商周七庙，至汉乃有原庙，行幸郡国及陵园皆有庙，汉之于礼已侈矣。而今之祖宗神御，或寓之浮屠之便室，亏损威德，非所以致肃恭尊事之意也，此则变吾之宗庙之礼而为夷矣。
>
> 古者日蚀、星变、水旱之眚，则素服避正殿，减膳撤乐，责躬以答天戒。而今之有一灾一异，或用浮屠之法，集其徒，螺鼓呶噪而禳之，此则变吾之祈禳之礼而为夷矣。
>
> 古者宫室之节，上公以九，侯伯以七，子男以五；惟天子有加焉，五门六寝，城高七雉，宫方千二百步。而今之浮屠之庙，包山林，跨阡陌，无有裁限，穷桀鲜巧，穷民精髓，侈大过于天子之宫殿数十百倍，此则变吾之宫室之礼而为夷矣。
>
> 古者为之衣冠，以庄其瞻视，以节其步趋，禁奇袤之服，不使眩俗。而今之浮屠髡首不冠，其衣诡异，方袍长裾，不襟不带，此则变吾之裘冠之礼而为夷矣。
>
> 自有天地，则有夫妇，则有父子，则有君臣；男主外，女主内；父慈子孝；天子当宸，群臣北面而朝事之。而今浮屠不婚不娶，弃父母之养，见君上未尝致拜，此则变吾之夫妇、父子、君臣之礼而为夷矣。古者丧葬有纪，复奠祖荐虞祥之祭，皆为之酒醴牢牲笾豆鼎簠享荐之具。而今之举天下凡为丧葬，一归之浮屠氏；不饭其徒，不诵其书，举天下诟笑之，以为不孝；狃习成俗，沈酗溃烂，透

---

① 黎靖德编《朱子语类》卷126《释氏》，第8册，第3037页。

骨髓，入膏肓，不可晓告。此则变吾之丧葬之礼而为夷矣。

故自古圣人之典礼，皆为之沦陷，几何其为不尽归之夷乎？①

佛教认为人之一生是痛苦的，而死亡则是对痛苦人生的解脱。如佛教《大般涅盘经》卷下记述如来偈语说："诸行无常，是生灭法；生灭灭已，寂灭为乐。"意思是说远离生、灭之无常世界，而至无生亦无灭之涅槃寂静世界。这种生死观对人们产生了极大而深远的影响。胡寅说："自佛法入中国，以死生转化恐动世俗，千余年间，特立不惑者，不过数人而已。虽才智高明，鲜能自拔。"②吕午说："自乾竺经法入中国，其徒备著天堂地狱之状，广张因果罪福之说，以为人死为鬼，鬼复为人，随善恶报，还复无穷。若善男子，善女人，悉当如是观。故其诱人甚速，入人甚深。无智愚时趋之，妇人女子亦信向焉。"③程颐说："佛学只是以生死恐动人。可怪二千年来，无一人觉此，是被他恐动也。圣贤以生死为本分事，无可惧，故不论死生。佛之学为怕死生，故只管说不休，下俗之人固多惧，易以利动。至如禅学者，虽自曰异此，然要之只是此个意见，皆利心也。"④下面两则故事就生动地说明了这一观念已经深入宋代人的心中：

宋理宗淳祐四年（1244），邛州依政县（今四川蒲江东北）有一行脚僧人死亡，于是当地的僧人"以竹椅扛赴柴楼火化"。点火后，正当"数十僧皆诵经观看"时，突然有一姓李的铁匠在人群中高喊："一日过一日，一日无所益。早往西方去，般若波罗蜜！"跳入火中自焚而死。⑤

宋代有一个名叫吴信叟的大官员，可能由于做官，家庭环境很好，他也害怕自己厌离心很难出得来，就想到了一个出人意料的方法。他做了一口棺材，每天晚上就在棺材里面睡觉，等到早上三点钟的时候，就让童子来敲这个棺材："吴信叟，三界无安不能停，西方极乐当往生。"他一听敲这个棺材，马上起来坐在棺材里面："阿弥陀佛！阿弥陀佛！"他睡在棺材里面都想着"我每天都要死"，所以他把求往生的心、厌离娑婆欣求极乐世界的心，放在每天都要面对的这样一个状态当中，把死挂在嘴边："我今晚上就要死，我拿什么去往生？如果我念佛不能相应，我如何面对阎王爷？"生

---

① 郑獬：《礼法》，吕祖谦编《宋文鉴》卷103，下册，第1423~1425页。
② 胡寅：《斐然集》卷20《悼亡别记》，第412页。
③ 吕午：《慈竺院记》，《全宋文》卷7217，第315册，第136页。
④ 程颢、程颐：《二程集·河南程氏遗书》卷1《二先生语一·端伯传师说》，第1册，第3页。
⑤ 《湖海新闻夷坚续志》后集卷2《观音现身》，中华书局，1986，第180~181页。

命不长，生命在呼吸间。所以这个"念死"，是兼顾厌离娑婆、欣求极乐的方法之一。多念死！一般人怕死，不想死，害怕念这个死，一听到这个死，他都不愿讨论，好像"别人死了是别人的事情，这个死跟我无关"。现在他要让死跟自己天天照面，他在试这个方法。①

与前代一样，宋代的佛家也极力宣扬人间阴间、因果报应、天堂地狱、生死轮回，宣称积德行善者死后进天堂，作恶多端者死后入地狱。在这种佛教生死观的指导下，人们死后，亲属要延请僧道为亡者诵经设斋，超度亡灵，为其"资冥福"、"积功德"。以为只有这样，才能除去亡人身上的罪孽，使其免于下地狱的悲惨命运，死后升入天堂，得到幸福的新生，来生投入富贵之家。这正是宋代所说的："常人所惑死生罪福之说，一则是恐死去阴司受诸苦楚，一则是祈求为来生之地。故便能舍割，做功德，做因果，或庶几其阴府得力，免被许多

图1-1 浙江衢州南宋史绳祖墓出土的景德镇窑青白釉观音塑像

徐吉军摄。

刑宪，或觊望其来生作个好人出世，子子孙孙长享富贵，免为贫贱禽兽之徒。佛家唱此说以罔人，故愚夫、愚妇皆为之惑。"②

佛教在丧礼方面有所谓"七七"之说，是讲人死后，每遇第七天，其魄必定经过一个阴司，受许多苦。这样，由头七、二七，一直到七七即第七个七日，过完最后一个阴司，称为"断七"。那么，为什么要以七日为限呢？《瑜伽师地论》卷一解释说："又此中有，若未得生缘，极七日住。有得生缘，即不决定。若极七日，死而复生，极七日住。如是展转，未得生缘，乃至七七日住。自此已后，决得生缘。"这就是说，

---

① 洪迈：《夷坚志·乙志》卷10《吴信叟》，第266~267页。
② 陈淳：《北溪字义》卷下《佛老》，中华书局，1983，第68页。

人死后还会转生。从刚死之日算起，每七天为一期，期满后即再降生；若一期届满未得生缘，须再等一期；最多到第七期，必定降生。由于从已死到再生之间祸福未定，所以死者要想脱离地狱，其家属就得从下葬开始，每隔七天要设奠一次，请僧道替死者诵经修福，直到七七四十九天为止。其意义即《十王经》所说："七七修斋造像，以报父母恩，令得生天。"如果在"百日、期年、再期、除丧"之时，死者在世的亲人不断地为其做荐亡法事，饭僧、设道场，或作水陆大会，为死者念经，写经造像，修建塔庙，则可使其亡灵早日脱难超升，"灭弥天罪恶，必生天堂，受种种快乐"，"使死者免为馁鬼于地下"，"往好处托生"，①是孝仁之举。如其不然，那就"必入地狱，剉烧舂磨，受无边波咤之苦"②，不得超生。因此，愚昧无知的人们，轻信此说，加上出于孝心，便在父母亡故后，纷纷请僧道诵经设斋做醮做佛事，写经造像，修建塔庙，时称为"做功德"，或曰"资冥福"。参加法事的僧道，少则数人，多者成千上万，号"千人斋"、"万人斋"。内容为诵经设斋、礼佛拜忏、追荐亡灵。做功德完毕，又做羹饭，称为"七次羹饭"。③

佛教主张火葬，认为只有火神才能把死者引导到死神处，升入西方极乐世界——圣天。这种"棺敛葬送"的佛家葬俗和"荼毗火葬法"，随着佛教在中国的生根和广泛传播，对中国民间丧葬习俗的影响越来越大，使人们对佛家葬俗的抵触情绪日趋减弱，不再将其视为可怕之举或大逆不道之事了，而且越来越多的人乐意采用这种外来的丧葬礼俗。洪迈感慨地说："自释氏火化之说起，于是死而焚尸者，所在皆然。"④

在佛教生死观的影响下，宋代"佛法滋炽，日沾月染，民胥从之……凡有死者，听命缁徒广为斋设，虽重费而弗靳。至于谋葬，则百端算较，众口沮难，甚至惑于阴阳之说，又以因葬致祸为忧，大抵只欲一举遗骸，竟投烈焰以为省便之计，不惟间阎贫细为此，虽润屋儒冠亦鲜有坟墓之可守者，岂不痛哉！"⑤"举天下凡为丧葬，一归之浮屠氏，不饭其徒，不诵其书，举天下诟笑之，以为不孝。"⑥宋英宗时，蔡襄说过，当时"丧礼尽用释氏"，仅三年为丧期还像一点古代的制度。⑦

---

① 翁甫（浩堂）：《叔诬告侄女女身死不明》，《名公书判清明集》卷13，下册，第501~503页。
② 司马光：《司马氏书仪》卷5《丧仪二·魂帛》，《丛书集成初编》本，中华书局，1985，第54页。
③ 车若水：《脚气集》卷下，上海书店，1990，第21页。
④ 洪迈：《容斋随笔·续笔》卷13《民俗火葬》，上海古籍出版社，1978，第374~375页。
⑤ 孙应时纂修《琴川志》卷1《叙县·义阡·劝谕文》，《宋元方志丛刊》第2册，中华书局，1990，第1164~1165页。
⑥ 郑獬：《礼法》，吕祖谦编《宋文鉴》卷103，下册，第1424页。
⑦ 蔡襄：《蔡襄集》卷22《国论要目·明礼》，第376页。

三 道家的殡葬观

道教本来只讲清净自然，宣扬得道成仙、羽化升天，主张通过道教的斋醮、符箓、祝咒等活动，借助天神的力量来为死者的家庭驱鬼降妖、祈福禳灾，从而达到自己的目的。但在入宋以后，道教对自身进行了一次大规模的深化改革，与佛教和世俗迷信等迅速融合在一起，使其活动更加世俗化。其时，佛道结合的内丹修养成为道教的主流，内丹和符箓也开始出现融合的趋势。"斥服食胎息为小道，金石符咒为旁门，黄白烧炼为邪术。惟以性命双修，为谷神不死、羽化登真之至诀。"①

宋代道教的这种思想与方法，因宋代民族矛盾的不断上升而受到官方的高度重视。从宋太宗开始，宋代统治者非常尊崇道教。宋太宗"创上清宫以尊道教，殿塔排空，金碧照耀"。②为强化皇权，宋真宗封其为道教尊神昊天上帝，又仿效唐朝李氏皇室利用道教祖师老子姓李的巧合，尊李耳为唐王室祖先的先例，下诏定赵氏始祖名讳为"赵玄朗"，诡称赵玄朗为九位人皇之一，"冠服如元始天尊"，③并先后为赵玄朗加封"九天司命上卿保生天尊"、"东岳司命上卿佑圣真君"、"圣祖上灵高道九天司命保生天尊大帝"的尊号，从而进一步突出了玉皇大帝的地位。大中祥符二年（1009），宋真宗还诏令"诸路州、府、军、监、关、县择官地建道观，并以'天庆'为额"，从此，"天下始遍有道像矣"。④宋徽宗出于抑制佛教的目的，自号"教主道君皇帝"，继真宗以后又掀起了一次尊崇道教的浪潮。大观元年（1107）二月，宋徽宗下令："道士序位，令在僧上，女冠在尼上。"⑤政和四年（1114），他又下令比照北宋职官体系，设置了二十六等道阶。自此，"黄冠浸盛，眷待隆渥，出入禁掖，无敢谁何，号'金门羽客'，恩数视两府者凡数人"。⑥于是，一个与地上的封建政权相呼应的以玉皇大帝为至尊，太上老君、托塔天王等文武大臣为辅佐，机构齐全、等级分明的道教群仙图已经完整地描绘出来了。⑦

道家"所谓回骸起死，必得生人与久处，便可复活邪？"⑧如道家文献《太上洞玄

---

① 李养正：《道教概说》，中华书局，1989，第136页。
② 田况：《儒林公议》卷上，《丛书集成初编》本，中华书局，1985，第2793册，第7页。
③ 李焘：《续资治通鉴长编》卷79，大中祥符五年十月戊午条，1980，第6册，第1798页。
④ 李焘：《续资治通鉴长编》卷72，大中祥符二年十月甲午条，1980，第6册，第1637页。
⑤ 杨仲良：《皇宋通鉴长编纪事本末》卷127《徽宗皇帝·道学》，《宛委别藏》本，江苏古籍出版社，1988，第120册，第3935页。
⑥ 朱弁：《曲洧旧闻》卷6《张待晨虚白不沾恩数》，中华书局，2002，第169页。
⑦ 参见杨倩描《南宋宗教史》，人民出版社，2008，第31～32页。
⑧ 洪迈：《夷坚志·乙志》卷7《毕令女》，第239页。

图 1-2　南宋金处士《十王图轴》
之转世为牲畜

资料来源：《海外中国名画精选》第 2 册《南宋·金》，第 38 图，上海文艺出版社，1999。

图 1-3　浙江德清南宋吴奥墓出土的头戴道冠、身披宽袖道袍的道士塑像

徐吉军摄。

灵宝减度五炼生尸妙经》说："白骨受气，朽尸还魂。……青灵哺饴，九气朝华。精光流溢，炼饬形骸，骨芳肉香，亿劫不灰。"[①]洪迈《夷坚志·乙志》卷七《毕令女》便讲述了这样一个故事：南宋天心派道士路时中以符箓治鬼著名，人们称他为"路真官"。他常赍鬼公案自随。建炎元年（1127），路时中从都城东京东下至灵璧县。县

---

① 张宇初：《正统道藏》第 10 册，文物出版社、上海书店出版社、天津古籍出版社，1987 年《道藏》影印本，第 636～637 页。

令毕造听闻路时中至,遂上门拜谒曰:"家有仲女,为鬼所祸,前后迎道人法师治之,翻为所辱骂,至或遭棰去者。今病益深,非真官不能救,愿汝临舟中一视之。"路时中答应了他的请求,上船去看病。他一坐定,躺在床上的病女立即爬了起来,穿好衣服出来拜谢。此后,女子凝立在路时中旁边,看起来一点毛病也没有,且津津有喜色,笑着说:"大姐得见真官,天与之幸。平生壹郁不得吐,今见真官,敢一一陈之:大姐乃前来妈妈所生,二姐则今妈妈所生也,恃母钟爱,每事相陵侮。顷居京师,有人来议婚事垂就,唯须金钗一双,二姐执不与,竟不成昏,心鞅鞅以死。死后冥司以命未尽,不复拘录,魂魄漂摇,无所归。遇九天玄女出游,怜其枉,授以秘法。法欲成,又为二姐坏了。大姐不幸,生死为此妹所困。今须与之俱逝,以偿至冤,且以谢九天玄女也。真官但当为人治祟,有冤欲报,势不可已,愿真官勿复言。"路时中听后沉思良久,说道:"其词强。"说后,他回头对毕造说:"君当自以善力祷谢之,法不可治也。"刚说完此话,病女突然倒地。毕造派人扶起,病女再次困惫如初。于是,人们明白出拜的女子乃是二姐之身,而讲话的则是大姐,其死已经数年了。第二天,二姐病死。路时中来吊,对毕造说道:"昨日之事,曲折吾所不晓。而玄女授法,乃死后事,二姐何以得坏之?君家必有影响,幸无隐,在我法中,当洞知其本末。"毕造回答说:"向固有一异事,今而思之,必此也。长女既亡,殡于京城外僧寺,当寒食扫祭,举家尽往。殡室之侧,有士人居焉,出而扃其户,家人偶启封,入房窥观,仲女见案上铜镜,呼曰:'此大姐柩中物,何以在此?必劫也。'吾以为物有相类,且京师货此者甚多。仲女力争曰:'方买镜时,姊妹各得其一。縶结衬缘,皆出我手。所用纸,某官谒刺也。'视之信然。方嗟叹而士人归,怒曰:'贫士寓舍,有何可观?不告而入,何理也?'仲女曰:'汝发墓取物,奸赃具在,吾来擒盗耳!'遂缚之。士人乃言半年前夜坐读书,有女子扣户,曰:'为阿姑谴怒,逐使归父母家。家在城中,无从可还,愿见容一夕。'泣诉甚切,不获已纳之,缱绻情通。自是每夕必至,或白昼亦来。一日方临水掠鬓,女见而笑曰:'无镜耶,我适有之。'遂取以相饷,即此物也。时时携衣服去补治,独不肯说为谁家人。昨日见语曰:'明日我家与亲宾聚会,须相周旋,不得到君所,后夜当复来。'遂去。今晨独处无惊,故散步野外以遣日,不虞君之涉吾地也。吾家闻之皆悲泣,独仲女曰:'此郎固妄言,必发验乃可。'走往殡所踪迹之,其后有罅可容手。启砖见棺,大钉皆拔起寸余。及撤盖板,则长女正叠足坐,缝男子头巾,自腰以下肉皆新生,肤理温软,腰以上犹是枯脂。始悔恨,复掩之,释士人使去。自是及今,盖三年余矣!"

受佛教的影响，道教也声称人死以后，灵魂将滞于九幽地狱，如不拯济，则永无脱离的希望。因此，必须设斋醮超度。"荐亡一门，不在洞元、洞神、洞真之科，最为后出。模写释氏而不克肖，以佛本不言荐亡，后人设为之，已自背本教，道士见其利入之厚，因而效焉。"①陆游也指出："升济神明之说，惟出佛经；黄、老之学，本于清净自然，地狱、天宫，何尝言及？黄冠辈见僧获利，从而效之。送魂登天，代天肆赦。鼎釜油煎，谓之炼度；交梨火枣，用以为修。可笑者甚多，尤无足议。"②陈淳曰："佛老之学，后世为盛，在今世为尤盛。二氏之说大略相似，佛氏说得又较玄妙。老氏以无为主，佛氏以空为主。无与空亦一般。老氏说无，要从无而生有，他只是要清净无为方外之物，以独善其身，厌世俗胶胶扰扰等事，欲在山林间炼形养气，将真气养成一个婴儿，脱出肉身去，如蛇蜕之法；又欲乘云驾鹤，飞腾乎九天之上，然亦只是炼个气轻，故能乘云耳。老氏之说犹未甚惑。至佛氏之说，虽深山穷谷之中，妇人女子皆为之惑，有沦肌浃髓牢不可解者。原其为害有两般：一般是说死生罪福，以欺罔愚民；一般是高谈性命道德以眩惑士类。死生罪福之说，只是化得世上一种不读书、不明理、无见识等人。性命道德之说又较玄妙，虽高明之士皆为所误。须是自家理明义精，胸中十分有定见，方不为之动。"③南宋末年，欧阳守道记述吉州（今江西吉安）道观的情况时说："予行四方之迹少，未尝见大宫观。第以吾乡之观，虽有田业之处，一道士所得食或不过五六斛，而衣服百须皆无所出。或观而无田者生计尤难，故往往为丹药、符箓、禳禬之术，以投合夫见信者以糊其口。"④于是，民间遇到丧事，除请僧侣外，也习惯请道士一起念经、设斋、打醮、做佛事等。⑤甚者还有实行缸葬的，张知甫《可书》就载："黄裳酷嗜烧炼，晚年疾笃，喻诸子曰：'我死，以大缸一枚坐之，复以大缸覆之，用铁线上下管定，赤石脂固缝，置之穴中，足矣。'"⑥

需要指出的是，宋代道教在民间的影响始终不如佛教。"道教之行，时罕尚习，惟江西、剑南人素崇重"，在其他地区并不盛行。宋人杜寅生曾对比佛、道两教的情况，分析当时道教衰微的原因："惟佛能揣人情而示以祸福、天堂、地狱，使人畏慕，

---

① 平步青：《霞外捃屑》卷6《玉树庐芮录·鬼董》，上海古籍出版社，1982，第355页。
② 陆游：《放翁家训》，《全宋笔记》第5编（8），大象出版社，2012，第149页。
③ 陈淳：《北溪字义》卷下《佛老》，第67~68页。
④ 欧阳守道：《赠刘道士序》，《全宋文》卷8007，第346册，第414页。
⑤ 王栐：《燕翼诒谋录》卷3《丧葬不得用僧道》，中华书局，1981，第24页。
⑥ 张知甫：《可书》，中华书局，2002，第425页。

而趣之者众；老氏独好言清净、虚无、神仙之术，其事冥深，不可质究，而从之者鲜。故欧阳子谓佛氏之动摇兴作，为力甚易，而道家非遭人主好尚，不能独兴。"①

四 三教合一的生死观

在宋代，三教合一的趋向非常明显。以孝道观念为例，除儒家极力倡导外，宋代佛教也强调孝道观念。如北宋高僧契嵩就撰写了《孝论》十二章，全面而系统地阐述了儒释两家各有其治、不可偏废的观念。在文章中，他对儒家的孝道大加褒扬，极力推崇，并注意在理论上调和出家修行与在家孝亲的矛盾，指出："夫孝，天之经也，地之义也，民之行也。至哉，大矣，孝之为道也夫！""天下以儒为孝，而不以佛为孝。""夫孝者，大戒之所先也。"又说："圣人之善，以孝为先"；"今夫天下欲福不若笃孝，笃孝不若修戒"。强调了儒家孝道的至高无上和佛教对君亲竭尽忠孝的必要性，认为出家人最大的孝道就是为父母来世求福："以儒守之，以佛广之。以儒人之，以佛神之；孝其至且大矣！"②

宋代的道教同样如此，在理论上许多地方与儒家思想极其接近。如道书《灵宝领教济度金书》云：

> 一念：为道四大合德，斋主七世父母，免脱忧苦，上升天堂，衣食自然。二念：帝王国主，道化兴隆，庠序济济，皇教恢弘，威仪翼翼，普天所瞻，民称太平，四夷宾伏，妖恶自灭，贤圣日生。三念：法师功德大建，教化明达，俱获飞仙。四念：同志学人，早得仙道，更相阅度。五念：九亲和睦，好尚仁义，贵道贱财，行为物范。六念：损己布施道士及饥寒者，天下人民，各得其所。七念：蠕动跂行，一切众生，咸蒙成就。八念：赦宥前生今世罪怼，立功补过。九念：家门隆盛，宗庙有人，世生贤才。十念：尊受师经，不敢中怠，平等一心，广度一切，克获上仙，白日登天，拜见太上，永成真人，云车羽驾。（和）与道合真。③

在此背景下，中国人的死后观到这一时期已经形成了完整的体系，具体表现在唐

---

① 杜寅生：《东关县天禄观记》，《全宋文》卷4756，第214册，第210页。
② 契嵩：《孝论》，《全宋文》卷771，上海辞书出版社，2006，第36册，第224~232页。
③ 《灵宝领教济度金书》卷148《发念》，张继禹主编《中华道藏》第40册，华夏出版社，2004。

代以来流行的"死后十王审判"的信仰中。据《佛说十王经》等载,这十位冥王是:

秦广王,为第一殿玄冥宫冥王,管人的生死寿夭。因这是鬼魂的报到处,故又称黄泉黑路。

楚江王,又称"初江王",为第二殿普明宫冥王,掌功过。此宫设在大海底下,是初动刑处,设有十六小地狱。

宋帝王,主管刑法,其宫也设在大海底下,有黑绳大地狱与十六小地狱。

伍官王,专管诈伪、欺人之类的案子,凡生前犯有这类罪行的鬼魂均由他处理,其宫设在大海正东底下。

阎罗王,亦称"阎魔王"、"焰摩罗王"、"焰魔"、"阎罗"、"阎王"等,为管理地狱的魔王。传说他属下有十八判官,分管十八地狱。慧琳《一切经音义》卷五载:"此司典生死罪福之业,主守地狱八热八寒以及眷属诸小狱等,役使鬼卒于五趣之中,追摄罪人,捶拷治罚,决断善恶,更无休息。"

变成王,又译"卞城王",专管奸淫、盗窃案。

泰山王,一称泰山府君,专管僧、道犯罪案子。

平等王,专管大案要案,并设有阿鼻地狱。

都市王,专管那些不孝不悌、邪恶作伪的鬼魂。

五道转轮王,专管佛道的"六道轮回"。

出自南宋民间画师之手的十殿阎王与地狱图,就形象而生动地反映了当时人死后地狱审判的意象。由此,我们可以看到唐宋以来流行的"死后十王审判"的信仰已糅合了儒家慎终追远的孝道观、佛教的轮回因果报应观念和民间道教的鬼神观念。

洪迈《夷坚志》中就有许多这方面的故事,现列举数个,以见宋人的死后观:南宋四川资州何恁侍郎,正直刚介,凡在官有暗昧隐匿事,卒能探究其实而平理之。后为四川南安抚使。一日,正盛服临听事,好像有冥司使者来迎接他。于是,他急忙入内告诉妻子曰:"阴府请吾断狱,狱竟当还,无恸我。"遂瞑目而坐。三天后苏醒过来,何侍郎说出一段幽冥入地狱的审判经历:"有妇人坏胞胎者,前后积数百口。冥官久不能决,故委吾治之。已委令托生畜类为肫猪矣。犹记判云:汝等能怀不能产,坏他性命太痴愚,而今罪业无容著,可向人间作母猪。"地狱累积堕胎妇女数百人,冥官不知如何判决,才委托何大人审理,何大人毫不留情地判处这些妇女返回人间做母猪。

图1-4 河南白沙一号宋墓壁画

资料来源：宿白《白沙宋墓》，文物出版社，1975，图版陆。

图1-5 宋代墓葬中的夫妇宴饮场景

资料来源：宿白《白沙宋墓》，图版伍。

图1-6 白沙一号宋墓壁画夫妇宴饮

资料来源：宿白《白沙宋墓》，图版玖。

事后，他对自己的判词非常满意，甚至写入他的故事，遍揭邑里，以示世人。①这一事例说明，当时人的鬼神观念中已经明显地吸收和融合了佛教的轮回说。

需要说明的是，这种鬼神观念在民间的下层百姓及边远地区尤其突出。如在广西一带，人们认为人死后其灵魂仍然活着，而且还时常回家。如果家人不为其留下通道，生气的鬼魂会对生者有种种不利。《岭外代答》卷一〇《家鬼》就生动地记载了这一点：

> 家鬼者，言祖考也，钦人最畏之。村家入门之右，必为小巷，升堂小巷右壁，穴隙方二三寸，名曰鬼路，言祖考自此出入也。人入其门，必戒以不宜立鬼路之侧，恐妨家鬼出入。岁时祀祖先，即于鬼路之下陈设酒肉，命巫致祭，子孙合乐以侑之，穷三日夜乃已。城中居民于厅事上置香火，别自堂屋开小门以通街。新妇升厅，一拜家鬼之后，竟不敢至厅，云傥至则家鬼必击杀之。惟其主妇无夫者，乃得至厅。

随着佛教中国化程度的加深和道教的更加世俗化，宋人的这种三教合一的死后观非常独特，几乎渗透于每一个家庭，整个社会沉浸在"诡渎乎鬼神，怵惕乎妖妄，听荧乎巫卜，拘拘乎青囊珞琭之书，屑屑乎姑布子卿之说"②之中。星占、卜筮、风水迷信等，均有大部头的专著应运而生，有的甚至还经过"御定"、"钦定"，更加系统化、合法化了。各种禁忌门类齐全，融进了各种风俗习惯之中，并形成根深蒂固的传统势力，紧紧地扣住人们的心灵。民间丧葬习俗中充分体现了这一点，且佛道化的倾向十分明显，大有超过儒家之势。火葬、风水及佛事等俗，风靡一时。厚葬之俗，较唐以前尤盛，士大夫罕有斥其非者。③

需要说明的是，统治阶级在这一时期儒、佛、道三教的合流中，是极力加以推进的。想利用佛教在精神上"慰藉"（实际上是精神麻醉）广大灾难深重的劳苦群众，以达到巩固封建统治的目的，因此自宋太祖赵匡胤以来，历代皇帝都对佛教采取了扶植和利用的政策。宋太宗赵光义对宰相赵普宣称的"浮屠氏之教有裨政治"④的话，便是这种政策的意图所在。在统治者的极力倡导下，佛道两教在宋代广为流行，深入民心。

---

① 洪迈：《夷坚志·补》卷24《何侍郎》，第1767页。
② 谢应芳：《辨惑编》，俞希音序，《丛书集成（初编）》本，商务印书馆，1937，第1页。
③ 参见张亮采《中国风俗史》，东方出版社，1996，第129页。
④ 李焘：《续资治通鉴长编》卷24，太宗太平兴国八年十月甲申条，1979，第3册，第554页。

第二节 殡葬制度

一 殡葬中的等级规定

宋代的殡葬礼仪,具有浓厚的等级制的色彩,举凡"死"的名称,殓衣的袭数,饭含之用品,铭旌、明器、棺椁的尺寸大小和用材规格,抬柩的人数,仪仗的规模,乃至坟墓的大小高低,等等,差不多丧葬礼仪中的所有细节,历代统治者都依死者的贵贱等级身份做了严格的规定,具有强烈的阶级性和森严的等级性。

与前代相比,宋代在丧葬制度和政策上更为周密。从宋太宗朝开始,统治者就颁布了一系列的禁令,如太平兴国七年(982)正月初九日,宋太宗颁布"详定士庶车服丧葬诏",诏曰:"士庶之间,车服之制,至于丧葬,各有等差。"①于是,翰林学士承旨李昉等奉诏制定了士庶"车服之制,至乎丧制"的制度。此后,宋代历朝统治者都比较重视对殡葬制度的建设,如墓地的面积、坟的高度、石兽和明器的数量等,都依官员的官职大小做了极其严格的法律和礼制规定。嘉祐四年(1059),仁宗诏曰:"居室、器用、冠服、妾媵盖有常制,所以别贵贱、杜奢僭也。比者流风荡靡,无复等威,犯干有司,鲜闻用法。自今中外臣庶有违者,其察举之,必罚毋贷!"②

同是一死,由于死者身份的不同而有不同的名称。《庆元条法事类》敕令《令服·服制令》:"诸命官身亡三品以上称薨,六品以上称卒,七品以下达于庶人称死。"在这里,贵贱身份的差异是何等的强烈!

宋代殡葬中的"重",即用木板刻成一块牌位,置于中庭,以象征死者的亡灵。重之长短,依死者的身份而定。《政和礼》规定:"诸重,一品柱鬲六,五品已上四,六品已下二。"后来政策有所放松,规定五品以下七尺,七品以下六尺。鬲,各视其数。

明旌又称旌铭或铭旌,为灵柩前的旗幡,用绛帛制成,粉书,广终幅。品官则借衔题写某官某公之柩,而士则称显考显妣。另纸书题者姓名,粘于旌下。平民百姓之丧,不用铭旌。大殓之后,用竹竿挑起,悬竖在灵前右方。葬时去掉竹竿及题者姓名,将旌放在灵柩上面。如政和礼载:"品官设铭,以绛广充幅,韬杠书曰'某官封

---

① 《宋大诏令集》卷148《礼乐上》,中华书局,1962,第545页;《宋史》卷153《舆服志五·士庶人车服之制》,第11册,第3573页。
② 李焘:《续资治通鉴长编》卷189,嘉祐四年四月辛卯条,1985,第14册,第4563页。

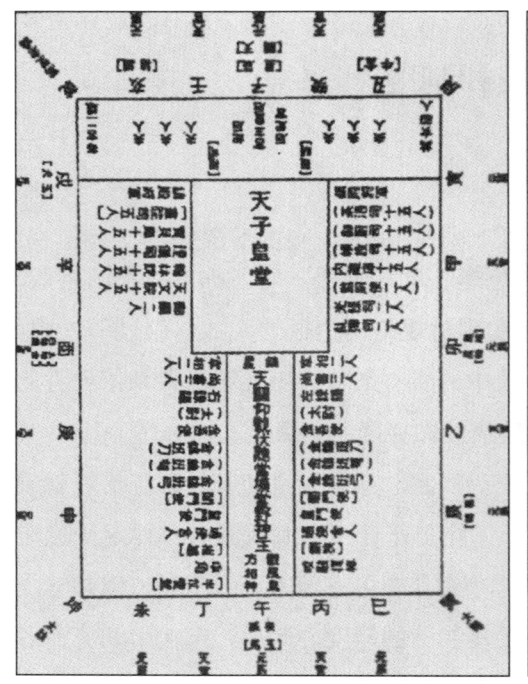

图1-7 《大汉原陵秘葬经》中"天子皇堂"图

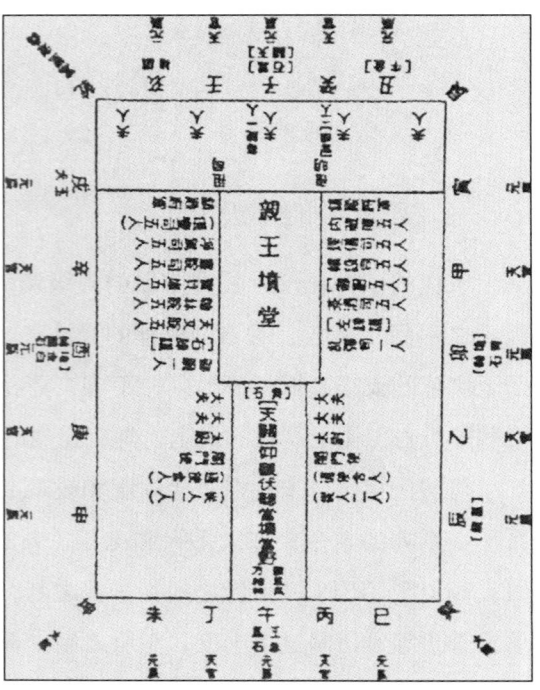

图1-8 《大汉原陵秘葬经》中"亲王坟堂"图

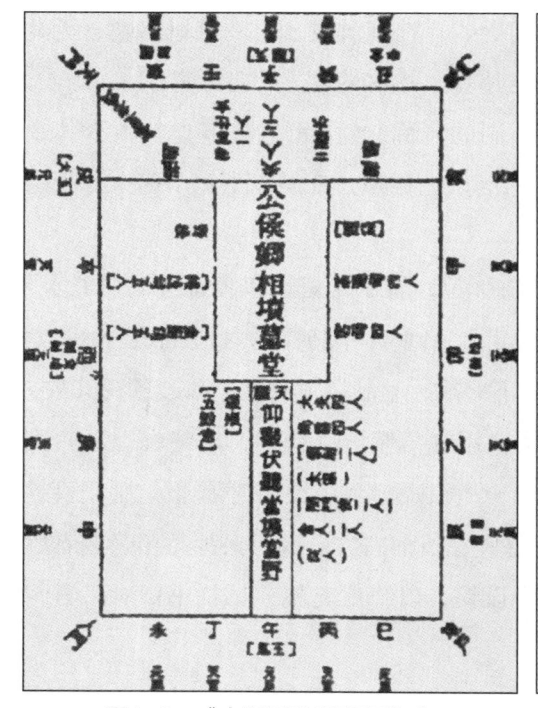

图1-9 《大汉原陵秘葬经》中"公侯卿相坟墓堂"图

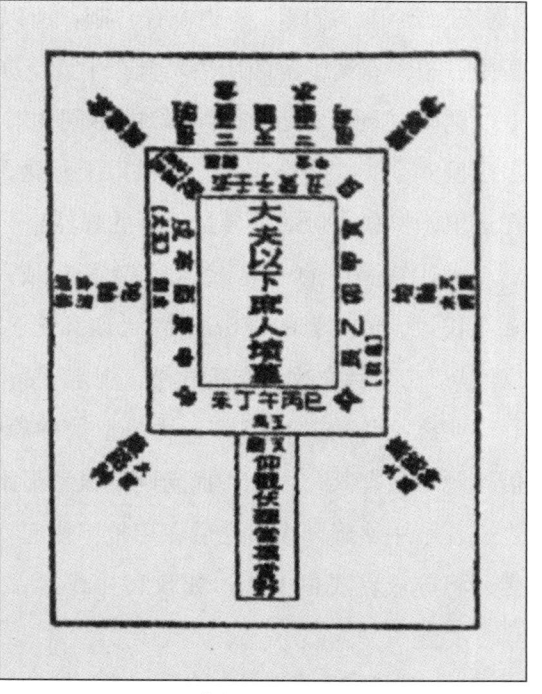

图1-10 《大汉原陵秘葬经》中"大夫以下庶人坟墓"图

之枢'。四品以下广终幅。杠铭竿也,其长视绛。四品以上,长九尺;六品以上,长八尺;九品以上,长七尺。妇人视其夫,有官封则曰'某官封某人姓氏之枢',未有封曰'某妣或妻某氏之枢'。庶人设铭于西阶下,铭以绛广充幅,韬杠书云'某人之枢'。"①《朱子家礼》在铭旌的使用上较前要严格得多,其《丧礼·立铭旌》中曰:"以绛帛为铭旌。广终幅。三品以上九尺,五品以上八尺,六品以上七尺。书曰:'某官某公之枢。'无官,即随其生时所称。以竹为杠,如其长,倚于灵座之右。"

明器的使用同样如此。宋朝统治者用法律的形式将其确立下来,按照官品的高低,允许丧家在墓室中放入数量不等的明器,使死者能在阴间享受到同人间一样的生活:"明器四品以上五十,六品以上三十,九品以上(升朝官准六品)二十,庶人一十。"②司马光在制定丧礼时,也主张"刻木为车马、仆从、侍女,各执奉养之物,象平生而小,多少之数,依官品"③。《朱子家礼》载:"准令,五品、六品,三十事;七品、八品,二十事;非升朝官,十五事。"④其中,明器中的方相和魌头,"深青衣、朱裳,执戈扬盾,载以车",规定五品以上官员用方相四首,八品以上只准用魌头两目。⑤

刻写墓碑的石头高度,存在着差别。一品官一丈八尺,此后按照官品依次递减二尺,如二品就是一丈六尺,三品就是一丈四尺,四品就是一丈二尺,五品一丈。

出殡送葬时的礼仪用品、仪仗,如引披铎翣,以及给死者唱挽歌的人数,据官修的《太常因革礼》《政和礼》以及《宋史·礼志》所载,同样有严格而详细的规定:

> 诸引披铎翣挽歌:三品已上,四引、四披、六铎、六翣,挽歌六行,三十六人;四品,二引、二披、四铎、四翣,挽歌者四行,十六人;五品、六品,挽歌八人;七品、八品,挽歌六人;六品、九品(谓非升朝的官员),挽歌四人。其持引、披者,皆布帻、布深衣;挽歌,白练帻、白练褠衣,皆执铎、绋,并鞋袜。⑥

---

① 以上参见新文丰出版公司编辑部编《庆元条法事类》卷77《服制门·丧葬》,台北:新文丰出版公司,1976,第557页。
② 郑居中等:《政和五礼新仪》卷24,文渊阁《四库全书》本,第647册,第230页。
③ 《司马氏书仪》卷7《丧仪三·明器》,《丛书集成初编》本,第81页。
④ 朱熹:《朱子家礼》卷4《丧礼·治葬》,〔日〕吾妻重二著、吴震编《朱熹家礼实证研究》,华东师范大学出版社,2012,第316页。
⑤ 新文丰出版公司编辑部编《庆元条法事类》卷77《服制门·丧葬》,第557页。
⑥ 以上参见新文丰出版公司编辑部编《庆元条法事类》卷77《服制门·丧葬》,第557页。

> 诸纛：五品已上，其竿长九尺；五品已下，五尺已上。
>
> 舁：一品一百十二人，五品以上七十二人，七品以上三十二人，八品二十六人，九品二十人，庶人一十六人。①

另外，"虞祭，三品以上七虞，五品以上五虞，九品以上再虞，庶人一虞"②。

诸輤车，据宋《太常因革礼》载：三品以上，油幰，朱丝络网、施襈，两厢画龙，幰竿诸末垂六流苏；七品以上，油幰、施襈，两厢画云气，垂四流苏；九品以下，无流苏。③

同样，死者的棺饰也因贵贱等级的不同而有区别。身份地位愈高，棺饰愈华丽；反之，棺饰则愈简陋。如："绋披铎翣：四品以上，绋四、披四、铎六、翣六；六品以上，绋二、披二、铎四、翣四；九品以上，铎二、翣二。"④

至于墓葬设施的规定更加细致，墓地面积的多少、坟茔高低等皆有定制。身份地位越高，则墓地范围越大，坟墓也越高，当然墓室的结构和装饰也就越精致豪华。《政和五礼新仪》对此做了详细的规定：

> 墓田：一品，方九十步；二品，方八十步；三品，方七十步；四品，方六十步；五品，方五十步；六品，方四十步；七品以下，方二十步；庶人，方一十八步。
>
> 坟：一品，高一丈八尺；二品，高一丈六尺；三品，高一丈四尺；四品，高一丈二尺；五品，高一丈；六品以下，高八尺；庶人，高六尺。
>
> 墓域门及四隅：四品以上筑阙；六品以上立侯；七品以下（庶人同）封茔。⑤

墓前石兽数量的多少、墓碑的高度等，同样因官品的不同而有严格的等级差异。石兽，《天圣令校订本（清本）·丧葬令》第二九《诸碑碣》规定："……其石兽，三品以上六，五品以上四。"该规定中还包含了"右并因旧文，以新制参定"的夹注。⑥

---

① 郑居中等：《政和五礼新仪》卷24，文渊阁《四库全书》本，第647册，第230页。
② 郑居中等：《政和五礼新仪》卷24，文渊阁《四库全书》本，第647册，第230页。
③ 至南宋时此制有所放宽，如《庆元条法事例》卷77《服制门·丧葬》载："輤车：四品以上，油幰，朱丝络网、施襈，两厢画龙，幰竿诸末垂旒苏六；八品以上，油幰、施襈，两厢画云气，垂旒苏四。"
④ 以上参见新文丰出版公司编辑部编《庆元条法事类》卷77《服制门·丧葬》，第557页。
⑤ 郑居中等：《政和五礼新仪》卷24，文渊阁《四库全书》本，第647册，第230页。
⑥ 吴丽娱：《唐丧葬令复原研究》，天一阁博物馆、中国社会科学院历史研究所天圣令整理课题组《天一阁藏明钞本天圣令校证》上册，中华书局，2006，第208~209页。

此后有所放松，《政和五礼新仪》规定："四品以上，六；六品以上，四。"而碑，《政和五礼新仪》规定："螭首趺上高九尺；碣，圭者方趺上高四尺。"①

宋代又规定："诸葬不得以石为棺椁及石室，其棺椁皆不得雕镂彩画、施方牖槛；棺内不得藏金宝珠玉。"②"吏卒格：敕葬每顿主管人，将校、军曹司各二人。""品官因差在外身亡津送丧柩人：升朝官大使臣以上，三十人；承务郎从事忠翊郎以上，一十五人；迪功承信郎以上，一十人。"③

此外，殡葬中的祭祀也有等级规定。据石介所记："周制：天子七庙，诸侯五庙，大夫三庙，适士一庙，庶人祭于寝。唐制：三品已上乃许立庙；天宝十年，四品清官亦许立庙。介今官为节度掌书记，在国家官器，令从七品。"如此规定，给一些人带来了不少的疑惑。他们称："适士，上士也。官师，中下士也。庶人，则府史之属也。"如当时的石介"为庶人，则尝命于天子，又未至于适士，其官师乎？在周制，得立一庙；唐制，则未得立庙。今祭于寝，则介之烈考尝为东宫五品官，且鬼神之道，尚严于寝，实为黩神。将立庙，则介品贱未应于式"。面对着"贵贱之位不可犯"，石介只能"求其中而自为之制，乃于宅东北隅作堂三楹，以烈考及郭夫人、马夫人、刘夫人、杨夫人、后刘夫人居焉。荐新及于烈考四夫人而已，时祭则请皇考妣、王考妣咸坐。缘古礼而出新意也，推神而本人情也"。④

总之，宋代的丧仪规格有着非常严格的等级之分。"诸丧葬有约束而违者止坐行。""诸营造车服器物及坟茔石兽之属于格式有违者，论如于令有违律。"⑤宋朝统治者之所以在丧葬礼制方面不遗巨细地区分尊卑贵贱，是有其政治目的的。他们想通过这种丧葬祭祀等级制度规定的各种丧葬用物质地的不同、数量的差异，来明确"君臣上下"关系，强化社会秩序，引导社会风尚，区分循礼和非礼，并时刻保护特权阶层的利益不受异己力量的侵犯，在政治生活中形成金字塔般的等级序列，专制君主高居其上，芸芸众生拜伏在君主脚下，聆听他的训谕，王权可借此进一步神圣化。南宋御史中丞廖刚的《乞禁妖教疏》则强烈地点明了这一点：

---

① 以上参见郑居中等《政和五礼新仪》卷24，文渊阁《四库全书》本，第647册，第230页。《庆元条法事类》卷77《服制门·服制格》所载相同。
② 《宋史》卷124《礼二十七·凶礼三·诸臣丧葬等仪》，第9册，第2909页。
③ 《庆元条法事类》卷77《服制门·丧葬》，第557页。
④ 石介：《徂徕石先生文集》卷19《祭堂记》，中华书局，1984，第234~235页。
⑤ 以上参见《庆元条法事类》卷77《服制门·丧葬》，第557页。

> 臣谨按王制曰：执左道以乱政，杀；假于鬼神时日卜筮以疑众，杀；非乐于杀人，为其邪说诡道，足以欺惑愚众，使之惟己之从，则相率为乱之阶也。今之吃菜事魔，传习妖教，正此之谓。臣访闻两浙江东西，此风方炽，倡自一夫，其徒至于千百为群，阴结死党，犯罪则人出千钱或五百行赇，死则人执柴一枝烧焚，不用棺椁衣衾，无复丧葬祭祀之事，一切务灭人道，则其视君臣上下，复何有哉？此而不痛惩之，养成其乱，至于用兵讨除，则杀人将不可胜数矣。①

同时，这种丧葬制度上的严格等级，也可促使生活于社会最底层的劳动大众形成"贵贱不相逾"的社会生活方式，一切按本分行事，以达到潜移默化、巩固封建统治秩序的目的。田锡《复井田论》就对此做了比较深刻的说明："（民）既庶而富，然后制度立乎其中，使舆马、衣服、婚嫁、丧葬不得僭差。僭差不生，则费用有节；费用有节，则在上者不敢僭侈，在下者不生觊慕。"② 由此，"尊卑有法，上下有纪，贵贱不乱，内外不渎，风俗归厚，人伦既正，而王道成矣"。③

二 法律中的其他规定

宋代有关殡葬的法律条文较多，归纳起来，主要有以下几个方面：

（一）禁止匿丧

匿丧，据窦仪等撰《宋刑统》一书所载，内容包括：听乐从吉、冒荣居官、委亲之官、冒哀求仕、父母被囚禁作乐。按宋律，这五项均是犯罪，要判刑：

> 诸闻父母若夫之丧，匿不举哀者，流二千里。丧制未终，释服从吉，若忘作乐者（自作、遣人等），徒三年，杂戏徒一年。即遇乐而听，及参预吉席者，各杖一百。闻周亲尊长丧，匿不举哀者，徒一年。丧制未终，释服从吉，杖一百。大功以下尊长各递减二等，卑幼各减一等。

对此，《宋刑统》一书做了非常详细的解释：

---
① 廖刚：《乞禁妖教疏》，黄淮、杨士奇编《历代名臣奏议》卷183《去邪》，上海古籍出版社，1989，第3册，第2403页。
② 田锡：《咸平集》卷10，巴蜀书社，2008，第93页。
③ 石介：《徂徕石先生文集》卷13《上蔡副枢书》，第144页。

父母之恩，昊天莫报，荼毒之极，岂若闻丧？妇人以夫为天，丧类父母，闻丧即须哭泣，岂得择日待时？若匿而不即举哀者，流二千里。其嫡孙主祖者，与父母同。丧制未终，谓父母及夫丧二十七月内。释服从吉，若忘哀作乐，注云：自作、遣人等，徒三年。其父卒母嫁，及为祖后者，祖在为祖母。若出妻之子，并居心丧之内，未合从吉。若忘哀作乐，自作、遣人等亦徒三年，杂戏徒一年。乐谓金石丝竹、笙歌鼓舞之类。杂戏谓樗蒲、双陆、弹棋、象博之属。即遇乐而听，谓因逢奏乐而遂听者。参预吉席，谓遇逢礼宴之席，参预其中者，各杖一百。

周亲尊长谓祖父母，曾高父母亦同，伯叔父母、姑兄姊、夫之父母、妾为女君，此等闻丧即须举发。若匿不举哀者，徒一年。丧制未终，谓未逾周月，释服从吉者，杖一百。大功尊长匿不举哀，杖九十。未逾九月释服从吉者，杖八十。小功尊长匿不举哀，杖七十。未逾五月，释服从吉，杖六十。缌麻尊长匿不举哀，笞五十。未逾三月，释服从吉，笞四十。其于卑幼匿不举哀，及释服从吉，各减当色尊长一等。出降者，谓姑姊妹本服周，出嫁九月。若于九月内释服从吉者，罪同周亲尊长科之，其服数止准大功之月，余亲出降准此。若有殇，降为七月之类，亦准所降之月为服数之限，罪依本服科之。其妻既非尊长，又殊卑幼，在《礼》及《诗》，比为兄弟，即是妻同于幼。①

南宋时，朝廷一再颁布法令，要求官员们严格实行。绍兴十一年（1141），高宗以考功员外郎游损所请，诏文武官陈乞致仕身亡，虽在给敕之前，并听荫补。高宗对大臣们说："士风陵夷，以一官之故，父死匿丧以俟命，盖立法有未尽也。朕谓滥与人官，虽害法，其体犹轻；若风教不立，使人饰诈，苟得弃灭天理，其害甚大。况在法所当得乎！"②

（二）禁止父母在及居丧别籍异财或居丧生子

《宋刑统》卷一二《父母在及居丧别籍异财（居丧生子）》载：

诸祖父母、父母在，而子孙别籍异财者，徒三年。（别籍异财不相须，下条

---
① 窦仪等撰《宋刑统》卷10《匿丧》，中华书局，1984，第163~164页。
② 李心传：《建炎以来系年要录》卷141，绍兴十一年七月庚申条，中华书局，1988，第3册，第2266页。

准此。）若祖父母、父母令别籍，及以子孙妾继人后者，徒二年，子孙不坐。

该书解释曰：

> 称祖父母、父母在，则曾高在亦同。若子孙别生户籍、财产不同者，徒三年。注云：别籍异财不相须，或籍别财同，或户同财异者，各徒三年，故云不相须。下条准此，谓父母丧中别籍异财，亦同此义。
>
> 若祖父母、父母处分，令子孙别籍，及以子孙妾继人后者，得徒二年，子孙不坐。但云别籍，不云令其异财，令异财者，明其无罪。
>
> 居父母丧生子，已于《名例》免所居官章中解讫，皆谓在二十七月内而妊娠生子者，及兄弟别籍异财，各徒一年。别籍异财不相须。其服内生子，事若未发，自首亦原。[1]

（三）禁止居丧嫁娶

宋朝与前代一样，礼律规定子女、孙、孙女居父母、祖父母及夫丧期间，当守丧27个月，也有25个月的。在此期间，不得嫁娶。如在父母及夫丧期间婚嫁，则被视为严重的违法活动。如《宋刑统》卷一三《户婚律·居丧嫁娶》载：

> 诸祖父母及夫丧而嫁娶者，徒三年，妾减三等，各离之。知而共为婚姻者，各减五等，不知者不坐。若居周丧而嫁娶者，杖一百，卑幼减二等，妾不坐。

《宋刑统》解释"诸祖父母及夫丧而嫁娶者，徒三年，妾减三等，各离之。知而共为婚姻者，各减五等，不知者不坐"条曰：

> 父母之丧，终身忧戚，三年从吉，自为达礼。夫为妇天，尚无再醮。若居父母及夫之丧，谓在二十七月内，若男身娶妻，而妻女出嫁者，各徒三年。妾减三等。若男夫居丧娶妾，妻女作妾嫁人，妾既许以卜姓为之，其情理贱也。礼数既别，得罪故轻。各离之，谓服内嫁娶，妻妾并离之。而共为婚姻者，谓婿父称

---

[1] 窦仪等撰《宋刑统》卷12《父母在及居丧别籍异财（居丧生子）》，第192页。

第一章 殡葬观念与殡葬制度

婚，妻父称姻，二家相知是服制之内，故为婚姻者，各减罪五等，得杖一百。娶妾者合杖七十，不知者不坐。

《宋刑统》解释"若居周丧而嫁娶者，杖一百，卑幼减二等，妾不坐"条曰：

若居周亲之丧而嫁娶，谓男夫娶妇，女嫁作妻，各杖一百。卑幼减二等。虽是周服，亡者是卑幼，故减二等，合杖八十。妾不坐，谓周服内男夫娶妾，妇作妾嫁人，并不坐。

《宋刑统》又解释"诸居父母丧，与应嫁娶人主婚者，杖一百"条曰：

居父母丧，与应合嫁娶之人主婚者，杖一百。若与不应嫁娶人主婚，得罪重于杖一百，自从重科。若居夫丧而与应嫁娶人主婚者，律虽无文，从不应为重，合杖八十。其父母丧内为应嫁娶人媒合，从不应为重，杖八十。夫丧从轻，合笞四十。①

但此条法令，在宋代极具争议。为此，朝廷曾进行不断的修改，放宽限制。王栐说："《礼经》，女子出适，以父母三年之丧，折而为二，舅姑、父母皆为期丧。太宗孝明皇后居昭宪太后之丧，齐衰三年。故乾德二年，判大理寺尹拙、少卿薛允中等奏：'三年之内，几筵尚存，夫居苦块之中，妇被绮罗之饰，夫妇齐体，哀乐不同，乞令舅姑之丧妇从其夫齐衰三年，于义为称。'十二月丁酉朔，诏从之。遂为定制。"② 元祐五年（1090）秋，朝廷颁布条贯，将父母、祖父母亡，子女、孙、孙女守丧放宽到百日后可婚嫁。但还是引起了一批官僚士大夫的强烈不满。元祐八年（1093），时任端明殿学士兼翰林侍读学士、礼部尚书的苏轼，专门上了《乞改居丧婚娶条状》，略云：

臣伏见元祐五年秋颁条贯，诸民庶之家，祖父母、父母老疾（谓于法应赎者），无人供侍，子孙居丧者，听尊长自陈，验实婚娶。伏以人子居父母丧不得

---

① 窦仪等撰《宋刑统》卷13《户婚律·居丧嫁娶》，第216～217页。
② 王栐：《燕翼诒谋录》卷3，第24页。

嫁娶，人伦之正，王道之本也。《孟子》论礼色之轻重，不以所重徇所轻。丧三年，二十五月，使嫁娶有二十五月之迟，此色之轻者也。释丧而婚会，邻于禽犊，此礼之重者也。先王之政亦有适时从宜者矣，然不立居丧嫁娶之法者，所害大也。近世始立"女居父母丧及夫丧，而贫乏不能自存，并听百日外嫁娶"之法，既已害礼伤教矣，然犹或可以从权而冒行者，以女弱不能自立，恐有流落不虞之患也。今又使男子为之，此何义也哉？男年至于可娶，虽无兼侍，亦足以养父母矣。今使之释丧而婚会，是直使民以色废礼耳，岂不过甚哉？春秋《礼经》记礼之变，必曰自某人始。使秉直笔者书曰："男子居父母丧得娶妻，自元祐始。"岂不为当世之病乎？臣谨按，此法本因邛州官吏妄有起请，当时法官有失考论，便为立法。臣备位秩宗，前日又因迩英进读，论及此事，不敢不奏。伏望圣慈特降指挥，削去上条，稍正礼俗。谨录奏闻，伏候敕旨。①

由于苏轼等大臣的激烈反对，哲宗"诏从轼请"，②废除了服丧听百日外嫁娶之法。到南宋时，朝廷对寡妇守丧时间的规定再次放宽，"诸居夫丧百日外，而贫乏不能自存者"，允许向地方官府自陈后再嫁。③但在当时的社会现实中，有的百日后即再嫁的寡妇根本不是"贫乏不能自存者"，甚至有寡妇等不到夫死守丧百日就改嫁了。

（四）禁止残害死尸

宋律沿袭唐律，禁止"残害死尸"。④这一政策在宋朝立国之初便已确立，太祖"禁民以火葬"，⑤建隆三年（962）三月十二日，宋太祖发布敕令："京城外及诸处，近日多有焚烧尸柩者，宜令今后止绝。"⑥另外，《宋刑统》卷一八《贼盗律·残害死尸》规定：

> 诸残害死尸（谓焚烧、支解之类），及弃尸水中者，各减斗杀罪一等。弃而

---

① 苏轼：《苏轼文集》卷35《乞改居丧婚娶条状》，中华书局，1986，第1009~1010页。又见李焘《续资治通鉴长编》卷484，元祐八年六月壬戌条，1993，第32册，第11513~11514页。但《续资治通鉴长编》系苏轼此状于元祐八年六月壬戌。
② 《续资治通鉴长编》卷484，元祐八年六月壬戌条纪事，第32册，第11514页。
③ 《名公书判清明集》卷10《人伦门》"妻已改远谋占前夫财物"一案，第378页。
④ 长孙无忌等撰《唐律疏议》卷18《贼盗二》，刘俊文点校，中华书局，1983，第343~345页。
⑤ 李焘：《续资治通鉴长编》卷3，建隆三年三月，1979，第2册，第65页。
⑥ 窦仪等撰《宋刑统》卷18《贼盗律·残害死尸》，第286~288页。

不失,及髡发若伤者,各又减一等。(缌麻以上尊长不减)即子孙于祖父母、父母,部曲、奴婢于主者,各不减。(皆谓意在于恶者)

《宋刑统》还对以上法条解释曰:

> 残害死尸,谓支解形骸、割绝骨体及焚烧之类,及弃尸水中者,各减斗杀罪一等,谓合死者死上减一等,应流者流上减一等之类。注云:缌麻以上尊长不减,谓残害及弃尸水中,各依斗杀合斩,不在减例。
>
> 弃尸水中,还得不失,髡发谓髡去其发,伤谓故伤其尸。伤无大小,但非支解之类,各又减一等。谓凡人各减斗杀罪二等,缌麻以上尊长唯减一等,大功以上尊长及小功尊属仍入不睦。即子孙于祖父母、父母,部曲奴婢于主者,各不减,并同斗杀之罪,子孙合入恶逆,决不待时。注云:皆谓意在于恶者,谓从残害以下,并谓意在于恶。如无恶心,谓若愿焚尸,或遗言水葬,及远道尸柩将骨还乡之类,并不坐。①

此外,宋律"残害死尸"条,内容还包括"蕃客死许烧葬"、"穿地得死人不埋及因熏狐狸烧棺椁"两条。由此可见,宋代法律对于火葬的惩罚是很严厉的。

当然,统治者在制定法律时,也考虑到了一些特殊情况,如外国人、僧侣和前线作战的军人等死后,可以灵活处置,也就是说可以火葬处理。如《宋刑统》卷一八《贼盗律·残害死尸》载:"诸蕃客及使蕃人宿卫子弟,欲依乡法烧葬者听,缘葬所须亦官给。"即允许他们按照自己国家的风俗进行丧葬活动。《庆元条法事类》卷七七《服制门·丧葬》云:"其蕃夷人欲烧骨还乡者,听。"程颢、程颐就列举有关特准火葬的"别有焚尸之法":"军人出戍,许令烧焚,将骨殖归";"郊坛须三里外方得烧人。"② 宋朝统治者对僧、道等特殊阶层的人群及远路归葬的人,也同样酌情允许他们实行火葬。如建隆三年(962)三月十二日敕:"京城外及诸处,近日多有焚烧尸柩者,宜令今后止绝。若是远路归葬,及僧尼、蕃人之类,听许焚烧。"③

"穿地得死人不埋及因熏狐狸烧棺椁"这条法令,则是针对民间的日常生产活动。

---

① 窦仪等撰《宋刑统》卷18《贼盗律·残害死尸》,第287页。
② 程颢、程颐:《二程集·河南程氏遗书》卷2下《附东见录后》,第1册,第58页。
③ 窦仪等撰《宋刑统》卷18《贼盗律·残害死尸》,第287页。

《宋刑统》载：

> 诸穿地得死人，不更埋，及于冢墓熏狐狸而烧棺椁者，徒二年；烧尸者，徒三年；缌麻以上尊长各递加一等，卑幼各以凡人递减一等。若子孙于祖父母、父母，部曲、奴婢于主坟冢熏狐狸者，徒二年；烧棺椁者，流三千里；烧尸者，绞。

该书的编者解释道：

> 因穿地而得死人，其尸不限新旧，不即掩埋，令其暴露，或于他人家墓而熏狐狸之类，因烧棺椁者，各徒二年。谓唯烧棺椁，火不到尸。其烧棺椁者，缌麻以上尊长，从徒二年上递加一等；至期亲尊长，流二千五百里，其卑幼各依凡人递减一等，缌麻于二年上减一等，徒一年半，小功一年，大功杖一百，期亲杖九十。若穿地得死人，可识知是缌麻以上尊长，而不更埋，亦从徒二年上递加一等，卑幼亦从徒二年上递减一等，各准烧棺椁之法。其烧尸者，徒三年，缌麻以上尊长各递加一等，谓从徒三年上递加一等。烧大功尊长尸，流三千里，虽周亲尊长，罪亦不加。其卑幼各递减一等，谓缌麻卑幼减凡人一等，徒二年半，递减至期亲卑幼，犹徒一年。

（五）禁止盗墓

宋律禁止盗墓，据《宋刑统》卷一九《贼盗律·发冢》载：

> 诸发冢者，加役流。（发彻即坐，招魂而葬亦是。）已开棺椁者，绞；发而未彻者，徒三年。其冢先穿，及未殡而盗尸柩者，徒二年半；盗衣服者，减一等；器物砖版者，以凡盗论。

《宋刑统》对"诸发冢者，加役流。"注云："发彻即坐，招魂而葬亦是。"又云："已开棺椁者，绞；发而未彻者，徒三年。"此法条解释曰：

> 《礼》云："葬者藏也，欲人不得见。"古之葬者，厚衣之以薪，后代圣人易

之以棺椁。有发冢者，加役流。注云：发彻即坐，招魂而葬亦是。谓开至棺椁，即为发彻。先无尸柩，招魂而葬，但使发彻者，并合加役流。已开棺椁者绞，谓有棺有椁者，必须棺椁两开，不待取物触尸，俱得绞罪。其不用棺椁葬者，若发而见尸，亦同已开棺椁之坐。发而未彻者，谓虽发冢而未至棺椁者，徒三年。

《宋刑统》解释"其冢先穿，及未殡而盗尸柩者，徒二年半；盗衣服者，减一等；器物砖版者，以凡盗论"条曰：

其冢先穿，谓先自穿陷，旧有隙穴者，未殡，谓尸犹在外。未殡埋而盗尸柩者，徒二年半。谓盗者原无恶心，或欲诈代人尸，或欲别处改葬之类。盗衣服者减一等，得徒二年，计赃重者，以凡盗论，加一等。此文既称未殡，明上文发冢殡讫而发者亦是。若盗器物砖版者，谓冢先穿，取其明器等物，或砖若版，以凡盗论。

有人问曰："发冢者加役流，律既不言尊卑、贵贱，未知发子孙冢，得罪同凡人否？"答曰：

五刑之属，条有三千。犯状既多，故通比附。然尊卑、贵贱，等数不同，刑名轻重粲然有别。尊长发卑幼之坟，不可重于杀罪；若发尊长之冢，据法止同凡人。律云：发冢者加役流，在于凡人，便减杀罪一等。若发卑幼之冢，须减本杀一等而科之。已开棺椁者绞，即同已杀之坐。发而未彻者，徒三年。计凡人之罪，减死二等，卑幼之色，亦于本杀上减二等而科，若盗尸柩者，依减三等之例。其于尊长，并同凡人。

此外，宋代在"发冢"条中还附有"诸盗园陵内草木"一条，法律规定：

诸盗园陵内草木者，徒二年半。若盗他人墓茔内树者，杖一百。

相关解释为：

园陵者，《三秦记》云："帝王陵有园，因谓之园陵。"《三辅黄图》云："谓陵四阑门通四园。"然园陵草木而合芟刈，而有盗者，徒二年半。若盗他人墓茔内树者，杖一百。若赃重者，准下条以凡盗论，加一等。若其非盗，唯止斫伐者，准《杂律》毁伐树木稼穑，各准盗论。园陵内徒二年半，他人墓茔内树杖一百。

又，"前代帝王陵寝，名臣贤士、义夫节妇坟垄，并禁樵采，摧毁者官为修筑；无主者碑碣、石兽之类，敢有坏者论如律"。① 王明清《挥麈录》也载："祖宗朝重先代陵寝，每下诏申樵采之禁，至于再三，置守冢户，委逐处长吏及本县令佐常切检校，罢任［具］有无废阙，书于历子。……以上十六帝，各置守陵五户，每岁春秋祠，御书名祝板，祭以太牢。诸处旧有祠庙者，亦别祭飨。……"②

此外，宋代还有在墓田范围内禁止他人起造屋宇，或开成田园、种植桑果之类的法令。③ 如绍兴十二年（1142）二月初二日都省指挥规定："庶人墓田，依法置方一十八步，若有已置坟墓步数元不及数，其禁步内有他人盖屋舍，开成田园、种植桑果之类。如不愿卖，自从其便"，只是不得于禁地内再安坟墓。如果"骨肉相弃，死亡不躬亲葬敛者，于徒二年上重行决配"。④

第三节 宋代殡葬礼仪的变革及其特征

一 宋代殡葬礼仪的变革

在中国传统的殡葬礼俗中，人们的基本信念之一就是"不死其亲"，也就是说不把死去的亲人当成亡人，而是把他视作灵魂和肉体仍存的"活人"。在这种"不死其亲"的观念支配下，"事死如生"的殡葬礼仪便在中国传统的丧葬礼俗中得到了充分的体现。

---

① 《宋史》卷105《礼志八·吉礼八·先代陵庙》，第8册，第2559页。又参见《宋大诏令集》卷156《政事九·褒崇先圣》，第584~587页。
② 王明清：《挥麈录·前录》卷2《祖宗重先代陵寝诏禁樵采》，上海书店出版社，2001，第9~10页。
③ 胡石壁：《禁步内如非己业只不得再安坟墓起造垦种听从其便》，《名公书判清明集》卷9《坟墓门》，上册，第322~324页。
④ 方秋崖：《祖母生不养死不葬反诬诉族人》，《名公书判清明集》卷10《不孝门》，下册，第387页。

（一）宋代官制的殡葬礼仪

与古人一样，宋代统治者对礼制建设非常重视，提出"圣王治世莫重于礼，事不由于礼，无巨细皆不可行"。[①]

殡葬礼仪是宋代特别注重的一种礼仪。为了整饬礼仪，敦厚风俗，统治者曾多次颁布新的殡葬礼仪，严立禁约，并编撰了不少国家礼典。其中影响较大的就有《开宝通礼》、《礼阁新编》、《太常因革礼》、《元丰新礼》、《政和五礼新仪》、《中兴礼书》、《中兴礼书续编》等书。遗憾的是这些官方礼典并没有全部保留下来。

1.《开宝通礼》

北宋建立之初，礼仪草创，诸制大体"循用唐《开元礼》"。[②]其时关注者实为当时所急需之仪式，诸如郊庙、朝仪等，唐开元礼典中的很多仪式并未得到实际遵行。及至开宝中，四方渐平，赵宋王朝的统治也日趋稳定，于是开始考虑本朝礼仪典制的全面考量和修订。宋太祖开宝四年（971），御史中丞刘温叟、卢多逊等奉敕编撰礼典，共200卷。开宝六年（973）书成，200卷的礼典颁行，名《开宝通礼》。这是宋代第一部官修的国家礼典。同时修纂有《开宝通礼义纂》100卷。

《开宝通礼》的编纂体例和内容，以《大唐开元礼》为蓝本，其仪制大部分承袭了唐代的礼典传统，变化不大。[③]但是《开宝通礼》作为宋代的"开国礼典"和"祖宗家法"，对此后礼典的编撰有着极其重大而深远的影响。

2.《礼阁新编》

《礼阁新编》的编写始于宋真宗天禧年间（1017～1021），由同判太常礼院陈宽主持，但至真宗驾崩时未能完成。太常博士、直集贤院、同知太常礼院王皞接任后，"取国初至乾兴所下诏敕，删去重复，类以五礼之目"，[④]经过五年的努力，于仁宗天圣五年（1027）完成《礼阁新编》。全书共60卷，囊括了上至太祖建隆元年（960）下迄真宗乾兴年间（1022）的全部国家有关礼制诏令。有学者认为："《礼阁新编》虽是以'五礼'为体例而纂成，但是其文字乃直接剪裁诏敕或仪注而成，其编撰目的则是专为礼官参阅之用。"[⑤]但也有学者持不同的意见，认为《礼阁新编》中确实有诏敕，也有仪注，但仅仅说是"直接剪裁诏敕"，很容易让人理解成是直接剪裁朝廷从上而

[①] 李复：《礼仪奏》，《全宋文》卷2623，第121册，第375页。
[②] 叶梦得：《石林燕语》卷1，中华书局，1984，第8页。
[③] 《宋史》卷98《礼志一·吉礼一》，第8册，第2421页。
[④] 李焘：《续资治通鉴长编》卷105，仁宗天圣五年十月辛未，1985，第8册，第2451页。
[⑤] 张文昌：《唐宋礼书研究——从公礼到家礼》，台湾大学历史学研究所博士学位论文，2006，第135页。

下颁降的诏敕。其实,《礼阁新编》中不仅有讨论礼仪的文案,还摘录了大臣上奏请改革礼仪运行制度的文书和朝廷的批答。①

3.《太常新礼》

景祐四年(1037),即仁宗亲政后第四年,同知礼院吴育提出对前朝礼典进行修订。吴育在奏章中称,宋代礼院的礼文故事"类例不一",因此要"约古今制度参定,为一代之法"。②事实上,天圣五年(1027)新修的《礼阁新编》已把太祖建隆至真宗乾兴元年(1022)的礼制文献进行过整编,此所谓"未经刊修",③则无疑是指从仁宗即位的天圣元年(1023)至景祐四年十四年间的礼制文书。考之《宋史》,这十四年中有十一年是刘后专权,所以景祐四年提出重修礼书,其实质就是对刘后专权时所定的礼制进行编修整理,以便从制度上对女主专权进行限制。提举参知政事贾昌朝等高官参与了编纂工作。至庆历四年(1044),40卷本的《太常新礼》与60卷本的《庆历祀仪》之编写完成。④新的礼书立即得到仁宗的认可。

4.《太常因革礼》

《太常因革礼》(又称《太常新礼》)是北宋中期的一部重要官修礼制典籍,亦是保存至今的北宋两部官方礼仪典籍之一,它记录了宋代嘉祐以前礼仪制度沿革变化的历史过程,是一部资料汇编。

宋仁宗嘉祐中,太常礼院中礼仪文字资料多散失杂乱,难供检索,遂于嘉祐六年(1061)置局,由时任同判太常寺兼礼仪事的欧阳修奉敕负责编纂礼典,实际编撰者乃是时任霸州文安县主簿的苏洵和陈州项城令姚辟。《开宝通礼》虽名为一代成法,但在实际施行中却多有损益。《礼阁新编》、《太常新礼》虽载有随事损益的新旧诏敕,但采摘不广,多有遗漏,且此两书编成后,随事损益的诏敕又不断出现。为了使后世知道宋初至嘉祐的礼制因革,欧阳修提出了修书的建议,被仁宗采纳。英宗治平二年(1065)九月书成,诏以《太常因革礼》。⑤全书共100卷。其编纂,首列《开宝通礼》内容,次记之后的沿革,附记新出礼仪与废而不行之礼。按《宋史·礼志》的说法,该书体例上以《开宝通礼》为参照,《开宝通礼》所无者以类相从,别为《新礼》;而

---

① 吴羽:《论中晚唐国家礼书编撰的新动向对宋代的影响——以〈元和曲台新礼〉、〈中兴礼书〉为中心》,《学术研究》2008年第6期。
② 李焘:《续资治通鉴长编》卷120,仁宗景祐四年三月戊戌条,1985,第9册,第2825页。
③ 王应麟:《玉海》卷69《景祐太常新礼》,江苏古籍出版社、上海书店出版社,1988,第3册,第1306页。
④ 杨建宏:《礼制背后的政治诉求解读——以北宋官方礼书制作为中心》,《船山学刊》2009年第1期。
⑤ 欧阳修:《太常因革礼》,《续修四库全书》第821册,上海古籍出版社,2002;《宋史》卷443《苏洵传》,第37册,第13097页。

《开宝通礼》所有，后废而不从者，也以类相从，谓之为《废礼》；宋代立庙的诸儒议论则别立为《庙议》。其书质量较高，时人李清臣评价说："开宝已后，三辑礼书，推其要归，嘉祐尤悉。"①

5.《元丰新礼》

熙宁十年（1077），知谏院黄履认为仁宗庆历以来"郊祀礼乐未合古制，请命有司考正群祀"。与此同时，陈襄也指出宋朝礼制"大率皆循唐故"，"亦兼用历代之制"，由于宋代礼制是唐礼杂合历代之制而成，所以在协调两者之关系上，出现了"情文讹舛，多戾于古"的矛盾。②因此，他也提出创作新的礼仪制度，以适应宋代形势的变化。曾参与仁宗时《太常因革礼》体例拟定的苏颂也呼吁重修礼制，请求神宗"再命诸儒讨论国朝以来自《开宝通礼》至近岁详定礼文，以有司及仪注沿革，依《三礼》随类分门，著为《大宋元丰新礼》，付之太常，颁于学官"。③元丰元年（1078）正月，时知秦州的吕大防也上奏，"乞诏谕礼官，先择《开宝通礼》论定而明著之，以示天下，违者有禁，断以必行。虽未能下逮黎庶，而小人所视，足以成化。况台省官视事州县，祭社稷、释奠之类，已略用礼矣。推此而为之，亦非绝俗难行之事。又今之所行者，于礼之中，才举数事，以渐善俗，义在于此。伏惟陛下留神财省，立万世法，天下幸甚"。④总之，在熙宁、元丰年间出现了强烈的制礼的呼声。这一呼声偏偏出现于王安石变法进行了十多年之际，正反映出一部分支持改革的官员企图以制礼的形式巩固变法成果的愿望。这种愿望与神宗思想正相吻合，需要用"制礼作乐"的方式予以肯定，所以他"诏履与礼官讲求以闻"，并在太常寺正式设礼局以统筹其事。

元丰（1078～1085）初，在宋敏求等人的努力下，礼制创作取得了如下成果：《朝会仪注》46卷，《祭祀》191卷，《祈禳》40卷，《蕃国》71卷，《丧葬》163卷。其中，《丧葬》163卷又分为《葬式》、《宗室》、《外臣葬敕令格式》、《孝赠式》四类。⑤据《宋史》所载，《元丰新礼》"损益之制，视前多矣"，⑥实可视为宋代中期的礼制创作。

《元丰续因革礼》上续欧阳修《太常因革礼》，把治平至元丰年间的礼仪制度文章

---

① 晁公武：《郡斋读书志》卷2《太常因革礼一百卷》，《郡斋读书志校证》本，上海古籍出版社，1990，第79页。
② 《宋史》卷98《礼志一·吉礼一》，第8册，第2422页。
③ 苏颂：《苏魏公文集》卷18《请重修纂国朝所行五礼》，第244～246页。
④ 吕大防：《上神宗请定婚嫁丧祭之礼》，赵汝愚编《宋朝诸臣奏议》卷96《礼乐门》，上海古籍出版社，1999，下册，第1033页。
⑤ 杨建宏：《礼制背后的政治诉求解读——以北宋官方礼书制作为中心》，《船山学刊》2009年第1期。
⑥ 《宋史》卷98《礼志一·吉礼一》，第8册，第2423页。

进行了总结汇编。

6.《续太常因革礼》

宋哲宗时，政局动荡。元祐年间，改革的反对派司马光执政，政治上全面复古，随着内部政治实力的变化，哲宗年号又改为"绍圣"。内部政治动荡的同时，国内阶级矛盾与民族矛盾也进一步尖锐，社会秩序呈现混乱状态。大臣朱光庭便指出当时的社会乱象：

> 夫礼废而不讲久矣。今天下之人，自丱角已衣成人之服，则是何尝有冠礼也？鄙俗杂乱，不识亲迎人伦之重，则是何尝有婚礼也？火焚水溺，阴阳拘忌，岁月无限，死者不葬，葬者无法，五服之制，不明重轻，则是何尝有丧礼也？春秋不知当祭之时，祭日不知早晚之节，器皿今古之或异，牲牢生熟之不同，则是何尝有祭礼也？冠、昏、丧、祭，礼之大者，莫知所当行之法。朝廷之上，未尝讲修，但沿袭故事而已，曾未尽圣人之蕴。公卿士大夫之间，亦未尝讲修，但各守家法而已，何以为天下之法？车舆服食，器用玩好，法禁不立，僭侈尤甚，富室拟于王公，皂隶等于卿士。

他认为产生这种现象的根本原因，就在于"一出于无礼而然也"。因此，他强烈要求皇帝召集"执政大臣，各举明礼官参议五礼。上自朝廷所行之制度，下至民庶所守之规矩，纤悉讲明，究极先圣人之蕴，以古参今，酌人情之所安，天下可通行以为法者，著为一代之大典，垂诸象魏，颁诸四海，以正人伦，以变礼俗"。①朱光庭的奏疏在当时并没有引起执政者的重视，然而至北宋晚期徽宗朝时，却得到了回应，这种回应首先是徽宗政和四年（1114）由葛胜仲完成了《续太常因革礼》（一名《政和续因革礼》）的编修。②

7.《政和五礼新仪》

北宋末期，社会已经蕴含着深刻的危机。"礼废乐坏，大乱之后，先王之泽竭，士弊于俗，学人溺于末习，忘君臣之分，废父子之亲，失夫妇之道，绝兄弟之好，至以众暴寡，以智欺愚，以勇威怯，以强陵弱，庶人服侯服，墙壁被文绣，公卿与皂隶同制，倡优下贱，得为后饰，昏冠丧祭，宫室器用，家殊俗异，人自为制，无复纲

---

① 朱光庭：《上哲宗乞详议五礼以教民》，赵汝愚编《宋朝诸臣奏议》卷96《礼乐门》，下册，第1033~1034页。
② 杨建宏：《礼制背后的政治诉求解读——以北宋官方礼书制作为中心》，《船山学刊》2009年第1期。

纪，几年于兹，未之能革。"①宋徽宗"以礼乐为急"，意图以礼制规范社会行为，以救大厦之将倾。他主张以礼治国，并强调要"以法入礼"，如大观元年（1107）七月二十六日他给议礼局御笔中就曰："防民范俗在于五礼，可先次检讨来上。朕将裁成损益，亲制法令，施行之天下，以成一代之典。"②其所作《政和五礼新仪·徽宗原序》也同样明确表达了强制推行礼仪、规范民俗的思想：

  昔在神考，亲策多士，命官讨论。父作子述，朕敢忽哉？……谓安上治民，别嫌明微，释回增美，莫善于礼。亲降策问，下询承学造庭之士，将因今之材而起之也，命官讨论郊祀之仪，服章之饰，是正讹舛，大勋未集。

  徽宗认为乃父神宗有意于以礼安上治民，并着意礼制建设，却没有完成这个历史任务。他表示要"仰惟先志，明发不寐，继而承之，罔敢忽怠"。

  政和三年（1113），由知枢密院郑居中领衔编修，尚书白时中、慕容彦逢，学士强渊明等撰的《政和五礼新仪》编定，共220卷。此礼与过去的礼典有较大的不同。过去，官方礼制一直是以朝会典制、君臣礼仪等规定为主要内容，而庶民礼仪不见于礼典之中。直到《政和五礼新仪》中才出现了专门针对庶民层面的礼仪规定，已经明确而详备。在《政和五礼新仪》之凶礼中，品官丧仪与庶人丧仪各占三卷，除品官葬礼中有"祔"的内容之外，品官丧仪与庶人丧仪的步骤名目均一致，只是在具体内容和细节中存在着尊卑等级的差异。例如其书"序例·丧葬之制"中，详细规定了庶人丧葬仪制；再如，五礼仪制中列出了"庶人丧仪"等专门针对庶民百姓的礼仪条文。这是中国古代官方礼典中第一次明确出现的专门针对庶民的礼仪条文。《政和五礼新仪》中庶民礼仪的专门规定，正是宋代官方礼制"庶民化"趋势的具体反映，标志着庶民礼仪制定的重大发展。

  《政和五礼新仪》既成，即有官员请求在地方上推行。如通判李新曾上书："臣尝谓吉凶二礼，士民所常用。今州郡将新仪指摘出榜、书写墙壁，务为推行之迹，而苟简灭裂、增损脱漏、诵读不行，未越旬时，字画漫灭不可复攻［考］，民庶所行既未通知，至与新仪违戾，或僭或陋，实非民庶之过。臣欲乞诸州并许公库镂板，仪曹局［旬］以某礼行下属县，置籍抄录，［季行］检示粉壁及察民间所行之

---
① 郑居中等：《政和五礼新仪》卷首《御笔指挥》，文渊阁《四库全书》本，第647册，第3页。
② 郑居中等：《政和五礼新仪》卷首《御笔指挥》，文渊阁《四库全书》本，第647册，第6页。

礼过与不及。州委教授，县则有出身官，且望就学，讲习新仪，监司岁终保明，具奏察其勤弛而加劝惩之。"①宋徽宗采纳了他的建议，为了更好地推行《政和五礼新仪》，令增置礼直官，"许士庶就问新仪"，又诏"开封尹王革编类通行者刊本给天下，使悉知礼意"。"遇民宜之家，有冠婚丧葬之礼，即令指授新仪"，并以法律的强制手段强行在民间推广，规定对不按礼制进行有关礼仪活动者处以刑罚。"其不奉行者论罪"，②其"违仪不奉行者以违制论，不以去官、赦降原减"③。政和六年（1116）闰正月，太府丞王鼎言"新仪藏在有司，民未通晓，望依新乐颁行，令州县召礼生肄业，使之推行民间，并以新仪从事"④。政和八年（1118）正月二十五日，徽宗诏曰：

> 礼止邪于未形，先王作仪以范民而教之中，其意微矣。五礼新仪，州县推行，未臻厥成，可依所奏，令诸路监司因按部考察虔惰。岁择一二以闻，当议赏罚，以观忠厚之俗。⑤

此诏明确反映出朝廷推行礼仪规定的决心。

但这种强制性的推广导致了严重的扰民现象。《九朝编年备要》卷二八便载："初以士民吉凶多用委巷之礼，乃颁新仪。吏奉行甚严，民更苦之。"陆游《家世旧闻》卷下亦载："颁《五礼新仪》，置礼生，令举行。而民间丧葬、婚姻，礼生辄协持之，曰：'汝不用《五礼新仪》，我将告汝矣。'必得赂乃已。"重和元年（1118）十二月，官员们感到其非常烦扰，实在难以推行，于是开封府尹盛章奏：

> 臣契勘民间冠昏所用之人，多是俚儒、媒妁及阴阳卜祝之人。臣已令四厢并籍定姓名，逐旋勾追赴府，令本府礼生指教，候其通晓即给文帖。遇民庶之家，有冠昏丧葬之礼，即令指受新仪。⑥

---

① 李新：《跨鳌集》卷13《乞州郡讲习五礼新仪》，黄淮、杨士奇编《历代名臣奏议》卷120《礼乐》，第3册，第2403页。
② 《宋史》卷98《礼志一·吉礼一》，第8册，第2423页。
③ 徐松：《宋会要辑稿》刑法2之74，第7册，第6532页。
④ 王应麟：《玉海》卷69《政和五礼新仪》，第3册，第1308页。
⑤ 《宋大诏令集》卷148《礼乐上·奉行五礼新仪监司因按部考察虔惰御笔》，第548页。
⑥ 徐松：《宋会要辑稿》刑法2之73，第7册，第6532页。

至宣和元年（1119）六月，《政和五礼新仪》经过七年的强制推行，已经进入死胡同，开封府首先向朝廷申请不再施行：

> 顷命官修礼，施之天下，冠婚丧祭，莫不有制。俗儒胶古，便于立文，不知达俗。闾阎比户，贫窭细民，无厅寝房廊之制，无阶庭升降之所。礼生教习，责其毕备，少有违犯，遂抵于法。至于巫卜媒妁，不敢有行，冠昏丧祭，久不能决。立礼欲以齐民，今为害民之本。开封府申请五礼新仪节要并前后指挥及差礼直官礼生并教行人公文指挥，可更不施行。①

从这篇奏文来看，导致政和礼仪不能顺利推行的重要原因是礼文跟实际生活严重脱节，"俗儒胶古，便于立文，不知达俗"，致使"无厅寝房廊之制，无阶庭升降之所"的闾阎比户、贫窭细民，要遵行其规定的冠婚丧祭的仪式是根本不可能的。即使有严格的推行措施，也无法施行政和礼仪，更达不到预定的目的，反而容易导致民间"冠昏丧祭，久不能决"。面对民众的强烈抗议和大批官员的反对这一尴尬情景，宋徽宗只得下令废除，新礼推行草草收场。②

8.《中兴礼书》、《中兴礼书续编》

《中兴礼书》、《中兴礼书续编》是南宋时期两部重要的官修礼典，由礼部太常寺编撰。其编撰者都是供职于太常寺的一般职业官吏，其中，《中兴礼书续编》由太常寺主簿叶宗鲁主持编集。

《中兴礼书》编纂于淳熙年间（1174～1189），共有300卷，内分五个部分：（1）吉礼（第1卷至第172卷）；（2）嘉礼（第173卷至第221卷）；（3）宾礼（第222卷至第229卷）；（4）军礼（第230卷至第235卷）；（5）凶礼（第236卷至第300卷）。书中收录了南宋高宗朝至孝宗朝初期太常寺以及大臣讨论制定礼仪仪注及制度的文书及朝廷的批示，然后再记相关的仪注。其材料是原来的各种"文案"，经过删繁就简，然后编类成书。③

---

① 《宋大诏令集》卷148《礼乐上·开封府申请五礼新仪节要并前后指挥更不施行》，第548页。
② 《宋史》卷98《礼志一·吉礼一》，第8册，第2423页；楼劲：《宋初礼制沿革及其与唐制的关系——兼论"宋承唐制"说之兴》，《中国史研究》2008年第2期；楼劲：《宋初三朝的礼例与礼制形态的变迁》，《中国社会科学院历史研究所学刊》第5集，2008年；吴羽：《〈政和五礼新仪〉编纂考论》，《学术研究》2013年第6期。
③ 徐松辑录《中兴礼书》，《续修四库全书》第822～823册，2002年影印本。

《中兴礼书续编》始编于嘉泰元年（1201），当时臣僚上言云："契勘太常寺《中兴礼书》卷帙甚盛，无不备载，尚有孝宗一朝所行典礼至今未曾接续修入，可谓阙典。臣向者备数奉常末属，备见始末，按牍无一不存。窃虑以后散失，欲乞陛下因时制礼，下臣此章，令礼部太常寺日下编类旧牍，接续三百卷以后修纂成书。"嘉泰二年（1202），臣僚又上言云："九月二十七日，三省同奉圣旨，依礼寺除已编类旧牍，将孝宗皇帝一朝典礼接续修纂成《中兴礼书续编》八十卷，今已缮写行投进。"①从上述臣僚所说《中兴礼书续编》的编撰情况来看，《中兴礼书续编》也是将已行之礼相关的案牍编类成书。

需要指出的是，叶宗鲁的《中兴礼书续编》与前面所述的几部礼典不同，并没有沿袭对宋代影响甚巨的《大唐开元礼》，也不效法奠定一代规制的《开宝通礼》，甚至连《太常因革礼》和较近的《政和五礼新仪》也不提及，而是把唐代王彦威编撰的《曲台礼》和《续曲台礼》看成自己编书的楷模。他们延续了王彦威编撰《曲台礼》以来的国家礼书案牍化的传统。②

《中兴礼书续编》共80卷，从吉礼、嘉礼、宾礼、军礼、凶礼五个方面对南宋淳熙十二年（1185）以后宫廷用礼情况做了较为详细的记录。现传本内容有缺佚。

此外，南宋统治者仍关注庶民的礼仪。绍熙中，礼官黄灏奏请于《政和五礼新仪》之内掇取品官、庶人冠婚丧祭礼仪，"摹印颁之郡县"，朝廷同意了他的奏请，此即《政和冠昏丧祭礼》一书。③该书专门摘录了品官和士庶的冠婚丧祭礼文，刊印后颁发给各州县地方，加以推行。

（二）宋代私家殡葬礼仪

宋代许多著名的士大夫，也在官修礼书的同时，著书立说，编订家庭礼仪方面的著作，畅谈自己的观点，希望以此影响社会大众。如在宋初，胡瑗撰有《吉凶书仪》两卷，"略依古礼，而以今体书疏仪式附之"。④司马光、程颐、程颢、张载等人虽曾构筑家礼的体系，"然程、张之言犹颇未具，独司马氏为成书"。⑤杜衍家族"吉凶祭

---

① 叶宗鲁：《中兴礼书续编序》，《续修四库全书》第823册，第473页。
② 吴羽：《论中晚唐国家礼书编撰的新动向对宋代的影响——以〈元和曲台新礼〉、〈中兴礼书〉为中心》，《学术研究》2008年第6期。
③ 马端临：《文献通考》卷187《经籍考十四》，中华书局，2011，第5487页。
④ 晁公武：《郡斋读书志》卷8《仪注类》，《郡斋读书志校证》本，第329页。
⑤ 朱熹：《晦庵集》卷83《跋三家礼范》，四川教育出版社，1996，第7册，第4284页。俞文豹《吹剑录（附外集）》载："伊川尝修六礼，以家人恋河北旧俗，不能遽易。"参见《丛书集成初编》本，中华书局，1991，第33页。

祀、斋戒日时币祝从事，一用其家书"，欧阳修言："自唐灭，士丧其旧礼而一切苟简，独杜氏守其家法，不迁于世俗。"① 韩琦参合了前代的七家祭礼，采用前人家祭礼中仍可行于今时的仪制，并吸纳世俗祭礼中难以轻易废除的内容，著成《韩氏参用古今家祭式》，内分祭礼 13 篇，让韩氏家族子孙"奉而行之"。其序文中云："采前说之可行，酌今俗之难废者，以人情断之。"② 即至于何谓可行于今者、何谓难以废除者，乃皆以人情评断。徐度评价韩琦家祭礼顺应世俗民情时曾云："其说多近人情，最为可行。"③ 张载家族的婚丧葬祭诸仪，据《宋史·张载传》记述，"率用先王之意，而傅以今礼"。南宋时，高闶撰有《送终礼》（此书又称《厚终礼》）一卷，然而没能留传下来，难知其貌。④《朱子家礼》则为南宋私家礼典的代表作。

1. 司马光《司马氏书仪》

司马光（1019~1086），字君实，号迂叟，陕州夏县（今山西运城）人。宋代政治家、文学家、史学家。历仕仁宗、英宗、神宗、哲宗四朝，仕至尚书左仆射、门下侍郎。其所著《司马氏书仪》，成书于晚年时。他以《仪礼》为本，同时又参考了《大唐开元礼》中有关品官冠婚丧祭的礼制，以及当时所可行的礼仪，撰成《司马氏书仪》、《涑水祭仪》以及《居家杂仪》。其中，《司马氏书仪》共 10 卷。卷一为有关表奏、公文、私书、书信的书写格式；卷二为"冠仪"，包括冠、笄、堂室房户图、深衣制度；卷三、卷四为"婚仪"，包括婚、纳采、问名、纳吉、纳币、请期、亲迎、妇见舅姑、婿见妇之父母，卷四中还列居家杂仪；卷五至卷十为"丧仪"。殡葬礼仪是此书最为重要的内容，司马光用六卷多即一半以上的篇幅来阐述丧仪，足见他对殡葬礼仪的重视。他把丧仪视为强化宗法意识的重要手段，试图通过丧礼的实施使伦理纲常得以不衰，使统治秩序得以维持。该书卷五至卷十的"丧仪"，分节叙述，条理清楚，易于掌握，同时，重点突出，如卷二"深衣制度"，卷六"五服制度"、"五服年月略"，卷九"居丧杂仪"，卷十"祭"和"影堂杂仪"。此书中，书札体式占很小比重，除了卷一之外，只有卷九的"居丧杂仪"后附书式

---

① 欧阳修：《居士集》卷 31《太子太师致仕杜祁公（衍）墓志铭》，李之亮笺注《欧阳修集编年笺注》，第 2 册，第 514 页。
② 韩琦：《韩氏参用古今家祭式序》，《全宋文》卷 853，第 40 册，第 26 页。
③ 徐度：《却扫编》卷中，《宋元笔记小说大观》第 4 册，第 4502 页。
④ 南宋陈振孙《直斋书录解题》（上海古籍出版社，1987，第 188 页）载："《高氏送终礼》一卷，礼部侍郎高闶抑崇撰"。《建炎以来系年要录》卷 152 载：绍兴十四年，时高闶为礼部侍郎，"患近世礼学不明，凶礼尤甚，著《厚终礼》"。《延祐四明志》卷 4 载：高闶"又集《厚终礼》一编行于世，朱文公定《家礼》多用之"。

二十则,讲述讣告、吊丧、慰问以及居丧期间往来的书信体例,卷十的"影堂杂仪"后附书式六则,讲述举行拜祭祖先礼仪仪式与家族成员之间的书信体例。可以说,司马光所制定的殡葬程序和礼仪,虽然仍旧沿用前代传统"士礼",但已经根据当时社会的现实情况和民间的社会习俗做了一些变通,书中"从俗"、"从众"、"从简"、"从简易"等词,清晰地表明其参以时宜、顺应今俗的特点。例如《司马氏书仪》专门设有影堂祭祀以及影堂杂仪的条目,正是顺从北宋官僚士大夫家族设影堂以祭祖这一世俗。故此,《司马氏书仪》多为当时和后来一些文人士大夫所遵奉,亦被认为是北宋最著名的家礼文本。

《司马氏书仪》仍保留有大量古雅繁复的礼节,对广大士庶的日常生活指导意义并不大。故朱熹评价说:"读者见其节文度数之详有若未易究者,往往未见习行而已有望风退怯之意。又或见其堂室之广、给使之多、仪物之盛而窃自病其力之不足,是以其书虽布,而传者徒为箧笥之藏,未有能举而行之者也。"①

2. 朱熹《朱子家礼》

南宋时,鉴于官府《政和五礼新仪》的废除和《司马氏书仪》等私家礼书的缺陷,人们迫切希望有一部具有广泛适应性、可供庶民之家参考和遵循的家庭礼仪著作。面对这种社会普遍而急迫的需要,绍熙五年(1194)八月,理学大师朱熹以病衰之身承接了这一重任,"以厚彝伦而新陋俗":

呜呼,礼废久矣!士大夫幼而未尝习于身,是以长而无以行于家。长而无以行于家,是以进而无以议于朝廷,施于郡县,退而无以教于闾里,传之子孙,而莫或知其职之不修也。……今乃以安于骄佚而逆惮其难,以小不备之故而反就于大不备,岂不误哉?故熹尝欲因司马氏之书,参考诸家之说,裁订增损,举纲张目,以附其后,使览之者得提其要以及其详,而不惮其难行之者。虽贫且贱,亦得以具其大节、略其繁文而不失其本意也。②

于是《朱子家礼》一书问世了。

《朱子家礼》又名《文公家礼》,简称《家礼》,分通礼、冠礼、婚礼、丧礼和

---

① 朱熹:《朱熹集》卷83《跋三家礼范》,第7册,第4284页。俞文豹《吹剑录(附外集)》载:"晦庵自居母丧,始参酌古今为家礼。其后又各以俗礼损益之,故曰礼从宜,事从俗。因取温公礼书,摘其可以增益俗礼之未至者。"参见《丛书集成初编》本,第33页。
② 朱熹:《朱熹集》卷83《跋三家礼范》,第7册,第4284～4285页。

祭礼五部分，其中丧、祭两部分在整本书中占据重要篇幅，详细载有从初终到三年大祥、禫服及归山后的墓祭等各种礼仪。其中，《通礼》含"祠堂"、"深衣制度"、"司马氏居家杂仪"三节，统领全篇。《丧礼》述及五服制度和"居丧杂仪"。全书参酌古今，博采众长，融会贯通，故而体例完备而条目清晰。

朱熹主张根据时代和社会的发展，对丧仪做出相应的调整。当有学生问丧礼制度条目时，他回答说："恐怕《仪礼》也难行。如朝夕奠与葬时事尚可。未殡以前，如何得一一恁地子细？只如含饭一节，教人从那里转？那里安顿？——各有定所，须是有人相，方得。孔子曰'行夏之时，乘殷之辂'，已是厌周文之烦了。某怕圣人出来，也只随今风俗立一个限制，须从宽简。而今考得礼子细，一一如古，固是好；如考不得，也只得随俗不碍理底行去。"①有鉴于此，他认为编纂家礼时虽然遵循《仪礼》、《礼记》等书中的某些礼仪，但对古礼中的繁文缛节应做简化处理。其实上，他也是按此而行的。其葬长子丧仪为："铭旌，埋铭，魂轿，柩止用紫盖。尽去繁文。埋铭石二片，各长四尺，阔二尺许，止记姓名岁月居里。刻讫，以字面相合，以铁束之，置于圹上。其圹用石，上盖厚一尺许，五六段横凑之，两旁及底五寸许。内外皆用石灰、杂炭末、细沙、黄泥筑之。"②

同时，《朱子家礼》也采纳了前辈司马光、程颢、程颐、张载等人的观点，并吸收了大量民间俗礼，在对古礼进行大刀阔斧删减的前提下，制定出合乎时宜的民间家礼，这为平民百姓的参考使用留有较大余地，可以因人、因地、因时而制宜。由于《朱子家礼》具有以上的特点和长处，加之在朱熹的名下流传和推广，其影响不断增大。至明、清两代，《朱子家礼》成为后世丧祭礼书的蓝本。③

二 宋代殡葬礼仪的特征

通过上述宋代丧葬礼仪的变革过程，可以看出其呈现出以下几个特征：

（一）不断简化的趋势

宋代不仅殡葬礼仪的程序较前减少，居丧时间也是大幅度减少，"以日易月"。丧服同样如此，《司马氏书仪》卷六《丧仪二》曰："古者五服皆用布，以升数为别。盖当时有织此布，以供丧用者。布之不论升数久矣。"朱熹曰："今之冠婚礼易行，丧祭

---

① 黎靖德编《朱子语类》卷89《礼六·冠昏丧》，第6册，第2275页。
② 《朱子语类》卷89《礼六·冠昏丧》，第6册，第2286页。
③ 杨志刚：《〈司马氏书仪〉和〈朱子家礼〉研究》，《浙江学刊》1993年第1期；徐恋、李伟强：《朱子家礼中丧祭礼的嬗变——以湖南平江、浏阳两县徐氏家族为例》，《商》2013年第11期。

礼繁多，所以难行。使圣人复出，亦必理会教简要易行。"①司马光和朱熹两人在制定丧礼时，第一，以"生布"、"生绢"等材料替代过去制作极细的熟布。第二，指出齐衰以下一般不用衰服。第三，对丧冠、受服等的规格等也按从简的原则进行简化。同时，《司马氏书仪》还引《丧葬令》，强调礼仪规格可以就低不就高："诸丧葬不能备礼者，贵得同贱；贱虽富不得同贵。"②《庆元条法事类》卷七七《服制门·丧葬》也称："诸丧葬有制数而力不及者，听从便。"

（二）逐渐世俗化，以适合时代的需要

司马光在制定殡葬礼仪时，根据当时的社会习俗做了较多的改变。他在《司马氏书仪》对冠婚丧祭等礼文仪式的规范叙述中，按循《仪礼》等经典旧文之际，屡屡可见"今从俗"、"且须从俗"、"今从便"之语。分析这些地方从俗的原因，大致可以归纳为以下几种情况：第一，古制今不可知，只好从俗。如《司马氏书仪》卷四《妇见舅姑》："古笄制度，汉世已不能知，今但取小箱，以帛衣之。皂表绯裹，以代笄，可也。"第二，古今好尚相异，故改从俗。如《司马氏书仪》卷三《亲迎》："古者，同牢之礼，婿在西东面，妇在东西面。盖古人尚右，故婿在西，尊之也。今人既尚左，且须从俗。"第三，古礼破费，恐贫家不能治，故从简易之俗礼。如《司马氏书仪》卷五《小殓》："古者士袭三称，大夫五称，诸侯七称，公九称；小殓，尊卑通用十九称；大殓，士三十称，大夫五十称，君百称。此非贫者所能办也，今从简易。袭用衣一称，小大殓据死者所有之衣，及亲友所襚之衣，随宜用之。"第四，古礼繁缛，不便施行，故从简便。如《司马氏书仪》卷五《小殓》："古者小敛之奠用牲，今人所难办，但如待宾客之食，品味稍多，于始死之奠，则可也。"第五，古今事物异制，难依古礼，姑且从俗。如《司马氏书仪》卷五《小殓》："古者小殓席于户内，设床第于两楹之间。既殓，移于堂。今堂室之制异于古，且从简易，故小殓亦于中间。"卷五《小殓》："古者疾病废床，人生在地，去床，庶其生气反也。将沐浴，则复迁尸于床矣，故《丧大记》曰：'始死，迁尸于床，幠用敛衾，去死衣。或遇暑月，则君设大盘，大夫设夷盘，实以冰。士无冰，则并瓦盘，实以水，置于床下，以寒尸。'今人既死，乃卧尸于地，讹也。古者沐浴及饭含，皆在牖下；今室堂与古异制，故于所卧床前置之，以从宜也。古者沐浴设床祖簟。祖簟者，去席，盖水便也。今藉以簟，不设毡褥，亦于沐浴便云。"第六，俗礼虽古所无，然亦

---

① 黎靖德编《朱子语类》卷90《礼七·祭》，第6册，第2313页。
② 司马光：《司马氏书仪》卷7《丧仪三·碑志》，《丛书集成初编》本，第80页。

合于事理,故应采纳。如《司马氏书仪》卷三:"古无婿妇交拜之仪。今世俗始相见交拜,拜至恭,亦事理之宜,不可废也。"第七,俗虽非礼,然难以遽革,故权且变通相从。如《司马氏书仪》卷七谈到世俗乱立墓碑、替死者炫耀夸饰的劣习时说:"今既不能免俗,其志文但可直叙乡里世家、官薄始终而已。"在这类习俗面前,宋代家礼建设者们往往显得无可奈何,明知非礼,却难以彻底革除,只好做些变通,抱着"有胜于无"的心态,权且相从。①

朱熹制定礼仪制度同样秉承了这一原则,他在《家礼·序》中云:

> 三代之际,《礼经》备矣。然其存于今者,宫庐器服之制,出入起居之节,皆已不宜于世。世之君子,虽或酌以古今之变,更为一时之法,然亦或详或略,无所折衷。至或遗其本而务其末,缓于实而急于文。自有志好礼之士,犹或不能举其要,而因于贫窭者,尤患其终不能有以及于礼也。
>
> 熹之愚,盖两病焉。是以尝独究观古今之籍,因其大体之不可变者而少加损益于其间,以为一家之书。

他改革丧服,指出:"今人吉服皆已变古,独丧服必欲从古,恐不相称。"又曰:"高宗登遐,寿皇麻衣不离身,而臣子晏然朝服如常,只于朝见时,略换皂带,以为服至尊之服。冠有数样,衣有数样,所以当时如此者,乃是甚么时,便著甚么样冠服。昨闻朝廷无所折衷,将许多衣服一齐重叠著了。古礼恐难行,如今来却自有古人做未到处。如古者以皮束棺,如何会弥缝?又,设熬黍稷于棺旁以惑蚍蜉,可见少智。然三日便殡了,又见得防虑之深远。今棺以用漆为固,要拘三日便殡,亦难。丧最要不失大本。如不用浮屠,送葬不用乐,这也须除却。所谓古礼难行者,非是道不当行,只怕少间止了得要合那边,要合这边,到这里一重大利害处,却没理会,却便成易了。古人已自有个活法,如身执事者面垢而已之类。"②又如在祠堂相关仪制的内容上,朱熹也明显顺应了士庶的生活实际,迎合士庶社会层面的风俗习惯。书中规定祠堂祭礼时日沿承古代祭祖"正至、朔望则参"的同时,又规定了"俗节"的祭献,曰:"俗节则献以时食。"注文云:"节如清明、寒食、重午、中元、重阳之

---

① 王立军:《宋代的民间家礼建设》,《河南社会科学》2002年第2期。
② 黎靖德编《朱子语类》卷89《礼六·冠昏丧·总论》,第6册,第2275、2278页。

类。凡乡俗所尚者,食如角黍;凡节之所尚者,荐以大盘,间以蔬果。礼如正至、朔日之仪。"

(三)在上述儒家丧葬礼仪的基础上,吸收了佛、道等宗教的丧葬礼仪

这一特征又具体表现在以下几个方面:家人死后避回煞,出殡用僧道导引,做道场,选择墓地、确定出殡日期请风水大师,等等。因在下面有详细的阐述,此不赘论。

第二章
殡葬程序

第一节 殡丧

从儒家的丧葬礼仪来看,殡丧程序主要有初终、招魂、易服、讣告、沐浴、饭含、小殓、大殓、殡、成服、朝夕哭奠等。

一 初终、招魂与送魂

(一)初终

宋代初终之礼与前代相差不多,其礼仪是:把将死之人迁居到家中的正寝,此时内外安静,以等待病者平静地死去。病者气既绝,诸子号啕大哭,兄弟、亲戚、侍者也皆哭泣,各尽哀而止。①

在这一礼仪中,宋代儒家丧礼有一个重要原则,即男子死男子之手,女子死女子之手。如司马光《书仪·丧仪》规定:"男子不绝于妇人之手,妇人不绝于男子之手。"原注又说:"凡男子疾病,妇人侍疾者,虽至亲,当处数步之外;妇人疾病,男子亦然。此所谓能以礼自终也。"因此,宋代丧事,女子受到诸多限制。特别是士人临终之时,更是忌讳妇人在场,否则被视为不祥。例如贡士黄振龙(字仲玉)"疾革,命取新衣易之,家人方环立侍疾,君整襟肃容,呼其子曰:'养吾疾者莫若子,男子不死于妇人之手。'妇人退"。②豫章丰城(今属江西)人邹一龙知道自己的病已经无法医治,于

---

① 如《朱子家礼》卷4《丧礼·初终》所载,此礼非常简单:"疾病,迁居正寝。既绝乃哭。"见〔日〕吾妻重二著、吴震编《朱熹家礼实证研究》,第291页。
② 黄榦:《贡士黄君仲玉行状》,《全宋文》卷6558,第288册,第422页。

是不再服药，临死之际，他赶走了在场的女性家属，说："吾不死妇人手。"[①]孙奭（962～1033），字宗古，博州（今山东茌平）人。北宋经学家、教育家。宋太宗时入国子监为直讲。真宗时，为诸王侍读，累官至龙图阁待制。仁宗即位，他以名儒被召为翰林侍讲学士，判国子监，后迁兵部侍郎、龙图阁学士、礼部尚书。晚年以太子少傅致仕，卒于家。他以经学成名，一生坚守儒家之道。疾甚，徙正寝。将终之际，摒去婢妾，对儿子瑜说："速吾属纩，当无内姬妾。独若与诸孙在，庶不死于妇人之手。"[②]

（二）招魂

宋代招魂的仪式，基本上沿袭前代。据《政和五礼新仪》载："品官丧，位皆以服精粗为序复于正寝。（六品以下二人，妇人视其夫。）皆常服，以死者之上服左荷之，升自前东荣，当屋履危（危屋栋也），北面西上。左执领，右执腰，招以左。每招曰：'皋某。'复三呼而止。（丈夫称字或伯仲，妇人皆称姓。）投衣于前，授以箱，升自东阶。入，以覆尸。复者降自后西荣，复衣不以袭敛（浴则去之）。设床笫于室户内之西，去脚舒簟，设枕施幄，去裙。迁尸于床南首，覆用夷衾（大敛时所用之衾也，黄衣素里下同）。去死衣（疾困所加新衣）。即床而奠（按：以前皆谓之奠，其礼甚简，盖哀不能文，而于新死者亦未忍，遽以鬼神之礼事之也）。赞者以脯醢酒，用吉器。升自东阶，设于尸东当牖（内丧皆内，赞者行事受于户外，入而设之）。既奠，赞者降出帷堂。"[③]

与《政和五礼新仪》相比，司马光所撰《司马氏书仪》则做了简化，其书卷五《丧仪》载：侍者一人，拿着死者生前穿过的公服或常服，"左执领，右执腰，就寝庭之南北面招，以衣呼曰：'某人复。'凡三呼，毕，卷衣入覆于尸上，然后行死事，立丧主。主妇护丧，司书司货，易服讣告。护丧司书为之发书，讣告于亲戚及僚友。"

（三）送魂

招魂仪式后，如死者还未复生，才被正式确认为已经死亡。此时，丧家便要忙着举行一系列的送魂仪式，这些送魂仪式，主要有点随身灯、买水等。

1. 点随身灯

民间丧俗，在人刚死之时，丧家要赶紧用棉纸制作纸灯，蘸上香油，从死人床前开始，点上一盏又一盏的纸灯，直到大门外，这便叫"随身灯"（或称"引路灯"、"长命

[①] 姚勉：《丰城邹君墓志铭》，《全宋文》卷8143，第352册，第146页。
[②] 宋祁：《孙仆射行状》，《全宋文》卷524，第25册，第60～64页。
[③] 郑居中等：《政和五礼新仪》卷215《凶礼·品官丧仪上·初终（自有疾至袭）》，文渊阁《四库全书》本，第647册，第879页。

灯"、"引魂灯"），帮助死者往阴间世界报到。这种习俗在宋代颇为流行，如话本小说《快嘴李翠莲记》载："我家公婆又未死，如何点盏随身灯？"① 民间以为，过桥灯可以照亮死者亡魂去阴曹地府的道路，使其在过阴间奈何桥时不会跌入"血河池"中。

2. 买水称衣

买水之俗早在宋代就已流行，如周去非《岭外代答》卷六《买水沽水》云："钦人始死，孝子披发顶竹笠，携瓶瓮，持纸钱，往水滨号恸，掷钱于水，而汲归浴尸，谓之买水，否则邻里以为不孝。今钦人食用，以钱易水以充庖厨，谓之沽水者。避凶名也，邕州溪峒则男女群浴于川，号泣而归。"

二 报丧、闻丧与奔丧

（一）报丧

由护丧、司书发出报丧的文书，将死讯告诉死者的亲戚、朋友以及上司下属，称报丧。若不发文书，则由主人亲自（或遣人）去亲戚家，将死讯告诉他们，"不讣僚友"。其他书问，一概停止。以书信来吊的也一律在卒哭以后复信。

（二）闻丧与奔丧

《司马氏书仪》卷六《丧仪二·闻丧、奔丧》：出门在外的子女"始闻亲丧"时，

图2-1 山西长治故漳村宋墓壁画中的奔丧场景
资料来源：王进先《长治宋金元墓室建筑艺术研究》，彩色图版四六。

---

① 洪楩：《清平山堂话本》卷2，谭正璧校点，上海古籍出版社，1987，第58~59页。

首先要尽哀而哭，以答使者。然后问明死因，再次号啕大哭。这便是"闻丧"。奔丧礼注："亲父母也。问故，问亲丧所由也。虽非父母，闻丧而哭，其礼亦然。"

闻丧后穿上丧服、丧鞋，戴上丧冠，开始奔丧，日行百里，不以夜行。如果是父母之丧，则更是启明星一出而行，见星而宿。道中哀至则哭，走路时要避开市邑喧繁之处。临到家乡时，看到其城又要哭，望到家更是要哭。到家后，先到灵前跪拜、哭悼，直到有人劝慰才止。然后才去掉头上的丧冠及上服，披发露臂，赤足而行，再行始死时的仪式。如因疾病、生育等原因而不能奔丧者，则要寄物以吊。否则，便要被世人讥为不孝。

三　沐浴、饭含和袭尸

（一）沐浴

宋代沐浴礼俗的精神基本上沿袭前代，不以官品高下沐浴，但在细节上较之过去更为烦琐。按宋《政和五礼新仪》："品官丧，将沐，掌事者淅稷米（六品以下用粱米）。取潘煮之，又汲为汤，以俟浴。以盆承潘及沐盘，升自西阶以授沐者（以侍者四人为之，六品以下三人）。沐者执潘及盘入，主人以下皆出户外北面西上。"按沐浴裸裎，主人出至，设明衣裳，而后入。（人子之于父母，若有所避者。古命士以上，父子异宫，必无裸裎以见其子者。死而沐浴，犹此志也）。"俱立哭（丈夫在东，妇人在西。媵人权障以帷，下同。）乃沐栉束发用组，浴则四人，抗衾二人。浴拭用巾，挋用浴衣濡濯，弃于坎。设床于尸东，衽下莞上簟。浴者举尸易床，设枕剪鬘断爪，盛以小囊。大敛纳于棺，着明衣裳。"按此生时之斋服也。陈用之云明衣，以致其精明之德。"以方巾覆面，仍以大敛之衾覆之。主人以下入就位哭。士庶人丧同，惟淅粱米及浴不云四人，与无抗衾二人与过去不同。"①

而《司马氏书仪》的记载更详、更具体："将沐浴，则以帷幛卧内，侍者设床于尸所卧床前。纵置之，施簟席箪枕，不施毡褥。迁尸于床上，南首，覆之衾。侍者掘坎于屏处洁地，陈袭衣裳于堂前东北，藉以席，西领，南上，幅巾一，充耳二，用白纩。幎目一，用帛，方尺二寸。握手用帛，长尺二寸，广五寸。深衣、大带、履。若襚衣有余，则继陈而不用。又陈饭含沐浴之具于堂前西壁下，南上。钱三，实于小箱。米二升，实于碗。沐巾一，浴巾二，设于箪。栉置于桌子上。侍者汲新水淅米令

---

① 郑居中等：《政和五礼新仪》卷215《凶礼·品官丧仪上·初终（自有疾至袭）》，文渊阁《四库全书》本，第647册，第880页。

精，复实于碗。侍者以沐浴汤入，主人以下皆出，立于帷外，北面。侍者沐发，栉之晞之，以巾撮为髺，举衾而浴。拭之以二巾，剪爪，如平时。其沐浴余水及巾栉，皆弃于坎，遂筑而实之。侍者别设袭床，施荐席毡褥枕，如平时。先置大带、深衣、袍袄、汗衫、袴袜、勒帛、裹肚之类于其上，遂举以入。置浴床之西，迁尸于其上，悉去病时衣及复衣，易以新衣，但未着幅巾、深衣、屦。移至堂中间，卑幼则各于其室中间。执事者置脯醢酒于桌，升自阼阶，祝盥手洗盏，斟酒奠于尸东。当膊，巾之……"①

（二）饭含

宋代的饭含之礼沿袭前代。政和礼规定：品官丧，赞者奉盘水及笲，饭用稷，含用璧，升堂。含者盥手于户外，赞者沃盥。含者洗稷、璧，实以笲，执以入。赞者从入，北面彻枕，奠笲于尸东。含者坐于床东西面，发巾实饭，含于尸口。讫，主人复位。庶人丧，赞者举奉盘以及笲，饭用粱，含用贝。升堂，主人出。盥手于户外，洗粱、贝，实于笲，执以入。彻枕奠笲于尸东，主人坐于床东西面，发巾实饭，含于尸口。讫，主人复位。饭含的材料，因死者的身份而定。六品以下用粱与贝，六品以下主人自为之。粱、贝同，位在尸东。②

《司马氏书仪》根据时代的发展，将此礼做了一定的修改。他认为古者饭用米贝，现在用钱，跟古代用贝的含意一样。大夫以上仍有使用珠玉的待遇，但钱多既不足贵，又口所不容，而珠玉更容易招致盗贼之害，故但用三钱而已。古者诸侯饭用粱，大夫用稷，士用稻，现在但用卿士平日所食之米就可以了。古升器的容量小，故用四升；现在的升容量大，故改用二升就可以了。

（三）袭尸

宋代的袭礼基本上沿袭古代，如《政和五礼新仪》载："品官丧，饭含后袭者，以床升入设于尸东。布枕席如初，执服者陈袭衣于席，迁尸于席上而衣之。祝去巾，加面衣，设充耳，着握手，纳履若舄，覆以夷衾。袭衣结束，内外皆就位，哭如初。凡衣死者，左衽不纽。诸尊者于卑幼之丧，及嫂叔兄弟好侄妇，哭朝脯之间。非有事，则休于别室。"③

面衣，亦称面帛、幎目、面巾或覆面，指覆于死者面部之巾或纸。早在西周晚

---

① 司马光：《司马氏书仪》卷5《丧仪一·沐浴》，《丛书集成初编》本，第49~53页。
② 郑居中等：《政和五礼新仪》215《凶礼·品官丧仪上·初终（自有疾至袭）》，文渊阁《四库全书》本，第647册，第880页。
③ 郑居中等：《政和五礼新仪》215《凶礼·品官丧仪上·初终（自有疾至袭）》，文渊阁《四库全书》本，第647册，第880页。

期，晋国已有缀玉覆面的风俗了。后民间用白布或白纸、黄表纸等覆面，并称该帛或纸为蒙面纸、覆面纸，其意为让死者安息，也有说生人不忍见死者之面，或谓因死者面容恐怖，故以布掩面。宋代高承《事物纪原》卷九《吉凶典制·面帛》曰："今人死，以方帛覆面者。"

四 设铭、设重、设魂帛

（一）设铭

铭同"明旌"，又称"旌铭"或"铭旌"，为灵柩前的旗幡。用绛帛粉书。品官则借衔题写某官某公之柩，而士则称显考显妣。另纸书题者姓名，粘于旌下。平民百姓之丧，不用铭旌。大殓之后，用竹竿挑起，悬竖在灵前右方。葬时去掉竹竿及题者姓名，将旌放在灵柩上面。这一仪式在宋代称为设铭。

（二）从设重到设魂帛

宋代以前盛行设重这一仪式，而无置魂帛一项。所谓设重，即用木板刻成一块牌位，置于中庭，以象征死者的亡灵，称为"重"。由祝"取铭置于重"，即把死者的铭旌覆盖在重上，这是丧事第一天必行的仪式之一。司马光在《司马氏书仪》中对其历史沿革做了叙述："《士丧礼》：重，木刊凿之，甸人置重于中庭，三分庭一在南。注：木也，县物焉，曰重。……《檀弓》曰：重，主道也。注：始死未作主，以重主其神也。《士丧礼》：将葬，甸人抗重，出自道，道左倚之。《杂记》：重，既虞而埋之。注：就所倚处埋之。《开元礼》：重木仿此。"①

宋代丧礼也有设重这一礼仪，称"悬重"。"宋品官丧为重，长八尺，横者半之。（五品以下七尺，七品以下六尺。）置于中庭，参分庭一在南。掌事者以沐之米为粥，实于二鬲。（鬲各视其数。）幕用疏布，系以竹篾，垂于重。复用苇席，北向屈，两端交于后。两端在上，缀以竹篾。祝取铭置于重，又于殡堂前楹下夹以苇席。帘门以布，又设苇障于庭。厥明，乃敛。庶人丧，为重置于庭，厥明乃小敛。"②

然而，根据《司马氏书仪》所载，士民之家并不采用这一礼仪，均用魂帛，其原因主要是"贵其简易"。其时魂帛的形式不一，"或用冠帽衣履装饰如人状"，或"皆画影，置于魂帛之后"。对于前者，司马光认为"此尤鄙俚，不可从也"。而对后者，司马光认为"男子生时有画像，用之，犹无所谓。至于妇人，生时深居闺闼，出则乘

---

① 司马光：《司马氏书仪》卷5《丧仪一·影（斋僧附）》，《丛书集成初编》本，第54页。
② 《钦定续通典》卷77《凶礼·丧制上》，文渊阁《四库全书》本，第640册，第492页。

辒辌，拥蔽其面。既死，岂可使画工直入深室，揭掩面之帛，执笔望相，画其容貌，此殊为非礼，勿可用也。……"

魂帛以白绢折为长条形，交互穿贯，如民间结同心结，上出其首，旁垂两耳，下垂其余为足，如同人形，左书死者出生年、月、日、时，右书卒年、月、日、时，于始死时设之，葬后立主，埋于墓侧。

对于宋人之丧既设魂帛又设重的怪异现象，理学家张载感到不可理解，他说：

> 古人亦不为影像，绘画不真，世远则弃，不免于亵慢也，故不如用主。古人犹以主为藏之于椟，设之于位亦为亵慢，故始无〔死〕设为重鬲以为主道。其形制甚陋，止用苇蒦为之，又设于中庭，则是敬鬼神而远之之义。"重，主道也"，士大夫得其重应当有主，既埋重不可一日无主，故设苴，及其已作主即不用苴。
>
> "重，主道也"，谓人所嗜者饮食，故死以饮食衣〔依〕之。既葬然后为主，未葬之时，棺柩尚存，未可为主，故以重为主。今人之丧，既设魂帛又设重，则是两主道也。①

五 吊丧和赠襚

（一）吊丧

宋代的吊丧之礼，与前代多有差异。吕大钧《吊说》对此曾有阐述：

> 《诗》曰："凡民有丧，匍匐救之。"不谓死者可救而复生，谓生者或不救而死也。……主人见宾，不以尊卑贵贱，莫不拜之；明所以谢之，且自别于常主也。宾见主人，无有答其拜者，明所以助之，且自别于常宾也。自先王之礼坏，后世虽传其名数，而行之者多失其义。丧主之待宾也如常主，丧宾之见主人也如常宾。如常宾，故止于吊哭，而莫敢与其事；如常主，故舍其哀而为衣服饮食以奉之，其甚者至于损奉终之礼，以谢宾之勤，废吊哀之仪，以宽主之费。由是，则先王之礼意，其可以下而已乎？今欲行之者，虽未能尽得如礼，至于始丧则哭

---

① 张载：《经学理窟·丧纪》，《张载集》，第298页。

之，有事则奠之；又能以力之所及，为营丧具之未具者，以应其求，辍子弟仆隶之能干者，以助其役；易纸币壶酒之奠，以为禭；除供帐馈食之祭，以为赗与赙。凡丧家之待己者，悉以他辞受焉，庶几其可也。①

具体来说，亲朋好友在接到丧家的讣告后，往往要在正式吊唁前，来丧家家中瞻望死者的遗容。看后遗体便入棺，至亲好友再返回家中准备香烛、纸钱、爆竹和挽联等物，届时再来正式吊唁。

即使因故或在异地不能前往，也必遣人驰书持礼往吊。如苏轼与陈希亮及忱、憷父子为世交。闻陈忱死，苏轼即致书陈憷（字季常）慰问吊唁。"乐全先生张安道薨，东坡时守颍州，于僧寺举挂，参酌古今，用唐人服座主缌麻三月，又别为文往祭其柩，盖感其知遇也。"②又如蔡襄葛夫人从兄葛宫之妻孙氏，卒于至和二年（1055）三月，定于七月二十九日落葬，是年六月，蔡襄以密直学士出知泉州，离京赴任，途经南都（治今河南商丘），其长子蔡匀因患伤寒于六月二十二日暴卒，蔡襄恐不能亲赴江阴军参加孙氏葬礼，遂遣州校"少持菲礼，聊以申亲戚之好"；"殊非丰腆，深自为愧"。此致葛宫《县君帖》中语，颇为得体。但随后的《离都帖》显示，似蔡襄还是忍受着中年丧子的悲痛，如期赶到了江阴军参加瑞昌县君孙氏的葬礼。③

按宋代礼仪，吊客往丧家吊唁时有一套礼仪，首先要穿上吊服。如《朱子家礼》载文人士大夫的吊服曰："凡吊，皆素服。幞头、衫带皆以生白绢为之。"④《丁晋公谈录》载："晋公尝见掌武太原公，言：'先太师倾背时，朝贤来吊，朱紫盈门。唯徐左省铉独携一麻袍角带，于客位内更易后，方入相吊。以此知士大夫朝服临哀慰问，深不可也。'先太师即兵部侍郎祐也。"⑤而庶人的吊服，素委貌、白布深衣。妇人吊服，吉笄无首，素吊服，妇与夫同。

其次，要哭泣。如婺州义乌人姚君俞（字献可）将死，戒其弟："棺前止须布帷一幅，置瓦炉于案，曰：'知我者自当来哭，不知，虽哭，吾不对也。'"⑥吊客要真心地哭泣，以示悲伤。俞文豹《吹剑录外集》就载："吊丧无不哭者。俗以无泪为伪哭，

---

① 韩琦：《重修五代祖茔域记》，吕祖谦编《宋文鉴》卷78，中册，第1119~1120页。
② 张邦基：《墨庄漫录》卷5《东坡祭奠张安道》，中华书局，2002，第144页。
③ 蔡襄：《蔡襄集》卷39《瑞昌县君孙氏墓志铭》、卷36《长子将作监主簿寂辞》，《蔡襄集》，第707、654页。
④ 《朱子家礼》卷4《丧礼·吊、奠、赗》，[日]吾妻重二著，吴震编《朱熹家礼实证研究》，第308页。
⑤ 潘汝士：《丁晋公谈录》（外3种），中华书局，2012，第12页。
⑥ 叶适：《叶适集·水心文集》卷25《姚君俞墓志铭》，第2册，第269页。

而耻之不哭。殊不知哭者所以尽吊丧之礼，助主人之哀。若知生而不知死，可以不哭；若亲若故，安可不哭？今人吊妇女若疏者则不哭，却对孝子哭而慰之，于礼亦通。然俗以辰日不哭，凡丧者吊者皆忌之，甚可笑。"①

宋代吊丧有一些禁忌，有吊丧不衣朱的风俗。如叶梦得《石林燕语》载：曾布持母丧过金陵，王安石往吊，"登舟，顾所服红带；适一虞候挟笏在旁，公顾之，即解易其皂带入吊"。②不仅吊丧有不衣朱之禁忌，而且其间用的物品也忌红色。如宋代举丧不用茶托，似乎也在于"托必有朱，故有所嫌而然"。另据宋祁《杂记》载，江州德安（今属江西）人夏竦卒，其子安期"举茶托如平日"，而"众颇讶之"。又周必大《思陵记》载：孝宗居高宗丧，"宣坐赐茶，亦不用托"。③可见此俗由来已久。

丧家招待吊客等吃饭，只用素食。而从事丧事等体力活动的仆役人员可以吃荤食。④

（二）赗、赠、襚

宋代民间有助丧之举。所谓助丧，是指亲朋好友赠送车马、钱及衣服束帛等物给丧家，帮助其办好丧事。这种东西，在古代文献中称为"赗"、"赠"、"襚"。宋代同样也有此礼，但所送的礼物发生了较大的变化。《司马氏书仪》说：

> 《诗》云：凡民有丧，匍匐救之，故古有含、襚、赠、赗之礼。珠玉曰含，衣衾曰襚，车马曰赠，货财曰赗，皆所以矜恤丧家，助其敛葬也。今人皆送纸钱赠作，诸为物焚为灰烬，何益丧家，不若复赗襚之礼。既不珠玉，则含礼可废。又今人亦无以车马助丧者，则赠礼亦不必存也。凡金帛钱谷之类，皆可谓之货财，其多少之数，则无常准，系其家之贫富，亲之远近，情之厚薄，自片衣尺帛、百钱斗粟以上，皆可行之，胜于无也。⑤

由此可以看出，宋代死者亲故好友赠送给丧家物品是"纸钱赠作"，这些物品最后都焚为灰烬，对丧家毫无用处。故此，司马光建议不如恢复古代的"赗襚之礼"。

---

① 俞文豹：《吹剑录（附外集）》，《丛书集成初编》本，第33页。
② 叶梦得：《石林燕语》卷10，第154页。
③ 周密：《齐东野语》卷19《有丧不举茶托》，中华书局，1983，第360～361页。
④ 李光地《朱子礼纂》卷3《丧》载："丧葬之时，只当以素食待客；祭馔荤食，只可分与仆役。"参见文渊阁《四库全书》本，第142册，第688页。
⑤ 司马光：《司马氏书仪》卷5《丧仪一·赗襚》，《丛书集成初编》本，第55～56页。

"既不珠玉，则含礼可废。"如果真的要送，不如送一点实用的东西给丧家，如金钱、布料、粮食等，至于多少，可以根据自家的经济实力、关系的亲近、感情的厚薄来定，聊胜于无。

至于送礼多少，则根据关系的远近和自家的经济条件而定。如熙宁年间关中地区的吕大钧兄弟等制定推行的《吕氏乡约》（也称《蓝田乡约》）便规定：

> 丧葬：始丧，则用衣服或衣段以为禭礼，以酒脯为奠礼，计直多不过三千，少至一二百。至葬，则用钱帛为赙礼，用猪羊、酒、蜡烛为奠礼，计直多不过五千，少至三四百。①

（三）挽联、挽诗和吊书

1. 挽联

挽联始于宋代。叶梦得《石林燕语》卷九云：韩绛（1012～1088），参加考试，得解、过省、殿试，皆名列第三，其后为执政，自枢密副使、参知政事拜相及再宰，四次迁调都在熙宁年间（1068～1077），此种现象为过去所未有。其死后，苏子容送上挽联："三登庆历三人第，四入熙宁四辅中。"挽联之风，由此开始。在当时，甚至还有自己生前预作挽联的现象，如陆游《老学庵笔记》卷一载，南宋初名相赵鼎被秦桧迫害致死，临死前赵鼎自书铭旌云："身骑箕尾归天上，气作山河壮本朝。"即为充溢豪情的自撰挽联。

挽诗在宋代也颇为流行，如赵德麟《侯鲭录》卷六载："张芸叟作吕子固挽诗云：'大块分劳逸，唯君独不均。险夷安若性，金石想为人。万卷书奚托，重泉恨莫伸。谁知丞相子，天地一穷民。'"此诗非常生动感人，也颇有幽默感。

2. 问慰帖

"问慰帖"是古代一种专门用于问疾或吊丧的书札，亦称"吊书"，如欧阳修的《祭石曼卿文》，写来情真意切，感人至深，不愧为名家的大手笔，堪称此类文章的杰作：

> 呜呼曼卿！生而为英，死而为灵。其同乎万物生死而复归于无物者，暂聚之

---

① 吕大钧：《吕氏乡约·礼俗相交》，北京图书馆出版社，2003，第4～5页。

形；不与万物俱尽而卓然其不朽者，后世之名。此自古圣贤，莫不皆然，而著在简册者，昭如日星。①

在这篇文章中，作者首先慨叹死者声名之不朽，继悲死者墓道之凄凉，然后追忆过去交往之真挚；从应该忘情、达观立论，却以终不能忘情作结。文笔流畅，音节抑扬，写出了作者的无限哀思，被后人誉为千古之绝唱。特别是文中的"生而为英，死而为灵"两语，常被后代祭文引用。②

六 小殓和大殓

（一）小殓

小殓即在死者卒后次日早晨为其穿衣。那么，为什么要举行殓礼呢？对此，儒家自有一番道理。《司马氏书仪》曰："凡殓葬者，孝子爱亲之肌体，不欲使为物所毁伤，故裹以衣衾，盛以棺椁，深藏之于地下。"小殓有利于保护尸体，其法是："颠倒衣裳，使之正方，束以绞衾，韬以衾帛，皆所以保肌体也。""盖以袭敛主于保护肌体，贵于柔软紧密"，必须"揣其空缺之处，卷衣塞之，务令充实，不可动摇……令棺中平满"。③

宋代品官的小敛之礼，基本上沿袭前代，但其礼仪在宋代已趋于消亡。司马光《司马氏书仪》便注曰："今世俗有袭而无大小敛，所阙多矣。"④高闶曰："今之丧者，衣衾既薄，绞冒不施，惧夫形体之露也，遽纳之于棺，乃以入棺为小殓，盖棺为大殓。入棺既在始袭之时，盖棺又在成服之日，则是小殓、大殓之礼皆废矣。"⑤

然而考古发现的实际情况表明，宋代一些富家大族为了达到保护死者尸体的目的，往往在小殓衣服件数上不按礼制的规定。1973年10月，湖南衡阳何家皂一座北宋墓中曾出土一具保存完好的男尸，其尸体周身包裹有近200件（块）丝麻织物，包括丝绵袍1件、丝绵袄6件、夹衣3件、单衣1件、裙5条、丝绵被1条、纱帽1顶、麻布鞋4双，以及一条长27厘米、宽6厘米的扎带，这说明尸体下葬时不仅包裹有多层衣衾，而且经过严密的捆扎。⑥

---

① 欧阳修：《居士集》卷50《祭石曼卿文》，李之亮笺注《欧阳修集编年笺注》，第3册，第333页。
② 参见章明寿《古代哀祭文发展简说》，《文学遗产》1988年第5期。
③ 司马光：《司马氏书仪》卷5《丧仪一·小敛》，《丛书集成初编》本，第58页。
④ 司马光：《司马氏书仪》卷5《丧仪一·小敛》，《丛书集成初编》本，第58页。
⑤ 《钦定续通典》卷77《凶礼·丧制上·小敛（宋、明）》，文渊阁《四库全书》本，第640册，第494页。
⑥ 陈国安、冯玉辉：《衡阳县何家皂北宋墓》，《文物》1984年第12期；陈国安、冯玉辉：《浅谈衡阳何家皂北宋墓纺织品》，《文物》1984年第12期。

（二）大殓

宋代大殓之礼颇为讲究。其礼在小殓之明日举行，即死之第三天。如果是在炎热的夏季，则要准备冰块，用以备暑。对此，司马光有非议，他说："今贫者丧具或未办，或漆棺未干，虽过三日，亦无伤也。世俗以阴阳拘忌择日而殓，盛夏之际，至有汁出虫流，岂不悖哉！"①

大殓之礼在北宋时主要沿袭前代，颇为烦琐。南宋朱熹根据时代的变化做了修改。据《朱子家礼》等载：死之第三天一早，执事者要陈大殓衣衾于堂的东壁下，并准备奠具。如果是官员，共要准备十称。其中，朝服、公服各一称，余皆常服。如果不足此数，则随其家所有。死者棺材进入堂中，放在稍西的地方，棺下承以两条长凳，将灰炭、枕席之属皆预设在棺内。此时，内外哭泣停止，正式进行大殓的活动。侍者与子孙、妇女都洗手，掩首，结绞，一起将尸体放到棺中，里面一角再放入死者生前所掉落的头发、牙齿以及剪下的指甲。如果棺材中还有空缺之处，则将死者生前所穿的衣服卷好后塞进去，务令棺材充实，不可让尸体摇动。但不能把金银玉器及珍玩之物放进去，以免让人产生盗取之心。接着收衾，先掩足，次掩首，次掩左，次掩右，使棺中平满。此时，死者亲人内外皆要尽哀而哭。哭后，妇人退入幕下，叫工匠加上棺盖，下钉。然后撤床，在棺上覆以夷衾。祝取铭旌，设跗于棺东，复设灵座于故处。留两位妇人守之，主人以下各归丧次。②

庶人的大殓礼也大致如此，只是殓衣等要少得多，是"衣三称"。熬黍稷，官员是六箱，而平民百姓只能用两箱。③

为了最大限度地保护死者尸体，民间还流行在棺内放入松脂（香）、香料、水银等。从考古资料来看，这种用松脂（香）填塞棺椁的习俗早在春秋战国时期便已形成了，④但在当时并不普遍，直至宋代才流行起来。据北宋程颐《记葬用柏棺事》所说："因观杂书，有'松脂入地，千年为茯苓，万年为琥珀'之说，疑物莫久于此，遂以柏为棺，而涂以松脂……"⑤宋人高闶认为"伊川先生谓之合缝以松脂，涂之则缝固而木坚"，是因为"松脂与木性相入而又利水，盖今人所谓沥青者是也，

---

① 《朱子家礼》卷4《丧礼·大殓》，〔日〕吾妻重二著、吴震编《朱熹家礼实证研究》，第300页。
② 《政和五礼新仪》卷215《凶礼·品官丧仪上·大殓》，文渊阁《四库全书》本，第647册，第881页；《朱子家礼》卷4《丧礼·大殓》，〔日〕吾妻重二著、吴震编《朱熹家礼实证研究》，第300~302页。
③ 《钦定续通典》卷78《凶礼·丧制中·大殓（宋）》，文渊阁《四库全书》本，第640册，第497页。
④ 刘来成：《河北怀来北辛堡战国墓》，《考古》1966年第5期。
⑤ 程颢、程颐：《二程集·河南程氏文集》卷10《伊川先生文六·记葬用柏棺事》，第2册，第626页。

须以少蚌粉、黄蜡、清油合煎之乃可用,不然则裂矣。其棺椁之间亦宜灌之"。①这种礼俗在考古中也得到了证实。如四川成都、湖南长沙及安徽等地发掘出来的宋代墓葬,都有用松香填塞灌注棺椁的现象。②这种做法大大增强了葬具的密封性,它不仅对防止空气、昆虫及微生物等钻入棺内起到了很好的作用,而且有利于防潮御湿。

至于用香药,同样在考古中得到了证实,如宋代统治阶级丧葬记载中有"赐龙脑、水银以敛"的内容,而龙脑为香药之一种。湖南衡阳何家皂宋墓中出土的那具男尸,也是浸泡在一种有香气的褐色液体中。③据明代著名医学家李时珍《本草纲目》木部第三十四卷记载,这一类香药都具有不同程度的灭菌防腐能力,有利于尸体的保护。

水银即汞,据现代医学分析,"汞盐有抑菌防腐的能力,砂转变为有机汞后,有很强的杀菌防腐能力",④注入体内,还可排挤、祛除内脏的残余气体。宋代医学家寇宗奭《本草衍义》已指出水银"灌尸中则令尸后腐",⑤说明时人对水银具有防腐性能已有相当了解。据文献记载,宋代统治阶级在葬墓中使用水银作为防腐剂十分常见,如《宋史》卷一二四《礼廿七》载张俊葬事、《宋会要辑稿》卷四一《帝幸》载王宗楚、柔惠长帝姬、钟师道葬事以及南宋周密《癸辛杂识》前集载贾似道母胡氏、魏了翁《鹤山先生大全文集》载绍定六年(1233)五月戊午安德军节度使信安郡开国赵希錧葬事,都有皇帝赐"水银、龙脑以敛"的记载。⑥考古出土的宋魏王赵頵夫妇墓墓志也有类似记载。⑦不仅如此,一些尸体也因此保存不腐,如《宋史·真宗李宸妃传》载,其妃薨,"敛用水银实棺"。后仁宗即位,"亲哭视之,妃玉色如生,冠服如皇太后,以水银养之,故不坏"。又如周密《癸辛杂识》别集《杨髡发陵之事》载:"……理宗之尸如生……遂倒其尸树间,沥取水银,如此三日。"

---

① 徐乾学:《读礼通考》卷95《葬具一·棺》,文渊阁《四库全书》本。
② 参见傅汉良《成都外东跳蹬河发现宋代墓葬》,《考古通讯》1956年第6期;陈建中:《成都市郊的宋墓》,《文物参考资料》1956年第6期;洪剑民:《略谈成都近郊五代至南宋的墓葬形制》,《考古》1959年第1期;高至喜:《长沙市近郊杨家山发现南宋墓》,《考古》1961年第3期。
③ 陈国安、冯玉辉:《浅谈衡阳何家皂北宋墓纺织品》,《文物》1984年第12期。
④ 参见武忠弼等《江陵凤凰山168号墓西汉古尸研究》,《武汉医学院学报》1980年第1期。
⑤ 寇宗奭:《本草衍义》卷5《水银》,第22页。
⑥ 魏了翁:《鹤山集》卷16《安德军节度使赠少保郡王赵公希錧神道碑》,《全宋文》卷7111,第311册,第76页。
⑦ 周到:《宋魏王赵頵夫妇合葬墓》,《考古》1964年第7期。

七 停殡

宋代殡礼沿袭古代礼制,《朱子语类》便记载了朱熹长子的殡礼:

> 先生殡其长子,诸生具香烛之奠。先生留寒泉殡所受吊,望见客至,必涕泣远接之;客去,必远送之。就寒泉庵西向殡。掘地深二尺,阔三四尺,内以火砖铺砌,用石灰重重遍涂之,棺木及外用土砖夹砌。将下棺,以食五味奠亡人,次子以下皆哭拜。诸客拜奠,次子代亡人答拜。盖兄死子幼,礼然也。①

停殡的日期,在历代丧制中有比较严格的规定,如《礼记·王制》曰:"天子七日而殡,七月而葬;诸侯五日而殡,五月而葬;大夫、士、庶人三日而殡,三月而葬。"而在民间,各个时代、各个地区、各个家庭因种种因素的影响,多有不同。宋代许多人家因信风水之说,为择好的墓地,有将死者灵柩停放数年而不葬的;也有因下葬之日逢凶辰,往后推延葬期的。

第二节 埋葬

埋葬程序主要包括筮宅兆、建造棺椁和坟墓、准备明器、卜择葬日、出殡、窆柩、祭后土、回灵等。

一 卜宅兆、葬日

(一)卜宅营墓

中国传统的卜宅兆的儒家礼法,至宋代已经成为虚文而消亡了。为此,一些儒士总想加以恢复。《司马氏书仪》就根据先秦时期和唐代的丧礼,以及当时礼仪的发展情况,制定了卜宅兆的礼仪,以适应时代发展的需要:"既殡,以谋葬事。既择地,得数处。执事者掘兆四隅,外其壤,掘中,南其壤。莅卜或命筮者,及祝执事者,皆吉冠素服。"②

在这一时期,儒家和阴阳家都十分重视墓地的选择。如宋代儒学大师程颐说:

---

① 黎靖德编《朱子语类》卷89《礼六·冠昏丧》,第6册,第2284页。
② 司马光:《司马氏书仪》卷7《丧仪三·卜宅兆葬日》,《丛书集成初编》本,第75~76页。

"夫葬者，藏也。一藏之后，不可复改，必求其永安。故孝子慈孙，尤所慎重。"①又说："卜其宅兆，卜其地之美恶也，非阴阳家所谓祸福者也。地之美者，则其神灵安，其子孙盛。若培拥其根而枝叶茂，理固然矣。地之恶者则反是。然则曷谓地之美者？土色之光润（一作泽），草木（一作生物）之茂盛，乃其验也。父祖子孙同气，彼安则此安，彼危则此危，亦其理也。而拘忌者惑以择地之方位，决日之吉凶，不亦泥乎？甚者不以奉先为计，而专以利后为虑，尤非孝子安厝之用心也。惟五患者不得不慎，须使异日不为道路，不为城郭，不为沟池，不为贵势所夺，不为耕犁所及（一本所谓五患者，沟渠、道路、避村落、远井窑）。五患既慎，则又凿地必至四五丈，遇石必更穿之，防水润也……"②由此可以看出，儒家的"卜宅兆"显然受到了阴阳家的影响。但儒家和阴阳家在方法和思想上却大相径庭。儒家丧仪选择墓地和葬日是用占卜之法，而阴阳家却是依靠罗盘；儒家选择墓地是为死者着想，而阴阳家却是为活人着想。

（二）葬日的选择

古人对葬日的择定非常重视，据文献记载，早在汉代我国就已经出现了专门用于卜选丧葬吉日的专著——《葬历》。在古代，此风甚为盛行，王充在《论衡·辨祟篇》中说："世俗信祸祟，以为人之疾病死亡……皆有所犯。起功、移徙、祭祀、丧葬、行作、入官、嫁娶，不择吉日，不避岁月，触鬼逢神，忌日相害，故发病生祸。"

《司马氏书仪》也根据先秦时期和唐代的丧礼，以及当时"卜宅兆、葬日"礼仪的发展情况，制定了"卜宅兆葬日"的礼仪，以存"古意"：

> 卜筮葬日于三月之初（若墓远，则卜筮于未三月之前，命曰某月日）。主人先与宾议定可葬日三日（谓可以办具及于事便者必用三日，备不吉也）。执事者布卜筮席于殡门外，阃西、北向。主人既朝哭，与众主人（谓亡者诸子）出立于殡门外之东壁下，西向南上，阃东扉；主妇立于其内。主人进立于门南，乃北向。免首绖，左拥之。莅卜筮者立主人东北，乃西向。卜筮者执龟筴东向进，受命于莅卜筮者，命之曰："孤子某，将以今月某日（先卜远日，不吉，再卜近日）卜葬其父某官，考降无有近悔。"（考，上也；降，下也。言卜此日葬魂神，上下无得近于咎悔者乎！）卜筮者许诺，右旋就席，西向坐述。卜筮不吉，则又兴受

---

① 程颢、程颐：《二程集·河南程氏文集》卷10《葬法决疑》，第2册，第625页。
② 程颢、程颐：《二程集·河南程氏文集》卷10《葬说》，第2册，第623页。

命。述命,再卜。占既得吉,兴告于莅卜者及主人,曰:"某日从。"主人绖,与众主人皆哭。又使人告于主妇,主妇亦哭。主人与众主人入至殡前,北向哭。遂使人告于亲戚僚友应会葬者。(若孙为祖后,则莅卜筮者命之曰:"孤孙某。"卜葬某祖某官,夫曰乃夫某。卜葬其妻某氏,兄弟及他亲为丧主者,各随其所称,曰某亲某卜葬某亲某官。)①

上述礼节确实是有些烦琐。但由于民间俗信葬日的吉凶会影响到后人的安危,故这一风俗在后代非常流行。民间人死后,一定要择一黄道吉日。有时为了等待黄道吉日的来临,往往要停柩数日乃至几年。例如南宋时张潜行死,"诸孤卜以大观元年春三月丙午归葬",为了等吉日,竟停柩达两年之久。

二 启殡与出殡

(一)启殡朝祖

1. 启殡

启殡,即将灵柩移到堂屋正中,准备出殡。墓近,则于葬前一日启殡;墓远,则于发引前一日启殡。根据《司马氏书仪》所述,启殡这一天,执事者迁灵座及椸于旁侧,为启殡做准备。祝着凶服,无服者则脱去华丽的服饰。执功布,止哭者,北向立于柩前,主持者连呼三声:"谨以吉辰启殡。"即大声向大家宣布启殡的吉辰时间。既告,死者的五服之亲都要来参加这一仪式,穿上自己应服的丧服,集中到棺材前痛哭致哀。"内外皆哭,尽哀而止。"既夕礼,商祝袒免,执功布入,升自西阶。尽阶不升堂,声三启三命哭。按唐代开元礼,祝三声"噫嘻"。宋代时恐其惊俗,故但用其辞。妇人退避于他所。为役者将入,主人及众主人辑杖立视。接着开始启殡。启殡时,祝取铭旌置灵座之侧。役者则进去撤掉殡途及墼,并清扫地面。祝以功布拂去棺上的灰尘,然后盖上夹衾。按《既夕礼》,祝取铭置于重。宋代盛行以魂帛代重,故置于灵座之侧。役者出来后,妇人也走出去,就位立哭。执事当差之人再将灵座和椸放回原处,撤去旧奠,换上新奠之物,再像平日一样举行朝夕奠的仪式。②

2. 朝祖

所谓朝祖,又称为朝祠或祖祭,即于灵柩发引前一天,奉魂帛朝拜祖庙或家祠,

---

① 司马光:《司马氏书仪》卷7《丧仪三·卜宅兆葬日》,《丛书集成初编》本,第77~78页。
② 司马光:《司马氏书仪》卷7《丧仪三·启殡》,《丛书集成初编》本,第82~83页。

犹如生前远行必辞别先辈。

按《仪礼》记有朝祢一节，礼毕，乃适祖。而根据《司马氏书仪》所述，时人"但言朝祖者，祖祢共庙举祖以包祢也"，即必须由家人奉棺柩到祖庙行礼。后因家庙狭小，难于周转，因此改用魂帛代柩。是时，役者进去，妇人一律退避，男主人则在旁边立视，如启殡时的礼仪。役者将死者的棺材抬到影堂前，祝以箱奉魂帛在前，执事者奉奠及椅桌次之，铭旌次之，柩次之。如果天未亮，则在柩前后各用两支蜡烛照明。接着，主人以下皆从哭。男子由右，妇人由左。重服在前，轻服在后，各以昭穆长幼为序。侍者站在最后面，无服之亲男居男之右，女居女之左，不与主人、主妇并行。妇人皆披着盖头，因为有役者在前。役者出去后，则可去掉盖头。至影堂前，置柩于席，北首。役者出，祝帅执事者设灵座及奠于柩西东向。若影堂前迫隘，则置灵座及奠于旁近，从地之宜。主人以下就位，位在柩之左右前后，如在殡宫。立哭，尽哀止。役者入，妇人避位。祝奉魂帛导柩右旋，主人以下哭，从如前。诣听事置席上南首，设灵座及奠于柩前南向，余如朝祖。主人以下就位坐于柩侧，藉以荐席，如在殡宫，乃代哭如未殡之前。①

（二）出殡

出殡又谓之发引，是指将停殡在家的棺材运送至墓地，以待下葬。《司马氏书仪》对其间的礼仪做了详细的介绍：

> 柩行，自方相等皆前导，主人以下，男女哭，步从，如从柩朝祖之叙。出门，以白幕夹障之。尊长乘车马，在其后。无服之亲又在其后，宾客又在其后，皆乘车马。（无服之亲及宾客，或先待于墓及祭所。）出郭，不送至墓者皆辞于柩前，卑幼亦乘车马。（若郭门远，则步从三里所，可乘车马。）途中遇哀则哭，无常准。（若墓远，经宿以上，则每舍设灵座于柩前，设酒果脯醢，为夕哭之奠。夜必有亲戚宿其旁守卫之。明旦将行，朝奠，亦如之。馆舍迫隘，则设灵座于柩之旁侧，随地之宜。）
>
> 掌事者先张灵幄于墓道西，设椅桌，又设亲戚宾客之次，男女各异。又于羡道之西设妇人幄，蔽以帘帷。柩将及墓，亲戚皆下车马，步进灵幄前。祝奉祠版

---

① 司马光：《司马氏书仪》卷7《丧仪三·朝祖》，《丛书集成初编》本，第83~84页。《吕氏家范》按司马光《司马氏书仪》，置柩于席北首，不唯于事不便，亦于理不合。据《仪礼·既夕礼》：迁于祖正柩于两楹，用夷床。是则古礼朝祖置柩于床，不于席也。今世俗置柩用凳，亦夷床之遗意。

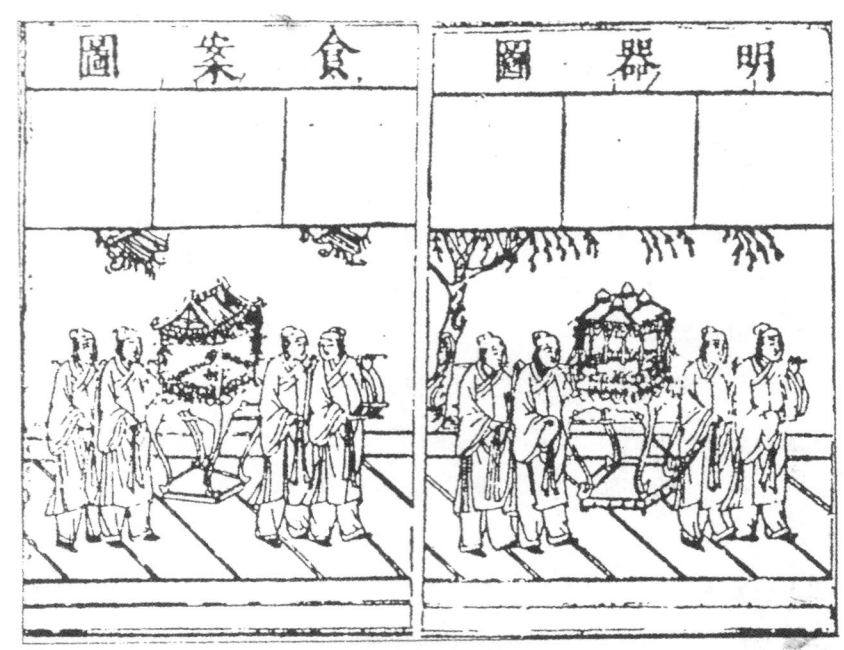

图2-2 《朱子家礼》中的《送葬图》

图2-3 山西长治故漳村宋墓壁画中的送葬场景

资料来源：王进先《长治宋金元墓室建筑艺术研究》，彩色图版四六。

箱及魂帛置椅上，设酒果脯醢之奠于其前。巾之，大轝至墓道，轝夫下柩，举之趣圹，主人以下哭，步从。掌事者设席于羡道南，轝夫置柩于席上北首，乃退。掌事者陈明器、下帐、上服、苞筲、醯醢、酒，用饭床，于圹东南北上，铭旌施于柩上。宾客送至墓者，皆拜辞先归。（至是，上下可以具食。既食而窆。）主人拜宾客，宾客答拜。①

从上述的记载来看，出殡之前，先将下葬所用之物依照顺序排列。棺柩出行，其次序是：方相前导，次为志石，次为輴，次明器，次下帐，次上服等，然后是装着尸体的棺材。送葬的亲属、宾客依次排在棺材后面，步行跟从棺柩而行，如从柩朝祖之序。主人以下，男女皆哭。棺柩出门，要用白幕夹障。尊长乘着车马，行走在送葬队伍的后面。无服之亲和宾客皆乘车马，又依次跟随在尊长后面（或者先待于墓及祭所）。出城不送至墓的人，皆辞于柩前，卑幼亦乘车马。如果城门太远，则步行送三里路就可以了，条件允许的话，可乘车马。出殡途中心中悲哀就可以哭，没有规定必须哭几次。如果墓远要走一宿以上，则每一馆舍设灵座于柩前，设酒果脯醢为夕哭之奠。夜里必须有亲戚宿卫在棺柩旁边。第二天早上行前，朝奠亦如之。馆舍迫隘，则设灵座于柩之旁侧，随地之宜。掌事者先张灵幄于墓道西，设椅桌。又设亲戚宾客之次，男女各异。又于羡道之西设妇人幄，蔽以帘帷。棺柩快要到墓地时，送葬的亲戚皆下车马，步行着走进灵幄前。祝奉祠版箱及魂帛置椅上，设酒果脯醢致奠于其前。巾之，大輴至墓道，轝夫下柩，举之趣圹，主人以下大哭，步行着跟在后面。掌事者设席于羡道南，轝夫置柩于席上北首，乃退。掌事者陈明器、下帐、上服、苞筲、酰醢酒，用饭床于圹东南北上，铭旌施于柩上。此时，送至墓的宾客皆可拜辞，先归去。至是，上下可以具食。既食，可下葬。主人拜宾客，宾客答拜。

根据文献的记载，宋代出殡时有以下几点值得注意：

一是方相等明器上的变化。《司马氏书仪》载：明器刻木为车马，仆从、侍女各执奉养之物，象平生而小，多少之数依官品下帐。为床帐、茵席、椅桌之类，皆象平生所用，规格则要小得多。但帝王自然例外。宋太宗丧葬时，"吉凶仗务从崇盛"。真宗丧礼，其凶仗中初步可定为明器的就有象生物五千，其中骆驼三十、羊五群。当时侍御使知杂事谢涛曾上奏："今有司治明器侈大，以劳州县，非先帝意，愿下少府裁损之。"但是这一奏议并未得到皇帝和太后的采纳，皇帝要求"城门卑者当毁之，民居不当毁也"。②

二是有乐丧和用僧道执威仪的礼俗。宫中出殡一般用卤簿鼓吹仪仗，如宋太祖乾

---

① 司马光：《司马氏书仪》卷8《丧仪四·在途、及墓》，《丛书集成初编》本，第89~90页。
② 李焘：《续资治通鉴长编》卷99，真宗乾兴元年九月辛卯条，1985，第8册，第2298页。

德六年（968），孟昶薨，诏令用本品卤簿鼓吹仪仗，俟导引至城外，分半导至西京坟下。而绍熙五年（1194）六月，宋宁宗为宋孝宗发丧，却动用了僧道仪仗："礼直官引侍中奏请哲文神武成孝皇帝灵驾进发，有司率僧道各执威仪、锣钹、道具并车舆、法物、哀册、谥册宝等，及仪卫执持物人前引灵驾进发。"①而在民间，"及殡葬，则以乐导輀车，而号哭随之，亦有乘丧即嫁娶者"。②至于"犯此禁者（有按：即朝廷"禁止士庶之家丧葬不得用僧道威仪前行"的禁令），所在皆是也"。③

三是有哭丧和代哭的风俗。如在北宋东京，丧家"家人之寡者，当其送终，则假倩媪妇，使服其服，同哭诸途，声甚凄婉，乃时自言曰：'非预我事。'"④俞文豹《吹剑录外集》也载："初丧之家，三日内哭声不绝，然非人力所堪。圣人恐其伤生，故小敛后则使之更替哭。君丧则县壶分时刻，以官高卑代哭。卿大夫、士，以亲疏代哭。自非行礼时，但二三人哭亦可。若人少不足以代，则分十二时，每时一聚哭，亦可。"⑤

四是家属及亲朋好友、邻居等一般都要去送葬。如熙宁辛亥（1071）八月，刘挚举葬父母亲于郓之须城县大谷山之原。"亲族故旧乡人送葬者，先后凡数百人。"⑥

三 亲宾奠祭

按古礼，亲宾奠祭有数种情况：一是致奠于丧家，仪式如吊丧之礼。一是奠于灵柩所过之道，届时搭棚设酒馔于道之左右，望见灵柩将至，吊客烧香，倒上酒，望柩拜哭。这种在出殡时，亲友于灵柩经过的路上设供致祭的方式，便叫"路祭"。一是奠于墓所，其仪式如在丧家吊唁。

亲宾在奠祭死者的同时，也有赠送丧资的，礼如始死时的赠禭。太宗于太平兴国七年（982）正月，令翰林学士李昉等修订士庶丧葬制度。昉等奏议曰："唐大历七年，诏丧葬之家送列祭盘，只得于丧家及茔所置祭，不得于街衢张设。又长庆二年，令百姓丧葬祭奠不得以金银、锦绣为饰及陈设音乐，葬物稍涉僭越，并勒毁除。臣等参详子孙之葬父祖，卑幼之葬尊亲，全尚朴素即有伤孝道。其所用锦绣，伏请不加禁

---

① 徐松：《宋会要辑稿》礼30之31，第2册，第1121页。
② 《司马氏书仪》卷5《丧仪二·饮食》，《丛书集成初编》本，第65页。
③ 王栐：《燕翼诒谋录》卷2，第24页。
④ 王得臣：《麈史》卷下《风俗》，第75页。
⑤ 俞文豹：《吹剑录（附外集）》，《丛书集成初编》本，第33页。
⑥ 刘挚：《忠肃集》卷9《家庙记》，中华书局，1981，第206页。

断。其用音乐及拦街设祭，身无官而葬用方相者，望严禁之。其诏葬设祭者，不在此限。"①司马光也认为："自唐室中叶，藩镇强盛，不遵法度，竞其侈靡，始缚祭楮，高至数丈，广数十步，作鸟兽、花木、舆马、仆从侍女，衣以缯绮，辒车过，则尽焚之。祭食至百余品，染以红绿，实不可食。流及民间，递相夸尚，有费钱数百缗者，曷若留以遗丧家为赙赠哉！"②

四　下圹

下圹又称为掩圹、掩土、覆土、下棺等，是指将棺椁放进墓圹或墓穴。其在古代有一系列的礼俗，如唐代杜佑《通典》卷一三九《礼部九九》载三品以上官员丧礼掩圹一节时说："主人拜稽颡，旐铭，志石于圹门之内，置设讫。掩户，设关钥，遂覆土。"

与唐代相比，宋代的下圹礼仪更为细化。《司马氏书仪》卷八《下棺》曰："主人及诸丈夫立于埏道东，西向；主妇及诸妇人立于埏道西幄内，东向。皆北上，以服之重轻及尊卑长幼为叙，立哭。畢夫束棺，乃窆，掌事者置上服铭旌于柩上，慎勿以金玉珍玩入圹中，为亡者之累。主人赠用制币、元纁束，置柩旁，再拜稽颡，在位者皆哭尽哀。匠以砖塞圹门。在位者皆还次。掌事者设志石，藏明器、下帐、苞筲、醓醢、酒于便房，以版塞其门，遂实土。亲宾一人监视之，至于成坟。"又据《司马氏书仪》卷七《穿圹》所云，宋代"葬有二法，有穿地直下为圹，置柩，以土实之者；有先凿埏道，旁穿土室，撺柩于其中者。临时从宜，凡穿地，宜狭而深，圹中宜穿"。即一种办法是穿地垂直往下开挖，然后将棺材纳放到土圹之中；另一种办法是从坟墓侧面先挖出一条巷道，然后挖墓室，最后将棺材推入墓穴。

第三节　祭祀

按儒家的祭祀服丧之礼仪，其内容主要有题虞主、虞祭、卒哭、祔、小祥、大祥、禫等。

一　题虞主

题虞主，即在一块栗木板上题写死者姓名，最后送存家庙之中。程颐《作主式》

---

① 《宋史》卷125《礼二八·凶礼四·士庶人丧礼》，第9册，第2917页。
② 司马光：《司马氏书仪》卷7《丧仪四·亲宾奠》，《丛书集成初编》本，第85页。

对此做了详细的解说："作主用栗，取法于时月日辰。趺方四寸，象岁之四时。高尺有二寸，象十二月。身博三十分，象月之日。厚十二分，象日之辰（身趺皆厚一寸二分）。剡上五分为圆首，寸之下勒前为额，而判之，一居前，二居后（前四分，后八分）。陷中以书爵姓名行（曰故某官某公讳某字某第几神主。陷中长六寸，阔一寸。一本云长一尺），合之植于趺（身出趺上一尺八分，并趺高一尺二寸）。窍其旁以通中，如身厚三之一（谓圆径四分），居二分之上（谓在七寸二分之上）。粉涂其前，以书属称（属谓高曾祖考，称谓官或号行，如处士秀才几郎几翁），旁题主祀之名（曰孝子某奉祀），加赠易世，则笔涤而更之（水以洒庙墙），外改中不改。"①题虞主时自然也少不了一番仪式。

二 虞祭

父母葬后迎魂安于殡宫之祭叫虞祭。按儒家的观点，虞是安之意："虞，安也。柩既藏矣，孝子不忍一日离其亲，恐精神彷徨，无所依归，故祭以安之也。"②这就是

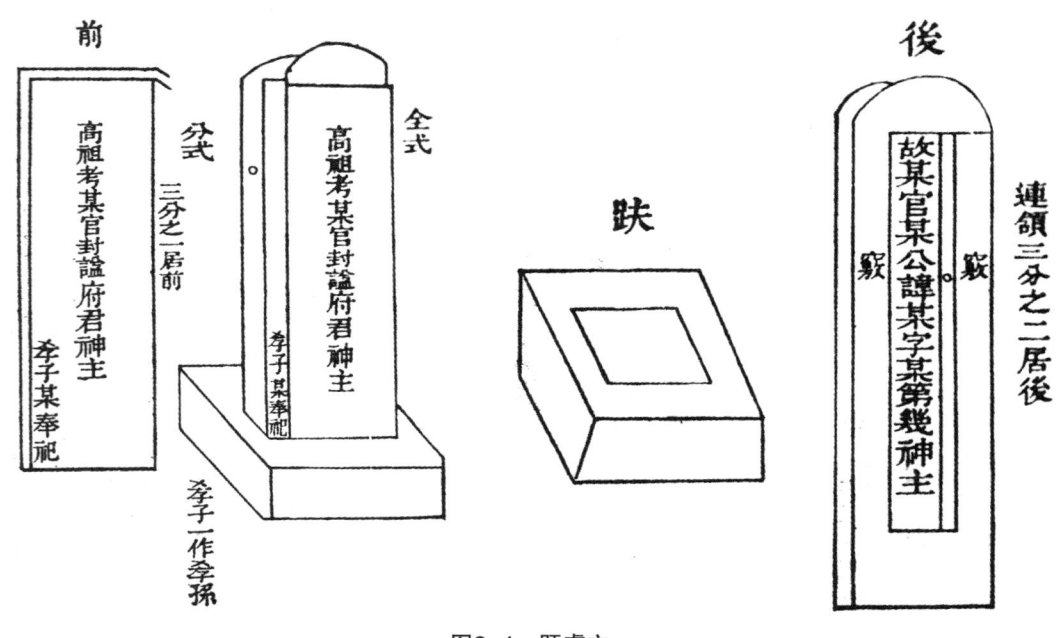

图2-4 题虞主

资料来源：《二程集》，第627～628页。

---

① 程颢、程颐：《二程集·河南程氏文集》卷10《伊川先生文六·作主式（用古尺）》，第2册，第627～628页。
② 司马光撰、李之亮笺注《司马温公传集编年笺注》卷26《虞祭札子》，第3册，第268页。

说，死者下葬以后，骨肉虽然归土，但灵魂尚没有归处，故行虞祭，这样可以使死者的灵魂也得以安定。届时，家中要设真堂、敷灵帐，日夜祭奠。

北宋的虞祭较之前代更为细化，据《司马氏书仪》载："虞祭，主人以下皆沐浴。执事者设盥盆、帨巾各二于西界东南，东上。（帨，手巾也。）东盆有台，帨巾有架。在盆北，主人以下亲戚所盥也。设酒一瓶于灵座东南（置开酒刀子拭布于旁），旁置卓子上，设注子及盏一，别置卓子于灵座前，设蔬果、匕箸、茶酒盏、酱楪、香炉。主人及诸子倚杖于堂门外，与有服之亲皆入。尊长坐哭，如反哭位。卑幼立哭于灵座前。斩衰为一列，最在前；齐衰以下，以次各为一列；无服之亲，又为一列。丈夫处左，西上；妇人处右，东上。各以昭穆、长幼为序，皆北向。婢妾在妇人之后。顷之，祝止哭者。主人降自西阶，盥手、帨手，诣灵座前，焚香再拜，退复位。及执事者皆盥手、帨手，执事者一人升，开酒，拭瓶口，实酒于注。取盏斟酒，西向酹之。祝帅余执事者奉馔设于灵座前，主人进诣酒注所，北向。执事者一人，取灵座前酒盏，立于主人之左。主人左执盏、右执注斟酒，授执事者，置灵座前。主人进诣灵座前，执事者取酒盏授主人，主人跪酹，执事者受盏。俛伏兴，少退立。祝执辞，出主人之右，西向跪读之，曰：'维年月日朔日，孤子（孙曰孤孙，为母及祖母，称哀子哀孙）某，敢昭告于先考某官（祖考同，妣则曰某封某氏）。日月不居，奄及初虞。夙兴夜处，哀慕不宁。谨以洁牲柔毛，嘉荐普淖。明齐溲酒，哀荐祫事。尚飨。'祝兴，主人哭。再拜，退复位，哭止。主妇亚献，亲戚一人，或男或女，终献，不焚香，不读祝，余皆如初献之仪。毕，执事者别斟酒满，沥去茶清，以汤斟之，主人以下皆出。祝阖门，主人立于门左，卑幼丈夫在其后，主妇立于门右，卑幼、妇人在其后，皆东向。尊长休于他所，如食间。祝立于门外，北向告启门。三，乃启门，主人以下皆入就位。祝立于主人之右，西向告利成，敛祠版，韬藉匣之，置灵座，主人以下皆哭，应拜者再拜，尽哀止。出就次，执事者彻馔。祝取魂帛，帅执事者埋于屏处洁地。遇柔日，再虞，遇刚日，三虞，改祝词云'奄及三虞'，又云'哀荐成事'，余如再虞。"① 到南宋时，朱熹对虞祭礼仪进行了简化处理，据《朱子家礼》载："主人以下皆沐浴。执事者陈器具馔。祝出神主于座，主人以下皆入哭。降神，祝进馔，初献、亚献、终献，侑食，主人以下皆出，祝阖门。祝启门，主人以下入哭，辞神。祝埋魂帛。罢朝夕奠。遇柔日，再虞，遇刚日，三虞。"②

---

① 司马光：《司马氏书仪》卷7《丧仪四·虞祭》，《丛书集成初编》本，第93~95页。
② 《朱子家礼》卷4《丧礼·虞祭》，〔日〕吾妻重二著、吴震编《朱熹家礼实证研究》，第327~330页。

三 卒哭

卒，为终止的意思；哭指"无时之哭"。按古代丧礼，百日祭后，改无时之哭为朝夕一哭，名为卒哭。古代孝子从父母始死到殡，哭不绝声；殡后居庐中，念及父母即哭，称"无时之哭"。卒哭祭礼后改为朝夕各一哭，叫"有时之哭"。[①]卒哭之礼于三虞后的一个刚日举行。古礼，士三月而葬，葬后又连续举行了三次虞祭，至此已近百日，故《仪礼·既夕礼》曰："三虞，卒哭。"郑玄注："卒哭，三虞之后祭名。"孔颖达疏："至此为卒哭祭，唯有朝夕哭而已，言其哀杀也。"

宋代也行"百日为卒哭"古礼，《司马氏书仪》载其礼仪为："三虞后，遇刚日，设卒哭祭。其日夙兴，执事者具馔，如时祭，陈之于盥帨之东，用桌子，蔬果各五品，脍（今红生）、炙（今炙肉）、羹（今炒肉）、殽（今骨头）、轩（今白肉）、脯（今干脯）、醢（今肉酱）、庶羞（谓豕羊及其它异味）、面食（如薄饼、油饼、胡饼、蒸饼、枣糕、环饼、捻头、馎饦）、米食（谓黍、稷、稻、粱、粟。所谓饭，及粢、糕、团、粽之类），共不过十五品。（若家贫，或乡土异宜，或一时所无，不能办此，则各随所有。蔬、果、肉、面、米食，不拘数品，可也。）器用平生饮食器（虽有金银无用）。设元酒一瓶于酒瓶之西（以井花水充之）。主人既焚香，帅众丈夫降自西阶。众丈夫盥手、帨手，以次奉肉食，升设灵座前、蔬果之北。主妇帅众妇女降自西阶，盥手、帨手，以次奉面食、米食，设于肉食之北。主人既初献，祝出主人之左，东向跪读祝词。改虞祭祝词云：'奄及卒哭。'又云：'哀荐成事，来日跻祔于祖考某官（妣，云祖妣某封某氏）。既启门，祝立于西阶上，东向告利成。余皆如三虞之仪。"[②]朱子认为："以百日为卒哭，是《开元礼》之权制，非正礼也。孟献子禫县而不乐，比御而不入，孔子以献子加于人一等矣。今之居丧者当以献子为法，不可定以二十七月为拘。献子之哀未忘，故过于礼，而孔子善之。所论恐未然也。"[③]

但这种"百日为卒哭"的古礼在宋代民间并不流行，或者说此礼仅在一些文人士大夫中流行。据陆游《家世旧闻》所载："元丰中，庚申冬，慈圣光献太后上仙。明年春，将百日，故事当卒哭。楚公时以集贤校理为崇政殿说书，因对，言：'《礼》，既葬而虞，虞而后卒哭。古者，士三月而葬，三虞而卒哭，则百日而卒哭者，士礼也。

[①] 张载《经学理窟·丧纪》："'卒哭'者，卒去非常之时哭，非不哭也，故伯鱼期而犹哭也。"参见《张载集》，第 298 页。
[②] 司马光：《司马氏书仪》卷 7《丧仪四·卒哭》，《丛书集成初编》本，第 95～96 页。
[③] 朱熹：《朱熹集》卷 63《答郭子从（叔云）》，第 6 册，第 3298 页。

今太皇太后，宜俟山陵复土，九虞礼毕，然后行卒哭之礼。且古者初丧哭无时，卒哭则朝夕哭而已。今俚俗初丧才朝夕哭，卒哭，则并朝夕哭亦废，非礼也。'神祖好礼，悉如公言行之。"① 这一现象在陈亮《先考卒哭文》中也有所反映：

> 呜呼！我先君委不肖孤而去之，于今四见朔矣。号天叫地，无所逮及。又以迫于衣食，不能时奉几筵致其哀慕之极，得罪幽冥，死不足赎！古者父母之丧，哭无时，圣人始为之制曰："三日不怠，三月不解。"又曰："士三月而葬，是月而卒哭。"不欲其伤生也。今也朝夕俯首一号而止，其哭之卒也久矣。朝夕之外，对人如平时，于生复何所伤！及期，以告于灵曰"卒哭"，不即愧死，犹欲自齿于人，岂不以父之爱子死生无间，亦将曰"有故"，甚则曰"以我故"。呜呼！欲以自解，不惧无辞，惧宇宙之不汝容耳。呜呼羞哉！呜呼痛哉！呜呼已哉！②

四　祔

祔是新死者与祖先合享之祭。按古礼，止哭之次日，奉死者之神主祭于祖庙，称"祔祭"。《仪礼·既夕礼》："卒哭，明日，以其班祔。"郑玄注："祔，卒哭之明日祭名。祔犹属也。"《礼记·檀弓下》："卒哭曰成事，明日祔于祖父。"郑玄注："祭告于其祖之庙。"死者合于祖父之庙，是因为祖孙昭穆相同，所以孙要附属于祖父。这种昭穆也称"班"。班，即班次，指昭穆的次序。祭毕，仍奉神主还家，至大祥后始迁入庙。

宋代理学家对祔礼也有自己的看法，如张载曰：

> 丧须三年而祔，若卒哭而祔，则三年都无事。礼卒哭犹存朝夕哭，若无祭于殡宫，则哭于何处？古者君薨，三年丧毕，吉禘然后祔，因其祫，祧主藏于夹室，新主遂自殡宫入于庙。《国语》言"日祭月享"，礼中岂有日祭之礼？此正谓三年之中不彻几筵，故有日祭。朝夕之馈，犹定省之礼，如其亲之存也。至于祔祭，须是三年丧终乃可祔也。③

---

① 陆游：《家世旧闻》卷上，中华书局，1993，第185页。
② 陈亮：《陈亮集》卷31《先考卒哭文》，中华书局，1987，第413页。
③ 张载：《经学理窟·丧纪》，《张载集》，第297~298页。程颐也有同样的说法，见程颢、程颐：《二程集·河南程氏遗书》卷17《伊川先生语三》，第1册，第180页。

祔礼在宋代非常烦琐。宋真宗景德初，礼官详定明德皇太后灵驾发引于京师壬地权攒，依礼埋悬重，升祔神主。案文献记载，太宗明德皇后李氏于景德元年（1004）三月十五日崩，九月二十二日迁坐于沙台攒宫，十月七日祔神主太宗室。三年（1006）十月十五日，帝诣攒宫致奠。李安易上言曰："《礼》云：'既虞作主。'虞者，已葬设吉祭也。明未葬则未立虞主及神主。所以周制但凿木为悬重，以主神灵。王后七月而葬，则埋悬重，掩玄堂，凶仗、辒辌车、龙辀之属焚于柏城讫，始可立虞主。吉仗还京，备九祭，复埋虞主，然后立神主，升庙堂。自旷古至皇朝，上奉祖宗陵庙俱行此礼，何以今日乃违典章，苟且升祔，方权攒妄立神主，未大葬辄埋悬重？且棺柩未归园陵，则神灵岂入太庙？奈柏城未焚凶仗，则凶秽唐突祖宗。望约孝章近例，但于壬地权攒，未立神主升祔，凶仪一切祗奉。俟丙午年灵驾西去园陵，东回祔庙。如此则免于颠倒，不利国家。"于是皇帝诏令有司再加详定。判礼院孙何等上言对此进行了批驳："案《晋书》，羊太后崩，废一时之祀，天地明堂，去乐不作。又案《礼》，王后崩，五祀之祭不行，既殡而祭。所言五祀不行，则天地之祭不废，遂议以园陵年月不便，须至变礼从宜。又缘先准礼文，候神主升祔毕，方行享祀。若俟丙午岁，则三年不祭宗庙，礼文有阙。况明德皇太后德配先朝，礼合升祔。遂与史馆检讨同共参详，以为庙未祔则神灵不至，伏恐祭祀难行。攒既毕则梓宫在郊，可以葬礼比附。遂案《礼》云：'葬者，藏也，欲人不得而见也。'既不欲穿圹动土，则龙辀、攒木、题凑，蒙梼上四柱如屋以覆，尽涂之。所合埋重，一依近例，便可升祔神主，安易妄言，以凶仗为凶秽，目群官为颠倒，指梓宫为棺柩，令百司分析园陵，浼渎圣听，诬罔臣下。安易又云'昔日睹群官尽公，奉二帝诸后，并先山陵，后祔庙。今日睹群官颠倒，奉明德皇太后，独先祔庙，后园陵'者。今详当时先山陵后祔庙，盖为年月便顺，别无阴阳拘忌。今则年月未便，理合从宜。未埋重则礼文不备，未升祔则庙祭犹阙，须从变礼，以合圣情。兼明德皇太后将赴权攒，而安易所称'柏城未焚凶仗，则凶秽唐突祖宗'，案《檀弓》云：'丧之朝也，顺死者之孝心也。'郑玄注云：'谓迁柩于庙。'又云：'其哀离其室也。故至于祖考之庙而后行，商朝而殡于祖，周朝而遂葬。'今亦遥辞宗庙而后行，岂可以《礼经》所出目为颠倒，吉凶具仪谓之唐突哉？又云：'孝章皇后至道元年崩，亦缘有所嫌避，未赴园陵，出京权攒之时，不立神主入庙，直至至道三年，西去园陵，礼毕，然后奉虞主还京，易神主祔庙，以合典礼。'今详当时文籍，缘孝章为太宗嫂氏，上仙之时，止辍五日视朝，百官不曾成服，与今不同。初亦无诏命令住庙享。今明德皇太后母仪天下，主上孝极曾、颜，况上仙之初，即有遗命权停享祀。今案礼文，固合如此。安易荒唐庸昧，妄有援引，以大功之亲比三年之制，欺罔君上，乃至于斯。况安易以评直自负，所诋者无非良善，以清要自高，所尚者无非鄙俗。名宦之志，老而益坚；诗书之文，懵而不习。本院所议，并明称典故，旁考时宜，虽曰从权，粗亦稽古，请依元议施行。"从之。①

五 小祥

小祥是指父母死后一周年（十三个月）的祭礼。与古礼相比，宋代小祥之礼发生了较大的变化。按宋制，外朝以日易月，父母死后十三日即为小祥。行奠祭礼，其日仪銮司设素幄于几筵殿之东，陪位官就位，立班。皇帝服衰服，诣幄即御座。帘降，太常卿当幄前跪奏，请皇帝行祭奠之礼。帘卷，前导官导皇帝出幄，诣殿下，褥位向西立，奏请再拜，举哭。皇帝再拜，举哭。在位官皆再拜，举哭。前导皇帝升殿，诣香案前，三上香、三奠酒，俛伏兴读。祝文官跪读祝文讫，奏请哭尽哀。皇帝哭尽哀，在位官皆哭尽哀，奏请再拜。皇帝哭，再拜；在位官皆哭，再拜。讫，前导官前导皇帝降阶殿下，还褥位，西向立，奏请皇帝再拜，在位官皆再拜。讫，前导官前导皇帝还幄，帘降，太常卿奏礼毕，退。皇帝改服大祥服。②

理宗初，真德秀认为小祥不当从吉，他在给理宗的状中说："伏睹指挥群臣候过宁宗皇帝小祥，并服纯吉等。某案本朝列圣相承，外庭虽用易月之制，而宫中实行三年之服。迨至阜陵，独出宸断易月之外，衰服如初，朝衣、朝冠皆以大布。惜时臣不能并定，臣下执丧仪，遂使人主衰服三年于上，而群臣易月公除于下。逮绍熙甲寅，阜陵上宾罗点等建议，乞令群臣于易月之后不释衰服，朝会治事权用公服、黑带。每遇七日及朔望时节，朝临奉慰，应于丧礼皆以衰服行事，山陵之后期与再期，则又服服之。大祥而后，除至于燕服，亦去红紫之饰。"③这一建议得到了理宗的认可，下诏按其所说执行。

六 大祥

大祥之礼在宋代有所变化，按宋制，父母死后二十五日为大祥。外朝按以日易月之制，行奠祭礼，如前祭仪。这一天，皇帝改服禫服。朱熹《君臣服议》云："大

---

① 《宋史》卷256《赵普（附弟安易）传》，第25册，第8942~8944页。
② 马端临：《文献通考》卷122《王礼考十七·国恤·大敛成服》，上册，第1102页。
③ 徐乾学：《读礼通考》卷18《丧期十八·国恤一》，文渊阁《四库全书》本，第112册，第438页。

祥日，服素纱软脚折上巾、浅黄衫、黑银带。群臣之服分为三等，上等布头冠、布斜巾、布四脚、大袖襕衫、裙袴、首绖、腰绖、竹杖、衬服；中等布头冠、幞头、大袖襕衫、袴、腰绖；其下等则布幞头、襕衫、腰绖而已。详此帝服有冠、有裙，而衫曰直领，则是古之丧服，当自为一袭者。又有四脚，有襕衫，则皆当世常服，又当别为一袭者。"① 如绍兴九年（1139）正月二十五日徽宗大祥，高宗服白罗袍。至禫祭祥服日，服素纱软脚幞头、浅色黄罗袍、黑银带。到绍兴三十一年（1161）八月，太常寺检会故事，言："大祥日服素纱软脚幞头、白罗、黑银带。"淳熙十四年（1187）十月十一日，太常寺检照大祥日服素纱软脚折上巾、淡黄袍、黑银带，孝宗批淡黄袍改服白袍。② 从此以后，每当御延和殿，并服大祥之服，又不用皂幞头，其折上巾、白袍并以布为之；宫中则布衫，过宫则衰绖而杖。而此时的妇人服饰同样有所变化："妇人冠，梳假髻，以鹅黄、青、碧、皂白为衣履，其金珠、红绣皆不可用。"③

七 禫

宋时民间大祥后称禫，即除服。按当时的礼制，死后二十七日即禫，用以日易月之制。奠祭之日，皇帝穿禫服。以政和礼为例，品官丧仪：禫，前一日之夕，掌事者先备内外禫服，各陈于别所。主人及诸子均沐浴，具馔如初。第二天一早，祝入设几筵于奥，主人及诸子妻妾女子子仍祥服，内外俱升，就位哭尽哀，降释服，服禫服。复升就位哭，设馔如初。赞者引主人盥手奠酒如初，祝进立于灵座右面。止哭，祝跪读祝文曰："维某年月朔日辰，孤子某敢昭告于考某官封谥。"案庶人礼，作"敢昭告于考某人之灵"。尚飨，余如大祥之仪。

禫祭以后，丧家生活归于正常。

第四节 墓祭

一 民间的墓祭

墓祭又称为祭墓，此外，见诸文献记载的还有上冢、上墓、上坟、扫墓、展墓、

---

① 朱熹：《朱熹集》卷69《君臣服议》，第6册，第3624页。
② 以上参见马端临《文献通考》卷122《王礼考十七·国恤·大敛成服》，上册，第1102页。
③ 朱杰人、严佐之、刘永翔：《朱子全书》，上海古籍出版社、安徽教育出版社，2002，第928页。

墓祀、上饭、上食、祭扫、拜扫、拜墓以及破散等。

宋代墓祭已成为社会各阶层寄托对祖先哀思及团结宗族的通行方式。周必大说："岁时扫墓，是为野老之常。"① 刘安上诗云："宽恩得真祠，展省来郊墟。清醑奠墓隧，诰轴焚金朱。报效未云讫，涕泗徒涟如。竭来就堂宇，会饮族属俱。夜深灯火明，山静竹柏疏。翻思昔日营，似为今所须。先人笃好善，雅志在诗书。于公有阴德，高大其门闾。虞诩名升卿，其后果不诬。嗟余忝厥修，覆败良可虞。作诗以自警，其无迷厥初。"② 就是要求子弟为先人扫墓时要缅怀先人的遗志，做好人，做善事，好好读书。陈著携子侄为先人扫墓后写诗告诫："吾行荷谢老天公，不放南来送雨风。筇杖步前皆雅兴，梅花香底欠诗工。尘埃辟易青山外，丘陇凄凉落照中。一片初心分付处，儿孙他日记衰翁。"③

在宋代，文人士大夫祭墓时，还往往有撰写祭墓文的习惯。祭墓文又称为墓祭文、省墓祭文、上墓祭文等。如朱熹就写有《祭墓文》："岁序流易，雨露既濡。念尔音容，永隔泉壤。一觞之酹，病不能亲。谅尔有知，尚识予意。"④《又祭告远祖墓文》："维年月日，远孙熹谨率侄某、侄孙某等，以酒果告于远祖二十一公制置府君、祖妣杜氏夫人之墓：惟昔显祖，作镇兹邦。开我后人，载祀久远。封茔所寄，奉守弗虔。他人有之，莫克伸理。兹用震怛，吁于有司。乡评亦公，遂复其旧。伐石崇土，俾后弗迷。即事之初，敢谢其遣？谨告。"⑤ 张栻《省墓祭文》："某往者惟念古不墓祭之义，每来展省，号哭于前，不敢用世俗之礼，以行其所不安，而其中心终有所未满者。近读《周官》，有'祭于墓为尸'之文，乃始悚然。深惟先王之意，存世俗之礼，所以缘人情之不忍，而使之立尸以享，所以明鬼神之义，盖其处之者精矣。今兹用是敬体此意，为位于亭，具酒肴之荐，以写其追慕之诚。惟事之始，不敢不告，俯伏流涕，不知所云，惟考妣之神实鉴临之。"⑥

以时间而言，宋代墓祭一年之中有数次，其中主要的大致有三次：第一次是在正月，称拜坟；第二次是在寒食和清明期间；第三次在十月朔，称"送寒衣"。在这三次中，以第二次清明墓祭最为重要、最为流行。

---

① 周必大：《谢赵守门送上冢状》，《全宋文》卷5085，第229册，第26页。
② 刘安上：《刘安上集》卷1《方潭展墓示子侄》，上海社会科学院出版社，2006，第165页。
③ 陈著：《本堂集》卷2《上乘展墓示子侄》，文渊阁《四库全书》本。
④ 朱熹：《朱熹集》卷86《又墓祭文》，第8册，第4457页。
⑤ 朱熹：《朱熹集》卷86《又祭告远祖墓文》，第8册，第4447页。
⑥ 张栻：《南轩集》卷44，《张栻全集》下册，杨世文、王蓉贵校点，长春出版社，1999，第1148页。

1. 拜坟

所谓拜坟，即拜岁。如北宋中原地区一带（如河南）有元日上坟祭祖的，韩琦就作有《新岁拜坟二首》、《冬至祀坟》、《元日祀坟马上》、《元日祀坟道中》等诗。[①]长江流域也有此俗，如蜀人在正月初二、初三日有上坟祭祖之俗。[②]

2. 上坟

担酒上坟以尽思时之敬是寒食节最重要的活动之一。宋代庄绰《鸡肋编》载寒食上坟之俗道："（河东）寒食日上冢，亦不设香火，纸钱挂于茔树。其去乡里者，皆登山望祭，裂冥帛于空中，谓之'擘钱'。而京师四方因缘拜扫，遂设酒馔，携家春游。或寒食日阴雨，及有坟墓异地者，必择良辰，相继而出。以太原本寒食一月，遂谓寒食为一月节。浙西人家就坟多作庵舍，种种备具，至有箫鼓乐器，亦储以待用者。"[③]例如"邢大将者，保州人。居近塞，以不仁起富。积微劳，得军大将。尝以寒食日，率家人上冢"。[④]灵璧县令毕造"长女既亡，葬于京城外僧寺，当寒食扫祭，举家尽往"。[⑤]京镗一家"每岁寒食，只来江皋酹酒三爵，烧纸钱数束，即是上冢"。[⑥]……范成大《寒食郊行书事》诗云："野店垂杨步，荒祠苦竹丛。鹭窥芦箔水，鸟啄纸钱飞。媪引浓妆女，儿扶烂醉翁。深村时节好，应为去年丰。"[⑦]从这首诗中我们可以看出，南宋时的寒食节已经具有别样色彩：女儿艳装上坟，老翁一醉方休，人们的心思已不在坟中的死者上，而是放在春游和秋后的丰收上。

寒食祭墓的时间并没有严格的规定，按宋代习俗，从冬至后的第一百零四天开始便有人担酒上坟祭祖了。此后一个月内，上坟祭墓者络绎不绝，故当时又有"寒食一月节"之谚。[⑧]

清明节在寒食节的第三天，此节的主要活动有上新坟、春游、观龙舟、插柳、上头等。[⑨]宋时此风甚盛，朝廷明确规定：从寒食至清明扫墓三日。但人们借扫墓之机，

[①] 韩琦：《安阳集》卷8、13、20，文渊阁《四库全书》本，第1089册，第271、292、322页。
[②] 范镇：《东斋记事》卷4，中华书局，1980，第35页。
[③] 庄绰：《鸡肋编》卷上，中华书局，1983，第23页。
[④] 洪迈：《夷坚志·乙志》卷14《邢大将》，第307页。
[⑤] 洪迈：《夷坚志·乙志》卷7《毕令女》，第237~238页。
[⑥] 杨万里：《诚斋集》卷110《答罗必先省干》，《杨万里诗文集》下册，王琦珍整理，江西人民出版社，2006，第1735页。
[⑦] 范成大：《石湖居士诗集》卷1，《范石湖集》上册，上海古籍出版社，1981，第10~11页。
[⑧] 庄绰：《鸡肋编》卷上，第23页。
[⑨] 毛奇龄：《辨定祭礼通俗谱》卷2载："世但知清明，而不知寒食，遂渐以寒食上墓事归之清明，理固然也。则是墓祭大礼三古所有，而清明之期又复列代相因，展转有据。家祭之外必当墓祭，谁曰墓祭非古乎？"参见政协杭州市萧山区文史工作委员会编《毛奇龄合集》第3分册，杭州出版社，2003，第740页。

踏青郊游。如南宋都城临安（今浙江杭州），这一天，"官员士庶，俱出郊省坟，以尽思时之敬。车马往来繁盛，填塞都门。宴于郊者，则就名园芳圃、奇花异木之处；宴于湖者，则彩舟画舫，款款撑驾，随处行乐。此日又有龙舟可观，都人不论贫富，倾城而出，笙歌鼎沸，鼓吹喧天，虽东京金明池未必如此之佳。醵酒贪欢，不觉日晚。红霞映水，月挂柳梢，歌韵清圆，乐声嘹亮，此时尚犹未绝。男跨雕鞍，女乘花轿，次第入城。又使童仆挑着木鱼、龙船、花篮、闹竿等物归家，以馈亲朋邻里"。①

对于当时这种节日主题异化的现象，时人李之彦认为有违传统的礼仪，他在《东谷所见·先垄》中说：

> 人子之于亲，苟亏生事之礼，虽葬与祭，致其力何足以言孝？故曰祭之厚，不如养之薄。吾乡多于至节、岁节、清明诣坟所，经半载余。置其亲于荒墟，已为非礼，乘祭之后，大率与兄弟、妻子、亲戚、契交放情游览，尽欢而归。至节岁节，非扫松也，只赏梅耳！清明非省墓也，只踏青耳！然则人子何以处此，当揆之于心，平日稍能孝养，虽祭后举杯酌，亦未害。若孝养有亏，即当收敛酒馔，返舍潜自克责，庶几亦不至大得罪于名教，大获谴于造物。余尝喜一前辈作初入仕启两句云："禄不及亲饱，妻孥而何益？"遂耦其两句忠未报国，对师友以多惭。

而程颐则对墓祭持比较宽容的态度，他认为：

> 嘉礼不野合，野合则秕稗也。故生不野合，则死不墓祭。盖燕飨祭祀，乃宫室中事。后世习俗废，礼有踏青、藉草饮食，故墓亦有祭。如礼望墓为坛，并墓人为墓祭之尸，亦有时为之，非经礼也。后世在上者未能制礼，则随俗未免墓祭。既有墓祭，则祠堂之类亦且为之可也。
>
> 《礼经》中既不说墓祭，即是无墓祭之文也。张横渠于墓祭合一，分食而祭之，故告墓之文有曰"奔走荆棘，肴乱杯盘之列"之语，此亦未尽也。如献尸则可合而为一，鬼神如何可合而为一？
>
> 墓人墓祭则为尸，旧说为祭后土，则为尸者，非也。盖古人祭社之外，更无所在有祭后土之礼。②

---

① 吴自牧：《梦粱录》卷2《清明节》，第12页。
② 程颢、程颐：《二程集·河南程氏遗书》卷1《二先生语一·端伯传师说》，第1册，第6页。

程颐又说：

> 横渠墓祭为一位，恐难推同几之义。（同几唯设一位祭之，谓夫妇同牢而祭也。）吕氏定一岁疏数之节，有所不及，恐未合人情。雨露既濡，霜露既降，皆有所感。若四时之祭有所未及，则不得契感之意。今祭祀，其敬齐礼文之类，尚皆可缓，且是要大者先正始得。今程氏之家祭，只是男女异位，及大有害义者，稍变得一二，佗所未遑也。吾曹所急正在此。凡祭祀，须是及祖。知母而不知父，狗彘是也；知父而不知祖，飞鸟是也。人须去上面立一等，求所以自异始得。①

清明上坟，如因客居外地，则盛行登山望墓而祭，届时要将纸钱撕裂，撒向空中，时称"擘钱"。而在枣阳（今属湖北）一带还有吊唁北宋著名诗人柳七的风俗，时称"吊柳会"。曾敏行《独醒杂志》载："柳耆卿风流俊迈，闻于一时。既死，葬于枣阳县花山。远近之人，每遇清明日，多载酒肴饮于耆卿墓侧，谓之'吊柳会'。"②

3. 送寒衣

十月初一为寒衣节，宋代盛行此日上坟。如在北宋东京，"宰臣以下受衣着锦袄三日，士庶此日出城飨坟"③。南宋都城临安也是如此，吴自牧《梦粱录》卷六《十月》载："三日，士庶以十月节出郊扫松，祭祀坟茔。内庭车马差宗室南班往攒宫行朝陵礼。"

二 皇家的上陵

宋代皇家的上陵之礼沿袭五代，诸陵远者，令本州长吏朝拜，近者遣太常、宗正卿，或因行过亲谒。例如在宋初，春秋命宗正卿朝拜安陵，以太牢奉祠。乾德三年（965），始令宫人诣陵上冬服，此后每年按此办理，"岁以为常"。开宝九年（976），宋太祖到西京洛阳，经过巩县，谒安陵奠献。

在北宋初年，皇帝亲自到皇陵祭拜，称为"亲谒"。宋室南渡之后，受战事等因素的影响，此礼不行，故上陵改称为省视、保护、荐献、祭告、致祭、望祭、修奉诸名称，全部是派遣官员祭拜，不专于行礼。建炎元年（1127）五月初一日，高宗诏：

---

① 程颢、程颐：《二程集·河南程氏遗书》卷2下《二先生语二下·附东见录后》，第1册，第51页。
② 曾敏行：《独醒杂志》卷4《吊柳会》，上海古籍出版社，1986，第33页。
③ 孟元老：《东京梦华录》卷9《十月一日》，邓之诚注，第218页。

"应永安军祖宗陵寝,可差西京留守及台臣一员躬亲省视,如有合修奉去处,措置奏闻。"仍诏鄜延路副总管刘光世充省视陵寝使。又诏河南府镇抚使翟兴,团结本处义兵,保护祖宗陵寝。建炎四年(1130)六月,诏令礼部给降度牒一百道充祭告诸陵礼料,仍令翟兴所差来人赍祭告表以行。①

第五节 居丧

一 宋代的居丧制度

儒家居丧制度中的"三年之丧"制度早在先秦时期便已产生,自秦末强制推行以来,便一直在社会上流行,汉代时又被纳入法律规定。②宋代自不例外,统治者十分重视居丧制度,建国后曾有多条诏令重申并严格丁忧制度。③建隆四年(963),宋太祖赵匡胤令大臣窦仪等人,以唐律为基础,参用其他刑律,制定了宋律,即《宋刑统》。从这部法律中我们可以看出,宋代对居丧之礼的法律规定与唐律如出一辙,并没有多大的变化。这表明,宋太祖也是企图用法律手段来推行儒家的居丧礼制的。

官员解官去职为父母服丧三年,是宋代居丧制度的核心,为"天下之通丧",④始终作为一种制度规范在社会上强制推行。即使是贵为帝王,其三年之制也不能免。苏颂说:"三年之丧,称情而立文,日月既终,衰麻必释,盖天下之通谊也。""子之于亲也,有鞠育之恩,顾复之慈。三年之丧,未足以报其厚德。然圣人称情而立文,不可多寡,故天下共之。"⑤朱熹曰:"臣闻三年之丧,齐疏之服,飦粥之食,自天子达于庶人,无贵贱之殊。"⑥

宋代统治者对官员丁忧持服期间的行为举止有着非常详细的规定。以官员匿丧

---

① 《宋史》卷123《礼二十六·凶礼二·上陵之礼》,第9册,第2885页。
② 明代张燧《千百年眼》卷5《短丧不自文帝》云:"汉初礼文,大率皆承秦旧。秦,无礼义者也,其丧礼固无可考,然杜预言秦燔书籍,率意而行,亢上抑下。汉祖草创,因而不革,乃至率天下皆终重服,且夕哀临,经罹寒暑,禁塞嫁娶饮酒食肉,制不称情。"张燧:《千百年眼》,河北人民出版社,1987,第75页。
③ 祝建平:《北宋官僚丁忧持服制度初探》,《学术月刊》1997年第3期。
④ 苏颂:《苏魏公文集》卷31《皇叔前右监门卫大将军克眷皇叔前右监门率府率克迈克慕皇兄前右卫大将军荣州团练使仲论可并旧官服阕》,第448页。
⑤ 苏颂:《苏魏公文集》卷33《皇兄前右武卫大将军春州刺史仲廸可旧官服阕》、《皇侄前右千牛卫将军令羽可旧官服阕》,第481页。
⑥ 李光地:《朱子礼纂》卷3《丧》,文渊阁《四库全书》本,第142册,第680页。

为例，统治者认为"怀欺不忠，匿丧不孝"，①"匿丧"的官员一旦被人举报，朝廷要对其进行严厉的处罚，或流放，或处以一至三年不等的徒刑。②居丧期间应不饮酒作乐，不食肉，不处内，不入公门，不娶妻纳妾，门庭不换旧符。如果官员丁忧期间行为不端、有亏孝德，做出有悖礼义伦常的事，要受到行政处罚甚至法律制裁。如绍兴十七年（1147）七月癸酉，宋高宗敕令所奏诸遭丧应解官，而临时窜名军中，规免执丧者，徒三年。所属知情而为申请起复者，减二等。先是，上数论大臣以为有伤风教者，至是立法。③据张端义《贵耳集》载：

> 寿皇以孝治天下，有大理寺孙寺丞，失记其名，匿服不丁母忧，寿皇怒，欲诛之，奏知德寿云："孙某不孝，欲将肆诸市朝。"德寿云："莫也太甚。"遂黥面配广南，数年得归。余儿时曾见之。今之士大夫，甚至闻讣，仕宦冒荣自若，衰绖有不曾著者，食稻衣锦，汝安则为之。圣门之训，天理灭绝，去禽兽几希！④

但对于这种里面多有不切实际、不甚人道内容的居丧制度，宋代一些开明的儒家士大夫提出要做一些必要的改革，如陆游曰：

> 居丧之礼，不可不勉。人固有体气素弱，不能常去肉食者，礼亦许之，然亦不得已耳。至若寝苫于地，东南卑湿，决不可行。食去盐酪，亦非南人所堪。如此之类，小有出入，固有不得已者。若夫饮酒及广设肴羞，以至招客赴食之类，乃可以守礼而不守者，亦是近世礼法陵夷，遂至于此。汝辈各宜勉之！若不能人人皆行，则行者自行而已。兄弟相驳，亦无如之何也。⑤

二　居丧制度在宋代的实行及其影响

（一）居丧的"非礼"现象

由于儒家居丧制度对人欲的禁止甚严，自然遭到了社会各派，特别是那些追求享

---

① 刘克庄：《林程乡墓志铭》，《全宋文》卷7620，第331册，第166页。
② 窦仪：《宋刑统》卷10《匿哀》，吴翊如点校，中华书局，1983，第163~165页。
③ 李心传：《建炎以来系年要录》卷156，绍兴十七年七月癸酉条，第3册，第2535页。
④ 张端义：《贵耳集》卷下，《宋元笔记小说大观》第4册，第4306~4307页。
⑤ 陆游：《放翁家训》，《全宋笔记》第5编（8），第153页。

乐生活的人士的抨击和极力反对。于是出现了许多被正统儒家士大夫视为"非礼"的现象。

1. 居丧食肉饮酒

司马光说:"今之士大夫,居丧食肉饮酒,无异平日。又相从宴集,腼然无愧,人亦恬不为怪。……乃至鄙野之人,或初丧未敛,亲宾则赍酒馔往劳之。主人亦自备酒馔,相与饮啜,醉饱连日,及葬亦如之。"① "相习为常,恬不知怪。"②

其实,不仅民间如此,即使是皇帝之丧,许多行为同样犯了"居丧不饮酒食肉"的大忌。嗣皇帝在山陵礼结束后,总是要大宴群臣,一醉方休。如乾兴元年(1022)二月十九日,真宗崩于延庆殿。十月初二日,仁宗以山陵礼毕宴群臣于崇德殿,酒七行,不作乐。③仁宗、英宗丧礼,参与丧事的文武百官和诸军的早饭、晚饭都有酒肉,特别是仁宗丧礼,京师开封城中的羊肉竟被吃光了!④史载"温公薨,朝廷命伊川先生主其丧事。是日也,祀明堂礼成,而二苏往哭温公,道遇朱公掞,问之。公掞曰:'往哭温公,而程先生以为庆吊不同日。'二苏怅然而反,曰:'麑糟陂里叔孙通也。'(言其山野。)自是时时谑伊川。他日国忌,祷于相国寺,伊川令供素馔。子瞻诘之曰:'正叔不好佛,胡为食素?'正叔曰:'礼,居丧不饮酒食肉。忌日,丧之余也。'子瞻令具肉食,曰:'为刘氏者左袒。'于是范淳夫辈食素,秦、黄辈食肉。"⑤苏轼为礼部尚书时,恰逢宣仁太后去世,乃与礼官及太常诸官直宿禁中,拟定殡葬中的礼仪事宜。到了第七天,宋哲宗忽然下旨,供应光禄寺羊酒若干,欲为太皇太后太妃皇后暖孝。苏轼等人觉得不妥,遂上疏,以暖孝之礼出于俚俗,皇太后的葬事当化天下,不敢奉诏。有旨遂罢。⑥

2. 居丧嫁娶和生子

宋代还存在着居丧嫁娶和生子的违法、违礼现象,特别是一些文人士大夫,为了自己的私欲,追求所谓的"性福"生活,也竟然不顾儒家礼仪和法律的规定,不顾世人的非议,争相迎娶"有热孝之嫌"的美貌姬妾。对此,当时的文献多有记载,有的

---

① 司马光:《司马氏书仪》卷6《丧仪二·饮食》,《丛书集成初编》本,第65页。
② 司马光撰、李之亮笺注《司马温公传集编年笺注》卷65《序赙礼》,第5册,第171页。
③ 《宋会要辑稿》礼45之12,第2册,第1453页。
④ 李焘:《续资治通鉴长编》卷209,英宗治平四年正月己未条载:"御史刘庠言:'礼,居丧不饮酒食肉。仁宗之丧,百官及诸军朝晡皆给酒肉,京师羊为之竭。请给百官素食。'礼官以为然,执政不从。"见该书第15册,第5074页。
⑤ 程颢、程颐:《二程集·河南程氏外书》卷11《时氏本拾遗》,第2册,第416页。
⑥ 李廌:《师友谈记》,中华书局,2002,第43页。

还进行了谴责。如司马光说:"今之士大夫……亦有乘丧即嫁娶者。"①李之彦《东谷所见·借亲》曰:"父母垂死,人子于此正哀痛彻骨,几不欲生之时也。今人反以送死为缓,惟以借亲为急,父母死,未即入棺,仍禁家人辈未得举哀。弃亲丧之礼而讲合卺之仪,置括发之戚而修结发之好,若此者,夷狄禽兽之所不忍为,而世俗皆乐为之。虽簪缨诗礼之家亦相率而行,恬不为怪,不知作俑者谁耶?"周辉《清波杂志》卷三载:"士大夫欲永保富贵,动有禁忌,尤讳言死,独溺于声色,一切无所顾避,闻人家姬侍有慧丽者,伺其主翁属纩之际,已设计贿牙侩,俟其放出以售之,虽俗有热孝之嫌,不恤也。……是皆不可理诘。"由此可见,当时这种违法、违礼的现象还非常普遍,以至于人们习以为常,恬不为怪。

3. 居丧作乐

司马光说:"今之士大夫,甚者,初丧作乐以娱尸,及殡葬,则以乐导輀车,而号哭随之。"②袁燮说:"自丧纪废坏,人多易于寡戚。"③……

这种居丧作乐的现象在宫中也时常可以见到,如庆历三年(1043)正月,集贤校理、同知礼院余靖给皇帝上书时说:"臣伏见阴阳克择官状申,皇子故鄂王大殓破服并取今月初四日。又伏见每年正月五日,紫宸殿开宴管领契丹贺正人使。窃恐有司循故事申举,以戎使为重,依例作乐开宴。臣身为礼官,故敢先事言之。窃以故鄂王虽有襁褓,是为无服之殇,其如已赐爵,命当同成人之例。父子天性,岂能无戚?今日服之,而明日宴乐,情何以安?且臣寮之家,遭此丧尚当给假,况万乘之主,因戎狄之使,不得申其私恩,深可痛也。臣以为,若不得已,宣召与礼食,而彻去声乐,亲遣大臣告谕戎使,以皇帝有嗣续之痛故,罢去声乐,非有轻重于北朝也。戎狄虽同禽兽,不敢以此为恨。昔周景王以子丧既葬而与宴,《春秋》讥之,以为失礼。古者卿佐之丧,虽在祭祀,尚犹废乐,况其亲父子乎!臣不胜区区之至。"④又,嘉祐八年(1063),时知谏院上奏曰:"臣窃见仁宗皇帝梓宫在福宁殿,自启菆以来,每日装饰尼女置于殿前,傅以粉黛,衣之绮绣,状如俳优,又类戏剧。臣不知其说何谓也?群臣见者,无不骇异。或叹其失礼,或默有讥诮。黩嫚威神,莫甚于此!殆非所以裨助丧容,观示万方。伏望圣慈速令撤去。孔子曰:'葬之以礼',此孝之大者也。臣愿陛下因此特降圣旨下有司,应将来灵驾进发以至襄事,凡仪仗送终之物,有鄙俚无稽不

---

① 《司马氏书仪》卷6《丧仪二·饮食》,《丛书集成初编》本,第65页。
② 司马光:《司马氏书仪》卷6《丧仪二·饮食》,《丛书集成初编》本,第65页。
③ 袁燮:《絜斋集》卷20《吴君若圹志》,《丛书集成初编》本,第5册,第336页。
④ 余靖:《上仁宗论皇子服罢开宴用乐》,赵汝愚编《宋朝诸臣奏议》卷96《礼乐门》,下册,第1006~1007页。

合礼典如此类者，悉宜撤去，无使四方之人有所观笑。"①

4. 居丧别财异爨

宋代禁止居丧别财析居。如仁宗景祐四年（1037）正月乙未诏："应祖父母、父母服阕后，不以同居、异居，非因祖父母财及因官自置财产，不在论分之限。又诏士庶之家，应祖父母、父母未葬者，不得析居。若期尚远，即听以所费钱送官，候葬日给之。"②但这一规定在当时并没有得到严格的执行。李元纲《厚德录》说："近岁以来，父祖未葬，而多别财异爨，甚伤风教。"

5. 居丧服吉服

宋代居丧服吉服的现象比较突出，"有进士吕渭夫状陈理差役公事，状有称见居母丧，而身着襕幞皂纱巾持"。对于这种非礼的现象，朱熹感到很难理解，他说：

> 右当职窃闻先圣有言："孝子之丧亲，服美不安，闻乐不乐，食旨不甘，此哀戚之情也。"又曰："子生三年，然后免于父母之怀，故三年之丧，天下之通丧也。予也有三年之爱于其父母乎？"是以昔者先王制为丧礼，因人之情而节文之，其居处、衣服、饮食之间皆有定制。降及中世，乃有墨衰之文，则已不能无失于先王之意矣。然准律文，诸丧制未终，释服从吉，若忘哀作乐（自作遣人等），徒三年，杂戏徒一年。即遇乐而听，及参预吉席者，各杖一百。则是世无古今，俗无厚薄，而有国家者所以防范品节之意尚未泯也。又况顷年至尊寿皇圣帝躬服高宗皇帝之丧，素衣素冠，皆用粗布。当职尝因奏事，亲得瞻仰。恭惟天子之孝所以感神明而刑四海者如此其盛，而此邦僻远，声教未洽，乃有居父母之丧而全释衰裳，尽用吉服者。见之骇然，良用悲叹。自惟凉薄，无以愈人。然幸身际盛时，目睹圣孝，今又得蒙误恩，使以承流宣化为职，敢不明布，以喻士民？

朱熹感到自己有责任纠正这一非礼的社会现象。绍熙元年（1190）六月，他下令晓谕辖地的官民居丧持服，遵守礼律：

> 自今以来，有居父母之丧者，虽或未能尽遵古制，全不出入，亦须服粗布黲衫、粗布黲巾，系麻绖，着布鞋，不饮酒，不食肉，不入房室。如是三年，庶几

---

① 司马光：《上英宗乞撤去福宁殿前尼女》，赵汝愚编《宋朝诸臣奏议》卷96《礼乐门》，下册，第1009页。
② 李焘：《续资治通鉴长编》卷120，景祐四年正月乙未条，1985，第9册，第2820页。

少报勋劳，勉遵礼律，仰承圣化。如其不然，国有常宪。今榜晓谕，各令知悉。故榜。绍熙元年六月日。①

（二）居丧"非礼"的原因分析

为什么宋代会出现如此普遍而严重的居丧非礼现象呢？其实，它与宋代统治者在政治上崇尚宽厚的政策有关。《宋史·刑法志一》便载："宋兴，承五季之乱，太祖、太宗颇用重典……而以忠厚为本。"又说："其君一以宽仁为治，故立法之制严，而用法之情恕。"从这里，我们不难看出造成这种社会现象的根源所在。为此，庆历二年（1042）知谏院欧阳修上奏皇帝，希望能够用法律的手段抑制此风的蔓延：

> 臣近见丁忧人茹孝标，居父之丧，来入京邑，奔走权贵，营求起复，已为御史所弹。又闻新及第进士南宫觐，闻母之丧，匿不行服，得官娶妇，然后徐归，见在法寺议罪。孝标官为太常博士，觐在场屋粗有名称。此二人犹如此，则愚俗无知、违礼犯义者，何可胜数矣！盖由朝廷素不以名教奖励天下，而礼法一隳，风俗大坏。窃以风化之本，由上而下。伏见起复龙图阁待制杨察，累有章奏，乞终母丧，而朝旨未允。夫臣子之行，惟孝与忠。察以文中高科，官列近侍，而能率励颓俗，以身为先。陛下宜曲赐褒嘉，遂成其志，使迁善化俗，自察而始。岂可不通人情，胶执旧弊，推禄利之小惠，废人臣之大节？臣谓近侍夺情，本非军国之急，不过循旧例、示推恩而已。今察以节行自高，志在忠孝，知贪冒禄利为可耻。若朝廷夺其情，使其于身不得成美行，而于母有罔极之恨，岂足谓之推恩乎？方今愚俗无知，违犯礼义，至使繁狱讼，严刑罚，而不能禁止。脱有一人，欲守名教而全忠孝，以励天下者，又为朝廷不许，则风俗之弊，其咎安在？伏乞早降恩旨，许其终丧，不独成察之志，亦以为朝廷之美。取进止。②

（三）匿丧

宋代官员居丧要解职三年，又不发俸禄，又要受尽各种苦难，这对那些贪恋权力、追求物质和精神享受的官员来说，简直是一种精神和肉体上的折磨。为此，他们

---

① 朱熹：《朱熹集》卷100《晓谕居丧持服遵礼律事》，第8册，第5095~5096页。
② 欧阳修：《奏议集》卷1《论杨察请终丧制乞不夺情札子》，李之亮笺注《欧阳修集编年笺注》，第6册，第88~89页。

总是躲避丁忧，故意有丧不报，这种现象，时称为"匿丧"。

仁宗时，承平日久，百官职业皆有常，宪度乐于因循，而铨衡徒文书备具而已。知制诰贾黯权判吏部流内铨，始欲以风义整，拯救其弊。益州推官桑泽在蜀三年，不知其父亲已经死亡，后代还举者甚多，应格当迁。方投牒自陈，大家都知道他曾经丧父，尚在丧期，不肯替其伪作文书。桑泽知道无法，乃去发丧制服，并以不得家问作为解释。桑泽既除丧，求磨勘，贾黯认为："[桑]泽三年不与其父通问，亦有人子之爱于其亲乎？"即使桑泽没有匿丧，但不孝仍是事实。贾黯将此事言于朝，于是桑泽罢职，回归家乡，不齿终身。①

淳祐四年（1244）秋，倍受宋理宗宠信的右丞相史嵩之的父亲去世了，但宋理宗不允许史嵩之按惯例在家为父守丧三年，而诏令他起复，即在职带丧。于是，引起了一场轩然大波。太学、武学、京学、宗学的学生联合起来，发起了一场声势浩大的"倒史运动"。当时京学生刘时举、王元野、黄道等94人联名给皇帝上书，书中略曰："天下有一日不可废之人伦，人心有一日不可泯之公论。大伦之尽废，固不足为乱臣贼子羞。公论之不泯，所以为宗庙社稷虑。先儒谓事亲之情可夺，则事君之情亦可夺。政以不忠，实原于不孝。无父必至于无君，此理之必然也。"武举刘耐也上书曰："陛下尊居天陛，置辅相于左右，盖将以立国也。而轻儇浮薄者，乃指名大骂，自辅相至于台谏、侍从而下，或目之以禽兽，或指之以鬼魅，或斥之以盗贼，然则朝廷何以为朝廷，中国何以为中国？信斯言也，生人之类灭久矣。若使嵩之真要取起复而后去，真匿丧旬余而后发，固无逃天下后世之议。若嵩之闻讣未尝匿丧，而起复之命真出陛下，忧时之本心，亦当显告天下。下臣此章，揭示四学。轻儇浮薄者有所警戒，于世道实非小补。"②最终，宋理宗下令让史嵩之归家守丧，而改命知枢密院事兼参知政事范钟为左丞相兼枢密使，杜范为右丞相兼枢密使，从而结束了史嵩之四年独相的政局。《宋季三朝政要》卷二《理宗》就对此做了非常详细的记载：

> 然弥远所丧者，庶母也；嵩之所丧者，父也。弥远奔丧而后起复，嵩之起复之后而后奔丧。以弥远贪默固位，犹有顾藉，丁艰于嘉定改元十一月之戊午，起复于次年五月之丙申。未有如嵩之匿丧罔上、殄灭天常如此其惨也。且嵩之之为

---

① 李焘：《续资治通鉴长编》卷176，仁宗至和元年八月甲午条，1985，第13册，第4270页；《宋史全文》卷9上《宋仁宗五》，黑龙江人民出版社，2005，第458页。
② 《宋季三朝政要》卷2《理宗》，淳祐四年九月，《宋季三朝政要笺证》，王瑞来笺证，中华书局，2010，第157~161页。

计亦奸矣。自入相以来，固知二亲耄矣。为有不测，旦夕以思，无一事不为起复张本。当其父未死之前，已预为必死之地。近畿总饷，本不乏人，而起复未卒哭之马光祖。京口守臣，岂无胜任？而起复未终丧之许堪。故里巷为十七字之谣也，曰："光祖做总领，许堪为节制，丞相要起复援例。"夫以里巷之小民，犹知其奸，陛下独不知之乎？台谏不敢言。台谏，嵩之爪牙也。给舍不敢言。给舍，嵩之腹心也。侍从不敢言。侍从，嵩之肘腋也。执政不敢言。执政，嵩之羽翼也。①

（四）居丧中的"孝行"

一些开明的封建士大夫一方面著书立说极力反对非礼现象，另一方面还企图利用自己的微薄力量来扭转世风。

张齐贤（942~1014），母孙氏八十余岁时死去。张齐贤居丧期间"水浆不入口者七日"，绝食七天后每天吃粥一器，守丧三年之内不食酒肉、蔬果，被当时的士大夫树为典范。②

大理寺丞张淮，字次公。其先开封人。曾大父尚书工部侍郎、赠司徒张去华，始居河南；大父光禄少卿、赠兵部侍郎张师锡归老于家，教训子孙，世称为有德君子；父尚书职方员外郎张景伯，以孝友笃行推于士大夫，至今河南言家法者必先张氏。张淮为长子，"事大父母、父母尽其孝，执丧哀毁，有闻于人"。③

豹林谷隐士种放（956~1016），字明逸，洛阳（今属河南）人。诏赠工部尚书。兵部尚书张齐贤言："放隐居三十年，不游城市十五载。孝行纯至，可励风俗。简朴退静，无谢古人。"种放母卒，水浆不入口三日，庐于墓侧。④

将作监丞张唐卿（1010~1037），字希元，青州（今山东淄川）人。景祐元年（1034）状元。丁父忧，毁瘠呕血而卒。年二十八。⑤

陈襄（1017~1080），字述古，号古灵先生，福唐（今福建福州）人。北宋理学家。历官枢密院直学士，知通进银台司，提举进奏院，后又兼侍读，提举司天监，兼尚书都省事等。其父授台州之黄岩尉，未赴任而卒。当时陈襄刚刚十八岁，"扶柩反

---

① 《宋季三朝政要笺证》，第154页。
② 《宋史》卷265《张齐贤传》，第26册，第9154页。
③ 范祖禹：《大理寺丞张君墓志铭》，《全宋文》卷2149，第98册，第312页。
④ 《宋史》卷457《隐逸上·种放传》，第38册，第13423页。
⑤ 李焘：《续资治通鉴长编》卷120，景祐四年闰四月己卯条，1985，第9册，第2828~2829页。

葬，执丧尽礼"。①

司马光"父池，天章阁待制。光生七岁，凛然如成人。闻讲《左氏春秋》，爱之，退为家人讲，即了其大指。自是手不释书，至不知饥渴寒暑。……仁宗宝元初，中进士甲科。年甫冠，性不喜华靡，闻喜宴独不戴花。同列语之曰：'君赐不可违。'乃簪一枝。……丁内外艰，执丧累年，毁瘠如礼。"②司马光死，其子司马康（1050～1090）也是"执丧如丧夫人，哀毁有加焉。治丧皆用《礼经》家法，不为世俗事，得遗恩悉以予族人。其启夫人之丧而合祔也，号慕如初。丧既葬，庐于墓。凡文正公终事，竭诚尽力，无一不致其极者。三年服除，召为著作佐郎兼侍讲"。③

虞部郎中李某，字公济，豫章人。"公事亲孝，比遭大丧，庐墓六年。"④

周喻，字彦博，其先颍人，唐末时祖先谪官道州（今属湖南），更五代之乱，遂以道州为家。父亲周尧卿，仕至太常博士，以善居丧闻。欧阳修赞其情与礼可比拟古君子之孝，并为之撰写墓刻。周喻"以博士忧去，执丧哀戚甚。家至贫，奉母夫人，养诸弟，谨备，而葬礼无违，乡里称之"。⑤

赵世崇，字德卿，为赵宋宗室，吴懿王赵德昭之曾孙，彰化军节度使、舒国公赵惟忠之孙，宣州观察使、宣城侯赵从谨之长子。位至金紫光禄大夫、检校国子祭酒、右屯卫大将军兼御史大夫、轻车都尉、天水郡开国伯，食邑九百户，赠洛州防御使、广平侯。"及宣城之寝疾也，每尝药以进，昼夜不解带者，盖累月矣。其执丧，哀瘠甚，宗室称其孝。"⑥

左朝议大夫、上柱国、会稽县开国子、食邑五百户、赐紫金鱼袋夏伯孙，"暨相国薨，司空执丧过哀，殆不能胜。太君供侍持扶，未尝违去左右，乃克终制"。夏伯孙以母亲不想离开京师，故平生不求外官。元祐六年（1091）八月十七日，其母李氏以疾卒于家，年八十五。"朝议遭太君之丧，号慕过哀，水浆不入口者四日，相继而终。母慈子孝，闻者哀之。"⑦

张汝明，生卒年不详，字舜文，一字祖舜，世为庐陵（今江西吉安）人，徙居真

---

① 叶祖洽：《先生行状》，陈襄《古灵集》卷25，文渊阁《四库全书》本。
② 《宋史》卷336《司马光传》，第31册，第10757页。
③ 范祖禹：《直集贤院提举西京嵩山崇福宫司马君墓志铭》，《全宋文》卷2152，第99册，第9～10页。
④ 王安石：《王文公文集》卷85《虞部郎中赠卫尉卿李公神道碑》，第908页。
⑤ 刘攽：《彭城集》卷38《著作佐郎周君墓志铭》，《丛书集成初编》本，中华书局，1985，第5册，第506页。
⑥ 王珪：《华阳集》卷39《宗室金紫光禄大夫检校国子祭酒右屯卫大将军兼御史大夫轻车都尉天水郡开国伯食邑九百户赠洛州防御使广平侯墓志铭》，《丛书集成初编》本，中华书局，1985，第5册，第535页。
⑦ 杨杰：《故福昌县太君李氏墓志铭》，《全宋文》卷1646，第75册，第281～282页。

州（今江苏仪征）。大观（1107~1110）中，擢监察御史，尝摄殿中侍御史。"事亲孝，执丧，水浆不入口三日，日饭脱粟，饮水，无酰盐草木之滋。浸病羸，行辄蹐。"①

尚书右仆射同中书门下平章事朱胜非（1082~1144），丁母忧，执丧居庐。皇帝派使者夺哀强起之，三辞不起。王人踵至，赐诏曰："念同心相与而共吾事，惟二三臣。其一日不可以远朕，躬如左右手。"又曰："朕方兴复是图，盖一切当用权以有济。卿安危所系，何三年不从政之可言？"胜非辞愈切，及叙本朝典故，并拜托朝中同僚帮他向皇帝求情，皇帝说："匪卿畴克任者，虚府以待。"又赐亲笔诏曰："卿罹私艰已逾卒哭之制，朕待卿为政奚啻三秋邪。盖恩以义，断情以礼，夺况成命，已颁舆情胥悦，卿无濡滞以咈朕心。"胜非得诏，惶恐不安，再也不敢辞了，只得上朝复职。但他面见宾客，仍然"衣鳌黑紫袍、皂靴带从之。虽居外治事，而还家哀瘠，尽执丧之礼"。②

刘子翚（1101~1147），字彦冲，一作彦仲，号屏山，又号病翁，学者称屏山先生。建州崇安（今属福建）人。宋代理学家。太师刘韐子。以荫补承务郎，辟真定府幕属。韐死靖康之难，子翚痛愤，几无以为生，庐墓三年。服除，通判兴化军。寇杨勍犯闽境，子翚与郡将张当世画计备御，如素服戎事者，贼不敢犯。事闻，诏因任。子翚始执丧致羸疾，至是以不堪吏责，辞归武夷山，不出者凡十七年。专事讲学，邃于《周易》，朱熹尝从其学。著有《屏山集》。他有空时就到父亲的墓地，瞻望徘徊，涕泗呜咽，或累日而返。妻死，不再娶。事继母吕氏及兄子羽尽孝友。③

除为父母守丧外，还有为兄弟守丧的。如王岩叟（1043~1093）为泾州推官，闻弟丧，弃官归养。吕祖俭（？~1198），监明州仓，将赴任时，逢兄祖谦死，于是终丧才去任职。④

然而，像上述这样能够居丧遵礼的例子，在宋代三百多年的历史里，实在是少得可怜，所以像北宋医助教刘太居三年亲丧之内不饮酒食肉，便能名誉特起，连司马光也叹道："此乃今士大夫所难能也。"⑤也因为如此，官员丁忧期间如果孝行卓著，便可以受到朝廷的嘉奖，甚至获得升迁的机会。仁宗时期，虞部员外郎李思恭持母丧，在

---

① 《宋史》卷348《张汝明传》，第32册，第11028页。
② 徐梦莘：《三朝北盟会编》卷155《炎兴下帙》，绍兴三年正月至十二月，上海古籍出版社，1987，下册，第1124页。
③ 《宋史》卷434《儒林四·刘子翚传》，第37册，第12871页。
④ 顾炎武：《日知录》卷15《期功丧去官》，黄汝成释《日知录集释》，第705页。
⑤ 司马光撰、李之亮笺注《司马温公传集编年笺注》卷65《序赗礼》，第5册，第171页。

邢州"庐墓三年",州郡将其事迹上报朝廷后,朝廷赐其帛五十匹、米三十斛。①太常博士任伯传丁母忧,从京师徒步护丧至永泰县(今属福建),庐墓三年。御史上报其事迹后,朝廷赐钱五万,并立即堂除差遣。②龙图阁待制王震,执丧终制,因表现突出,迁知陕州。③前朝奉郎直龙图阁高遵惠,依前官职为太仆少卿,因其执丧终制,故诏命兼改鸿胪卿。④胡则丁忧期间在母亲墓侧驻庐守丧,据说有"草木之祥",州郡按照通例,旌表其孝行。三年后服除,以朝奉郎行太常博士知温州。⑤

  需要说明的是,除官员要执行居丧制度外,民间也有相应的礼俗。不过较之对官员的要求来说,则要宽松得多。如宋代赵与时《宾退录》引《靖州图经》载:"其俗居丧不食酒肉盐酪,而以鱼为蔬。今湖北多然,谓之鱼菜,不特靖也。"⑥

---

① 李焘:《续资治通鉴长编》卷117,仁宗景祐二年九月丁酉条,1985,第9册,第2757页。
② 李焘:《续资治通鉴长编》卷185,仁宗嘉祐二年五月戊寅条,1985,第13册,第4476页。
③ 李焘:《续资治通鉴长编》卷465,哲宗元祐六年闰八月甲子条,1993,第31册,第11102页。
④ 李焘:《续资治通鉴长编》卷465,哲宗元祐六年闰八月庚午条,1993,第31册,第11110页。
⑤ 范仲淹:《范文正公文集》卷13《兵部侍郎致仕胡公墓志铭》,《范仲淹全集》上册,四川大学出版社,2002,第324页。
⑥ 赵与时:《宾退录》卷2,上海古籍出版社,1983,第23页。

第三章
殡葬礼仪

第一节 帝王的殡葬礼仪

一 殡葬礼仪

宋代帝王的殡葬礼仪，主要沿袭传统的儒家丧葬礼仪。从当时的文献记载来看，宋代帝王的殡葬礼仪主要有30项，即：宣遗制（诏）；发哀；成立治丧、灵驾指挥、建陵机构；命大臣撰陵名、哀册文、谥册文，议谥号；告哀外国；大敛成服；赐遗留物；诸军赏给；以日易月之小祥；逢七入临；掩攒官；以日易月之大祥；禫；按行；卒哭；烧香；外夷入吊；告于南郊和请谥于南郊；启攒宫；三奠；发引；灵驾赴山陵；掩皇堂；虞祭；卒哭之祭；祔庙；降德音；三年丧之小祥、大祥；禫除从吉；建道场；修寺院。这些仪式绝大多数见诸《周礼》、《仪礼》、《礼记》，极少部分仪式源于佛教、道教及阴阳五行学说。

（一）宣遗制（诏）

宋代皇帝的殡葬礼仪，首先是皇帝在临死之前向嗣皇及大臣们交代自己的身后大事，或者是祖宗留传下来的典章制度或成规。开宝九年（976）十月二十日，太祖崩于万岁殿。是日，诏："大行皇帝山陵有期，准遗诏不劳扰百姓。宜令所司奉承先旨，应缘山陵支费，一取官物供给；工人、役夫，并先用官［钱］佣顾。"至道三年（997）三月二十九日，太宗崩于万岁殿，遗制曰："山陵制度，务遵俭约。"① 参知政事

---

① 《宋大诏令集》卷7《帝统七·遗制·至道遗制》，第29页。

温仲舒宣遗制，真宗即位于柩前。①此后，诸帝死一般遗制曰："山陵制度，务从俭约。"如嘉祐八年（1063）三月二十九日，仁宗崩于福宁殿，遗制曰："山陵制度，务从俭约。"②四月壬申朔，皇后传遗诏，命皇子嗣皇帝位，是为英宗。百官入，哭尽哀。翰林学士王珪草遗制，韩琦宣遗制。③四月二日，诏："大行皇帝山陵有期，所司宜奉承先旨，应沿山陵工役，先给钱物顾召，诸费一取官物，不得差科人户。"治平四年（1067）正月八日，英宗崩于福宁殿，遗制曰："山陵制度，务从俭约。"④九日，诏："大行皇帝山陵有期，准遗命不得劳扰百姓。应缘山陵一行合役工人、役夫，并须先给钱物顾召；诸杂费用，一切官物供给，不得差遣人户，科配州县。""严饬有司，凡百规模，尽依魏文之制。明器所须，皆以瓦木为之；金银铜铁、珍宝奇异之物无得入圹，然后昭示遐迩，刊之金石。"⑤

（二）成立治丧、灵驾指挥、建陵机构

宋代皇帝死后，承唐而置山陵五使，即：山陵使、礼仪使、卤簿使、仪仗使、桥道顿递使，而以山陵使总之。

按宋朝的惯例，山陵使一般由皇帝亲近的大臣（如宰相）担任，而副手则以宦官之高品者为之（实际上由其负责具体事宜），其主要职责是根据国音利便选定陵位。礼仪使、仪仗使、卤簿使和桥道顿递使，则一般由皇帝身边亲近的侍官担任。如太祖乾德元年（963）十二月二十三日，诏改卜安陵，命枢密承旨、内客省使王仁赡为按行使。仁赡与司天监赵修己言，得河南府巩县西南四十里訾乡邓村地吉，从之。二年，以宰相范质为改卜安陵使，翰林学士窦仪等为仪仗使，吏部尚书张昭为卤簿使，御史中丞刘温叟为仪仗使，皇弟开封尹匡义为桥道顿递使。不久，范质免相，遂以开封尹代充改卜使，兼总辖五使公事。张昭致仕，以枢密直学士薛居正代理其职，任卤簿使。⑥开宝九年（976）十月二十日，太祖崩于万岁殿。二十五日，命翰林使、饶州团练使杜彦圭为山陵按行使，武德使王继恩副之。十一月五日，命开封府尹、齐王廷美为山陵使兼桥道顿递使，翰林学士李昉为礼仪使，知制诰李穆为卤簿使，侍御史知杂事雷德骧勾当仪仗使事。既而又命齐王兼充桥道顿递使。

---

① 李焘：《续资治通鉴长编》卷41，太宗至道三年三月癸巳条，1985，第4册，第862页。
② 《宋大诏令集》卷7《帝统七·遗制·嘉祐遗制》，第30页。
③ 《宋史》卷13《英宗本纪》，第2册，第254页。
④ 《宋大诏令集》卷7《帝统七·遗制·治平遗制》，第30页。
⑤ 程颢、程颐：《二程集·河南程氏文集》卷5《为家君上神宗皇帝论薄葬书》，第2册，第528页。
⑥ 马端临：《文献通考》卷126《王礼考二十一·山陵》，上册，第1129页；《宋史》卷1《太祖纪一》，第1册，第16~17页。

如果五使失职，则要追究责任。元符三年（1100）正月十二日，哲宗崩于福宁殿。十月二日，御史台制勘所奏"桥道顿递使吴居厚、提举修治桥道承议郎宋乔年、通直郎卢概、奉议郎李公年等，为道路不治，致哲宗皇帝灵驾陷于泥淖，暴露经宿"，诏令龙图阁学士、左中散大夫、新知永兴军吴居厚落职知和州，宋乔年等各降一官，卢概仍冲替。①

（三）撰陵名

撰陵名一项源于秦汉，至宋时犹存。开宝九年（976）十月二十日，太祖崩于万岁殿。二十七日，命宰臣薛居正撰陵名。薛居正上陵名曰永昌，诏恭依。至道三年（997）三月二十九日，太宗崩于万岁殿。二十六日，宰臣吕端上陵名曰永熙。元符三年（1100）正月十二日，哲宗崩于福宁殿。十五日，命宰臣章惇撰陵名。乾兴元年（1022）二月十九日，真宗崩于延庆殿。二十三日，命宰臣丁谓撰陵名。起初丁谓奉诏撰陵名曰镇陵。及丁谓贬，冯拯以三陵名上皆有"永"字，而丁谓不遵先制，故七月六日诏改陵名曰永定。②

（四）命大臣撰哀册文、谥册文，议谥号

命大臣撰写哀册文、谥册文，讨论皇帝的谥号，也是宋代国丧的重要的礼仪。

哀册，亦作"哀策"，是古代一种封建帝王、后妃死后颂扬他们生前功德的祭文。遣葬日举行"遣奠"时，由大臣宣读，然后将这篇刻于册上的祭文埋入陵中，称为哀册。③开宝九年（976）十月二十日，太祖崩于万岁殿。次年三月，翰林学士杜彦圭奉册宝告于南郊，读于灵座前。四月启攒宫，皇帝与群臣皆服如初丧，朝晡临易常服出宫城。发引，皇帝亲启奠祖奠，出诣明德门外，行遣奠之礼，读哀册。

谥册指刻有为帝后上谥诏书的简册。宋代君臣都认为，先帝遗体入土，而魂魄升天。在丧葬六大文件之一的《谥册》中，新帝每每祈求这些神灵的佑护："伏惟俯鉴至诚，允膺盛典，陵迁为谷，长垂不朽之名；地久天长，永福无疆之祚。"④"伏惟睿灵在天，昭鉴逮下，膺是典礼，永祚来叶。"⑤既然祈求神灵保护，就必须修建陵墓，以为神灵之凭依。

---

① 以上参见徐松《宋会要辑稿》礼29之67～68，第2册，第1097页；马端临《文献通考》卷126《王礼考二十一·山陵》，上册，第1131页。
② 《宋大诏令集》卷143《典礼二十八·陵名》，第522～523页。
③ 《宋大诏令集》卷9《帝统十·哀册·太祖哀册、太宗哀册、真宗哀册、仁宗哀册、英宗哀册、神宗哀册、哲宗哀册》，第44～49页。
④ 《宋大诏令集》卷9《帝统九·谥册·太祖谥册》，第38页。
⑤ 《宋大诏令集》卷9《帝统九·谥册·英宗谥册》，第41页。

议谥是指帝王死后，礼官评议其生平事迹，拟具上谥或赐谥的名号，请旨定夺。嘉祐八年（1063）三月晦日，仁宗崩。英宗立丧服制度，翰林学士王珪言："古者，贱不诔贵，幼不诔长。礼：天子称天以诔之。近制，惟词臣撰议，即降诏命，颇违称天之义。欲稽典礼，集中书门下御史台五品以上庶僚，于南郊告天议定，然后连奏以闻。"诏从之，遂为定制。①

皇后、皇太后的谥号，始行于宋代。苏轼说："充媛董氏薨，追赠婉仪，又赠淑妃，辍朝成服，百官奉慰定谥行册礼，葬给卤簿。"司马光言："董氏秩本微，病革之日，方拜充媛。古者妇人无谥，近制惟皇后有之。卤簿本以赏军功，未尝施于妇人，惟唐平阳公主有举兵佐高祖定天下之功，乃得给。至韦庶人始令妃主葬日，皆给鼓吹，非令典，不足法。"时有司新定后宫封赠法，皇后与妃皆赠三代。司马光言："别嫌明微，妃不当与后同。袁盎引却慎夫人坐，正为此耳。天圣亲郊，太妃止赠二代，而况妃乎！"②有鉴于此，皇后、皇太后的谥号略有不同，据叶梦得《石林燕语》所载："母后加谥自东汉始。本朝后谥，初止二字；明道中，以章献明肃尝临朝，特加四字。至元丰中，庆寿太皇太后上仙，章子厚为谥议请于朝，诏以太后功德盛大，四字犹惧未尽，始仍故事，遂谥慈圣光献。自是宣仁圣烈与钦圣宪肃，皆四字云。"③

（五）赐遗留物及诸军赏给

宋代国丧礼仪，新的皇帝往往要把已逝皇帝的旧物赏赠给办理丧事有功的大臣和将士。如：太祖丧礼，太宗于开宝九年（976）十一月"出遗留物资赐藩镇"。④太宗丧礼时，至道三年（997）四月二日这一天"出遗留物赐宗室近臣"。⑤真宗丧礼时，乾兴元年（1022）二月，"诸司内出遗留物赐近臣学士以上军职都虞侯以上金带、鞍马、器币有差"。⑥仁宗丧礼，嘉祐八年（1063）四月十二日，"内出遗留物赐近臣近侍金帛器币有差"。⑦另据《续资治通鉴长编》卷一九八载，仁宗崩，"优赏诸军如乾兴（真宗）故事，所费无虑一千一百万贯匹两，在京费四百万"。英宗丧礼，治平四年（1067）正月十四日，"内出遗留物金器、文犀带、宝器、衣着，赐辅臣、宗室、两制、杂学士、待制、御史知杂、三司副使、修起居注、正刺史、阁门副使以上。夏

---

① 马端临：《文献通考》卷126《王礼考二十一·山陵》，上册，第1131页。
② 苏轼：《苏轼文集》卷16《司马温公行状》，孔凡礼点校，第479页。
③ 叶梦得：《石林燕语》卷1，第5页。
④ 《宋会要辑稿》礼29之2，第2册，第1064页。
⑤ 《宋会要辑稿》礼29之8，第2册，第1067页。
⑥ 《宋会要辑稿》礼29之24，第2册，第1075页。
⑦ 《宋会要辑稿》礼29之37，第2册，第1082页。

国主、交趾郡王、西蕃角厮啰等,各遣使赐银、绢、袍、带、鞍辔马有差"。①神宗丧礼时,元丰八年(1085)三月二十六日,"大行皇帝西蕃董毡金带、银衣、银、帛、茶等,令李宪以蕃字书选使臣赍赐"。②哲宗丧礼时,元符三年(1100)正月十八日,"命以大行皇帝遗留物赐尚书左仆射章惇、知枢密院曾布、中书侍郎许将、尚书左丞蔡卞及前宰执有差";③二月二十九日,"命尚书工部侍郎杜常假龙图阁直学士为大行皇帝遗留辽国礼信使,阁门通事舍人朱孝孙假西上阁门使副之"。④……从上述事例可以看出,赐遗留物的对象有辅臣、宗室及藩镇头目,外夷有西蕃、西夏、契丹,甚至包括交趾郡王。遗留物主要是金、银、马匹、丝绸、宝器、衣服、现钱等。

赐遗留物的数量,多少不等,因人因时而异。以仁宗丧礼为例,朝廷按惯例"优赏诸军如乾兴故事,所费无虑一千一百万贯、匹、两,在京费四百万……三司奏乞内藏库钱百五十万贯、绢二百五十万匹、银五万两助山陵及赏赉"。⑤有鉴于此,司马光受赐以后,上奏说:"臣伏睹圣恩,颁赐群臣以大行皇帝遗留物。如臣所得,已近千缗。况名位渐高,必沾赉愈厚。举朝之内,所费何啻巨万!"⑥由此可见,其赏赐面较大,每人所得亦比较丰厚,故总的花费数量是很庞大的,以致见惯了大场面的司马光也要发出惊叹了!

除对大臣们赐遗留物外,还有一项耗资巨大的赏赐,即对诸军的赏给。仅仁宗丧礼,"优赏诸军如乾兴故事,所费无虑一千一百万贯、匹、两,在京费四百万"。⑦天圣元年(1023)六月八日,永定陵使麦守恩请守陵天武龙卫卒日赠粢米二升半,奉先卒月增钱二百,俟三年罢给。从之。八月五日,赐永定陵使、河南府官房廊钱日四千。

除了钱、绢银以外,还赐禁卫金子。如果不给,他们就闹事。⑧哲宗丧礼,优赏诸军,但各路钱物不够,皇帝就下令转运使"于别司应系官及封桩钱物内借支",⑨尽量满足他们的无理要求。

但随着赏赐花费的增大和政府财政状况的恶化,先帝所遗留物品已经远远不够分

---

① 《宋会要辑稿》礼29之49,第2册,第1088页。
② 《宋会要辑稿》礼29之59,第2册,第1093页。
③ 《宋会要辑稿》礼29之69,第2册,第1098页上。
④ 《宋会要辑稿》礼29之70,第2册,第1098页下。
⑤ 李焘:《续资治通鉴长编》卷198,嘉祐八年四月癸酉条,1985,第14册,第4794页。
⑥ 司马光撰、李之亮笺注《司马温公传集编年笺注》卷25《遗留物札子》,第3册,第234页。
⑦ 《宋会要辑稿》礼29之48,第2册,第1087页。
⑧ 《宋会要辑稿》礼29之48,第2册,第1087页。
⑨ 李焘:《续资治通鉴长编》卷520,哲宋元符三年春正月辛巳条,1993,第34册,第12373页。

图3-1 北宋永定陵全景

资料来源：《中国美术全集·建筑艺术编·陵墓建筑》，中国建筑工业出版社，1991，彩色图版三七。

配，朝廷无法负担上述两项巨额花费。如治永昭山陵时，悉用乾兴制度，知制诰郑獬上言曰："今国用空乏，近赏军已见横敛，富室嗟怨，流闻京师。先帝节俭爱民，盖出天性。凡服用器玩极于朴陋，此天下所共知也。而山陵制度乃欲效乾兴最盛之时，独不伤俭德乎！愿敕有司损其名数。"① 但这种建议很难被皇帝采纳。因此，这种花费只得向各地政府摊派。而各地也只能是自想办法，"传闻外州、军官府无钱之处，或借贷民钱，以供赏给，一朝取办，逼以捶楚"，"又州县鞭挞平民，逼取钱物，以济一时之急"。②……从这些记载中可知，各地政府是通过拷打、勒索等手段向当地的老百姓榨取所需经费的。

（六）降德音

德音，为诏书的一种。宋代赵升《朝野类要》卷四曰："德音，泛降而宽恤也。"宋代的德音承袭唐代，适用的范围较大赦窄而较曲赦宽。如至道三年（997）三月二十九日，太宗崩于万岁殿。十一月五日，降德音："两京畿内减死刑，释杖罪；应沿山陵科率，蠲复赋役；营奉、行事官量与恩泽。"③ 此后诸帝丧礼中的德音内容大致如此。如景祐四年（1037）二月庚申，"德音降东、西京及灵驾所过州县囚罪一等，徒以下释之"。④ 嘉祐八年（1063）三月二十九日，仁宗崩于福宁殿。十二日，降德音："两京畿内减死刑，释杖罪；沿山陵科率，蠲复赋役；应奉、行事官量与恩泽。"

---

① 黄淮、杨士奇编《历代名臣奏议》卷125《礼乐·丧礼·山陵及祭礼》，第2册，第1643页。
② 李焘：《续资治通鉴长编》卷198，仁宗嘉祐八年四月癸未条，1985，第14册，第4797～4798页。
③ 《宋大诏令集》卷143《典礼二十八·陵寝·太宗山陵毕两京畿内死罪以下减降德音》，第520页。
④ 李焘：《续资治通鉴长编》卷120，景祐四年正月乙未条，1985，第9册，第2821页。

治平四年（1067）正月八日，英宗崩于福宁殿。八月十三日，降德音："两京、郑州、河阳减死刑，释杖罪；缘山陵科率，蠲复赋役；应奉、行事官量与德泽。"元丰八年（1085）三月五日，神宗崩于福宁殿。十月乙酉，葬永裕陵。绍圣元年（1094）四月，太史请徙去永裕陵，禁山民坟1300余座，以便国音。帝曰："徙墓得无扰乎！若无所害，则勿令徙。果不便国音，当给官钱，以资葬费。"十日，降德音："应两京、河阳减死刑，释杖罪；缘山陵科率，蠲复赋役；应奉、行事官量与恩泽。"哲宗山陵毕，祔庙结束，徽宗降下德音，承认"丁壮追胥之勤，霖潦频仍，赋调繁数，人亦劳止"。①

二 殡葬禁忌

（一）禁屠杀

宋代帝王殡葬期间禁止屠杀，此俗来自唐代。如邢恕《上哲宗五事》曰："唐德宗初即位，代宗将藏山陵，禁屠杀。而郭子仪家奴杀羊，裴谞以职事劾奏，或曰：'小事不足以伤大臣。'谞曰：'尚父方贵盛，天子新即位，必谓党附者众，故劾其细过，以明不持权也。'"②宋代沿袭了这一制度，如《宋史·礼志二十五·凶礼一》载："其上陵忌日，汉仪如吉祭。宋制，是日禁屠杀，设素馔，辍乐举哭，素服行事。"

嘉祐八年（1063）三月晦日，仁宗崩，英宗立丧服制度。开封府停决大辟及禁屠至四月五日。③大中祥符二年（1009）九月丁亥，真宗诏宣祖昭武皇帝、昭宪皇后忌前一日不坐，忌日群臣进名奉慰，寺观行香，禁屠废务，著于令式。④景祐四年（1037）十月乙亥，礼院言章惠皇太后请如孝惠皇后例，不立忌。诏从之，仍于其日特不视事，禁屠宰。⑤庚午，以大行皇帝梓宫在殡，"惟开封府度僧道，比兴龙节减三之二。仍禁屠、决大辟罪。余依元丰令"。⑥南宋时同样如此。绍兴七年（1137）正月戊子，为太上皇帝、宁德皇后立重。诏诸路州县寺观各建道场七昼夜，禁屠宰三日。⑦同年四月壬子，诏群臣俟祔庙毕，纯吉服。卒哭日，建康、临安府禁屠宰三日。大小祥，诸路州县禁乐七日，禁屠宰三日。⑧

---

① 《宋大诏令集》卷139《典礼二十四·祔庙下·哲宗山陵祔庙毕西京河阳、郑州管内德音》，第498页。
② 邢恕：《上哲宗五事》，赵汝愚编《宋朝诸臣奏议》卷149《总议门·总议五》，下册，第1704页。
③ 《宋史》卷122《礼二五·凶礼一·山陵》，第9册，第2854页。
④ 李焘：《续资治通鉴长编》卷72，大中祥符二年九月丁亥条，1980，第6册，第1636页。
⑤ 李焘：《续资治通鉴长编》卷120，景祐四年二月庚申条，1985，第9册，第2837页。
⑥ 李焘：《续资治通鉴长编》卷357，哲宗元丰八年六月庚午条，1990，第24册，第8530页。
⑦ 李心传：《建炎以来系年要录》卷108，绍兴七年正月戊子条，第3册，第1761页。
⑧ 李心传：《建炎以来系年要录》卷110，绍兴七年四月壬子条，第3册，第1787页。

（二）设素馔

素馔即素食。大忌日设素馔是受佛教的影响，其礼俗早在六朝时便已经盛行于世，如《南史·顾觊之传》载："朔望祥忌，可权安小床，暂施几席，唯下素馔，勿用牲牢。"宋代也行此礼，如章献明肃太后（968～1033）忌辰，礼官请依章懿太后礼例，前后二日不视事，一日禁屠宰，各三日禁乐。诏："应大忌日，行香，臣僚并素食。"①

（三）辍乐举哀

宋代帝王殡葬期间禁止各种娱乐活动。从文献记载来看，主要有以下两点：

一是禁止正月上元节的放灯。如《宋会要辑稿》载：景祐三年（1036）正月十八日，是日追复皇后郭氏出葬，罢张灯。景祐四年（1037）正月上元节，以庄惠皇太后在殡，故罢张灯。宝元元年（1038）正月上元节，以荆王元俨妻晋国夫人张氏卒，罢观灯。庆历三年（1043）正月上元节，以鄂王薨，故罢观灯。庆历四年（1044）正月上元节，以燕王丧未成服，故罢张灯，仍停作乐。②

二是禁止娱乐。忌日，唐初始著罢乐、废务及行香、修斋之文。宋循其制，如乾德元年（963），宋宣祖安陵从京城开封东南隅改迁到河南府巩县南訾乡郑封村。此年三月癸卯"灵驾发引，所过州府县镇长吏令佐素服出城奉迎，并辞皆哭。四月乙卯，掩元宫。自发引至是皆废朝，禁京城音乐"③。开宝九年（976）十月二十日，太祖崩于万岁殿。太平兴国二年（977）四月二十五日，葬于永昌陵。己未，神主将至，群臣出都城奉迎，安于大明殿。自启攒前三日至奉安神主，皆废朝。五月己卯，祔庙，亦废朝，仍禁京城音乐。咸平六年（1003），护国军节度使驸马都尉王承衍（952～1003）葬，以在太宗大祥禁忌内，卤簿、鼓吹备而不作。咸平（998～1003）中，有司将设春宴，金明池习水戏，开琼林苑，纵都人游赏。帝以是月为太宗忌月，命详定故事以闻。史馆检讨杜镐等言："按晋穆帝纳后月，是康帝忌月，礼官荀讷议：'有忌日，无忌月；若有忌月，即有忌时、忌岁，益无所据。'当时从讷所议。唐武后神功元年，建安王攸宜破契丹，诣阙献捷，军人入城，例有军乐，内史王及善以国家忌月，请备而不奏。凤阁侍郎王方庆奏：'按《礼经》，有忌日而无忌月。'遂举乐。宪宗时，太常博士韦公肃言：《礼》无忌月禁乐。今太常教坊以正月为忌月，停郊庙飨宴之礼，中外士庶咸罢宴乐，窃恐乖宜。'时依公肃所奏。伏以忌日不乐，

---

① 《宋史》卷123《礼二六·凶礼二·忌日》，第9册，第2890页。章献明肃太后即宋真宗赵恒的皇后，名刘娥。
② 《宋会要辑稿》帝系10之6，第9册，第212页。
③ 马端临：《文献通考》卷126《王礼考二十一·山陵》，上册，第1129页。

尝载《礼经》；忌月彻县，实无典故。况前代鸿儒，议论足据。其春宴及池苑，并合举乐。"① 景德元年（1004），北征军凯旋。但因这一天是懿德皇后忌日，宋真宗下诏撤去卤簿、鼓吹。为此，礼官认为此诏不妥，曰："班师振旅，国之大事；后之忌日，家之私事。今大贺凯旋，军容宜肃。昔武王伐纣在谅闇中，犹前歌后舞。夫谅闇是重，远忌是轻，以此而论，举乐无爽。况《春秋》之义，不以家事辞王事。其还京日，法驾、鼓吹、音乐，并请振作。"② 嘉定十七年（1224）闰八月三日，宁宗皇帝崩于福宁殿。四日，有官员上奏曰："检照典故，内外品官禁乐二十七月。京城内外民庶等，自举哀至祔庙，合行禁乐。诸路州县管内寺观，自关报到日，修建道场七昼夜，禁屠宰三日。民庶等禁乐百日。沿边军中及在内诸军军行教阅不禁。"从之。③

（四）素服行事

素服主要指居丧或遭到其他凶事时所穿的白色衣服。语出《礼记·郊特牲》："皮弁素服而祭，素服以送终也。"宋代同样奉行古礼，如治平四年（1067）正月八日，英宗崩，神宗即位。十一日，大敛。二月三日，殡。四月三日，请谥。十八日，奏告及读谥册于福宁殿。七月二十五日，启菆。八月八日，灵驾发引。二十七日，葬永厚陵。"礼院准礼：群臣成服后乘布裹鞍鞯。小祥临讫，除头冠、方裙、大袖。大祥临讫，裹素纱软脚幞头，惨公服，乘皂鞍鞯。禫除讫，素纱幞头，常服、黑带。二日，改吉服，去佩鱼。虞主至自掩圹，五虞皆在途，四虞于集英殿。曲赦两京、畿内、郑、孟等州如故事。"④

宋陈师道《后山谈丛》载有皇帝驾崩外官举哀之制："元祐八年九月六日，奉太皇太后遗诏，实以三日崩。知州事、龙图阁待制韩川，公服金带，肩舆而出，以听遗诏。既成服，又欲改服以治事，寮佐谏之而止。余为儿时，闻徐父老说庄献上仙，李文定公为守，两吏持箱奉遗诰，公步从以哭，自便坐至门外。嘉祐末，先人为冀州度支使，知州事、皇城副使王易经用乾兴故事，遗诏既至，王召见先人，便服持遗制，哭以示先人，遂下发衫帽，勒帛以听宣制，是日成服。元丰末，余客南都，留守龙图王学士益柔，择日而成服。士大夫家居者皆会哭于府廷，张文定公方平致仕于家，举哀于近寺。宦者李尧辅言：'上散发解带，韈而不履。'"⑤

---

① 《宋史》卷123《礼二六·凶礼二·忌日》，第9册，第2889页。
② 《宋史》卷123《礼二六·凶礼二·忌日》，第9册，第2889页。
③ 马端临：《文献通考》卷122《王礼考十七·禁乐》，第1103~1104页。
④ 《宋史》卷122《礼二五·凶礼一·山陵》，第9册，第2854页。
⑤ 陈师道：《后山谈丛》卷四，李伟国校点，上海古籍出版社，1989，第37~38页。

(五)国忌行香

宋代帝、后的忌日,有免行香的礼仪。这一礼仪始于魏晋南北朝时期。据姚宽《西溪丛语》所说:

> 行香,起于后魏及江左齐、梁间,每燃香熏手,或以香末散行,谓之行香。唐初因之。文宗朝,崔蠡奏设斋行香,事无经据,乃罢。宣宗复释教,行其仪。朱梁开国,大明节,百官行香祝寿。石晋天禧中,窦正固奉国忌行香,宰臣跪炉,百官立班,仍饭僧百人,即为规式。国朝至今因之。①

宋代有罢乐、废务及行香、修斋之文,每遇朔望停朝,令天下上州皆准式行香。如建隆二年(961)宣祖忌日,时明宪太后在殡,群臣止诣阁奉慰而罢行香。不久,皇帝下诏:"自今宗庙忌日,西京及诸节镇给钱十千,防御、团练州七千,军事州五千,以备斋设。"元德皇后忌日,旧制,枢密使依内诸司例,惟进名,不赴行香,知枢密院王钦若以为言。从此以后,三司使副、翰林、枢密、龙图直学士也一起参与了。凡大忌,中书悉集;小忌,差官一员赴寺。如车驾巡幸,道遇忌日,皆不进名奉慰。留守自于寺院行香,仍不得在拜表之所。天下州府军监亦如之。王栐《燕翼诒谋录》载:"国忌行香,本非旧制。真宗皇帝大中祥符二年九月丁亥,诏曰:'宣祖昭武皇帝、昭宪皇后,自今忌前一日不坐,群臣进名奉慰,寺观行香,禁屠,废务,著于令。'自后太祖、太宗忌,亦援此例,累朝因之。今惟存行香而已,进名奉慰久已不存,亦不禁屠,双忌则休务,单忌亦不废务矣。"②

国忌行香有一套礼仪,据《政和新仪》载:"群臣进名奉慰,其日质明,文武朝参官入诣朝堂就次。御史台先引殿中侍御史一员入就位,次西上阁门、御史台分引朝参官及诸军将校,次礼直官引三公以下在西上阁门南阶下,每等重行异位,并北向东上。知西上阁门官于班前西向立,搢笏,执名纸,躬。三公以下文武百僚俱再拜,俟

---

① 姚宽:《西溪丛语》卷下,中华书局,1993,第106页。但吴曾不同意姚宽的观点,他在《能改斋漫录》卷2《事始·忌日行香》(上海古籍出版社,1960,上册,第38页)中说道:"忌日行香,始于唐正元五年八月,敕天下诸州,并宜国忌日,准式行香。然行香事,按《南山钞》云:'此仪自道安法师布置。'又《贤愚经》云:'为蛇施金设斋,令人行香僧手中。'《普达王经》云:'佛昔为大姓家子,为父供养三宝。父命子传香。'此云'行香佛手中'与'传香',今世国忌日尚存此意。至人君诞节,遂以拈香为别矣。按《唐会要》'开成五年四月,中书门下奏,天下州府,每年常设降诞斋。行香后,便令以素食宴乐,唯许饮酒及用脯醢等'。以此知唐朝虽诞节,亦只云行香。姚令威以为行香始于后魏江左,非也。"
② 王栐:《燕翼诒谋录》卷2《国忌行香》,第19页。

阁门官执笏，置名纸笏上，入西上阁门讫，退。群臣奉慰诣景灵宫，每等重行异位，并北向东上。礼直官揖班首以下再拜讫，引班首自东阶升殿，舍人接引同升，诣香案前，搢笏，上香，跪奠茶讫，执笏兴，降阶复位，又再拜；次引班首以下分左右搢笏，行香，宰相、执政官分左右行香讫，执笏俱复位；次引班首升殿，诣香案前俯伏，跪，搢笏，执炉，俟读疏毕，执笏俯伏，兴，降阶复位，又再拜，退。"宋程大昌《演繁露》卷七载："国朝自有景灵宫后，每遇国忌，不复即寺观行香，而移其供设于景灵东西两宫。每大忌，宰执率百寮至宫行香，其法：僧道皆集所忌殿庑之下，僧左道右。执事者执香盘中香圆子，随宰执往僧道立处，人授一圆，斋已收之，不爇也。此之散授，犹存撒香之说耶？"

南宋时这一礼仪有了变化，其制是：忌日，在朝文武百官行香；在外州军，文武官员也要到寺院行香。如在以日易月服制之内，一律依礼例权停。大祥后次年，于历日内笺注立忌辰，禁音乐一天。绍兴元年（1131）二月，太常少卿苏迟等以徽宗、钦宗被金兵扣留在北方，有朔望遥拜之礼，乃言："凡遇祖宗帝后忌，前一日并忌日，皇帝自内先服红袍遥拜讫，易服行礼。"从之。二年（1132）八月，诏："应诸路、州、军见屯军马统兵官，每遇国忌，免行香。"①

（六）陵园禁忌

宋代陵园禁忌甚多，主要有以下几点：

一是不准无关人员擅自出入兆域，否则要受到刑罚处理。如《宋刑统》规定："诸阑入太庙门及山陵兆域门者，徒二年。"②河南府曾专门将此条写入榜内，晓谕民户。③

二是禁止盗取园陵内的草木，违者徒二年。《宋刑统》："诸盗园陵内草木者，徒二年半。若盗他人墓茔内树者，杖一百。"④哲宗元祐六年（1091），刑部又明确规定："诸以墓地（赡茔田土同）及林木土石，非理毁伐者，杖一百。"⑤

三是禁止在陵区附近挖土、埋葬。开宝八年（975）十月，安陵守当高品皇甫玉言："请禁民庶不得近陵阙穿土及于三五里外葬埋。"礼院答复：按照《丧葬令》，去

---

① 《宋史》卷123《礼志二六·凶礼二·园陵》，第9册，第2891页。
② 窦仪等撰《宋刑统》卷7《卫禁律·九门·阑入庙社宫殿门》，第115页。
③ 《宋会要辑稿》礼37之28，第2册，第1333页。
④ 窦仪等撰《宋刑统》卷19《贼盗律·八门·发冢·盗园陵内草木》，第298页。
⑤ 新文丰出版公司编辑部编《庆元条法事类》卷80《杂门·采伐山林》，第605页。

陵一里内不得葬埋。太祖批准了这一答复。①到哲宗当政时，永裕陵三里之内都成了禁山，为此迁出民坟一百三十余座。②

四是禁止在靠近陵域的地方定居、耕种或开掘。③元丰二年（1079），诏增陵园地为七十五步，以应生火中五十之数。令昭陵东北山口路勿耕凿，原有的民田则补偿其土地价值，或者以官地置换。④

五是禁止公私樵采、狩猎。⑤宋代皇陵兆域四周植篱（以棘、枳橘等为之）为界，域内植柏树成林。兆域内禁樵采、耕牧、阑入。如御史中丞邓润甫上言："兴利之臣，议前代帝王陵寝，许民请射耕垦，而司农可之。唐之诸陵，因此悉见芟刈，昭陵乔木，剪伐无遗。熙宁著令，本禁樵采，遇郊祀则敕吏致祭，德意可谓远矣。小人掊克，不顾大体。愿绌创议之人，而一切如令。"从之。⑥

（七）避讳

宋代要避帝王讳的字很多，如皇帝名、陵名、谥号、庙讳、偏名等。如真宗死，乾兴元年（1022）七月七日礼仪院言："玄宫上字理合回避，请只以皇堂为名。"从之。这是避"玄"字，因为宋代自真宗朝后，要避所谓"始祖"玄朗之名。⑦夏竦死，仁宗赐谥"文正"，司马光上疏反对，于是改谥"文献"。但知制诰王原叔又反对，理由是"此僖祖皇帝谥也"，最后只好谥"文庄"。⑧濮安懿王是英宗生父，英宗做了皇帝，他的坟墓就升格为园庙。治平二年（1065），英宗下令，"避濮安懿王名下一字"。⑨

不仅人名要避讳，地名同样也要避讳。太祖建隆元年（960）三月乙巳，"改天下州县名犯庙讳及御名者"。⑩仁宗天圣七年（1029）九月辛未，"改永定军为永宁军，避真宗陵名也；县驿有同名者，皆改之"。⑪徽宗崇宁元年（1102）六月十四日，"敕中书省、尚书省，送到兵部二状，荆湖北路转运司状：据鼎州申契勘，本州龙阳有永

---

① 《宋会要辑稿》礼37之27，第2册，第1333页。
② 《宋会要辑稿》礼37之28、31，第2册，第1333、1335页。
③ 《宋会要辑稿》礼37之35，第2册，第1337页。
④ 马端临：《文献通考》卷126《王礼考二十一·山陵》，上册，第1131页。
⑤ 《宋会要辑稿》礼37之28，第2册，第1333页。
⑥ 《宋史》卷343《邓润甫传》，第31册，第10912页。
⑦ 《宋会要辑稿》礼29之26，第2册，第1076页。
⑧ 王闢之：《渑水燕谈录》卷1《谠论》，中华书局，1981，第5页。
⑨ 李焘：《续资治通鉴长编》卷207，英宗治平三年正月壬午条，1985，第15册，第5023页。
⑩ 李焘：《续资治通鉴长编》卷1，太祖建隆元年三月乙巳条，1979，第2册，第10页。
⑪ 李焘：《续资治通鉴长编》卷108，仁宗天圣七年九月辛未条，1985，第8册，第2522页。

安驿及永安铺,各与陵名相犯。永安驿合行改为龙潭驿,永安铺改为龙潭铺,名目,申侯指挥,奉圣旨依。如诸处更有如此者,并仰一面改正"。① 二年(1103)四月五日,陵井监言:"本监仁寿县管下永安禅寺并永安镇、永安院、永安里等四处,合回避陵名。今相度欲改永安陵为大安镇,永安禅寺改为九华禅寺,永安院改为兰池院,永安里改为仁义里。"从之。② 王得臣《麈史》也载:"哲宗陵曰'永泰陵',京师永泰门、福州永泰县皆以他名避之,龙图阁待制丰稷亦曰:'四明有永泰神,乞改庙额。'奏改之。"③

第二节 官员的殡葬礼仪

宋代官员生前希望能够为国效忠,死后有哀荣。王柏就对此做了详细的说明:"臣闻人臣之事君,功在社稷,德在生民。死之日,国有彝典哀恤之,有赗,有吊,有祭,有谥,有辍朝之礼,有护葬之官,有绋披铎翣之行列,有明器范器之名数,有崇甃丰碑之式,有石兽翁仲之卫;又即其梵宇,晨昏香火,以奉其神灵之游息,皆所以旌表其功德也。而寺独以功德名,所以示世世子孙无穷之思,恩亦厚矣。"④

从文献记载来看,宋代官员的丧仪可分为诏葬和非诏葬两种。

一 诏葬

(一)宋朝的诏葬制度

所谓"诏葬",在宋代有时又称为"敕葬"、"赐葬"、"官葬",⑤ 即由皇帝下诏为死去的大臣举办丧事,这种丧事均由国家出资,朝廷派遣中使官监护丧事,"以表一时之恩"。享受这种官葬待遇的死者,大多是"勋戚大臣",即皇亲贵戚和皇帝亲近的大臣。因为是诏葬,所以葬礼非常隆重。"殡前一日,对灵柩及至坟所下事时,皆设祭,监官行礼。""凡凶仪皆有买道、方相、引魂车、香、盖、纸钱、鹅毛、影舆、

---

① 李攸:《宋朝事实》卷1《祖宗世次》,《丛书集成初编》本,中华书局,1985,第1册,第3页。
② 《宋会要辑稿》礼37之36,第2册,第1337页。
③ 王得臣:《麈史》卷下《杂志》,第89页。
④ 王柏:《跋敕额(代明招作)》,《全宋文》卷7797,第338册,第191页。
⑤ 宋代的"诏葬"与"敕葬"两词,据吴丽娱先生的研究,在名称、形式和内容上都有不同,其中敕葬的一个特点是层面更宽,特别是承继唐五代,敕葬作为对忠于朝廷者的激励和褒扬,其对象已不限于朝廷的宰相或德高望重的宗室大臣,领军、钤辖兵马的武将和镇守方面的要员尤得到重视,他们的丧事也不一定回到京城办理。参见氏著《终极之典——中古丧葬制度研究》,中华书局,2002,下册,第674页。

锦绣虚车，大舆，铭旌；仪棺、行幕，各一；挽歌十六。其明器、床帐、衣舆、结彩床皆不定数。坟所有石羊虎、望柱各二；三品以上加石人二人。入坟有当圹、当野、祖思、祖明、地轴、十二时神、志石、券石、铁券各一。殡前一日对灵柩，及至坟所下事时，皆设敕祭，监葬官行礼。"①

如乾德三年（965）三月，中书令、秦国公孟昶薨，其母李氏继亡，上命鸿胪卿范禹偁监护丧事，诏礼官议定吉凶仪仗礼例以闻。太常礼院检晋天福十二年（947）葬故魏王，周广顺元年（951）葬故枢密使杨邠、侍卫使史弘肇、三司使王章故事以闻，诏从之，即并用一品礼。"墓方圆九十步，坟高一丈八尺，明器九十事，石作六事，音身队二十人，当圹、当野、祖明、祖思、地轴、十二时神、蚊厨帐、暖帐各一，辒车一，挽歌三十六人，拂一，纛一，翣六，辒车、魂车、仪椁车、买道车、志石车各一，方相氏、鹅毛纛、铭旌、香舆、影舆、盖舆、钱舆、五谷舆、酒醢舆、衣物舆、庖牲舆各一，黄白纸帐、园宅、象生什物、行幕，并志文、挽歌词，启攒、启奠祝文，并请下有司修制。其仪：太仆寺革辂，兵部本品卤簿仪仗，太常寺本品鼓吹仪仗，殿中省伞一、曲盖二，朱漆团扇四，自第导引出城，量远近各还。赠玉一、纁二，赠祭少牢礼料，亦请下光禄、太府寺、少府监诸司依礼供应。又楚王母依子官一品例，准令文，外命妇一品侍近二人，青衣六人，偏扇、方扇各十六，行鄣三、坐鄣二，白铜饰𬨎车驾牛驭人四，从人十六，夹车、从车六，伞一，大扇一，团扇二，戟六十，伏缘久不施用，如特赐施行，即合于孟昶吉凶仗内相参排列。诏并令排列祗应，仍俟导引至城外，分半导至西京坟下及葬，命供奉官周贻庆押奉议军士二指挥防护至洛阳。又赐子玄喆坟庄一区。"②开宝四年（971），建武军节度使何继筠卒，诏遣中使护葬，仍赐宝剑、甲胄同葬。③

南宋时编纂的《庆元条法事类》卷七七《丧葬》所引的《服制令》，还对敕葬的用人、用物等做了相当具体的规定：

> 诸敕葬无地者，听本家选无妨碍地，申所属差官检定，估价买充（地内有屋宇林木不愿卖者，听自折伐），仍除其税。即官赐地而标占民田者，准此。
>
> 诸敕葬所须之物，主管官具数报所属，即时以所在官物充。阙或不足，给转

---

① 《宋史》卷124《礼二十七·凶礼三·诸臣敕葬等仪·诏葬》，第9册，第2909~2910页。
② 《宋史》卷124《礼二十七·凶礼三·诸臣敕葬等仪·诏葬》，第9册，第2910~2911页。
③ 《宋史》卷124《礼二十七·凶礼三·诸臣敕葬等仪·诏葬》，第9册，第2911页。

运司钱买。工匠阙,即和雇。(葬地近官山者,其合用石听采。)应副不足,申转运司计置,其人从并从官给,随行人应给肉者,计价给钱。

诸敕葬程顿幕次,主管诸司官阙到亲属及缘葬人数,差官于官地绞缚或寺院店舍(计日给赁钱)分贴位次,及安灵輀之所,不得拆移门窗墙壁,仍办所须之物,每顿差将校、军曹司主管,前七日其毕备回报。(余官司关到缘葬排办事,并准此。)其灵輀高阔,预行检视,经由处有妨者,即时修整,前三日毕。

诸敕葬,官司关到輀(輦?)下逃亡人,即时给官钱和雇,填讫具人数姓名报。凡雇处据预诸过钱物,勒承揽人备偿,不足,责保人均备。

诸敕葬,供顿之物付本家主管人,候离顿交点收管。损失者,申所属,估价关葬司,勒主管人备偿,不得关禁。

诸敕葬,事有著令者,不得用例。若本家别有陈请,听具奏,或申尚书省,亦不许陈乞石(左?)藏,官吏仍不许于式外受本家遗送。(饮食之物非。)

诸敕葬毕,供顿之物,所在差官点检,损坏者,申所属修葺。席荐、瓷瓦器不堪者,除破。

另外,《庆元条法事类》卷七七《丧葬》所引《吏卒格》载:敕葬每顿主管人,将校、军曹司各二人。

据此可知,宋代敕葬除了葬地一般要由官府批准和作价、本家出钱购买之外,官家还需雇请人力,借给灵輀,甚至还有送葬之际置顿赁舍、用物损坏的费用。[①]

(二)宋代诏葬制度的实施

宋代皇帝"优待大臣备极其礼,至于死生之际,尤为隆厚"[②]。有特殊功绩的大臣,除朝廷加以厚赐外,又有皇帝亲临致奠、辍朝、追封册命、赐谥等礼遇。这些礼遇在前朝时就有,而宋朝礼数更为周全。

1. 厚赐有特殊功绩的大臣

对有特殊功绩的大臣,朝廷往往加以厚赐。如:咸平三年(1000)正月,翰林侍读学士杨徽之(921~1000)患足疾死,真宗皇帝诏赠兵部尚书,"以钱五十万、绢五百匹赐其家",官给营葬。[③]同年,枢密副使宋湜(950~1000)死,赐钱五十万、

[①] 吴丽娱:《终极之典——中古丧葬制度研究》,中华书局,2002,下册,第699页。
[②] 秘书郎彭龟年上疏,见黄淮、杨士奇编《历代名臣奏议》卷284《褒赠》,第4册,第3708页。
[③] 杨亿:《故翰林侍读学士正奉大夫尚书兵部侍郎兼秘书监上柱国江陵郡开国侯食邑一千三百户食实封三百户赐紫金鱼袋赠兵部尚书杨公行状》,《全宋文》卷297,第15册,第13页。

绢三百匹、米麦百石。① 景德三年（1006），枢密使王继英（946～1006）卒，上即临哭，赐白金五千两，遣内臣护葬，并为葬其祖宗。② 明道二年（1033），仁宗念曹修古（？～1033）为官忠直，赠授右谏议大夫，并赠钱二十万给他的家属。③ 皇祐五年（1053）闰七月甲戌，"赠秘书监致仕胡旦为工部侍郎，仍赐其家钱三十万，令襄州为营葬事"。④ 哲宗元祐三年（1088）七月戊申，皇叔荆王頵死，"赐钱三百万"。⑤ 元祐五年（1090），直集贤院提举西京嵩山崇福宫司马康（1050～1090）死，帝"嗟悼不已，命优恤其家，特赠右谏议大夫，遣将作监丞张淳督运木，就护殡葬，官给钱百万，遣中使吊问妻子，赐钱五十万，又赙钱三十万，布帛有加。既又遣内侍问行日，赐白金五百两，助襄事。十一月甲申，葬陕州夏县太师温国文正公墓次"。⑥ 神宗元丰二年（1079）十二月己未，"赠前知渭州徐禧钱五百千。以措挥边防事毕，禧遭丧去官也"。⑦ 元丰三年（1080）五月己卯，蜀国长公主死，神宗下令"赐主家钱五百万"。⑧ 绍兴二十四年（1154），太师、清河郡王张俊（1086～1154）葬，高宗曰："张俊极宣力，与他将不同，恩数务从优厚。"仍赐七梁额花冠貂蝉笼巾朝服一袭、水银二百两、龙脑一百五十两。其后杨存中薨，孝宗令诸寺院声钟，仍赐水银、龙脑以敛。⑨

2. 皇帝亲临致奠

宋代在京大臣死，皇帝一般要亲临致奠。且"天子临丧礼不可缓"。"群臣当赙赠者，关移不得过两日。""若奏讣在未前，当日出。未后，次日出。其速如此，盖君父也，臣子也，未有子丧而父不哀；君元首也，臣股肱也，未有股肱伤而元首不痛者。情之所钟，政自应尔。"⑩

皇帝亲临致奠，又因丧主身份的不同而有所差异。以皇帝亲临致奠时所穿的服

---

① 杨亿：《宋故枢密副使正奉大夫行给事中上柱国广平县开国伯食邑八百户食实封二伯户赐紫金鱼袋赠尚书吏部侍郎宋公神道碑铭并序》，《全宋文》卷298，第15册，第27页。
② 秘书郎彭龟年上疏，见黄淮、杨士奇编《历代名臣奏议》卷284《褒赠》，第4册，第3708页。
③ 《宋史》卷297《曹修古》，第28册，第9891页。李焘：《续资治通鉴长编》卷113，仁宗明道二年八月丙申条，1985，第9册，第2631页。
④ 李焘：《续资治通鉴长编》卷175，仁宗皇祐五年闰七月甲戌条，1985，第13册，第4223页；《宋史》卷432《胡旦传》，第37册，第12830页。
⑤ 李焘：《续资治通鉴长编》卷412，哲宗元祐三年七月戊申条，1992，第28册，第10024页。
⑥ 范祖禹：《直集贤院提举西京嵩山崇福宫司马君墓志铭》，《全宋文》卷2152，第99册，第8～9页。
⑦ 李焘：《续资治通鉴长编》卷301，神宗元丰二年十二月己未条，1990，第21册，第7333页。
⑧ 李焘：《续资治通鉴长编》卷304，神宗元丰三年五月己卯条，1990，第21册，第7408页。
⑨ 《宋史》卷124《礼二七·凶礼三·诸臣敕葬等仪》，第9册，第2911页。
⑩ 秘书郎彭龟年上疏，见黄淮、杨士奇编《历代名臣奏议》卷284《褒赠》，第4册，第3708页。

饰为例，皇帝临诸王妃主、外祖父母、皇后父母、宗戚贵臣等丧，出宫时服常服。至所临处，变服素服。而《天圣丧葬令》规定：皇帝临臣之丧，一品服锡衰，三品以上缌衰，四品以下疑衰。皇太子临吊：三师、三少，则锡衰；宫臣四品以上，缌衰；五品以下，疑衰。次数也有不同，据《太常因革礼》所载，车驾临奠宰相、枢密、宣徽使、参知政事、枢密副使、驸马都尉薨，皇帝皆亲临致奠两次，其中，停枢一次，发引乘舆或再往。例如端拱（988～989）中，佥书枢密院事杨守一（925～988）卒，上亲临哭，送终之礼率加常数。咸平二年（999），枢密使曹彬（931～999）病，皇帝亲自到他家中看望他。过了一月，曹彬卒，皇帝又亲临其丧，痛哭悲恸。不久，工部侍郎枢密副使杨砺（930～999）死，皇帝当天即冒雨临其丧。杨砺的住宅在都城的小巷之中，皇帝的乘舆无法进入，只能步行到其家中。

大中祥符元年（1008），殿前都虞侯、端州防御使李继和卒，真宗将临其丧，以问宰臣，对曰："继和以品秩，实无此礼。陛下敦序外族，先朝亦尝临杜审琼之丧，于礼无嫌。"真宗认可了这一说法，即日亲幸其第。大中祥符三年（1110）四月，镇安军节度使、同平章事、驸马都尉石保吉薨，车驾欲即日临丧，有司言："乙卯飨太庙，已在致斋中，请俟祀毕乃往。"诏可。六月，翰林侍讲学士、礼部尚书兼秘书监郭贽卒，诏曰："贽逮事先朝，历升显位，初序齿胄，实赖师模。逮夫纂承，益隆委遇。经筵书府方任老成，遽以讣闻，倍深悯叹。追怀旧德，宜越常钧。朕今亲临以申轸悼，仍敕所司不得为例。"①宝元元年（1038），同知枢密院事王博文卒时，仁宗宴金明池。既归而奏讣至，即趣驾临奠。康定二年（1041），右正言、知制诰吴育奏："臣窃见车驾每有临奠臣僚、宗戚之家，皆即时出幸，道路不戒，羽卫不全，从官奔驰，众目惊异。万乘法驾，岂慎重之意乎？虽震悼方切于皇慈，而举动贵合乎经礼？臣窃详通礼旧仪，盖俟丧家成服，然后临奠，于事不迫，在礼亦宜。臣愚欲乞今后车驾如有临奠去处，乞俟本家既敛成服，然后出幸，则恩意容典，详而得中，警跸羽仪，备之有素。"事下礼官议："遭丧之家，有出殡日乃成服者，恐至时难行临奠。请自今圣驾临奠臣僚、宗戚之家，若奏讣在交未前，即传宣阁门，只于当日令所属候仪卫备，奏请车驾出幸。若奏讣在交未后，即次日临奠，庶使羽卫整肃，于事为宜。"这一建议得到了皇帝的认可。其后皇帝车驾临奠之仪定为："乘舆自内出，千牛将军四人执戈，一人执桃，一人执茢，前导。车驾将至所幸之第，赞礼者引丧主哭于大门内，望见乘

---

① 徐乾学：《读礼通考》卷59《丧仪节二十二·临礼》引《太常因革礼》，文渊阁《四库全书》本，第113册，第426页。

舆，止哭，再拜，立于庭。皇帝至幕殿，改素服就临，丧主内外再拜。皇帝哭，十五举音，丧主内外皆哭。皇帝诣祭所三奠酒，丧主已下再拜。皇帝退，止哭。从官进名奉慰。皇帝改常服还内。"①如此之类，在宋代不可殚举。

如果天子临大臣丧礼缓慢，则要遭到大臣们的非议。参知政事兼同知枢密院事胡晋臣死，光宗迟迟未至其家致奠。为此，秘书郎彭龟年上疏批评说：

臣等窃见胡晋臣卒已半月余，而朝廷赠恤之典未下，陛下体貌大臣无异祖宗，岂于死生乃不遑恤。近者士岘之卒，即日辍朝，未应圣心，贤戚遽异，人心惶惑，未免惊疑，得非大臣未敢以闻乎，抑太常不举庆历之议以告陛下乎，或鸿胪内省不能守景德之诏乎，不然何以至此？夫赠恤之典，不下在晋，臣无所损，所损者国体耳。晋臣无可憾，所可憾者，累陛下盛德耳。况大臣在殡，而小臣燕乐，死者未赠恤，而生者蒙饮，赐其于伤国体，累盛德，尤不细也。臣闻仁宗因宰臣张知白卒，为罢社燕。富弼以母忧去位时，晏成裕知礼院亟言于上，曰："君臣之义，哀乐所同。请罢春燕，以表优恤。"仁宗从之。此陛下家法也。搜考典故，以备讨论，此三馆士之职分也。臣等辄冒昧缘事以请，欲望圣慈诏大臣早议。胡晋臣恤典所有暴书会，乞照天圣罢社燕故事施行，庶几典礼之行，各当其宜。上可无愧于祖宗，下可免讥于天下，唯陛下留神垂听。②

3. 辍朝之制

据宋朝《礼院例册》，文武官一品、二品丧，辍视朝二日，于便殿举哀挂服。文武官三品丧，辍视朝一日，不举哀挂服。然其车驾临问并特辍朝日数，各系圣恩。一品、二品丧皆以翰林学士以下为监护葬事，以内侍都知以下为同监护葬事。葬日辍视朝一日，皆取旨后行。庆历五年（1045）四月，礼院奏："准度支员外郎、集贤校理、知院曾公亮奏：'朝廷行辍朝礼，并乞以闻哀之明日辍朝，其假日便以充数，仍为永例。如值其日前殿须坐，则礼有重轻，自可略轻而为重，更不行辍朝之礼。'臣今看详公亮所奏，诚于辍朝之间适宜顺变。然虑君臣恩礼之情有所未尽，欲乞除人使见辞、春秋二宴合当举乐，即于次日辍朝，余乞依公亮所奏。"诏可。③

---

① 《宋史》卷124《礼二七·凶礼三·诸臣敕葬等仪·车驾临奠》，第9册，第2902~2903页。
② 秘书郎彭龟年上疏，见黄淮、杨士奇编《历代名臣奏议》卷284《褒赠》，第4册，第3708~3709页。
③ 《宋史》卷124《礼二七·凶礼三·诸臣敕葬等仪·辍朝之制》，第9册，第2903~2904页。

然而也有例外，有的死者因其深得皇帝恩遇，皇帝有辍朝三日、五日者。如太平兴国六年（981），守司空兼门下侍郎平章事薛居正（912～981）薨，准礼一品丧，合辍二日，诏特辍三日。其后邓王钱俶（929～988）、太师赵普（922～992）、右仆射李沆（947～1004）薨，皆一品，合辍二日，诏并特辍五日。二品、三品的死者，同样有特辍的事例。如太平兴国九年（984），右谏议大夫、参知政事李穆（928～984）卒，按照礼仪，谏议大夫不合辍朝，因其深得皇帝的恩宠，故此皇帝下诏特辍一日。

也有准礼制应辍朝而因其他原因不辍朝者。如开宝二年（969），北宋开国功臣、宋太祖的亲信将领、陈桥兵变的重要参与者罗彦瓌（923～969）和尚书右仆射魏仁浦（911～969）薨，帝以郊祀及军事不辍朝。景德四年（1007），同平章事王显（932～1007）薨，皇帝以朝拜诸陵，吉凶难于相干，更不辍朝。康定元年（1040），光禄卿郑立卒，礼官举故事辍朝，台官言："卿、监职任疏远，恩礼不称。"自后遂不辍朝。孝宗乾道三年（1167）四月一日，太常寺言："皇伯母秀王夫人薨，辍朝五日，内二日不视事。乞自今月二日为始辍朝，至六日止。其二日、三日并不视事。"从之。①

4. 举哀挂服

举哀挂服，即皇帝穿着素服参加王公大臣的丧事，是宋代丧礼中常见的一种举哀方式。届时，尚舍设次于广德殿或讲武殿、大明殿。其后皆于后苑壬地。在仪式举行前一日，所司预设举哀所幕殿，四周围以帘帷，色用青素。到了仪式举行的这一天，皇帝着常服，乘舆来到幕殿。侍臣奏请皇帝下舆，脱下常服，换上素服，即白罗衫、黑银腰带、素纱软脚幞头。太常博士引导着太常卿到皇帝的御坐前，跪奏请皇帝为某官薨举哀，又请举哭十五举音；又奏请可止中书门下文武百官进名于崇政殿门外奉慰。仪式结束后，皇帝脱下素服，穿上常服，乘舆回到内殿。建隆四年（963），山南东道节度使慕容延钊（913～963）卒，太祖素服发哀。其后大臣赵普薨，太宗亦按上礼。景德四年（1007），李沆（947～1004）薨，礼官言："举哀品秩，虽载礼典，伏缘国朝惟赵普、曹彬曾行兹礼，今望裁自圣恩。"诏特择日举哀。从此，宰臣薨，皆用此礼。②

5. 辍乐

所谓辍乐，即停止喜庆的音乐，以"显君父爱慈之道，励臣子忠孝之心"。太平兴国七年（982）十月，中书言："今月七日乾明节，选定二十二日大宴。二十日，参

---

① 《宋史》卷124《礼二七·凶礼三·诸臣敕葬等仪·辍朝之制》，第9册，第2904页。
② 《宋史》卷124《礼二七·凶礼三·诸臣敕葬等仪·举哀挂服》，第9册，第2905页。

知政事窦偁卒。明日，皇帝亲幸其第，临丧恸哭，设奠还宫，即令罢宴。有司奏：'伏以百司告备，六乐在庭，睿圣至仁，闻哀而罢，是以显君父爱慈之道，励臣子忠孝之心。伏请宣付史馆，传录美实。'"诏可。天禧二年（1018）九月十一日，宴近臣于长春殿，饯河阳三城节度使张旻赴任，但因为大臣王旦在殡，不举乐。嘉祐六年（1061）三月五日，宰臣富弼母秦国太夫人薨；十七日，春宴，礼院上言："君臣父子，国家均同。元首股肱，相济成体。贵贱虽异，哀乐则同。一人向隅，满堂嗟戚。今宰臣新在苫块，欲乞罢春宴声乐，以表圣人忧恤大臣之意。"诏下，并春宴寝罢。①

6. 追封册命

追封册命，即死后封爵。据《宋史》载："国朝之制：有于私第册之者，有于本道册之者。"在宋代死后封爵者，最著名的有三人，即高保融、孟昶和钱俶。其中，私第受册者为孟昶，本道册者为高保融和钱俶。其仪与《通礼》大略相类，不复录。②

高保融（920~960）是五代十国时期南平国第三任君主，建隆元年（960）因病去世，时年四十一岁，宋太祖追赠为太尉。孟昶（919~965）是后蜀高祖孟知祥第三子、五代十国时期后蜀末代皇帝，乾德三年（965）正月投降北宋后，被送往北宋京师开封，授任检校太师兼中书令，封秦国公。七天后去世，时年四十七岁，被追封为楚王。钱俶（929~988）是五代十国时期吴越国的最后一位国王，太平兴国三年（978）献所据两浙十三州之地归宋，先后被封为淮海国王、汉南国王、南阳国王、许王、邓王。端拱元年（988）八月，钱俶六十大寿，宋太宗遣使祝贺，当夜钱俶暴毙。宋太宗追封其为"秦国王"，谥号"忠懿王"。

7. 赐谥

赐谥，是指大臣死后，天子依其生前事迹与品德修养，评定褒贬，而赐予一个寓含善意评价、带有评判性质的称号，可称是对其盖棺定论。《续资治通鉴·宋纪》中魏了翁尝言："闻谥者行之迹，昔人所以旌善而惩恶，节惠而尊名也。爰及后世，限以品秩，济以请托，于是尝位大官者，虽恶犹特予之；品秩之所不逮，则有硕德茂行而不见称于世者矣。"魏了翁批判的正是谥号的授予开始和官职等级有所联系而导致一些恶官得谥号，而有硕德茂行之属未得的情况。而后魏了翁又尝言："谥事大体重，未容以轻议也？望申饬有司，速加考订，俾隆名美谥，早有以风厉四方，示学士大夫趋

---

① 《宋史》卷124《礼二七·凶礼三·诸臣敕葬等仪·辍乐》，第9册，第2907页。
② 《宋史》卷124《礼二七·凶礼三·诸臣敕葬等仪·追封册命》，第9册，第2912页。

向之的也。"体现了当时士大夫对谥号的看重，某人的美谥号庶几可以使其成为天下士大夫学习的榜样，此是何等勋荣，不言可知。

按江少虞《宋朝事实类苑》所载："国初以来，唯正三品方得谥，兼官赠三品亦不得之。真宗命陈彭年详定，遂诏文武官至尚书节度使卒，许辍朝，赠至正三品，许请谥，而史失其传。宝元中，光禄卿知河阳郑立卒而辍朝，非故事也。"①定谥的手续极其烦琐。先由死者家属将死者的生平事迹写好，上报给尚书省，考功移太常礼院议定，然后由博士撰议。②如刘挚撰《张康节谥议》曰：

> 公德厚而政易简，业隆而心恭慎，不匮于惠下，不亢于履高。夫惟简也，所以为不匮，慎也，所以为不亢。公之治郡若县，凡十有一，宽而信，敏而靖，与民之所同欲，而去民之所同害，所至有政，民爱之若父母。密州绩用，尤大较著，遭岁凶馑，哺活流饿二十余万。
>
> 在朝廷侃侃正色，其所建明，多国之大事。如诫宠幸，去奸权，申诬罔者，其危言正论，今落落具在也。仁宗未嗣，秉公力启，自为御史丞、杂以及大位，盖三请之，卒至天子感悟，定策受遗，遂预有功焉。凡皆志立而后发，虑定而后蹈，以忠报为守，不恤身利害，故多得其言。至于周旋二府，不为势焰，门无苞苴，客无私谒，不以富贵异廉俭之旧，不以宠利婴清方之介，脱荣名，享眉寿，其于成物行己，终始出处，可以为无愧者矣。
>
> 谥法：安乐抚民曰"康"，能固所守曰"节"。以公之行，合之法而参之公议，于是为称，请谥曰"康节"。③

然后进行考功审覆，判都省集合省官参议，再上报中书门下宰臣判准，最后奏呈皇帝赐给。闻敕付所司，即考功录牒，于葬前赐其家。省官有异议者，听其议闻。虽无官爵，亦奏赐谥曰先生。太平兴国八年（983），诏增《周公谥法》五十五字，美谥七十一字为一百字，平谥七字为二十字，恶谥十七字为三十字。沈约、贺琛《续广谥》尽废，后直史馆胡旦言："旧制，文武官臣僚皆以功行上下，各赐谥法。近朝以来，遂成阙典。建隆以后，臣僚三品以上合赐谥者百余人，望令史馆编录行状，送礼

---

① 江少虞：《宋朝事实类苑》卷32《典故沿革·赠官请谥》，上海古籍出版社，1981，第413页。
② 司马光等：《上仁宗论夏竦不当谥文正》："谨按令文，诸谥王公及职事官三品以上，皆录行状申省，考功勘校，下太常礼院拟谥讫，申省议定奏闻。"赵汝愚编《宋朝诸臣奏议》卷95《礼乐门·谥法》，下册，第1023页。
③ 刘挚：《忠肃集》卷7《张康节谥议》，第159~160页。

官定谥付馆，修入国史。"诏："今后并令礼官取行状定谥，送考功详覆，关送史馆，永为定式。"直集贤院王皞言："谥者，行之表也。善行有善谥，恶行有恶谥。盖闻谥知行，以为劝戒。《六典》：太常博士掌王公以下拟谥，皆迹其功德为之褒贬。近者臣僚薨卒，虽官该拟谥，其家自知父祖别无善政，虑定谥之际，斥其缪戾，皆不请谥。窃惟谥法自周公以来，垂为不刊之典，盖以彰善瘅恶，激浊扬清，使其身没之后，是非较然，用为劝惩。今若任其迁避，则为恶者肆志而不悛。乞自今后不必候其请谥，并令有司举行。如此，则隐慝无行之人，有所沮劝。若须行状申乞方行拟谥，考诸方册，别无明证。惟卫公叔文子卒，其子戍请谥。臣谓春秋之时，礼坏乐阙，公叔之卒，有司不能明举旧典，故至将葬，始请谥于君。且周制，太史掌小丧赐谥，小史掌卿大夫之家赐谥请谏。以此知有司之职，自当举行，明矣。"诏下有司详定。礼院更议赠安远军节度使马怀德已葬请谥，乃言："自古作谥，皆在葬前。唐开元，三品以上将葬，既启殡，告赠谥于柩前；无赠者，设启奠即告谥，既葬加谥，出于唐时。"① 如"范纯仁尧夫丞相薨，礼官谥曰'忠宣考功'。邓忠臣议曰：'每思捐身而开策，常愿休兵而息民。只知扶危而济倾，宁恤跋前而疐后。'又曰：'谗言乱国，而明蔡确之无罪；奸党投石，而谓大防之可原。当众人莫敢言之时，在偏州无所用之地。义形色正，愤激至诚。非特救当世正人端士之织罗，直欲戒后世乱臣贼子之迷国。徇公忘己，为国惜贤。'又曰：'父母之国，有时而去；股肱之义，于是或亏。放之江湖，忽如草芥。纫兰泽畔，更甚屈原之忠。占鹏坐隅，已分贾生之死。'又曰：'侧席南望，而快浮云之蔽，趋节东归，而咏零雨之濛。'又曰：'法座想见其风采，诏书相望于道涂。'云云。时论皆以为允当。崇宁初，追夺元谥并定谥覆官，并罚铜。二年六月，言者再论，忠臣得宫祠"。②

从文献记载来看，宋代大臣谥号最美的有两种：本勋劳则"忠献"为大，论德业则"文正"为美。③

"忠献"为通谥中的第二等级，仅次于文武诸臣的通谥"忠武"，而高于"忠肃"、"忠敏"、"忠烈"、"忠宣"等。但即使是第二等级中的"忠献"，宋代得到这一谥号的人也是凤毛麟角，屈指可数。正因为如此，朝臣诸公为获得这一荣誉往往大动心思。据文献记载，只有宋朝开国宰相赵普、北宋数一数二的名臣韩琦、南宋名相张

---

① 《宋史》卷124《礼二十七·凶礼三·诸臣丧葬等仪·定谥》，第9册，第2913~2914页。
② 张邦基：《墨庄漫录》卷1《邓忠臣作范尧夫谥议》，第33~34页。
③ 李心传：《建炎以来朝野杂记》甲集卷9《大臣谥之极美者》，中华书局，2000，第189~190页。

浚、奸相秦桧和权臣史弥远五人得过这一谥号。但秦桧"忠献"谥号得来不正，是由其和死党、太常博士曹冠等极力谋划得来的。绍兴二十五年（1155）十一月，宋高宗为褒秦桧主和之功，题其神道碑额曰："决策元功，精忠全德。"追封其为申王，赐谥"忠献"，表扬他忠心耿耿、操心国事。①事过五十一年，政治风向变了，宁宗开禧二年（1206）四月，以外戚入主大政的韩侂胄准备兴师北伐，指使礼部侍郎李壁奏贬秦桧，奏疏说秦桧执行的是一条卖国求荣的投降路线，陷害岳飞等忠良人士，且有汉奸的嫌疑。于是，宋宁宗干脆追夺秦桧原谥，改谥为"谬丑"，痛斥他名实不符、怙威肆行。后来再改谥为"谬狠"。②南宋后期的权臣史弥远，对外妥协退让，对内专权擅政，死后被一帮文官拟了"忠献"的谥号，结果与秦桧一样，只能是遗臭青史、贻笑后世了。而被秦桧陷害的岳飞却先谥"武穆"，后来获得了通谥中的最高等级"忠武"谥号。

"文正"谥号更是文人做官后梦寐以求的。司马光认为文是道德博闻，正是靖共其位，是文人道德的极致，故此"文正"是"谥之至美，无以复加"。③但皇帝不会轻易把这个谥号给人，此谥号的获得只能出自特旨，不能由群臣擅议。在宋朝三百余年的历史上，能得到"文正"这个谥号的人只有九人，大多为当时文人敬仰的对象，如北宋时期的名臣王曾、范仲淹、司马光。夏竦以文学起家，曾为国史编修官，后任陕西经略、安抚、招讨使等职。有文武才，政事、文学都有建树，是一代名臣、学士。但由于他为人贪婪阴险，陷害名臣欧阳修、富弼、石介等"庆历新政"改革派；性贪，曾搜刮很多钱财，生活奢侈，家里蓄养有很多乐伎，深为时人所不齿。夏竦死后，宋仁宗本想亲自给他的老师夏竦赐谥"文正"，结果遭到大臣们的反对。大家认为夏竦生前"行不应法"，根本不配。司马光更是愤愤地说道："谥之至美，文正也！""谥法本意：道德博闻曰文，靖共其位曰正。"而夏竦"奢侈无度，聚敛无厌，内则不能制义于闺门，外则不能立效于边鄙，言不副行，貌不应心。语其道德，则贪淫矣；语其正直，则回邪矣。此皆天下所共识，非臣等所敢诬加也"。如果夏竦能够得到"文正"的谥号，"不知复以何谥待天下之正人良士哉！""谥之美者，极于文正。竦何人，可以当此？"④最后仁宗被迫谥夏竦为"文庄"。宣政年间，蔡卞、郑居中虽

---

① 李心传：《建炎以来系年要录》卷170，绍兴二十五年十一月己酉条，第4册，第2775页。
② 《宋史》卷473《奸臣三·秦桧》，第39册，第13765页。
③ 司马光、李之亮笺注《司马温公传集编年笺注》卷16《论夏令公谥状》，第3册，第20页。
④ 司马光等：《上仁宗论夏竦不当谥文正》第一、二状，赵汝愚编《宋朝诸臣奏议》卷95《礼乐门·谥法》，下册，第1023~1024页。

然也得到了"文正"的谥号,但当时的学者认为他们"终不足录"。由此可见,"文正"谥号是极其难得的。

除"文正"谥号外,带"文"字的谥号还有"文贞"、"文忠"、"文恭"、"文惠"、"文安"、"文敏"、"文定"等。司空李昉、太尉王旦皆谥"文贞",欧阳修、苏轼、富弼皆谥"文忠",洪适谥"文惠",洪遵谥"文安",洪迈谥"文敏",苏辙、曾巩、韩忠彦谥"文定",等等。①此外,在宋代还有单谥一个"文"字的,这在宋朝三百年中仅杨亿、王安石、朱熹数人而已,当是千万文臣之中最高的尊荣了,可谓极大的荣耀。

另据费衮《梁溪漫志》载:"故事:百官谥,不命词。政和以来,有不经太常考功议而特赐谥者,始命词。绍兴三年,陈去非参政(与义)在西掖引故事以请,乃诏今后特恩赐谥命词给告,余给敕。其后,应太常考功定谥者,亦径陈乞赐谥,例多命词。朝论以为言止坐议状给告,虽特恩得谥者亦然。然今之从臣,磨勘转官,尚应命词。特恩赐谥乃人主非常之泽,所宜命词以示褒宠。若法应定谥者,则当坐议状给告可也。至淳熙丁未,陈魏公赐谥正献、梁郑公赐谥文靖,乃特诏命词给告云。"②然而由于宋代死去的官员众多,事迹也皆类同,因此往往会出现姓谥、谥号读音等相近或相同的现象,以致造成紊乱。费衮《梁溪漫志》就指出:"臣下谥多同,盖以节行适相当,固难于相避。然其间有姓谥皆同者,往往称谓紊乱。尝考之本朝,有两王文康(溥、曙)、两张文定(齐贤、方平)、两张忠定(咏、焘)、两陈忠肃(瓘、过庭)、两刘忠肃(挚、珙)、两李忠愍(中官舜举、若水)、两朱忠靖(谔、胜非)、两王恭简(岩叟、刚中),而韩魏公谥忠献,韩宗魏谥忠宪,赵阅道谥清献,赵挺之谥清宪,字虽不同,声音亦相紊也。"③又,叶绍翁《四朝闻见录》载:"本朝士大夫以忠节致死者,俱于谥法有'愍'字。赵忠定当谥'愍',其家子弟自列于朝,谓'愍'之一字实不忍闻,遂易谥'定'字。考亭先生,太常初谥'文正',考功刘公弥正覆谥,谓先生当继唐韩文公,又尝著《韩文考异》一书,宜特谥曰'文'。且谓:'本朝前杨亿,后王安石,虽谥曰文,文乎?岂是之谓乎?'旨从之。自后议诸贤谥,自周元公以下俱用一字矣,如程正公、吕成公之类。"④

8. 改谥、加谥

宋代定谥以后一般不许更易。庆元六年(1200)八月,丞相京镗(1138~1200)

---

① 费衮:《梁溪漫志》卷2《文正谥》,山西人民出版社,1986,第21页。
② 费衮:《梁溪漫志》卷2《百官谥命词与否》,第20~21页。
③ 费衮:《梁溪漫志》卷2《臣下姓谥多同》,第21~22页。
④ 叶绍翁:《四朝闻见录》甲集《朱赵谥法》,中华书局,1989,第43~44页。

病逝，赐谥"文穆"；既而其子沆请避家讳，改"文忠"。于是言者以为：杨亿巨儒，既谥曰"文"，议者欲加一"忠"字，朝廷竟然不肯。加一字犹不可，况谥以二字，又欲极美乎？"望敕所司，自今议谥，务当其实。其或不然，当准古法，以选举不实论。若定谥已下，其子孙请再更易者，以违制论。"这一建议得到了朝廷的批准。①

宋时公卿改谥的现象极为罕见，据文献记载，改谥的情况有以下几种：

一是在谥号未定之前更改的。如：丞相韩忠彦（1038~1109）初请谥，王刚中为博士，曰"文礼"，取其为礼官时不主王安石坐讲之议。而韩氏子谓宋朝历史上从来没有以"礼"为谥号的事例，并将自己的意见告诉了当时的丞相范觉民。范觉民再将这种情况反映给王刚中，但王刚中坚持不为改，于是吏部复议，改为"文定"。京东帅曾季序之死，博士钱叶谥曰"刚憨"，但执政因讨厌他，乃改名为"威"。驸马都尉韩嘉彦（1067~1129）请谥，博士华权定为"夷节"，而监察御史方庭实在考功，将其改名为"端节"。兵部侍郎司马朴的赐谥，博士林彦宗定以"忠肃"，而张敬夫当时在吏部为官，易名为"忠洁"。上面这四人皆是于谥未定之前更改的。

二是"于谥以定未下之前有所退却者"。如抗金义士、代州知州王忠植（？~1140）为国捐躯，太常谥为"义节"，而丞相秦桧以无"忠"字疑之，再令别议。太常谓若以"忠"为谥，则子孙诵之，非易名之义，不同意修改，此事就这样结束。②孝宗初立，命有司为岳飞作谥，太常议"危身奉上曰忠，使民悲伤曰愍"。孝宗认为用"愍"则于上皇为失政，不同意用此谥号，于是改为"武穆"。

三是"出于谥号已下之后，然迫于名讳不容不避者"。如丞相刘萃老初谥"正肃"，而"正"字犯丞相父名，遂改为"忠肃"。赵崇公叔寓初谥"敦简"，而"敦"字与光宗御名同音，其曾孙德老请于朝，改谥"清简"。

总之，自绍兴至淳熙六十余年之间，改谥才六七个事例，皆有所为，非丞相京镗一例可比。张参政初谥"文定"，汪圣锡为吏部尚书驳之，乃改"章简"，后其孙贵，竟复谥"文定"。③

加谥之礼始于唐代，如颜杲卿、卢奕尽忠王室，当时置而不议。至郭知运死后五十余年，其家才提出请谥。右司员外郎崔原以为非旌善之礼，而太常博士独孤及谓"新制，死不必有谥"，又谓"有故阙礼，追远，请谥，顺也及长"。于开元之世亲闻

---

① 李心传：《建炎以来朝野杂记》甲集卷9《定谥不许更易》，第190页。
② 《宋史》卷448《忠义三·王忠植》，第38册，第13217页；李心传：《建炎以来朝野杂记》甲集卷9《渡江后改谥》，第190~191页。
③ 李心传：《建炎以来朝野杂记》甲集卷9《渡江后改谥》，第190~191页。

启奠告谥,而为新制不必有谥,岂非诬哉?又有故阙礼追远请谥,皆违《礼经》,何顺之有?国家给谥,一用唐令。然请谥之家,例供尚书省官酒食,撰议官又当有所赠遗故,或阙而不请。景祐四年(1037),宋绶建议令官给酒食。其后又罢赠遗。自此以后,既葬请谥者更多了。但由于岁月浸久,士大夫无法知晓其为官政绩,而其子孙与门生故吏则志在虚美隐恶,如果"有司据以加谥,是废圣人之法而徇唐庸有司之议也"。为此,皇帝下诏,自今得谥者,一律在葬前奏请。如果其家不请谥,则尚书太常合议定谥,写好后交给史馆及其家收藏。即徇私谥,不以实论。如选举不以实法,既葬请谥者,也不定谥。①

(三)诏葬的不良后果

由于皇帝为了表示"皇恩浩荡",往往赐给太多,因此诏葬给国家造成了沉重的财政负担。大中祥符(1008~1016)中,朝廷患诏葬无节,曾诏有司制定具体的数额。皇祐(1049~1054)中,又颁布编敕令,规定使臣所受不超过五百缗,朝臣不超过三百缗。如果有违之者,御史奏劾。但这一制度并没有得到很好的执行,朝廷的财政仍处于窘境。熙宁年间(1068~1077),知制诰曾布向皇帝上奏言:"窃以朝廷亲睦九族,故于死丧之际,临吊赙恤,至于窆穸之具,皆给于县官。又择近臣专董其事,所以深致其哀荣,而尽其送终之礼。……近世使臣沿袭故常过取馈遗故,私家之费往往倍于公上。伏见比岁以来,不复循守,其取之者不啻十倍于著令。乞取旧例,裁定酌中之数,以为永式。"知谏院吴充言:"士大夫亲没,或藁殡数十年,伤败风化,宜限期使葬。"②于是,皇帝又诏令太常礼院详定,令布裁定以闻,遂出现了"熙宁新式",但并没有明确的时间期限。嘉祐七年(1062),龙图阁直学士向传式又向皇帝奏言:"故事,皇亲系节度使以上方许承凶营葬,其卑幼丧皆随葬之。自庆历八年后积十二年未葬者,几四百余丧,官司难于卒办。致濮王薨百日,不及葬。请自今两宅遇有尊属之丧,不以官品为限而葬之。"遂下判大宗止司、太常礼仪院、司天监议,最后皇帝诏大宗正:"自今皇亲之丧五年以上未葬者,不以有无尊亲新丧,并择日葬之。"元祐(1086~1094)中,又诏御史台:"臣僚父母无故十年不葬,即依条弹奏,及令吏部候期满检察。尚有不葬父母,即未得与关升磨勘。如失检察,亦许弹奏。"③

---

① 以上参见叶绍翁《四朝闻见录》丁集《文公谥议》、《覆谥》,第152~155页;《宋史》卷124《礼二七·凶礼三·诸臣敕葬等仪·定谥》,第9册,第2913~2914页。
② 《宋史》卷312《吴充传》,第29册,第10239页。
③ 李焘:《续资治通鉴长编》卷463,元祐六年八月壬辰条,1993,第31册,第11070页。

二 非诏葬

与上述的大臣一样，普通官员去世，朝廷也有赙赠，但其数目已经不能与王公大臣之数相提并论了，官品大小成为最基本的参照物。宋制：凡近臣及带职事官薨，非诏葬者，如有丧讣及迁葬，皆赐赙赠，鸿胪寺与入内内侍省以旧例取旨。其曾在两府为职或担任近侍的官员，往往多增其数。绢，多者五百匹，少者五十匹；钱，多者五十万，少者也有五万。另外还赐羊、酒，多少有别。其优厚者仍给米麦、香烛。自中书、枢密而下至两省五品、三司三馆职事、内职、军校并执事禁近者亡殁，及父母、近亲丧，皆有赠赐。宗室期、功、袒免、乳母、殇子及女出适者，各有常数。其特恩加赐者，各以轻重为隆杀。当然，皇帝也有很大的发言权，如天圣《丧葬令·宋六》载：

> 诸宗室、内外皇亲、文武官薨卒，及家有亲属之丧，合赐赙物者，皆鸿胪寺具官名闻奏，物数多少，听旨随给。

《宋会要辑稿》礼四四之二四至二五《赙赠杂录》对此更有详细的记载：

> 景德四年九月十一日，翰林学士晁迥等言："奉敕与龙图阁待制戚纶议定鸿胪寺赙赠条件。今请应职官丧亡赐赙赠，五品以上，内侍省于学士院请诏书，差官押赐；六品已下，差官传宣押赐。臣僚薨亡，如无恩旨敕葬及五服内亲丧及迁葬合有赙赠者，下鸿胪寺检会体例，牒报内侍省取旨。"从之。
> 十一月三日，诏："自今将帅偏裨当得赙赠者，令枢密院即日下入内内侍省给赐。"
> 二十二日，诏："应管军及内职军员，如戍边亡殁，合赐赙赠者，并委入内内侍省取旨支赐，更不下鸿胪寺。"
> 二十九日，入内内侍省言："今后支赐赙赠，未委依近诏内侍省差官押赐，为复依旧当省差使宣赐。"诏晁迥等覆加详定。迥等上言："近翰林学士李宗谔妹亡，入内内侍省虽引景德元年翰林学士宋白弟亡例为言，终以无正例不行。今请应五服内亲丧亡而无正例者，委鸿胪寺移牒礼院，比类服纪远近奏取旨；其无例及在外亡殁者，更申中书门下。昨定五品以上诏书押赐，六品以下传宣押赐，今

请除五品以上官正身丧亡即降诏书,自余亲丧亦止传宣。仍并委入内内侍省施行。"从之。仍诏会同鸿胪寺、太常礼院,俱不得过二百。

神宗熙宁七年(1074),参酌旧制著为新式。

  诸臣丧:两人以上各该支赐孝赠,只就数多者给;官与职各该赙赠者,从多给,差遣、权并同,权发遣并与正同。诸两府、使相、宣徽使并前任宰臣闻疾或浇奠已赐不愿敕葬者,并宗室不经浇奠支赐,虽不系敕葬,并支赙赠。余但经问疾或浇奠支赐或敕葬者,更不支赙赠。前两府如浇奠只支赙赠,仍加绢一百、布一百,羊酒、米面各一十。诸支赐孝赠,在京,羊每口支钱一贯,以折第二等绢充,每匹折钱一贯三百文,余支本色。在外,米支白粳米,面每石支小麦五斗,酒支细色,余依价钱。诸文臣卿监以上,武臣元系诸司使以上,分司、致仕身亡者,其赙赠并依见任官三分中给二,限百日内经所在官司投状,召命官保关申,限外不给。待制、观察使以上更不召保。

元丰五年(1082),诏:"鄜延路没于王事、有家属见今在本路欲归乡者给赙外,其大使臣以上更支行李钱百千,小使臣五十千,差使、殿侍三十千,其余比类支给。"
绍兴二十六年(1156),诏:"今后命官实因干办公事邂逅非理致死者,并遵依旧法。所有李光申请于绍兴条内添注日限指挥,更不施行。"旧法非理致死者,谓焚溺坠压之类,通判以上赐银五百两,余三百两,职司以上取旨。[①]

---

① 以上参见《宋史》卷124《礼二七·凶礼三·诸臣敕葬等仪·赙赠》,第9册,第2907~2908页。

第四章
殡葬习俗

第一节 火葬

宋代是中国历史上火葬最为盛行的时期。在这一时期，社会生产力的发展、商品经济的繁荣和佛教的世俗化，给人们的社会生活带来了重大变化，尤其是对人们的社会意识和风俗习惯产生了巨大的影响。这种变化和影响反映在丧葬上，便是传统的儒家丧葬观的动摇和火葬风气的盛行。

一 宋代火葬的盛行状况

宋朝自建立起，火葬之风便承接前代，在全国蔓延开来。故此，宋太祖深感忧虑地说道："近代以来，率多火葬，甚愆典礼。"① 此后，风气愈演愈烈，一直持续到元代。宋代成为中国历史上火葬最为盛行的时期，据美国学者埃布莉（Patricia Ebrey）研究，宋代的火葬率在10% ~ 30%。②

（一）宋代火葬的地区分布

从宋代火葬的地区分布来看，北宋都城东京和河东地区（今山西一带）是当时火葬最为盛行的地区。哲宗时，毕仲游曰："臣见河东土风淳固，盗贼稀少，人民耕田力作，衣食至薄，而罕敢为非。比之他方，狱司刑罚十无二三，然其俗勤于养生，怠于送死。非士大夫之家，中民以下，亲戚丧亡，即焚其尸，纳之缸中，寄放僧寺与墓户

---

① 李焘：《续资治通鉴长编》卷3，建隆三年三月丁亥条，1979，第2册，第65页。
② 〔美〕埃布莉（Patricia Ebrey）：《宋代的火葬》，原载《美国历史评论》第95期第2号，1990年，第406~428页，转引自美国耶鲁大学韩森《宋代的买地券》，邓广铭、漆侠主编《国际宋史研讨会论文选集》，河北大学出版社，1992，第134页。

之家，类不举葬。盖虽上户，亦有不葬而焚之者。"①王偁《东都事略》卷三载："近代以来遵用夷法，率多火葬。"江少虞《宋朝事实类苑》亦载："河东人众而地狭，民家有丧事，虽至亲，悉燔，取骨烬寄僧舍中。以至积久，弃捐乃已，习以为俗。"②李清臣云："河东俗杂，羌夷用火葬。"③程颐说："晋俗尚焚尸，虽孝子慈孙，习以为安。先生教谕禁止，民始信之。而先生去后，郡官有母死者，惮于远致，以投烈火。愚俗视效，先生之教遂废，识者恨之。"④吕陶说："晋俗尚焚骸，贫不克葬者，遂委不视，为窀穸以藏之。"⑤

两浙路是南宋火葬最为盛行的地区。绍兴二十七年（1157），监登闻鼓院范同上奏曰："今民俗有所谓火化者，生则奉养之具唯恐不至，死则燔而捐弃之，何独厚于生而薄于死乎？甚者焚而置之水中，识者见之动心。国朝著令，贫无葬地者，许以系官之地安葬。河东地狭人众，虽至亲之丧，悉皆焚弃。韩琦镇并州，以官钱市田数顷，给民安葬，至今为美谈。然而承流宣化，使民不畔于礼法，正守臣之职也。方今火葬之惨，日益炽甚。"⑥次年，户部侍郎荣薿又说："臣闻吴越之俗，葬送费广，必积累而后办。至于贫下之家，送终之具，唯务从简，是以从来率以火化为便，相习成风，势难遽革。"⑦其实，不仅贫下之家率以火化为便，就是富裕人家也是如此。周煇说："浙右水乡风俗，人死，虽富有力者，不办蕞尔之土以安厝，亦致焚如。"⑧浙西平江（今江苏苏州）"合城愚民悉为所诱，亲死肉未寒，即举而付之烈焰，杖棒碎拆，以燔以炙。余骸不化，则又举而投之深渊。"⑨生活于宋末元初的方回说："钱塘故大都会，承平时，城东西郊日焚三百丧有奇，月计之万，岁计之十二万。亩一金，而岁欲十二万穴，势不可，故率以火化为常。"⑩

福建火葬之盛不亚于两浙。史载："闽俗多火葬，哀号不肯。"⑪真德秀曰："贫窭之家，委之火化，积习岁久，视以为常。"⑫其地的罗源县，"丧死者焚尸，糜其骨，众

---

① 毕仲游：《乞理会河东土俗埋葬札子》，黄淮、杨士奇编《历代名臣奏议》卷116《风俗》，第2册，第1541页。
② 江少虞：《宋朝事实类苑》卷23《官政治绩·韩稚圭》，第275~276页。
③ 李清臣：《韩忠献公琦行状》，《全宋文》卷1717，第79册，第45页。
④ 程颢、程颐：《二程集·河南程氏文集》卷11《伊川先生文七·明道先生行状》，第2册，第633页。
⑤ 吕陶：《净德集》卷21《枢密刘公墓志铭》，《丛书集成初编》本，中华书局，1985，第3册，第234页。
⑥ 《宋史》卷125《礼二八·凶礼四·士庶人丧礼》，第9册，第2918~2919页。
⑦ 《宋史》卷125《礼二八·凶礼四·士庶人丧礼》，第9册，第2919页。
⑧ 周煇撰、刘永翔校注《清波杂志校注》卷12《火葬》，中华书局，1994，第508页。
⑨ 黄震：《黄氏日抄》卷70《申判府程丞相乞免再起化人亭状》，《黄震全集》第6册，第2082页。
⑩ 方回：《桐江续集》卷35《普同塔记》，文渊阁《四库全书》本，第1193册，第707页。
⑪ 黄震：《黄氏日抄》卷36《读本朝诸儒理学书四·碑铭行状》，《黄震全集》第4册，第1342页。
⑫ 真德秀：《真西山集》卷7《泉州劝孝文》，《丛书集成初编》本，第2册，第117页。

（董）〔熏〕合和，凌风飘扬，命曰升天，以尤细为孝"。①

四川也盛行火葬。宋神宗时，王觌以宝文阁直学士知成都府，府无闲田。"中下之家无葬地，多用浮屠法火化。觌委官录未葬者万余，得官地奏为墓域葬之。"②到南宋以后，四川火葬更是大盛。据统计，在已发掘的宋代火葬墓中，南宋火葬墓占80%以上。当时的成都及其附近地区是四川火葬最为流行的地区。③此外，1985年，夏安县花菱镇村民修路时挖出两座罕见的宋代骨灰盒丛葬古墓。墓壁、墓顶、墓底俱用宋砖砌成，每座墓穴内安放有420个骨灰缸，共计840个。缸内火化后的骨灰，用土陶瓦盖封口。墓穴中一次埋葬这么多骨灰，实属罕见。④

广东的番禺、佛山、新州等地都风行火葬，为此，当时的地方长官曾多次下令禁止。⑤

湖北、湖南也有火葬记载，如刘挚曰："楚俗死者焚，而委其骨于野。"⑥乾道八年（1172），荆湖北路监司令鄂州（治今湖北武昌）胜缘寺僧人，将无主遗骸集中起来，"一切火化，投余骨于江，其数不可胜数"。⑦

江西也有火葬的记载。⑧如刘爚（1144~1216）担任饶州录事期间，"都大坑冶耿某闵遗骸暴露，议用浮屠法葬之水火，爚贻书曰：'使死者有知，祸亦惨矣。'请择高阜为丛冢以葬"。⑨

（二）宋代火葬的社会阶层

从社会阶层来看，上自皇家、文武官员，下至平民百姓，均有采用火葬的现象。

首先，从皇家来看，令人惊讶的是，宋代统治者不仅对火葬采取放任态度，还带头破坏禁令。据《东京梦华录》卷七《清明节》载：清明节之时，"禁中出车马，诣奉先寺、道者院，祀诸宫人坟"。马纯《陶朱新录》载："内宫人有物故者，皆殡奉先

---

① 叶适：《叶适集·水心文集》卷16《林正仲墓志铭》，第2册，第311~312页。
② 张镃：卷29《阴德》，文渊阁《四库全书》本，第875册，第144~145页。
③ 洪剑民：《略谈成都近郊五代至南宋的墓葬形制》，《考古》1959年第1期；陈建中：《成都市郊的宋墓》，《文物参考资料》1956年第6期。
④ 刘光宝：《安县发现宋代骨灰盒丛葬墓》，《四川文物》1985年第4期。
⑤ 参见洪迈《夷坚志·甲志》卷11《张端勖亡友》，第96页；曾广亿《广东佛山鼓颡岗宋元明墓记略》，《考古》1964年第10期；南雄县博物馆《广东南雄宋代陶墓》，《考古》1984年第7期。
⑥ 刘挚：《忠肃集》卷13《侍御史黄君墓志铭》，第269页。
⑦ 洪迈：《夷坚志·支乙》卷9《鄂州遗骸》，第864~865页。
⑧ 洪迈：《夷坚志·补》卷13《韩小五郎》，第1674页；《夷坚志·支乙志》卷9《鄂州遗骸》，第864~865页；《夷坚志·丁志》卷15《张珪复生》，第666页；《夷坚志·三志壬》卷10《解七五祖》，第1544~1545页；高至喜：《湖南长沙丝茅冲火葬墓发掘记》，《考古通讯》1957年第3期；等等。
⑨ 《宋史》卷401《刘爚传》，第35册，第12170页。

寺，四时遣中使致祭，岁久，立冢累累相望。"又据张耒《题奉先寺诗》："荒凉城南奉先寺，后宫美人官葬此。角楼相望高起坟，草间柏下多石人。秩卑焚骨不作冢，青石浮屠当丘陇。"① 由此可以看出，北宋宫人死后殡寄在奉先寺，且实行火葬，骨灰匣葬在石塔里，似乎成为一种制度。又，嘉祐八年（1063）九月二十三日，年仅四岁的皇侄孙赵士夆卒，"火而寓骨于都城之西大慈佛祠"，十月甲午从仁宗皇帝葬河南永安县。② 1973 年在福建南安县城关发现的一座南宋火葬砖室墓，从墓志中得知该墓的墓主是"皇叔祖、少师和义郡王"赵士琘之妾蔡氏，因其子赵不勑身居高官，曾被封为恭人。③ 对皇室成员施行火葬，可见佛家丧葬观念已深入人心。当然，火葬对整个社会所产生的巨大影响也是不言而喻的。

其次，"士大夫之家，亦多为之"。④ 王旦、京镗是两宋时期官员火葬的典型代表。北宋真宗时期官拜丞相的王旦（957~1017），"性好释氏，临终遗命，剃发着僧服，棺中勿藏金玉，用荼毗火葬法，作卵塔而为坟。其子弟不忍，但置僧衣于棺中，不藏金玉而已"。⑤ 而南宋宁宗时期担任过丞相之职的京镗（1138~1200），其家祖祖辈辈"皆用浮屠法葬之水火"。⑥

官居文官之首的丞相尚且如此，其他官员和文人士大夫采用火葬的事例更是常见了。朱炎，在宋真宗时曾任节度判官，"学禅久之"，读《楞严经》走火入魔，"后竟坐化"。⑦ 真定府都监王文思，嗜食牛肉。有一天，方醢肉几上肉，哀号累日不绝。蔡元长作尹，闻而取视之，其声益悲，命为棺敛、饭僧。烧之，灰烬中得白骨一副。⑧ 成象，渠州流江（今四川渠县）人。以诗书训授里中，事父母以孝闻。淳化（990~994）中，李顺义军占据郡县，成象的父母惊怕而死。成象将父母亲的尸体火化后，将烬骨寄居在寺院里。⑨ 普州（治今四川安岳）士人赵缩手，少年时，父母与钱令买书于成都，及半途，有方外之遇，遂弃家出游。至绍兴（1131~1162）末，曾于醉中

---

① 孟元老撰、伊永文笺注《东京梦华录笺注》卷 7，中华书局，2006，第 633 页。
② 王珪：《华阳集》卷 39《宗室右监门率府率墓记》，《丛书集成初编》本，第 5 册，第 550 页。
③ 泉州市文管会等：《泉州南安县发现宋代火葬墓》，《文物》1975 年第 3 期。
④ 贾同：《禁焚死》，吕祖谦编《宋文鉴》卷 125，下册，第 1751 页。
⑤ 江少虞：《宋朝事实类苑》卷 12《名臣事迹·王文正》，第 137 页；司马光：《涑水记闻》卷 7，中华书局，1989，第 143 页。
⑥ 杨万里：《诚斋集》卷 111《答罗必先省干》，《杨万里诗文集》上册，第 1735 页。
⑦ 潘永因：《宋稗类钞》卷 7《宗乘》，书目文献出版社，1985，第 593 页。
⑧ 王巩：《闻见近录》，陶宗仪《说郛》号 50，《说郛三种》，第 5 册，第 2307 页。
⑨ 《宋史》卷 456《孝义传·成象》，第 38 册，第 13395 页。

放言文潞公入蜀之事,历历有本末。死后三日火化,其骨钩联如锁子。①

最后,佛教徒和无地或缺钱的平民百姓多为之。舒州桐城县(今属安徽省)何翁,以赀豪于乡里。嗜酒及色。建炎(1127~1130)初,江淮盗起,李成犯淮西,何翁估计李成马上就要占领这里,遂对行者说:"吾屋后储所市薪,明日幸以焚我柩。恐有吾家人来,但以告之。"②东平梁氏乳媪崔婆,淄州(今山东淄博市淄川区)人。为宣义郎元明乳母,平生吃素,性极愚钝,不能与同辈争长短。主母晁夫人留意禅学,崔婆朝夕在其旁边侍候,虽只能诵一句"阿弥陀佛",但其虔诚程度丝毫不亚于主母。因为她不持数珠,不知其念了几千万遍"阿弥陀佛"。绍兴十八年(1148),七十二岁高龄的她得疾,无法下床,然持念愈笃。忽若无事时,其唱偈曰:"西方一路好修行,上无条岭下无坑。去时不用着鞋袜,脚踏莲花步步生。"讽咏不绝口。人问她这是何人之语,她回答曰:"我所作。""婆婆何时可行?"曰:"申时去。"果以其时死,用僧法焚之。③余杭县(今属浙江杭州)有一位二十岁左右的宗女死,其父立即呼叫凶肆的人,运来柴火,斧棺而焚尸。④宣城(今属安徽省)民家妇妊娠,未产而死,其家人为其举行火葬。⑤高君赟,福州(今属福建)人。登进士第,为檀氏裔婿。生育有一个儿子,长大后娶同郡刘氏女为妻,生二男一女后,儿子病死。君赟仕至朝散郎,亦亡。长孙不聪明,次孙年幼,唯檀氏与刘氏女共处。当时刘氏女年纪还轻,因耐不住性,与一僧人通奸,宣淫于家,檀氏发现后,愤而责骂她。刘氏女心中又怨又惧,恰逢檀氏生病,她不仅不送药侍候,还迫切希望她早点死去,未等檀氏咽气,就强行敛棺火葬。⑥

值得注意的是,宋代不仅佛教信徒使用火葬,道士死后也有采用火葬的现象。洪迈《夷坚志》载:周史卿,建州浦城(今属福建)人。元祐(1086~1094)初,到京师参加省试,中途遇道人说教,迷信其中,即归与妻子入由果山炼丹。此后其名声大起,士大夫路过此处,无不前去拜见。凡在山二十年,丹即将炼成。有一天晚上,风雷大作,霹雳阵阵。周史卿第二天早上起床,一看药炉,丹药已失。周史卿不意,遂出神求之,对妻子说:"我当略往,七日且复回,未死也。切勿焚我!"妻如其言。周

---

① 洪迈:《夷坚志·丙志》卷2《赵缩手》,第376~378页。
② 洪迈:《夷坚志·甲志》卷10《桐城何翁》,第82~83页。
③ 洪迈:《夷坚志·乙志》卷9《崔婆偈》,第262页。
④ 洪迈:《夷坚志·乙志》卷10《余杭宗女》,第264~265页。
⑤ 洪迈:《夷坚志·丁志》卷2《宣城死妇》,第553页。
⑥ 洪迈:《夷坚志·甲志》卷5《刘氏冤报》,第41页。

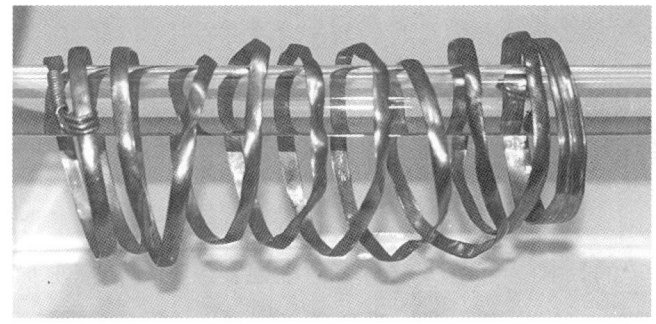

第四章 殡葬习俗

图4-1 湖北黄石河口镇凤凰山南宋吕氏墓出土的金缠钏 　　图4-2 浙江东阳宋墓出土的缠枝纹金镯

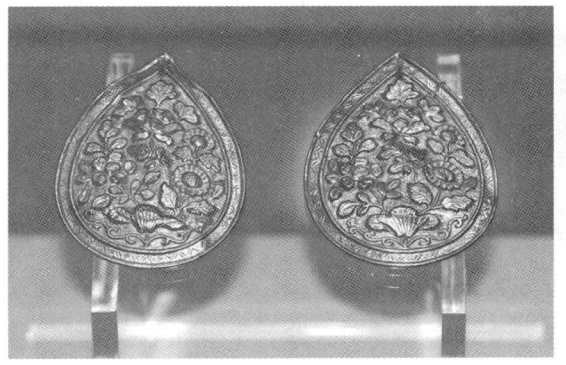

图4-3 浙江湖州三天门南宋墓出土的金帔坠 　　图4-4 浙江兰溪灵洞乡宋墓出土的金屈卮

图4-5 湖南临湘陆城南宋墓出土的金帘梳

本页图片均由徐吉军摄。

平生与一僧善，僧亦在他山结庐，闻周死来吊，力劝其妻曰："学道之人，视形骸如粪土。既去矣，安足惜！"妻信僧言，遂哭着将丈夫的尸体火化了。①

二 宋代火葬的仪式、焚死场所及骨灰的处理方式

（一）焚尸的仪式

宋代的火葬，一般要举行一定的仪式，至于隆重与否，则视丧家的经济状况而定。《马可波罗行纪》详细记载了宋末元初杭州的火葬风俗：

> 人死焚其尸，设有死者，其亲友服大丧，衣麻，携数种乐器行于尸后，在偶像前作丧歌，及至焚尸之所，取纸制之马匹、甲胄、金锦等物并尸共焚之。据称死者在彼世获有诸物，所作之乐，及对偶像所唱之歌，死者在彼世亦得闻之，而偶像且往贺之了。

> 富贵人死，一切亲属男女，皆衣粗服，随遗体赴焚尸之所。行时作乐，高声祷告偶像，及至掷不少纸绘之仆婢、马驼、金银、布帛于火焚之。彼等自信以为用此方法，死者在彼世可获人畜、金银、绸绢。焚尸既毕，复作乐，诸人皆唱，死者灵魂将受偶像接待，重生彼世。②

从一些文献记载来看，一些富裕人家在为亲人焚尸时，一般要"令僧具威仪"，③请僧侣为死者减罪拜福，以助超生。如宋人说经话本《花灯轿莲女成佛记》就生动地记载了这一习俗：潭州（今湖南长沙）莲女死后，"惠光僧师急令人从回寺，抬了龛子，至李押录门首，扶莲女入龛子，扛去能仁寺法堂内停了。做了三日功果。至第五日，扛去本寺后化人场。当时，张、李二家都来做斋，拜了长老。长老讨条凳子立了，打个圆象与莲女下火，念下火文曰：'可惜当年二八春，不沾风雨共微尘。如何两脚番身去，虚作阎浮一世人？如今花已谢，移根别处新。百骨头上生火焰，九重台上现金身。曹娥女十四投江，名传天下；龙女八岁成佛，声动十方。这两个女子，风流怎比莲女俏，惜未嫁早死，已知色是空。可惜未成花烛洞房，且免得儿啼女哭。咄！一段祥云成两足，逍遥直到梵王宫。'惠光长老念罢，须臾火着化了，把骨殖送到寺

---

① 洪迈：《夷坚志·甲志》卷6《周史卿》，第52~53页。
② 〔法〕沙海昂注《马可波罗行纪》第151章、第151（重）章，冯承钧译，中华书局，2004，第573、584页。
③ 洪迈：《夷坚志·甲志》卷11《张端悫亡友》，第96页。

中"。① 又，宋龚明之《中吴纪闻》卷六《周妓下火文》曰：

> 昆山有一名倡，周其姓，后系郡中籍。张紫微作守时，周忽暴死，道川适访紫微公，因命作下火文，云：可惜许，可惜许！大众且道可惜，许个甚么可惜。巫山一段云，眼如新水点绛唇。昔年绣合迎仙客，今日桃源忆故人。休记丑奴儿怪脸，便须抖擞好精神。南柯梦断如何也。一曲离愁别是春，大众还知殁故，某人向甚么处去，向这里分明会得蘼山溪畔芳草渡，头处处六么花十八，其或未然与！君一把无烟火，烧尽千愁万恨心。

（二）焚尸的场所

焚尸之所，一般都设在城外。火化场或单独设置，或设在佛教寺院中，均由僧侣负责，对社会开放，为丧户提供焚化尸体服务。火化之后，寺院代存骨灰，收取一定的费用。"中民以下，亲戚丧亡，即焚其尸，纳之缸中，寄放僧寺。"②

南宋临安府"化人场间有近九宫坛、黑神坛禁地一十六处"，这些"焚椽之场"均设在城外，如西湖东北角的圆觉禅寺、钱塘门外的九曲城菩提院、南屏山兴教寺等。③后来这些"焚椽之场"影响到了南宋朝廷的祭祀活动，因而被"节次拆去"。嘉定二年（1209），考虑到废除包括金轮院、梵天院在内的火化场对民众的火葬有很大的影响，宋宁宗于是诏令："临安府将见存化人场依旧外，其已拆一十六处，除金轮、梵天寺不得化人外，余一十四处，并许复令置场焚化。如遇祠坛行事，太常寺照条预前三日告示主首僧知委，不得焚化。如违，重断。"④

吴郡和吴县的化人亭也设在平江城（今江苏苏州）盘门外的齐升院、通济寺。⑤齐升院于宋光宗绍熙元年（1190）由浙西路提举常平张体仁创建，其时张体仁还将官府没收的部分土地拨给该寺，作为火化费用的补贴。贫民死后不能安葬者，由该寺提供简易棺材，装棺后实施火化。⑥又，民国《吴县志》卷二四下《坊巷门》载："（齐门外）烧人弄。"并注曰："卢熊《苏州府志·城图》：娄门外漏泽园有焚人亭，知宋

---

① 欧阳健、萧相恺编订《宋元说经话本集》，中州古籍出版社，1991，第34~35页。
② 毕仲游：《乞理会河东土俗埋葬札子》，黄淮、杨士奇编《历代名臣奏议》卷116《风俗》，第2册，第1541页。
③ 叶绍翁：《四朝闻见录》甲集《南屏兴教磨崖》，第30页。
④ 《宋会要辑稿》食货58之27，第6册，第5834页。
⑤ 黄震：《黄氏日抄》卷7《申判府程丞相乞免再起化人亭状》，《黄震全集》第6册，第2082~2084页。
⑥ 范成大：《吴郡志》卷34《郭外寺·齐升院》，江苏古籍出版社，1986，第511页。

代义冢隶宗教，用天竺火葬法。"平江府依指挥差委常熟县丞秦焞同水军统制差来使臣踏逐寨地，立寨基时，"其所指地段并系人户居止八千余家，约有屋宇数百间，及积年埋葬坟茔三十余所，又有千人坑、焚化院各一所"。①

秀州海盐县澉浦镇于宋孝宗乾道元年（1165）由僧人普澄创建了观音院，"为焚修所"，专门负责火葬之事。②嘉兴县景德禅院在县西五里。旧志考证云：此寺原为焚化院，建炎三年（1129）守臣程少卿奏改今额。③福业教院在海盐县西南二里，此寺院本称华严庵焚化院，绍兴五年（1135）改今额。④

四明（今浙江宁波）"崇法院，县南五里。旧号焚化院。皇朝乾德五年（967）建，大中祥符三年（1010）赐今额"。⑤

浙西"衢人之俗，送死者皆火化于西溪沙州上"。⑥

值得注意的是，当时的一些火葬场，已经具备今日殡仪馆的功能了。如福建建安县的火葬场设在城外五里私人捐出的三十余亩田地上。淳熙四年（1177），官方在此"剪除棘榛，畚土莘石，缭以墙垣，中敞三间，翼以两挟，榜曰'归真堂'。后结庐以庇，苦行居守，凡像设、床几、器用毕备。对峙藏骨二塔。垣之外，为化人台，建大门，植表于道，周揭以常平义垄之路"。历时半个月，"费缗钱一千有奇"。⑦由此来看，里面除设有化人台（相当于今天的火化炉）外，还有供祭祀追悼用的"归真堂"，以及寄陈骨灰匣的两座藏骨塔。

（三）骨灰的处理方式

对于骨灰的处理，从文献和考古资料来看，主要有以下三种方式：

一是焚尸后，将骨灰放入木盒或陶罐，然后埋入墓中。这种焚尸后再收贮骨灰而进行葬埋的，一般为有钱的富户，而绝少是贫民。宋代话本小说《花灯轿莲女成佛记》对此便有描述：一对在湖南潭州开花铺的夫妇，收养了一位七十多岁的眼盲老婆婆，三年后，这位信佛的婆婆"端然坐化于床上"，夫妻二人"只得买了龛子盛了，留了七日，做些功果与他。以毕，抬将出来，众邻相送，至山林边烧化了。第三日，

---

① 汪应辰：《申奏许浦水军坐下省札》，范成大《吴郡志》卷5《营寨》，第46页。
② 常棠：绍定《澉水志》卷5《寺庙门》，《宋元浙江方志集成》，杭州出版社，2009，第13册，第6254页。
③ 单庆修、徐硕纂《至元嘉禾志》卷11《寺院》，《宋元方志丛刊》第5册，中华书局，1990，第4481页。
④ 单庆修、徐硕纂《至元嘉禾志》卷11《寺院》，《宋元方志丛刊》第5册，第4485页。
⑤ 罗濬：《宝庆四明志》卷13《鄞县志》卷2《叙赋》，《宋元浙江方志集成》，第8册，第3400页。
⑥ 洪迈：《夷坚志·补》卷3《七星桥》，第1567页。
⑦ 宋之瑞：《常平义垄记》，《全宋文》卷259，第13册，第144页。

收拾骨殖葬了"。①他们采用火葬方式主要是受佛教的影响，而不是为家中经济所迫。关于火葬墓的葬具、墓葬形制以及殉葬器物，则各因火葬者的身份或地域的不同而有一定的差异。从新中国成立以来发掘的宋代火葬墓来看，葬具多采用陶罐和带釉的粗瓷瓮，也有的使用瓦棺、石棺或木匣。

四川的火葬墓在北宋时流行陶制的骨灰匣，例如四川北部安县1985年夏修公路时挖出两座宋代骨灰盒丛葬墓，其二三百个陶骨灰盒，均为泥制灰陶，有椭圆形和长方形两种形制，长35~36厘米，宽25~27厘米，高15~17厘米。②而至南宋时则盛行用木匣盛装骨灰，在成都附近丘陵地区发掘的百余座火葬墓中，绝大多数就是用木匣子。川西的宋代火葬墓均为砖券墓，多系单室，规模很小，长高皆1米余。以成都跳蹬河第一号墓为例，其结构如下：墓室长1.38米，宽0.68米，顶有三道券拱，最高点为1.08米，墓前无门，有横枨和封门砖，墓室两侧壁及后壁各有龛。铺地砖上有砖台，盛骨灰的木匣或陶罐置其上。殉葬物多放在龛内或砖台上。川西宋代火葬墓的随葬品最为丰富，往往在三十件以上，器物有：武士俑、立俑、坐俑、卧俑、人首鸡身俑、人头蛇身俑、双人牵马俑、陶鸡、陶狗，陶制的罐、杯、碗、钵，瓷制的盘、盏以及钱币等。③

上海地区的宋代火葬墓是：墓用五块小砖平铺作底，上面以楔形砖围成十一角的多面筒形壁，中间放一件黄绿釉带盖小口平底鼓腹的骨灰陶罐。砖壁外有宋代的长筒形小陶瓶7个。上海火葬墓结构简单，全墓高仅40余厘米，径约65厘米。④

福建地区的宋代火葬墓则流行用陶瓷制的骨灰罐。如1974年10月泉州市城东桃花山罗钟东北山坡上发现的一座宋代火葬墓，墓室

图4-6 北宋永定陵出土的刻字舍利瓶

资料来源：国家文物局主编《中国文物精华大辞典》陶瓷卷，上海辞书出版社、商务印书馆（香港）有限公司，1995，图315。

---

① 欧阳健、萧相恺编订《宋元说经话本集》，第26页。
② 刘光宝：《安县发现宋代骨灰盒丛葬墓》，《四川文物》1985年第4期。
③ 徐苹芳：《宋元时代的火葬》，《文物参考资料》1956年第9期；刘志坚等：《川西的小型宋墓》，《文物考古资料》1955年第9期。
④ 黄宣佩：《上海宋墓》，《考古》1962年第8期。

系砖石砌成，椭圆形，平面为 7 米 × 8 米。墓室中又用石砌三重，其中安放一长方形陶椁。椁底放铜钱为垫，清理出"景德"、"元丰"、"熙宁"年号的铜钱各一枚。陶椁中放陶制圆圈，圈上放青釉骨灰罐一个。椁的四角有陶制"四灵"一套，白瓷碗一件。1974 年 12 月，在泉州清源山工地发现宋代火葬墓两座，墓在山坡岩石缝隙深处。两墓中各有一个骨灰罐，罐外套一个较大的青瓷罐。外罐都已残破，骨灰罐亦仅存一个，通高 27.3 厘米、口径 19 厘米。盖顶微圆凸起，平面无纽，没有任何随葬品。从历来泉州出土的火葬骨灰罐来看，这个骨灰罐属宋代形制，当是贫苦人民的火葬遗物。① 福建漳浦县赤土乡埔阳村发现宋代火葬墓，其中放置有两件青灰色釉瓷罐，罐内盛放有白色骨灰粉末。②

　　二是尸体火化后，将骨灰瓶、骨灰罐或骨灰缸存放于寺院或漏泽园中。如"太原之俗，死者多燔而后葬，贫人无地，则收骨寄之佛祠中"。③ 其存放方式是将其悬挂在屋内的横梁上，做有标记，以等待其家人日后取走。宋孝宗淳熙九年（1182），知韶州汪大定下乡慰劳农民，见到光运寺旁边有一座废弃已久的漏泽园，其中"遗骸多贮以瓶罂，垂之梁间，累累无数"，"其间亦有游宦不能归者"。后来汪大定得到一笔善款，于是用这笔钱将光运寺旁漏泽园的骨灰瓶、骨灰罐全部入土安葬。④ 也有的"如僧式立塔"，即建骨灰塔将骨灰安置在寺院中。⑤ 这种现象在考古中也得到了证实。1952 年冬，四川绵竹泥金寺附近出土了一批灰色有盖双耳骨灰罐，罐上都盖有砖，砖上有"崇宁寄，四年"以及"大悲院"、"门楼院"、"常乐院"、"保福院"等字迹。其中有的块砖仍然非常完整，上面有文字曰："浴宝院熙宁八年五月内寄骸骨，不知姓名，崇宁三年十二月七日葬，甲字第三十八字号。"⑥ 骨灰罐从熙宁八年（1075）到崇宁三年（1104），已经足足存放了 30 年，由于寄存时间实在太久，寺庙只得把这些无人认领的骨灰罐埋葬。

　　有的甚至将骨灰瓶、骨灰罐存放于家中，逢节祭奠。采用上述方式的丧家一般是平民百姓人家，家里尚可度日，但无力购置坟地、筑造墓室，因此只好将亲人的骨灰

---

① 泉州市文管会、泉州市海外交通史博物馆供稿，王洪涛执笔《泉州、南安发现宋代火葬墓》，《文物》1975 年第 3 期。
② 王文径：《福建漳浦县发现一座北宋墓葬》，《考古》1990 年第 8 期。
③ 陈荐：《宋故推忠宣德崇仁保顺守正协恭赞治纯诚亮节佐运翊戴功臣永兴军节度管内观察处置等使开府仪同三司守司徒检校太师兼侍中行京兆尹判相州军州事□□□□□使上柱国魏国公食邑一万六千八百户食实封六千五百户赠尚书令谥忠献配享英宗庙廷韩公墓志铭》，《全宋文》卷 1052，第 48 册，第 338 页。
④ 楼钥：《攻媿集》卷 103《知江州汪公（大定）墓志铭》，《丛书集成初编》本，第 19 册，第 1459 页。
⑤ 洪迈：《夷坚志·三志己》卷 7《周麸面》，第 1357~1358 页。
⑥ 四川省文管会：《四川官渠垱唐、宋、明墓清理简报》，《考古通讯》1956 年第 5 期。

寄存在寺院或漏泽园中。

三是焚尸后将骨灰弃于野外或水中。这种方式是贫下之家最为普遍和流行的做法。如《宋史》卷一二五《礼志》载："今民俗有所谓火化者……焚而置之水中，识者见之动心。"所谓弃之水中，又分两种情况：一是放入"撒骨池"。两浙路一带不少寺院就内设撒骨池，周煇《清波杂志》载："僧寺利有所得，凿方尺之池，积洿蹄之水，以浸枯骨。男女骸髅，淆杂无辨。旋即填塞不能容，深夜乃取出，畚贮散弃荒野外。人家不悟，逢节序仍裹饭设奠于池边，实为酸楚，而官府初无禁约也。"①二是直接投入江河湖海之中，如绍兴十八年（1148）张端悫乡友病故，"张念其故人，命僧具威仪，火之城下，收其骨，至一桥，掷水中"。②又如《夷坚志》载：

鄂州地狭而人众，故少葬埋之所。近城隙地，积骸重叠，多舁棺置其上，负土他处以掩之。贫无力者，或稍经时月，濒于暴露，过者悯恻焉。乾道八年，有以其事言于诸司，于是相率捐库钱付胜缘寺僧，治具焚瘗。先揭榜通衢，许血肉自陈，为启圹甃甓，举而藏之，且书姓氏于外。如无主名者，则为归依佛宝，一切火化，投余骨于江，其数不可胜计。③

当时的人认为：只要将死者的骨灰投入水中，骨灰便"随即消化"了。而"遗骸不埋没"，也就用不着烧纸钱和念经，逝者也可得到超度。④僧人居简还专门写了《菩提寺砌撒骨池疏》，对这种投骨灰于撒骨池的方式大加赞叹：

漾漾涵空，安用黄金作底；方方栽碧，却须白玉为堤。平分一曲湖光，阔着九莲池水。看我湘南塔样，指出分明。比他城外馒头，相去多少。⑤

三 宋代统治者对火葬的政策措施

对于火葬所产生的巨大影响，宋代统治者不但清楚地看到，而且曾多次采取各种措施企图加以制止。

---

① 周煇撰、刘永翔校注《清波杂志校注》卷12《火葬》，第508页。
② 洪迈：《夷坚志·甲志》卷11《张端悫亡友》，第96页。
③ 洪迈：《夷坚志·支乙志》卷9《鄂州遗骸》，第864～865页。
④ 洪迈：《夷坚志·支戊志》卷5《关王池》，第1091～1092页。
⑤ 《全宋文》卷6814，第299册，第55页。

(一)朝廷严火葬之禁

宋朝刚建立,宋太祖赵匡胤即"禁民以火葬"。他在建隆三年(962)三月十二日下诏曰:"王者设棺椁之品,建封树之制,所以厚人伦而一风化也。近代以来,遵用夷法,率多火葬,甚愆典礼,自今宜禁之。"[1]南宋初年,宋高宗赵构曾两次下诏禁止火葬。[2]为了确保朝廷火葬禁令的推行,统治者制定了具体的惩罚措施,并将其载入刑律。[3]

(二)地方官员对火葬的态度和所采取的措施

除朝廷外,一些地方官员,如韩琦、范纯仁、庞籍、孙沔、程颢、贾同、黄勋、刘爚、李昭玘、孙贲、黄照、林正仲、真德秀、黄震等,为了禁止火葬,也是不遗余力,颁布过许多地方性的禁令。

韩琦(1008~1075)镇并州(今山西太原)时,乃下令:"自今勿得燔!"并以官钱在州城近郊买地数顷,墓地四周竖立标志,让贫无葬地的百姓得以在其中安葬亲人。从此以后,太原丧葬风俗为之一变。[4]

范纯仁(1027~1101)曾知太原府、任河东经略安抚使。太原府其境土狭,民众惜地不葬。范纯仁派遣手下的僚属收集无主烬骨,别男女异穴葬者三千余。又推之一路,葬以万数,计刻石以记岁月。[5]

哲宗时,卫尉寺丞毕仲游(1047~1121)同样禁止当地火葬,他在《乞理会河东土俗埋葬札子》中说:

> 臣愿明敕本路守令,随其土俗,制为葬埋之法。务从省俭,但不焚毁,而棺敛藏诸地下,即可稍事华饰,非晋俗所能堪也。中民已上,如此以善意劝勉,勿纯驱以刑罚,使人人自葬其亲戚。下户无主骨殖,即任从官园掩瘗。其间家力可以举葬,养生勤,送死怠,安于故俗不从朝廷诏令,与州县条教。尚敢焚毁,或年岁深远不葬者,裁之以法,使于愧耻之外知有科禁,则河东不葬之俗庶几可

---

[1] 王偁:《东都事略》卷2《本纪二》,文渊阁《四库全书》本,台湾商务印书馆,1983,第382册,第29页。
[2] 《宋史》卷125《礼二八·凶礼四·士庶人丧礼》,第9册,第2918~2919页。
[3] 如《宋刑统》卷18《贼盗律·残害死尸》曰:"诸残害死尸(谓焚烧、支解之类),及弃尸水中者,各减斗杀罪一等(缌麻以上尊长不减)。"又:"诸穿地得死人,不便埋,及于冢墓熏狐狸而烧棺椁者,徒二年;烧尸者,徒三年,缌麻以上尊长各递加一等,卑幼各依凡人递减一等。""若子孙于祖父母、父母,部曲、奴婢于主坟冢熏狐狸者,徒二年,烧棺椁者流三千里,烧尸者绞。"
[4] 陈荐:《宋故……韩公墓志铭》,《全宋文》卷1052,第48册,第338页。
[5] 曾肇:《范忠宣公墓志铭》,《全宋文》卷2383,第110册,第116页。

革，存亡幽显各得其所，自然和气可召，风俗尤美。乞朝廷加意。①

曾官历城主簿、兖州通判、殿中丞、棣州知府等职的贾同，在任职地方时多次下令禁止百姓火葬：

> 噫！今之多焚其死者，何哉？《礼》曰：新宫火，有焚其先人之葬，庐三日，哭夫宫庙之与庐舍犹然。况自执火而焚其尸者乎！恶不容于诛矣，谓纵不仁之子弃其尸于中野，使乌鸢狐狸食之，不犹愈于自残之者欤！……呜呼！先王制礼，士大夫奉以立身，推以化民。如之何其苟便易而弃之也，岂独弃礼哉！抑亦举其亲而弃之也，设不幸道远而贫，未能奉而归，买地而葬之，庐而守之，俟其久也，负骨而归，不亦可乎！又或者以恶疾而死，俗云有种，虑染其后者而焚之，斯则既不仁矣，又惑之甚者。夫修短有命，疾病生乎身，岂有例哉！如云世积殃遗子孙，则虽焚之，无益也。……夫圣王御世制礼作乐，布洽仁义，使天下密如，四夷向化，如之何使夷俗之法败先王之礼经邪，教天下以不仁邪？请禁。②

宋哲宗时，李昭玘（？～1126）任潞州（治今山西长治）通判时，鉴于"潞民死多不葬"，他划出官地，规划墓园建设，置备棺材、寿衣等丧葬用品，并写文章四处宣传土葬的好处，发布了《潞州戒焚死榜》。在他的号召和教育下，当地百姓遂渐接受土葬，随处弃尸的陋习被革除，风俗为之一变。③

宋仁宗时，知华容县（今属湖南）黄照，为了改变当地的火葬风俗，"为访谕使收瘗，至辍俸以济之"。④

治平年间（1064～1067），程颢在知晋城（今属山西）时，"申焚尸之禁"。⑤

宋徽宗即位之初，孙贲在出任河东转运使时，发现这里火葬"弊俗如故"，要求地方官吏"常加禁约，无废前规"。⑥

宋孝宗时，罗源（今属福建今县）主簿林正仲为了扭转这里"丧死者焚尸糜其

---

① 毕仲游：《乞理会河东土俗埋葬札子》，黄淮、杨士奇编《历代名臣奏议》卷116《风俗》，第2册，第1541页。
② 吕祖谦编《宋文鉴》卷125，下册，第1751页。
③ 《宋史》卷347《李昭玘传》，第31册，第10998页；李昭玘：《潞州戒焚死榜》，《全宋文》卷2606，第121册，第95～96页。
④ 刘挚：《忠肃集》卷13《侍御史黄君墓志铭》，第269页。
⑤ 俞文豹：《吹剑录（附外集）》，《丛书集成初编》本，第36页。
⑥ 《宋会要辑稿》刑法2之42，第7册，第6516页。

骨"的所谓"恶习","雕文禁止,治冢甓藏之,始变其俗"。①

刘清之（1139～1195），字子澄，临江人。他通判鄂州（今属湖北）时，针对"鄂俗……死则不葬而畀诸火"的现象，下令禁止。②

泉州知州真德秀（1178～1235）发布《劝孝文》，告诫人们火葬是"焚骨扬灰之戮"，要求人们"勿以火化为便"，应当"办寻丈之地，以葬其亲"。③

嘉熙元年（1237），时任常熟（今属江苏）知县的王爚（1199～1275）颁布劝谕文和禁止火葬的规约，里面他首先列举了当代名人司马光、程颢反对火葬的言论，接着告诫百姓不得"一举遗骸，竞投烈焰，以为省便之计"，而应当"衣衾棺椁，以谨其终事；葬埋祭祀，以久其哀思"。④

景定二年（1261），时任吴县（即今江苏苏州）县尉的黄震致书曾任宰相的判平江府程元凤，请求"焚人亭今后不许再行起置"，以"转移风俗"。⑤

建安（即今福建建瓯）程知县颁布《谕俗不得火葬文》，严禁当地火葬。⑥

诸如此类，不一而足。虽然朝廷和地方政府屡次严禁，但火葬之风仍然盛行不衰。对此，贵为宰相的王安石也感到极其无奈，他在《闵习》一文中感叹道：

> 父母死，则燔而捐之水中，其不可，明也。禁使葬之，其可，亦明也。然而吏相与非之乎上，民相与非之乎下。盖其习之久也，则至于戕贼父母而无以为不可，顾曰禁之不可也。呜呼！吾是以见先王之道难行也。先王之道不讲乎天下，而不胜乎小人之说，非一日之积也。而小人之说，其为不可，不皆若戕贼父母之易明也。先王之道，不皆若禁使葬之之易行也。呜呼！吾是以见先王之道难行也。正观之行其庶矣，惜乎其臣有罪焉，作《闵习》。⑦

除上述的禁令外，统治者还设置义冢和漏泽园，因在下文有详细描述，此不赘述。

---

① 叶适：《叶适集·水心文集》卷16《林正仲墓志铭》，第2册，第311～312页。
② 《宋史》卷437《儒林七·刘清之传》，第37册，第12954页。
③ 真德秀：《真西山集》卷7《谕俗文·泉州劝孝文》，《丛书集成初编》本，第2册，第117～118页。
④ 孙应时纂修《琴川志》卷1《叙县·义阡·劝谕文》，《宋元方志丛刊》第2册，第1164～1165页。
⑤ 《黄氏日抄》卷70《申判府程丞相乞免再起化人亭状（辛酉六月）》，《黄震全集》第6册，第2084页。
⑥ 真德秀：《西山文集》卷40《谕俗文·泉州劝孝文》，文渊阁《四库全书》本；佚名：《湖海新闻夷坚续志》前集卷2《拾遗门·焚尸利害》，第70页。
⑦ 王安石：《闵习》，吕祖谦编《宋文鉴》卷126，下册，第1762～1763页。

四　宋代火葬流行的原因

为什么这种被宋代士大夫视为"甚愆典礼"、"悖逆不孝"的火葬风俗会在当时愈演愈烈而无法制止呢？笔者以为，宋代火葬风俗流行的原因，主要有以下几个方面。

（一）与佛教的世俗化密切相关

宋代为佛教中国化、世俗化的时期。在这一时期，凡是火葬盛行的地区，佛教都非常兴盛。

首先，从时代来看，宋真宗天禧五年（1021），全境共有和尚397615人、尼姑61239人，各路僧尼分布人数如下：东京，22941；京东，18159；京西，18219；河北，39037；河东，16832；陕西，16134；淮南，15859；江南，54316；两浙，2228；荆湖，22539；福建，71080；川峡，56221；广南，24899。①南宋时僧尼数量更多，宋理宗时大臣吴潜说："寺观所在不同，湖南不如江西，江西不如两浙，两浙不如闽中。"②而"江浙、福建常居天下之半"。③

其次，从地区来说，中原地区盛行佛教，苏辙有"佛法行中原，儒者耻论兹"的诗句。④较之北方，佛教在南方更盛。黄榦说："释氏之教，南方为盛，男女聚僧庐为传经会，女不嫁者私为庵舍以居。"⑤

两浙路早在五代十国时就有"东南佛国"之称。至宋代，民间信佛之风更盛。天禧三年（1019）二月，越州知州高绅对皇帝说："瓯越之民，僧俗相半，溺于信奉，忘序尊卑。"⑥沈括说："吴人喜竞渡，好为佛事。"⑦袁桷说："吴越旧俗，敬事鬼神。后千百年，争崇尚浮屠老子之学，栋甍遍郡县。"⑧杭州是两浙路宗教最为兴盛的地区，苏轼说："钱塘佛者之盛，盖甲天下。"⑨吴自牧说："杭城事圣之虔，他郡所无也"；"释老之教遍天下，而杭郡为甚"。⑩又，《咸淳临安志》卷七十五《寺观》更是详载道：

---

① 《宋会要辑稿》道释1之13，第8册，第7875页。按：各路僧尼人数与总数不符，原文的部分记载有误，特别是两浙部分漏记了万位数。保守估计，当时两浙僧尼的人数应在6万~7万人，仅低于福建。
② 吴潜：《奏论计亩官会一贯有九害》，《全宋文》卷7767，第337册，第127页。
③ 章如愚：《群书考索》后集卷63《财用门·鬻僧类》，文渊阁《四库全书》本，第937册，第868页。
④ 苏辙：《栾城集·栾城后集》卷2《次韵子瞻和渊明拟古九首》其6，上海古籍出版社，1987，第1138页。
⑤ 黄榦：《勉斋集》卷8《朝奉大夫华文阁待制赠宝谟阁直学士通议大夫谥文朱先生行状》，《全宋文》卷6559，第288册，第440页。
⑥ 李焘：《续资治通鉴长编》卷93，天禧三年二月壬寅条，1985，第7册，第2137页。
⑦ 沈括：《梦溪笔谈》卷11《官政一》，胡道静校注《新校正梦溪笔谈》，香港：中华书局，1975，第241页。
⑧ 袁桷：《清容居士集》卷19《陆氏舍田记》，文渊阁《四库全书》本，第1203册，第254页。
⑨ 苏轼：《苏轼文集》卷22《海月辩公真赞》并引，第638页。
⑩ 吴自牧：《梦粱录》卷2《三月》、卷15《城内外诸宫观》，第9、135页。

"今浮屠、老氏之宫遍天下，而在钱塘为尤众。二氏之教莫盛于钱塘，而学浮屠者为尤众。合京城内外暨诸邑寺，以百计者九。"宋末元初的方回总结说："佛事在东南，浙右为盛。浙右，钱塘为盛。钱塘之盛，莫盛于灵隐、径山。聚其徒千五百至二千众，故其众僧所居之堂，视天下无加焉。"①据统计，南宋都城临安城内外寺院庵舍达671所之多。②至于"诸录官下僧庵，及白衣社会道场奉佛，不可胜纪"。③苏州佛教之盛不亚于杭州，"邪说谬见（佛教）久溺人心"，④"郡之内外，胜刹相望，故其流风余俗，久而不衰。民莫不喜蠲财以施僧，华屋遂庑，斋馔丰洁，四方莫能及也。寺院凡百三十九"。⑤温州永嘉之寺院"庄严冠于两浙，焚修闻于四方"。⑥台州（今浙江临海）号称"仙佛国"，⑦寺院则多达361所。此外，明州（南宋时改庆元府，治今浙江宁波）、越州（南宋时改绍兴府，治今浙江绍兴）也各有二三百所寺院。⑧即使是"佛事在浙右为劣"⑨的严州（治今浙江建德），也有寺院139所。⑩

福建路佛教之盛不亚于两浙路，时有"闽于天下，僧籍最富"之说。⑪"江浙、福建常居天下之半。"⑫这里的寺院拥有大量土地，僧尼生活条件远较一般民众优越得多。对此，南宋大儒魏了翁概述道："闽土狭而民稠，浮屠氏岁所入厚于齐民。民勤瘁节缩，仅仅给伏腊，而浮屠利田宅、美衣食，故中人以下之产，为子孙计，往往逃儒归释。"⑬汪应辰说："闽中地狭民稠，常产有限。生齿既滋，家有三丁，率一人或二人舍俗入寺观。所以近来出卖度牒，本路比之他处率先办集。""诸路出卖度牒，惟福建一路为多。"⑭韩元吉也说："闽之为郡八，一水之分，上下有四。下州之民习王氏，故俗

---

① 方回：《桐江集》卷2《建德府南山禅寺僧堂记》，江苏古籍出版社《宛委别藏》第105册，第160页。
② 吴自牧：《梦粱录》卷15《城内外寺院》，第136~137页。
③ 吴自牧：《梦粱录》卷15《城内外寺院》，第137页。
④ 黄震：《黄氏日抄》卷70《申判府程丞相乞免再起化人亭状》，《黄震全集》第6册，第2082页。
⑤ 朱长文：《吴郡图经续记》卷中《寺院》，江苏古籍出版社，1999，第30页。
⑥ 周行己：《浮沚集》卷6《净居寺盖造文》，《丛书集成初编》本，中华书局，1985，第2册，第71页。
⑦ 陈耆卿纂《嘉定赤城志》卷37《风土门·土俗·萧守振示邦人诗》，《宋元方志丛刊》第7册，中华书局，1990，第7574页。
⑧ 刘昌诗：《芦浦笔记》卷6《四明寺》（中华书局，1986，第48页）："四明僧庐，在六邑总大小二百七十六所，只鄞一县，城内二十六，城外八十。天童日饭千僧，育王亦不下七八百人。行仆称是。"
⑨ 方回：《桐江集》卷2《建德府南山禅寺僧堂记》，《宛委别藏》第105册，第160页。
⑩ 何梦桂：《白云山法华院记》，《全宋文》卷8295，第358册，第134页。
⑪ 韩元吉：《建安白云山崇梵禅寺罗汉堂记》，《全宋文》卷4797，第216册，第179页。
⑫ 章如愚：《群书考索》后集卷63《财用门·鬻僧类》，文渊阁《四库全书》本，第937册，第868页。
⑬ 魏了翁：《孙武义墓志铭》，《全宋文》卷7122，第311册，第260页。
⑭ 汪应辰：《文定集》卷13《请免卖寺观趲剩田书·小贴子》，《丛书集成初编》本，中华书局，1985，第3册，第147页。

奉佛惟谨；至上州，虽佛之徒未知有佛也。"①

号称"西南大都会"的成都，则是四川地区的佛教中心，"佛寺最胜"。②北宋中后期，僧人有一万余人③。城内大圣慈寺与开封大相国寺相似，是一座由"九十六院"构成的佛教大寺院群，"阁殿塔厅堂房廊，无虑八千五百二十四间"。这是南宋境内最大的寺院。宋孝宗时，王质曾有"寺无衺于大慈"的感叹。④成都府之下，佛寺较多的地区当数简州。简州人李石曾夸耀说："西州佛事简为盛，简之诸邑各以佛祠宇相夸。"⑤

....

从大量的文献和考古资料来看，宋代火葬的盛行与佛教的世俗化有着十分密切的联系。宋人永亨《搜采异闻录》卷三曰："自释氏火葬化之说起，于是死而焚尸者，所在皆然。"在当时，即使是精通儒家礼仪的士大夫也"鲜不溺焉"。⑥贾同说："闾阎既以为俗，而渐染于士大夫之家，亦多为之。或以守职徼远，葬于先祖之茔域，故焚之以苟其便易。呜呼！先王制礼，士大夫奉以立身，推以化民，如之何其苟便易而弃之也！岂独弃礼哉？抑亦举其亲而弃之也。设不幸道远而死，未能负而归；买地而葬之，庐而守之，俟其久也，负骨而归，不亦可乎？又或以恶疾而死，俗云有种，虑染其后者而焚之，斯则既不仁矣，又惑之甚者。夫修短有命，疾病生乎身，岂有例哉？如云世积殃，遗子孙，则虽焚之无益也。根其由，盖始自桑门之教，西域之胡俗也。"⑦郑獬说："今之举天下凡为丧葬，一归之浮屠氏。不饭其徒，不诵其书，举天下诟笑之。"⑧在此背景下，当时社会上一些人误以为"焚人为佛法"，甚至干脆将火葬称为"僧道火化"。⑨一些富户在佛教的迷惑下，"甚至掷数十金饭僧礼佛，而亲尸付之一炬"。⑩

（二）贫困是宋代火葬盛行的重要原因

清人吴景潮指出："自释氏有火化之说，于是死而焚尸者所在皆然，美其名曰火

---

① 韩元吉：《建安白云山崇梵禅寺罗汉堂记》，《全宋文》卷4797，第216册，第179页。
② 苏辙：《栾城集·栾城应诏集》拾遗《大圣慈大悲圆通阁记》，第1738页。
③ 苏轼：《苏轼文集》卷15《宝月大师塔铭》，第467页。
④ 王质：《雪山集》卷5《西征丛记序》，文渊阁《四库全书》本，第1149册，第382页。
⑤ 李石：《安乐院飞轮藏记》，《全宋文》卷4566，第206册，第22页。
⑥ 陆九渊：《陆象山全集》卷3《与曹立之书》，第27页。
⑦ 贾同：《禁焚死》，吕祖谦编《宋文鉴》卷125，下册，第1751页。
⑧ 郑獬：《礼法》，《全宋文》卷1478，第68册，第152页。
⑨ 黄震：《黄氏日抄》卷70《申判府程丞相乞免再起化人亭状（辛酉六月）》，《黄震全集》第6册，第2082~2084页。
⑩ 见申报馆辑《寰宇琐记》卷11引松风草堂（吴景潮）《劝戒火葬》，《申报馆丛书》本。

葬。其间无赀营葬者半，惑于释氏之说者半。"①这段话道出了宋代火葬盛行的重要原因。

的确，从当时大量的文献资料来看，宋人之所以采用火葬，有许多是出于经济原因，他们不是不愿意采用传统的土葬葬法，而是无资举行土葬，这是由于宋代土葬费用高所致。②张亮采先生在其所著的《中国风俗史》一书中认为，宋代"厚葬之俗，较唐以前尤盛。士大夫罕有斥其非者。如赵概《闻见录》谓：晏殊薄葬，而遭剖棺碎骨之惨祸；张耆以厚葬而免，固犹注重厚葬也"。③如南宋时的丞相京镗，因家"寒微，祖父皆火化无坟墓，每寒食则野祭而已"。④"蔡汝拨之庶母沈氏死，汝拨尚幼，父用火葬，汝拨伤母无松楸之地，尝言之辄泣。"⑤焕章王师愈，"父丧，贫不得窆，族欲火葬，公号泣不食者屡日"。⑥……这些官僚士大夫尚且如此，处于社会下层的平民百姓自然更是无力葬埋了。

在当时，即使是花钱较少的火葬，往往也需要富人的施舍和亲戚、朋友的济助。范成大《吴郡志》卷三四《郭外寺》载：一些富豪对"贫民死而家不能津送者，则与之棺，后焚瘗焉"。《梦粱录》卷一八《恤贫济老》亦载："杭城富室，多是外郡寄寓之人……数中有好善积德者，多是恤孤念苦，敬老怜贫，每见……死无周身之具者，妻儿罔措，莫能支吾，则给散棺木，助其火葬，以终其事。"

既然土葬费用高，"贫下之家"自然乐意采用花费较少的火葬，"避于葬费而焚弃"。⑦南宋郭彖《睽车志》卷五说："盖伐墓焚尸之酷，非至仇不忍为也。今世之不肖子，以贫故……所为者多矣。"如前所述，佛家的"荼毗火葬"一方面为富而不贵的人在丧事上"风光"创造了条件，同时也为贫苦百姓在丧事上省俭提供了极大的方便。由于荼毗火葬一般不受身份等级及经济等方面的影响，丧家可以根据自己家庭的经济状况量力而行。于是"贫下之家"、"率以火化为便，相习成风，势难遽革"⑧。

---

① 见申报馆辑《寰宇琐记》卷11引松风草堂（吴景潮）《劝戒火葬》，《申报馆丛书》本。
② 如程颐认为："火葬（一作焚）者，出不得已，后不可迁就，同葬（一作焚）矣。至于年祀浸远，曾高不辨，亦在尽诚，各具棺椁葬之，不须假梦寐蓍龟而决也。"程颢、程颐：《二程集·河南程氏文集》卷10《伊川先生文六·葬说（并图）》，第623页。
③ 张亮采：《中国风俗史》，第129页。
④ 罗大经：《鹤林玉露》丙编卷6《风水》，第345页。
⑤ 吴自牧：《梦粱录》卷15《历代古墓》，第139页。
⑥ 黄震：《黄氏日抄》卷36《读本朝诸儒理学书四·碑铭行状》，《黄震全集》第4册，第1339页。
⑦ 《宋会要辑稿》刑法2之57，第7册，第6524页。
⑧ 《宋史》卷125《礼二八·凶礼四·士庶人丧礼》，第9册，第2919页。

（三）宋代贫民少地或无地的社会状况也是火葬盛行的重要原因

宋代是中国历史上又一次人口增长的高峰，宋徽宗时人口突破一亿大关，几乎比汉唐时期翻了一番。如果说圩田、涂田、梯田的出现，是人向大自然争地的充分表现，那么火葬的流行，则是活人与死人争地的突出反映，宋代俗语所说的"但存方寸地，留与子孙耕"便是针对这一现象而言。① 与此同时，宋代又是大土地私有制盛行的时期，土地兼并严重。从宋初以来，朝廷便以各种理由和名目，极力扩大官田。许多大官僚、地主豪绅和佛教寺院也趁机占有大批土地，有的甚至达数十万亩。据统计，宋仁宗时全国有一半以上的人口沦落为佃户。至英宗时，全国十分之七以上的垦田已落到了地主的手中。② 在这种状况下，大量的贫民便死无葬身之地了。"富者财产满布州域，贫者困穷不免于沟壑"，"葬埋未有处所"。③ 贫民家中缺钱，又无土地，只得采用省钱、省地的火葬。如"河东地狭人众，虽至亲之丧悉皆焚弃"。④ 成都府"中下之家无葬地，多用浮屠法火化"。⑤ 宋人车若水因此感叹道："今贫民无地可葬，又被他说火化上天，葬礼亦被夺了。"⑥

另外，宋代火葬流行地区都是当时经济比较发达的地区，特别是人口稠密的城市。这些地区的耕地虽然得到了比较充分的开垦，但人多地少的矛盾仍然十分突出。苏辙说："吴越、巴蜀之间，拳肩侧足，以争寻常尺寸之地，安土重迁，恋恋而不能去。"⑦ 在当时，江南东西已无旷土。⑧ 为此，江南东路转运副使真德秀在创建建康府义阡时，订下了这样一条规矩："地满之日，支钱焚化。"⑨ 两浙路"无寸土不耕，田垄之上又种桑种菜"。⑩ 人口高达百万以上的南宋都城临安，其葬地问题更加突出。淳祐六年（1246），殿中侍御史兼侍讲谢方叔言："……国朝驻跸钱塘，百有二十余年矣。外之境土日荒，内之生齿日繁，权势之家日盛，兼并之习日滋，百姓日贫，经制日坏，上下煎迫，若有不可为之势。……今百姓膏腴皆归贵势之家，租米有及百万石者；

---

① 罗大经：《鹤林玉露》丙编卷6《方寸地》，中华书局，1983，第335页。
② 参见徐苹芳《宋元时代的火葬》，《文物参考资料》1956年第9期；张邦炜、张敏《两宋火葬何以蔚然成风》，《四川师范大学学报》（社会科学版）1995年第3期。
③ 王安石：《王文公文集》卷32《风俗》，第380~381页。
④ 宋高宗绍兴二十七年监登闻鼓院范同上言，见黄淮、杨士奇编《历代名臣奏议》卷117《风俗》，第2册，第1544页。
⑤ 张镃：《仕学规范》卷29《阴德》，文渊阁《四库全书》本，第875册，第144~145页。
⑥ 车若水：《脚气集》卷下，第21页。
⑦ 苏辙：《栾城集·栾城应诏集》卷10《进策五道·民政下·第二道》，第1688页。
⑧ 陆九渊：《陆象山全集》卷16《章德茂书》，第131页。
⑨ 张铉：《至正金陵新志》卷12下《古迹志·陵墓》，《宋元方志丛刊》第6册，中华书局，1990，第5753页。
⑩ 黄震：《黄氏日钞》卷78《咸淳八年春劝农文》，《黄震全集》第7册，第2222页。

小民百亩之田，频年差充保役，官吏诛求百端，不得已，则献其产于巨室，以规免役。小民田日减而保役不休，大官田日增而保役不及。以此弱之肉，强之食，兼并浸盛，民无以遂其生。"①宋理宗时，俞文豹《吹剑录外集》中就曾反驳那些反对火化的言论说："明道宰晋城，申焚尸之禁。然今京城内外，物故者日以百计，若非火化，何所葬埋？"②福建路："土地迫狭，生籍繁多，虽硗确之地，耕耨殆尽，亩直浸贵。""所居之地，家户联密，有欲耕而无尺寸之地"者。③太原府："其境土狭民众，惜地不葬。"④"鄂州地狭而人众，故少葬埋之所。近城隙地，积骸重叠，多舆棺置其上，负土他处以掩之。贫无力者，或稍经时月，濒于暴露，过者悯恻焉。"⑤"二广之地，广袤数千里，良田多为豪猾之所冒占，力不能种。"⑥……于是，一些无地的贫民被迫采用火葬；⑦而一些少地的百姓则为了养家糊口亦惜地不行土葬了。连极力反对火葬的程颢，也不得不面对现实，认为河东地区的"火葬者，出不得已"。⑧清代著名学者顾炎武总结道：宋代"火葬之俗盛行于江南"，"国家虽有漏泽园之设，而地窄人多，不能遍葬，相率焚烧，名曰火葬，习以成俗"。⑨

（四）周围少数民族丧葬习俗的影响

两宋时期，我国出现了几个政权并立的局面。北宋时是宋、辽、西夏三足鼎立，南宋时是宋、金南北对峙。除战争外，各民族之间的政治、经济和文化的交流在当时非常频繁，促进了各民族之间的融合。一方面是先进的汉族文化逐渐同化了少数民族，同时少数民族的文化也对宋朝产生了较大的影响。当时，辽、西夏、金等少数民族政权都盛行火葬。如宋人黄冀之《南烬纪闻》讲述徽宗、钦宗北狩之难，其中写到宋徽宗逝世时被番人火化的情景，描绘得十分瘆人：

或日早，少帝自土坑出视太上，则僵踣死矣，号啕大哭大恸。阿计替曰：

---

① 《宋史》卷173《食货志上一·农田》，第13册，第4179~4180页。
② 俞文豹：《吹剑录（附外集）》，《丛书集成初编》本，第36页。
③ 蔡襄：《蔡襄集》卷27《上运使王殿院书》，《蔡襄集》，第461页。
④ 《宋史》卷314《范纯仁传》，第29册，第10289页。
⑤ 洪迈：《夷坚志·乙志》卷9《鄂州遗骸》，第864页。
⑥ 《宋会要辑稿》食货6之29，第5册，第4893页。
⑦ 有官员撰《差人化遗骸疏》说："葬之野则露手露脚，送之归则无土无家。聚是众骸，付之一火，佛能救苦，乃做看经道场，鬼复为人，别去超生……"（佚名：《豹隐纪谈》，陶宗仪：《说郛》卷7，《说郛三种》，上海古籍出版社，1988，第1册，第140页）
⑧ 程颢、程颐：《二程集·河南程氏文集》卷10《伊川先生文六·葬说并图》，第2册，第623页。
⑨ 顾炎武：《日知录》卷15《火葬》，黄汝成释《日知录集释》，第700页。

"可就此中掩埋。"后具申文。土人云："此间无葬埋事，凡死者必火烧其尸，及半，即弃之州北石坑中。由是此水可以作灯也。"语未竟，即有数人入室中，以木棒共架太上而出。少帝从之，北至石坑，架尸于上，用茶郁木焚之。焦烂将半，复以水灭之，用大木贯其残骨，曳弃坑中。坠入坑底，沉没不见。少帝止之不得，乃跳号大恸，亦欲跳入坑中，众人拉止之，曰："昔年曾有活人跃入，此水顿清，不可作油。"争共阻之。少帝亦问土人："今日是何日？"或曰："天眷三年正月十八日也。"

黄冀之提到的北方"五国城"的这种独特的丧葬方法很值得注意："此间无葬埋事，凡死者必火烧其尸。"

文献和考古资料表明，两宋时期的火葬习俗起初仅在契丹、党项等少数民族政权统治下的北方地区流行，后来才逐渐扩大到与辽接壤的宋河东地区，并迅速在大宋境内盛行起来。由此可见，火葬之所以能在宋代盛行一时，跟契丹、党项、女真等民族的影响分不开。

（五）为了卫生防疫而实行火葬

为了卫生防疫而实行火葬的情况，多出现在高温潮湿的南方地区，火化比土葬更有利于防止传染疾病的流行。贾同《禁焚死》文中就有"或者以恶疾而死，俗云有种，虑染其后者而焚之"的说法。① 洪迈也云："自释氏火化之说起，于是死而焚尸者所在皆然。固有炎暑之际，畏其秽泄，敛不终日，肉尚未寒而就爇者矣。"② 这方面的事例，文献中记载颇多，如：景定元年（1260），建安谢六解妻周氏，在盛夏六月无疾暴死，如果按照当地民俗土葬，则势必旷日持久，导致尸体臭不可闻。因此，其家为此深感苦恼，"谓死非其时"，只得在周氏死的这一天晚上便将其迅速火化了。③ 洪迈《夷坚志》也载有这方面的故事："江吴之俗，指伤寒疾为疫疠，病者气才绝，即敛而寄诸四郊，不敢时刻留。"临川民张珪死，置柩于城西广泽庵，"至秋，将火葬"。④

（六）游宦、游学没于远方的无奈之举

前述贾同《禁焚死》文中有"或以守职徼远死于先祖之茔域，故焚之以苟其便"

---

① 吕祖谦编《宋文鉴》卷125，下册，第1751页。
② 洪迈：《容斋随笔·续笔》卷13《民俗火葬》，第374~375页。
③ 佚名：《湖海新闻夷坚续志》前集卷2《拾遗门·焚尸利害》，第70页。
④ 洪迈：《夷坚志·丁志》卷15《张珪复生》，第666页。

的说法。① 又，《司马氏书仪》卷七《丧仪》曰："世人又有游宦没于远方，子孙火焚其柩，收烬归葬者。"这方面的事例较多，如：治平年间（1064~1067），泽州（治今山西晋城）"郡官有母死者，惮于远致，以投烈火"。② 蔡襄友人"杨公明，景祐元年登进士第，籍名下吏部铨，将补官，辄病，其年某月日终于京师。其友张平叔用浮屠法火之而归其家，以某年月日葬于皁洋之北山"。③ 元祐六年（1091），刘公"鞫狱于衡，得疾不起"。讣闻，当时刘挚还未成年，只好由舅舅、进士陈孝若到衡州去处理丧事，孝若与郡所委官吏蕆于花药山僧舍。"事毕，孝若返江华，挈其孤。而夫人陈氏前亡，权厝在县。至是议以其丧北归，经由取道，复俱至衡。会公伯兄、乡贡学究允恭率其子乡贡进士延年自乡里亦奔讣而至。众与其孤定议，火化为两函致其丧，使孝若、延年扶护陆走，而允恭买舟载其孤以归。"对于时人的非议，刘挚反问道："谓贫不能举丧而归，则卜地殡葬与举丧而化之，其费孰多？谓皆留殡。"④ 有鉴于此，时人发出了这样的感叹："旅官远方，贫不能致其柩。不焚之，何以致其归葬？"⑤

此外，还有因归葬家乡不便而行火化的。如宋代某朝士五岁时，因其"生母死于江行，父遽焚于水滨，即解舟而去"。⑥ 宣和（1119~1125）中，朱汉臣为太学官。其乳母死，殡于都城僧庵里。及其回乡里，来不及焚乳母骨。后朱之妻弟李景山有事到京城，才到僧庵将乳母火化，将骨灰包裹后交付给一位仆人，让其送回老家，"盛僧具以葬"。⑦ 户部员外郎阮阅，为江州（今江西省九江市）人。宣和末，担任郴州（今属湖南）守。其间儿媳妇病卒，权殡于天宁寺。阮将任满，对其子说："吾老矣，幸得解印还乡。老人多忌讳，不暇挈妇丧以东。汝善嘱寺僧守视，他日来取之可也。"儿子不敢违背父亲的意志，只得听从。这一天夜晚，阮阅梦见儿媳妇前来，到他面前拜泣说："妾寄殡寺中，是为客鬼，为伽蓝神所拘，虽时得一还家，每晨昏钟鸣，必奔往听命，极为悲苦。今不获同归，则永无脱理。恐以椟木为累，乞就焚而以骨行，得早窆山丘，无所复恨。"阮阅听后极为感动，遂命其子先护柩还江州营葬。⑧ 泉州

---

① 吕祖谦编《宋文鉴》卷125，下册，第1751页。
② 程颢、程颐：《二程集·河南程氏文集》卷11《伊川先生文七·明道先生行状》，第2册，第633页。
③ 蔡襄：《蔡襄集》卷37《杨公明墓表》，第678页。
④ 刘挚：《忠肃集》卷9《家庙记》，第205~207页。
⑤ 吕祖谦：《少仪外传》卷下，《丛书集成初编》本，商务印书馆，1936，第55页。
⑥ 孙升口述、刘延世笔录：《孙公谈圃》卷下，陶宗仪编《说郛》弓15，《说郛三种》，上海古籍出版社，1988，第3册，第734页。
⑦ 洪迈：《夷坚志·丙志》卷11《朱氏乳媪》，第456页。
⑧ 洪迈：《夷坚志·丙志》卷15《阮郴州妇》，第495~496页。

永春县毗湖村民苏二十一郎,"为行商,死于外,同辈以烬骨还其家"。①淳熙年间(1174~1189),福州籍太学生王寅在长兴(今属浙江)大雄寺攻读,突然暴病而死,亲属闻讯赶来,"火化尸柩,收骨归矣"。②景定三年(1262)三月,有人写下《差人化遗骸疏》云:"死于道路可怜,幽滞孤魂,示以津梁,大发慈悲善念。葬之野,则露手露脚;送之归,则无主无家。聚是众骸,付之一火。佛能救苦,乃做看经道场。鬼复为人,别去超生好处。咦,三月落花人世界,一川流水佛慈航。"③

(七)宋朝统治者措施不力

应该指出的是,宋朝统治者措施不力也是火葬盛行的原因。从形式上看,宋代统治者虽然多次下令禁止火葬,申严劝诱,纤悉备至,但在法律上为火葬的盛行埋下了伏笔,如敕:"京城外及诸处,近日多有焚烧尸柩者,宜令今后止绝。若是路远归葬,及僧尼、蕃人之类,听许焚烧。"④"军人出戍,许令烧焚,将骨殖归;又言郊坛须三里外方得烧人。"⑤一则统治者没有在"路远"上做任何明确的解释,使人们有空可钻;二则允许全国有条件地实行火葬,从而扩大了"僧道火化"在社会上的影响。事实上,统治者对火葬采取了一种比较宽容而放任的态度,这与宋代统治者在政治上崇尚宽厚政策有关。据《宋史·刑法志一》载:"宋兴,承五代之乱,太祖、太宗颇用重典……而以忠厚为本。"又说:"其君一以宽仁为治,故立法之制严,而用法之情恕。"确实如此,笔者翻阅了大量宋代文献资料,极少发现有因采用火葬而遭到处罚的事例。宋代统治者这种以"仁义"治天下的政策,自然为佛家"荼毗火葬法"的推广打开了方便之门。这正如宋人郑獬所说:"今之举天下凡为丧葬,一归之浮屠氏,不饭其徒,不诵其书,举天下诟笑之,以为不孝,狃习成俗,沈酣溃烂,透骨髓,入膏肓,不可晓告。此则变吾之丧葬之礼而为夷矣……朝廷且未尝擒捽束缚而加诛焉,反曲拳跪跽而尊事之。"⑥毕仲游亦认为河东地区火葬盛行乃是"刺史、县令不为条教,而劝勉有所不至之过也"。⑦程颐更是把矛头直接指向了朝廷,他说:"古人之法,必犯大恶则焚其尸。今风俗之弊,遂以为礼,虽孝子慈孙,亦不以为异。更是公方明立条贯,元不为禁:如言军人出戍,许令烧焚,将骨殖归;又言郊坛须三里外方得烧

---

① 郭彖:《睽车志》卷3,《宋元笔记小说大观》第4册,第4098页。
② 洪迈:《夷坚志·三志己》卷5《王东卿鬼》,第1337~1338页。
③ 佚名:《豹隐纪谈》,陶宗仪:《说郛》卷7,《说郛三种》,第1册,第140页。
④ 窦仪等撰《宋刑统》卷18《残害死尸》,第286~288页。
⑤ 程颢、程颐:《二程集·河南程氏遗书》卷2下《附东见录后》,第1册,第58页。
⑥ 郑獬:《礼法》,吕祖谦编《宋文鉴》卷103,下册,第1424页。
⑦ 毕仲游:《乞理会河东土俗埋葬札子》,黄淮、杨士奇编《历代名臣奏议》卷116《风俗》,第2册,第1541页。

人,则是别有焚尸之法。此事只是习惯,便不以为事。今有狂夫醉人,妄以其先人棺椁一弹,则便以为深仇巨怨,及亲拽其亲而纳之火中,则略不以为怪,可不哀哉!"①在南宋初年,宋高宗赵构还一再放松了对火葬的限制。绍兴二十七年(1157)九月,监登闻检院范冈上奏:"今民俗有所谓火化者,生则奉养之具唯恐不至,死则燔爇而弃捐之,何独厚于生而薄于死乎?甚者焚而置之水中,识者见之动心。国朝著令,贫无葬地者,许以系官之地安葬。今火葬之惨日炽,事关风化,理宜禁止。望申严法禁,仍饬守臣措置荒闲之地,使贫民得以收葬。"高宗接受了范冈的这一建议,"申严法禁"。②但至绍兴二十八年(1158),户部侍郎荣薿上奏言:"比因臣僚陈请禁火葬,令州郡置荒闲之地,使贫民得以收葬,诚为善政。臣闻吴越之俗,葬送费广,必积累而后办。至于贫下之家,送终之具,唯务从简,是以从来率以火化为便,相习成风,势难遽革。况州县休息之久,生聚日繁,所用之地,必须宽广。仍附郭近便处,官司以艰得之故,有未行摽拨者。既葬埋者未有处所,而行火化之禁,恐非人情所安。欲乞除豪富士族申严禁止外,贫下之民并客旅远方之人,若有死亡,姑从其便,候将来州县摽拨到荒闲之地,别行取旨。"高宗诏令依奏施行,对"贫下之民"已经放宽"火化之禁"了。③

不仅如此,有些地方官员还极力加以倡导。如绍兴十八年(1148),鉴于广州各寺院存放着大量遗骸,广南东路经略安抚使王承可(?～1149)"令诸刹,凡寄殡悉出焚"。④浙东提举李大性在设置绍兴府义冢时,公开宣布:"其有徇浮图火化者,助之缗钱,姑从其私。"⑤建康府规定:"义阡葬地如已遍满,即申本司支钱取掘焚化。有子孙亲属者,令其自行举化。其日,随宜添请僧员,就庵修设功德追荐。"⑥宋孝宗时,耿某"闵遗骸不掩,议欲葬之水火"。⑦有些府州还由官府出面,主持修建了专门实施尸体火化的设施及存放骨灰的公墓。例如,淳熙十一年(1184),知建宁府宋之瑞花费官钱一千贯,在吉祥寺边修建了一座专用于尸体火化的"化人台"及存放骨灰的公墓。公墓"广袤余三十亩","缭以墙垣",建有正屋三间,"翼以两挟,榜曰'归真堂'",还

---

① 程颢、程颐:《二程集·河南程氏遗书》卷2下《二先生语二下·附东见录后》,第1册,第58页。
② 李心传:《建炎以来系年要录》卷177,绍兴二十七年九月癸条条,第4册,第2933页。
③ 《宋史》卷125《礼二八·凶礼四·士庶人丧礼》,第9册,第2919页。
④ 洪迈:《夷坚志·甲志》卷11《张端悫亡友》,第96页。
⑤ 《嘉泰会稽志》卷13《漏泽园》,《宋元方志丛刊》第7册,中华书局,1990,第6960页。
⑥ 马光祖修、周应合纂《景定建康志》卷43《风土志二·义冢·南北义阡》,《宋元方志丛刊》第2册,中华书局,1990,第2042页。
⑦ 真德秀:《刘文简公神道碑》,《全宋文》卷7189,第314册,第69页。

有"对峙藏骨二塔"。在院墙之外，修建了"化人台"，专用于火化尸骨。在归真堂后，建有守墓"苦行官"的住所，"凡像设、床几、器用毕备"。同时又"拨他院田四十亩，以偿寺山，并资给苦行官"。为保证该公墓今后的正常经费，宋之瑞还拨给建宁府公墓户绝田地，每年"可收数百斛"。这笔田租收入，"专储以充市棺修垄之用"。①

此外，宋代统治者禁止火葬的一些具体措施也不够完善。以漏泽园的设置为例，它一般只在都市中设置，而在广大的乡村却很少设置，因此其"寺院既附城郭，所收骨殖恐止及城郭之内与近乡人户。如僻小州军，穷乡远道之民未举葬者势盛不能相反；又官园地有限，葬且无余，兼肯于官园地杂葬者多，是小民之家，中民已上，既安风俗，不自举葬，又耻与小民杂葬官园之中，往往依旧焚毁不葬，风俗未变也"。②再加上漏泽园时设时废，管理不善，更使其徒具形式而已。

综上所述，可见宋代火葬的盛行，有其深刻的社会原因。它由各种因素综合促成，并取决于当时人们的社会观念、伦理道德和政治、经济等因素。它所以能在当时久行不衰，禁而不止，说明它是符合广大劳动人民利益的，是社会进步的一大表现，应该值得肯定。

第二节 厚葬

长期以来，史学界流行着宋代薄葬的观点。其实，这种传统看法并不确切。当我们检阅有关史籍及考古发掘资料后，便会深深地感受到：宋代是一个习尚厚葬的社会。

一 宋代厚葬的社会现象

（一）宋代的厚葬风

在宋代的国丧中，除宋太祖、宋太宗"国家山陵送往，俭于前代"③和南宋诸帝实行薄葬外，大多实行厚葬，这种现象在北宋时期突出表现在以下四个方面。

一是朝廷耗费大量人力物力修建陵寝。"虽筑陵高于太（泰）山，备礼殚于万物，顾无以报，亦未为多"。④真宗永定陵，买地计划用70万贯，仁宗为了显示自己的孝

---

① 宋之瑞：《常平义垄记》，《全宋文》卷5826，第259册，第144~145页。
② 毕仲游：《乞理会河东土俗埋葬札子》，黄淮、杨士奇编《历代名臣奏议》卷116《风俗》，第2册，第1541页。
③ 范祖禹上疏，见黄淮、杨士奇编《历代名臣奏议》卷123《礼乐·丧礼》，第2册，第1629页。
④ 《宋大诏令集》卷143《典礼二十八·陵寝·太皇太后山陵遵遗诏俭省诸道不得进助诏（元祐八年九月壬辰）》，第522页。

心，又添加了 30 万贯，结果用了 100 万贯，而当年全国所铸铜铁钱也仅有 30 万贯。① 也就是说，国家三年发行的货币都用在死者真宗身上了。② 仁宗山陵花钱最多。嘉祐八年（1063）四月二日，三司"乞内藏钱百五十万贯，䌷绢二百五十万匹，银五十万两助山陵及赏赉"，得到了批准。到第二年三月，朝廷又继续追加 30 万贯修奉山陵。其中，仅用于修造陵墓的诸路兵卒就达 46700 人。③ 有学者估计，北宋皇陵建造费用，每座当在 3000 万 ~ 7500 万贯。④ 南宋时，山陵的建造也同样如此。绍兴（1131 ~ 1162）末，宋高宗母亲韦太后的显仁园陵花费了 57 万贯⑤。淳熙（1174 ~ 1189）中，宋高宗永思陵攒宫更至少耗费了 82 万余缗。宋孝宗说："内库支银绢尚在外。去冬印会子七十万，仅可充此费。"⑥ 绍兴二十年（1150），宋高宗的乳母寿国育圣夫人王氏卒，追封福寿国夫人，赐帛 2000 匹、钱 1 万缗为葬费。⑦ 宋孝宗的李贤妃，淳熙十年（1183）病故，"时李焘在经筵，尝谏省后宫费。帝曰：'朕老矣，安有是？近葬李妃，用三万缗耳。'"⑧

二是陪葬品极其丰厚。宋太宗丧礼时，太宗平生的玩好，如"弓剑、笔砚、琴棋之类，皆蒙以组绣，置之舆中，陈于仗内"。⑨ 宋真宗丧礼，乾兴元年（1022）二月二十三日，"延庆殿陈先帝生平服玩及珠襦、玉匣、含、襚应入梓宫物，召辅臣遍观"；⑩ 二十六日，"召辅臣至……延庆殿梓宫前拜奠，令环绕梓宫阅视，其筴盖及周络皆饰以珠珍杂宝"；⑪ 九月十一日，"召中书、枢密院赴会庆殿观入皇堂物，皆先帝生平服御玩好之（物），具列两庑下，乃至砚格笔状、书仓诏紫、尚衣司饰，周身之物一无遗者"。⑫ 从这些材料来看，太宗、真宗两帝的陪葬物不仅种类繁多，质量也好，总数更是不少。陪葬品的情况，还可参阅《宋朝事实类苑》卷一三《英宗葬永厚陵》的记载："……置珠网花结于上，布方木及盖条石，及设御座于盖下，前置时果及

---

① 马端临：《文献通考》卷 9《钱币二·历代钱币之制》，上册，第 102 页。
② 《续资治通鉴长编》卷 100"仁宗天圣元年六月戊申"条："河南府永定陵占民田四十八顷，凡估钱七十万。上曰：'营奉先帝陵寝而偿民田值，可拘以常制耶？'特给百万。"见该书第 8 册，第 2324 页。
③ 李焘：《续资治通鉴长编》卷 200，英宗治平元年三月丁酉朔条，1985，第 15 册，第 4852 页。
④ 叶春芳：《北宋皇帝葬礼探考（上）》，《深圳大学学报》（人文社会科学版）1993 年第 4 期。
⑤ 周必大：《思陵录上》，淳熙十五年二月己丑条，《全宋文》卷 5164，232 册，第 116 页。
⑥ 周必大：《思陵录下》，《全宋文》卷 5166，第 232 册，第 137 页。
⑦ 李心传：《建炎以来系年要录》卷 161，绍兴二十年六月丙辰条，第 2615 页。
⑧ 《宋史》卷 243《李贤妃传》，第 25 册，第 8653 页；《宋史》卷 388《李焘传》，第 34 册，第 11919 页。
⑨ 《宋会要辑稿》礼 29 之 15，第 2 册，第 1071 页。
⑩ 《宋会要辑稿》礼 29 之 20，第 2 册，第 1073 页。
⑪ 《宋会要辑稿》礼 29 之 21，第 2 册，第 1074 页。
⑫ 《宋会要辑稿》礼 29 之 29，第 2 册，第 1078 页。

五十味食,别置五星、十二辰及祖思、祖明尊位于四壁;又设衣冠、剑佩笔砚弧矢甲内,凡平生玩好之物,又设增帛、络钱。"其他诸位皇帝的陪葬物情况虽然文献记载不详,但估计也不在少数。如仁宗葬于昭陵时,朝臣范祖禹见"有缄封皮匣纳之方中者甚多,皆出于禁中"。①由于仁宗"厚葬过礼",因此"公私骚然",大臣们纷纷上奏,要求皇帝减少一些。②宋神宗死,其葬事之厚又甚于仁宗。"受命宝及沿宝法物与平生衣服器用皆欲举而葬之。"③

三是出殡仪式盛大。太祖丧礼,开宝九年(976)十月二十二日,诏"……工人、役夫并先用官钱雇佣"。④到太宗丧礼,至道三年(997)十月六日,"初,灵驾将发,吉凶仗务从崇盛"。⑤"十九日,少府监言:凶仗法物合使抬、擎、牵驾兵士、力士共一万一千一百九十三人,数内力士一千七百二十人,请下开封府雇募。"⑥真宗丧礼,乾兴元年(1022)七月十七日,礼仪院言:"山陵仪仗,依永熙陵例用九千四百六十八人。今请上路后从永昌陵例,用三千五百三十三人(大升辇力士九百八十四人,把幕妇一百五十人,异行殿三百四十四人,开封府雇召……)。"⑦英宗丧礼,治平四年(1067)正月二十三日山陵使言:"……诸路转运司和雇石匠四千人。"⑧另外,少府为真宗制作的明器象物也是"非常侈大",为此自京城至陵墓,凡城门、民舍挡道者一律撤毁,以过车舆象物。⑨

四是"荐献宗庙、陵寝","当极天下之奉"。据李心传《建炎以来朝野杂记》甲集卷二《昭慈、永祐、显仁、永思、永阜、永崇六攒宫》载,昭慈、永祐"两攒宫岁用祠祭钱八千四百余缗,修缮钱五千缗"。

此外,陵园的维护也是一笔庞大的开支,每年约需10万~20万贯。元祐四年(1089)十一月,宋哲宗下诏,命转运提刑司拨场务钱20万贯应奉山陵,但诏令并没有得到执行,"今将应奉陵寝之费会计约二十万贯"。哲宗下诏:"陵寝支费钱粮物帛等,令京西两路提刑司将朝廷封桩钱物逐旋支拨与河南府支用,不得将不缘陵寝别作

---

① 范祖禹:《论丧服俭葬疏》,《全宋文》卷2128,第98册,第39页。
② 苏轼:《苏轼文集》卷14《张文定公墓志铭》,第452页。
③ 王珪:《华阳集》卷33《陵寝议》,《丛书集成初编》本,第4册,第435页。
④ 《宋会要辑稿》礼29之1~2,第2册,第1064页。
⑤ 《宋会要辑稿》礼29之15,第2册,第1071页。
⑥ 《宋会要辑稿》礼29之11,第2册,第1069页。
⑦ 《宋会要辑稿》礼29之26,第2册,第1076页。
⑧ 《宋会要辑稿》礼29之49,第2册,第1088页。
⑨ 尹洙:《河南集》卷12《故中大夫守太子宾客分司西京上柱国陈留县开国侯食邑九百户赐紫金鱼袋谢公(涛)行状》,《全宋文》卷588,第28册,第44页。

名目支使。"这是动用国库的钱应奉陵寝。如有违反,"科违制之罪,不理去官赦降原减",并宣布元祐四年(1089)的诏书作废。①十月二十八日,哲宗又下了一道内容相同的诏书,命令京西南北路提刑司每年将朝廷封桩钱物、粮草等依实直纽,共20万贯,支拨转运司应奉陵寝支费。元祐六年(1091)八月,三省上奏说地方财政困难。建中靖国元年(1101)二月三日,户部侍郎工古上奏,说过去园陵费用国家拨得过多,"而其用不及十之三。今请倍实支之数,以待匮"。从之。②大观元年(1107)五月三十日,徽宗手诏:"令提点京西刑狱及提举常平司岁给十万缗充。"③有鉴于此,有学者认为修奉山陵与北宋的积贫积弱有着直接的关系。④

同样,皇室成员们的丧事亦是十分隆重、奢侈。宋仁宗幼子豫王死,仁宗下令厚葬,"中春卜地,盛夏起坟,凿土穿山",役人"数十万工",所费之财达50万缗左右,弄得"三司力屈,百计收敛"。⑤仁宗宠爱的张贵妃31岁时暴病身亡,仁宗"役万兵之众,费百万之财",使当时的"国赋民力"受到严重损害。⑥嘉祐七年(1062),仁宗又一宠爱的妃子董充媛死,仁宗"崇大后宫之丧",其"送终之礼,太为崇重",为此"横增烦费",弄得朝廷内外怨声载道。⑦

综上所述,山陵所费是宋朝政府一项沉重的财政负担,特别是宋仁宗的丧事让嗣君窘困,甚至到了捉襟见肘的地步。史载仁宗丧葬,宫廷大办丧事,"时三司使蔡襄总应奉山陵事,凡调度供亿皆数倍,劳费既广,已而多不用,议者非之"。⑧宋仁宗死后"遗留物"按品级赏赐给两府、宗室、近臣、主兵官,多少不等。即使是居丧在家的富弼、文彦博,皇帝也派遣使者赐先帝的遗留物给他们。"举朝之内,所费何啻巨万!"知谏院司马光认为这种花费太大了,言:"国家用度素窘,复遭大丧,累世所藏,几乎扫地。传闻外州、军官库无钱之处,或借贷民钱以供赏给,一朝取办,逼以

---

① 李焘:《续资治通鉴长编》卷464,哲宗元祐六年八月癸巳条,1993,第31册,第11072页。
② 《宋会要辑稿》礼37之34,第2册,第1336页。
③ 《宋会要辑稿》礼37之36,第2册,第1337页。
④ 叶春芳:《北宋皇帝丧葬礼仪的性质及其对北宋社会的影响》,《深圳大学学报》(人文社会科学版)1995年第3期。
⑤ 庆历元年右正言孙沔乞权住豫王葬礼奏,黄淮、杨士奇编《历代名臣奏议》卷123《礼乐·丧礼》,第2册,第1620~1621页。
⑥ 至和元年孙沔为枢密副使论张贵妃丧礼过制疏,黄淮、杨士奇编《历代名臣奏议》卷123《礼乐·丧礼》,第2册,第1622页。
⑦ 嘉祐七年知谏院司马光论董充媛赐谥册礼疏,黄淮、杨士奇编《历代名臣奏议》卷123《礼乐·丧礼》,第2册,第1625页。
⑧ 徐乾学:《资治通鉴后编》卷71《宋纪七十一·仁宗体天法道极功全德神文圣武睿哲明孝皇帝》,嘉祐八年六月戊戌,文渊阁《四库全书》本,第343册,第343页。

捶楚。当此之际，群臣何心以当厚赐！"因此固辞不受，英宗坚决不许退还。司马光只得将所得的珠宝作为谏院的公使钱，把金子送给其舅氏。① 至于山陵建造同样奢侈。权三司使蔡襄计划山陵制度完全依照永定陵，于是右司谏王陶上言："民力方困，山陵不当以永定为准。"② 右司谏、直集贤院、同修起居注郑獬也上言，说仁宗山陵按真宗制度虽然不算过分，但今昔不同，"乾兴帑藏充积，财力有余，故可以溢祖宗之旧制。今国用空乏，财赋不给。近者赏军，已见横敛。富室嗟怨，流闻京师"。③ 英宗死后，朝廷的财政状况进一步恶化。三司使韩绛、翰林学士承旨张方平上疏说：仁宗升遐不满四年，英宗又驾崩，"内外公私，财费不赡，再颁优赏，府藏虚散"，太祖以来多有蓄积，但"自康定、庆历以来，发诸藏为助兴发，百年之积，惟存空簿"。太子右庶子韩维也认为，承平日久，用度无节，"以致公私财利匮乏；又国家不幸，四年之内，两遭大故，营造山陵，又支士卒优赏，所费不可胜计。今之府库，比于仁宗晚年，又益朘削"。④ 神宗时，御史中丞司马光《敕充山陵仪仗使上辞赐金札子》讲得更具体，他说："不幸又于五年之中再遭大丧，左藏、内藏、奉宸等库，率皆空竭"。⑤ 面对现实，英宗也不得不承认："今府库空竭，民力凋敝。"⑥

"上好是，下必有甚者。"⑦ 在封建最高统治者的带动下，贵族大臣们纷纷效尤。"婚丧、奉养、服食、器用之物，皆无制度以为之节，而天下以奢为荣，以俭为耻。苟其财之可以具，则无所为而不得，有司既不禁，而人又以此为荣。苟其财不足，而不能自称于流俗，则其婚丧之际，往往得罪于族人亲姻，而人以为耻也。故富者贪而不知止，贫者则勉强其不足以追之。"⑧ 咸平五年（1002）二月戊寅，集贤学士、主客员外郎高平范贻孙死，其"夫人以丧无虑居，礼当即还，毁家襄事，竭力送终"。⑨ 庆历元年（1041），豫王赵昕暴卒，陪葬永定陵。知谏院孙沔言："今一品仪仗尚用千余人，附葬诸丧，各备执事，车骑导从，仅万余众，往复劳挠，非五十万缗恐未能毕

---

① 李焘：《续资治通鉴长编》卷198，仁宗嘉祐八年四月癸未条，1985，第14册，第4797~4798页。
② 李焘：《续资治通鉴长编》卷198，仁宗嘉祐八年四月癸巳条，1985，第14册，第4803页。
③ 李焘：《续资治通鉴长编》卷198，仁宗嘉祐八年四月癸巳条，1985，第14册，第4803页。
④ 李焘：《续资治通鉴长编》卷209，英宗治平四年正月庚申条，1985，第15册，第5074~5075页。
⑤ 神宗时御史中丞司马光敕充山陵仪仗使上辞赐金札子，《历代名臣奏议》卷188《赏罚》，第3册，第2464页。
⑥ 李焘：《续资治通鉴长编》卷209，英宗治平四年正月癸酉条，1985，第15册，第5076页。
⑦ 钱彦远：《敦俭》，《全宋文》卷410，第20册，第44页。
⑧ 王安石：《王文公文集》卷1《上皇帝万言书》，第8~9页。
⑨ 杨亿：《宋故主客员外郎直集贤院高平范公墓志铭》，《全宋文》卷299，第15册，第48页。

事。"①平江太守王季德（尚之）死，其家以钱五十万购棺入殓。②检校刑部尚书张铸，字司化，河南洛阳人。性清介，不事生产。卒，"身无兼衣，家人鬻其服马、园圃，得钱十万以葬"。③……而时人盗墓的情况也反映了官员的厚葬现象：

> 元丰元年，盗发阳翟，而元献晏公墓最被其酷。始，盗之穴冢也，烟雾不可近，及有黄气氤氲而出，乃下石，秉松炬而入，见一冠带者踞坐呵叱，盗以锄锹击之，应手而灭。乃剖棺，其衣片片如蝴蝶飞扬，取金带，携珍玩，焚之而去。盗又云，于张耆侍中家疑冢得金银珠玉，不可胜计。李方叔尝言阳翟一老媪，善联串骸骨，耆子孙使之改葬，而莫有临视者。尝以一骨一须示人，此夫子牙、侍郎须也。予尝从晁之道过阳翟，拜于元献墓下，以耆事质于寺僧及其里人，所言皆同矣。④

另外，从宋代"敕葬破家"的谚语中亦可看出当时的厚葬风气。叶梦得《石林燕语》载："大臣及近戚……薨，例遣内侍监护葬事，谓之'敕葬'……'敕葬'，丧家无所预，一听于监护官，不复更计费，惟其所欲，至罄家资有不能办者。故谚云：'宣医纳命，敕葬破家。'近年'敕葬'多上章乞免，朝廷知其意，无不从者。"⑤这些大臣、近戚家底殷厚，加上皇帝敕葬财物较为丰厚，如翰林侍读学士杨徽之死，皇帝"以钱五十万、绢五百匹赐其家"；⑥枢密副使宋湜死，赐钱五十万、绢三百匹、米麦百石。⑦而竟因葬事破家，其费用之高由此可见一斑。

至于民间，时人为了维护自己及家庭或家族的面子，或夸耀于邻里，以满足虚荣心理，或想博得"孝"的美名，想方设法竭尽家产而葬。胡寅说："仁人君子之治葬也，竭诚于死者，必深长思，衣衾周、棺椁备，土厚而水深，藏之固则已矣。非礼不为也，是之谓慎终；自尽其心，致思而不忘，犹终身之丧焉，是之谓追远。此孔子之教也。后世礼坏，人肆其精力，竞务末习，凡附身而合礼，以勿有悔焉，大抵忽不

---

① 孙沔：《上仁宗乞权住豫王葬礼》，赵汝愚编《宋朝诸臣奏议》卷93，第1006页。
② 洪迈：《夷坚志·支丁志》卷1《王大卿》，第975页。
③ 《宋史》卷262《张铸传》，第26册，第9069页。
④ 朱弁：《曲洧旧闻》卷7《晏元献墓被盗甚酷》，第181页。
⑤ 叶梦得：《石林燕语》卷5，第67页。
⑥ 杨亿：《武夷新集》卷11《故翰林侍读学士正奉大夫尚书兵部侍郎兼秘书监上柱国江陵郡开国侯食邑一千三百户食实封三百户赐紫金鱼袋赠兵部尚书杨公行状》，《全宋文》卷297，第15册，第13页。
⑦ 杨亿：《武夷新集》卷8《宋故枢密副使正奉大夫行给事中上柱国广平县开国伯食邑八百户食实封二伯户赐紫金鱼袋赠尚书吏部侍郎宋公神道碑铭并序》，《全宋文》卷298，第15册，第27页。

加意。顾汲汲于厚钱刀、食馔、啖夫为浮屠之人，使诵幻诡语，夜以继昼，且多焚楮币，绘舆马，赂鬼神，拘岁月日时，择能致富贵之地而后葬。葬已则侈大工徒，华饰垣屋于墟墓间。凡礼所不得为者悉为之。相视少不效，则子孙赧赧然歉，人亦号之曰不孝。方是时，惟僧与阴阳家施施然得志。盖迷本徇俗有致之者矣。噫嘻！悲夫！养生未足以当事，惟送死可以当大事，而民彝泯乱如此莫之救也。"①如政和二年（1112），王禹偁的后人王升之，曾"葬其亲，至破产"。后来他到京师得一官，还没有来得及到任就病死了，遂归葬于郓州家乡，"索橐中空无有，卖屋未即售，合凡赗赠得钱九万五千，乃使斫石治穿。买椽席灰苇诸下里物，皆前为之期，如期而空"。②北宋后期，仁寿县君蔺氏在开封"倾其簏为钱二十万"，埋葬了公、婆以及丈夫木某。③

甚至有一些贫贱之家也是打肿脸充胖子，借钱或贷款厚葬家人。文献中就大量记载了这类现象。秦观说："古者，吉凶之服则一比共之，祭器则一闾共之，丧器则一族共之，吉凶礼乐之器则一乡共之。凡嫁子娶妻，纯帛无过五两，凶荒则又杀礼而多婚。夫一乡者五百家，而五两者五匹耳，其用财可谓约也。今则不然，嫁子娶妻、丧葬之费，其约者钱数万，其丰者至数百万。中人之家，一有吉凶之事，则卖田畴、鬻邸第，举倍称之息犹弗能给。然则今时吉凶之费，绝长补短，殆二十倍于古也。财用安得而不竭乎？"④神宗时，刘述也说："百姓习于久安，竞以侈靡相尚，居处服用率多僭差，婚姻、丧葬不计其费，而以不若人为耻，因而破产者有焉。其致非他，由禁令不设故也。"⑤

各地的风俗也充分表明了这一点：

北宋东京（今河南开封），"凡百吉凶之家，人皆盈门"。⑥

"长安人物，繁习俗，侈丧葬，陈拽寓象，其表以绫绡金银者曰大脱空，楮外而设色者曰小脱空。制造列肆茅行，俗谓之'茅行家事'。"⑦

两浙如苏州一带，"顾其民，崇栋宇，丰庖厨，嫁娶丧葬，奢厚逾度"。⑧"如士

---

① 胡寅：《斐然集》卷20《陈氏永慕亭记》，第426页。
② 刘跂：《王升之诔》，《全宋文》卷2663，第123册，第265页。
③ 李昭玘：《乐静集》卷29《仁寿县君蔺氏墓志铭》，《全宋文》卷2616，第121册，第260页。
④ 黄淮、杨士奇编《历代名臣奏议》卷40《财用下》，第1册，第551页。
⑤ 刘述：《上神宗论百姓侈靡乞身先俭约》，赵汝愚编《宋朝诸臣奏议》卷11《君道门》，上册，第97页。
⑥ 孟元老：《东京梦华录》卷5《民俗》，邓之诚注，第131页。
⑦ 陶榖：《清异录》卷下《大小脱空》，《宋元笔记小说大观》第1册，第137页。
⑧ 朱长文：《吴郡图经续记》卷上《风俗》，第11页。

族力稍厚者，棺皆朱漆"；①有的则"自初丧，即极力治葬具，无他营"。②

福建"闽俗重凶事，其奉浮屠，会宾客，以尽力丰侈为孝，往往至数百千人，至有亲亡不举哭，必破产办具，而后敢发丧者。有力者乘其急时，贱买其田宅，而贫者立券举债，终身困不能偿"。③北宋仁宗年间，蔡襄任福州知州，曾作《五戒》之文，以劝诫福州民风，其第二戒云："观今之俗，贫富之家多是父母异财，兄弟分养，乃至纤悉无有不校。及其亡也，破产卖宅以为酒肴，设劳亲知与浮图，以求冥福。原其为心，不在于亲，将以夸胜于人也。"④此文指出有些人在父母生前不知尽孝，父母去世后则不惜破产操办葬礼，这实在是由于他们不知何以为孝。

广东"粤人治丧，以丰侈为孝，而游手无赖贪慕饮食，坌集其门，意不满则怙众群噪不可耐。中人之家，鬻田宅、破赀聚而后办；贫者遂不克葬，权厝佛寺，岁久破露狼藉，而番禺尤甚"。⑤隆兴二年（1164）九月十九日，权发遣昌化军李康臣在上言中指出："窃见二广婚姻、丧葬习为华侈，夸竞相胜，有害风俗。"⑥

静江军（治今广西桂林），"愚民无知，丧葬之礼不遵法度，装迎之际务为华饰。墟墓之间，过为屋宇。及听僧人等诳诱，多作缘事，广办斋筵，竭产假贷，以侈靡相夸。不能办者，往往停丧，不以时葬"。⑦

宋代小说中对当时的厚葬情况多有描写，如徐铉《稽神录》载："池阳人胡澄，佣耕以自给。妻卒，官给棺以葬，其平生服饰，悉附棺中。"⑧

宋代的厚葬现象，在考古发掘中亦得到了有力的印证。许多宋墓不仅随葬品丰富，还有金银器出土，这种现象在经济发达的地区尤为突出。1975年在福州市北郊发现的南宋黄昇墓，随葬有各种器物436件，除大批精美的服饰、丝织品外，还有金、银、铜、漆、角、木等器物。⑨1986年在福州北郊茶园村发掘的一座南宋端平二年（1235）墓，亦随葬有大量精美的器物，除100多件丝织品外，还有许多金、银、铜、

---

① 庄绰：《鸡肋编》卷上，第8页。
② 戴表元：《剡源集》卷4《中枝山葬记》，文渊阁《四库全书》本，第1194册，第58页。
③ 李焘：《续资治通鉴长编》卷187，嘉祐三年七月癸酉条，1985，第8册，第4516页。
④ 鲁曾煜：《乾隆福州府志》卷24《风俗·告谕》，据清乾隆十九年刊本影印，台北：成文出版社，1967，第517页。
⑤ 孙觌：《宋故太淑人刘氏墓志铭》，《全宋文》卷3496，第161册，第128页。
⑥ 《宋会要辑稿》刑法2之157，第7册，第6574页。
⑦ 张栻：《南轩集》卷15《谕俗文》，《张栻全集》中册，杨世文、王蓉贵校点，第775页。
⑧ 徐铉：《稽神录》卷3《胡澄》，《宋元笔记小说大观》第1册，第174页。
⑨ 福建省博物馆编《福州南宋黄昇墓》，文物出版社，1982，第14页。

漆等器物。①1988年在江西德安县宝塔乡杨桥村发掘出的南宋新太平州（今安徽当涂）通判吴畴妻周氏墓，出土有百余件丝织衣裙以及银奁、银梳、银盏托、鎏金镂雕银香囊、彩绘团扇等物。②江西彭泽出土的宋代易氏八娘墓中，有金银饰面、瓷碟、木梳、铁剪、铜镜等大批随葬品，其中金耳环1对、银镯1对、银梳1件。③江西永新出土的北宋刑部尚书刘沆墓，随葬品也较丰富，计有金耳环1件、银质鎏金发簪1对、金质带状饰品1对、水晶坠1对、银质镀金梳子3件，以及铜镜、瓷器等物。④浙江衢州南宋朝议大夫史绳祖夫妇合葬墓更是出土有金银器11件。此外，还出土有瓷器6件、玉器7件、铜器6件以及玻璃、墨、石砚、笔架等物。⑤江苏无锡开源路第2号墓出土有金耳坠。⑥无锡市郊的北宋1号墓出土有随葬品60件，其中金耳坠1件、金双鱼饰1件、银簪1件及铜镜、铜钱、瓷器、漆具等物。⑦江苏武进村前南宋墓出土有金钏1副、金跳脱指环1件、鎏金桃形佩饰3件，以及一大批银插、银光叉、铜镜、铜钱、瓷器、漆器和丝织品等物。⑧江苏常州市红梅新村北宋墓出土有金耳坠、银发钗、金球银杆发饰、铜镜、漆盘、影青瓷盒等20余件器物。⑨此外，在湖北、上海等地出土的宋墓中，均发现随葬金银器。如武汉市十里铺北宋墓出土有金器3件、铜器3件、瓷器19件、漆木器19件及70多枚铜钱等。⑩上海宝山月浦宝祐四年（1256）赵氏墓亦出土过金银饰品，其中有錾花金手镯、錾花金发簪、盘花金首银簪、涂金银簪、涂金簧形银钏、银耳挖等。⑪……

宋代以金银器为奢侈品，对其在丧葬中的使用有着严格的规定，如《宋史》卷一二四《凶礼》载："品官诸葬不得以石为棺椁及石室，其棺椁不得雕镂彩画、施方牖槛，棺内不得藏金宝珠玉。"然而，在上述考古发掘中，发现宋墓有金银器出土，数量亦颇为可观，遍布全国各地。从墓主的身份来看，有一些还是极为普通的平民百

---

① 福建省博物馆、福建省文管会考古工作队：《福建近十年的文物考古收获》，文物编辑委员会编《文物考古工作十年（1979~1989）》，文物出版社，1990，第147页。
② 江西省博物馆、江西省文物考古研究所：《十年来江西的文物考古发现与研究》，文物编辑委员会编《文物考古工作十年（1979~1989）》，第156页。
③ 彭适凡、唐昌朴：《江西发现几座北宋纪年墓》，《文物》1980年第5期。
④ 江西省文管会：《江西永新北宋刘沆墓发掘报告》，《考古》1964年第11期。
⑤ 衢州市文管会：《浙江衢州市南宋墓出土器物》，《考古》1983年第11期。
⑥ 朱江：《江苏南部宋墓记略》，《考古》1959年第6期。
⑦ 冯普仁、陈瑞农：《无锡市郊北宋墓》，《考古》1982年第4期。
⑧ 陈晶、陈丽华：《江苏武进村前南宋墓清理纪要》，《考古》1986年第3期。
⑨ 《中国考古年鉴》（1987年），文物出版社，1988，第149页。
⑩ 湖北文化局文物工作队：《武汉市十里铺北宋墓出土漆器等文物》，《文物》1966年第5期。
⑪ 黄宣佩：《上海宋墓》，《考古》1962年第8期。

姓。这有力地说明，以前史学界所持的"宋人薄葬"的传统论点，是不够确切的，至少在某个地区、某个时期是如此。

毫无疑义，这种"伤生以送死"①的厚葬现象加重了宋人的经济和心理负担。根据文献记载，宋代丧家无力举办丧事的现象十分普遍。成都府路提举言："汉州自熙宁七年灾伤，户绝之家有暴骸未葬者三十四户九十八人，乞人给钱二千收瘗，鬻绝户田宅以偿官。"从之。②孙觉自蜀归，则尽举族人之无后与贫不克葬者，凡三十五丧，葬之。③柳开（947～1000），字仲涂，人称河东先生，大名（今属河北）人。父承翰，乾德初官监察御史，徙忻州刺史。开善射，喜弈棋，有集十五卷。作家戒千余言，刻石以训诸子。性倜傥重义。在大名，有一次到酒肆饮酒，坐侧有一书生，脸色不好，一副愁相，柳开遂上前询问其姓名及情况，则知其从京师来，由于家贫无法葬其亲，闻知府王祜笃义，想求其出资帮助安葬家人。柳开问其所需费用多少，曰："得钱二十万可矣！"柳开让其暂住在旅舍，帮其筹资。他罄家中所有，得白金百余两，益钱数万，送给书生，让其安葬亲人。④一个普通人家的丧葬费用就需要"得钱二十万"，尚且是勉强而行，要举办一场豪华奢侈的葬礼，其费用自然不止此数了。

文献中记载的平民百姓和小官吏无力葬亲事例不胜枚举，如：

查道（955～1018），字湛然，歙州休宁（今属安徽）人。查元方子。官至龙阁待制。据《宋史·查道传》所载，当初查道上京赶考，因贫穷没有盘缠进京，亲戚族人集资三万钱馈赠他。后来，查道路过滑台，前去拜见父亲的朋友吕翁，不巧吕翁已死，吕家贫穷无钱下葬，吕翁的哥哥将要卖掉自己的女儿来帮助埋葬。查道知道后，拿出包袱中所有的钱财替吕翁哥哥赎女，并为他的女儿选择女婿，另外出资作为嫁妆。⑤

范仲淹守邠州，空闲时带手下的官员到酒楼聚会，还未举杯饮酒，只见有数名穿着丧服的人在营理丧具。范仲淹急忙派人上前询问，乃知寄居士人病死于此，将出殡近郊，但死者身上要穿的衣服和棺椁皆无力置办。范仲淹听后怃然，即下令撤去宴席，出资厚赒，让他们完成丧事。酒店中的食客看到后都非常感动，有的甚至流下了

---

① 《政和五礼新仪》卷首，文渊阁《四库全书》本，第647册，第6页。
② 李焘：《续资治通鉴长编》卷296，神宗元丰二年正月丙辰条，1985，第21册，第7210页。
③ 许翰：《赠朝散郎孙君墓志铭》，《全宋文》卷3115，第145册，第6～7页。
④ 《宋史》卷440《柳开传》，第37册，第13028页；张镃：《仕学规范》卷29《阴德》，文渊阁《四库全书》本，第875册，第148页。
⑤ 《宋史》卷296《查道传》，第28册，第9880页。

泪水。①

都监马景的父亲马遂曾经入贝州城手搏妖贼王则遇害，有颜段之节。但其家贫，无力理丧事。知祁州马用之向朝廷进言，希望稍迁马景的资级，以旌忠义之后。于是，朝廷诏马景与就移缘边驻泊都监，仍赐绢百匹。②

彭思永，字季长，庐陵人。"尚书治经术，以能诗名于世……未冠，居尚书丧，以孝闻。家贫，无以葬，昼夜号泣，营治岁终，卒能襄事，扶丧数千里归庐陵，知者无不咨叹。"③

朝散郎费琦，字孝琰，成都人。元丰三年（1080）正月某日以疾卒于渝州白崖舟中，享年五十四。寓丧于合州之扶山十四年，欲归成都，因家贫无法实现这一愿望。"客殡无归，葬为旅人"。④

鄞县主簿林覃，"为人清慎有守，而敏于从事。其聚食二十口，皆孤遗。覃善抚养，无一间言者。其未葬者七丧，而家贫不能举，故覃于禄仕犹不敢不勉"。⑤

建炎四年（1130），右朝散大夫汪叔敖寝疾，没于私第。时监丞甫冠余尚幼，不任事，家且窘，仅能薄葬。⑥

吕祖泰，字泰然，为吕夷简六世孙，寓常州宜兴。官迪功郎，监潭州南岳庙。嘉定四年（1211）丧母，无钱办理丧事，只好到中都向诸公借钱。得寒疾，索纸书曰："吾与吾兄共攻权臣。今权臣诛，吾死不憾。独吾生还无以报国，且未能葬吾母，为可憾耳！"数日后病死，年仅四十九岁。当地官员王柟为其具棺殓归葬。⑦

李彤，字周伯。其先京兆人，八世祖远从唐僖宗幸蜀，调晋原令，遂迁居于此。迁太常博士，知华州郑县，以疾分司西京，熙宁五年（1072）卒，享年五十四。因家贫，死后六年一直未葬，至元丰元年（1078）三月某日乃葬。⑧

吕好问（1064~1131），字舜徒，南宋初年"以恩封东莱郡侯"，始定居婺州金华（今属浙江）。绍兴元年（1131）七月丁酉以疾薨于桂州，享年六十八。讣闻，诏赠五官恤礼，视常典有加。八月壬申，藁葬于桂州城南之龙泉。⑨

---

① 张镃：《仕学规范》卷29《阴德》，文渊阁《四库全书》本，第875册，第148页。
② 李焘：《续资治通鉴长编》卷230，神宗熙宁五年二月甲寅条，1986，第17册，第5589页。
③ 程颢、程颐：《二程集·河南程氏文集》卷1《明道先生文四·故户部侍郎致仕彭公行状》，第2册，第489页。
④ 吕陶：《净德集》卷24《朝散郎费君墓志铭》，《丛书集成初编》本，第4册，第270~272页。
⑤ 许景衡：《许景衡集》卷15《上韦明州书》，第477页。
⑥ 曾几：《右朝散大夫汪君叔敖墓表》，《全宋文》卷3800，第174册，第138~140页。
⑦ 《宋史》卷455《吕祖泰传》，第38册，第13372页。
⑧ 吕陶：《净德集》卷25《李太博墓志铭》，《丛书集成初编》本，第4册，第276~278页。
⑨ 吕祖谦：《吕东莱文集》卷9《家传》，《丛书集成初编》本，商务印书馆，1937，第3册，第212页。

朱弁（1085~1144），字少章，号观如居士，婺源（今属江西）人。朱熹叔祖。早从中州士大夫游，文学甚高，有《曲洧旧闻》、《风月堂诗话》等传世。建炎元年（1127）自荐为通问副使赴金，为金所拘，不肯屈服，被拘留十六年始得放归。曾劝宋高宗恢复中原，得罪秦桧，官终奉议郎。死后藁殡西湖智果院，时间长达三十年。其孙照者贫悴亡聊，不能归葬故里。今欲只就左近卜地以葬。窃意欲丐台旨，以重其事，庶可必得。今悉令取禀，倘蒙矜许，却令踏逐，别具申请也。①

温州瑞安人、处士朱俊之死，贫不克葬。其女朱氏为此言涕俱出，对丈夫林文质说："吾父母未葬，尚以生为？"于是倾尽家产以葬父母。②

赵彦远故人许珪死，家贫，其女成为孤儿，无家可归，赵彦远即聘以为次子的妻子。尝与台人蒋彝为同僚，后至其乡为官，首先访问老友，闻知蒋彝早已死亡，且因家贫无法下葬，而蒋彝儿子也在外面谋食。赵彦远即往其家哭拜，等到蒋彝儿子回来后，出钱资助他办理好丧事。③

吕昌辰，字伯熙，为起居郎吕龟图之曾孙，宰相吕蒙正之孙，光禄少卿吕务简之子。以父荫，调和州历阳、汉州雒县主簿，后徙江宁建宁令。父丧，不去上任。服除，调莱州推官，以举者死不得磨勘，迁荆南推官。又补商州、坐州将累免，以山南东道推官知金州石泉县，改清海军推官，知桂州修仁县。某年某月日以疾卒，年六十一。其虽"生长贵家，而廉约刻苦甚寒士。性静慎好学，无竞其中，善之恶之不可欺。从公谨绳墨，不为皎皎，吏民宜之。上官应谒则往谒，不肯问见，无意于人之知不知。家极贫，不以一毫取人，人亦不可干以私。死也至无以敛，盖其节如此。"死后十八年，吕昌辰之子仲敏写书信给刘挚，言："先人捐馆，贫不克葬，今始卜葬，惟圹中之文，敢敬以请。"④

这种无力葬亲的现象，即使是俸禄丰厚的中上层官员也难免遇到。

至道二年（996），礼部侍郎贾黄中卒，宋太宗"以其素贫，别赐钱三十万，给葬事"。⑤

周渭（922~999），字得臣，昭州恭城（今广西恭城）人。尝仕至益州转运使，坐从子违诏市马，黜为彰信军节度副使。咸平二年（999），真宗闻其清节，将其召

---

① 朱熹：《朱熹续集》卷5《与王尚书（佐）》，四川教育出版社，1996，第9册，第5222~5223页。
② 杨万里：《诚斋集》卷126《夫人朱氏墓志铭》，《杨万里诗文集》下册，王琦珍整理，第2090页。
③ 朱熹：《朱熹集》卷92《笃行赵君彦远墓碣铭》，第8册，第4692页。
④ 刘挚：《忠肃集》卷13《清海军推官吕君墓志铭》，第283~284页。
⑤ 钱若水：《宋太宗实录》卷76，至道二年正月丁卯，甘肃人民出版社，2005，第158页。

还，准备再次重用，结果是诏下而卒，年七十七。真宗体念其家贫无钱办理丧事，遂给赙钱十万缗，以其子建中为乘氏主簿。①

张齐贤（942～1014），曹州宛句（今山东菏泽）人。徙居洛阳（今属河南），自言慕唐李大亮之为人，故字师亮。先后担任通判、枢密院副史、兵部尚书、吏部尚书、分司西京洛阳太常卿等官职。为相前后二十一年，对北宋初期政治、军事、外交各方面都做出了极大贡献。他"少时家极贫，父死无以葬，有河南县吏为办其事，齐贤深德之，事以兄礼，虽贵不替也"。②

礼部侍郎韩丕（？～1009），字太简，华州郑（今陕西华县）人。太宗太平兴国三年（978）进士。曾通判衡州，知河阳、濠州、均州、金州、滁州，仕至礼部侍郎。历典州郡，虽不优于吏事，能以清介自持，时称其为长者。但死后旅殡于安州达五十年。直到滕甫（字元发）知安州时，才由其资助下葬。③

天禧四年（1020），秘书丞致仕李行简去世后，他的妻子向朝廷上书称因家贫不能埋葬，于是有诏赐其家钱十万以营葬。④

刑部尚书李维（961～1031）死后，"家无余资"，无法营葬。⑤

太子少傅石中立（972～1049）死，其家因无力筹措巨额丧资，"至不能办丧"。⑥

尚书兵部员外郎知制诰谢绛（994～1039）和枢密副使狄青（1008～1057）死之日，同样因缺钱而无法下葬。⑦

张载（1020～1077），北宋大儒，哲学家，理学创始人之一。熙宁二年（1069），除崇文院校书。次年移疾。十年（1077）春，复召还馆，同知太常礼院。同年冬告归，十二月卒于临潼驿舍，年五十八。当时唯外甥宋京在身边，因张载终身清贫，殁后贫无以殓，宋京连夜哭告长安张载弟子吕希哲、吕大钧、苏炳等门人，众弟子获悉后又哭奔临潼，为先生主办丧葬，买棺成殓，并护柩回到凤翔郿县。元丰元年（1078），张载被葬于郿县横渠镇南大振谷口其父张迪墓左侧向南，与弟张戬墓左右相对。张载殁后，其妻郭氏因生活困难，衣食不足，遂携幼子往寄

---

① 《宋史》卷304《周渭传》，第29册，第10056页。
② 王称：《东都事略》卷32，孙言诚、崔国光点校，第990页。
③ 张镃：《仕学规范》卷29《阴德》，文渊阁《四库全书》本，第875册，第144页。
④ 李焘：《续资治通鉴长编》卷96，天禧四年十二月癸卯条，第4册，第2231页。
⑤ 《宋史》卷282《李沆（弟维）传》，第27册，第9542页。
⑥ 《宋史》卷263《石中立传》，第26册，第9104页。
⑦ 欧阳修：《居士集》卷26《尚书兵部员外郎知制诰谢公墓志铭》，李之亮笺注《欧阳修集编年笺注》，第2册，第370页。

河南娘家。翰林院学士许诠等奏明朝廷，乞加赠恤。神宗下诏按崇文院三馆之职，赐丧事支出半数。

尚书屯田员外郎通判润州刘奕，字蒙伯，"其终之岁，予适寓润州。君病溃，以手书谓予曰：'吾止于此矣，惟稚子是托。'既终，敛无新衣，橐无余资，郡使民集钱二百千以赙，夫人辞焉。归葬于闽，居无室庐，产无田园，勤劳其家，清节不渝，夫人之力焉。"①

翰林学士郑獬（1022~1072），字毅夫，号云谷，安州（今湖北安陆）人。熙宁五年（1072）病逝于安州，享年五十一岁。因家贫子弱，无钱安葬，棺柩停于寺院十余年。滕甫到安州任知州时，知其家贫，出俸资助其家下葬，始入土为安。②

辛炳（1072~1135），字如晦，福州侯官人。登元符三年（1100）进士第，累官至监察御史兼权殿中侍御史。操行清修。曾除显谟阁直学士，知漳州，未赴而卒。其死后，家中贫无以葬，特赐银帛200匹两赙其家，赠通议大夫。③

吏部郎中边珝，字待价，华州郑（今陕西华县）人。曾充广南转运使。他初至桂州时，恰逢知州张颂在任上病死。张颂为濰州人，按"旧制，不许以族行"，州人只得将其藁葬于城外。张颂的妾和仆人贪其财，乃偷偷将张颂的家财全部分光。边珝知道后，召集官吏曰："张使君没于远宦，身后之计，吾侪安可不为致力！"于是委派官员将这些被私分掉的财产全部追回，并送张颂的棺柩归濰州安葬。"人以此义之。"④

周春卿，字孟阳，曾事英宗藩邸。神宗朝，进天章阁待制。入谢，神宗抚慰甚厚。不久，因病终死京师。贫不能归葬，只得露殡佛寺。元祐年间（1086~1093），御史贾易请依王雱例中使护葬。英宗宣仁皇后曰："待其子来。"后来其子定民到京，英宗赐御札，赐银子千两，官其一孙，诏以人船还其丧。⑤

董琦，字顺之，饶州德兴人。以迪功郎致仕。"尝卜寿藏，既得吉，而所知有贫不克葬者，举以畀之无吝色。"⑥

---

① 蔡襄：《蔡襄集》卷37《尚书屯田员外郎通判润州刘君墓碣》，第684页。
② 苏轼：《苏轼文集》卷15《故龙图阁学士滕公墓志铭（代张文定公作）》，第463页。
③ 《宋史》卷372《辛炳传》，第33册，第11548~11549页。李心传：《建炎以来系年要录》卷85，绍兴五年二月辛卯条，第2册，第1402页。
④ 李焘：《续资治通鉴长编》卷21，太宗太平兴国五年七月己巳条，1979，第3册，第477页。
⑤ 孙升口述、刘延世笔录：《孙公谈圃》卷上，陶宗仪编《说郛》号15，《说郛三种》，上海古籍出版社，1988，第3册，第722~723页；李焘：《续资治通鉴长编》卷384，哲宗元祐元年八月丁亥条，1992，第26册，第9349页。
⑥ 朱熹：《朱熹集》卷93《迪功郎致仕董公墓志铭》，1996，第8册，第4755页。

曹修古（？～1033），字述之，建州建安（今福建建瓯）人。累任秘书丞、饶州通判，后以太常博士为监察御史、殿中侍御史。立朝慷慨有风节，当太后临朝，权幸用事，人人顾望畏忌之时，曹修古遇事诤诤敢言，无所回避。他死后，大家都感到非常惋惜。由于曹修古生活俭约，洁身自爱，故死时家中清贫，无钱归葬。最后，他官中同事及兴化地方人士捐赠赙钱三十万，让其归葬。曹修古的次女哭着告诉她的母亲说：父亲以忠节闻名天下，现在不幸因直言贬官至死，怎么可以接受他人的捐赠而玷污父亲的德行呢？于是谢绝了大家的赠礼。①

由于丧事费用非常高，时人往往不堪重负，甚至连家底殷厚的官僚士大夫也深感不安和忧虑。

田锡（940～1003），初名继冲，后更名为锡，字表圣。祖籍京兆（今西安），嘉州洪雅（今属四川眉山市）人。官终右谏议大夫、史馆修撰。他在政治上以敢言直谏著称，同时又是一位革陈推新，影响后世的文学家，被称为宋代文学的开拓者和奠基人之一。著有《咸平集》五十卷。②其《奏荫长男庆远二》言：

> 臣以年齿已衰，生涯未有，除俸禄充给之外，无田园终老可归。虑一旦云亡，卜葬无地，一家私属，失所可忧。③

毛滂（1056～约1124），字泽民，衢州江山（今属浙江）人。一生仕途失意。崇宁元年（1102），由曾布推荐进京为删定官。曾布罢相，滂连坐受审下狱。大观初年（约1108）填词呈宰相蔡京，被起用，任登闻鼓院。政和年间（1111～1117），任祠部员外郎、秀州（今浙江嘉兴市）知州。他虽然官职较高，但在丧事上同样感到无力，说："某今虽月有所入，尚未免裘褐菽水之忧，则某婚嫁曾未毕，而死丧有未葬者。度今日之力，将不可支吾。"④于是，他多方设法，筹措葬资。

（二）宋人筹办丧事的主要方法

据笔者所见，宋人筹办丧事的方法主要有以下几种。

1．"必积累而后办"

绍兴二十八年（1158），户部侍郎荣薿在奏言中说："臣闻吴越之俗，葬送费广，

---

① 蔡襄：《蔡襄集》卷32《曹女传》，第584页。
② 《宋史》卷293《田锡传》，第28册，9787～9792页。
③ 田锡：《咸平集》卷27，第304页。
④ 毛滂：《重上时相书一》，《全宋文》卷2858，第132册，第270页。

必积累而后办。"① 其实上，这种在生前就筹办葬资的习俗，不仅流行于吴越地区，在其他地区也是这样，是时人通行的一种方法。宋代朱彧《萍洲可谈》就载有官员积俸葬母的故事：

> 绵州杨鼎臣，年十余岁，所生母死，殡菜园中。后十年登第，调官，欲积俸营葬，凡两任，不能办。后改官知彭州九陇县，升朝为安陪，追赠所生邑号，方获襄事。杨每惧微时草率，棺衾不如法。既彻面衣若生，衣装俨然，盖已三十年。杨抱持恸绝，奉尸易衣而葬，观者感叹，诚孝之报如此。②

购买风水宝地、营造"生坟"（或称"寿坟"）是宋人死前的首要大事。如：金华士人潘景宪，"既连丧其室人，买地于金华之别麓，号叶山，以营其二内之藏，而虚其中央，以为他日自归之所。筑室于旁，因以游息，而语乡人曰：'吾非以厚死，吾之生亦在焉。'"③ 朝请大夫盛允升，字德常，其先余杭人，后家居吴兴。退休在家后，理别圃苕霅之上，幅巾藜杖，往来其间。临死前，他命诸子具秘器，上寿藏。事后，他对儿子解释曰："后事豫矣，瞑目何憾。"说完后立即写信告诉朋友自己要逝世的日子。政和六年（1116）闰正月十八日这一天，他真的终于正寝。④ 奉议郎黄仁俭，字约之，本出建宁浦城溪东之族。庆历、皇祐年间（1041～1054），高祖银青仕于中原，因家于陈州宛丘。曾自卜寿藏于禽孝乡车盘隩之原。⑤ 胡宗元年四十，筑草堂于高安之鲁公岭，捐十万钱买官书，无所不读，务为汪洋无涯，终日与其徒辨析义理。初不经意时事，艺松竹，灌圃畦，隐约林丘之下，盖二十年。蔬町稻塍，松行竹坞。始为寿藏于鲁公岭，谓诸儿曰："吾百岁后，犹安乐此宅也。"⑥ 淳熙五年（1178），靖州推官张君杰（字汉卿）既葬其妇山中，又自为冢舍，每天往游其间。生事皆置不问，人多笑其迂。然汉卿心自有余，虽不作润屋计，而伏腊犹给无求于人。既老，预治棺椁衣衾，曰："吾宗鲜登中寿，我则过之，瞑目无憾矣。"⑦ 广西转运使李宽，字伯强，

---

① 《宋史》卷125《礼二八·凶礼四·士庶人丧礼》，第9册，第2919页。
② 朱彧：《萍洲可谈》佚文，上海古籍出版社，1989，第67页。
③ 韩元吉：《南涧甲乙稿》卷15《潘叔度可庵记》，《全宋文》卷4798，第216册，第199页。
④ 沈与求：《朝请大夫盛公行状》，《全宋文》卷3864，第176册，第368～371页。
⑤ 楼钥：《攻媿集》卷103《奉议郎黄君墓志铭》，《丛书集成初编》本，第19册，第1453～1455页。
⑥ 黄庭坚：《胡宗元墓志铭》，《全宋文》卷2335，第108册，第79页。
⑦ 周必大：《靖州推官张君廷杰墓志铭》，《全宋文》卷5175，第232册，第268页。

其先陇西人，后移居南昌。他在距先人墓五里的地方自建寿坟。①"董体仁之祖名宸，生前尝目卜地以为寿藏。既死，而其子易之。将葬，扶护适过其地，柩忽重不可举，子始惊异，因欲就葬。掘地丈余，忽遇大石，其上有'宸'字，乃其名也。人益信其不偶。"②

其次，是置办殡葬用品。"寿棺"是首先要置办的大件用品。梁伯臣，字明道，南剑州将乐人。晚年留心释氏。病重时知其棺敛之具已备，遂安寝而逝。③当时，一些富家大户千方百计购买昂贵的楠木。陶穀《清异录》载："右补阙正已四十四致仕，预制棺，题曰永息庵。置诸寝室。人劝移之僻地。曰：'吾欲见之常运死想，灭除贪爱耳！'寿七十八，无疾而逝。"④此外，人们还往往在生前就筹办殓衣、明器等物，以备一时之急用。如通议大夫、宝文阁待制李沇"年逾六十，即制衣衾、棺敛之具。前五年卜吉壤，营寿藏，命之曰乐丘，时造焉"⑤。

最后，置立"墓田"，用其收入来支付死后的丧葬费用。⑥

2. 自愿放弃条件优越的京官，请求外任，以多得俸银

徐休复，字广初，濮州鄄城（今山东菏泽市鄄城县）人。太平兴国（976～984）初举进士，端拱年间（988～989）加左谏议大夫，召为户部使。淳化元年（990）罢使，迁给事中，连知青、潞二州。他为了到青州当知州，先给朝廷上言，以父母当年藁葬青社，连座像样的坟墓也没有为由，强烈要求到青州去当知州，为父母营建坟墓。但他至青州一年多时间里，只是"聚财殖货，终不言葬事"。⑦王安石（1021～1086）因"兄嫂尚皆客殡而不葬"，"成婚姻葬送之谋"，⑧以及"先臣未葬，二妹当嫁，家贫口众，难住京师……而门衰祚薄，祖母二兄一嫂，相继丧亡，奉养婚嫁葬送之窘，比于向时为甚"，"乞且终满外任"。⑨程嗣弼（1027～1086），字梦符，其先居中山博野（今河北蠡县），自文简公葬河南伊阙，遂为河南（今河南洛阳）人。以朝议大夫致仕。"程氏自冀公以上，先葬郑，墓近水，当徙，公即辞守郡，求为闲官，力营之。合族人之未葬者凡十三丧，迁之伊阙。公自督役，寒暑不息，虽大雨，犹杖

---

① 王安石：《王文公文集》卷95《广西转运使李君墓志铭并序》，第985～986页。
② 曾敏行：《独醒杂志》卷8《董宸自卜地为寿藏》，第79页。
③ 杨时：《梁明道墓志铭》，《全宋文》卷2696，第125册，第53～54页。
④ 陶穀：《清异录》卷下《丧葬·永息庵》，《宋元笔记小说大观》第1册，第137页。
⑤ 真德秀：《通议大夫宝文阁待制李公墓志铭》、《全宋文》卷7191，第314册，第97页。
⑥ 黄榦：《张运属兄弟互诉墓田》，《名公书判清明集》附录二，下册，第585页。
⑦ 《宋史》卷276《徐休复传》，第27册，第9400页。
⑧ 王安石：《王文公文集》卷2《上执政书》，第20页。
⑨ 王安石：《王文公文集》卷17《辞集贤校理状》，第198页。

藜芒屩立雨中，至暴露感疾，乃克葬。"①

3. 向亲友求助，或依靠朝廷的恩赐

益州转运使周渭（922～999）死，"上闵其贫不克葬，赗钱十万"②。隐士种放（955～1015）母死，遣仆人告于翰林学士宋湜、集贤院学士钱若水、知制诰王禹偁等，言其"贫不克葬"。宋湜与钱若水、王禹偁同上言："放先帝尝加召命，今无以葬母，欲行私觌，是掠朝廷之美也。"于是，朝廷优诏赐钱三万、帛三十匹、米三十斛以助其丧。③曹修古（？～1033）死，"家贫，不能归葬，宾佐赗钱五十万"。④石介（1005～1045）曾因葬资，"叩头泣血"向王状元求助。元祐（1086～1094）中，吏部侍郎蔡延庆卒，朝廷"赐钱三十万，官庀其葬"。⑤徐州陈师仲因其家"贫不克葬"，及"西游，谋所以葬先子于朋友"。⑥陈亮写信给当时的丞相叶衡求助说："（其家）重以三丧未葬，而无寸土可耕，甘旨之奉阙然，每一念至，几不聊生。又羞涩不解对人说穷，愈觉费力，就使解说，其穷固亦自若也。以相公雅悉其家事，故辄拜之。相公旦暮归作霖雨，则穷鳞枯柄自应须有生意。西望门墙，跂立依依而已。"⑦其先考之丧事，便是贷钱以营办。陈亮《先考移灵文》便深刻地描述了他的无奈与悲痛：

> 三年之丧，圣人之中制，非以人子之心至是为已极也。某也积恶而不可掩，既已毒及我先君矣，葬不克自力，乃从人贷钱以葬；坟墓未干，顽然欲以教人自名，求钱以偿其负，因得窃衣食以苟旦暮之活，至避宅以舍之，使几筵弗克即安。将以明日迁置道旁之居，徒令妻孥以供饮食，而己则安于诵圣人之书以授人。顾不识《礼》所谓"三日不怠，三月不解"，与夫"斩衰唯而不言"者，将阙之而不授乎？不然，则宇宙固不汝容矣！辜天负地，尚敢以告。⑧

---

① 范祖禹：《朝议大夫致仕程公墓志铭》，《全宋文》卷2149，第98册，第322～323页。
② 《宋史》卷304《周渭传》，第29册，第10056页。
③ 李焘：《续资治通鉴长编》卷43，真宗咸平元年九月己未条，1979，第4册，第916页；《宋史》卷457《种放传》，第38册，第13423页。
④ 《宋史》卷297《曹修古传》，第28册，第9891页。
⑤ 《宋史》卷286《蔡齐传》附《蔡延庆传》，第28册，第9640页。
⑥ 苏辙：《栾城集》卷22《答徐州陈师仲书二首》，第490页。
⑦ 陈亮：《陈亮集》卷29《与叶丞相（衡）》，第378页。
⑧ 陈亮：《陈亮集》卷31《先考移灵文》，第413～414页。

4. 借债举丧，甚至卖子嫁妻、典田鬻庐

由于丧葬祭祀费用过高，于是典卖田地，破家亡产者不在少数。元祐（1086～1094）时，王岩叟就曾指出："民间典卖庄土，多是出于婚姻、丧葬之急。"①嘉祐元年（1056），知府州折继祖因为要改葬其父，请求预借月俸为经费，朝廷"赐钱五十万……因以推恩也。"②袁章，字叔平，庆元鄞县（今浙江宁波）人。官至承议郎，通判常德府。"居官廉，静以法，不以例及可以取可以无取者，未尝辄受……卒之日，室中萧然无以棺敛，质贷而后办。"③杨惇礼，福州长溪人。官至监察御史。南宋初年，刘氏姑死，杨惇礼家贫，无钱购买棺敛之品，哀乱计不知所出。此时，其妻子林氏哭着对其说："不有吾头上一金钗乎！"遂将金钗卖掉，用来购买棺具。④

卖子举丧的事例在宋代亦极为常见。《宋史·查道传》载："初，赴举，贫不能上，亲族裒钱三万遗之。道出滑台，过父友吕翁家。翁丧，贫窭无以葬，其母兄将鬻女以襄事。道倾褚中钱与之，且为其女择婿。"吕翁之丧因得查道资助，才不至于造成"鬻女"的悲剧，实属幸运。但更多人没有这种好运，不得不卖子举丧。如屯田员外郎傅天翼"死于官，不能归，傅天翼至鬻三女于范伯玉"。⑤此外，余靖《武溪集》卷十所载的《壬卖七岁女子法司断徒诉云家贫而葬母》，亦是一个生动的例证。

在有些地区，人们为了筹措巨额丧葬费用，还经常溺婴、弃婴，其目的当然也是不使家产分割，"厚其婚葬"。⑥

二 宋代厚葬的特点

与汉唐相比，宋代的厚葬具有以下几个特点：

（一）片面追求美观之效果

在宋代，美观效果最佳的当推佛事。佛事是一种超度死者亡魂的活动，时间长短不一，一般为七天，多者可达四十九天，甚至一百天。参加法事的僧道，少则数人，

---

① 《宋会要辑稿》食货13之22，第6册，第5030页；李焘：《续资治通鉴长编》卷397，哲宗元祐二年三月条，1992，第27册，第9683页。
② 李焘：《续资治通鉴长编》卷184，嘉祐元年十二月己未条，第8册，第4461页。
③ 袁燮：《絜斋集》卷16《叔父承议郎通判常德府行状》，《丛书集成初编》本，中华书局，1985，第4册，第273页。
④ 陈傅良：《止斋集》卷47《宜人林氏墓志铭》，《陈傅良先生文集》，浙江大学出版社，1999，599页。
⑤ 陈柏泉：《江西出土墓志选编》19《天章阁待制刘瑾墓志铭》，第49页。
⑥ 《宋会要辑稿》刑法2之57，第7册，第6524页。

多者成千上万,号"千人斋"、"万人斋"。内容为诵经设斋、礼佛拜忏、追荐亡灵。时人认为,替死者超度,可"使死者免为馁鬼于地下","往好处托生",①是子孙后代的孝仁之举,因此,人们纷纷请僧道诵经设斋做醮、做佛事,说是"资冥福"。一些官僚士大夫乐此不疲。如大将军石普,"每太宗忌日,必尽室诣佛寺斋荐,率以为常"。②通直郎张潜,每当父母死日,"必前期蔬素,为佛事,瞻仰如在,悲动左右",又于"故居之北资福院,建轮藏,以奉皇妣。工既告毕,遂径诣庐山,饭僧凡数千人,其孝思不匮类如此"。③贾似道为其母亲做道场,"斋云水千人"。④民间百姓们也是如此,话本《快嘴李翠莲记》说:"和尚、道士一百个,七日、七夜做道场。"对此,陆游曾一针见血地指出:"吾见平时丧家百费方兴,而愚俗又侈于道场斋施之事,彼初不知佛为何人,佛法为何事,但欲邻里为美观尔!"⑤

在当时的丧葬费用中,佛事开支是一个大项,数额高,少者数千缗,多则十万缗以上。如平江城北周氏之子死,其家为了请僧道做佛事,超度亡魂,"凡费钱十余万缗乃窆亡骨于东庑,如僧式立塔,而绘其像,以冠裳为饰"。⑥这比使用传统的儒家礼仪,在费用上增加了数倍,甚至数十倍。如明代丘濬《大学衍义补·家乡之礼》曰:"盖行古礼比用浮屠省费数倍"。由于费用侈大,许多丧家背上了沉重的负担,甚至倾家荡产。如福建,"俗重凶事,其奉浮图,会宾客,以尽力丰侈为孝,否则深自愧恨,为乡里羞,而奸民、游手、无赖子幸而贪饮食,利钱财,来者无限极,往往至数百千人。至有亲亡秘不举哭,必破产办具,而后敢发丧者。有力者乘其急时,贱买其田宅;而贫者立券举债,终身困不能偿"。⑦吴县(今江苏苏州)县宰陈祖安曾感叹道:"此费侈,吾贫不能办。"⑧不仅民间如此,朝廷亦是不堪负担。宋祁说:"朝廷大有三冗,小有三费,以困天下之财……何谓三费?一曰道场斋醮,无有虚日,且百司供亿,至不可赀计。……"⑨

此外,在停殡、出葬时,丧家亦是"不惜资财,以供杂祀广会,以沽儿童妇女之

---

① 翁甫(浩堂):《叔诬告侄女身死不明》,《名公书判清明集》卷13,下册,第503页。
② 《宋史》卷324《石普传》,第30册,第10475页。
③ 陈柏泉:《江西出土墓志选编》29《通直郎张潜行状》,第84页。
④ 田汝成:《西湖游览志余》卷26《幽怪传疑》,上海古籍出版社,1998,第388页。
⑤ 陆游:《放翁家训》,《全宋笔记》第5编(8),第149页。
⑥ 洪迈:《夷坚志·三志己》卷7《周敷面》,第1357~1358页。
⑦ 欧阳修:《居士集》卷35《端明殿学士蔡公墓志铭》,李之亮笺注《欧阳修集编年笺注》,第2册,第627页。
⑧ 洪迈:《夷坚志·丙志》卷12《吴旺诉冤》,第465页。
⑨ 《宋史》卷284《宋祁传》,第27册,第9594~9595页。

称誉"。① 如嘉祐八年（1063）九月，仁宗皇宗死，梓宫设在福宁殿，"自启殡以来，每日装饰尼女，置于殿前，傅以粉黛，衣之绮绣，状如俳优，又类戏剧"。对此，司马光极为反感，认为有违儒家礼仪。② 在民间，停殡、出丧时有所谓乐丧的习俗。司马光说："今之士大夫，居丧食肉饮酒，无异平日，又相从宴食，腼然无愧，人亦恬不为怪。礼俗之坏，习以为常，悲夫！乃至鄙野之人，或初丧未敛，亲宾则酒馔往劳之，主人亦自备酒馔，相与饮啜，醉饱连日。及葬，亦如之。甚者，初丧作乐以娱尸。及殡葬，则以乐导輀车，而号哭随之，亦有乘丧即嫁娶者。"③ 陆游《放翁家训》亦载："近世出葬，或作香亭、魂亭、寓人、寓马之类……僧徒引导……广召乡邻。"其实，这些都是丧家沽名钓誉之行，"无益死者，徒为重费"。

（二）重金购置风水宝地

在大土地私有制盛行的宋代，要求得一块"风水宝地"来安葬先人，绝非轻而易举之事，这在经济发达、土地紧张的地区尤其如此。为此，丧家不得不花费重金来购置"龙脉真穴"。赵师轱为父谋葬地，向一位道士买地，"商价须百千"，赵师轱"喜而酬之"。④ 义乌何恢（字茂宏）死，众子为了求得"回莺舞凤"之吉穴，"用功力至费百万余"。陈亮对此感触颇深，认为："天下之决者何以过之！"⑤

三 宋代士大夫对厚葬的批判与行动

社会上盛行的这种厚葬风气导致丧家破家亡产，最终引起社会的不安定。所以一些开明的士大夫深感忧虑，他们一方面著书立说极力反对厚葬带来的浪费，有官员甚至要求制定合理的丧葬礼仪，控制浪费；另一方面企图利用自己的微薄力量来扭转世风，改变这种不良的陋习。王旦、范仲淹、宋祁、欧阳修、范祖禹、司马光、程颐、蔡确、陆游等人便是其中的典型代表。

北宋真宗时期官拜丞相的王旦（957～1017），临死前告诫子弟："我家盛名清德，当务俭素，保守门风，不得事于泰侈，勿为厚葬以金实置柩中。"⑥

司马光亦极力反对厚葬，在嘉祐七年（1062）所上的《论董充媛赐谥册礼疏》中

---

① 戴表元：《剡源文集》卷4《中枝山葬记》，文渊阁《四库全书》本，第1194册，第58页。
② 司马光撰、李之亮笺注《司马温公传集编年笺注》卷26《福宁殿前尼女札子》，第3册，第264～265页。
③ 司马光：《司马氏书仪》卷6《丧仪二·饮食》，《丛书集成初编》本，第65页。
④ 洪迈：《夷坚志·支景志》卷4《金鸡老翁》，第913页。
⑤ 陈亮：《陈亮集》（增订本）卷36《何茂宏墓志铭》，邓广铭点校，中华书局，1987，第473页。
⑥ 《宋史》卷282《王旦传》，第27册，第9552页。

表明了他的这一态度。他认为:"夫亡者,虽加之虚名盛饰,岂能复知?"因此,他希望仁宗在后宫丧事上,"凡丧事所须悉从减损,不必尽一品之礼"。其《训子孙文》更全面细致地体现了他薄葬思想的来源:

> 吾家本寒族,世以清白相承。吾性不喜华靡,自为乳儿时,长者加以金银华美之服,辄羞赧弃去之。二十忝科名,闻喜燕,独不戴花。同年曰:"君赐不可违也。"乃簪一花。平生衣取蔽寒,食取充腹,亦不敢服垢弊以矫俗干名,但顺吾性而已。众人皆以奢靡为荣,吾心独以素俭为美。人皆嗤吾固陋,吾不以为病,应之曰:"孔子称与其不逊也宁固。"又曰:"以约失之者,鲜矣。"又曰:"士志于道,而耻恶衣、恶食者,未足与议也。"古人以俭为美德,今人以俭相诟病。嘻,异哉!近世风俗尤为侈靡,走卒类士服,农夫蹑丝履。吾记天圣中,先公为群牧判官,客至未尝不置酒,或三行,或五行,不过七行。酒沽于市,果止梨栗枣柿,肴止于脯醢菜羹,器用瓷漆。当时士大夫家皆然,人不相非也。会数而礼勤,物薄而情厚。近日士大夫家,酒非内法,果肴非远方珍异,食非多品,器皿非满案,不敢会宾友。常数月营聚,然后敢发书。苟或不然,人争非之,以为鄙吝。故不随俗靡者,鲜矣。嗟乎,风俗颓弊如是,居位者虽不能禁,忍助之乎?

有鉴于此,他在《司马氏书仪》中拟定丧仪,极力劝告世人,"慎勿以金玉珍玩入圹中,为亡者之累"。①

范仲淹(989~1052),字希文,吴县(今江苏苏州)人。他极力反对厚葬。庆历四年(1044),他在《奏议葬荆王》疏中认为"自来敕葬,枉费太半,道路供应,民不聊生",请求仁宗"特降严旨……大减冗费"。②同时,他从国家治理的角度出发,认为国家一定要使地方官员"衣食得足,婚嫁丧葬之礼不废"。如果地方官员在经济上不能保证其日常生活的衣食之需,没有能力举办婚、丧之礼,那么官员就可能会贪污腐化,这样一来,朝廷要"责其廉节,督其善政"也就不可能了,更为严重的是这样会"使英俊之流"不"乐于为郡为邑之任"。③

---

① 司马光:《司马氏书仪》卷7《丧仪三·碑志》,《丛书集成初编》本,第80~81页。
② 范仲淹:《范文正公政府奏议》卷上,《范仲淹全集》,第567~568页。
③ 李焘:《续资治通鉴长编》卷143,仁宗庆历三年九月丁卯条,1985,第11册,第3438~3439页。

宋祁（998~1061），字子京，安州安陆（今属湖北）人。历官翰林学士、三司使等职。他在临死前作有《治戒》，对儿子说：我死后，你要根据家里的经济情况治理丧事，"敛用濯浣之衣、鹤氅、纱表帽、线履"，不要像世俗风气那样长久停殡在家，"三日棺，三月葬"，也不要受流俗的影响，拘忌于阴阳风水之术。"棺用杂木，漆其四会，三涂即止，使数十年足以盾吾骸朽衣巾而已。吾之焘然朗朗有识者，还于造物，放之太虚，可腐败者合于黄垆，下付无穷，吾尚何患？"坟墓不必高大，"掘冢三丈，小为冢室"，能够放得下棺材及明器即可。随葬品尽量减少，能简则简。"左置明水水二盎，酒二缸；右置米麦二笾，朝服一称，私服一称，靴履自副。左列吾志，右刻吾铭，即掩圹。惟简惟俭，无以金铜杂物置冢中。……冢上树五株柏，坟高三尺，石翁仲兽不得用。盖自摽置者，非千载永安计尔。"他又交代儿子，出殡时"以绘布缠棺，四翣引，勿得作方相俑人，陈列衣服器用，累吾之俭"。同时，他针对当时"作碑谀墓"的习俗，要求后人"不可以请谥于有司，不可受赙赠"，"不宜求巨公作志及碑"，也"不得作佛、道二家斋醮"。"此吾生平所志，若等不可违命作之；违命作之，是死吾也，是以吾为遂无知也。"①

欧阳修（1007~1072），字永叔，号醉翁、六一居士，吉州庐陵（今江西吉安）人。他主张"俭葬"："夫俭葬，古人之美节。侈葬，古人之恶名"，认为厚葬"劳民枉费"，于国有害。仁宗时，在如何办理皇叔荆王的葬事上，文武大臣在朝廷上分为意见截然不同的两派："顾物力者，则不顾典礼国体；论典礼国体者，则不思财用办否。"双方各执己见，议久不决，以致仁宗在此事上也是犹豫不决，但其心中还是想厚葬皇叔荆王。欧阳修对仁宗在皇叔荆王的葬事上"避俭葬，不肯节费，留丧而待有物之年以就侈葬"深感不满，认为仁宗"不肯薄葬而留之以待侈葬"，是成荆王之"恶名"。庆历四年（1044），他一再上奏，请求仁宗节减浮费："虽至俭薄，理亦无害。如此，则葬得及时，物亦不费。"其《论葬荆王札子》曰：

谓前后敕葬大臣，浮费枉用之物至多，岂是朝廷本意？皆为主司措置之失，致人因缘以为奸尔！今若尽节浮费，及绝其侵蠹，而使用物不广，则将复以何辞？而云不葬臣，不知所司曾将一行用度计定大数否？内若干是浮费、若干是实用？若实用之物数犹至多而力不可办，则缓之可也；若实用之物少，只是旧例浮

---

① 宋祁：《宋景文公笔记》卷下《治戒》，《兼明书及其他二种》，《丛书集成初编》本，商务印书馆，1936，第25~26页；《全宋文》卷520，第24册，第394页。

费多，则可削去浮费而已。今都不计度，而但云无物可葬，则不可也。未见实用之数多少，不量力能及否而曰必须遵礼，而曰必须葬，亦未可也。如臣愚见，酌此两端葬则为便。然须先乞令王尧臣、宋祁等将一行合用之物列其名件，内浮费不急者，一一减去之。若只留实用之物，数必不多。假如稍多，更加节减，虽至俭薄，理亦无害。如此，则葬得及时，物亦不费。……而今避俭葬，不肯节费，留丧而待有物之年以就侈葬，则非臣所知也。若曰俭葬亦未能办，则乃过言之甚也。然外之舆议为国家论事体者，皆云葬则为便。

他认为现在便葬之害只有一个，而不葬之害则有五个。便葬之害，不过是费物，然国家财力可以承受。不葬之害所失则大，一是"不肯薄葬而留之以待侈葬"，成荆王厚葬之恶名；二是信巫卜之说，有违传统的典礼；三是现在"减节力所易为，他时丰足，理或难待，使皇叔之柩五七年间不得安宅，而神灵则无归"；四是使周边国家闻知天子皇叔薨而无钱出葬，遂看轻中国而动心侵略；五是现在国家物力虽然不足，然而"凡百用度不能节费处多，独于皇叔之身有所裁损伤"，会有损"陛下孝治之美"。有鉴于此，他认为"葬则为便者也。荆王于国属最尊，名位最重，伏乞早定议，无使后时"。为了进一步坚定仁宗薄葬的决心，欧阳修又上奏议，专门谈了他对葬荆王一行事的看法。他说：

臣风闻已有圣旨，荆王葬事，令三司与太常礼院及监葬官等同议，减节浮费，此足见陛下厚于皇叔之恩，念民惜费之意，一举而两得也。然臣每见朝廷作事欲爱民节用，而常枉费劳人，盖为议事之初不得其要，或失于不精审者有四：民间不科配，一也；州县供应物有定数，二也；送葬之人在路禁其呼索，三也；州县官吏不得过外供须以邀名誉，四也。苟绝此四者，则无大患矣。昨京西一路遭张海惊劫之后，不可更有诛求。臣今欲乞指挥三司，应是合要之物并须官给，不得民间科买。仍乞先将一行仪仗人马并送葬人等一人以上先定人数，然后札与京西，令依数供顿，则可无广费。自荆王以下诸丧，非至亲者，不必令其自往。仍乞限定人数，及每人将带随行人数，亦乞限定。凡皇亲及一行官吏，除宿顿合供饮食外，不得数外呼索。州县官吏亦不得于官供饮食外别以诸物献送权要。其受献送并呼索，并以入己赃论，仍乞御史里行一人随行纠察。其数外，带人及州县随顺呼索献送物等官吏物出于己，亦从违制。若托以供应为名于民间贱买及率掠者，皆以枉法赃论。如此防御，方可杜绝浮费，以称陛下厚亲节用之心。①

程颐（1033~1107），字正叔，世称伊川先生，洛阳（今属河南）人。北宋理学家和教育家。为程颢之胞弟。历官汝州（今河南临汝县）团练推官、西京（洛阳）国子监教授。元祐元年（1086）除秘书省校书郎，授崇政殿说书。与其胞兄程颢共创"洛学"，为理学奠定了基础，合称"二程"。他从"以俭安亲"的丧葬观念出发，反对厚葬。他考察了秦汉以来历代帝王陵墓的盗掘情况，深深懂得俭则安、侈致祸的道理。治平四年（1067），他在《为家君上神宗皇帝论薄葬书》中，深切希望神宗皇帝在英宗丧事上能够"损抑至情，深为远虑，承奉遗诏，严饬有司，凡百规模，尽依魏文之制。明器所须，皆以瓦木为之，金银铜铁、珍宝奇异之物无得入圹，然后昭示遐迩，刊之金石。如是则陛下之孝显于无穷，陛下之明高于旷古"。②史载北宋史学家、文学家范祖禹（1041~1098）的丧事，便是由程颐"为之经理，掘地深数丈，不置一物"。下葬这一天，程颐招呼住在附近的父老乡亲来参加葬礼，然后犒以酒食。当时社会上盗墓之风盛行，但唯独范祖禹的墓一直没有遭到破坏。③

程颢虽主张送死为大事，但要求严格按照等级制度来实行，不得逾僭："古者冠婚丧祭，车服器用，等差分别，莫敢逾僭，故财用易给，而民有常心。今礼制未修，奢靡相尚，卿大夫之家莫能中礼，而商贩之类或逾王公，礼制不足以检饬人情，名数不足以旌别贵贱，既无定分，则奸诈攘夺，人人求厌其欲而后已，岂有止息者哉？此争乱之道也。则先王之法，岂得不讲求而损益哉？此亦非有古今之异者也。"④

邵雍（1011~1077），字尧夫，自号安乐先生、伊川翁。生于范阳（今河北涿县），后随父邵古相继迁往衡漳（今河南林县康节村）、共城（今河南辉县）。其思想源于陈抟道家思想，他在继承传统象数易学基础上，对易学进行精心的改造和创新，建立起庞大的思想体系。著有《皇极经世》、《观物篇》、《先天图》、《渔樵问对》、《伊川击壤集》等。宋仁宗皇祐元年（1049），邵雍定居洛阳，以教书为生，自号安乐先生。

---

① 黄淮、杨士奇编《历代名臣奏议》卷123《礼乐·丧礼》，第2册，第1623页。
② 程颢、程颐：《二程集·河南程氏文集》卷5《伊川先生文一·为家君上神宗皇帝论薄葬书》，第2册，第528~529页。
③ 程颢、程颐：《二程集·河南程氏外书》卷11《时氏本拾遗》，第2册，第418页。
④ 程颢、程颐：《二程集·河南程氏文集》卷1《明道先生文一·论十事札子》，第2册，第454页。

邵雍患病垂危期间，富弼、司马光、程颢、程颐、张载这些知名人士早晚在他跟前守候照料，将死去时，大家在外厅共同商议他的丧葬事宜，邵雍听到那些商议的话语，就召唤他儿子邵伯温到跟前交代说："诸君欲葬我近城地，当从先茔尔。"他要求一切从简，曰："吾高曾今时人，以笾豆簠簋荐牲不可也。"邵伯温谨遵遗训而行。①

蔡确（1037~1093），字持正，泉州晋江人。北宋哲宗朝宰相，王安石变法的主要支持者之一。其临死前遗令薄葬，说："吾没之后，敛以平日闲居之服，棺但足以周衣衾，作圹不得过楚公。葬时，制棺前设一座，陈瓦器，以衣衾巾履数事及笔砚置右左。自初敛至于祖载襄葬悉从简质，称吾平生，毋烦公家，毋干恩典，毋受赇遗，毋求人作埋铭、神道碑。二处但刻石云：'宋清源蔡某墓。'而纪葬之岁月于某旁，可矣。夫达人君子安于性命之际而不忧，穷乎死生之变而不惑，超然自得，与道消息，生以形骸为寓，死奚丘陇之念哉！吾虽鄙薄，亦粗闻大道之方矣。欲效杨王孙与沐德信，则必伤汝曹之意，又干矫俗之称，故命送终为中制，将使子孙近者视吾藏足以无憾，远者尚及见吾墓道之石足以伸敬，如是而已。汝曹其遵吾言，慎勿易也。"②

范祖禹（1041~1098），字淳甫，一字梦得，成都华阳（今四川成都）人。官至翰林学士。他反对厚葬的态度尤为坚决。哲宗即位不久，他便上疏论俭葬，阐述厚葬之弊，说：

> 俭葬者，圣哲之训也；奢葬者，世俗之失也。宋华元厚葬其君，君子以为不臣。汉世山陵，多藏金宝，故有张释之言、刘向之论，世所明知也。武帝在位岁久，茂陵中物无所容，霍光不达大礼（体），以厚葬为爱君，无所减损，从而益之，故西汉之末，唯霸陵独完。葬之厚薄，祸福可睹矣。臣诚知国家山陵送往，俭于前代，然犹以为言者，欲以俭约之制，损之又损，使天下知其中无所有，见其中无所欲，则万世之利也。

这是一种典型的"以俭安死"的丧葬观。他还向皇帝列举了古代帝王的俭葬故事：唐太宗贞观十一年（637）二月，文德皇后病危，对太宗说："妾生无益于人，不可以死害人。愿勿以邱垄劳费天下，因山为坟，器用瓦木而已。"她的话深深地打动

---

① 邵伯温：《邵氏闻见录》卷19，中华书局，1983，第215页；《宋史》卷427《道学传·邵雍传》，第36册，第12728页。
② 张邦基：《墨庄漫录》卷6《蔡持正治命遗训及杂书》，第171~172页；《宋史》卷471《蔡确传》，第39册，第13698~13701页。

了唐太宗的心，唐太宗深表赞同。及文德皇后葬，唐太宗亲自撰文，自为终制，且刻之于石，称皇后节俭，遗言薄葬，以为盗贼之心只求珍宝，墓中既无珍宝，盗贼自然就不会起心盗掘，并称他的本志亦是俭葬："王者以天下为家，何必物在陵中乃为己有？今因九嵕山为陵，凿石之工才百余人，数十日而毕，不藏金玉、人马、器皿，皆用土木形具而已。庶几奸盗息心，存没无累，当使百世子孙奉以为法。"至是，唐太宗以汉世豫作山陵，免子孙仓猝劳费，又志在俭，葬恐子孙从俗奢靡，于是自为终制，因山为陵，容棺而已。最后，范祖禹曰："厚葬之祸，古今之所明知也。夫藏金玉于山陵，是为大盗积而标示其处也，岂不殆哉！是以自汉以来无不发之陵。后之人主知其有害无益而姑为之，以贾祸迹相接而莫之或戒也。太宗虽为终制以戒子孙，而昭陵之葬亦不为俭。及唐之末，不免暴露之患，岂非高宗之过乎？"[①]

苏洵（1009~1066），字明允，自号老泉，眉州眉山（今属四川）人。北宋文学家，与其子苏轼、苏辙并以文学著称于世，世称"三苏"，均被列入"唐宋八大家"。至和、嘉祐年间（1054~1063），与两个儿子轼、辙同至京师。宰相韩琦奏于朝，除秘书省校书郎。与陈州项城令姚辟同修建隆以来礼书，为《太常因革礼》一百卷。书成而卒，年五十八。他擅长作散文，尤其擅长政论，议论明畅，笔势雄健。著有《嘉祐集》二十卷，及《谥法》三卷。宋仁宗山陵，事从其厚，公私骚然。苏洵言于韩琦曰："昔华元厚葬其君，君子以为不臣。与其取厚葬之名，曷若建薄葬之议。"[②]其《上韩昭文论山陵书》曰："先帝以俭德临天下，在位四十余年，而宫室游观无所增加，帏簿器皿弊陋而不易，天下称颂，以为文、景之所不若。今一旦奄弃臣下，而有司乃欲以末世葬送无益之费，侵削先帝休息长养之民，掇取厚葬之名而遗之，以累其盛明，故洵以为当今之议，莫若薄葬。"[③]

张焘（1091~1165），字子公，饶州德兴（今属江西）人。绍兴九年（1139），兵部侍郎张焘请永固陵不用金玉珍宝聚而藏之，在奏议中说："金玉珍宝聚而藏之，固已动人耳目。又其为物，自当流布于世，岂容终瘞伏于地下？虽千万年，理必发露，无足怪者。"高宗览疏后，对宰相秦桧曰："前世厚葬之祸，如循一轨。朕断不用金玉，庶先帝神灵有万世之安。"张焘的这一薄葬之议切中要害，故而得到了宋高宗

---

① 黄淮、杨士奇编《历代名臣奏议》卷125《礼乐·丧礼·山陵及祭礼》，第2册，第1645页。
② 王偁：《东都事略》卷114《儒学传九十七》，孙言诚、崔国光点校，第990页。
③ 苏洵：《嘉祐集》卷13《上韩昭文论山陵书》，曾枣庄、金成礼笺注《嘉祐集笺注》，上海古籍出版社，1993，第355~356页。

的采纳。①

陆游（1125～1210），字务观，号放翁，越州山阴（今浙江绍兴）人。官至宝谟阁待制。他同样认为厚葬无益，其在家训中说："厚葬于存殁无益，古今达人言之已详。余家既贫甚，自无此虑，不待形言。至于棺椁，亦当随力。四明、临安倭船到时，用三十千可得一佳棺。念欲办此一事，窘于衣衾，亦未能及，终当具之。万一仓卒，此即吾治命也。汝等第能谨守，勿为人言所摇。木入土中，好恶何别耶！"又说："吾居贫不喜为人言，故知者少。今启手足之后，乃至不能办棺殓，度不免以累亲故，然当痛节所费，但获入土则已矣。更不可借口干人，以资他用。"②

吕祖谦（1137～1181），字伯恭，婺州（今浙江金华）人，原籍寿州（治今安徽凤台）。人称东莱先生。与朱熹、张栻齐名，同被尊为"东南三贤"。其殡葬观念同样是薄葬，主张"胡乱平地上便葬"。③

张栻（1133～1180），字敬夫，后避讳改字钦夫，又字乐斋，号南轩，学者称南轩先生，汉州绵竹（今属四川）人。中兴名相张浚之子。乾道元年（1165），主管岳麓书院教事，从学者达数千人，初步奠定了湖湘学派规模，成为一代学宗。淳熙七年（1180）迁右文殿修撰，提举武夷山冲祐观。他与吕祖谦一样主张薄葬，认为厚葬风俗不美，为此他在权发遣静江府府事时，针对当地的厚葬风俗撰写了《谕俗文》。在文中，他认为："曾不知丧葬之礼务在主于哀敬，随家力量，使亡者以时归土，便是孝顺，岂在侈靡？无益亡者，有害风俗。"④

李衡，字彦平，江都（今属江苏省扬州市）人。南宋理学家。历任监察御史、司封郎中、枢密院检详、直秘阁、秘阁修撰、侍御史、同知贡举、起居郎，以秘撰致仕。后定居昆山，结茅别墅，杖屦徜徉，左右唯二苍头，聚书逾万卷，号曰"乐庵"。死前他作遗训示子：死后棺木"以小为贵，仅可周身足矣"；棺中不放一物，即使冠、裳也属无用，只需裁一席子垫背即可。⑤临死前，他沐浴冠栉，翛然而逝，卒年七十九岁。周必大闻知其死事而赞其风节曰："世谓潜心释氏，乃能达死生，衡非逃儒入释者，而临终超然如此，殆几孔门所谓闻道者欤。"⑥

---

① 李心传：《建炎以来系年要录》卷129，绍兴九年六月己巳条，第3册，第2087～2088页。
② 陆游：《放翁家训》，《全宋笔记》第5编（8），第151、153页。
③ 黎靖德编《朱子语类》卷89《礼六·冠昏丧》，第6册，第2286页。
④ 张栻：《南轩集》卷15《谕俗文》，《张栻全集》中册，杨世文、王蓉贵校点，第775页。
⑤ 李衡：《遗训》，《全宋文》卷4226，第192册，第46页。
⑥ 《永乐大典》卷10422《李衡》，《四库全书存目丛书》第66册，第473页。

朱熹（1130～1200），字元晦，又字仲晦，号晦庵，晚称晦翁，谥文，世称朱文公。祖籍婺源（今属江西），出生于南剑州尤溪（今属福建）。宋朝著名的思想家、教育家，世尊称为朱子。历任江西南康、福建漳州知府、浙东巡抚，官拜焕章阁待制兼侍讲，为宋宁宗讲学。他极力主张薄葬，提出丧事不用明器粮瓶，认为这些东西"无益有损"，棺椁中不放置一件世俗的用物。① 他死后，其家按其遗志，采用一种悬棺葬法。据当时的"术家"说，这是因为采用此法"斯文不坠"。②

彭仲刚（1143～1194），字子复，平阳（今属浙江）人。父汝砺官至知州，以清白传家。历任金华县主簿、临海县县令、国子监丞、全州（在广西）知州。著有《彭监丞集》。他同样提倡薄葬，在临海当县令时，撰有《续谕俗》五篇。③

刘爚（1144～1216），字晦伯，自号云庄居士，建宁崇安（今属福建）人。南宋大臣、理学家。乾道六年（1170）正月，与弟刘炳一起从学朱熹于建阳寒泉精舍，后两人经朱熹之荐，又从学吕祖谦。庆元二年（1196），"伪学禁兴，爚从熹武夷山讲道读书，怡然自适。筑云庄山房，为终老隐居之计"。④ 他在担任工部尚书时，曾上疏奏请撤销伪学禁令，提意刊印朱熹的《四书章句集注》，作为学宫教材。卒后御赐归葬建阳，大臣真德秀为其撰墓志铭。他在殡葬上提倡薄葬，反对厚葬，真德秀《泉州劝孝文》便充分反映了刘爚与真德秀的这种思想：

> 当职昨以事谕民，首及孝悌。……至于丧祭二事，皆当以尽诚为主，不暇一一开陈。独有两说，愿因而劝戒。窃闻民间不幸有丧，富者则侈费而伤于礼，贫者则火化而害于恩。夫送终之礼，称家有无。昔人所谓必诚必信者，惟棺椁、衣衾至为要切，其他繁文外饰皆不必为。……自今而后，富者则愿其削世俗不正之礼，省虚华无益之费，审欲为亲祈福，岂若捐金谷以济饥贫，有若施药施棺，无非美事。倘能行此，福报自臻。何必索之渺茫，妄希因果！……经曰："孝悌之至，通于神明。"天下万善，孝为之本，若能勤行孝道，非惟乡人重之，官司敬之，天地鬼神亦将佑之。如其悖逆不孝，非惟乡人贱之，官司治之，天地鬼神亦将殛之。此州素称佛国，好善者多，今请乡党邻里之间，更相劝勉。其有不识文

---

① 黎靖德编《朱子语类》卷89《礼六·冠昏丧》，第6册，第2286页。
② 周密《癸辛杂识》别集卷上《悬棺葬》（中华书局，1988，第235页）："孔应得云：朱晦庵之葬用悬棺法。术家云：'斯文不坠，可谓好奇。'"
③ 陈耆卿：《嘉定赤城志》卷37《风土门二·土俗》，《宋元方志丛刊》第7册，第7579页。
④ 《宋史》卷401《刘爚传》，第35册，第12170页。

义者，老成贤德之士当与解说，使之通晓，庶几人人兴起，家家慕仿，渐还淳古之俗，顾不美欤！①

除上面这些士大夫外，宋代杜衍、曹修睦、孙冕、孙觌、葛书思、房仲洽、杨宗勋、陆静之等官员和文人亦都有这样的言论和举动。更为可贵的是，一些深明大义的女子也采用了薄葬。如：

王安石的外祖母黄夫人，康定二年（1041）十二月病重，以薄葬命子，卒三月而葬。②

高阳郡君齐氏，为故翰林侍读学士、赠开府仪同三司王洙的妻子，治平二年（1065）五月初三日终于亳州其子之官舍，年五十五。临终时，她遗令薄葬。③

礼部郎中孙冕之女、蔡襄葛夫人从兄葛宫之妻孙氏，喜诵佛经，临终时遗戒薄葬，祭之具，神情如平生，无有悲怛，"盖妇人之难能者"。④

延安郡主李氏，太宗皇帝之外孙、真宗皇帝之甥、齐国献穆大长公主之女。父为镇国军节度使、驸马都尉，赠太师、中书令、尚书令、许国公，谥和文，讳遵勖。她虽然出身于权贵之家，但"不以贵势富侈自用，闾阎民有死丧不能给，必资其家"。她临终前，"力戒二子自强以立门户，敛葬之用必以约"。⑤

孺人王氏，台州宁海（今属浙江）之王耆奥儒家子。"婺寇作台剡，邻境民生荼毒。三尺之坟，无不椎埋暴露。独孺人遗命子妇勿用簪珥金珠为饰，一用女冠衣帔为敛具。邻里人皆疑其太薄。既瘗，不为马鬣佳城之观，至今拳然块土，苍苔丛筱蔽其上，过者莫能指其处。此皆孺人先识明见，善缘乐趣，相与合吉，有以致此。"⑥

然而，这些人的举动在宋代殊为少见，并未形成一种社会风气，自然在当时也没有多大的影响。厚葬之风仍然在社会上盛行不衰，以致一些士大夫想效古礼以行薄葬，竟然亦无法实现。乾道九年（1173）十二月，东阳（今属浙江）士人蔡元德死，其孤"病世俗之侈于葬，思欲效古以宁其父，大惧力不胜俗"。⑦而宗室士大夫赵从

---

① 真德秀：《泉州劝孝文》，《全宋文》卷 7162，第 313 册，第 27~29 页。
② 王安石：《王文公文集》卷 86《外母黄夫人墓表》，第 917 页。
③ 王安石：《王文公文集》卷 100《故高阳郡君齐氏墓志铭》，第 1001 页。
④ 蔡襄：《蔡襄集》卷 39《瑞昌县君孙氏墓志铭》，第 707 页。
⑤ 蔡襄：《蔡襄集》卷 39《延安郡主李氏墓志铭》，第 709 页。
⑥ 舒岳祥：《故孺人王氏墓志铭》，《全宋文》卷 8163，第 353 册，第 34~36 页。
⑦ 陈亮：《陈亮集》（增订本）卷 35《蔡元德墓碣铭》，邓广铭点校，第 460 页。

赟在临死时，遗令送终"毋重费珠玉以为累"，周围之人竟然将其视为惊人骇世之举。① 这些事实有力地说明，厚葬仍然是宋代丧葬的主流。

第三节　风水

相风水，又称堪舆术、卜宅、相宅、青乌、青囊、形法、地理、阴阳、山水之术等。堪代表高处，舆表示低处，表明地势的变化和自然环境。在人与环境的关系中，求得天地和自然万物的和谐，以达到遇凶化吉的目的，这就是堪舆术的宗旨。

一　宋代的风水理论

宋代是阴阳风水地理说极为风靡的时期。《宋史·艺文志五》"五行类"收书 850 部，2420 卷。南宋郑樵编《通志》卷六八《艺文略·第六法家》五行类第八也收书 30 种，1114 部，3339 卷，其中单是葬书就有 149 部，498 卷。在《古今图书集成》中，被列入堪舆名流列传者共有 115 人，两宋就多达 43 人，占总数的 37.4%。②

在众多的风水图书中，《地理新书》是王洙等奉敕编著的官方风水学著作，对当时的风水理论做了比较全面系统的阐述，具有重要的影响。据宋代王应麟《玉海》卷一五《地理·地理书》所载，宋仁宗针对唐贞观（627~649）中吕才主持的官修阴阳书"丛杂猥近，无所归诣"，诏令官员对其进行修正，这便是最初的《地理新书》。皇祐三年（1051），仁宗又以原修的《地理新书》"浅僿疏略，无益于世"③，诏令丁度等置局删修。丁度死后，皇祐五年（1053）正月癸亥，复命知制诰王洙提举修纂地理图书，直集贤院掌禹锡著作，刘羲叟删修。嘉祐元年（1056）十一月书成，皇帝赐名为《地理新书》（后世又称《皇祐地理新书》）。书目首以城邑、营垒、府寺、邮传、市宅、衢徼为地事二十篇，次以冢穴、埏门、道陌、顷亩为葬事十篇，加上地图一卷、目录一卷，共三十二卷。④ 此书是宋代以前有关居所与墓葬术数的综合之作，王洙在该书的序中对其修撰特点做了明确的概括：

---

① 王珪：《华阳集》卷39《宗室金紫光禄大夫检校太子宾客左屯卫大将军使持节温州军事温州刺史充本州岛团练使兼御史大夫上柱国天水郡开国公食邑二千五百户食实封二百户赠邓州观察使南阳侯墓志铭》，《丛书集成初编》本，第 5 册，第 531 页。
② 陈梦雷等：《古今图书集成·博物汇编·艺术典·堪舆部》，台湾鼎文书局，1977。
③ 王洙等纂《重校正地理新书》，《续修四库全书》本，第 1054 册，第 3 页。
④ 王洙等纂《重校正地理新书》，《续修四库全书》本，第 1054 册，第 5~6 页。

辨之以四方，叙之以五行，商之以五姓，究之以九星，媲之以八卦，参之以八变，为地事凡二十篇。终以冢穴埏道，门陌顷亩则开三闭九，山垄水泉所相也。任之以八将，齐之以六对，董之以三鉴，素之以六道，为葬事凡十篇。

又曰：

券之以经义辨空也，质之以史传信休咎也，广之以异闻求成败也，正史所传则存其可据者，不颇新见也，辞质而易晓便于俗也。①

也就是说，这本官修阴阳书的材料即来自民间，编纂者力求行文通俗易懂，以期在民间广泛流传使用。

《地理新书》对阳宅和阴宅的择址，均有非常详细的阐述，如论"青龙白虎"：

宅欲左有流水，谓之青龙；右有长道，谓之白虎；前有污池，谓之朱雀；后有丘陵，谓之玄武。为最贵地。若无此相，凶。不然，种树。东种桃、柳，南种梅、枣，西种栀、榆，北种杏。②

此外，《地理新书》卷一三《步地取吉穴》还着重记载了当时流行的八种墓葬"穴位"选择方法，如第八种"昭穆"法："各贯鱼，入先茔内葬者，即左昭右穆，如贯鱼之形，仍避廉路、地轴、阴尸、阳尸、雌辕，惟河南、河北、关中、垄外并用此法。"③在当时，官员们就是按此举办葬事的。例大宗正司言忠国夫人冯氏，乞依熙宁二年（1069）春葬承范、冬葬允弼例，乘凶葬夫宗谔。太史局言："今年五月葬胜王，若又葬豫章郡王。据《地理新书》，一年不可再葬。"诏依太史局所定。④

除王洙奉敕编著的《地理新书》外，司天监保章正杨惟德所著《茔原总录》也是一部官方葬书。此书久不见著录，唯《文渊阁书目》卷三有载："一部，一册。"卷端有宋代大中祥符三年（1010）司天监保章正杨惟德上表，据此可知为杨惟德所著。杨惟德为宋初天文学家，精于星占，著有《乾象新书》30卷、《黄帝奇门遁甲图》1卷、

---

① 王洙等纂《重校正地理新书》，《续修四库全书》本，第1054册，第2~4页。
② 曾慥：《类说》卷49《地理新书》，王汝寿等校注，福建人民出版社，1996，第1450~1452页。
③ 王洙等纂《重校正地理新书》卷13《步地取吉穴（凡八条）》，《续修四库全书》本，第1054册，第97页。
④ 李焘：《续资治通鉴长编》卷328，神宗元丰五年七月己酉条，1990，第22册，第7909页。

《崇文万年历》、《太一福应集要》10卷、《七曜神气经》2卷、《新仪象法要》1卷、《景祐遁甲玉函符应经》2卷、《景祐遁甲符应经》3卷、《六壬神定经》10卷等。

《茔原总录》在北京图书馆中有藏，为元代刻本之残本。据此残本所载，全书共有11卷，现存卷一至卷五的部分内容，其目录如下：

卷一共有14篇：四折曲路法篇第一，埏道命祇法篇第二，葬杂忌篇第三，镇墓法篇第四，改葬开旧墓篇第五，葬后谢墓法篇第六，接灵除灵篇第七，雌雄杀法篇第八，传符之篇第九，殃杀出去日时方位篇第十，岁杀历篇第十一，禳除仪物篇第十二，择师篇第十三，伪书篇第十四。

卷二有10篇：地吉凶篇第一，筮地吉凶篇第二，初终篇第三，庭丧论篇第四，送丧避忌篇第五，野外□历篇第六，神杀地上合禁步数篇第七，三镜六道篇第八，上下利方篇第九，交射论篇第十。

卷三有11篇：择葬年月避忌篇第一，推魁刚法篇第二，择凶葬篇第三，第四至第七缺，择葬取八法篇第八，立明堂法篇第九，祭神祇立坛法篇第十，卜立宅北破上祭仪篇第十一。

卷四有16篇：地合四兽法篇第一，丧庭冢穴篇第二，第三篇缺，八卦冢开面闭十法篇第四，天履地载法篇第五，第六篇缺，龙虎行法篇第七，第八、九篇缺，座冗次序篇第十，第十一篇缺，封树高下法篇第十二，幽冗浅深篇第十三，第十四篇缺，丧葬之制篇第十五，棺椁之制篇第十六。

卷五以下目录基本全缺，只存葬后讲墓法篇第六。

据此可知，《茔原总录》是一部专门讲葬法风水的综合性著作，其理论以阴阳为纲的理气法为主，杂有许多禁忌、符镇和遁甲的内容，十分庞杂。[①] 如其中涉及禁忌、解除的内容有：

> 凡葬，造墓有犯山川地祇触伤禁忌，葬事毕日宜须择日往物谢之，一如斩草设坛其礼。坛上设后土位，次设五方五帝位，又次设十二元神位，坛东南设岁月主者位，坛西南设正符篆里位，埏道口设幽堂长位，西南垣下设冥路降陌位，于姓上步取元曹□□在其上色随本音之处各有座彩茶酒果馔钱绿弃物，后土以牲……

[①] 以上参见何晓昕、罗隽《中国风水史》（增补版），九州出版社，2008，第115~117页。

又据该书所载，从古至宋代共有八种葬法：

一者阡陌平原法，将□冗白丘陵、坑坎或沟涧、道路起步作法，如东向西四十步呼甲建，二十步呼乙除，如西向东十步呼壬建，二十步呼癸除，皆四望以十干与十二祇直次第顺行，周而复始。

（二缺）

三者（上穴下鱼）葬，谓在山冈腹胁中……郭氏云葬山用窟。

四者突葬，谓山有隆□靡气，突然而来，欲向平地住者或平地有突形而起者。

（五缺）

六者□□葬，谓地上窄，秋不得已者……

七者卧马葬，谓旧墓是一冗之地，别无茔域，亦无明堂……

八者昭穆葬，亦名贯鱼，先人茔下冗即左昭右穆，后有死□者连如贯鱼。

其中第八种葬法，即是宋代皇家陵墓所采用的葬法。

民间也有采用昭穆葬法的，如陈亮撰《先祖府君墓志铭》曰：

先祖生于崇宁二年正月五日，殁于乾道三年十有二月二十有七日。先祖妣黄氏，敦武郎讳瑑之女，其生也先先祖一百九十有三日，其殁也亦先六阅月，而闰后六年十有二月有二日始克合葬于龙窟卧龙山之下。将葬，家君实命亮曰："我高祖坟墓具在，而我曾祖为季子，我不敢祖也。我曾祖、我先祖坟墓不存，又不得而祖也。我将葬我先人于其中，俾汝母祔于我先夫人之侧，他日次第以昭穆葬。汝居其隅以供洒扫，使自是谱系一二可数。子孙之贤不肖不可知，而吾之志不可不明也。"又命亮实书其事于石，以纳诸先祖圹。亮拜手稽首而泣书曰：生有遗才，没有遗义。地有遗形，墓有遗位。尔子尔孙，其勿弃。①

又，魏了翁《从义郎胡君墓志铭》曰：

绍定改元之冬，余放靖未还，金华胡潜介其妇翁通判靖州邵伯方笥以书来

---

① 陈亮：《陈亮集》卷35《先祖府君墓志铭》，第459页。

曰："潜不天，以祸吾父，宝庆三年九月己亥弃诸孤。绍定二年三月乙酉，既即金华县之从善乡上高原葬焉。墓道之铭莫夫子若，而潜也无以自进于门墙，傥因其舅以及其甥，诸孤之幸亦云从也。"试撫其状，胡氏自安定先生世居海陵，后徙婺之金华。宣和间，清溪寇起，剽掠乡邑，五世祖友闻战死，合葬于清塘，遵古制以昭穆葬，今称胡家大墓，山阴陆务观游尝为之铭。①

从风水理论来看，宋代最为盛行的当推"五音姓利"之说。所谓"五音姓利"之说，即《茔原总录》卷二所说的"凡论上下姓利，常以河魁加五音墓维得功曹为上利，传送为下利"，即将人的姓氏分为宫、商、角、徵、羽五姓，选择葬地时，必须十分讲究其方位、时日的阴阳五行属性与五姓相配。其说早在汉代便已经出现，如汉代王充《论衡·诘术》载："五姓之宅，门有宜向，向得其宜，富贵吉昌。"即说五姓和门的朝向与人的祸福吉凶密切相关。到唐代，此说非常盛行，据宋代赵希弁撰《郡斋读书后志》卷二《子类》所载，唐僧一行撰有《五音地理新书》三十卷，以人姓五音验八山三十八将吉凶之方。《旧唐书》卷一九《吕才传》还说："言五姓者，谓宫、商、角、徵、羽等。天下万物，悉配属之。行事吉凶，依此为法。至如张、王等为商，武庚等为羽，欲似同韵相求，及其以柳姓为宫，以赵姓为角……"按照此种理论，赵姓归音为角，角音利于丙、壬方向。赵姓即"国音"，故宋代统治者按照"国音利便"的含义，来确定吉与凶、利与不利。

河南巩县宋陵和绍兴南宋攒宫的选址，就是按照道术家"五音姓利"之说确定方位的。②如元丰四年（1081），保章正冯士安、魏成象上奏神宗，请求"行镇土之术"。迷信阴阳、国音的神宗不放心，诏令提举司天监讨论，本所奏："于阴阳书及国音别无妨碍。"从之。③次年，司天监主簿亢天经上奏神宗，说："夷门山属国音主山，福德先王之方，三男阳气之位。冈之上多民庶坟墓，死气津灌冈脉，则为尸厌，近郓王薨，此其验也。若因郓王葬，尽迁冈上坟墓，补其缺陷，则永除妖咎之根矣！"这些坟墓有多少呢？"后开封府言，如天经奏，则坟墓当徙者十三万有畸。"李焘注："亢天经言，四郊臣庶坟墓迫近都城，不利于国嗣。有诏悉令改卜，且计其数，无虑十万，中外惧汹，不知所出。"十三万座民坟，为了国音，神

---

① 《全宋文》卷7122，第311册，第266页。
② 赵彦卫：《云麓漫钞》卷9，中华书局，1996，第150页。
③ 《宋会要辑稿》礼29之56，第2册，第1091页。

宗竟要求改迁，但因为百姓反应强烈，知开封府王安礼等大臣又加以劝阻，这一"夷门山计划"才未付诸实施。八月丙辰，神宗下诏："夷门山樊家冈并向外百步，及角桥东以南至冈，至今毋得葬埋，令开封、祥符两县觉察。"①此后真宗驾崩，灵驾到达山陵后放在何处，同样是照国音利便来确定的。②绍圣元年（1094）四月二十四日，也因为国音，哲宗计划将永裕陵三里内的一百三十余座民坟迁走。③

但在当时，"五音姓利"之说已经遭到了地形选择术数一说的强有力挑战：

> 或问：夫人生则卜其所居，死则卜其宅兆，如无五姓，将何以定？答曰：家宅，人之大事，其来久矣。若所居，则有阴阳二宅，刑祸福德，岁月吉路。若宅兆，则有山冈胜负，三鉴覆临，六道抵向。三鉴者，天鉴、地鉴、人鉴也。六道者，天道、地道、人道、鬼道、死道、兵道是也。④

为此，王洙等在编纂《地理新书》时，顺应时代发展的需要，做了相应的调整：

> 凡五姓与《礼经》人事背者，宜舍而不取。《婚书》云：子午生女，利六月、十二月嫁。若商、角二姓，则嘉会之礼阙焉。有若大夫三月而葬，岂缘墓月。若先期而葬，谓之不怀；后期而葬，谓之怠礼也。与阴阳书协同者，顺俗可也。假令阳宅西南移入福德乡造阳宅者，便云徵，羽宫利在西南。若三鉴吉路，在西北者便云商，角所宜是也。其有吴楚音，从其土地所用，及依上望即祸福无疑。⑤

即强调在不与传统儒家《礼经》相违背的条件下，五音姓利说可以根据习俗做相应的调整，与民间的风水之说相互参用。

至北宋末期，"五音姓利"之说除在朝廷和中央相关机构遵行外，许多地方政府已不遵行了。为此，宣和二年（1120）二月二十五日，中奉大夫、提举袭庆府仙源县景灵宫太极观魏伯修奏：

---

① 以上参见李焘《续资治通鉴长编》卷329，神宗元丰五年八月丙辰条，1990，第23册，第7917～7918页。
② 《宋会要辑稿》礼29之27，第2册，第1077页。
③ 《宋会要辑稿》礼37之37，第2册，第1082页。
④ 王洙等纂《重校正地理新书》卷1《五姓所属》，《续修四库全书》本，第1054册，第12～13页。
⑤ 王洙等纂《重校正地理新书》卷1《五姓所属》，《续修四库全书》本，第1054册，第12～13页。

圣朝建官设局，阴阳经书，著于太史。遇有选卜，必有避国帝拘忌之日。如甲日为受气，庚日、辛日克姓，乙未大墓、乙丑小墓等日，皆不可用。非特国家，至于士庶亦从五姓，各推五行而避之。况今礼乐法度加惠四方，车书混同，华夷共贯，独阴阳考卜之法未及天下，致太史经书内禁忌之日公然选用。天下之地莫非王土，岂容中外有别乎？伏乞立法，应官司考卜，遇甲、庚、辛及乙未、乙丑日（其余应选之日，委本局开具，依此添入。）不许选用，著于甲令，颁之天下。取到太史局状，契勘应本路州军并是国家事，凡用日时，随其事宜，合行选择，回避皇帝年命及国音、克姓、受气、大小墓无妨碍外，其余方可随事选择所宜、所忌，用事吉日。①

魏伯修建议朝廷以五姓推五行之术为标准。他的这一建议，得到了徽宗皇帝的认可。徽宗就曾以"穿泄地脉"为由，下诏禁止宗室祔葬濮安懿王园寝。②

到南宋中期，已经是山水说的天下。据朱熹言："近世以来，卜筮之法虽废，而择地之说犹存。"又说："近年地理之学出于江西、福建者为尤盛。"③

另据何晓昕、罗隽等的研究，宋代风水学的另一发展是"营建"风水，即开始注重建筑及家具等构件的营建尺寸符合阴阳五行之理。④南宋陈元靓《事林广记》一书对此有所介绍：

《阴阳书》云：一白、二黑、三绿、四碧、五黄、六白、七赤、八白、九紫，皆星之名也。唯有白星最吉，用之法，不论丈尺，但以寸为准，一寸六八寸乃吉，细合鲁班尺，更须巧算，参之以白，乃为大吉，俗呼之压白，其尺只用一寸一尺。

该书还列有具体用尺方法的口诀：

一寸合白星与财，六寸合白又合义。
一尺六寸合白财，二尺一寸合白义。
二尺八寸合白吉，三尺六寸合白义。

---

① 《宋会要辑稿》职官31之5，第3册，第3003页。
② 《宋大诏令集》卷50《宗室十·祔葬·宗室今后更不得祔葬濮园御笔》，第258页。
③ 朱熹：《朱熹集》卷15《山陵议状》，第2册，第617、620页。
④ 何晓昕、罗隽：《中国风水史》（增补版），第118页。

五尺六寸合白吉，七尺一寸合白吉。

　　七尺八寸合白义，八尺八寸合白吉。

　　一丈一寸合白财，推而上之算一同。①

二 宋代风水说在丧葬中的盛行

在宋代，民间相墓之风更是远远超过了以前任何一个朝代。北宋司马光曾论述当时迷信地理风水的情况，他说："世俗信葬师之说，既择年月日时，又择山水形势，以为子孙贫富贵贱，贤愚寿夭，尽系于此。又葬师所有之书，人人异同，此以为吉，彼以为凶，争论纷纭，无时可决。其尸柩或寄僧寺，或委远方，至有终身不葬，或累世不葬，或子孙衰替，忘失处所，遂弃捐不葬者。"②尹洙曰："古者士葬以逾月，传载改葬服缌者，谓葬不如礼，或墓坏而迁，非不即葬也。近代拘阴阳之说，有再世未葬者，不其酷哉！亦有力不足者，如君殁四纪而始葬，其嗣非不为，盖不能也，殆与前所讥者异矣。"③南宋罗大经在《鹤林玉露》丙编卷六《风水》中也说："世之人惑（郭）璞（《葬经》）之说，有贪求吉地未能惬意，至十数年不葬其亲者。有既葬以为不吉，一掘未已，至掘三掘四者；有因买地致讼，棺未入土而家已萧条者；有兄弟数人惑于各房风水之说，至于骨肉化为仇雠者。凡此数祸，皆璞之书为之也。"④吕祖谦说："自祥禨禁忌之说兴，士始死其亲而徼利，巫争觋讼，客其旧宇下，远者或数十载，盖有骴腐骨销而终不掩者矣。予窃骇其然，力薄不能起俗，独私与从游者道之。"又说："坟墓之族，实人情之至愿。当巫史纷若之际，犹有不读《周官》暗与之合者，礼岂强人者哉！"⑤罗愿《新安志》载："歙为负郭县，其民之弊，好为人事，泥葬垄卜宅，至择吉岁，市井列屋，犹稍哆其门，以儌吉向。"⑥生活于宋末元初的两浙士人戴表元也在《会稽唐氏墓记》中说："至择葬地，则不求安死，而求利生，拘忌阴阳之说，东奔西驰，故有祢逾祖，支破宗，形侵势攘，智谋力夺，无有厌极。既其甚者，有出疆远卜，非殡非葬，世之子孙，疲于展省，并失其故封者矣；有攘地相交，与乡

---

① 陈元靓：《纂图增新群书类要事林广记》辛集《算法夷》，《事林广记》，中华书局，1999，第 203 页。
② 司马光撰、李之亮笺注《司马温公传集编年笺注》卷 71《葬论》，第 5 册，第 347 页。
③ 尹洙：《河南先生文集》卷 17《故将仕郎守瀛州乐寿县尉任君墓志铭并序》，《宋集珍本丛刊》第 3 册，线装书局，2004，第 443 页。
④ 罗大经：《鹤林玉露》丙编卷 6《风水》，第 344 页。
⑤ 吕祖谦：《吕东莱文集》卷 7《义乌徐君墓志铭》，卷 8《金华时瀎母陈氏墓志铭》、《家传》，《丛书集成初编》本，第 3 册，第 166、200 页。
⑥ 罗愿：《新安志》卷 2《货贿》，萧建新、杨国宜校著《〈新安志〉整理与研究》，黄山书社，2008，第 61 页。

人争寻尺寸之畔，而兴无涯之狱者矣。"①又《中枝山葬记》说："每见世人……而昏巫谬史拘忌祸福之说，缘之而人，有三年、五年、十年不得葬，葬又卤葬，知后有当，而不豫为穴，至于临时穿凿，崩损惊伤先人之肌骸，为可恨也。故为记，以戒吾子孙毋怠。"②

在当时，人们普遍认为按风水之说安葬先人，可以改变自己及后代的命运，甚至可以发家致富，因此将其看作经营生产、投放资本之法。"士庶稍有事力之家，欲葬其先者，无不广招术士，博访名山，参互比较，择其善之尤者，然后用之。"③如郡主赵若云于"己巳岁九月二十日以疾殁于广西梧州舟中，享年二十有九。男女俱未有人。至庚午年二月初三日，始扶灵輀归蕺明德里岐山庵所属宅兆，未有定向。外舅悯其力绵，乃捐焊圹土地，命阴阳家度隩相泉，就用乙辰山戌干向定穴。"④嘉定七年（1214）十月二十三日永嘉（今属浙江温州）士人陈烨卒，其子陈埴就请擅于阴阳风水地理说的友人沈僩为其父选择墓地，沈僩遍览了当地的山水之后，"实卜其兆曰：'吴平，一州地脉所从分也；葬此者，子孙贵且蕃。'"于是陈埴与兄在九年正月将父葬于孝义乡吴平山。为此，叶适感慨叹道："噫！使其信然，以君之贤，宜有后哉！"⑤

这样一来，风水大师们的生意自然大旺。丧家往往不恤血本，遍访风水大师，寻找佳穴。而堪舆家则"为士、农、工、贾葬祖先，无一不应其所求"。

黄休复《茅亭客话》载：

> 冯山人，名怀古，字德淳，遂宁人也。有人伦之鉴，善辩山水地理。……咸平中，成都一豪家葬父，遍访能地理者，选山卜穴，凡数岁方得之。因令冯看之，冯曰："陵回阜转，山高垄长，水出分明，甚奇绝也。"主人云："自葬之后，家财耗散，人口沦亡，何奇绝地如是耶？"山人曰："颇要言之，凡万物中，人最为灵，受命于天，与物且异，而有贵贱各得其位，如鸟有巢栖，兽有穴处，故无互相夺者也。此山是葬公侯之地，岂常人可处？所以亡者不得安，存者不得宁。⑥

---

① 戴表元：《剡源文集》卷5，文渊阁《四库全书》本，第1194册，第65页。
② 戴表元：《剡源文集》卷4，文渊阁《四库全书》本，第1194册，第58页。
③ 朱熹：《朱熹集》卷15《山陵议状》，第2册，第617页。
④ 陈柏泉：《江西出土墓志选编》93《郡主赵若云墓志铭》，第241页。
⑤ 叶适：《叶适集·水心文集》卷25《陈民表墓志铭》，第2册，第506~507页。
⑥ 黄休复：《茅亭客话》卷2《冯山人》，《宋元笔记小说大观》本，上海古籍出版社，2001，第1册，第410~411页。

何薳《春渚纪闻》也详细记载有这方面的故事：

> 张鬼灵，三衢人。其父使从里人学相墓术，忽自有悟见，因以"鬼灵"为名。建中靖国初，至钱塘，请者踵至。钱塘尉黄正一为余言：县令周君者，括苍人，亦留心地理，具饭延款，谓鬼灵曰："凡相墓或不身至，而止视图画，可言克应否？"鬼灵曰："若方位山势不差，合葬时年月亦可言其粗也。"因指壁间一图问之，鬼灵熟视久之，曰："据此图，墓前午上一潭水甚佳，然其家子弟若有乘马坠此潭，几至不救者，即是吉地，而发祥自此始矣。"令曰："有之。"鬼灵曰："是年此坠马人，必被荐送，次年登第也。"令不觉起握其手曰："吾不知青乌子郭景纯何如人也，今子殆其伦比耳。是年春祀，而某乘马从之，马至潭仄，忽大惊跃，衔勒不制，即与某俱坠渊底，逮出气息而已。是秋发荐，次年叨德厚忝者，某是也。"蔡靖安世先墓在富春白升岭，其兄宏延鬼灵至墓下，视之，谓宏："此墓当出贵人，然必待君家麦瓮中飞出鹌鹑，为可贺也。"宏曰："前日某家卧房米瓮中，忽有此异，方有野鸟入室之忧。"鬼灵曰："此为克应也。君家兄弟有被魁荐者，即是贵人也。"是秋，安世果为国学魁选。鬼灵常语人曰："我亦患数促，非久居世者，但恨无人可授吾术矣。"后二岁果殁，时年二十五矣。①

当时的文献还记载了许多由坟墓风水好而发家的故事。如王明清《玉照新志》载：舒州（今安徽潜山）村人黄进，起初在富人家中做奴仆，"随其主翁为父择葬地于郊外山间。每葬师偕行，得一穴最胜，师指示其主云：'葬此，它日须出名将。'进在傍默识之。是夕，乃絜其父之遗骸瘗于其所，主家初不知为何人也。已而逃去为盗，坐法黥流。又数年，天下乱，进鸠集党类，改涅其颊为两旗，自号'旗儿军'，寇攘淮甸间，人颇识之。朝廷遣兵捕之，遂以众降，制授右阶。后累立战功，至防御使。"②方勺《泊宅编》载："会稽山为东南巨镇，周回六十里，北出数陇，葬者纷纷，得正陇者赵、陆二祖坟而已。二坟同一山，下瞰鉴湖，湖外有山，横抱如几案，案之外尖峰名梅里尖地，理家谓之文笔案。陆氏葬后六十年生孙佃，为尚书左丞；赵氏葬后八十年生孙抃，为太子太师。陆公赠太保，赵公赠少保。"③二陇同一山，而有曾孙

---

① 何薳：《春渚纪闻》卷 2《张鬼灵相墓术》，中华书局，1983，第 28～29 页。
② 王明清：《玉照新志》卷 4，上海古籍出版社，1991，第 64 页。
③ 方勺：《泊宅编》卷 2，中华书局，1983，第 11 页。

追赉于九泉盛哉！王明清《挥麈录》载：岳飞母葬庐山，"仪卫甚盛，观者填塞，山间如市"。葬礼结束后，有一僧对岳家的仆人说："岳葬地虽佳，但与王枢密之先茔坐向既同，龙虎无异，掩圹之后，子孙须有非命者，然经数十年，再当昌盛。子其识之。"①张淏《会稽续志》卷七《杂记》则记载了新昌石氏兴衰的故事：

新昌石氏之祖，本山东人，因适越，挈家徙居焉。时有韶国师，善地理，每经从，石必迎伫致敬。其妻尝出拜曰："夫妇皆年老，欲从师求一藏骨地。"韶许之，与往近山，得一处：五峰如莲花，溪流平过其下，回抱环揖。指示之，且蔰识窆穴而去。翁媪葬焉，其后数十年孙曾登科相仍，至以百数。宣和以后，顿衰，越五举，略无齿乡书者。而里中一民家产浸丰，生四子，容质如玉。或告石氏，是人窃以父骨埋于君祖茔之上，故致此。密引石往发土，得木桶藏枯骸其中。弃之，民家自此遂微，四子相继夭逝。先是石茔有棠梨一本，每抽新枝，则族系一人必策名。若改秩，或一枝萎折，则有当其咎者。民思报怨，夜往伐其树，自是科级视昔年弗逮云。

洪迈《夷坚志》中这样的事例更是不胜枚举，如《乙志》载：刘延庆官至节度使，他的儿子刘光世又官至少师，这是因为刘延庆为其祖父"卜宅兆，山甚美"，当"世世富贵"。②《丙志》卷一《朱忠靖公墓》载：蔡人朱忠靖公，宋室南渡之后卜居于湖州，薨而葬于妙喜山下。过了数年，有风水师经过这里，看后叹曰："山势甚吉，恨去水太远，秀气不集。子孙虽蕃昌，恐不能以科名自奋。"朱氏诸子皆知此事，但由于种种原因，来不及迁墓，而后死者复以昭穆次第祔窆。乾道（1165～1173）中，"公次子、侍郎夏卿长子翌用治命，舍祖茔，而别访地，唯以水为主。群从谏止之，不纳。竟如其意，得一穴，前临清溪。既葬二十年，侍郎幼子爕及翌之子倚遂擢丁未进士第，已而倚弟偃及甲继之，殊衮衮未艾也"。《湖海新闻夷坚续志》载苏洵、苏轼、苏辙父子之所以名显文坛，是由于苏洵的祖父葬于"彭山县象耳山，此地当出文章之士"。③

这种崇尚风水的现象不仅广泛存在于民间，连帝王也深受影响。在当时，山陵

---

① 王明清：《挥麈录·三录》卷3《岳侯与王枢密葬地一同》，第200页。
② 洪迈：《夷坚志·乙志》卷11《刘氏葬》，第275页。
③ 佚名：《湖海新闻夷坚续志》前集卷2《艺术门·地理·取灯定穴》，第83页。

按行使几乎都由皇帝最信任的宦官头目担任，他带领司天监的官员及阴阳先生一起按行，寻得风水佳地以后，要及时上报给皇帝、皇太后等人，并附上详细的地图。皇帝、皇太后等审核同意之后，还要派官员复按，复按的结果再上报，由皇帝、皇太后等最后拍板定案，确定建造陵寝的位置。如乾兴元年（1022）二月十九日，宋真宗崩于延庆殿。仁宗令大臣吕夷简"召京城习阴阳地理者三五人"，一起到永安县"相度皇堂"。①十四日，司天监言："山陵斩草用四月一日丙时吉。"从之。十六日，山陵按行使蓝继宗等言："据司天监定夺到永安县东北六里以来地名卧龙冈，堪充山陵。"诏雷允恭复按以闻。同年八月，乐辅国《永定陵修奉采石记》曰："若乃土圭定国，卜洛处二宅之雄；地镇秉灵，维嵩冠五岳之首。风雨之所会，阴阳之所和，居然得天地之心，绰尔是皇王之宅。"英宗对风水更感兴趣，以此"求福"，"广求吉地"。②光宗也是"惑阴阳之说"，以至于徽宗梓宫停殡六十余年，而迟迟不能安葬。③

不仅择地要用风水之术，定日（即确定各项仪式开始的时间）也同样如此。日期通常由司天监、太史局等机构拟定后，报请皇帝批准。而这两个机构确定日、时所依据的也多是阴阳五行、国音利便之类的封建迷信。如宋太宗死，群臣在朔望日要去万寿殿哭临，而十月朔在壬辰，阁门因为"阴阳家以辰日为哭忌"，请求改用九月晦日入临；④宋仁宗死，司天监请改日大敛，说："卜近日则不利上及太后。"⑤庆历三年（1043）正月初二，宋仁宗第三子荆王赵曦去世。皇帝虽差宋祁监护荆王葬事，然受阴阳拘忌之说的影响，朝中"以岁月不利，未可葬"，迟迟"未见降下葬日及一行事件"。⑥

如果相关官员违反了上述阴阳风水或国音之类的东西，或选地不当，或择时不好，就要受到非常严厉的处罚。如宋代历史上著名的雷允恭、丁谓山陵案，就是一个典型事例。乾兴元年（1022）二月十九日，宋真宗崩，宋仁宗即位。十六日，山陵按行使蓝继宗言：司天监定永安县东北六里曰卧龙冈，堪充山陵。当时内侍省押班雷允恭与宰辅丁谓私下结成朋党，势横中外，无所顾惮。山陵事起，雷允恭请效力陵上，章献皇后曰："吾虑汝有妄动，恐为汝累也。"乃诏雷允恭为山陵都监，复按以闻皇堂

---

① 《宋会要辑稿》礼37之6～7，第2册，第1322～1323页。
② 司马光撰、李之亮笺注《司马温公传集编年笺注》卷25《山陵择地札子》，第3册，第242～244页。
③ 赵汝愚：《又论山陵利害乞付有司集议疏》，黄淮、杨士奇编《历代名臣奏议》卷125《礼乐》，第2册，第1647页。
④ 李焘：《续资治通鉴长编》卷42，太宗至道三年九月庚寅条，1979，第4册，第885页。
⑤ 李焘：《续资治通鉴长编》卷198，仁宗嘉祐八年四月戊寅条，1985，第14册，第4795页。
⑥ 欧阳修：《论葬荆王札子》，黄淮、杨士奇编《历代名臣奏议》卷123《礼乐·丧礼》，第2册，第1622～1623页。

之制。雷允恭驰至陵下，司天监邢中和向雷允恭汇报说："今山陵上百步法宜子孙，类汝州秦王坟。"雷允恭问："何不就？"邢中和回答说："恐下有石与水尔。"雷允恭质问曰："上无他子，若如秦王坟何不可？"邢中和回答曰："山陵事重，踏行覆按，动经月日，恐不及七月之期耳。"雷允恭于是拍板："第移就上穴，我走马入见太后言之。"因为雷允恭位尊而骄横，人不敢违，遂即改穿上穴。雷允恭到京后向章献皇后汇报了改穴之事，章献皇后听后大吃一惊，说："此大事，何轻易如此？"雷允恭曰："使先帝宜子孙，何惜不可？"章献皇后认为雷允恭擅自移改陵穴一事不会这样轻易地被通过，遂对雷允恭曰："出与山陵使议可否？"时丁谓为山陵使，雷允恭把情况全部说了一遍，丁谓听了唯唯诺诺，只是连声答应，不敢有其他言语。于是，雷允恭入奏曰："山陵使亦无异议矣。"不久，夏守恩领数万工徒修建陵墓，结果穿地时上穴果有石头，石头挖尽后泉水涌出。众议日喧，惧怕不能成功，遂建了一半停工，奏请待命。最后，雷允恭竟以营奉先帝陵寝而擅有迁易，几误国家大事，并坐盗金宝，被赐死、籍家。邢中和也坐擅移皇堂，穿地得水泉，土石相半，功不就，流放到沙门岛。丁谓罢为太子少保，分司西京，不久窜海上。① 又如哲宗丧葬，太史局确定："山陵斥土用四月四日吉"；②"启菆用七月十一日，灵驾发引用七月二十日，大葬用八月八日"。③可是当灵驾出发之后，大雨不止，载棺柩的大升轝陷在泥淖里动弹不得，徽宗只得急忙下令："其开宫观寺院三日，仍禁在京宰杀。"据说徽宗此令一下，天气就转晴了。④后来桥道顿递使吴居厚、山陵使章惇等人受到弹劾和降职等处分。⑤

帝王如此，大臣们自然也纷纷效仿。张唐英（1026～1068，一作1029～1071），自号黄松子，蜀州新津人。神宗即位，擢殿中侍御史。以父忧去，不久死，年四十三。张唐英诸孤幼未有成立，商英以其年十二月奉灵柩葬于成都府双流县之三昧里。绍圣三年（1096），次功之子庭玉年四十一，既克，厥家徙居广安，谓孤坟在蜀，岁时洒扫不及，从地理家得吉穴于南峰之下，以其年十一月某日迁柩。⑥熙宁二年（1069），洪适之高祖士良在临死之前，嘱命家人曰："葬我必于乐平瀹港仓下，后世青紫当不绝。"认为只有这样，才能家族科第蝉联，子孙官者络绎。⑦

---

① 《宋史》卷468《宦者传三·雷允恭》，第39册，第13654～13655页。
② 《宋会要辑稿》礼29之70，第2册，第1098页。
③ 李焘：《续资治通鉴长编》卷520，哲宗元符三年春正月丁酉条，1993，第34册，第12388页。
④ 《宋会要辑稿》礼29之78，第2册，第1102页。
⑤ 《宋会要辑稿》礼29之79、82，第2册，第1103、1104页。
⑥ 参见张商英《张御史唐英墓志铭》，《全宋文》卷2234，第102册，第238～240页。
⑦ 洪适：《盘洲老人小传》，《全宋文》卷4744，第214册，第2页。

秘书丞赠太师刘居正，字安行，殁世三十年而葬。"其亡也，子才十龄。夫人之季弟孝若从行在旁，伯氏得讣，自蒋陵走五千里抵衡阳，与孝若拥孤，舆櫬归葭东光佛寺。其孤茕然，服衰寓外舍，乡人共哀之。伯氏曰：'吾弟孝友不欺，鬼神所鉴，岂止是而已。'士大夫知者亦曰：'斯人世著德义，其兴未艾也。'熙宁四年，丞相为御史谒告于朝，自东光奉府君之柩，自将陵迁大王父母、王父母，以八月庚申同葬于郓州须城县卢泉乡太谷山之阳。将陵故茔封植久矣，比岁数有河患，乃谋改卜三世同圹。用甲、庚、壬穴，山阳重冈，水出辛兑地，合《宝典》语。堪舆者咸曰：'刘氏其不亡矣！'"①

颍州万寿县令张挺卿，字斯立。为太常博士集贤校理宗古之子、尚书工部郎中直集贤院象中之孙。"万寿县令张君夫人苏氏卒，挺卿祔其圹西南隅之庚地。堪舆家曰：'山连兑干，水流丁未，其前望京江，诸山拱而揖之，皆吉符也。'元丰八年正月，集贤之孙、天长县主簿充南京国子监教授康伯昆弟，将葬其偏亲彭城县君钱夫人，得吉卜矣。又举世母武功苏氏之柩，同用其月己酉，厝于斯立之右方，幼子獐老从之。"②

汪伯彦在建炎（1127～1130）初年拜相，是因为当年"堪舆名流"邹宽"为汪伯彦卜地葬亲"，葬亲之地风水很好。③ 范同在绍兴年间（1131～1162）骤然贵显，出任参知政事，是由于他按照阴阳家的建议安葬父亲，"此地朝揖绝胜，诚为吉壤"。④ 这些都是非常典型的例子。

此外，一些儒学大家同样置祖宗所定的礼仪于不顾，笃信起风水来。

理学鼻祖程颐在《葬说》中认为，卜其宅墓、兆茔域，即卜其地之美恶，而非阴阳家所谓祸福者。地美，则神灵安，其子孙盛，如培拥其根而枝叶茂盛的道理一样。如果葬地自然条件恶劣，则会产生相反的效果。然而什么称"地之美者"？土色之光润，草木之茂盛，乃其证验。"父祖子孙同气，彼安则此安，彼危则此危，亦其理也。"而拘忌于风水的人，"惑以择地之方位，决日之吉凶"。更有甚者，"不以奉先为计，而专以利后为虑，尤非孝子安厝之用心"。唯选择葬地有五患，后人不得不谨慎，须使异日不为道路，不为城郭，不为沟池，不为贵势所夺，不为耕犁所及。⑤ 南

---

① 苏颂：《苏魏公文集》卷33《秘书丞赠太师刘君神道碑》，第821～825页。
② 苏颂：《苏魏公文集》卷62《万寿县令张君夫人苏氏墓志铭》，第888页。
③ 陈梦雷等：《古今图书集成·博物汇编·艺术典·堪舆部》，台湾鼎文书店，1977。
④ 王明清：《挥麈录·后录》卷11《范择善迁葬》，第166页。
⑤ 程颢、程颐：《二程集·河南程氏文集》卷10《伊川先生文六·记葬用柏棺事》，另一版本所谓五患者，是指避沟渠、避道路、避村落、远井窑。见《二程集》第2册，第623页。

宋著名理学家朱熹一针见血地指出:"伊川先生力破俗说,然亦自言须是风顺地厚处乃可,然则亦稍有形势,拱揖环抱无空阙处,乃可用也,但不用某山某水之说耳。"①

至于朱熹本人,则时常把风水之说挂在嘴上。宋代赵与时《宾退录》就载:"朱文公尝与客谈世俗风水之说,因曰:'冀州好一风水,云中诸山,来龙也;岱岳,青龙也;华山,白虎也;嵩山,案也;淮南诸山,案外山也。'"②他虽然对某些风水大师的风水理论并不完全赞同,但在葬地的选择上非常笃信风水之说:"阴阳家说前辈所言固为正论,然恐幽明之故有所未尽,故不敢从。然今亦不须深考其书,但道路所经,耳目所接,有数里无人烟处,有欲住者亦住不得,其成聚落有宅舍处,便须山水环合,略成气象。然则欲掩藏其父祖安处其子孙者,亦岂可都不拣择以为久远安宁之虑而率意为之乎?但不当极意过求,必为富贵利达之计耳。此等事自有酌中恰好处便是正理,世俗固为不及,而必为高论者似亦过之也。"③在《治葬》一节中,他又提到司马光的观点:"孝子之心,虑患深远,恐浅则为人所抇,深则隰润速朽,故必求土厚水深之地而葬之。"④他认为:"葬之为言藏也,所以藏其祖考之遗体也。以子孙而藏其祖考之遗体,则必致其谨重诚敬之心,以为安固久远之计,使其形体全而神灵得安,则其子孙盛而祭祀不绝。此自然之理也,是以古人之葬,必择其地而卜筮以决之,不吉则更择而再卜焉。"⑤因此,选择一处好的葬地,就显得非常重要了。"其或择之不精,地之不吉,则必有水泉、蝼蚁、地风之属以贼其内,使其形神不安,而子孙亦有死亡绝灭之忧,甚可畏也。其或虽得吉地,而葬之不厚,藏之不深,则兵戈乱离之际,无不遭罹发掘暴露之变,此又其所当虑之大者也。至于穿凿已多之处,地气已泄,虽有吉地,亦无全力。而祖茔之侧,数兴土功,以致惊动,亦能挺灾。此虽术家之说,然亦不为无理。"⑥"凡择地者,必先论其主势之强弱,风气之聚散,水土之浅深,穴道之偏正,力量之全否,然后可以较其地之美恶。"⑦因此,其选地迁墓唯风水大师蔡元定之指教是听,甚至一再与陈季陆辩论风水之利害。绍熙五年(1194),他又上书论争孝宗陵寝选地失当,说什么"不复广询术人,以求吉地……既不为寿皇体魄安宁之虑,又不为宋社血食久远之图",将风水好坏与国家的兴衰存亡紧紧地连在一起。为此,

---

① 朱熹:《朱熹集》卷63《答胡伯量》,第6册,第3274页。
② 赵与时:《宾退录》卷2,第15页。
③ 李光地:《朱子礼纂》卷3《丧》,文渊阁《四库全书》本,第?册,第?页。
④ 《朱子家礼》卷4《丧礼·治葬》,〔日〕吾妻重二著、吴震编《朱熹家礼实证研究》,第312页。
⑤ 朱熹:《朱熹集》卷15《山陵议状》,第2册,第616~617页。
⑥ 朱熹:《朱熹集》卷15《山陵议状》,第2册,第617页。
⑦ 朱熹:《朱熹集》卷15《山陵议状》,第2册,第617~618页。

他要求皇帝"即日行下两浙帅臣监司,疾速搜访,量支路费,多差人兵轿马,津遣赴阙,令于近甸广行相视,得五七处,然后遣官按行,命使覆按。不拘官品,但取通晓地理之人,参互考校,择一最吉之处,以奉寿皇神灵万世之安"。①

蔡元定(1135~1198),字季通,建宁府建阳县(今属福建)人。南宋著名理学家、律吕学家,朱熹理学的主要创建者之一,被誉为"朱门领袖"、"闽学干城"。幼从其父学,及长,师事朱熹,熹视为讲友。博涉群书,探究义理,一生不涉仕途,不干利禄,潜心著书立说。为学长于天文、地理、乐律、历数、兵阵之说,精识博闻,学者称西山先生。著有《律吕新书》、《西山公集》等。他是当时的堪舆名家,曾曰:

> 按司马氏论葬曰:《孝经》云,卜其宅兆而安厝之,谓卜地决其吉凶尔,非若阴阳家相其山冈风水也。程子曰:卜其宅,非卜其地之美恶也。合二先生之言观之,以安亲为心,则地不可以不择。其择也,不可太拘择焉。苟不至于太拘,则葬不患其不时矣。然世人多迁延不葬者,以昆若弟,各怀自利之心,而野师俗巫又从而诳惑之,甚至偏纳其赂而给之以私己,愚而无知者安受其欺而弗悟也。夫某山强,则某支富;某山弱,则某支贫。非惟义理所不当问,虽近世阴阳家书亦有深排其说者。惟野师俗巫则张皇煽惑,以为取利之资。择地者必先破此谬说,而后无太拘之患。为人子者所当深察也。②

在他们的宣传和鼓动下,风水之说在宋代丧葬中的地位高到了无以复加的程度。但蔡元定"每与乡人卜葬,改定其间,吉凶不能皆验",后来遭到贬谪。有人写诗挖苦道:"掘尽人家好陇丘,冤魂欲诉更无由。先生若有尧夫术,何不先言去道州。"③

风水有如此大的神通,自然豪贾富商也不甘落后,他们不惜用巨额的金钱来购求风水宝地,冀图借此摆脱身份卑贱、地位低下的局面,跻身于缙绅士大夫的行列,以达到名利双收之功效。平民百姓也将此作为自己的一种精神寄托,希望借此能摆脱贫穷困苦的处境,获得富贵利禄,因此乐意将终身的心血和精力花费于此。莆阳方梅

---

① 朱熹:《朱熹集》卷15《山陵议状》,第2册,第620页。
② 谢应芳:《辨惑编》卷2,《丛书集成初编》本,第30页。
③ 庞元英:《谈薮》,陶宗仪:《说郛》卷31,上海古籍出版社,1988,第1册,第549页。

叔，名应龙，以字行于世，晚以梅窗居士自命。他是一个塾师，"岁得子弟束修，及青云贵人馈遗以自肥其趱"，"买姬妾数十人"，尽日在家"吹笙鼓琴，歌舞以娱宾客"。享年六十七岁。娶吴，继赵，先卒生有儿子一人，即方棐。棐以己亥九月六日壬申，领诸孙奉君柩葬于兴化县广业里牛冈之竹峰。"昔君在衡，日谒术者，得卦兆有'牛冈寻吉穴，归葬竹峰前'之句。今所葬之地之名与兆协，岂天阕神藏以厚吉人，他日将有兴者欤！"①

正是在这种狂热的迷信下，人们为了争得一块所谓的风水宝地，往往不择手段，导致兄弟反目、乡邻失和，有时官府也是束手无策。建炎三年（1129），金书枢密王渊（1076～1129）死于"苗刘之难"，骸骨不存。等到事件宁息，高宗诏令"招魂以葬，官给其费"。而另一位金书枢密王伦（1084～1144）"留守东京，死于房。在其后十二年，尸柩不归，亦俾招魂葬"。王姓两家同在宜兴（今属江苏），"皆奉敕招魂"，为一块假葬墓地相持不下，争讼官府，最后因王渊部将以势压人，王伦之子迫不得已将父亲改卜他所，才了却了这场无法判决的官司。②吕沆（字叔朝）通判婺州，"朱君章讼争田四十有二年，吴王府争墓二十有九年，沆皆决之"。③

三　宋代士大夫对风水说的批判和揭露

如上所述，宋代堪舆术大兴，上自帝王将相，下至黎民百姓，大多对此深信不疑，信奉风水蔚然成风。然而，也有一些有识之士对当时社会上盛行的堪舆术有所警觉和诟病，并用大量的事实对其进行了无情的揭露和批判，其中以宋代的司马光最具代表性。

司马光不仅是北宋时期著名的政治家和史学家，而且是一个坚定的无神论者。他在《家范》和《葬论》中多次批判当时社会上流行的"卜葬"和"营葬"陋习，认为阴阳与风水学说自相矛盾，而世人不仅迷信阴阳之学，还迷信风水之术，实在是愚蠢至极："凡人所贵身后有子孙者，正为收藏形骸耳。其子孙所为乃如此，曷若初无子孙，死于道路，犹有仁者见而瘗之邪耳！彼阴阳家谓人所生年月日时足以定终身禄命，信如此所言，则人之禄命固已定于初生矣，岂因殡葬而可改耶？是二说者，自相矛盾，而世俗两信之，其愚惑可谓甚矣，使殡葬实能致人祸福，为人子者，岂忍

---

① 王迈：《莆阳方梅叔墓志铭》，《全宋文》卷7459，第324册，第415～416页。
② 洪迈：《夷坚志·三志辛》卷3《王枢密招魂》，第1407～1408页。
③ 《宋史》卷407《吕午附子沆传》，第35册，第12298页。

使其亲臭腐暴露不殡葬，而自求其利耶？悖礼伤义，无过于此。"① "今之葬书，乃相山川冈畎之形势，考岁月日时之支干，以为子孙贵贱、贫富、寿夭、贤愚皆系焉，非此地、非此时不可葬也。举世惑而信之，于是丧亲者往往久而不葬。问之，曰：'岁月未利也。'又曰：'未有吉地也'；又曰：'游宦远方，未得归也'；又曰：'贫未能办葬具也'。至有终身累世而不葬，遂弃失尸柩，不知其处者。呜呼！可不令人深叹愍哉！"②对于这种社会风气，司马光深感不满。在他看来，殡葬是不可能改变死者后代命运的。他认为，阴阳风水不足为信，更与后人的贵贱贫富寿夭等无关。《孝经》谓卜其宅兆者卜其吉凶，尔非若阴阳家相风水形势，择年日月时，以为子孙穷达贤愚寿夭皆系于此，至使逾年不葬。且术士以五行算人，终身则是禄命已定于初生矣，岂因葬也而改移。"他主编的名著《资治通鉴》及其所著的《家范》、《葬论》，更是列举了大量的事例来批驳阴阳风水术的欺骗性和虚伪性，冀图解除世人的迷惘。他以自己的父亲司马池和妻子等的葬事为例证，说明"未尝以一言询阴阳家"，而家中依然兴旺发达，"今吾兄年七十九，以列卿致仕；吾年六十六，忝备侍从"。"视他人之谨用葬书，未必胜吾家也"。因此，他奉劝人们"欲知葬具之不必厚，视吾祖；欲知葬书之不足信，视吾家"。③他一针见血地指出："阴阳之书，使人拘和多畏，至于丧葬，为害尤甚。"为此，他在当谏官时便曾上奏"禁绝其书"。④嘉祐八年（1063）宋仁宗死，朝廷责成司天监"广求吉地"，知谏院司马光闻知后上疏极力反对，认为"国之兴衰，在德之美恶，固不系于葬地时日之吉凶也"。⑤

范仲淹也反对风水之说。庆历四年（1044），他在《奏议葬荆王》疏中认为："曰'年岁不利'，此阴阳之说也。诸侯五月而葬，是自古不易之典。今'年岁不利'，非圣人之法言也。"⑥

邵雍（1011~1077）出行不择日，或告之以不利则不行，则说："人未言则不知；既言则有知。知而必行，则与鬼神敌也。"⑦

比部郎中程璠，"平生不惑流俗邪妄之说，常曰：'吾死，慎勿为浮屠事及用阴阳

---

① 司马光：《司马氏书仪》卷7《丧仪三·卜宅兆葬日》，《丛书集成初编》本，第75页。
② 司马光撰、李之亮笺注《司马温公传集编年笺注》卷71《葬论》，第5册，第346页。
③ 司马光撰、李之亮笺注《司马温公传集编年笺注》卷71《葬论》，第5册，第347页。
④ 司马光撰、李之亮笺注《司马温公传集编年笺注》卷25《山陵择地札子》，第3册，第243页。
⑤ 司马光撰、李之亮笺注《司马温公传集编年笺注》卷25《山陵择地札子》，第3册，第243页。
⑥ 范仲淹：《范文正公政府奏议》卷上，《范仲淹全集》，第567~568页。
⑦ 邵伯温：《邵氏闻见录》卷19，第215页。

拘忌之术。'公殁,家人奉以从事"。①

理学鼻祖程颐,在《葬说》中有五患之说,但他对《葬法决疑》中却对当时盛行的五姓之说做了大力的批判:

> 古者圣人制卜葬之礼,盖以市朝迁变,莫得预测,水泉交浸,不可先知,所以定吉凶,决善恶也。后代阴阳家流,竞为诡诞之说,葬书一术,遂至百二十家。为害之大,妄谬之甚,在分五姓。……夫葬者藏也。一藏之后,不可复改,必求其永安。故孝子慈孙,尤所慎重。欲地之安者,在乎水之利。水既利,则终无虞矣。不止水一事,此大概也。而今之葬者,谓风水随姓而异,此尤大害也。愚者执信,将求其吉,反获其凶矣。至于卜选时日,亦多乖谬。按葬者逢日食则舍于道左,待明而行。是必须晴明,不可用昏黑也。而葬书用干艮二时为吉,此二时皆是夜半,如何用之?又曰己亥日葬大凶。今按《春秋》之中,此日葬者二十余人,皆无其应。宜忌者不忌,而不宜忌者反忌之,颠倒虚妄之甚也。下穴之位,不分昭穆,易乱尊卑。死者如有知,居之其安乎?如此背谬者多矣,不欲尽斥,但当弃而勿用,自从正法耳。②

同时,他一针见血地指出,时人治丧"不以奉先为计,而专以利后为虑",③乃是不孝之举。据史载,"程氏自先生兄弟,所葬以昭穆定穴,不用墓师,以五色帛埋旬日,视色明暗,卜地气善否"。④

北宋理学家张载也明确反对风水之说:

> 葬法有风水山岗,此全无义理,不足取。南方用《青囊》,犹或得之;西方人用一行,尤无义理。南人试葬地,将五色帛埋于地下,经年而取观之。地美则采色不变,地气恶则色变矣。又以器贮水养小鱼埋经年,以死生卜地美恶,取草木之荣枯,亦可卜地之美恶。⑤

---

① 程颢、程颐:《二程集·河南程氏文集》卷1《明道先生文四·程郎中墓志》,第2册,第501页。
② 程颢、程颐:《二程集·河南程氏文集》卷10《伊川先生文六·葬法决疑》,第2册,第624~625页。
③ 朱熹:《朱子家礼》卷4《丧礼·治葬》,〔日〕吾妻重二著、吴震编《朱熹家礼实证研究》,第313页。
④ 程颢、程颐:《二程集·河南程氏外书》卷11《时氏本拾遗》,第2册,第416页。
⑤ 张载:《经学理窟·丧纪》,《张载集》,第299页。

孔平仲（1044～1111），字毅父，峡江（今属江西）人。治平二年（1065）进士，历任太常博士、太仆丞校理、江浙提点京西南路刑狱、秘书阁校理、朝奉大夫等职。他反对风水之说，指出"今之俗师必曰某山某水可以求福，可以避祸"，其实是谎言，他列举三个东汉时期的例证来反驳："吴雄不问葬地，而三世廷尉；赵兴不恤忌讳，而三叶司隶；陈伯敬动则忌禁，而终于被杀。"由此可见，风水之说并不可信。①

杨万里（1127～1206），字廷秀，号诚斋，吉州吉水（今属江西）人。历任国子博士、太常博士、太常丞兼吏部右侍郎、提举广东常平茶盐公事、广东提点刑狱、吏部员外郎等职。工诗，与陆游、范成大、尤袤合称"南宋四大家"。在殡葬观念上，杨万里一向不信风水之说，曾言郭璞如果精于风水，宜妙选吉地以福其身，以利其子孙，然璞身最后不免于刑戮，而子孙卒以衰微。由此来看，郭璞风水之说在自己身上便不灵验了，而后世之人还要诵其遗书，且尊信之，难道不让人感到迷惑和可笑吗？

宋佖（1129～1203），金华（今属浙江）人。以从政郎主贺州录参，后请监潭州南岳湖而归，所至以清白称。家居萧然，不累于物。嘉泰三年（1203）十一月庚寅，病亟，手书诫其子强学力行，勿惑阴阳之说，丧葬称有无而已。麾左右，正卧而逝，年七十四。②

张栻"不惑于阴阳卜筮，虽奉其亲以葬，苟有地焉，无适而不可也"。③

陈亮（1143～1194），原名汝能，后改名亮，字同甫，号龙川，婺州永康（今属浙江）人。绍熙四年（1193），光宗策进士第一，中状元，授佥书建康府判官公事，未行而卒，谥号文毅。所作政论气势纵横，词作豪放，有《龙川文集》、《龙川词》，宋史有传。他具有朴素的唯物主义思想，提倡"实事实功"，有益于国计民生。其在殡葬观念上，主张薄葬，曰："生不求全于人，死不求全于地。呜呼！以此遗子孙足矣。"④

陆游也不信风水之说，他在《老学庵笔记》中举了一例：太师蔡京父亲蔡准，兴化仙游（今属福建）人。仁宗景祐元年（1034）进士。历仕秘书丞、都官郎中，官终侍郎。葬临平山，为驼形。"术家谓驼负重则行，故作塔于驼峰。而其墓以钱塘江为

---

① 孔平仲：《珩璜新论》卷2，文渊阁《四库全书》本，第863册，第113页。
② 周必大：《从政郎宋君佖墓志铭》，《全宋文》卷5191，第233册，第123～124页。
③ 《陈亮集》（增订本）卷36《何茂宏墓志铭》，第473页。
④ 《陈亮集》（增订本）卷36《何茂宏墓志铭》，第473页。

水,越之秦望山为案,可谓雄矣。"然而,蔡京"富贵既极,一旦丧败,几于覆族,至今不能振"。最后他得出这样的结论:"俗师之不可信如此。"①

罗大经(1196～1252后),字景纶,号儒林,又号鹤林,庐陵(今江西吉安)人。历仕容州(今广西容县)法曹、辰州判官、抚州(今属江西)推官。在抚州被叶大有弹劾罢官,从此绝意仕途,闭门读书,专事著作,著有《鹤林玉露》一书。在其所著的《鹤林玉露》一书中,他对风水之说进行了批判:"古人建都邑,立室家,未有不择地者。如《书》所谓'达观于新邑,营卜瀍涧之东西'。《诗》所谓'升虚望楚,降观于桑,度其隰原,观其流泉',盖自三代时已然矣。余行天下,凡通都会府,山水固皆翕聚。至于百家之邑,十室之市,亦必倚山带溪,气象回合。若风气亏疏,山水飞走,则必无人烟起聚,此诚不可不信,不可不择也。乃若葬者,藏也,藏者欲人之不得见也。古人之所谓卜其宅兆者,乃孝子慈孙之心,谨重亲之遗体,使其他日不为城邑、道路、沟渠耳。借曰精择,亦不过欲其山水回合,草木茂盛,使亲之遗体得安耳!岂借此以求子孙富贵乎?"他认为郭璞《葬书》谓"本骸乘气,遗体受荫",此说毫无道理,根本说不通。"夫铜山西崩,灵钟东应,木花于山,栗牙于室,此乃活气相感也。今枯骨朽腐,不知痛痒,积日累月,化为朽壤。荡荡游尘矣,岂能与生者相感,以致祸福乎?此决无之理也。"更何况"人之生也,贫富贵贱,夭寿贤愚,禀性赋分,各自有定,谓之天命,不可改也,岂冢中枯骨所能转移乎?"如果真的像郭璞所说,则上帝之命反制于一抔之土了。"今之术者,言坟墓若有席帽山,子孙必为侍从官,盖以侍从重戴故也。然唐时席帽,乃举子所戴,故有'席帽何时得离身'之句。至本朝都大梁,地势平旷,每风起,则尘沙扑面,故侍从跨马,许重戴以障尘。夫自有宇宙则有此山,何贱于唐而贵于今耶!"他还以当时的丞相京镗(字仲远,豫章人)为例,称京镗崛起于寒微,祖父皆火化,无坟墓,每寒食则野祭而已,"岂是因风水而贵哉?"最后,他认为风水不能完全相信,特别是阴宅上的风水,如果说"郭璞精于风水,宜妙选吉地,以福其身,以利其子孙,然璞身不免于刑戮,而子孙卒以衰微,则是其说已不验于其身矣。而后世方且诵其遗书而尊信之,不亦惑乎!"②

---

① 陆游:《老学庵笔记》卷10,中华书局,1979,第134页;陆游:《入蜀记》卷1,《宋人长江游记》,春风文艺出版社,1987,第9页。
② 罗大经:《鹤林玉露》丙编卷6《风水》,第344～345页。

第四节 佛事

一 宋代佛事的盛行

宋代,"丧溺于佛"。①吕大防说:"臣窃观今之公卿大夫,下逮士民,其婚丧葬祭皆无法度,唯听其为而莫之禁。夫婚嫁,重礼也,而一出于委巷鄙俚之习;丧祭,大事也,而率取于浮屠老子之法。"②朱熹说:"自佛教入中国,上自朝廷,下达闾巷,治丧礼者,一用其法。老子之徒厌苦岑寂,辄亦效其所为,鄙陋不经,可怪可笑,而习俗靡然,恬不觉悟。"③其突出表现在以下几个方面:

(一)做佛事

"七七追荐"的风俗起源于南北朝时期。据《北史》卷八○《胡国珍传》载:"国珍年虽笃老,而雅敬佛法。"及薨,"诏自始薨至七七,皆为设千僧斋,斋令七人出家,百日设万人斋,二七人出家"。此后,其俗更为流行,以至有"自佛教入中国,治丧者一用其法"之说。④

古人认为,死后如不做佛事,每日则要在地狱中受尽种种苦难,遭到恶鬼的鞭笞折磨,受尽千难万苦,无法超生投胎为人。而如果死后设斋超度,请戒僧看诵《金刚经》,"经文资荐",则不仅可免坠地狱,顺利转世投胎为人,而且能"往好处托生",免遭六道轮回之苦。设斋时间越长,规模越大,对于死者和生人的好处也就越大。因此,宋人请戒僧诵《金刚经》,以"经文资荐",广做佛事之风,大行于世。⑤什么水陆斋会、水陆道场(施饿鬼会)、山头斋筵聚会(葬斋)、烧香会等名目之会,不计其数。洪迈《夷坚志·三志壬》卷六《蒋二白衣社》载:"鄱阳少年稍有慧性者,好相结诵经忏,作僧家事业,率十人为一社,遇人家吉凶福愿,则偕往建道场,斋戒梵呗,鸣铙击鼓。起初夜,尽四更乃散,一切如僧仪,各务精诚,又无捐丐施与之费,虽非同社,而投书邀请者亦赴之。一邦之内,实繁有徒,多着皂衫,乃名为白衣会。"《夷坚支·志庚》卷七《盛珪都院》载:"绍兴辛亥上元日,(饶州)里中豪者王德璋倡

---

① 梁克家:《淳熙三山志》卷39《土俗类一·戒谕》,《宋元方志丛刊》第8册,中华书局,1990,第8242页。
② 吕大防:《上神宗请定婚嫁丧祭之礼》,赵汝愚编《宋朝诸臣奏议》卷96《礼乐门》,下册,第1033页。
③ 朱熹:《朱熹集》卷83《跋向伯元遗戒》,第7册,第4309页。
④ 黄震:《黄氏日抄》卷36《读本朝诸儒理学书四·晦庵先生文集三》,《黄震全集》第4册,第1336页。
⑤ 洪迈:《夷坚志·支丁志》卷2《张次山妻》,第980~981页。

率社甲为佛会,禳除凶灾,且荐拔遭兵而死者。"

人们习惯在始死、七七和小祥、大祥等场合营斋延僧。如《司马氏书仪》卷五《魂帛》云:

> 世俗信浮屠诳诱,于始死及七七日、百日、期年、再期、除丧,饭僧,设道场,或作水陆大会,写经造像,修建塔庙。云为此者,减弥天罪恶,必生天堂,受种种快乐;不为者,必入地狱,剉烧舂磨,受无边波吒之苦。

在这股风气的形成过程中,封建统治者起到了示范的作用。特别是宋代朝廷对佛事道场极力推崇,"道场斋醮,无日不有,或七日,或一月,或四十九日,各挟主名,未始暂停。至于蜡、蔬、膏、面、酒、稻、钱、帛,百司供亿,不可赀计"。做佛事成为朝廷三大经济支出之一。"而主者利于欺攘,故奉行崇尚峻于典法,皆以祝帝寿、奉先烈、祈民福为名,欲令臣下不得开说。"① 当时朝廷为皇帝、皇后等举行丧事时,几乎没有不做佛事的。

据文献记载,宋代诸路、州、县管内寺观,接到皇帝讣告日起,要修建道场七昼夜。② 如宋真宗死后,宋仁宗"诏每七日于观音启圣院、开宝寺塔设斋会,中书、枢密院分往行香"。③ 宋仁宗(1010~1063)灵柩停放在福宁殿时,用浮屠法守灵:"每日装饰尼女,置于殿前,傅以粉黛,衣之绮绣,状如俳优,又类戏剧。"④ 熙宁元年(1068)十月二十六日,礼部言:"神宗皇帝将来大祥,乞依英宗皇帝故事,诸州府军监各就一寺观开启道场斋醮。"⑤ 诏:"将来大祥,令诸路州、府、军、监各就寺观,破系省钱,请僧道三七人建道场七昼夜。罢散日设斋醮一事,各赐看经施利钱三十贯。道士少处只据人数设醮。"⑥ 元丰二年(1079),神宗在慈圣光献皇太后丧礼时,下令把儒家传统的卒哭祭礼改成了佛教"做百日",并在大内设千僧斋,施袈裟、《金刚经》,为慈圣太后追福。⑦ 宋英宗高皇后(1032~1093)死后,宫中"作小祥道场",

---

① 李焘:《续资治通鉴长编》卷125,仁宗宝元二年十一月癸卯条,1985,第9册,第2943页。
② 《宋会要辑稿》礼30之3、57、81,第2册,第1107、1134、1146页。
③ 《宋会要辑稿》礼29之20,第2册,第1073页。
④ 司马光:《上英宗乞撤去福宁殿前尼女》,赵汝愚编《宋朝诸臣奏议》卷96《礼乐门》,下册,第1009页。
⑤ 《宋会要辑稿》礼29之56,第2册,第1091页。
⑥ 《宋会要辑稿》礼29之66~67、83,第2册,第1096~1097、1105页。
⑦ 《宋会要辑稿》礼32之33,第2册,第1216页;志磐:《佛祖统纪》卷46,释道法校注,上海古籍出版社,2012年,第3册,第1071页。

隆报长老做法，哲宗"设御幄于旁以听"。①宋高宗得知徽宗及郑皇后死于金朝，先"诏诸路州县寺观各建道场七昼夜"，又诏平江诸佛寺"选僧道三十五人醮祭作佛事"。②庆元二年（1196）六月九日，是宋孝宗大祥之日，天下为之"禁屠宰三日"，"诸路州、府、军、监各就寺观请僧建道场七昼夜，罢散日设醮一座"，所有官员都前往"佛寺设位，集僧道行香"。③嘉定十七年（1224）闰八月三日，宁宗皇帝崩于福宁殿。四日，言："检照典故，内外品官禁乐二十七月。京城内外民庶等，自举哀至祔庙，合行禁乐。诸路州县管内寺观，自关报到日，修建道场七昼夜，禁屠宰三日。"从之。④

宋朝统治者除了为先帝、先后做佛事外，还有为将士阵亡者超度和死于战乱的百姓设斋醮追福的。庆历七年（1047）十一月，平定"王则之乱"后，宋仁宗立即下令"战没者官为葬祭之"，并于恩州旌忠寺、京城普安院分别"设水陆斋"为阵亡将士追福。⑤神宗即位后"志在刷耻"，大举拓边西北，但死伤者不可胜计，"熙河之役"后，宋神宗拨付一百万缗专款，在熙州大威德、河州德广禅院各"设道场，为汉蕃阵亡人营福"。⑥北宋末年，金人侵扰京畿，将士殒身战场，平民百姓惨遭横祸，死伤无数，圣旨："除内中已开建道场追荐，朕食素膳，亲诣行香，并令在京宫观僧道，各设斋醮忏会，仍遣使分就四郊，严洁致祭。"⑦

南宋初期，因当时战争频繁，战况惨烈，死人无数，追荐超度阵亡将士和平民百姓的佛事活动越来越多，且其规模也是越来越大。建炎四年（1130）六月，在南侵的金军北撤后，宋高宗便下令各州县做佛事超度死于战乱的军民："州县之官往集缁黄之侣，虔依圣教，俯荐幽魂。"⑧绍兴四年（1134），韩世忠大败金军于承州后，宋高宗诏令镇江府择地埋殡阵亡者，并派胡松年"设水陆斋致祭"，为阵亡者超度。⑨绍兴五年（1135），韩世忠率军击退刘豫军队后，宋高宗便令韩世忠"收拾遗骸埋瘗，设

---

① 佚名：《道山清话》，《宋元笔记小说大观》第3册，第2938页。
② 李心传：《建炎以来系年要录》卷108，绍兴七年正月戊子、己丑条，第3册，第1761~1762页。
③ 《宋会要辑稿》礼30之48，第2册，第1129页。
④ 《宋会要辑稿》礼30之81，第2册，第1146页。
⑤ 李焘：《续资治通鉴长编》卷162，庆历八年闰正月甲辰、乙巳条，1985，第12册，第3906~3907页。
⑥ 李焘：《续资治通鉴长编》卷247，熙宁六年十月戊寅条，1985，第18册，第6021页。
⑦ 佚名：《靖康要录》，文渊阁《四库全书》本，第329册，第443页。
⑧ 綦崇礼：《北海集》卷36《金人残破江浙杀戮生灵募僧道作道场祭文》，《全宋文》卷3659，第168册，第49页。
⑨ 李心传：《建炎以来系年要录》卷81，绍兴四年十月己亥条，第2册，第1338页。

水陆斋追荐"。① 宋代名将芮兴，曾建水陆大斋及九幽章醮超度战死的部下将士。②

也有为因饥荒和瘟疫而死的百姓设斋醮追福的。宋真宗时，真宗对宰相曰："汴水岁有流尸，至淮而止。然非理死者必有积恶，以罹斯苦。朕思以善缘济之。"乃作发愿文，遣工部郎中、直集贤院李建中，内殿崇班张承素赍诣泗州，依道释二教设斋醮宣读，及祭溺者。仍诏本州每岁择日禁屠宰，就寺观各建道场五昼夜，仍设祭。宰相请以圣制刻石，就州建观，乃得汴水东临淮之地，命内侍赵履信、朱允中董役，总众舍二百七十四区，赐名延昌。③ 宋高宗末年，江西抚州发生饥荒和瘟疫，许多百姓死亡，草草掩埋后，导致"道旁白骨相属，间有未化者，为犬豕所噬"。宋孝宗初年，江西抚州通判刘涛召募民众收殓道旁白骨等，"得数千骸"。于是，刘涛"命浮屠氏作善果"，在法事结束后，将尸骸埋入义冢。④ 宋孝宗淳熙十一年（1184），知建宁府宋之瑞将城内外暴露的二百来具尸骨集中起来，"悉舁置于吉祥寺之两庑"。"荐以兰羞，籍以明器"，"仍命桑门振拔幽滞，讫三昼夜"。然后将这些尸骨埋入预先建好的公墓里，下葬这一天，"缁黄导前，幢盖缤纷，阖郡官吏咸集，观者塞途，莫不合爪赞叹，甚至感泣"。⑤

官员们和士大夫更是乐此不疲，大做法事。

王克正仕南唐，历贵官。归宋朝，太平兴国元年（976）直舍人院。太平兴国三年（978），上命汤悦、王克正、张洎等同修《江表事迹》。"及死无子，其家修佛事为道场，惟一女十余岁，缞绖跪炉于像前。"⑥

王仁镐（893～961），邢州龙冈（今河北邢台）人。后唐明宗即位，为作坊副使。后晋时，改护国军行军司马。后汉时，历昭义、天雄二军节度副使。后周时，为永兴军节度使，移山南东道节度使。入宋，加检校太师。"性端谨俭约，崇信释氏，所得俸禄，多奉佛饭僧，每晨诵佛经五卷，或至日旰方出视事。从事刘谦责仁镐曰：'公贵为藩侯，不能勤恤百姓，孜孜事佛，何也？'仁镐敛容逊谢，无恨色。当时称其长者。"⑦

---

① 李心传：《建炎以来系年要录》卷94，绍兴五年十月乙丑，第2册，第1559页。《宋会要辑稿》食货68之122，第7册，第6314页。
② 《湖海新闻夷坚续志》后集卷2《佛教门·荐拔亡卒》，第190页。
③ 李焘：《续资治通鉴长编》卷72，大中祥符五年丁未条，1980，第6册，第1805页。
④ 赵敦临：《朝奉大夫通判漳州刘公庙记》，《全宋文》卷4379，第198册，第174～175页。
⑤ 宋之瑞：《常平义阡记》，《全宋文》卷5826，第259册，第144～145页。
⑥ 江少虞：《宋朝事实类苑》卷48《占相医药·陈希夷》，第629页。
⑦ 《宋史》卷261《王仁镐传》，第26册，第9038页。

范仲淹自始崇信佛法，留心佛典，诵《金刚经》"辄有冥契"。其一生莅任之处，必造寺度僧，兴崇三宝。晚年时曾舍宅为寺，名为天平寺，并延请浮册法远禅师为住持。他母亲去世后，请僧人诵经。在其义庄田产中，他将一份祭田转归僧寺："天平功德寺，乃文正公奏请追福祖先之地。"①

王安石晚年判江宁府时，曾奏乞施田与蒋山太平兴国寺，"充常住，为其父母及子雱营办功德"。②他在奏札中说：

> 臣父子遭值圣恩，所谓千载一时。臣荣禄既不及于养亲，雱又不幸嗣息未立，奄先朝露。臣相次用所得禄赐及蒙恩赐雱银，置到江宁府上元县荒熟田，元契共纳苗三百四十二石七斗七升八合，蕨一万七千七百七十二领，小麦三十三石五斗二升，柴三百二十束，钱五十四贯一百六十二文，省见托蒋山太平兴国寺收岁课，为臣父母及雱营办功德。欲望圣慈特许施行充本寺常住，令永远追荐。昧冒天威，无任祈恩屏营之至。取进止。③

元丰年间（1078～1085），给事中吕陶（1028～1104）遭先妣丧，数次做水陆大供，觊享冥福。僧文爽"夜诵真谛，亹亹达旦，声韵远畅，愈于壮夫。盖诸经所载佛语者，尝总而记之，故多且不遗也"。有鉴于此，吕陶感慨道："悲夫世之妄人，牵联驰突于利欲之坠，哀恶贮过，以自封殖，伐灭天和，投涂罪境，不知其神魄之丧夺，固已久矣，而犹蚤夜惕惕，恒恐浮躯之忽坏。凡如此者，又安能知释氏之于死生甚近而易，乃有往来彼此之论，虽然以师之轻清悦豫，不夸能，不役智，则未可以岁月期也。"④

苏轼（1037～1101），字子瞻，又字和仲，号东坡居士，眉州眉山（今属四川）人。北宋文豪，"唐宋八大家"之一。他是北宋亲佛参禅且深得其益的、最为知名的士大夫之一，先后与大觉怀琏、佛日契嵩、净慈宗本、径山维琳、真净克文、东林常聪、佛印了元等相亲善。贬官黄州（今湖北黄冈）时，即归诚佛僧，往城南精舍，"焚香默坐，深自省察，则物我相忘，身心皆空，求罪垢所从生而不可得。一念清净，

---

① 范仲淹：《义庄规矩》，《范仲淹全集》附录六《历代义庄义田记》，第1159～1164页。
② 李焘：《续资治通鉴长编》卷279，神宗熙宁九年十二月丙戌条，1986，第20册，第6831页。
③ 王安石：《王文公文集》卷19《乞将荒熟田割入蒋山常住札子》，第229～230页。
④ 吕陶：《净德集》卷14《圣兴寺僧文爽寿塔记》，《丛书集成初编》本，第2册，第148页。

染污自落，表里翛然，无所附丽"。① 曾与东林常总在庐山集道俗千余人建禅社，晚年致力于净土实践，曾"绘水陆法像，作赞十六篇"，建"眉山水陆会"。② 其妻亡故后，他更是设水陆道场供养，并作《阿弥陀佛赞》："苏轼之妻王氏，名闰之，字季章，年四十六。元祐八年八月一日，卒于京师。临终之夕，遗言舍所受用，使其子迈、迨、过为画阿弥陀像。绍圣元年六月九日，像成，奉安于金陵清凉寺。"又其《释迦文佛颂》并引曰："端明殿学士兼翰林侍读学士苏轼，为亡妻同安郡王氏闰之，请奉议郎李公麟敬画释迦文佛及十大弟子。元祐八年十一月十一日，设水陆道场供养……"又为其父母作《画阿弥陀佛像偈》，表达其对西方极乐世界的向往。他在《阿弥陀佛颂》序中说："钱塘圆照律师，普劝道俗归命西方极乐世界阿弥陀佛。眉山苏轼敬舍亡母蜀郡太君程氏遗留簪珥，命工胡锡采画佛像，以荐父母冥福。"③

朱寿昌，字康叔，天长（今属安徽）人。其父朱巽是宋仁宗年间的工部侍郎。寿昌庶出，其母刘氏是朱巽之妾。朱寿昌幼时，刘氏被朱巽遗弃，从此母子分离。朱寿昌长成之后，荫袭父亲的功名，担任官职，几十年的仕途颇为顺利，先后做过岳州、阆州知州等，然而他一直未能与生母团聚，思念之情萦萦于怀，以至于"饮食罕御酒肉，言辄流涕"。在母子分离五十年时间里，他四方打听生母的下落，均杳无音讯。闻佛书中有"水忏"者，其说谓子女想见父母，如果诵念"水忏"，一定会如愿。于是寿昌依照佛法，灼臂烧顶，刺血写经，昼夜诵持，并募板印施于人，惟愿见母，以示虔诚。见者没有一个不同情他。熙宁（1068~1077）初年，朱寿昌听人说他母亲流落陕西一带，嫁当地百姓为妻，于是他辞去官职，与家人远别，千里迢迢，往陕西一带寻母，并对家人说："不见母，吾不返矣！"精诚所至，朱寿昌终于在同州找到了自己的生身母亲。这弃官千里寻母的故事，感动了大家。宋神宗得知朱寿昌事后，责令复原职，同时，名公巨卿如王安石、苏轼、韩琦等名家争作诗文歌咏其事。后来朱寿昌官至司农少卿、朝议大夫、中散大夫，年七十而卒。④

济王赵竑被史弥远鸩死后，"弥远惧，为之改葬，且作佛事超度之"。⑤

在帝王将相的影响下，平民百姓也乐做佛事。余靖说："切缘市井之人，有知者

---

① 苏轼：《苏轼文集》卷12《黄州安国寺记》，孔凡礼点校，第392页。
② 志磐：《佛祖统纪》卷45，《大正藏》第49册，No.12060。
③ 以上均见《苏轼文集》卷21《阿弥陀佛赞》、卷20《阿弥陀佛颂》，孔凡礼点校，第619、585页。
④ 俞文豹：《吹剑录（附外集）》，《丛书集成初编》本，第35页；沈括撰、胡道静校注《新校正梦溪笔谈》卷9《人事一》，第114页。
⑤ 田汝成：《西湖游览志余》卷5《佞幸盘荒》，第69页。

少，既见内廷崇奉，则遽相扇动，倾箱竭囊，为害滋深。"①陆游一针见血地指出："吾见平时丧家百费方兴，而愚俗又侈于道场斋施之事，彼初不知佛为何事，但欲夸邻里为美观尔！"②至于这方面的事例，更是不胜枚举了。

常州晋陵人张进之，"轻财乐施，无疏戚之间。视其缓急，贷与无所吝。虽时有见负，折券不问也。亲戚之贫者，月廪食之有常数。行之十有余年，不少替。暴雨雪，乡邻艰食，则给薪米以赈之。市材治棺，以待贫无周身者。每千人为一录，曰'冥惠'，饭千僧以荐之。岁饥，殍死被原野，进之敛其遗骸藏之，殆不可以数计也"。③

南宋都城临安盐桥富室李省，贩海做商，每次出去长达数年。绍熙元年（1190），他与同业的六七人一起结伴而到外面经商，过了四年还没有回家，且无音讯，其妻非常担忧他的安全。有一天，一个与李氏非常要好的人来到其家，对李氏妻子曰："同途数客已尽归，不应独后，岂非堕于非命呼？宜往占之。"李氏妻子听了他的话以后，历访十余个卜肆，都说其丈夫不吉，恐难得还家。其妻听后极其悲伤，号啕大哭，回家后召集僧人，"建道场，招魂挂服。……明日，妻买地造冢，备极力役之费"。④

淳熙（1174～1189）初年，王良佐居临安观桥下。他起先为普通的平民，负担贩油。后家道小康，夫妇奉佛，天天向外施舍。有一天，夫妻俩在焚香时，见有塔影七层，黄碧璀璨，上面金书"保叔塔"三字。于是，夫妻俩捐资修塔，并把自己的塑像放在第一层。或云：王良佐少年时入狱，恰与一个大盗关在一起，两人因为同年，关系较好。大盗临刑前对王良佐说："我行盗杀人，无生理。有金银甚多，埋保叔塔下，悉以赠君。我伏法日，幸收骸骨高原，广作佛事，则我瞑目矣。"⑤

宋宁宗时，饶州民妇焦氏为超度早年"自缢"而至今"未得托化"的女鬼胡一姊，到中元节时，便在永宁寺塔院建水陆大斋，为她"设位荐拔"。⑥

大夫钱令望的妻子陈氏，天性残忍，婢妾虽只犯小小的过错，也要殴打她们，其中有几个便死于她的杖下。后来陈氏生病卧床，梦见有一个死去的妾想要杀死她，心里十分害怕。丈夫钱令望知道后，穿上礼服，焚香祭拜亡妾，且许诺诵经饭僧助其超

---

① 余靖：《乞罢迎开宝寺塔舍利奏》，《全宋文》卷562，第26册，第321页。
② 陆游：《放翁家训》，《全宋笔记》第5编（8），第149页。
③ 杨时：《张进之墓志铭》，《全宋文》卷2696，第125册，第55页。
④ 潜说友：《咸淳临安志》卷92《纪遗四·纪事》，《宋元方志丛刊》第4册，第4204～4205页；田汝成：《西湖游览志余》卷25《委巷丛谈》，第376页。
⑤ 田汝成：《西湖游览志余》卷25《委巷丛谈》，第377页。
⑥ 洪迈：《夷坚志·三志辛》卷9《焦氏见胡一姊》，第1456页。

生，以赎妻子的过错。①

莆田刘起晦，字建翁。淳熙戊戌进士及第，知贵溪县时，"治县极宽，不为节限，讼者从容各尽其辞；已而敷畅折衷，隐情遁节，如镜见象，奸民未尝不避影敛迹也。市里寒人，必知名数，雨雪冻仆，计口与钱米。疾疠天行，自煮药；不幸死，给棺敛。县东起孤独庐，西安乐坊，岁减斛面米六千石籴本钱六十万。贵溪人谓建翁，不曰'知县'，曰'吾翁'也。故闻其卒，罢市聚哭，为佛老事五昼夜"。②

嘉州（治今四川乐山）僧常罗汉，为一位异人，喜欢劝人设罗汉斋会，故得此名。当时有一名姓杨的老婆婆特别喜欢吃鸡，平生所杀之鸡"不知几千百数"。杨婆婆死后，家人为其做六七斋，具黄箓醮。道士方拜章、僧常罗汉忽至，告诉其子说："吾为汝忏悔。"杨家听后非常高兴，设坐延入。僧常罗汉嘱咐其家仆人去东第几家买一只花雌鸡来，仆人听了他的话果然买到了一只花雌鸡。僧人又言要将鸡宰杀，然后烹烧成菜馔，作为祭品。杨氏子为此泣请僧人曰："尊者见临，非有所爱惜。今日正启醮筵，举家内外久绝荤馔，乞以付邻家。"但僧人不同意，一定要将鸡杀死后煮食。杨氏子无奈，只得按照僧人的要求将鸡煮熟，就厅踞坐，将鸡肉分拆，摆满一盘。分置上真九位后还有一些多余，僧道两人便把这多余的鸡肉吃掉了。斋罢，僧人不揖而去。这一天晚上，卖鸡家及杨氏子都梦到杨婆婆前来，谢曰："坐生时罪业，见责为鸡。赖常罗汉悔谢之赐，今解脱矣！"自是郡人做佛事荐亡，都争着邀请僧人常罗汉，以为这样可以使逝去的亲人得到超升。这一故事虽然有点荒唐，但真实地反映了当时人们的思想观念。③

除上面这些丧家零散做的佛事外，宋代也有社会和寺院、道观组织的大型佛事活动。如"鄱阳坊俗，每岁设禳灾道场"。④宋宁宗庆元四年（1198）二月十六日，饶州天庆观设黄箓大醮，募人荐亡，每位为钱千二百，预会者千人。⑤同年四月，在永宁寺大殿"命僧建水陆斋供，加持斛盘"。"及斋施已竟，众僧鸣铙击鼓，奉斛出三门"。⑥

在这种社会风气下，还流传不少令人啼笑皆非的故事。如宋代陈师道《后山谈

---

① 洪迈：《夷坚志·丙志》卷7《钱大夫妻》，第423页。
② 叶适：《叶适集·水心文集》卷18《刘建翁墓志铭》，第2册，第350~351页。
③ 洪迈：《夷坚志·丙志》卷3《常罗汉》，第385~386页。
④ 洪迈：《夷坚志·三志辛》卷2《鬼迎斛盘》，第1398页。
⑤ 洪迈：《夷坚志·三志己》卷2《天庆黄箓》，第1319页。
⑥ 洪迈：《夷坚志·三志辛》卷2《鬼迎斛盘》，第1398页。

丛》卷三载：有一位王姓的官员，生前妒贤嫉能。其死后，秘书少监晁端彦以外姻的身份为其做道场，替其"忏罪"。戒僧齐声高唱："妒贤嫉能罪消灭！"在场的人听到这句话后无不大笑。又，郭彖《睽车志》卷五载："临川屠者张某，晚年颇悔其业，自以宰杀物命至多，必受恶报；又其体丰肥，乃日诵佛号数百声，画佛像瞻礼，惟祈命终之日，不值暑热。人皆笑之。如是积十数年。"绍兴三十一年（1161），瓜州所俘成忠郎张真，使持牒请和。张真到家，妻子凶服而出，谓其已经战死在沙场，方命僧人做四七道场。两人突然相见，真是悲喜交集。①

在当时，一般人家以七七为止，但也有因送七的人太多，或因一些富裕人家为显示家境阔绰，而做十个七的。十个七俗称为十斋，是指在七七斋外另加百日斋、一年斋、三年斋。但丧事以双数为最忌，故还必须做一个七，这样达到十一个七，以取其单数。宋人不仅做七的次数越来越多，规模也是越来越大。话本小说《快嘴李翠莲记》说："和尚、道士一百个，七日、七夜做道场。"②这是百人规模的。还有千人规模的。如贾似道为其母亲做道场，用僧道千人。③甚至有达数千人的，如通直郎张潜（1025~1105），每当父母死日，"必前期蔬素，为佛事，瞻仰如在，悲动左右"，又于"故居之北资福院，建轮藏，以奉皇妣。工既告毕，遂径诣庐山，饭僧凡数千人。其孝思不匮类如此"。④

需要说明的是，在当时的丧葬费用中，佛事开支是一个大项，数目巨大。少者数千，多则十万缗以上。平江（今江苏苏州）城北富民周氏之子死，其父"愈悲凄，为治阳山祖茔之侧，创一大刹，徙尊相寺故额，仿城中万寿寺之制，规模宏伟，仍度数僧居之"。又请僧道做佛事，超度亡魂，"凡费钱十余万缗，乃窆亡骨于东庑，如僧式立塔，而绘其像，以冠裳为饰"。⑤这比使用传统的儒家礼仪，在费用上增加了数倍，甚至数十倍。在北宋时期的福建地区，"其奉浮图，会宾客，以尽力丰侈为孝，否则深自愧恨，为乡里羞，而奸民、游手、无赖子幸而贪饮食，利钱财，来者无限极，往往至数百千人。至有亲亡秘不举哭，必破产办具，而后敢发丧者。有力者乘其急时，贱买其田宅；而贫者立券举债，终身困不能偿"。⑥南宋时的费用更是有增无已。刘

---

① 洪迈：《夷坚志·丙志》卷19《房亮死兆》，第530页。
② 洪楩：《清平山堂话本》卷2，谭正璧校点，第63页。
③ 田汝成：《西湖游览志余》卷26《幽怪传疑》，第388页。
④ 陈柏泉：《江西出土墓志选编》29《通直郎张潜行状》，第84页。
⑤ 洪迈：《夷坚志·三志己》卷7《周麩面》，第1357~1358页。
⑥ 欧阳修：《居士集》卷35《端明殿学士蔡公墓志铭》，李之亮笺注《欧阳修集编年笺注》，第2册，第627页。

雄飞"将十八果会一万贯、段匹、米麦等,送杨都头归,俾之命僧作水陆功德,追荐八娘,少报其往日救济之急"。①故此,明代丘濬《大学衍义补·家乡之礼》曰:"盖行古礼比用浮屠省费数倍"。由于费用侈大,许多丧家背上了沉重的负担,甚至倾家荡产。时人曾言:"中人之家有一吉凶之事,则卖田畴,鬻邸宅,举倍称之息犹弗能给。"②南宋绍兴年间(1131~1162),吴县(今属江苏)县宰陈祖安,由于做佛事所需花费甚大,而自己的俸禄微薄,无力筹办,只好在王葆彦做斋时,以俸钱为旺设位。事后,他感叹道:"此费侈,吾贫不能办。"③……

正因为如此,有的人早早在生前就存下了不薄的资财,以免自己死后家人无力举办佛事。如饶化百姓江三,生前"藏小儿手镯一双,妇人金耳环一对,金牌一枚。用小瓦罐子盛埋于门东壁下",以"作功德追修"。④更有一些人家,自己无力操办佛事,便在他人做斋醮之时,乘便为自己亡去的亲人附度。例如叶武仲"母死经年",因家贫无力请僧道超度母亲,适逢叶平钟德茂家启九幽醮,允许外人附度。叶武仲闻知后,买纸衣一通,诣坛下,"主醮者程国器为祝而焚之"。⑤一些贫穷的百姓之家,也不惜变卖物品,甚至破家荡产来办佛事,以求得心理上的安稳与平衡。如《夷坚志·丁志》卷一二《淮阴民女》载:

> 淮阴小民丧其女,经寒食节,欲作佛事荐严,而无以为资。母截发鬻之,得六百钱,出街将寻僧,值五人过门,迎揖作礼。告其故,皆转相推避。良久,一僧始留,曰:"今日不携经文行,能自往假借否?"妇人遍访诸邻,得《金光明经》一部以授僧。方展卷启白,妇人涕泪如雨。僧恻然曰:"不谓汝悲痛若此,吾当就市澡浴以来,为汝尽心。"既至,洁诚持诵。具疏回向毕,乃授钱归。

丧家纷纷为亡亲资冥福、修功德,自然给佛道寺观和僧道提供了获取丰厚报酬的大好时机。他们在做佛事前往往要和丧家谈条件,甚至狮子大开口,在要求得到满足后,才为死者超度。鲁应龙《闲窗括异志》就载:"临江军惠历寺初造轮藏,成。僧限千钱则转一匝。有营妓丧夫,家极贫,念欲转藏以资冥福。累月辛苦,求舍随缘,终

---

① 佚名:《湖海新闻夷坚续志》前集卷2《报应门·施恩有报》,第116~117页。
② 秦观撰、徐培均笺注《淮海集笺注》卷15《财用下》,上海古籍出版社,2000,第602页。
③ 洪迈:《夷坚志·丙志》卷12《吴旺诉冤》,第465页。
④ 洪迈:《夷坚志·三志辛》卷2《江络匠》,第1398~1399页。
⑤ 洪迈:《夷坚志·三志辛》卷5《叶武仲母》,第1422页。

不满一千。迫于贫乏，无以自存，且嫁有日矣，此心眷眷不能已。乃携所聚之钱，号泣藏前，掷钱拜地。轮藏自转，阖寺骇异。自是不复限数矣。"①而道士们"送魂登天，代天肆赦，鼎釜油煎，谓之炼度"。②徐道人为淮人林月溪建道场，索要一百二十贯，"留三十贯于纸铺，委造纸钱，余者悉以为酒食之资"。林月溪等了一个多月，徐道人才开始斋戒，"就道堂打坐。一日至晚，将纸钱烧化，贺林云：'善功圆满。'"③就这样，丧家的钱财成了僧道的"酒食之资"和焚化的纸钱。

（二）出殡时用僧道威仪

宋代丧葬过程中常以释道威仪、装束作为引导，这在帝王的出殡仪式中最为常见，如至道三年（997）三月，宋太宗崩。十月丁酉，灵驾发引，以太宗玩好弓、剑、笔砚、琴棋之属列于仗内，以僧道威仪奉引。④司马光《涑水记闻》也载：

> 至和元年，张氏妃薨，初谥广明皇后，又谥元明，又谥温成。京师禁乐一月。正月二十日，自皇仪殿殡于奉先寺，仪卫甚盛。又诏与孝惠、淑德、章怀、章惠俱立忌。正月二十日殡成，上前五日不视朝，两府不入。前一日之夕，上宿于皇仪殿，设警场于右掖门之外。是日旦发引，陈卤簿、鼓吹、太常乐、僧道，威仪甚盛……⑤

皇家如此，民间自然也极力仿效。"今犯此禁者，所在皆是也。祖宗于移风易俗留意如此，惜乎州县间不能举行之也！"⑥陆游在《放翁家训》中就说："每见丧家（出殡）……僧徒引导"。在当时，如果丧事不用僧道威仪，便要被人视为非礼。如在南宋最为崇尚程朱理学的江西地区，有人子葬亲欲不用僧道威仪导引，竟然招致"亲族内外群起而排之，遂从半今为古之说，祭享用荤食，追修用缁黄……虽俗礼夷教，犹屈意焉！"⑦这种现象在考古资料中也得到了证实。河南荥阳北宋石棺一侧浮雕的出殡行列中有执炉行香的仕女和击钹的僧人为前导。⑧为此，统治者不得不下令禁止。开

---

① 此事又见于费衮《梁溪漫志》卷10《惠历寺轮藏》，第129页。
② 叶盛：《水东日记》卷15《陆放翁家训》，第152页。
③ 佚名：《湖海新闻夷坚续志》后集卷1《斋醮灵验》，第158～159页。
④ 马端临：《文献通考》卷126《王礼考二十一·山陵》，上册，第1129页。
⑤ 司马光：《涑水记闻》卷8，第151页。
⑥ 王栐：《燕翼诒谋录》卷3，第24页。
⑦ 俞文豹：《吹剑录（附外集）》，《丛书集成初编》本，第35页。
⑧ 吕品：《河南荥阳北宋石棺线画考》，《中原文物》1983年第4期。

宝三年（970）十月甲午，诏开封府，丧葬之家不得用道释威仪及装束异色人物前引。

丧葬仪式中出现佛教威仪，这种做法可能与佛教中接引佛阿弥陀佛有关，目的在于将死者引导到西方净土世界。毫无疑义，这种风俗对儒家传统的丧葬习俗造成了一定冲击，一些理学家认为其有违礼制，如王栐便质疑说："丧家命僧道诵经，设斋设醮作佛事，曰'资冥福'也。出葬用以导引，此何义邪？至于铙钹，乃胡乐也，胡俗燕乐则击之，而可用于丧柩乎？世俗无知，至用鼓吹作乐，又何忍也。"①陆游也认为这种风俗"尤非敬佛之意。广招乡邻，又无益死者，徒为重费，皆不须为也"。②

（三）用浮屠法击钟

从宋初以来，京城内遇帝王及品官亡故，死者的亲属往往依照佛教的习惯，到佛寺中"用浮屠法击钟"。如嘉定十七年（1224）闰八月三日，宁宗皇帝崩于福宁殿。四日，礼官奏言："检会国朝故事，城内外诸寺院共声钟二十五万杵。乞依典故，令临安府吉服声钟。"从之。③

民间同样有此撞钟风俗，洪迈《夷坚志·丙志》卷九《丘鼎入冥》就记载了这方面的事例：

> 宜黄人丘鼎病困，中为二吏持符逮去。至官府，诸吏骈列廷下，候主者出坐，引而前，旋呼一女子，手挟凉衫，脚曳长帛，若与丘有所证。口未及言，而肩傍自有呐呐与女辩者。女词屈，吏命之去。其帛扯其衫，丘默悟乃少年日与此女杂居，朝夕往来，因与之合。后嫁富家某氏子，多以其赀布施道释。未数年而死，冥司课其功，宜受男身，但有旧与丘淫通事，须得直乃可，故逮丘以证。丘未言而傍呐者曲折已白，盖向时私意实出于女，女坐是，不得转男身。继麾丘去，方辞行，见吏呈文书，探首窥之，全如世间州县追引列人姓名于首。余不能识，仅见两郭氏字，吏遽掩之。顾卒导丘出抵大门，则已揭示一榜曰：某人曰某人其弟在焉。名下注十七日字，末后系衔，乃里中新逝官员置押。官称殊与世异。届中途，导卒私祷曰：他人到此必有贿赠，君那得无？丘曰：吾固贫士，且来时不持一钱，何以为谢？卒曰：还家请道士转度人经百遍足矣。丘许之，恍然而寤，则已死一日，家人环泣具棺衾，僧寺击无常钟，声历历在耳。为母妻言

---

① 王栐：《燕翼诒谋录》卷3，第24页。
② 陆游：《放翁家训》，《全宋笔记》第5编（8），第151页。
③ 《宋会要辑稿》礼30之80~81，第2册，第1145~1146页。

之，喜其复生，而母妻皆郭氏也。愀然不乐，越数日，同时临病不起，弟果以十七日亡。

撞钟的次数并无严格的规定，一次"多至数百十下，不复有昼夜之拘"，俗称为"无常钟"。①由于各佛寺都允许信徒击无常钟，且所击钟的次数多少不定，不分昼夜，因此京城时时闻到钟声阵阵，这不免惊扰了城内外官民的清梦和日常生活。②为此，至宋真宗景德元年（1004），开封府要求朝廷制定一个制度，规定凡文臣大卿监以上，武臣大将军、观察使以上，命妇郡夫人以上，其亲属才准许到天清寺、开宝寺撞钟；其他人则一律加以禁止。结果，这一要求获得了宋真宗的批准③。其制度至哲宗绍圣年间（1094~1098）仍以为定制。④

需要说明的是，这种撞击无常钟的习俗，在京师以外地区一般是不受限制的。南宋初，平江府（即今江苏苏州）常熟县的慧日寺和东灵寺便借此获得了极其丰厚的报酬。据庄绰《鸡肋编》载：

> 平江府常熟县有僧文用，目不识字，而有心术。始欲建寺，即唱云："城西北有山，而东南乃湖水，客胜于主，在术家为不利。若于湖滨建为梵宫，起塔其上，则百里之内，四民道释当日隆于前矣。"乃规沮洳浅水之中，欲置寺基于是。邑人欣然从之，老幼负土，虽闺房妇女，亦以裙裾包裹瓦石填委其上。不旬月，遂为皋陆。乃创为觉塔，再级则止。又作轮藏，殊极么麽。他寺每转三匝，率用钱三百六十，而此一转，亦可取金，才十之一。日运不绝，遂铸大钟，用铜三千斤。时慧日、东灵二寺，已为亡人撞无常钟。若又加一处，不特不多，且有争夺之嫌。文用乃特为长生钟，为生者诞日而击。随所生时而叩，故同日者亦不相碍，获施不赀。先是酒务有漏瓶弃之，文用乞得数十枚，散于邑中编户，每淘炊时，丐置一掬其中。旬日一掠，谓之旬头米。工匠百数，赖此足食。慧日禅寺

---

① 彭乘：《续墨客挥犀》卷1《分常钟》，中华书局，2002，第428页。
② 宋代曾慥编《类说》卷47《半夜钟》："欧公《诗话》讥唐人'夜半钟声到客船'之句，云半夜非钟鸣时。或云人死，鸣无常钟，疑识人偶闻此耳。尝过姑苏，宿一寺，夜半闻钟，因问寺僧，皆曰'分夜钟'。曷足怪乎。寻闻他寺，皆然。始知半夜钟，惟姑苏有之。"文渊阁《四库全书》本，第873册，第819页。
③ 《宋会要辑稿》刑法2之7，第7册，第6499页。
④ 王辟之：《渑水燕谈录》卷5《官制》，第62页；江少虞《宋朝事实类苑》卷32《典故沿革·品官丧许击钟》记载："京师之丧，用浮屠法击钟，初无定制。景德中，令文臣卿监、武臣大将军、命妇郡夫人已上，许于天清、开宝二寺击钟，至今以为定制。"见该书第412页。

为屯兵残毁，县宰欲请长老住持，患无以供给，文用首助钱五百千。由此上下乐之，施利日广。自建炎戊申至绍兴癸丑，六岁之间，化钱余十五万缗。又请朱勋坟寺旧额，为崇教兴福院，不数年，遂为大刹矣。①

据佛家的说法，撞钟是为了让死者的灵魂摆脱地狱之苦，早日飞升天堂。其俗早在唐代便已经流行。据文献记载，它可能与唐朝京城长安大庄严寺高僧智兴的一段传说有关：智兴在长安之时，隶籍大庄严寺。当时，"寺僧三果者，有兄从帝南幸江都，中路亡没。初无凶告，忽通梦其妻曰：'吾行从达于彭城，不幸病死。生于地狱，备经五苦，辛酸叵言，谁知吾者？赖以今月初日蒙禅定寺僧智兴鸣钟发声，响振地狱，同受苦者一时解脱，今生乐处，思报其恩。可具绢十匹奉之，并陈吾意。'从睡惊觉，怪梦所由，与人共说。初无信者，寻又重梦，及诸巫觋咸陈前说。经十余日，凶问奄至，恰与梦同，果乃奉绢与之。而兴自陈无德，并施大众。有问兴曰：'何缘鸣钟乃感斯应？'兴曰：'余无他术，见付法藏传罽腻咤王剑轮停事，及增一阿含，钟声功德，敬遵此辙，苦力行之。每冬登楼，寒风切肉，僧给皮袖用执钟槌，余自厉意，露手捉之，严寒裂肉，掌中凝血，不以为辞。又至诸时鸣钟之始，愿诸贤圣同入道场，然后三下，将欲长打，如先致敬。愿诸恶趣闻此钟声俱时离苦，如斯愿行志常奉修，岂惟微诚遂能远感。'众服其言"。②其实，这只是佛教用以宣扬的一种手段而已。

（四）庐墓与功德寺、坟庵

宋人在安葬死者之后，还往往盛行在坟墓旁边兴建坟庵（或名坟寺、坟院等），一方面赡僧人守墓，并为死者诵经祈福；另一方面也是为了死者的后人来此扫墓时能够有一个落脚休息的地方。③乾道四年（1168）五月，李洪就对这一风俗做了详细的描述："古者墓而不坟，盖始立封崇之制。矧今坟庵之设，自公侯达于庶人，咸遵西方之教，实资梵福。虽未必合于礼经，然圣人复生亦不可废也。于是稽戴《记》三年问之义，于父母加隆其恩之说，榜曰'隆恩'，且以告继先，当率礼经以克承先训。后

---

① 庄绰：《鸡肋编》卷中，第68页。
② 道宣：《续高僧传》卷30《唐京师大庄严寺释智兴传六》，郭绍林点校，中华书局，2014，第1215~1216页。
③ 王安石《王文公文集》卷35《城陂院兴造记》："灵谷者，吾州之名山，卫尉府君之所葬也。山之水东出而北折，以合于城陂。陂上有屋，曰城陂院，僧法冲居之，而王氏诸父子之来视墓者退辄休于此。"见该书第420页。

嗣之贤者能致其敬，竭力从事，以报其亲，不敢尽废，不亦可乎！"①

1. 宋代帝陵坟院

中国古代的帝陵建寺，始于佛教传入中国之后，它在经历了南北朝的滥觞期和隋唐的发展期后，在宋代继续有所发展，而且形成了一套比较成熟完整的制度。②

与前代一样，宋代帝陵也修建有规模巨大的坟寺。"宣祖初葬今京城南，既迁陵寝，遂以其地建奉先寺，仍为别殿，岁时奉祠宣祖昭宪太后。其后祖宗山陵，遂皆即京师寺宇为殿，如奉先故事。兴国开先殿以奉太祖，启圣院永隆殿以奉太宗，慈孝崇真殿以奉真宗，普安殿以奉元德皇后。"③

北宋帝陵附近修建有四所寺院（当时称为禅院），分别是：永安陵、永昌陵、永熙陵系永昌院；永定陵系永定禅院；永昭陵、永厚陵系昭孝禅院；永裕陵、永泰陵系宁神禅院。20世纪末，河南省文物研究所对北宋帝陵的寺院分布状况进行了详细的调查和发掘，发现陵区附近还有永安院和净惠罗汉寺等寺院，并出版了详细报告。据调查者云，寺院一般位于陵区的西北部，距离陵区较近，而且文献上所记载的有关区域问题的划分与考古调查的北宋帝陵的分区结果相互吻合。同时，有些寺院的修建是与上宫、下宫同时进行的。这些都充分证明北宋帝陵修建寺院之时，已经考虑到陵墓的远近和分布情况，并事先进行了严格的设计和有目的的规划，陵区划分为若干区域，在同一区域之内，若干帝陵共用一个寺院。同时调查者通过调查发掘，还收集了一批僧人的碑铭。④此外，北宋京城（今河南开封）南悯贤寺，即为仁宗温成张妃坟院。寺中有温成宫中故物，素朱漆床，黄绢缘席，黄隔织褥。仁宗帝御飞白书温成影帐牌，才二尺，朱漆金字而已。⑤另据《大宋故昭孝禅院主辩证大师塔铭》记载："神宗皇帝以孝治天下，凡世之所以奉先追远之事，靡不举焉。熙宁初，诏即永昭、永厚陵建浮图氏居，以修梵福。"又据《敕住宁神法照大师碑》记载："本朝建寺，追奉陵寝，以昭仁孝，讲诵有常，负荐无已。盖两汉以孝纪号，本朝以孝为德。"明确指出了修建寺院的目的是"奉先追远"，以行孝道，并为祖先"修梵福"。⑥

---

① 李洪：《隆恩庵记》，《全宋文》卷5385，第241册，第123页。
② 冉万里：《宋代丧葬习俗中佛教因素的考古学观察》，《考古与文物》2009年第4期。
③ 叶梦得：《石林燕语》卷4，第59页。
④ 河南文物考古研究所编《北宋皇陵》第6章，中州古籍出版社，1997，410~413页。
⑤ 邵伯温：《邵氏闻见录》卷3，第23页。
⑥ 以上参见刘连青、张仲友纂辑《民国巩县志》卷17，经川图书馆，1937；河南文物考古研究所编《北宋皇陵》，第512~513、515~516页。

2. 官员的坟院

宋代帝陵之外，勋臣按例也可在墓地修建寺院或庵堂，当时多称为功德院或坟寺。如《佛祖统纪》卷四六载：宋徽宗大观三年（1109），"敕勋臣戚里，应功德坟寺自造屋置田，止赐名额，独免科敷，从本家，请僧住持，不许指占有额寺院充坟寺功德"。这种情况到南宋时更为普遍，官员纷纷在墓旁兴建坟寺，让僧人守墓，并为死者诵经祈福。淳祐十年（1250），有朝廷臣僚上疏说："国家优礼元勋大臣、近贵戚里，听陈乞守坟寺额，盖谓自造屋宇，自置田产，欲以资荐祖父，因与之额……迩年士夫一登政府，便萌规利。指射名刹，改充功德；侵夺田产，如置一庄。子弟无状，多受庸僧财贿，用为住持。米盐薪炭，随时供纳，以一寺而养一家。"①由此可以看出，这些官僚还把立功德寺完全作为一种牟利的手段。

秘书丞赠太师刘居正"三世墟墓，以一品封域。崇台筑阙如令。丞相殿本邦，岁时展省，以牢醴奉祀。又得造浮屠于茔侧，敕号将陵寺，曰崇先、承庆，须城寺曰昭善、崇报。每岁兴龙诞节，得度净人如例。追崇显赫，极人臣之荣"。②

范仲淹为相时，"得追封三世，置坟寺，始奏改庵为白云寺"。③

欧阳修父母的墓在江西吉州永丰县南的凤凰山（即泷冈阡）。左为欧阳修的故居，右为欧阳修的前室胥、杨两氏墓。其前有西阳宫，傍有沙溪市。西阳宫本来为功德寺，因欧阳修一向厌恶佛教，故长久不请。后来韩琦替其向皇帝申请，定为欧阳修家坟院，议以为观，避欧阳修父讳，改为宫。"宫有田园山林数十里，皆借荫焉。"④后欧阳修罢政，出守青社，自为阡表，刻碑以归。⑤

司马光先祖及司马光的墓地，在山西夏县城北鸣条山鸣条冈。治平二年（1065），墓园内敕建有温公祠，即司马光的香火寺，俗称"温公守坟院"。元丰八年（1085）赐额余庆，即后世所称的"余庆寺"。院内建正殿五间，两侧为僧舍廊庑，里面有碑。⑥

宋代官员的坟庵多有赐名，而到南宋时，"甚至富民功德寺，皆有名额；申令两府以上得造功德寺赐名，往往无力为之，反不若富民也"。⑦

---

① 志磐：《佛祖统纪》卷48，释道法校注，上海古籍出版社，2012年，第3册，第1130页。
② 苏颂：《苏魏公文集》卷33《秘书丞赠太师刘君神道碑》，第821~825页。
③ 牟巘：《范文正公忠烈庙记》，《全宋文》卷8232，第355册，第352页。
④ 刘岳申：《申斋集》卷4《与欧阳元功书》，文渊阁《四库全书》本，第1204册，第222页。
⑤ 曾敏行：《独醒杂志》卷2《欧阳公泷冈阡表碑石》，第12页。
⑥ 《山西通志》卷171《寺观四》，文渊阁《四库全书》本，第548册，第318页。
⑦ 赵彦卫：《云麓漫钞》卷5，第75页。

坟庵既是僧人守墓的住处，同时也是封建家族合族祭祀祖先的场所。四明汪氏报本庵就是一个典型的例证。史载汪氏"为堂三间，后出一间，并为修祀之地。前为轩，如堂之数，可以聚族列拜"，"陈祭器，临事可不移而办"，"命族人迭掌祀事，其器用则分任其责"，命名"报本庵"。①但大臣们的功德寺与一般家族所建坟庵相比，当然其规模要大得多了。如杨沂中在绍兴二十一年（1151）为已去世的杨夫人申请建坟寺，"诏赐显忠资福禅院……为屋总三百二十区"，②其规模是一般家族所建坟庵的十倍甚至是几十倍。

关于庐墓之意义，李纲《邓公新坟庵堂名序》做了极其详尽的阐述：

予仰闻南阳公之贤，推为前辈旧矣。罪谪沙阳，公已捐馆舍不及识，而识公之子觊、观，相从甚厚，一同同游宝峰栖云禅院，去公新阡不远，因纵步往观，峰峦环抱而奇秀，松梓行列而葱青，土木之功，方兴而未毕也。有堂直墓下，以奉荐享，有庵居墓傍，以修佛事，宏壮严洁，足以昭孝思，而垂久远。予窃嘉之。

于是觊观同辞而前曰："先公蓄德好学，老而弥笃，仕不过部使者，而宗族推其仁，乡党服其义，士大夫重其节，退居闲处凡十余年，而不幸即世。诸孤藐然，缞绖之中，念慈颜之永隔，而追报之无所也。竭力以奉襄事，幸已就绪，葬有日矣。惟是构堂筑庵，未有以命之，以慰无穷之思也。愿吾子为之名，且以文序之，将存没是幸。"

予辞不获已，则取孟子所谓"大孝终身慕者"名其堂，曰"永慕堂"。取诸诗人所谓"欲报之德，昊天罔极"者名其庵，曰"报德庵"。夫养生不足以当大事，惟送死足以当大事，亲丧而能自致其力者如此，则所以慕而报之者必有在矣。以公之积庆而多贤子，异时显白当世，为前人光，必不乏人。予虽罪废，方将屏迹于山林，尚庶几见之。因其序所以名之之意，俾刻诸堂，知为是名者，实自梁溪云。

宣和二年四月望日，梁溪居士李某序。③

---

① 楼钥：《汪氏报本庵记》，《全宋文》卷5970，第265册，第54～55页。
② 孙觌：《鸿庆居士集》卷23《显忠资福禅院兴造记》，《全宋文》卷3483，第160册，第410页。
③ 李纲：《李纲全集》，王瑞明点校，岳麓书社，2004，下册，第1300页。

需要说明的是，古代儒家士大夫对庐墓有不同的看法。敬子以为，主丧者既葬，当居家，盖神已归家，则家为重。若念不能忘，却令弟辈宿墓，时一展省就可以了。而宋代程颐、朱熹等人却不赞成建庐墓。程颐曾质之舜敬，认为庐墓一节不合圣贤之制，切不须为之。朱熹的弟子胡伯量问朱熹："某既闻此二说，不欲更遂初志，日则即在家，闲中门外别室，更常令一二弟居宿坟庵，某时一展省，未知可否？"他回答说："坟土未干时，一展省何害于事，但不须立庐墓之名耳！"① 陆游同样持这一看法，他说："守墓以僧，非旧也。太傅尝为乡邦，其力非不可置庵赡僧，然终不为。岂俭其亲哉？盖虑之审耳！坟墓无穷，家资厚薄不常，方当盛时虽可办，贫则必废。又南方不族墓，世世各葬。若葬必置庵赡僧，数世之后何以给之？吾墓但当如先世，置一庵客，岁量给少米。拜扫日，给之酒食及少钱，此乃久远事也。若云赖僧为福，尤为不然。"②

苏颂虽不反对建立坟寺，但认为要加以节制，他说："臣伏见永昭、永厚陵，并只增葺永定旧院，别无兴建寺宇，此诚圣意所虑者远。而臣僚及民间反无制限，此有司之失也。臣欲乞朝廷明立条约，今后不许特创寺院宫观。其经来已赐圣寿名额外，所有不及间架去处，并令州县检括指挥一切毁拆。其土田原是百姓税地，即令给还本主。若系官地亦行没纳，许诸色人收买请射，永为己业。其臣僚之家例合赐院额者，并许指射有名寺院僧徒看管坟茔，仍依旧例一年或间年与剃度行者一名，充为恩泽。若去坟侧近无寺院者，即与依前代守冢之制，差本处末等乡贯户永充看管坟茔，人数即随品秩高下，仍与免户下诸般色役。若被差之人经久家业增进，合升入上等者，即与改差下等人承替。如此稍可以革创寺之弊，又于大臣坟茔别无亏阙，惟朝廷裁幸。"③

（五）绣佛像及其他

除上面几种形式外，画佛像、抄佛经、绣佛像等也属佛事内容。如苏轼《绣佛赞》曰："凡作佛事，各以所有。富者以财，壮者以力，巧者以技，辩者以言。若无所有，各以其心。见闻随喜，礼拜赞叹。曾未及彼一针之劳，而其获报，等无有二。若复缘此，得度成佛，则此绣者，乃是导师。"④ 元祐八年（1093）十一月十一日，苏轼为亡妻同安郡君王氏闰之设水陆道场，并事前请奉议郎李公麟敬画释迦文佛及十大弟

---

① 《御纂朱子全书》卷38《礼二》，文渊阁《四库全书》本，第721册，第158页。
② 陆游：《放翁家训》，《全宋笔记》第5编（8），第151页。
③ 苏颂《苏魏公文集》卷17《奏乞今后不许特创寺院》，第241页。
④ 苏轼：《苏轼文集》卷21《绣佛赞》，孔凡礼点校，第621页。

子，供给佛寺。^①他还撰写了《水陆法像赞（并引）》，其文如下：

> 盖闻净名之钵，属餍万口。宝积之盖，遍覆十方。若知法界，本造于心。则虽凡夫，皆具此理。昔在梁武皇帝，始作水陆道场，以十六名，尽三千界。用狭而施博，事约而理详。后生莫知，随世增广。若使一二而悉数，虽至千万而靡周。惟我蜀人，颇存古法。观其像设，犹有典刑。虔召请于三时，分上下者八位。但能起一念于慈悲之上，自然抚四海于俛仰之间。轼敬发愿心，具严绘事；而大檀越张侯敦礼乐，闻其事，共结胜缘，请法云寺法涌禅师善本，善择其徒，修营此会，永为无碍之施，同守不刊之仪。轼拜手稽首，各为之赞，凡十六首……[②]

（六）佛宫荐悼

周辉《清波杂志》载："自昔名公下世，太学生必相率至佛宫荐悼。王荆公薨，太学录朱朝伟作荐文，以公好佛，其间多用佛语。东坡讣至京师，黄定及李豸皆有疏文。门人张耒时知颍州，闻坡卒，出己俸于荐福寺修供，以致师尊之哀。乃遭论列，责授房州别驾，黄州安置。虽名窜责，馨香多矣。山谷在南康落星寺，一日凭栏，忽传坡亡，痛惜久之。已而顾寺僧，拈几上香合在手，曰：'此香匲子，自此却属老夫矣！'岂名素相轧而然，或传之过？"[③]

二 宋代佛事的时间和仪式

（一）宋代佛事的时间

宋代做佛事的时间，主要集中在葬前与服丧祭祀两个阶段，但除服后的岁时祭祀每年都要举行，尤其是农历七月十五日最为盛行。

七月十五日是佛教的盂兰盆节，又是道教的中元节，民间俗称为"鬼节"。据西晋竺法护译出的《盂兰盆经》称：目连的母亲死后堕生饿鬼中。目连用僧钵盛饭去喂食母亲，但米饭入口便化成了火炭，目连母亲根本就不能吃进任何食物。目连于是向佛祖求情，佛祖告诉他，必须要借用十方众僧之力，在七月十五日这天，将百味五果

---

① 苏轼：《苏轼文集》卷20《释迦文佛颂并引》，孔凡礼点校，第586页。
② 苏轼：《苏轼文集》卷22《水陆法像赞（并引）》，孔凡礼点校，第631~632页。
③ 周辉撰、刘永翔校注《清波杂志校注》卷7《名公下世》，第321页。

放入盂兰盆中，供养十方大德，为七代父母和现在处于厄难中的父母做法事，如此才能解救他的母亲。目连照着佛祖的话去做了，最后使母亲脱离了饿鬼之道。南北朝时期的《道经》说："七月十五日，中元之日。地官校勾，搜选众人，分别善恶。诸天圣众，普诣宫中，简定劫数，人鬼传录。饿鬼囚徒，一时俱集。以其日作玄都大，献于玉京山。采诸花果、世间所有奇异物，玩弄服饰、幡幢宝盖、庄严供养之具，清膳饮食、百味芬芳，献诸众圣，及与道士。于其日夜，讲诵是经。十方大圣，齐咏灵篇。囚徒饿鬼，当时解脱，一切俱饱满，免于众苦，得还人中。若非如斯，难可拔赎。"①这两个节日都是为纪念、追荐故去的亲人，其表现便是超度亡灵的活动，具有十分浓厚的宗教"孝亲"色彩。它们虽然在同一天举行，但各不相碍。

宋代，道教的中元节和佛教的盂兰盆节已经合二为一。如在北宋都城东京，宫观是日设醮荐福，寺院放灯度魂，作盂兰盆会。"本院官给祠部十道，设大会，焚钱山，祭军阵亡殁，设孤魂之道场。"而百姓更是别出心裁，用竹编制盂兰盆，内盛祭品，置于三根竹竿围成的支架上，然后搭挂衣服、冥钱，行祭后连盆一道焚烧，以使亡魂接受生者的供养。同时，人们在这一天还要置备素食、时果、明器、麻谷等物上坟祭扫，并向祖先预报秋收讯息。②南宋都城临安过中元节和盂兰盆节的情况与北宋东京大致相同，吴自牧《梦粱录》卷四《解制日（中元附）》对此做了详细的记载：

> 七月十五日，一应大小僧尼寺院，设斋解制，谓之法岁。周圆之日，自解制后禅教僧尼从便给假起单，或行脚，或归受业，皆所不拘。其日，又值中元地官赦罪之辰，诸宫观设普度醮，与士庶祭拔宗亲。贵家有力者，于家设醮饭僧，荐悼或拔孤爽。僧寺亦于此日建盂兰盆会，率施主钱米与之。荐亡家市卖冥衣，亦有卖转明菜花、花油饼、酸馅、沙馅、乳糕、丰糕之类，卖麻谷窠儿者，以此祭祖宗，寓预报秋成之意。鸡冠花供养祖宗者，谓之洗手花。此日，都城之人有就家享祀者，或往坟所拜扫者。禁中车马出攒宫，以尽朝陵之礼，及往诸王妃嫔等坟行祭享之诚。后殿赐钱差内侍往龙山放江灯万盏，州府委佐贰官就浙江税务厅设斛以享江海神鬼。

---

① 徐坚：《初学记》卷4《岁时部下》，以《太平御览》卷32《时序部十七》参校，文渊阁《四库全书》本，第890册，第66页。
② 孟元老：《东京梦华录》卷8《中元节》，邓之诚注，第211~212页。

周密《武林旧事》卷三《中元》也载：

> 七月十五日，道家谓之中元节。各有斋醮等会。僧寺则于此日作盂兰盆斋。而人家亦以此日祀先，例用新米、新酱、冥衣、时果、采段、面棋，而茹素者几十八九，屠门为之罢市焉。

除都城外，"蜀人风俗重中元节"，"率以前两日祀先，列荤馔以供，及节日，则诣佛寺为盂兰盆斋"。①而在福州，人们于中元日前一两天，便开始设立祖先的牌位，"具酒馔享祭，逐位为纸衣焚献"。到了中元日这一天，人们在自己家中"严洁厅宇，排设祖考斋筵，逐位荐献"；"贫者率就寺院，标题先世位号供设"。另外，神光寺中"有佛涅槃像，傍列十弟子，有扪心、按趾、哭泣、擗踊、出涕、失声之类"。该寺在这一天邀请人们前往观看，名曰"看死佛"。②而文人们还往往撰写荐亡牒，以纪念逝去的亲人。如綦崇礼《中元荐亡牒》："一剪金风，适尊者救亲之日；十分碧月，正太山荐福之秋。愿乘无上之功，特指往生之路。个中顿悟，宁拘地狱天堂；直下本空，说甚菩提烦恼。"③

除七月十五日外，立冬也有举行这一活动的。《梦粱录》卷六《立冬》云：

> 立冬日，朝廷差官祀神州地祇天神太乙。十五日，水官解厄之日，宫观士庶设斋建醮，或解厄，或荐亡。

（二）宋代佛事的仪式

宋代佛事有一定的仪式，这在当时的文献中多有记载。如俞文豹《吹剑录外集》载南宋都城临安（今浙江杭州）的佛事风俗时说：

> 今京师（杭州）用瑜珈法事，唯即从事鼓钹，震动惊感，生人尚有闻之头痛脑裂，况乎亡灵？至其诵念，则时复数语，仍以梵语演为歌调，如《降黄龙》等曲。至出殡之夕，则美少年长指爪之，僧出弄花钹、花鼓锤，专为悦妇人掠物之

---
① 洪迈：《夷坚志·乙志》卷20《王祖德》，第360页。
② 梁克家：《淳熙三山志》卷40《土俗类·岁时·中元》，《宋元方志丛刊》第8册，第8250页。
③ 《全宋文》卷3659，第168册，第49页。

计，见者常恨不能挥碎其首。

李有《古杭杂记》卷四也载曰：

　　杭州市肆有丧之家，命僧为佛事，必请亲戚妇人观看。主母则带养娘随从。养娘首问来请者曰："有和尚弄花鼓棒否？"请者曰："有。"则养娘争肯前去。花鼓棒者，谓每举法乐，则一僧三四鼓棒在手，轮转抛弄。诸妇人竞观之以为乐，亦诲淫之一端也。

这种现象不仅存在于南宋都城临安，绍兴等地也有。陆游《放翁家训》载：

　　每见丧家张设器具，吹击鼓锣，家人往往设灵位，辍哭泣而观之，僧徒炫技，伎类俳优，吾常深疾其非礼……

从上述记载中我们可以看出，佛事的仪式特征有以下：一是有和尚弄花鼓棒。所谓"花鼓棒者，谓每举法乐，则一僧三四鼓棒在手，轮转抛弄"。二是丧家张设器具，使僧道击鼓锣，声动天地，以至让生人闻之，头痛脑裂。三是念佛经。如朱彧《萍洲可谈》卷二载："余在广州，尝因犒设蕃人，大集府中。蕃长引一三佛齐人来，云善诵《孔雀明王经》。余思佛书所谓真言者，殊不可晓，意其传讹，喜得为证，因令诵之。其人以两手向背，倚柱而呼，声正如瓶中倾沸汤，更无一声似世传孔雀真言者。余曰：'其书已经重译，宜其不同，但流俗以此书荐亡者，不知中国鬼神如何晓会？'"

　　此外，水陆道场还需拟定祭文、榜文、醮词等。

祭文是中国古代盛行的一种文体名，内容主要为哀悼、祷祝、追念死者生前主要经历，颂扬他的品德业绩，寄托哀思，激励生者。祭文是为祭奠死者而写的哀悼文章，是供祭祀时诵读的。建炎四年（1130）六月十一日，綦崇礼受命而作的《金人残破江浙杀戮生灵募僧道作道场祭文》，就是一篇文字简洁、优美流畅的祭文佳作：

　　维建炎四年岁次庚戌，六月某朔某日，皇帝遣某官致祭于金人残破江浙杀戮军民。朕以眇躬，托于士民之上，属兹艰运，播越靡宁。天未悔祸，强敌深入，延及江浙，莫御其锋。坐视元元，肝脑涂地，闾阎城郭，所过皆墟。陷汝无辜，由朕不德。为民父母，深所痛心。已令州县之官，往集缁黄之侣，虔依圣教，俯荐幽魂。冥漠有知，歆此觞酹。尚飨！①

而榜文则为晓谕俗人。南宋末年，曾任架阁官的黄公绍为各种佛教结社写了许多篇榜文。其中，《祠山庙水陆戒约榜》是为在祠山庙（张王庙）前举行的佛会和道场而写的：

> 告五姓孤魂等，盖闻遍浮提界在我法中，有真君存，即此心是。凡曰善男善女，同归大圣大慈。相古先民，若时有夏，惟皇上帝，式遏苗顽，既命重黎，以绝地天通，乃生正佑，而佐水土治。林泽魑魅无不若，山川鬼神莫不宁。生太平，死太平，福无量，寿无量。自经千百亿结，谁念一切众生？浩浩尘沙，茫茫宇宙，三元甲子，虽若数行乎中，二将丁壬，无非神在其上。以此威猛力，为汝解脱门。汝等入邪见林，堕无朋纲。黑风漂罗刹，可怜命无处逃；金乌绕须弥，不与劫同时尽。杜陵之骨谁收，望帝之魂谁念？敌场勇士，浮萍柳絮之无根；战马将军，野草闲花之满地。惟有青蝇吊客，那逢白鹤仙人？未得出期，永为苦趣。世尊以慈悯，故发广大心。甘露如来，普施法筵；香乳焦面，圣者悉停。地户泥犁，若有见闻，同生欢喜。我真君人中，佛位天下神爷。一驾辎軿，瑞应夹钟之二月；万官苍佩，辉临环玉之千峰。如是我闻，甚为希有。今宵斋主之道场，人演华藏之顿乘，设桑门之盛馔，重重无尽，如见诸佛诸尊，会会相逢，所谓一时一际，汝等幽篁睹日，枯木逢春，同来听法闻经，正好明心见性，勿以强凌弱，勿以卑逾尊，勿起嗔贪，勿生骄慢。神通具足，快瞻圣烈之光；清净法身，直证毗卢之果。志心谛听，信奉受行。②

从这篇文字优美的榜文来看，南宋后期佛道两教的法会与巫教神祠的庙会已经紧密地融合在一起了。

醮词是道教徒斋醮时祭告天帝的辞章。宋代王明清《玉照新志》卷五便记载有这样一个故事：

---

① 《全宋文》卷3659，第168册，第49页。
② 均见黄公绍《在轩集》，文渊阁《四库全书》本，第1189册，第640~641页。

仲弥性，并淮上知名士也。登第之后，诸侯交辟，久之得通判。湖州杨娟韵者，以色艺显名一时。弥性惑之，誓与偕老。韵以诞日，尝作醮供，弥性为代作醮词云：'身若萍浮，尚乞怜于尘世。命如叶薄，敢祈佑于玄穹。适属生初，用输诚曲。妾缘业如许，流落至今，桃李本半，残何滋于苑囿。燕莺今已懒，空锁于樊笼，只影自怜，寸心谁谅？香炉经卷，早修清净之缘。歌扇舞衫，尚挂平康之籍。伏愿来吉祥于天上，脱禁锢于人间。既往修来，收因结果。辟纑织履，早谐夫夫妇妇之仪。堕珥遗簪，免脱暮暮朝朝之苦。人之所愿，天不可诬。仲杨此事虽甚亲切，然默穸甚矣。寻即俱去，适王承可。铁为郡守，与之启云。方将歌别驾之功，闻已泛扁舟之乐已。'而弥性坐废二十余年，逮秦桧殂，始获昭雪，入丞光禄，出守蕲春。以疾终于淮东仪幕。

嘉泰四年（1204）正月，周必大所作的《追荐亡妻九幽醮词》，同样是一篇佳作：

悼亡浸久，莫返于逝波；卒哭将临，仰干于洪造。招延羽士，稽首仙科。蘋蘩之荐虽微，伉俪之诚斯竭。伏愿天庭垂闵，泉路蒙休。下赦宥于丹霄，削愆尤于黑簿。薰修恳恻，冥赐超升。①

水陆文（水陆疏文）是宋代流行的水陆法会（或称"水陆道场"、"水陆会"，全称"法界圣凡水陆普度大斋胜会"）上为亡者举行超度仪式时使用的一种文体，称超度疏文：超阴度亡，解冤拔罪。祈求先人亡灵离苦得乐，超生入天。元祐八年（1093），苏轼为亡妻王氏设立水陆道场，并撰写了《水陆法像赞》十六篇，史称"眉山水陆"。苏轼在《引文》中说："轼敬发愿心，具严绘事；而大檀越张侯致礼乐，闻其事，共结胜缘，请法云寺法涌禅师善本，善择其徒，修营此会，永为无碍之施，同守不刊之仪。轼拜手稽首，各为之赞，凡十六首。"熙宁年间（1068~1077），川人杨锷重述旧规，制成仪文三卷，盛行于天府之国。元丰七年（1084），镇江金山佛印禅师，因商人请求，于寺中设立水陆法会，佛印亲自主持，场面宏大壮观，闻名遐迩。绍圣三年（1096），僧人宗颐又删补详定诸家所集之本，完成《水陆仪文》四卷，普劝四众弟子，依法崇修，超度水陆亡灵。如孙觌《荐亡女水陆文》：

---

① 《全宋文》卷5200，第233册，第263~264页。

伏以生死之分定，应同露电之观；父子之情钟，尚怀驹犊之爱。仰凭十力，俯荐一哀。伏念某亡女小师自天降凶，遭世罔极。父罹大谤，罪迁于岭表；母惧不测，忧死于蓐中。以茕茕童孺八岁之余，而呱呱号慕三年之久，孤危极矣，何恃而存？疾病乘之，遂陨其命。念私门之降戾，致稚女之蒙辜。岁行一周，生还万里。不免水火，永负九京沉痛之冤；示见神通，独仗诸佛慈哀之救。是用集桑门之胜侣，演秘藏之具乘。洞燃无尽之灯，弥满众香之钵。海潮殷地，花雨翳空。升济幽明，归依佛祖。伏念亡女洗心偿一念之债，弹指断三生之缘。降伏众魔，灭除诸障。观一切有为之法，悟四大无常之身。普门有情，俱证无漏。①

又其《荐亡妻章氏淑人水陆疏文》：

伏以常住真心，一尘不立；妙庄严海，五浊俱空。是故诸佛开众生方便之门，自然一念证无上菩提之道。伏念某亡妻淑人章氏，十年好合，忧患乖离；万里来归，死生契阔。属临讳日，祗叩真乘。弘宣贝多叶之文，瞻礼青莲花之座。龙天泽梵，水陆空行。游戏神通，恭敬围绕。伏念淑人章氏厌离火宅，超悟三乘；绾迭华巾，解除六结。后身了了，画沙之智已成；旷劫冥冥，观河之见不昧。②

三 宋代士大夫对佛事的抵制与批判

对于佛事，宋代一些文人士大夫非常反感，司马光、张唐卿、程颐、张载、陆游、尤袤、向伯元、张浚、张栻、陈淳、真德秀、李之彦、俞成、车若水、俞文豹、吴伯承、李衡等人，或在著作中，或在讲学中，或在遗训中，曾加以抵制和批判。

司马光针对当时的社会风尚，从理论和实践的高度，细致入微地剖析了佛家学说的欺骗性。他说："为此者，减弥天罪恶，必生天堂，受种种快乐；不为者，必入地狱，剉烧舂磨，受无边波咤之苦。殊不知人生含气血，知痛痒，或剪爪剃发，从而烧斫之，已不知苦，况于死者？形神相离，形则入于黄壤，腐朽消灭，与木石等，神则飘若风火，不知何之。假使剉烧舂磨，岂复知之？且浮屠所谓天堂、地狱者，计亦

---

① 《全宋文》卷3499，第161册，第185～186页。
② 《全宋文》卷3499，第161册，第186页。

以劝善而惩恶也，苟不以至公行之，虽鬼可得而治乎？"①他将批判的矛头直指佛家的"天堂地狱"之说，并进一步揭露和批判道："彼天堂、地狱，若果有之，当与天地俱生。""自佛法未入中国之前，人死而复生者，亦有之矣！何故无一人误入地狱见阎罗等十王者邪？"他认为"所谓天堂地狱者，计亦以劝善而惩恶也。苟不以至公行之，虽可得而治乎？是以世人亲死而祷浮屠，是不以其为君子而为积恶有罪之小人也，何待其亲之不厚哉！"他引用唐代庐州刺史李舟给妹妹的一封书信中的话："天堂无则已，有则君子登；地狱无则已，有则小人入"，认为"不学者固不足与言"，但"读书知古者"亦迷信"天堂地狱"之说，则是非常滑稽可笑的。他还向这些迷信者发问道："就使其亲实积恶有罪，岂赂浮屠所能免乎？"其实，"此则中智所共知，而举世滔滔而信奉之，何其易惑而难晓也？甚者至有倾家破产然后已，与其如此，曷若早卖田营墓而葬之乎？"②

张唐卿（1010~1037），字希元，青州（今山东淄川）人。宋仁宗景祐元年（1034）甲戌科状元。通判陕州。处事干练，决断如流。曾有一人生母改嫁后病逝，后其父亦染疾而亡。在安葬父亲时，此人恨母亲不能与父亲同穴，遂掘墓盗尸，将母亲尸骨与父亲同葬一处。事情暴露后，官吏欲依法治罪，遇张唐卿复审，言："不过只知有孝，不知有法而已。"遂将此犯人释放了。不久，张唐卿父亲病故，因悲痛过度，张唐卿亦吐血而亡，年仅二十八岁。时人对其孝行，既敬佩又惋惜，大臣韩琦含泪为其撰写了墓志铭。张唐卿著有《唐史发潜》，他在书中也极力反对"天堂地狱"之说，曰："苍天之上，何人见其有堂？黄泉之下，何人见其有狱？"③可谓至理名言。

蔡襄于庆历七年（1047）任福州知州（改任福建路转运使）时，针对当时福建"重凶事，奉浮屠"的社会风气，曾作《福州五戒文》、《戒山头斋会》、《教民十六事》等文。其《福州五戒文》第二戒云："观今之俗，贫富之家多是父母异财，兄弟分养，乃至纤悉无有不校。及其亡也，破产卖宅，以为酒肴，设劳亲知，施与浮图，以求冥福。原其为心，不在于亲，将以夸胜于人，是不知为孝之本也。"④指出有些人在父母生前不知尽孝，父母去世后则不惜破产操办葬礼，实在是不知何以为孝。其《戒山头斋会》一文更是深入地批判了福州丧礼过程中延请僧道、大设酒宴以葬亲的陋俗：

---

① 司马光：《司马氏书仪》卷5《丧仪一·魂帛》，《丛书集成初编》本，第54~55页。
② 司马光：《司马氏书仪》卷5《丧仪一·魂帛》，《丛书集成初编》本，第54~55页。
③ 陈善：《扪虱新话》卷11《天堂地狱》，上海书店，1990年影印本，第3页。
④ 蔡襄：《蔡襄集》卷34《福州五戒文》，第618页。

自来风俗，被丧之家，言有靡用破卖产业置办酒食、斋筵，名为孝行。至有亡殁之人，举家不敢哭临，先将田产出帐、典卖，得人就头商量，打了定钱，方敢举殓。外拘人情，中抑哀毁，是不孝之人也。出殡之夕，邻里识与不识，尽来吊问，恣食酒肉，包携归家，至使丧家费用无极。其于人情，邻里当有赠遗以资丧家，慰吊之际，岂可恣食酒肉，以为宴乐？是无礼之人也。山头斋筵，僧俗之中本非知识，斋食不足，每人散钱二百文，如有少阙，便即怨怼。送葬之礼，虽出于古，岂有本无哀情，只趁斋食？丧家竭力，不给所求，此与乞丐何异？是无耻之人也。

蔡襄认为，那些在别人家的丧礼上大吃大喝的人，都是些"无礼之人"；而参加山头斋筵领取山头斋钱的人，更是像乞丐一样的"无耻之人"。他认识到此风不灭，必将导致"民间转见不易，礼义之俗日远"的社会后果。因此，他建议："丧葬之家，丧夜宾客，不得置酒宴乐，山头不得广置斋筵聚会，并分散钱物以充斋价。如有辄敢，罪在家长。并城外僧院不得与人办置山头斋，及坊虞侯耆长常切觉察。"① 蔡襄将这些文章立碑于福州虎节门，劝诫福州百姓厚养薄葬，禁止丧事铺张浪费，希望以此革除陋习，移风易俗，改变当地厚葬薄养的民风。

程颐同样反对佛家的殡葬理论和生死观，并撰有《葬说》、《葬法决疑》等文加以抨击。② 他曾说："圣贤以生死为本分，事无所惧，故不论死生。佛之学为怕死生，故只管说不已。下俗之人固多惧，易以利动。杨墨之害，今世已无之。道家之说其害终小，惟佛学今人人谈之，弥漫滔天，其害无涯。"又说："佛氏不识阴阳、昼夜、死生、古今，安得谓形而上者与圣人同乎？""释氏本怖死生为利，岂是公道？惟务上达而无下学，然其上达处岂有是也。""或曰释氏地狱之类，皆是为下根之人设。此怖，令为善。""至诚贯天地，人尚有不化，岂有立伪教而人可化乎？"因此，他要求"学者于释氏之说，直须如淫声美色以远之。不尔，则骎骎然入于其中矣"。③ 他自己更是"治丧不用浮图"，明确表示道场锣钹不可用之于丧家，曰："某家治丧，不用浮屠。在洛，亦有一二人家化之，自不用释氏。道场之用螺钹，盖胡人之乐也，今用之死者之侧，是以其乐临死者也。天竺之人重僧，见僧必饭之，因使作乐于前。今乃为之于死者之

---

① 蔡襄：《戒山头斋会》，梁克家：《淳熙三山志》卷39《土俗类一·戒谕》，《宋元方志丛刊》第8册，第8243页。
② 程颢、程颐：《二程集·河南程氏文集》卷10《伊川先生文六》，第2册，第622～625页。
③ 程颢、程颐：《二程集·河南程氏遗书》卷2上《二先生语二上·元丰己未吕与叔东见二先生语》，第1册，第25页。

前，至如庆祷，亦杂用之，是甚义理？如此事，被他欺瞒千百年，无一人理会者。"①

张载是中国古代朴素唯物主义哲学思想史上最杰出的代表之一，他带着"为天地立心，为生民立命，为往圣继绝学，为万世开太平"的历史使命感，从北宋社会现实问题入手，力图探求根本的解决之道。他在《西铭》的最后写道："存，吾顺事，殁，吾宁也"，表达了他对生死这个人生根本问题的鲜明态度。生在世上，就要尊顺天意，立天、立地、立人，做到诚意、正心、格物、致知、明理、修身、齐家、治国平天下，努力达到圣贤境界。所以，面对人生要顺天道而行，面对死亡时要安心宁静而无遗憾。生死不过是气这一本源之物的聚散而已。这种人生态度的基础，在于对客观世界物质性的深刻认识。"气不能不聚而为万物，万物不能不散而为太虚。"这种透彻的对生死问题的体认，使张载在人品、官品、气节、学识诸方面都达到了很高的境界，在中国历史上留下了盛名。他反对佛家的生死观，曾曰："浮图明鬼，谓有识之死受生循环，遂厌苦，求免，可谓知鬼乎？以人生为妄见，可谓知人乎？天人一物，辄生取舍，可谓知天乎？孔孟所谓天，彼所谓道，或者指游魂为变，为轮回，未之思也。大学当先知天德，知天德则知圣人、知鬼神。今浮图剧论要归，必谓死生流转，非得道不免，谓之悟道可乎？自其说炽，中国儒者未容窥圣学门墙，已为引取沦胥其间，指为大道，乃其俗达之天下，致善恶、智愚、男女、臧获，人人著信，使英才间气生，则溺耳目恬习之，事长则师世儒崇尚之，言遂冥然被驱，因谓圣人可不修而至大道，可不学而知。故未识圣人心，已谓不必求其迹；未见君子志，已谓不必事其文。此人伦所以不察，庶物所以不明，治所以忽，德所以乱，异言满耳。上无礼以防其伪，下无学以稽其弊，自古诐淫邪遁之辞，翕然并兴，一出于佛氏之门者千五百年，向非独立不惧精一自信有大过人之才者，何以正立其间，与之较是非计得失哉！"②由此可见，张载把对佛教的理论批判提高到了新的水平，真正从哲学世界观的高度，剖析了佛教理论中唯心主义生死观的核心。

胡寅（1098～1156），字明仲，学者称致堂先生，建州崇安（今福建武夷山市）人。他对佛道两教的生死观，特别是佛教的天堂地狱等说进行过深入透彻的批判和抨击。他认为人有生必有死，世上并没有如佛教所说的前生、今生、后生的三世，他反对佛教人死后有投生轮回，人可以为禽兽，禽兽可以托生为人之说。他说："佛之教，大抵以幻术为神道，先以此惊骇众人之耳目。贪者必慕，怯者必疑，愚者必信，有一

---

① 程颢、程颐：《二程集·河南程氏遗书》卷10《洛阳议论》，第1册，第114页。
② 张九韶：《理学类编》卷8《异端》，文渊阁《四库全书》本，第709册，第831页。

于此，则其术入矣。仰观乎天，穹窿杳冥，何方可以为路？俯察乎地，厚重博实，何处可以建狱？佛所以诱动其弟者，殆变化如幻之所为也。其弟见天路而忻，见地狱如怖，忻怖之心交战于中，而曰守道弥笃，则其所谓道非正道也。""古之圣人大孝如虞舜，达孝如武王，岂不思念其亲，欲报之德乎？魂气归于天，体魄归于地，弗复可见也。于是修祖庙、陈宗器、设裳衣、荐时食，不致死于其亲，以著其孝思焉耳。故曰：'生事之以礼，死葬之以礼，祭之以礼。'修身慎行，全而归之，以尽为子之道而已也。由尧、舜传之至于孟子，经历圣贤非一人，未有不谨于此者。自异端入中国，乃有轮回报应、地狱天堂之论，以恐动人之心意，使孝子慈孙致思念于父祖者，必用其说，送终追远，尽废先王之礼，千有余年。而梁萧衍以万乘之主，当流传未久之时，不能式遏，反为倡导，翻经造忏，滋蔓至今，岂非重可怅恨者哉！夫耳目可际者，一生之实者也。心思决不能及者，前后生之事也。故未知生，焉知死，能善吾死者，必先善吾生也。萧衍耽佛而不能自福其身，则又安能借胜福以报罔极哉？佛氏求其说而不得，又恐因是而废其说，则伸引三世，欲以茫昧转化投人之心。凡人好生恶死、好利恶害、好富贵恶贫贱、好寿考恶夭折、好快乐恶忧沮、好强胜恶弱怯，有一于此，则中其术，是以其说炽然而不可扑。明君、贤相、哲人、达士当思有以救之，何忍助其声气以灭正道乎？使注解讲读、舍身为奴，可以资福，则当侯景反叛之日，台城饥饿之时，诸佛菩萨略不慈愍，亦可疑矣。僧人则曰：'业通三世，自作自受，佛所不能救也。'果然，则梁武后身应当以清斋不杀、施经造寺之功，享受其报，何亦寂然不闻托生何处、有何善果乎？大抵其辞不定，多设途路，以防考诘，如蛇鼠之冗，通笼盘互，要为不可捕捉。若揆以实理，稽以至诚，如日熙天，物无能隐者。"诸如此类言论，在书中不胜枚举。[①]他与夫人张氏丧事的处理便反映了他的殡葬观念，夫妻两人"相约以死日不用浮屠氏法"。[②]

朱熹同样反对佛、道两家的殡葬理论和生死观，他说："老氏欲保全其身长生不死，释氏又却全不以身为事，自谓别有一物，不生不灭。欧阳公尝言：'老氏贪生，释氏畏死，其说亦好气聚，则生气散则死，顺之而已。释、老则皆悖之者也。'或问佛与老庄不同处，曰老庄灭绝伦理未尽，至佛则人伦灭尽，至禅则义理灭尽。"或问："浮屠氏既不足信，然世间人为恶死，若无地狱治之，彼何所惩？"朱熹批驳曰："且说尧舜三代之世，无浮屠氏，乃比屋可封，天下太平。及其后有浮屠，而为恶者满天下，

---

① 胡寅：《崇正辩》卷1，中华书局，1993，第26、47~48页。
② 胡寅：《斐然集》卷20《悼亡别记》，第412页。

若为恶者必待死而后治之，则生人立君又焉用？"又有人问朱熹曰："神仙飞升之说有诸？"程子曰："若谓白日飞升之类，则无；若言居山林间保形炼气以延年益寿，则有之。譬如一炉火置之风中，则易过；置之密室，则难过。有此理也。"又问朱熹言："圣人不师仙厥术，异也。圣人能为此事否？"曰："此是天地间一贼，若非窃造化之机，岂能延年？使圣人肯为，周孔为之矣。"①朱熹认为世间并无鬼神，人死形神俱灭，故举办丧礼应该"不作佛事"，强调"丧最要不失大本，如不用浮屠，送葬不用乐"。②知漳州时，朱熹更是谕告当地的百姓说："遭丧之家，及时安葬，不得停丧在家及蔽寄寺院。其有日前停寄棺柩，寄函并限一月安葬。不须斋僧供佛，广设威仪，但只随家丰俭，早令亡人入土。如违，依条杖一百，官员不得注官，士人不得应举。乡里亲知来相吊送，但可协力资助，不当责其供备饮食。"③

尤袤在殡葬观念上，反对用佛道礼仪治丧。宋高宗死，台臣乞定丧制，尤袤上奏称："释老之教，矫诬亵渎，非所以严宫禁、崇几筵，宜一切禁止。"④在以他为代表的大臣们的反对下，高宗的丧礼摒绝了僧道。

朝议大夫向伯元，少受学于胡宏。晚年退处于家，尊闻行知不以老而少懈。及启手足，亲书幅纸，遗戒子孙，"勿为世俗所谓道场者"。庆元二年（1196），诸孤士伯等奉承向伯元遗训，不敢让其失坠，想将其雕刻到石碑上，以诒久远，以此征求朱熹的意见。朱熹认为向伯元遗戒"弗用异教"，这在当时是一件难能可贵的事，值得世人学习。"观者诚能因而推之，尽祛末俗之陋，以求先王之礼，而审行之，则斯言也不但为向氏一门之训而已，因识其后以发之"。⑤

陆游认为做佛事是一种丑陋的民俗，说："悲哀哭踊，是为居丧之制。清净严一，方尽奉佛之礼。每见丧家，张设器具，吹击螺鼓，家人往往设灵位，辍哭泣而观之，僧徒炫技，几类俳优。""送魂登天，代天肆赦，鼎釜油煎，谓之炼度，可笑者甚多，犹无足议。"他一针见血地指出："吾见平时丧家百费方兴，而愚俗又侈于道场斋施之事，彼初不知佛为何人，佛法为何事，但欲夸邻里为美观尔！"⑥

作为一代学宗的张栻，在反对佛事的态度上，与前面所述的司马光、程颐、张

---

① 张九韶：《理学类编》卷8《异端》，文渊阁《四库全书》本，第709册，第833、836页。
② 黎靖德编《朱子语类》卷89《礼六·冠昏丧·丧》，第6册，第2278页。
③ 谢应芳：《辨惑编》卷2《治丧》，《丛书集成初编》本，第26页。
④ 《宋史》卷389《尤袤传》，第34册，第11926页。
⑤ 朱熹：《朱熹集》卷83《跋向伯元遗戒》，第7册，第4309页。
⑥ 陆游：《放翁家训》，《全宋笔记》第5编（8），第149页。

载、朱熹等人一样,认为佛事无益,他说:"愚民无知丧葬之礼,不遵法度,装迎之际,务为华饰,墟墓之间,过为屋宇。及听僧人等诳诱,多作佛事,广办斋筵,竭产假贷,以侈靡相夸。不能办者,往往停丧,不以时葬。曾不知丧葬之礼,务在主于哀敬,随家力量,使亡者以时归土,便是孝顺,何在侈靡乎!"①

陈淳反对佛、老两教,批判道:"且如轮回一说,断无此理。伊川先生谓'不可以既返之气复为方伸之气。'此论甚当。盖天地大气流行,化生万物。前者过,后者续,前者消,后者长,只管运行,无有穷已,断然不是此气复回来为后来之本。一阳之复,非是既退之阳倒转复来。圣人立卦取象,虽谓阳复返,其实只是外气剥尽,内气复生。佛氏谓已往之气复轮回来生人生物,与造化之理不相合。若果有轮回之说,则是天地间人物皆有定数,常只是许多气翻来覆去,如此则大造都无功了。须是晓得天地生生之理,方看得他破。""人生天地间,得天地之气以为体,得天地之理以为性。原其始而知所以生,则要其终而知所以死。古人谓'得正而毙',谓'朝闻道,夕死可矣'。只缘受得许多道理,须知尽得,便自无愧。到死时亦只是这二五之气,听其自消化而已。所谓安死顺生,与天地同其变化,这个便是'与造化为徒'。……人才有私欲,有私爱,割舍不断,便与大化相违。""因果之说,全是妄诞。所载证验极多,大抵邪说流入人心,故人生出此等狂思妄想而已。温公谓:'三代以前,何尝有人梦到阴府见十等王者耶?'此说极好。只缘佛教盛行,邪说入人已深,故有此梦想。""天地间物,惟风雷有象而无形。若是实物,皆有形骸。且如人间屋宇,用木植砖瓦等架造成个规模。木植取之山林,砖瓦取之窑灶,皆是实物,人所实见。如佛氏天堂地狱,是何处取木植?是何处取砖瓦?况天只是积气,到上至高处,其转至急,如迅风然,不知所谓天堂者该载在何处?地乃悬空在天之中央,下面都是水,至极深处,不知所谓地狱者又安顿在何处?况其所说为福可以冥财祷而得,为罪可以冥财赂而免。神物清正,何其贪婪如此!原其初意,亦只是杜撰,以诱人之为善,而恐惧人之为恶耳。野夫贱隶以死生切其身,故倾心信向之。然此等皆是下愚不学之人,亦无足怪。如唐太宗是甚天资,亦不能无惑,可怪可怪!""世俗鄙俚,以三月二十八日为东岳圣帝生朝,阖郡男女于前期,彻昼夜就通衢礼拜,会于岳庙,谓之朝岳,为父母亡人拔罪。及至是日,必献香烛上寿。不特此尔,凡诸庙皆有生朝之礼。当其日,则士夫民俗皆献香烛,殷勤致酒上寿。按古今书本无生日之礼。伊川先生已说破:'人无

---

① 谢应芳:《辨惑编》卷2《治丧》,《丛书集成初编》本,第26页。

父母，生日当倍悲痛，安忍置酒张乐以为乐？若具庆者可也。'以李世民之忍，犹能于是日感泣，思慕其亲，亦以天理之不容泯处。故在人讲此礼，以为非礼之礼。然于人之生存而祝其寿，犹有说；鬼已死矣，而曰'生朝''献寿'者，何为乎？"①

真德秀在殡葬观念上具有朴素唯物论的思想，指出："若以鬼神二字言之，则神者气之伸（发出），鬼者气之屈。……神者伸也，鬼者归也。且以人之身论之，生则曰人，死则曰鬼……自其生而言之，则自幼而壮，此气之伸也；自壮而老，自老而死，此又伸而屈也。自其死而言之，则魂游魄降，寂无形兆，此气之屈也。及子孙享祀，以诚感之，则又能来格，此又屈而伸也。"②由此，他与朱熹、陈淳一样，对佛教等对丧礼的渗透深感忧虑，曰："彼之教得行，由我之礼先废，使今之居丧者，始死有奠，朔而有殷奠，虞祔祥禫而有祭，既足以尽人子追慕之情，则于世俗之礼，且将不暇为之矣。不复祭礼，而徒曰勿用浮屠，使居丧者怅怅然，然无以报其亲，未见其可也。"③

李之彦认为佛事很荒唐，说："世人不思积善，积恶殃庆各以类至，惟托缁黄诵经持咒，或谓保扶，或谓禳灾，或谓荐亡。如此，则有资财者皆可免祸矣！昔寒山见人家悬幡，因作颂曰：'半作幡身半作脚，挂在空中惊鸟雀。行住坐卧思量着，只好把与穷汉做袄着。'达哉斯言。"又认为"祭之厚不如养之薄"，待老人哪怕生前稍微好一点，也胜过死后的大排场。④在七百多年前，李之彦能有这样的认识，无疑是非常可贵的。

俞成同样反对做佛事，曰："人言天堂高而在上，地狱幽而在下。疑其势之相辽绝也。据某所见，大有不同。盖与人说好事，一切依本分。眼前便是天堂，不必更求之于天上，欺算人物色教，唆人歹事；眼前便是地狱，不必更求之于地下。为善即天堂，为恶即地狱。天堂地狱不在乎他，而在乎一念之间，不可有毫发差。"⑤

车若水不信佛、道，在殡葬观念上同样反对佛、道两教，认为："自先王之礼不行，人心放恣，被释氏乘虚而入，而冠礼、丧礼、葬礼、祭礼皆被他将蛮夷之法来夺了。……丧礼则有所谓七次之说，谓人死后遇第七日，其魄必经由一阴司，受许多苦，至于七七，过七个阴司。又有百日，有三年，皆经阴司，本是欺罔，愚夫惑其

---

① 陈淳：《北溪字义》卷下《鬼神、佛老》，第68~69、63~64页。
② 真德秀：《问非其鬼而祭章》，《全宋文》卷7180，第313册，第359页。
③ 谢应芳：《辨惑编》卷2《治丧》，《丛书集成初编》本，第26页。
④ 李之彦：《东谷所见》"祷祈"、"先茔"，陶宗仪：《说郛》号73，《说郛三种》，第6册，第3428、3419页。
⑤ 俞成：《萤雪丛说》卷下《天堂地狱》，陶宗仪：《说郛》号15，《说郛三种》，第3册，第719页。

说。遇此时，亦能记得父母请僧追荐，谓之做功德。做功德了便做羹饭，谓之七次羹饭。随家丰俭。今读书人既辟佛老，不用其说而于吾礼之中，自不曾尽朝夕奠无（一作非）奠，朔望无朔望，饮酒食肉，若罔闻，知是人心之不古也。葬是顺，火化是逆。今贫民无地可葬，又被他说火化上天，葬礼亦被夺了。施斛一节，既荐祖先，又与祖先请客而共享之。神不歆，非类；民不祀，非族。盖是理之必然。后世小人，但知自己饥饿，何曾有思亲之心，往往虽有子孙，亦是若敖如此。则施斛请客之说，宁可信其有，不失为长厚也，毕竟是一个祭祀。以僧代巫，而求达于鬼神，请父母而又与请客，致死致生之道，容或有是理也。"但他在妻子死后，迫于世俗风气，不得不按佛、老之说操办妻子的丧事，举行"施解"（即施食斋僧和饿鬼）仪式。有友朋来问："君素不信佛老，何为施斛？"车若水无奈地回答说："我自不信，我自施斛。"不久有友人吕居中对车若水说："郑愦堂先生亦不信佛老，亦不废斛。"车若水感叹时人以僧代巫，却要择僧。①

俞文豹，字文蔚，浙江括苍（今丽水）人。生卒年均不详，宋理宗嘉熙（1237～1240）前后在世。曾任湖北蕲春教谕，其余生平事迹亦无考。著作甚多，有《清夜录》一卷，《古今艺苑谈概》十二卷，《吹剑录》一卷，《吹剑录外集》一卷，均入《四库全书总目》并传于世。他认为："丧固主乎哀，而继之毁瘠。然毁瘠至于不胜丧，犹为不孝也。《礼记》曰：杖者何也？或曰檐主，或曰辅病，妇人、童子不杖，不能病也。百官备，百物具，不言而事行者，扶而起，言而后事行者，杖而起，身自执事而后行者，面垢而已。"文豹因参稽前哲之言，推广三者之说为世鉴。"今以父母死而祷佛，是以其亲为小人，为罪人也。""盖道场、锣钹，胡人乐也。天竺人见僧必饭之，因作此乐。今用之于丧家，可乎？"谓外方道场，惟启散时用铙钹，终夕讽呗讲说，犹有恳切忏悔之意。他准备不设道场，但面对此风，顾虑重重，自言道："自佛入中国以来，世俗相承修设道场。今吾欲矫俗行志，施之妻子可也，施之父母，人不谓我以礼送终，而谓我薄于其亲也。"②

宋儒丧事不用佛法或反对使用佛法的例子，更是比比皆是，不胜枚举。

吴长文，名奎。尝参机政于熙宁年间（1068～1077）。博学通古今，尤不善释氏。其父卒，不召僧，不做佛事。闾巷常与其父往还的人，各赠二缣为礼。③

---

① 车若水：《脚气集》，第21页。
② 俞文豹：《吹剑录（附外集）》，《丛书集成初编》本，第34、35页。
③ 江少虞：《宋朝事实类苑》卷43《仙释僧道·吴长文》，第566页。

刘珙，字共父，建州崇安人。官至参知政事，建康知州，薨于官。遗戒不得用浮屠治丧，其家恪遵。①

陈俊卿，字应求，兴化人。绍兴进士，孝宗时官同中书门下平章事，兼枢密使，以少傅、福国公致仕。他认为"追修无益于逝者"。半夜临死时，他手书一纸示诸子曰："……死之后百日入葬，不用僧道追荐等事。吾欲以身率薄俗，汝等不可违也。无功无德，无得立碑、请谥。汝等力学为善人，惟忠惟孝，可报国家。此外无可祝。"②有鉴于此，周煇感叹道："岂二公自信平生践履，必可升济，初不假荐助冥福，抑矫世俗溺信浮屠之说欤？"③

翰林侍讲学士兼龙图阁学士、户部侍郎冯元（975～1037），"性简厚，不治声名，非庆吊未尝过谒两府。执亲丧，自括发至祥练，皆案礼变服，不为世俗斋荐。遇祭日，与门生对诵说《孝经》而已"。④

张浚（1097～1164），字德远，世称紫岩先生，汉州绵竹（今属四川）人。历任枢密院编修官、侍御史、知枢密院事、川陕宣抚处置使、尚书右仆射同中书门下平章事兼知枢密院事都督诸路军马等职。隆兴元年（1163），封魏国公。次年八月，病卒，葬宁乡，赠太保，后加赠太师。著有《紫岩易传》等。他反对丧礼用佛法，认为"佛事徒为观看之美，诚何益？不若节浮费而依古礼，施惠宗族之贫者"。⑤

胡铨（1102～1180），字邦衡，号澹庵，吉州庐陵芗城（今江西吉安）人。历任秘书少监、起居郎、侍讲、国史院编修、工部侍郎、兵部侍郎等要职，后以资政殿学士致仕。"邃于礼学，冠昏丧祭，式礼迂叟。佛老梵呗、焚纸为钱，一切划绝"。⑥

浦城人吴伯承，官至承议郎。和宋代理学家张栻及文学家杨万里、张孝祥为友，多有诗文往还。其"病且革，无它言，独勉其子以学，且戒曰：'我死，毋得用浮屠氏。'"⑦

曾兴宗，字光祖，宁都（今属江西）人。南宋庆元五年（1199）特奏名进士，官至肇庆府节度推官。自幼笃志理学，师事朱熹。庆元（1195～1200）初年禁伪学，朱

---

① 周煇撰、刘永翔校注《清波杂志校注》卷10《不事佛果》，第436页；黄震：《黄氏日抄》卷36《读本朝诸儒理学书四·碑铭行状》，《黄震全集》第4册，第1336页。
② 朱熹：《朱熹集》卷96《少师观文殿大学士致仕魏国公赠太师谥正献陈公行状》，第8册，第4943页。
③ 周煇撰、刘永翔校注《清波杂志校注》卷10《不事佛果》，第436页。
④ 李焘：《续资治通鉴长编》卷120，景祐四年五月壬寅条，1985，第9册，第2831页。
⑤ 刘清之：《戒子通录》卷5《张忠献遗令》，文渊阁《四库全书》本，第703册，第56～57页。
⑥ 杨万里：《诚斋集》卷118《宋故资政殿学士朝议大夫致仕庐陵郡开国侯食邑一千五百户实封一百户赐紫金鱼袋赠通议大夫胡公行状》，《杨万里诗文集》下册，王琦珍整理，第1890页。
⑦ 张栻：《南轩集》卷41《承议郎吴伯承墓志》，《张栻全集》下册，杨世文、王蓉贵校点，第1105页。

熹因犯上受贬谪，兴宗因曾经师事朱熹而受牵连，丢官归宁都，便筑室于金精山西边的篑筜谷，号"水竹幽居"，敦行古礼，四方从学的很多。兴宗隐此以终，著有《唯庵文集》行世。其"临终之夕，谈论至五鼓至次日中，忽谓诸子孙曰：'吾病必不起矣。我死，勿用浮屠氏，陷我于不知道之域。丧事宜遵古，参用《仪礼》。非礼勿为，非道勿学，乃吾子孙。'言终奄然而逝"。①

赵希棼，字东山，绍兴（今属浙江）人。淳祐十年（1250）丁父会稽郡王世清忧，其居丧有可纪者三：不避煞、不用僧道、不信阴阳。当然，这在当时并非易事，因为社会上盛行佛事。赵希棼虽然决意不用，屹立不动，而家人交谪，"群议沸腾"，故此受到非议不少。②

贡士黄振龙（字仲玉）临终之际，家人方环立侍疾，他整襟肃容，对其子说："我死谨毋用浮屠法，不然，是使我不得正其终也。"其学既行于妻子，又尝以朱熹家礼帅其家人，让他们遵守，故其治丧，其儿子奉父亲之治命惟谨。③

新吴乡先生周恕斋，遗戒谓子孙："吾平生圣经贤传，心体躬行，自觉超逾释、老。归尽之日，谨勿信地狱之说而作佛事，丧礼一从古制。"④

李衡，字彦平，江都（今属江苏）人。历吴江主簿、溧阳知县、监察御史、司封郎中、枢密院检详、直秘阁等职，以秘阁修撰致仕。后定居昆山，结茅别墅，杖屦徜徉，左右惟二苍头，聚书逾万卷，号曰"乐庵"，人称乐庵先生。家学有源，虽博通群书而以《论语》为根本。所著有《易说》、《论语说》、《易义海最要》、《乐庵文集》若干卷行于世。"阅天下之义理居多，自其中年清修寡欲，不啻如道人衲子，静极而通。故凡吾儒与佛、老二氏，所谈性命之奥，心融神会，超然独得，推其余波，沾丐学者，每语辄更仆不少倦，盖以是为燕居之乐。"临没，在遗训中要求子孙："若斋一僧，念佛一声，非吾子孙。"⑤遂沐浴冠栉，翛然而逝，卒年七十九。周必大闻之，深感敬佩，曰：

孔子曰："朝闻道，夕死可矣。"是理也，载于《易·系辞》，杂出于《礼经》。三代时，佛教未入中国，儒者于启手足之际往往不乱，此理素明也。汉晋

---

① 黄榦：《肇庆府节度推官曾君行状》，《全宋文》卷6558，第288册，第413页。
② 俞文豹：《吹剑录（附外集）》，《丛书集成初编》本，第34页。
③ 黄榦：《贡士黄君仲玉行状》，《全宋文》卷6558，第288册，第422页。
④ 姚勉：《周恕斋墓志铭》，《全宋文》卷8142，第352册，第133页。
⑤ 《宋史》卷390《李衡传》，第34册，第11948页；李衡：《遗训》，《全宋文》卷4226，第192册，第46~47页。

以后，释教始行，乃谓欲达死生之理，非潜心释氏不可。故好之者心溺，攻之者辞费，盍亦反其本而已？予与乐庵李彦平既亲且旧，知其非逃儒而入释者，临终超然自在如此，殆闻道乎？其子嗣宗等屡求一言发明遗训，敬题其后。①

然而在宋代的社会风气下，他们的这些反对声音，很快便被民俗所吞没。在当时，不做佛事是要有相当大的勇气的，其实也很难做到。据朱熹所言，"在唐唯姚文献公，在本朝则司马文正公，关洛程、张诸君子，以及近世张忠献公，始斥不用，然亦未能尽障其横流也"。②司马光号称"至不信佛"，但他还是对家人强调说："十月斋僧，诵经追荐祖考之训。"③官至淮南转运副使兼提刑的黄𡐈（1151～1211），是一位崇尚理学、反对宗教的士大夫。黄𡐈死后，其子黄塛不打算用僧道举办丧事，但立即遭到"亲族内外群起而排之"，不得已，黄塛只好采用"半今半古之说"，即"祭享用荤食，追修用缁黄"。为此，他感叹道："盖孝子顺孙，追慕诚切，号泣旻天，无所吁哀。虽俗礼夷教，犹屈意焉。余谓此又是一见，惟识者择焉。"④大诗人陆游在年老时预先安排自己的后事，叮嘱儿子们说："吾死之后，汝等必不能都不从俗。遇当斋日，但请一二有行业僧诵《金刚》、《法华》数卷，或《华严》一卷，不啻足矣！"⑤俞文豹也同样发出了无可奈何的叹息："礼从宜，事从俗"，"时俗所尚，孔子从之"。⑥

第五节 缓葬与义冢

一 宋代缓葬权厝风俗的盛行

（一）缓葬权厝风俗的始行

在古代中国，殡葬时间有着严格的礼制和法律规定，如《礼记·王制》曰："天子七日而殡，七月而葬。诸侯五日而殡，五月而葬。大夫、士、庶人三日而殡，三月而葬。"这成为历代丧制的基本准则。

---

① 周必大：《题李彦平遗书后》，《全宋文》卷5134，第231册，第18～19页。
② 朱熹：《朱熹集》卷83《跋向伯元遗戒》，第7册，第4309页。
③ 俞文豹：《吹剑录（附外集）》，《丛书集成初编》本，第35页。
④ 俞文豹：《吹剑录（附外集）》，《丛书集成初编》本，第35页。
⑤ 陆游：《放翁家训》，《全宋笔记》第5编（8），第149页。
⑥ 俞文豹：《吹剑录（附外集）》，《丛书集成初编》本，第33页。

然而自魏晋时期起，人们由于受阴阳风水说的影响，以为新亡者的灵柩不宜马上下葬，否则丧家会遭灾祸。另外，丧家为了争取时间，以便寻找阴阳家所谓的风水佳地，于是采用浮厝之法。所谓浮厝，就是草草浅埋以待改葬佳地。

宋代除国丧基本上按礼制准则施行外，社会上普遍存在着违礼逾制的缓葬现象。①以皇亲国戚的丧事为例，缓葬的现象就非常突出。嘉祐七年（1062）初，龙图阁直学士向传式上奏言："故事，皇亲系节度使以上方许承凶营葬，其卑幼丧皆随葬之。自庆历八年后，积十二年未葬者几四百余丧，官司难于卒办，致濮王薨百日不及葬。请自今两宅遇有尊长之丧，不以官品为限而葬之。"下判大宗正司、太常礼仪院、司天监议。二月四日，诏大宗正司："自今皇亲之丧，五年以上未葬者，不以有无尊长新丧，并择日月葬之。"②北宋宗室濮安懿王赵允让曾孙、"皇叔祖、少师和义郡王"赵士珸（1089~1135）之妾蔡氏，从死亡到安葬，竟相距二十五年。有学者推测，其殡可能是先行寄厝佛寺，而后其子赵不劢身居高官，"母以子贵"，获封"恭人"，始被火葬。③

官僚士大夫更是推崇缓葬的风俗。沈文通云"比来士大夫多不葬亲"，④甚至有"朝士亲殁，或藁葬数十年"。⑤熙宁元年（1068），知谏院吴充上奏道："士大夫亲没，或藁殡数十年，伤败风化，宜限期使葬。"这一奏议得到了皇帝的允准，下诏依此执行。⑥元祐六年（1091），朝廷再次诏令："父母无故十年不葬，即依条弹奏及令吏部候限满检察，尚有不葬父母，即未得与关升磨勘。如失检察，亦许弹奏。"⑦然而由于种种原因，缓葬的现象还是极其严重。石介葬亲，可以说是宋代缓葬中的典型事例。

石介（1005~1045），字守道、公操，兖州奉符（今山东泰安市岱岳区）人。读书于徂徕山，世称徂徕先生。他提倡"以仁义礼乐为学"，强调"民为天下国家之根本"，主张"息民之困"。从儒家立场反对佛教、道教。著有《徂徕集》二十卷。与胡瑗、孙复合称为"宋初三先生"。历任秘书省校书郎、郓州观察推官、镇南军节度掌书记、嘉州军事判官、国子监直讲等职，官至太子中允。曾著《唐鉴》，以诫奸臣、

---

① 所谓"缓葬"，就是超出儒家丧礼正常程序所规定的时间入葬。
② 《宋史》卷124《礼二七·凶礼三·士庶人丧礼》，第9册，第2912页。
③ 泉州市文管会等：《泉州南安县发现宋代火葬墓》，《文物》1975年第3期；《宋史》卷247《宗室四·赵士珸传》，第36册，第8752~8753页。
④ 赵德麟：《侯鲭录》卷4《不葬父母者足胫生长毛》，中华书局，2002，第106页。
⑤ 李清臣：《吴正宪公充墓志铭》，《全宋文》卷1718，第79册，第57页。
⑥ 《宋史》卷312《吴充传》，第29册，第10239页。
⑦ 《续资治通鉴长编》卷463，元祐六年八月壬辰条，第31册，第11070页；《宋史》卷17《哲宗本纪一》，第2册，第332页。

宦官，指切时政，无所讳忌。卒后被守旧派、政敌夏竦等人诬陷诈死，宋仁宗便派官员去发棺验尸，幸得杜衍、吕居简等参加石介丧事的数百人集体以身家联名具保石介已死，方才使死后的石介免受剖棺之灾。但其家中有"七十丧"，"当用五十万，不干于有道，终不克葬"。他在《上王状元书》中详细地描述了他家的缓葬情况和原因，深深地表达了不安和忧虑的心情：

> 呜呼！石氏自周、汉以来，至于吾宋之八十一年，百余祀，自高祖以降至于六世孙七十丧，咸未改葬，此真可以谓之忧患矣。不哭号叫诉以求恤于人，则无以能济。兹介所以数百千里之外，声尽气绝而继之以泣，以告于执事也。
>
> 呜呼！诸侯五月、大夫三月、士逾月而葬，其制著之《礼经》。是故《春秋》讥缓葬。石氏之葬，可谓缓矣。先人三十年营之，迄于今年之八月，志未就而先人没。当将终之时，制泪忍死，执介手以命于介，且曰："汝不能成若翁之志，吾不瞑矣！"故介自受命以来，十有七月矣，未尝敢一饭甘、一寝安、一衣暖、一饮乐。坐不敢正席，行不敢正履，终日战战慄慄，若怀冰炭，若负芒刺。大惧坠先人之命，移天下不孝之罪，萃于厥躬。小子受谴于明，先人抱恨于幽。七十丧之魂无所依归，是用今年八月，先人之吉岁嘉月也，以图襄事。
>
> 呜呼！石氏自高、曾以来，以农名，家居东附徂徕，西倚汶，有故田三百亩。附徂徕者硗确，种不入；倚汶者虽肥坟，阅岁汶溢为害。逢岁大有，囷不满三百石，食常不足。赖先人禄赐，介又幸有秩，姑逃于冻馁之患。先人没，禄赐绝，介服丧，秩亦阕。专以田三百亩，衣食夫五十之口。去年平原出水，蝗为灾，三百亩之田，不屦水则饫蝗。死者固不可忘，生者又不可不养。先人三十年营所葬之资，已为五十口衣食之用。今兹大事，当用五十万，不干于有道，终不克葬。①

从石介的这篇求助信中，可知他出生于一个"世为农家"、"豪于乡里"的聚族而居的大家庭。其父石丙为大中祥符四年（1011）进士，"专三家《春秋》之学"，仕至太子中舍，官至太常博士。家中有"高祖以降至于六世孙七十丧"，按照当时当地的丧葬费用来说，"当用五十万"，而这五十万钱对于一介书生石介来说，当是一个天文

---

① 石介：《徂徕石先生文集》卷14《上王状元书》，第168~169页。

数字。他家虽有粮田三百亩，但在丰收之年，收获也"不满三百石"粮食。这对于一个有"五十之口"的大家庭来说，要靠其穿衣吃饭，时常感到困难。为此，石介只好将父亲"三十年营所葬之资，已为五十口衣食之用"。这样一来，石介如果不向官府、士绅、朋友求助的话，自然是无法完成葬事的。

除石介外，我们还可找出许多这样的例子，如：戚纶（954～1021），字仲言，应天楚丘（今山东曹县）人。历任光禄寺丞、秘阁校理、右正言、龙图阁待制、左司谏、兵部员外郎等职，并出知杭、扬、徐、青、郓、和州。天禧四年（1020）改太常少卿，分司南京。天禧五年（1021）卒，年六十八。死时，家无余赀。张知白时知府事，用自己的俸禄来帮助其家治丧。戚纶之父同文，字文约，也曾葬其三世之未葬者。①

瀛州乐寿尉任某，具州清河人。景德元年（1004）四月十一日以疾终于官，年六十。此时其子任据始生，且家贫，"力不足以襄事"，故没有及时将任某下葬。后来其子任据长大，担任南阳掾，每月有官俸收入，这样"遂其初志"，把父亲安葬了，但其时已经是"殁四纪而始葬"了。②

韩国华（957～1011），字光弼，相州安阳（今属河南）人。景德四年（1007）以太常少卿知泉州，大中祥符（1008～1016）初迁右谏议大夫。大中祥符四年（1011）离泉州，还至建州，卒于传舍，年五十五。庆历五年（1045），大臣韩琦安葬其父韩国华的棺柩，从韩国华去世至其下葬，前后达三十四年之久。③

徐积（1028～1103），字仲车，楚州山阳（今江苏淮安）人。因晚年居楚州南门外，故自号南郭翁。北宋聋人教官。事母至孝，母亡故后，庐墓三年，搭草棚于墓侧，缞绖不去其身。雪夜哭叫，闻者为之同泣。三年毕，太守迎至州，为州学教授，自此至七十五岁致仕，三十年未曾离开。其外家由于家中经济并不富足，"自祖父母而下凡八九丧，积数十年未葬"。蔡彦规却有关中官，即与之买地，又为之谋葬。其棺衾器皿一切所需，自首服而下裳衣舄履，无一物不具。④

寿州霍邱县主簿宋宏，"才满一官，年止二十八，以治平二年遘疾，卒于京师俶

---

① 曾巩：《隆平集》卷13《侍从·戚纶》，《隆平集校证》，王瑞来校证，下册，第366～367页；《宋史》卷306《戚纶传》，第29册，第10104～10107页。
② 尹洙：《河南先生文集》卷17《故将仕郎守瀛州乐寿县尉任君墓志铭并序》，《宋集珍本丛刊》第3册，第443页。
③ 《宋史》卷277《韩国华传》，第27册，第9442～9444页。
④ 徐积：《节孝集》卷15《哭彦规七首并序》，文渊阁《四库全书》本，第1101册，第863页。

舍。生三子，曰育、曰充、曰高，高亦早卒，育、充力学游场屋，不坠门业。然自霍丘之亡，子弟继以沦谢，二孤羁寓京口，因而著籍，宋氏不绝如线。育每追念先世多艰，率府而下五世藁葬京畿，久不得归大墓也。为世适当任其责，而单力不能反葬乡里，常抱终穷之痛，因谋于亲知曰：'坟墓近所居则岁时展省不废。既而卜迁，其兆亦从。'于是裹粮西上，干舟有司，载其高、曾、大父母暨父、叔、季弟凡十三丧以归，买地于京岘北原，元丰壬戌六月辛酉既襄事矣。而相冢者曰：'山高远地，水与风逆，神灵弗居。'育复询求他师，遍求陵阪，得今崇德里焦石山之东南原。地合葬范，岁在乙丑，月维丙子，其日庚申，厥利大举，乃启诸柩，厝于新阡。率府君位西向大穴，崇班、霍丘为二昭，西安为穆，二从祖、祖父、三季父、一幼弟别为二茔，附于东南隅，同日掩六圹，事无不及者。师言：山当巽隅，外如拱抱。水出庚辛，合流江海。法曰亡者安而存者利，宋氏宜有后矣"。①

陈池安，赞善大夫、知循州讳庄之女，宁国军节度推官福清王君讳硕之妻。福州罗源人。"夫人常以赞善君丧久不得葬为忧，迨病且革，语不及他事，惟以此属家人曰：'我自为若家妇，无一不足者，独二亲旅殡数十年，毕生之痛无甚于此。若辈能为我择日月以礼襄事，吾瞑目无憾矣。'诸孤泣血奉其遗戒。"②

尚书水部员外郎乐许国妻、乐泳母，以贤行称于外氏，不幸年四十二以疾终，藁殡三十年后，于宝元二年（1039）正月六日葬河南永安唐兴乡双塔里。③

屯田员外郎知华州事河南左玮实，其父死后十九年，康定二年（1041）八月，"始得用五品礼葬"其先君于河南缑氏县唐兴乡解贾里。④

欧阳修元配夫人胥氏，于明道二年（1033）三月卒。景祐元年（1034），欧阳修再娶谏议大夫杨大雅女。不到一年，即景祐二年（1035）九月，夫人杨氏又死。相隔十七年后，即皇祐四年（1052）三月壬戌，欧阳修丁母韩国太夫人忧，归颍州。皇祐五年（1053）八月，欧阳修自颍川护母丧归葬，遂携胥、杨两位夫人之柩，一起葬于吉州沙溪之泷冈。⑤

黄庭坚（1045~1105）元配、故龙图阁直学士高邮孙公觉莘老之女孙氏，不幸年二十而卒，殡于叶县者二十二年。续娶故朝散大夫南阳谢公景初师厚之女谢

---

① 苏颂：《苏魏公文集》卷56《寿州霍丘县主簿宋君墓志铭》，第847~848页。
② 苏颂：《苏魏公文集》卷62《福清陈氏墓志铭》，第959~960页。
③ 尹洙：《河南先生文集》卷15《故夫人黄氏墓志铭并序》，《宋集珍本丛刊》第3册，第425页。
④ 尹洙：《河南先生文集》卷15《故赠秘书丞左君墓志铭并序》，《宋集珍本丛刊》第3册，第427页。
⑤ 曾敏行：《独醒杂志》卷3《欧阳公葬于新郑非公意》，第26页。

氏，年二十六而卒，"殡于大名者十一年"。直到元祐六年（1091）先夫人捐馆，黄庭坚为母亲办丧事时，"乃克归二夫人之骨于双井。八年二月，从先夫人葬焉，同宫而异椁"。①

曾巩妹妹曾德耀，字淑明，二十岁许嫁大理寺丞王幾。嘉祐六年（1061）九月戊寅以疾卒于京师，熙宁十年（1077）三月壬申葬南丰之原头。曾巩妻子晁德仪，字文柔，嘉祐七年（1062）三月甲子卒于京师，年二十六。熙宁十年二月庚申，葬于建昌军南丰县龙池乡之原头。②这两人从死到下葬，均历时十余年。

李廌（1059～1109），字方叔，号德隅斋，又号齐南先生、太华逸民，华州（今陕西华县）人。为"苏门六君子"之一。中年应举落第，绝意仕进，定居长社（今河南长葛县），直至去世。其"家素贫，三世未葬。一夕抚枕流涕曰：'吾忠孝焉？是学而亲未葬，何以学？'为旦而别轼，将客游四方以葳其事。轼解衣为助，又作诗以劝风义者。于是不数年，尽累世之丧三十余柩归定华山下，范镇为表墓以美之"。③

周氏死，因丈夫在广州等地任官，只得"殡于德兴所居之南者十有五年"。直至宣和元年（1119）正月，其丈夫才奉其母亲丧，将她与母亲一起葬于乐平县金山乡。④

这种缓葬之风，到南宋时更达到了登峰造极的程度。南宋初期，都城临安城中出现了大批来自北宋都城开封及中原地区的流民，他们寓居于都城临安，希望死后能够"返骨"归葬故乡，故此形成"权厝"（即暂放）的风俗。如张淏《云谷杂记》载，隆祐太后（1073～1131）升遐时，朝廷欲建山陵，两浙漕臣曾公养谓："帝后陵寝今存伊洛，不日复中原，即归祔矣，宜以攒宫为名。"大家听后，都觉得这一名称比较妥当。于是朝廷卜吉于会稽（今浙江绍兴）。⑤久而久之，此风愈来愈烈。周煇《清波杂志》便载："煇季女葬临安北山僧舍，四五年来，每值春时往视，寺之两庑，皆内人殡宫。"又说："淳熙间，臣僚亦尝建议：柩寄僧寺岁久无主者，官为掩瘗。行之不力，今柩寄僧寺者固自若也。"⑥

其时，临安的攒所甚多，仅周密《武林旧事》卷五《湖山胜概》中就载有许多南

---

① 黄庭坚：《黄氏二室墓志铭》，《全宋文》卷2337，第108册，第114页。
② 曾巩：《曾巩集》卷46《曾氏女墓志铭、亡妻宜兴县君文柔晁氏墓志铭》，中华书局，1984，第633～634、635页。
③ 《宋史》卷444《李廌传》，第37册，第13117页。
④ 汪藻：《周夫人墓志铭》，《全宋文》卷3394，第157册，第393页。
⑤ 张淏：《云谷杂记》卷3，《丛书集成初编》本，中华书局，1985，第33页。
⑥ 周煇撰、刘永翔校注《清波杂志校注》卷4《宫人斜》、卷12《火葬》，第181、508页。

宋皇室成员"权厝"棺木的场所——"攒所",如:

法因院:景献太子攒所。

宝林院:庄文太子攒所。李心传《建炎以来朝野杂记》甲集卷二《庄文太子园》:"庄文太子园,在临安府宝林院法堂内。初议以南山净慈寺为之,王日时为给事中,言其高明显敞,与安穆安恭事体为不称,遂改用宝林焉。"

赤山攒宫:旧瑞龙寺,后为安穆、成恭、慈懿、恭淑四后攒所。李心传《建炎以来朝野杂记》甲集卷二《成恭、成穆、慈懿、恭淑四殡宫》:"初营祐陵显肃皇后同穴,后以显仁祔之。宪节皇后陪葬于祐陵,故永思独以宪圣祔孝宗在藩邸。成穆已攒于临安府南山之修古寺。乾道初,成恭殁,因葬其东,慈懿皇后攒宫,又在成穆之东,神穴深九尺,红围里方,二十有五步,用成恭例也,恭淑皇后攒宫,在慈懿之东广教寺。"

高丽寺:皇姑成国公主攒所。

净教院:蔡贵妃攒所。

崇恩演福教寺:贾贵妃攒所。

刘庵:孝宗朝刘婉容攒所。

喜鹊寺:魏婉仪攒所。

报恩院:德国公主攒所。

显明院:仪王仲湜攒所。

弥陀兴福教院:皇子充、邠二王攒所。

除皇家外,民间也有很多人在亲人去世后数年甚至数十年都不安葬死者尸体,而是将死者灵柩或骨灰罐寄放在佛教寺院里,以待日后择地安葬。如司马光所说:"今世俗多殡于僧舍,无人守视,往往以年月未利,逾数十年不葬,或为盗贼所发,或为僧所弃。不孝之罪,孰大于此。"① 这种现象以两浙和福建地区最为常见。史载"越之流风,凡民有丧,即议侨寄,棺柩所积,夙号墓园"。② 漳州风俗"视不葬亲为常,往往栖寄僧刹"。③

丧家在寺院中寄存灵柩,大多是因为信奉佛教。他们相信佛法无边,希望死者的亡魂在佛家寺院中能够得到更快更好的超度。当然,丧家在寺院中寄存灵柩要支付一

---

① 《朱子家礼》卷4《丧礼·大敛》,〔日〕吾妻重二著、吴震编《朱熹家礼实证研究》,第301页。
② 《嘉泰会稽志》卷13《漏泽园》,《宋元方志丛刊》第7册,第6960页。
③ 《宋史》卷415《危稹传》,第36册,第12453页。

定的寄存费用。漳州许多寺院为了赢利，专门修建有停放棺材的房间，"廊庑间率不置神若佛，类为土室，其入如窦，黯然无光"。之所以如此做，自然是"皆诱愚俗以来殡者也"。①

（二）缓葬风俗的形成原因

1. 贫不克葬

"粤人治丧以丰侈为孝……中人之家，鬻田宅、破赀聚而后办；贫者遂不克葬，权厝佛寺。岁久破露狼藉，而番禺尤甚。"②还有一些人家，因为离卜葬的日期还远，又舍不得交殡置之费，多停柩在家里，并把各种东西放在棺盖上，好像使用几案一样。③

2. 迷信风水

宋代丧葬拘泥于风水之说，人们往往为了寻找所谓的风水宝地，宁可迁延时日，长年累月不予安葬。如穆修说："比今贵家富族，将葬其先，必惑葬师说，拘以岁月畏忌，大至违礼过时，久而不克葬者多矣。"④尹洙也说："近代拘阴阳之说，有再世未葬者，不其酷哉！"⑤李纲论沙阳风俗时也指出："夫沙阳之俗，类多缓葬其亲。予尝诘其所以，大抵拘忌阴阳时日及惑于风水祸福之说，否则力不足以厚葬，耻不若人。而不知所谓以其所以葬，葬之至也。因循习熟，遂有积数十年而未葬者，可胜慨哉！"⑥至于这方面的事例，不胜枚举。如魏了翁好友魏少伸，因其家相信风水之说，死后十七年始克葬。魏少伸之子伯衡在给魏了翁的信中说："昔岁将葬吾父，前礼部侍郎曹公器远为志其窆。寻以史巫拘忌，志所书岁月丘封与今不合。且始卜日于嘉定十七年五月甲子，今卜绍定六年十二月乙酉，始卜地于盘石县高荣山震冈，与先母裴氏合葬，今卜泸川县天柴山巽冈，以继母张氏祔。"⑦

3. 缺地葬埋

由于缺少坟地，有些人习惯于将灵柩长期寄存在寺院，永不下葬。如上所述的建宁府（今福建建瓯），由于"民贫土狭"，人们便习惯于将骨灰放置在破败的寺院中。

---

① 危稹：《漳州义冢记》，《全宋文》卷6769，第297册，第151~152页。
② 孙觌：《宋故太淑人刘氏墓志铭》，《全宋文》卷3496，第161册，第128页。
③ 庄绰：《鸡肋编》卷上，第8页。
④ 穆修：《东海徐君墓志铭》，《全宋文》卷323，第16册，第46页。
⑤ 尹洙：《河南先生文集》卷17《故将仕郎守瀛州乐寿县尉任君墓志铭并序》，《宋集珍本丛刊》第3册，第443页。
⑥ 李纲：《邓氏新坟庵堂名序》，《全宋文》卷3751，第172册，第72页。
⑦ 魏了翁：《书魏少申谟仲碑阴》，《全宋文》卷7089，第310册，第187页。

4. 其他原因

"江吴之俗，指伤寒疾为疫疠，病者气才绝，即殓而寄诸四郊，不敢时刻留。"①中书舍人胡旦"旅殡在郡邸，其子孙孱不能举葬且三十年"。②

（三）士大夫对缓葬风俗的抵制和批判

对于当时的缓葬之风，有士大夫认为其败坏社会风气，宜限期改正。而一些地方官员更是极力加以抵制和批判，并采取了许多措施，以冀移风易俗，改变这种丑陋的社会风气。

司马光认为"不孝之罪，孰大于此"。③

范纯仁出知太原府、河东经略安抚使时，瘗民烬骨未葬者三千余丧，又推之一路。④

韩敷文（字仲通）自户部尚书经略广东，其母刘氏随行。经过庾岭时，其母见沿途均是暴露的尸骸，心中非常悲痛，遂对儿子敷文说："汝帅一路，莫先于此矣！"于是韩敷文到任后，立即下令："凡祖父母之未葬者，予之期。期至不如令，有常刑。小人亡赖辄诣葬所，捕置诸法。若旅殡而子孙在远方者，官为择高燥地葬之，书州里姓氏，或官号表其上以俟。"于是人人趋令，根据家中经济情况掩埋死去的亲人。客死在广东而无力归葬家乡的，韩敷文派人就地窆藏，让这些死者"无暴露之患"。在他的推动下，广东地区的缓葬风俗大变，当地百姓刻石记载其事，以颂扬他的功绩。⑤

龙图阁待制、知扬州杨景略，字康功，曾向朝廷进言："死者不葬，寄骸庐野，久则暴露可伤，请丧葬限以岁月。"⑥

朱熹在地方任官时，曾出《劝谕榜》：

> 遭丧之家，及时安葬，不得停丧在家，及攒寄寺院。其有日前停寄棺柩灰函，并限一月安葬。切不须斋僧供佛，广设威仪，但只随家丰俭，早令亡人入土。如违，依条科杖一百。官员不得注官，士人不得应举。乡里亲知来相吊送，但可协力资助，不当责其供备饮食。⑦

---

① 洪迈：《夷坚志·丁志》卷15《张珪复生》，第666页。
② 苏颂：《苏魏公文集》卷56《太常少卿致仕王公墓志铭》，第857～858页。
③ 朱熹：《朱子家礼》卷4《丧礼·大敛》，〔日〕吾妻重二著、吴震编《朱熹家礼实证研究》，第301页。
④ 曾肇：《范忠宣公墓志铭》，《全宋文》卷2383，第110册，第116页。
⑤ 孙觌：《宋故太淑人刘氏墓志铭》，《全宋文》卷3496，第161册，第128页。
⑥ 苏颂：《苏魏公文集》卷56《龙图阁待制知扬州杨公墓志铭》，第849～850页。
⑦ 朱熹：《朱熹集》卷100《劝谕榜》，第8册，第5101页。

宋孝宗末年，御史上奏说："僧坊寓柩，子孙十年不至，即听焚瘗。"时任兼权中书舍人的陈居仁认为，因为时间仓促，这样做会导致"缁徒得逞其私，不肖子孙十年不至亦或兴讼"的后果，于是他建议"请倍年数，仍从州县验问"。宋孝宗接受了他的建议。从此，寺院寄存灵柩便有了法律约束。①

危稹（1158~1234），南宋文学家、诗人。原名科，字逢吉，自号巽斋，抚州临川（今属江西）人。宋理宗时，知漳州，下令清理长期寄存在寺院里的棺柩，结果仅在漳州"近城之五里"的寺院范围内，便清理出了"木瓦棺合二千三百有奇"，他下令将这数以千计的木瓦棺全部葬于城外新增的三座义冢之中。为防止此类事情再次出现，危稹还下令："诸浮图必使尽改其室以为僧房，不改则鞭其人而俗之，籍其田而公之。"②

有人甚至身体力行，率先示范。如程颢次子程邵公死，三天便葬了。③进士徐孝山，在其父死后的第三天，就急着准备将父亲下葬。他托友人张道卿请穆修早日撰写墓志铭，以不违礼延误葬期，他说："孝山未即殡生，尚惟丧事不可缓，将卜葬以某日。期日且迫，敢迹其日托铭于先生，用刻而纳之，以光永幽兮。"穆修欣然接受了丧家的请求，并赞赏曰："是葬也，盖得其礼矣。比今贵家富族，将葬其先，必惑葬师说，拘以岁月畏忌，大至违礼过时，久而不克葬者多矣。生能葬以其道，至合士礼逾月之制，此独可尚，又安得拒请而勿铭也！"④赵粹中（1124~1187），字叔达，密州（今山东诸城）人。历官秘书郎、权起居郎、给事中、吏部侍郎，后以待制知池州，郡政修举，民立生祠祀之。临终前，"遗令诸子友悌，守家法，治葬以时"。⑤

赵德麟《侯鲭录》还收录了这样一则故事，"政以劝亲旧之不葬亲者"。皇祐年间（1049~1054），三司盐铁副使陈洎死后，婢附语云："当为贵神，坐不葬父母。今为贱鬼，足胫皆生长毛。"赵德麟感叹道："比来士大夫多不葬亲，致身后子孙不振，遂不克葬，生毛必矣。余录此事，政以劝亲旧之不葬亲者。"⑥陈洎，字亚之，彭城人。生卒年不详，宋仁宗庆历（1041~1048）前后在世。

---

① 周必大：《华文阁直学士赠金紫光禄大夫陈公居仁神道碑》，《全宋文》卷5181，第232册，第371~372页。
② 危稹：《漳州义冢记》，《全宋文》卷6769，第297册，第151~152页。
③ 程颢、程颐：《二程集·河南程氏文集》卷1《明道先生文四·程邵公墓志》，第2册，第495页。
④ 穆修：《东海徐君墓志铭》，《全宋文》卷323，第16册，第46页。
⑤ 楼钥：《攻媿集》卷98《龙图阁待制赵公神道碑》，《全宋文》卷5992，第265册，第366~373页。
⑥ 赵德麟：《侯鲭录》卷4《不葬父母者足胫生长毛》，第106页。

二 义冢漏泽园

(一) 宋代义冢制度的兴起

1. 义冢的创设

义冢又称义阡、漏泽园,即由官府建立和经办的公墓,用以集葬贫无葬身之地的平民百姓和种种灾祸等造成死亡的无主尸骨。它的创设,始于北宋元丰年间(1078~1085)。徐度《却扫编》卷下《漏泽园》对此做了较为详细的阐述:

> 漏泽园之法,起于元丰间。初予外祖以朝官为开封府界使者,常行部,宿陈留佛祠。夜且半,闻垣外汹汹,若有人声,起烛之,四望积骸遍野,皆贫无以葬者委骨于此,意恻然哀之。即具以所见闻,请斥官地数顷以葬之,即日报可。神宗仍命外祖总其事,凡得遗骸八万余,每三十为坎,皆沟洫,什伍为曹,序有表,总有图,规其地之一隅以为佛寺,岁轮僧寺之徒一人,使掌其籍焉。

徐度外祖父为陈向,字适中,睦州(今浙江建德)人。历任度支员外郎、江西转运副使等职,后徙楚州,元祐年间(1086~1094)卒。元丰二年(1079)三月二日,神宗采纳了开封府界提举常平等事陈向的建议,诏开封府界僧寺:"旅寄棺柩,贫不能葬,岁也暴露。其令逐县度官不毛地三五顷,听人安葬。无主者,官为瘗之;民愿得钱者,官出钱贷之。每丧,毋过二千,勿收息。"又诏提举常平等事陈向主其事。后陈向言:"在京,西禅院均定地分,收葬遗骸。天禧中,有敕书给左藏库钱。后因臣僚奏请裁减,事遂不行。今乞以户绝动用钱给瘗埋之费。"①次年六月,陈向上奏乞选募僧守护漏泽园,量立恩例。这一建议又得到了神宗皇帝的允准,神宗诏令:"开封府界僧寺旅寄棺柩,贫不能葬,令畿县各度官不毛地三五顷,听人安厝,命僧主之。葬及三千人以上,度僧一人,三年与紫衣,有紫衣,与师号,更使领事三年,愿复领者听之。"②

2. 义冢制度的完善

崇宁三年(1104)二月三日,中书省就健全义冢制度提出了建议:"州县有贫无

---

① 《宋会要辑稿》食货60之13~16,第6册,第5871~5872页。
② 《宋史》卷178《食货志上六·役法下·振恤》,第13册,第4339页。

以葬或客死暴露者，甚可伤恻。昨元丰中，神宗皇帝常诏府界以官地收葬枯骨。今欲推广先志，择高旷不毛之地置漏泽园。凡寺观寄留榇椟之无主者，若暴露遗骸，悉瘗其中。县置籍，监司巡历检察。"四日，中书省又言："诸以漏泽园葬瘗，县及园各置图籍，令厅置柜封锁。令佐替移，以图籍交授。监司巡历，取图籍点检。应葬者，人给地八尺、方砖二口，以刻元寄所在及月日、姓名。若其子孙、父母、兄弟、今葬字号、年月日，悉镌讫，上立峰记识如上法。无棺柩者，官给。已葬而子孙亲属识认，今乞改葬者，官为开葬，验籍给付。军民贫乏，亲属愿葬漏泽园者，听指占葬地，给地九尺。无故若放牧，悉不得入。仍于中量置屋，以为祭奠之所，听亲属享祭追荐。并著为令。"五日，宋徽宗敕令各地"收葬枯骨。凡寺观旅榇二十年、无亲属及死人之不知姓名，及乞丐或遗骸暴露者，令州县命僧主之，择高原不毛之土收葬，名漏泽园。周以墙栅，庇以土地所宜易生之木。人给地八尺，方砖二，刻元寄之所，知月日、乡里、姓名者，并刻之。暴露者，官给椟。葬日，给寓镪及祭奠酒食。墓上立峰。有子孙亲属而愿葬园中者，许之，给地九尺。已葬而愿改葬他所者，亦听。禁无故辄入及畜牧者，又立法。郡县官违戾者、弛慢者、失检察者，皆置之法"。此"实广熙宁之诏"，并力图将这一制度推广至全国。所谓"漏泽园"，"取泽及枯骨，不使有遗漏之义也"。①蔡京"推广为园，置籍，瘗人并深三尺，毋令暴露，监司巡历检察"。②至是，宋代的义冢或漏泽园制度正式形成。

当时除京城所在地的河南外，全国各州县也都普遍设立了漏泽园。有许多州县甚至"分为三园，良贱有别"，"葬日及岁时设斋醮，置吏卒护视，守园僧以所葬多为最，得度牒及紫衣"。③如北宋末年秀州华亭县（今上海松江）超果寺主僧通过化缘，得到了寺北的一块空地，并在上面建起一座漏泽园。到宋孝宗时，该寺住持僧昙秀向朝廷申请，又得到了"广化漏泽院"的建寺名额，并在漏泽园里建起了一座规模较小的坟院。此时的坟院"屋才数楹耳，门庑庳陋，庖溷不具，不足以称名院之意"。后来昙秀得到了宋仁宗时宰相章得象后裔章钦若的大力赞助，将坟院规模扩大，"翚飞轮焕，犹一望刹"。④

---

① 张岱：《夜航船》卷2《古迹》，浙江古籍出版社，1987，第69页。
② 《宋史》卷178《食货志上六·役法下·振恤》，第13册，第4339页；《宋会要辑稿》食货60之13～16，第6册，第5871～5872页。
③ 《嘉泰会稽志》卷13《漏泽园》，《宋元方志丛刊》第7册，第6959页。
④ 许尚：《广化漏泽院记》，《全宋文》卷6158，第272册，第303～304页。

3. 义冢制度的毁废和恢复

两宋之际，由于战乱的原因，许多州县的漏泽园毁废。为此，统治者多次下令要各地方官员予以重视。如宣和元年（1119）五月九日诏："居养、安济等法，岁也浸隳，吏滋不虔。可令诸路监司、廉访使者分行所部，有不虔者，劾之，重置于法。"次年六月十九日，又诏："居养、安济、漏泽之法，本以施惠困穷。有司不明先帝之法，奉行失当。……漏泽园除葬埋依见行条法外，余三处应资给，若斋醮等事悉罢，吏人、公人员额及请给酬赏，并令户部右曹裁定以闻。"①

宋高宗建炎三年（1129）九月，金军兵分两路，渡江南侵。两淮、两浙、两湖、两江不少州县都遭到了金军铁骑的蹂躏。在建康府（今江苏南京），金兵纵火大掠，城中民众"死于锋镝敲掳者盖十之四"，以致"城中头颅手足相枕藉，血流通道，伤残宛转于煨烬之间，犹有数月而后绝者"，而且骸骨长期无人收葬。"又二年，乌鸢所残，风雨所蚀，阡陌沟渠暴骨皆充斥，行者更践蹍，居者杂卧起，与瓦砾荆莽相半也。"②其余如杭州、南康军（今江西星子）、平江府（今江苏苏州）、洪州（今江西南昌）、潭州（今湖南长沙）等地，民众也遭到金军或盗匪的野蛮屠戮。南康军"遗骸不啻万人"；"平江以北流尸两岸，遗骸颇多"。③此外，宋室南渡过程中毙于道路的人也是不计其数。为此，各地的主政官员曾多次建议朝廷下令恢复设置漏泽园，葬埋无主尸骨。如郑兴裔知扬州时，请立义冢状：

臣伏闻掩骼埋胔，先王之政；泽枯瘗朽，西伯之仁。国朝神宗皇帝元丰间，允陈向奏请，诏各郡置漏泽园，开封府界瘗骸骨八百余具，他郡掩瘗不等，甚盛德也。南迁之后，戎马蹂躏，规制久废。臣莅任广陵，按行部曲，四望积骸蔽野。访之土人，辄云或毙锋镝，或死饥寒，无主收埋，经年暴露；间有贫不能葬者，亦复委诸草莽。干和作沴，于斯为烈。臣闻见之余，心切痛悯。恭体陛下仁民爱物之意，请以郭外官地数区建立义冢，开圹瘗埋。仍创舍宇，设义冢户主管守护。繄死人而肉白骨，古圣王不忍之政，无逾于此。仰候睿慈即降指挥，并敕诸路守臣一体施行，不胜幸甚！④

---

① 《宋会要辑稿》食货60之13~16，第6册，第5871~5872页。
② 马光祖修、周应合纂《景定建康志》卷43《风土志二·掩骼记》，《宋元方志丛刊》第2册，第2041页；叶梦得：《建康掩骼记》，《全宋文》卷3183，第147册，第335~337页。
③ 《宋会要辑稿》食货68之120，第7册，第6313页。
④ 郑兴裔：《请立义冢状》，《全宋文》卷4991，第225册，第81页。

绍兴十三年（1143）十月十四日，有官员言："欲望行下临安府钱塘、仁和县，踏逐近城寺院……或有死亡，送旧漏泽园埋殡。"①据此可知，临安府在绍兴十三年十月十四日前已经有了漏泽园，但可能规模较小，无法满足当时的需要，故在绍兴十四年（1144）十二月三日，户部员外郎边知白乞临安及诸郡复置漏泽园：

> 伏陛下惠恤穷民，院有养济、给药，惟恐失所。岁所存活，不可数计。独死者未有所处，往往散瘗道侧，实为可悯。居养、漏泽，盖先朝之仁政也。后来漏泽园地多为豪猾请佃后，不惟已死者哼发掘之悲，而后死者失掩埋之所。欲乞首自临安府，及诸郡，凡漏泽旧园，悉使收还，以葬死而无归者。发政施仁之方，掩骼埋骴为大，实中兴之要务也。

这一建议得到了高宗的允准，高宗认为"此仁政所先"，可令临安府先次措置申尚书省，行下诸路州军，一体施行。同月十三日，临安府上奏言："被旨，措置漏泽旧园，葬无归者。本府欲下钱塘、仁和县，拘收官、私见占佃元旧漏泽园四至丈尺，为藩墙限隔，每处选募僧人二名，主管收拾埋瘗。及二百人，核实申朝廷，支降紫衣一道。逐处月支常平钱五贯、米一硕，赡给僧人。委逐县令佐检察令，不得因缘科率搔扰。"高宗曰："可令诸路州军仿临安府已行事理，一体措置施行。仍令常平司检察。"②另据潜说友《咸淳临安志》卷八八《漏泽园》所载：

> 钱塘、仁和两县管下，共一十二所。先是，崇宁三年二月，诏诸州择高旷不毛之地置漏泽园，凡寺观寄留柩椟之无主者，若暴露遗骸，悉瘗其中，各置图籍，立笔记识，仍置屋以为祭奠之所，听亲属祭飨，著为令。其在临安府者，中更多故，率为官私占佃。绍兴十四年，诏临安府措置漏泽园。遂下钱塘、仁和县悉行拘收，为藩篱以限之，选僧二名主管，月给常平钱五贯、米一石。瘗及二百人者，申朝廷赐紫衣。既又有旨，令诸路州军一体措置施行，仍委常平司检察。③

---

① 《宋会要辑稿》食货60之13~16，第6册，第5871~5872页。
② 《宋会要辑稿》食货60之10，第6册，第5869页。
③ 吴自牧《梦粱录》卷18《恩霈军民》也有相同的记载："更有两县置漏泽园一十二所，寺庵寄留柩椟无主者，或暴露遗骸，俱瘗其中。仍置屋以为春秋祭奠，听其亲属享祀，官府委德行僧二员主管，月给各支常平钱五贯、米一石。瘗及二百人，官府察明，申朝家给赐紫衣师号赏之。"（第174~175页）

据此可知，绍兴十四年（1144），宋高宗接受户部员外郎边知白的建议，诏令都城临安府及各州县恢复设置漏泽园。①其时，仅在临安府就先后建立了十二所漏泽园，漏泽园四周"为藩篱以限之"，选派两名僧人主管，"月给常平钱五贯、米一石"。如果埋葬尸体达到二百具，便可以"申朝廷赐紫衣"。②

其后，南宋大多数府州也逐渐建立了若干漏泽园。如临安府除上述钱塘、仁和两县外，其他县也设有漏泽园。其中，余杭县漏泽园在县东七瑞安乐乡南渠河之南，临安县漏泽园在县西三里，於潜县漏泽园在县南三里，富阳县漏泽园在后岭去县一里半，盐官县漏泽园在县西三里，昌化县漏泽园在县西二里。

绍兴元年（1131）秋，建康府臣叶梦得出羡谷四百斛、钱三百万为经费，让城中的五大寺院僧人与饥饿的贫民一道，先后在城外四隅高原隙地挖掘了"深广皆二丈"的八个大坑，"各为穴以待藏"。"以其四之三藏骨其一，实以土，其上封皆高一丈。"其中，在西门清凉寺之南茶山之下者二，北门张王庙之西北麟蛇山之下者二，南门官道之西越台之下者二，东门官道之北齐安寺之西者二。经过十九日的努力，"得全体四千六百八十有七，断折残毁不可计以全者又七八万，以次入于穴，而城中之骸略尽"。事后，以状上尚书。次年二月，礼部也依据诏令，如数给建康府城内参与此事的各寺颁发了度牒：华藏寺五道、能仁寺五道、保宁寺五道、清凉寺三道、寿宁寺二道。③

宋孝宗淳熙三年（1176）初，添差两浙西路马步军副总管开赵为安葬随自己南下后死亡的"忠义归正人"，在平江府阊门外购买了三百余亩山地作为义坟，又建造了一座寺院，供养僧人。宋孝宗为激励士气，一面为这座庵舍赐名为"广济祥院"，一面下令常平司给还开赵所创义冢及僧庵所费钱物，拨赐系官田五百亩充寺院常住田产。④

庆元元年（1195），提举浙东常平使李大性又增置绍兴府义冢两处，分别位于城外会稽县界镇坞和山阴县界洄涌塘旁。《嘉泰会稽志》卷一三载有当时会稽县尉徐次铎所撰《记》文，对义冢设置过程有较详细的介绍，其略云：

---

① 李心传：《建炎以来系年要录》卷152，绍兴十四年十二月己卯条，第3册，第2458页。
② 吴自牧：《梦粱录》卷18《恩霈军民》，第174~175页；《咸淳临安志》卷88《漏泽院》，《宋元方志丛刊》第4册，第4175页。
③ 马光祖修、周应合纂《景定建康志》卷43《风土志二·义冢》，《宋元方志丛刊》第2册，第2041页；叶梦得：《建康掩骼记》，《全宋文》卷3183，第147册，第335~337页。
④ 《宋会要辑稿》兵16之7，第8册，第7032页。

> 越之流风，凡民有丧，即议侨寄，棺柩所积，凤号墓园。连岁不登，继以疠疫，而民不免于死亡。公奉命东来，一意全活，饥者振之以粟，病者起之以药，死者遗之以棺。荒政举行，毕力无倦。复有意于埋骴掩骼之举，命次铎走近郊，枚数寄棺，凡三千余。下令申饬晓告，使人人知有送死之义。且曰其有徇浮图火化者，助之缗钱，姑从其私；乃若无力归藏者，请于官给所费。规画已定，复命次铎度地，得二所：其一镇坞，广四十亩；又其一洄涌塘傍，十余亩。由是义冢之规立矣。两隅分峙，男女以辨，缭以周墙，封其四围，画图传籍，备录分藏，间里、姓名次第刻著。申命缁黄，以视墓室丘封广列，尚为后图，庶几有以继于此也。自庆元改元夏，迄于冬十月，野处之棺为覆藏者凡千二百九十有三。据籍有考，至是泽及枯骨矣。

还有一些寺院，本身就拥有专属的墓地。如宋高宗后期的高级宦官、入内内侍省押班董仲永，是一位虔诚的佛教信众。他曾自己出资在临安府城东创建了一所因果院，"凡遗骸暴露，专用归之。岁时斋设经诅，令僧追荐"。①

（二）宋代的义冢制度

1. 漏泽园择址必须是高旷不毛之地或空闲田地

元丰三年（1080），宋神宗诏令："开封府界僧寺旅寄棺柩，贫不能葬，令畿县各度官不毛地三五顷，听人安厝，命僧主之。"②崇宁三年（1104）二月，宋徽宗诏诸州择高旷不毛之地置漏泽园。③从文献记载来看，各地均是按此执行的，如淳熙四年（1177）六月十七日，江州都统皇甫倜言："乞于江州福星门外收买空闲田段，将所部诸军亡殁之人就彼埋瘗。"从之。④

2. 漏泽园埋葬对象必须是"贫无以葬或客死暴露者"

宋代漏泽园埋葬的对象，有比较严格的规定，其身份必须是以下几种：

一是贫不能葬者。元丰二年（1079）三月二日，神宗采纳了开封府界提举常平等事陈向的建议，诏开封府界僧寺："无主者，官为瘗之；民愿得钱者，官出钱贷之。"⑤

---

① 曹勋：《董太尉（仲永）墓志》，《全宋文》卷208，第191册，第135页。
② 《宋史》卷178《食货志上六·役法下·振恤》，第4339页；《宋会要辑稿》食货60之13~16，第6册，第5871~5872页。
③ 潜说友：《咸淳临安志》卷88《漏泽院》，《宋元方志丛刊》第4册，第4175页。
④ 《宋会要辑稿》食货60之13~16，第6册，第5871~5872页。
⑤ 《宋会要辑稿》食货60之13~16，第6册，第5871~5872页。

建炎四年（1130）十月三日，高宗诏曰："诸处流移老弱到行在者，日夕饥饿。可专委官具数量支米、钱赈济。死亡者，委诸寺僧行收瘗，计数给赐度牒。务使实惠加于存没，以称朕意。"①绍兴十六年（1146）十一月五日，宋高宗又对大臣们说："居养、安济、漏泽，先帝之仁政。居养、安济已行之矣，惟漏泽未曾措置，宜令条具添入。"十日，南郊赦："贫乏乞丐，已约束如法养济；其死而无归者，旧法置漏泽园藏瘗。已降指挥，令诸州依仿临安府措置。访闻尚有未就绪去处，可令诸路常平司疾速检举，措置施行，无致暴露。"②建康府就以此标准实行，规定："遇有贫乏之家，欲于义阡埋葬，僧行等实时放入，不得稍有遏阻，及乞取钱物。如违，许提督厅觉察，具申本司追究施行。"其义阡所收葬者为"民间因有死亡之家无力买地埋葬以致弃在沟壑"者。③

二是遭受战争之害的军民。熙宁八年（1075）三月，北京留守司令西福顺天王院寺僧收瘗军士遗骸，"每三岁度一人"，令其专门负责看守。④但政府给的好处太少，引起了寺僧的不满，他们便采取消极对抗的办法，对送来的棺柩不及时安葬，而是将其长期停放在僧舍中，⑤这样便使旅寄棺柩长期暴露在外。于是在元丰二年（1079）三月，宋廷令河州以"城东北隅附山不食之地二顷作墓园，瘗蕃汉阵亡暴骸"，并"二年度僧一人"，令其专门"看管修葺"，并赐额"慈济"。⑥建炎四年（1130）十二月，刘光世、张俊两军渡江作战，虽然"屡获胜捷"，然而将士战死者不少，宋高宗也依照旧例，"既加褒赠，复令收其遗骸于僧寺隙地瘗之，岁度量童行守冢而厚恤其家"。⑦淳熙元年（1174）八月九日，孝宗诏临安府，以买到北上门外杨口桥东地充漏泽园，埋瘗遗骸。日后无主死亡军民，亦听埋瘗。九月二十六日，从殿前司请，孝宗诏："临安府东青门外驹子院地，将一半充漏泽园，拨付殿前司埋瘗亡殁军民。"⑧建康府覆舟山下的义冢也专门埋葬阵亡的军人。据《景定建康志》载："端平三年十二月十五日，制置使陈尚书韡，调兵剿敌江北，战而死者甚众，遂于建康府北门外覆舟山龙光寺侧，择地开二大穴，甃以灰砖。凡阵殁将士骸骨，悉收而葬之。给牒度二僧，以守其

---

① 《宋会要辑稿》食货60之13~16，第6册，第5871~5872页。
② 《宋会要辑稿》食货60之13~16，第6册，第5871~5872页。
③ 马光祖修、周应合纂《景定建康志》卷43《风土志二·义冢·南北义阡》，《宋元方志丛刊》第2册，第2042页。
④ 李焘：《续资治通鉴长编》卷261，熙宁八年三月甲寅条，1986，第19册，第6364页。
⑤ 史继刚：《宋代助葬制度述略史》，《青海大学学报》1994年第3期。
⑥ 李焘：《续资治通鉴长编》卷289，元丰元年四月甲子条，1986，第20册，第7069页。
⑦ 《宋会要辑稿》食货68之122，第7册，第6314页。
⑧ 《宋会要辑稿》兵16之6，第8册，第7031页。

冢，给田百五十八亩有奇，以其租入为每月供享忌日追荐之用，版榜寺门。"①

三是遭受天灾人祸死亡而无人认领的遗骸。宋代除去战争之外，因天灾人祸死亡而无人认领的尸体遗骸，也往往由官府出资、组织僧人掩埋。如绍兴五年（1135）冬，潭州出现反常天气，"雪霰交作，间有雷电，冰凝不解，深厚及尺。州城内外，饥冻僵仆，不可胜数"。于是荆湖南路转运判官、权安抚司公事兼管潭州薛弼下令："用度牒招募僧行随即瘗埋。"②淳熙八年（1181）四月十八日，宋孝宗鉴于这一年多疾疫，死者较多，"地主利于得钱，往往发旧改新"，导致骸骨遗弃，不复收瘗，诏命临安府于府城四门外相视隙地，建大墓各一所，每处委僧十人、童行三十人，凡遗弃骸骨，不问新旧，并行收拾丛葬。棺殓之具并僧行食钱，令本府量行支给。仍出榜禁戢。今后如有发去旧冢之人，依掘冢法科罪。③再如，濒临东海的秀州华亭县，"每当风涛暴怒，多有溺者之尸乘潮而上。潮退，暴露沙际。须臾，犬鸟啄啮以尽，遗骸荡析，随亦灭没久矣"。宋光宗时，知县李直养让僧人师俊组织人力，在县治东北三十六里的荡山修建大墓，专门掩埋暴露在海岸边的尸骸，一共收埋一百四十六具尸骨④。

四是无主尸体或没有后人举办丧事的。绍兴十五年（1145）六月二十三日，潭州官员言："崇宁间推行漏泽园，埋瘗无主死人，所降条格，棺木、絮纸、酒件作行下工食钱，破砖镌记死人姓名、乡贯，以千字文为号。遇有识认，许令给还。每年三元、春冬醮祭。缘逐件条格烧毁不存。乞明降指挥施行。"于是户部言："今欲下诸路州县，如委系无主，即于常平司钱内，量行支给。仍每人不得过三贯文省，如法埋瘗，无令合干人作弊科扰。并令本司常切不住检察，如违，亦仰按治施行。"从之。绍兴十八年（1148）八月十九日，臣僚言："郡县立漏泽园，以惠天下死亡者各得其所。州县奉行灭裂，所属监司全不按举。欲望举行之，俾死亡无人殡敛者，有园以葬埋之。"诏令户部看详。绍兴二十二年（1152）十一月十八日，南郊赦："已降指挥，州县旧有漏泽园去处，复行措置收瘗暴露骸骨。缘其间地段多是为人占佃，县道徇情，不行措置。仰监司、州郡常切点检。"庆元六年（1200）十一月二十四日，右司郎中李寅仲言："恭惟国朝漏泽园之制恩及枯骼，前古未有。窃见诸州县寺院多有攒殡，历年滋

---

① 马光祖修、周应合纂《景定建康志》卷43《风土志二·义冢·覆舟山下义冢》，《宋元方志丛刊》第2册，第2043页。
② 李心传：《建炎以来系年要录》卷98，绍兴六年二月庚戌条，第2册，第1614页。
③ 《宋会要辑稿》食货58之14～15，第6册，第5828页。
④ 单庆修、徐硕纂《至元嘉禾志》卷24《丛冢》，《宋元方志丛刊》第5册，第4597～4598页。

多。家贫，子孙无力收葬，或远宦因循不举，僧徒玩视，公肆徵求，驯致暴露，枯骨无归，深可悯恤。欲每岁委自逐路提举司近冬检举，行下诸州县委官躬亲抄札，如年深无主、家贫无力者，官为择地置义冢以葬之；其有子孙，不愿入义冢者，责以近限收葬，庶几枯骸不致暴露失所。岁一举行，无为文具，无令骚扰，庶几仰称圣朝泽及漏泉之意。"从之。① 当时官员们也是按此办理的。如曾官至参知政事的翟汝文守绍兴时，曾命山阴县收集四郊无主尸骸入园，所葬者数以千计。②

如果执行不力，则要对相关的责任人进行一定的处罚。如崇宁五年（1106）八月十一日，徽宗诏令："诸漏泽园、安济坊，州县辄限人数，责保正长以无病及已葬人充者葬，杖一百。仍先次施行。"③当然也有例外，史载蔡京"之卒，适潭守乃其仇，数日不得殓，随行使臣辈藁葬于漏泽园，人谓得其报。此说止见于《靖康祸胎记》"。④

3. 漏泽园必须制定详细的规划和管理方法

为了方便对漏泽园进行管理，朝廷要求各地政府在建立漏泽园时要详细规划，并做到以下几点：

一是划分区域。如开封府陈留县的漏泽园，"凡得遗骸八万余，每三十为坎，皆沟洫什伍为曹，序有表，总有图"。⑤另外，还应"视墓室丘封广列，尚为后图，庶几有以继于此也"。⑥

二是"良贱有别"。由于无主死者的身份复杂，"又以囚死或客死者埋瘗其中"，因此百姓即使家贫无力，也是耻葬义冢，不愿与囚犯埋葬在一起。王爚就曾经指出：常熟县"虽见有丛冢，又以囚死或客死者埋瘗其中，故吾民耻列于此"。因此有条件的漏泽园，"分为三园，良贱有别"。⑦

三是男女以辨。"两隅分峙，男女以辨"。⑧

四是统一葬埋的规格，规定"凡漏泽园收瘗遗骸，并深三尺"。⑨"应葬者，人给地八尺、方砖二口，以刻元寄所在及月日、姓名。""军民贫乏，亲属愿葬漏泽园者，

---

① 《宋会要辑稿》食货60之13~16，第6册，第5871~5872页。
② 《宋会要辑稿》食货60之13~16，第6册，第5871~5872页。
③ 《宋会要辑稿》食货60之13~16，第6册，第5871~5872页。
④ 周煇撰、刘永翔校注《清波杂志校注》卷2《青布条》，第77页。
⑤ 徐度：《却扫编》卷下《漏泽园》，《宋元笔记小说大观》本，第4册，第4526页。
⑥ 会稽县尉徐次铎所撰《记》，《嘉泰会稽志》卷13《漏泽园》，《宋元方志丛刊》第7册，第6960页。
⑦ 《嘉泰会稽志》卷13《漏泽园》，《宋元方志丛刊》第7册，第6959页。
⑧ 《嘉泰会稽志》卷13《漏泽园》，《宋元方志丛刊》第7册，第6960页。
⑨ 《宋会要辑稿》食货68之132，第7册，第6319页。

听指占葬地,给地九尺。"①以建康府为例,其"所置义阡地段姑据见定地步尚狭,未能开展,合立定则。例每名只许破一丈,庶几不致多占地段,有妨他人安葬。所破葬地既以一丈为准,又恐安葬之时广占尺寸,合行下尉司,先将其地以一丈界为一眼,令深五尺,以防他日墁灭。止许于界眼内安葬。所有坐向,却从其便"。"葬穴不可太浅,庶免他日暴露。仰僧行告报,定要掘深五尺。"②

五是必须建立死者的档案。崇宁三年(1104)二月四日,中书省言:"诸以漏泽园葬瘗,县及园各置图籍,令厅置柜封锁。令佐替移,以图籍交授。监司巡历,取图籍点检。应葬者,人给地八尺、方砖二口,以刻元寄所在及月日、姓名。若其子孙、父母、兄弟、今葬字号、年月日,悉镌讫,上立峰记识如上法。"各地大多按此办理,如临安府"各置图籍,立笔记识"。③绍兴府"画图传籍,备录分藏,闾里、姓氏次第刻著"。④建康府"凡遇殡葬……量棺之短长、广狭,深穴而厚封,立牌标记"。西、南、北三个义阡亦按其法办理。⑤

六是允许移葬。"已葬而子孙亲属识认,今乞改葬者,官为开葬,验籍给付"。⑥

七是妥善保护。规定"无故若放牧,悉不得入"。建康府义冢,"为门为榜,严其扃钥,非葬祭不启"。⑦

4. 设立专门的管理机构和管理人员

宋代的义冢,一般由政府管理。绍兴十八年(1148),户部言:"所置漏泽园,承降指挥,依仿临安府措置事理,令常平司常切检察。今乞下诸路常平司,检照见行条法、指挥,下所属州县遵守施行。若有违戾去处,按治依法施行。"从之。其中,建康府义冢,委托上元、江宁两尉管理其事。⑧绍兴府义冢管理同样如此,绍兴元年(1131)十二月十四日,通判绍兴府朱璞言:"绍兴府……如有死亡之人,欲依去年例,委会稽、山阴县尉,各于城外踏逐空闲官地埋葬,仍委踏逐官点检,无令暴露。其养济院及外处方到未曾入院病患死亡之人,去年召到僧宗华收敛,雇人出城掩瘗,令县

---

① 《宋会要辑稿》食货68之130,第7册,第6318页。
② 马光祖修、周应合纂《景定建康志》卷43《风土志二·义冢·南北义阡》,《宋元方志丛刊》第2册,第2042~2043页。
③ 潜说友:《咸淳临安志》卷88《漏泽院》,《宋元方志丛刊》第4册,第4175页。
④ 《嘉泰会稽志》卷13《漏泽园》,《宋元方志丛刊》第7册,第6960页。
⑤ 马光祖修、周应合纂《景定建康志》卷43《风土志二·掩骼记》,《宋元方志丛刊》第2册,第2041页。
⑥ 《宋会要辑稿》食货68之130,第7册,第6318页下。
⑦ 马光祖修、周应合纂《景定建康志》卷43《风土志二·义冢·四门义冢八所》,《宋元方志丛刊》第2册,第2042页。
⑧ 马光祖修、周应合纂《景定建康志》卷43《风土志二·掩骼记》,《宋元方志丛刊》第2册,第2041页。

尉监视，置历拘籍。每及百人，次第保明申朝廷，给降度牒。"诏每掩瘗及二百人，与给度牒一道，余依所乞。①

为方便看守，官府往往要在规模较大的漏泽园附近建有佛寺，让寺院中的僧人来管理。元丰三年（1080）六月，陈向乞选募僧守护漏泽园，量立恩例守。这一建议得到了神宗皇帝的允准，神宗诏令："开封府界僧寺旅寄棺柩，贫不能葬，令畿县各度官不毛地三五顷，听人安厝，命僧主之。"②如北宋时开封府陈留县的漏泽园葬有八万余人，因而"规其地之一隅以为佛寺，岁输僧寺之徒一人，使掌其籍焉"。③建康府的义冢，"选邻僧之慈愍勤事者掌之"。东阡则选之半山寺，南阡则选之宋兴寺，西阡则选之清凉寺，北阡则选之永庆寺，人各月支钱三十缗、米一石。又虑东义阡距半山寺路途远，特在东义阡创庵三间。④南宋都城临安殿前司十三军将士的专用公墓，建在位于临安府西湖山北的鲍家田青枝坞。公墓设有普向院，"令僧主其香火"，负责照管和祭奠。乾道八年（1172），宋孝宗还接受该寺住持僧法千的建议，改赐寺名为"愍忠资福普向"。⑤

当然，漏泽园附近建佛寺，除方便看守外，还便于按民俗让寺院中的僧人来超度亡魂。河南三门峡出土的《虢州卢氏县漏泽园记》中则明确指出："上以广朝廷仁惠之泽，下以掩遗骸暴露之苦，将以建佛宫于其口，日闻法音，演无量义，俾沉魂幽魄，咸证善因，郁气滞冤往生乐土，以子以孙戴天履地，靡有终极，则丰功厚德及于幽明者不可量数，实利益之无穷，罄河沙而未比。"⑥

也有少数漏泽园是由道士照管的。例如，庆元二年（1196），婺州东阳县（今属浙江）在县丞曾棠的主持下，重建了漏泽园，"为墙三百二十有一堵"。在园内修建了三间房屋，外立门屏，让道士居住，负责看管。"凡用钱二十三万有奇。"⑦建康府亦如此，于南北两门外择选空闲高荒地段置立南北两阡，差拨僧道专在各处看管。其中，南义阡造有房屋三间，于毗近殊胜寺轮差僧一员、行者一人在庵专门看守，早晚焚修；北阡则请后湖真武庙道士孙守清就行看管。⑧

---

① 《宋会要辑稿》食货 60 之 13～16，第 6 册，第 5871～5872 页。
② 《宋史》卷 178《食货志上六·役法下·振恤》，第 13 册，第 4339 页。
③ 徐度：《却扫编》卷下《漏泽园》，《宋元笔记小说大观》第 4 册，第 4526 页。
④ 马光祖修、周应合纂《景定建康志》卷 43《风土志二·掩骼记》，《宋元方志丛刊》第 2 册，第 2042 页。
⑤ 潜说友：《咸淳临安志》卷 79《寺观五·普向院》，《宋元方志丛刊》第 4 册，第 4082 页。
⑥ 三门峡市文物工作队：《北宋陕州漏泽园》，文物出版社，1999，第 390 页。
⑦ 赵彦秬：《重建漏泽园记》，《全宋文》卷 5413，第 242 册，第 199～200 页。
⑧ 马光祖修、周应合纂《景定建康志》卷 43《风土志二·掩骼记》，《宋元方志丛刊》第 2 册，第 2042 页。

5. 拥有完善的建筑设施

一是在漏泽园中设置灵堂，"以为祭奠之所，听亲属享祭追荐"。在"葬日及岁时设斋醮，置吏卒护视"。①

二是漏泽园四周"缭以周墙，封其四围"，②以防止"牛羊践之，土浅骨暴"。建康府义冢之旁为义阡，军民皆杂葬在一起。起先，"垣墙弗设，牛羊践之，土浅骨暴，过者颡泚，甚失掩骼之初意"。开庆己未，马光祖再镇建康府，看到这种情形，恻然动心，于城外建造了东、西、南、北四义阡。"死而无归者，给棺椁殡焉。"但时间一长，樊墙颓圮，牛羊也进入里面吃草，暴骨如莽。而后来的殡葬者也是多发前冢，弃枯骼而纳新枢。马光祖虽然屡行禁止，然而由于当时没有制定制度，纲维无人，率为具文大使。于是，马光祖始命上元、江宁两县簿尉分其责，月给十八界二十贯、酒四瓶。封其土，缭以长垣。在东门者，一百五十四丈；在南门者，一百五十八丈；在西门者，一百九十八丈五尺；在北门者，二百八十九丈五尺。又于清凉寺西偏得地三十余亩，以广西阡，依山为墙。从此以后，皆无蹂躏之患。凡筑墙五百八十一丈，为庵一，为门四，共縻钱十八界四千三百余贯、米七十余石。③

6. 建立奖励措施

为了调动寺院的积极性，确保此项工作顺利开展，宋廷根据收瘗遗骸数量对寺僧施行奖励，规定守园僧人"以所葬多为最，得度牒及紫衣"。④元丰二年（1079），宋廷规定："葬及三千人以上，度僧一人，三年与紫衣，有紫衣与师号，更使领事三年，愿复领者听之。"⑤建康府"凡遇殡葬，官给土工，十八界五贯。量棺之短长、广狭，深穴而厚封，立牌标记"。西、南、北三个义阡亦按其法办理。⑥绍兴元年（1131）秋，宋高宗诏令各地官府招募僧道掩埋因战争而死之人尸骨，规定凡掩埋二百具者便可领取一道度牒。绍兴四年（1134），因运河淤积，漕运不通，宋高宗诏令组织役兵疏浚运河："河中遗骸，听僧徒收瘗。数满二百，给度牒一道。"⑦绍兴五年（1135）七月，阵亡将士"皆暴露尸骸"，宋高宗令地方官员招募道、僧、童行埋瘗遗骸，并规

---

① 《嘉泰会稽志》卷13《漏泽园》，《宋元方志丛刊》第7册，第6959页；《宋会要辑稿》食货68之132，第7册，第6319页。
② 《嘉泰会稽志》卷13《漏泽园》，《宋元方志丛刊》第7册，第6960页。
③ 马光祖修、周应合纂《景定建康志》卷43《风土志·义冢》，《宋元方志丛刊》第2册，第2041~2042页。
④ 《嘉泰会稽志》卷13《漏泽园》，《宋元方志丛刊》第7册，第6960页。
⑤ 《宋史》卷178《食货志上六·役法下·振恤》，第13册，第4339页。
⑥ 马光祖修、周应合纂：《景定建康志》卷43《风土志二·掩骼记》，《宋元方志丛刊》第2册，第2041页。
⑦ 《建炎以来系年要录》卷72，绍兴四年正月癸酉条，第2册，第1205页。

定收葬两百具尸骸者，官给度牒一道，"愿改换紫衣师号者亦听"。①同年又诏令："募僧人收瘗淮南客死者，每百人以度牒一道给之。"②绍兴三十一年（1161），金军攻入淮东，屠杀民众无数。泰州如皋县石庄镇明禧禅院的僧人如本，"收瘗遗骸三百，得官给僧牒"。③到隆兴二年（1164）十二月时，宋廷再次下令收瘗遗骸，若"及二百副，童行支度牒一道，僧道赐紫衣师号"，"余人比类支给度牒价钱"。④乾道六年（1170）六月，湖州马墩镇的行者祝道诚因收葬运河挖出来的尸骨遗骸"一千二百六十有余"，宋孝宗下令赐给他度牒和紫衣，准其剃度为僧。⑤淳熙元年（1174）十一月十日，宋孝宗又发布诏令，宣布每州设置一名童行负责看守"归正人"的墓地，满三年后，便发给一道度牒，将他正式剃度为僧人。⑥宝祐五年（1257），宋理宗下诏宣称"更有毙于疫疠、水灾与夫殁于阵者，遗骸暴露，尤不忍闻也"，因而命令："召募诸寺观，童行有能瘗遗骸及百副者，所在州县保明，备申尚书省，给度牒一道，以旌其劳。"⑦从上述文献记载来看，政府以发给度牒和紫衣作为对看墓僧人的酬劳和补贴，如果僧人愿意改换紫衣师号，亦可以。其标准一般为"葬及三千人以上，度僧一人；三年与紫衣；有紫衣与师号，更令管勾三年，愿再住者准此"。⑧但从各地的落实情况来看，一般少者为"收瘗遗骸三百，得官给僧牒"，多者为"瘗遗骸及百副者……给度牒一道"。

7. 有后续经费的保障

为了让义冢制度得到顺利的执行，官府往往拨出一定的田地供其使用。如琴川，官府专门"买田六十二亩，米四十二石，岁收为给养"，以"为经久之计"。⑨

（三）宋代义冢制度的弊端

据张邦炜研究，宋代义冢制度在推行过程中弊端甚多：⑩

一是弄虚作假。朝廷规定守园僧人"以所葬多为最，得度牒及紫衣"，守园僧人"遂有析骸以应数者"，以便冒领"恩例"。某些地方官员居然不择手段，草菅人命，

---

① 《宋会要辑稿》食货68之122，第7册，第6314页。
② 《建炎以来系年要录》卷84，绍兴五年正月壬子条，第2册，第1376页。
③ 《夷坚志·支戊志》卷4《闽僧如本》，第1081页。
④ 《宋会要辑稿》食货68之122，第7册，第6314页。
⑤ 《宋会要辑稿》道释1之36，第8册，第7886页。
⑥ 《宋会要辑稿》兵16之6，第8册，第7031页。
⑦ 《宋史全文》卷35《宋理宗五》，宝祐五年十一月壬戌条，下册，第2340~2341页。
⑧ 李焘：《续资治通鉴长编》卷297，元丰二年三月辛未条，1990，第21册，第7217页。
⑨ 孙应时纂修《琴川志》卷1《叙县·义阡·劝谕文》，《宋元方志丛刊》第2册，第1164~1165页。
⑩ 张邦炜、张忞：《两宋时期的义冢制度》，《天府新论》1995年第5期。

"责保正长以无病及已葬人充"。①这里记载的"无病"人,便是还活着的并无疾病的百姓。以活埋百姓来骗取政府补贴,真可谓丧心病狂。

二是敷衍塞责。按照朝廷的规定,"凡漏泽园收瘗遗骸,并深三尺"。但有的州县的漏泽园应付了事,"奉行尚或灭裂,埋瘗不深",即"不深三尺而致暴露",②这样是等于不葬。

三是胡乱开支。某些地方官吏"奉行颇过",在"葬日及岁时,设斋醮,置吏卒护视",以致入不敷出。③

笔者认为,张邦炜的观点是正确的,兹不赘述。

---

① 《嘉泰会稽志》卷13《漏泽园》,《宋元方志丛刊》第7册,第6960页。
② 《宋会要辑稿》食货68之131,第7册,第6319页。
③ 《宋会要辑稿》食货68之132,第7册,第6319页。

第五章
墓地与墓室

第一节　帝王陵寝

一　北宋皇陵

在巩义市西南的丘陵上，分布着北宋九帝中的七帝外加赵匡胤之父的"七帝八陵"。河南省文物考古研究所通过1992～1995年的考古调查，基本弄清了北宋皇陵的布局与结构。皇陵分布于四个陵区，除了帝陵之外，还祔有后陵和宗室子孙的墓葬，其规模宏大，陵园建筑基址和石雕群像保存较好，体现了宋代陵寝制度，在中国古代陵寝史上占有重要地位。①

（一）北宋皇陵的建置沿革

太祖乾德三年（965年），由汴州改卜宣祖（赵弘殷）葬地于巩县，用帝陵制度，称永安陵，这是巩县北宋陵区形成之始。其后，除徽宗、钦宗两位皇帝以外，北宋的另外七位皇帝都葬在巩县，与永安陵合称八陵。各陵均祔后陵，其数不一，不另立名。

北宋八陵可分四区：（1）宋宣祖赵弘殷的永安陵、太祖赵匡胤的永昌陵以及太宗赵光义的永熙陵三陵在东南。此区地形平坦，地域最辽阔，三陵比较集中，由东北向西南依次排列，规模宏伟。在它们的西北部，祔有后陵10座，宗室子孙墓140余座。（2）真宗赵恒的永定陵在东北，是诸陵中最高的一处，正对少室主峰，为形胜之地。南则俯视安、昌、熙、裕、泰诸陵，北眺昭、厚两陵，实居陵区的中心。其刘后、李后和杨后陵分布于此。（3）神宗赵顼的永裕陵、哲宗赵煦的永泰陵在西南，其中永裕

---

① 以上参见郭湖生、戚德耀、李容淦《河南巩县宋陵调查》，《考古》1964年第11期；河南省文物考古研究所编《北宋皇陵》，第308～325页。

陵在永泰陵东南420米处。永裕陵西北祔葬着神宗向皇后、朱皇后、陈皇后和徽宗王皇后，永泰陵西北则祔葬有哲宗刘皇后。（4）仁宗赵祯的永昭陵和英宗赵曙的永厚陵，两陵位置较远，东西并列，中间相距500余米。此处地形陡斜，前为高岗，与其他陵不相呼应。其中，永昭陵祔葬曹皇后，永厚陵祔葬高皇后。现将各陵具体情况举要说明于下：

1. 宣祖永安陵

建隆二年（961）三月二十六日，宋太祖赵匡胤在《宣祖昭武皇帝改卜安陵哀册文》中说道："洺州南原兮山有嵩，山川王气兮洛阳东。宫阙崔嵬兮形胜通，土圭测景兮天之中。惟帝运之兴隆兮，盛大德而照融。"① 其陵原在京城东南隅，乾德元年（963）十二月二十三日，诏改卜安陵，命枢密承旨、内客省使王仁赡为按行使。仁赡与司天监赵修己言，得河南府巩县西南四十里訾乡邓封村地吉，遂定陵址于此。乾德二年正月十一日，有司请新陵皇堂下深57尺，高39尺，陵台三层正方，下层每面长90尺。南神门至乳台，乳台至鹊台，皆95步。乳台高25尺，鹊台增4尺。神墙高九尺五寸，周回460步，各置神门、角阙。四月九日，安陵掩皇堂。② 此后，巩县诸陵基本上都遵循了这一制度。

2. 太祖永昌陵

开宝九年（976）十月二十日，太祖赵匡胤崩于万岁殿。太平兴国三年（978）四月二十五日，葬于河南巩义县的永昌陵，自此宋代的陵寝制度确立下来。以后各陵基本上都是以永昌陵为定制，封土为陵。

太祖孝章皇后宋氏，左卫上将军邢国公播之女，乾德六年（968）立为皇后，太平兴国二年（977）居熙宫，雍熙四年（987）徙东宫，至道元年（995）四月二十八日崩，年四十四岁。谥曰孝章，陪葬永昌陵，祭别庙。元丰六年（1083）七月十二日，升祔太庙太祖室。

3. 太宗永熙陵

至道三年（997）三月二十九日，太宗崩于万岁殿。十月十八日，永熙陵掩皇堂。有司言："皇堂深百尺，方广八十尺。陵台方二百五十尺。"③

明德皇后李氏，潞州刺史处耘之女，太平兴国二年（977）七月入宫，雍熙元年

---

① 《宋会要辑稿》礼39之18，第2册，第1369页。
② 《宋史》卷122、《礼二五·凶礼一·山陵》，第9册，第2848页；《宋会要辑稿》礼37之1，第2册，第1320页。
③ 马端临：《文献通考》卷126《王礼考二十一·山陵》，上册，第1129页。

（984）十二月立为皇后。生皇子一人，早世。至道三年（997）四月尊为皇太后，景德元年（1004）三月十五日崩于万安宫，年四十五岁。谥曰明德，陪葬永熙陵，祔太庙太宗室。

元德皇后李氏，乾州防御使、赠安国军节度使、常山郡王英之女。开宝（968～976）初封陇西县君，太平兴国（976～984）初封陇西郡夫人，生汉王元佐、真宗皇帝，又皇子三人，皇女二人，皆早世。太平兴国二年（977）三月十二日崩，年三十四岁。至道三年（997）五月追封贤妃，十二月追尊为皇太后，咸平元年（998）正月谥曰元德。初葬普安院，三年（1000）四月八日，祔元德皇太后于永熙陵。有司请导神主祔庙，减园陵卤簿之半。诏勿减。大中祥符六年（1013）七月，去太字，升祔太庙太宗室。

4. 真宗永定陵

乾兴元年（1022）二月十九日，真宗崩于延庆殿。四月十六日，王曾等上言："得司天监主簿侯道宁状：'按由吾《葬经》，天子皇堂深九十尺，下通三泉；又一行《葬经》，皇堂下深八十一尺，合九九之数。'今请用一行之说。旧开上方二百尺，今请止百四十尺。"并从之。六月五日，参知政事王曾言："奉诏按视出陵定皇堂之制，深八十一尺，上方百四十尺。宰相等请以前后所降天书置陵中。"八月，乐辅国《永定陵修奉采石记》曰："若乃土圭定国，卜洛处二宅之雄；地镇秉灵，维嵩冠五岳之首。风雨之所会，阴阳之所和，居然得天地之心，绰尔是皇王之宅。"十月十三日，葬永定陵。①

章献明肃皇后刘氏，虎捷都指挥使、嘉州刺史、赠太师、尚书令兼中书令、魏武懿王通之女。景德元年（1004）正月为美人，大中祥符二年（1009）正月进修仪，五年（1012）五月封德妃，十二月立为皇后。乾兴元年（1022）二月遗制尊为皇太后，军国事权兼取处分。天圣二年（1024）十一月行册礼，以郊祀毕，上尊号曰应元崇德仁寿慈圣。明道二年（1033）籍田，朝庙礼毕，加上尊号曰应元齐圣显功崇德慈仁保寿。三月二十九日崩，年六十四岁。谥曰庄献明肃，陪葬永定陵，祭奉慈庙。庆历四年（1044）十一月改今谥，五年（1045）十月升祔太庙真宗室。

章惠皇后杨氏，崇仪使、赠忠武军节度使兼侍中知俨之女。景德元年（1004）正月为才人，大中祥符二年（1009）正月进婕妤，六年（1013）正月进婉仪，七年（1014）六月封淑妃，乾兴元年（1022）二月遗制为皇太妃。明道二年（1033），章献明肃皇后崩，尊为皇太后。景祐元年（1034），加号保庆皇太后，以所居处为保庆殿。

---

① 《宋会要辑稿》礼29之17～35，第2册，第1072～1081页；马端临：《文献通考》卷126《王礼考二十一·山陵》，上册，第1130～1131页。

三年（1036）十一月四日崩，年五十三岁。谥曰庄惠，陪葬永定陵，祭奉慈庙。庆历四年（1044）十一月改今谥，熙宁二年（1069）十月奉神主瘗于陵园。

章懿皇后李氏，左班殿直、赠太师开府仪同三司、汉东郡王仁德之女。大中祥符九年（1016）二月为才人，天禧二年（1018）九月进婉仪，乾兴元年（1022）四月进顺容，天圣十年（1032）三月封宸妃。生仁宗皇帝。明道元年（1032）二月二十六日崩，年四十六。二年（1033）四月尊为皇太后，谥曰庄懿。初葬洪福院，十月，陪葬永定陵，祭奉慈庙。庆历四年（1044）十一月改今谥。

5. 仁宗永昭陵

嘉祐八年（1063）三月二十九日，仁宗崩于福宁殿。十五日，发诸路卒四万六千七百八十人修奉山陵。十九日，权三司使蔡襄言，山陵一用永定陵制度。诏可。十月二十七日，葬永昭陵，在河南府永安县。①其葬，"吴充、楚建中、田棐上疏请遵先帝遗制，山陵务从俭约，皇堂上宫除明器之外，金玉珍宝一切屏去"。②

6. 英宗永厚陵

治平四年（1067）正月八日，英宗崩于福宁殿。十八日，三司言："修奉山陵，欲乞依例于内藏库给见钱三十万贯充用。"从之。二十三日，山陵使言："嘉祐八年山陵所役卒四万六千四百四十人，今只乞差三万五千人，诸路转运司和顾石匠四千人。"从之。八月二十七日，葬于永厚陵。"永厚陵南至永定陵七里一百三十一步，东至永昭陵九十步。其令永定昭孝禅院为二陵追福，仍赐良田十顷、房钱日一千，岁度童行二名、僧一人紫衣于院。"③

7. 神宗永裕陵

元丰八年（1085）三月五日，神宗崩于福宁殿。四月十二日，入内副都知石得一等言："奉诏按行大行皇帝山陵，于永安县南凤台乡固县村得地。"诏遣礼部侍郎李常、内侍省押班赵世良覆视。十月二十四日，葬于永裕陵。

8. 哲宗永泰陵

元符三年（1100）正月十二日，哲宗崩于福宁殿。三十日，太史局言山陵斥土用四月四日吉，从之。诏山陵制度，并依元丰八年例施行。葬于永泰陵。

北宋七帝八陵详情可参见表5-1。

---

① 马端临：《文献通考》卷126《王礼考二十一·山陵》，上册，第1131页。
② 《宋会要辑稿》礼29之38，第2册，第1082页。
③ 《宋会要辑稿》礼29之49~55，第1088~1091页。

表 5-1　北宋皇帝陵情况一览

陵名	陵主名	去世时间	下葬时间	葬期	备注
永安陵	宋宣祖（赵弘殷）	后周显德三年（956）七月	乾德二年（964）四月	8年	昭宪杜太后合葬安陵；太祖孝惠贺后、孝明后祔葬；太宗淑德尹后、懿德符后祔葬
永昌陵	宋太祖（赵匡胤）	开宝九年（976）十月二十日	太平兴国二年（977）四月二十五日	6个月	太祖孝章宋皇后祔葬；真宗章怀潘皇后祔葬
永熙陵	宋太宗（赵光义）	至道三年（997）三月二十九日	至道三年十月	7个月	太宗元德李皇后、明德李皇后；真宗章穆郭皇后祔葬
永定陵	宋真宗（赵恒）	乾兴元年（1022）二月二十九日	乾兴元年十月十三日	8个月	真宗章懿李皇后、章献明肃刘皇后、章惠杨皇后祔葬
永昭陵	宋仁宗（赵祯）	嘉祐八年（1063）三月三十日	嘉祐八年十月十七日	7个月	仁宗慈圣光献曹皇后祔葬
永厚陵	宋英宗（赵曙）	治平四年（1067）正月八日	治平四年八月二十七日	7个月	英宗宣仁圣烈高皇后祔葬
永裕陵	宋神宗（赵顼）	元丰八年（1085）三月五日	元丰八年十月二十一日	7个月	神宗钦圣宪肃向皇后、钦慈陈皇后、钦成朱皇后祔葬；徽宗显恭王皇后、明达刘皇后、明节刘皇后祔葬
永泰陵	宋哲宗（赵煦）	元符三年（1100）正月十二日	元符三年八月八日	7个月	哲宗昭怀刘皇后祔葬

北宋八陵在靖康、建炎年间（1126～1130）被刘豫勾结金兵破坏。绍兴九年（1139），郑刚中随楼悟赴陕，途经永昭、永厚两陵，在《西征道里记并序》中记当时实况云：

> 昭陵因平冈种柏成道，道旁不垣，而周以枳橘。陵四面阙角，楼观虽存，颓毁亦半。随阙角为神门，南向门内列石羊、马、驼、象之类。神台二层，皆植柏，层高二丈许，最下约阔十五丈，作五水道。台前与内门里及大门外，皆二大石人对立。钦慈曹太后陵，望之可见。又号下宫者，乃酹献之地，今无屋，而遗基历历可问。余陵规模皆如此。永厚陵下宫为火焚，林木枯立。①

可见当时下宫基址尚存。元朝时，北宋陵区地面建筑尽被破坏，"尽犁为墟"。

（二）北宋陵寝制度

北宋皇陵的陵园布局，大致沿袭唐代陵寝，但与之不同的是北宋的陵园规模和石像生数目整齐划一，且受风水说影响很大。宋人崇信"五音姓利"说，不再遵循依山

---

① 郑刚中：《西征道里记（并序）》，《全宋文》卷3908，第178册，第308～309页。

为陵之制，使得诸陵在地势上南高北低，即由鹊台向陵台逐渐倾斜，而且有些陵墓或囿于地势或循于姓利说，所择地过于狭促而使兆域呈缩小之势，使得陵墓更像一组殿堂，开启明清的"方城明楼"之制。①

根据文献记载，并结合考古资料，可知北宋皇陵制度大致如下：

1. 皇陵择地重"国音"

宋代皇陵的选地，受风水说的影响很大。当时盛行唐初道术家已有之"五音姓利"之法，归姓氏于宫、商、角、徵、羽五音，再按五音定方位。宋代国音（即皇室赵姓所归之音）为角，利于丙、壬方向，"吉方则要山高水来"，屡见于载记。因此，皇陵在选址时必须充分考虑到这一点。乾兴元年（1022）举行真宗葬礼，八月六日司天监上言：

> 太宗梓宫先于丙地内奉安。按经书，壬、丙二方皆为吉地，今请灵驾先于上宫神墙外壬地新建下宫奉安，俟十月十二日申时发赴丙地幄次，十三日申时掩皇堂。②

又，南宋赵彦卫《云麓漫钞》云：

> 永安诸陵，皆东南地穹，西北地垂；东南有山，西北无山，角音所利如此。七（按：应为八）陵皆在嵩少之北、洛水之南，虽有冈阜，不甚高，互为形势。自永安县西坡上观安、昌、熙三陵，在平川，柏林如织，万安山来朝，遥揖嵩少三陵，柏林相接，地平如掌，计一百一十三顷，方二十里云。③

据考察，诸陵南北轴袋，率正北偏西约六度，下宫、所袝后陵，亦择壬方。除永裕、永泰陵偏西，皆正对少室主峰。少室山俗名冠子山，遥峙群峰，上若屏风，其前金牛、白云两山对立，宛如"表南山之巅以为阙"，形胜至佳。诸陵地面南高北低，由鹊台至陵台逐渐斜降。尤其是永定、永昭陵，陵台顶面竟不高于鹊台处地面，一反我国古代建筑逐进增高、置中心建筑于最崇高地位之常例，从而打破了帝王陵寝背山面水、基址逐渐抬升、置陵台于最高处的传统格局。

---

① 秦大树：《〈北宋皇陵〉评介》，《文物》1998年第7期。
② 《宋会要辑稿》礼29之27，第2册，第1077页。
③ 赵彦卫：《云麓漫钞》卷9，第150页。

角姓贯鱼葬之说,^①如以永安陵为尊穴（祖），永昌固在壬方，而永熙复在永昌西北，已与壬、甲两穴昭穆相次有所抵触。而永定在永熙东北，永昭在永定东北，永裕反在永厚西南。所举祖、父两代，竟无一壬、丙方位。故知贯鱼葬法，宋陵史料固曾言及，乃指同一茔域（兆域）而言。不同兆域之间似不拘于此法，且一陵所占地甚大，为选择有利地形，亦不可能拘于此法。^②

图5-1　《地理新书·角姓贯鱼葬图解》

当然赵匡胤选定河南巩县，除上述原因外，还可能与其宋初准备迁都洛阳有关。宋代魏了翁就云：

> 祖宗山陵自永安以后皆在嵩少之北、洛水之南，冈阜演迤，互为拱揖。登永安县之西坡，望安、昌、熙三陵，在平川尤为卓绝。盖其地势掌平，凡一百十有三顷，方二十里，柏林环秀，万安山来朝，遥揖嵩少。考其始初营卜，则安陵惟旧，而昌、熙以后乃以太祖生于洛阳，爱其土风，尝欲都之，不果。末年因西幸，叹曰："朕生不得居此，死当葬此。"遂谒陵，登阙台，西北向发鸣镝，中其所，曰："我后当葬此。"他日弓剑既返，即其地为昌陵，而后来皆因之。始亦不过以鸣镝为准，盖非有某山某水之说，而至今阴阳家咸谓东南地穹，西北地垂，为角音所利，故能久安。利不利吾不得而知也，而独知夫初卜之意为不若是也。^③

2. 不建寿陵

在宋代之前，有建寿陵的传统。到了宋代，统治者却取消了营建寿陵的传统，陵墓必须等到死后才开始营建。其营建的时间，都在七个月之内。这是因为根据传统的

---

① 详见宿白《白沙宋墓》，附注 168～182。
② 以上参见郭湖生、戚德耀、李容淦《河南巩县宋陵调查》，《考古》1964 年第 11 期。
③ 魏了翁：《赠资中王彦正风水说》，《全宋文》卷 7077，第 309 册，第 463～464 页。

儒家礼制，皇帝死后七个月内必须安葬，只有这样才能把神主送进太庙供奉。所以，皇帝下葬（掩皇堂）皆在七月期内。仅真宗永定陵因更改穴位，以致延迟至八个月。

3. 帝后同茔合葬

宋代每陵占有一定地域，称"兆域"。每陵兆域内实行帝后同茔合葬制度，凡皇后、皇子等葬入兆域，称为祔葬或陪葬。北宋9位皇帝所册立（包括薨后追封）的皇后，计有29位。其中，宋仁宗的张皇后、郭皇后、温成张皇后葬于开封奉先院，宋哲宗的昭慈圣献孟皇后、宋徽宗的显肃郑皇后和显仁韦皇后葬于会稽上亭乡，宋钦宗的仁怀朱皇后卒于五国城，其余22位皇后均祔葬于巩义北宋八陵陵区。

皇后除最初埋葬的昭宪杜太后与宣祖赵弘殷合葬于永安陵外，其他皇后均单独起陵于帝陵的西北隅，与帝陵同处一兆域之内。皇后陵一般不另立陵名。如修元德李皇后（真宗生母）陵时，宋真宗咸平二年（999）四月二十三日命西京作坊副使蓝继宗为按行园陵使。议立陵号，太常礼院言："唐德宗昭德皇后王氏，顺宗之母，始葬崇陵；睿宗肃明皇后始葬惠陵，后祔葬桥陵。周显德末，都省集议，引故事帝后同陵谓之合葬，同葬兆谓之祔葬。汉吕后陵在长陵西百余步，以同茔兆而无名号。又唐穆宗二后，王氏生恭宗，萧氏生文宗，并祔葬光陵之侧。今园陵鹊台在永熙陵封地之内，恐不须别建陵号。"[①]宋真宗采纳了这一建议。

在祔葬的诸皇后陵中，仅有宋真宗当皇太子时的亡妻莒国夫人潘氏，"至道三年六月追册为庄怀皇后，陵曰保泰，神主祔后庙"[②]。这是相关文献记载中北宋唯一册立过陵名的皇后陵。

北宋皇后陵的平面布局与帝陵相似，只是陵园面积较小，据估计为"帝陵一百亩，后陵四十亩"。其上宫亦有四神门及门狮、角阙。石雕像的数量也减少一半，石刻计有：宫人一对（位南神门里），文武臣各一对，羊虎各二对，马及控马官两对，望柱一对。其尺寸远较帝陵为小。其南，有乳台、鹊台，或因区域逼仄，省去鹊台。

陪葬墓位于后陵的北部和西北部，每墓自成茔园，在封土规模、面积大小以及石像生数目等方面也遵循着严格的等级制度。

4. 每陵建设上宫、下宫等

北宋各陵陵园建制相同，均由上宫、下宫、后陵和陪葬墓组成。

---

① 《宋会要辑稿》礼31之32，第2册，第1169页；马端临：《文献通考》卷126《王礼考二十一·山陵》，上册，第1130页。

② 《宋史》卷123《礼志二六·凶礼二·园陵》，第9册，第2869页。

宫城四周与汉唐一样，筑有五米多高的方形墙垣，称为神墙；神墙四面正中辟有四座门，称为神门。神墙四角有阙台，门外各设门狮一对。宫城正中是陵台，陵台都用黄土夯筑而成，呈方形覆斗形。整个陵台分成两或三层，其中皇帝陵台是三层台阶式的方形土台，皇后陵台是两层台阶式的方形土台。①第一层筑砖石，第二层植松柏，远远望去松柏如盖。②

上宫建筑在陵台之前，南神门（即司马门）以内。其作用与性质，据杨宽的研究，如同唐代的献殿，亦称寝殿，是举行大型朝拜祭奠的场所。如《宋史·礼志》"上陵之礼"录景德三年（1006）真宗朝陵事：

> 旧仪，逐寝殿上食，备太牢之馔、珍羞庶品。近以羊豕代太牢。今请备少牢之祭，设奠，读册毕；复诣寝宫上珍羞庶品，别行致奠之礼。

据此可知，北宋朝廷举行上陵礼，要到寝殿和寝宫分别举行致奠之礼。在寝殿上举行的礼仪最为隆重，用太牢（牛、羊、豕三牲）或少牢（羊、豕两牲）作祭品，另加"珍羞庶品"，要设奠，要读祝册。③冯继仁曾对宋陵献殿做过复原研究，认为献殿面阔、进深各五间，含回廊一周，殿屋实际为三开间，重檐歇山顶，上覆灰瓦，并用琉璃瓦饰边。④

下宫又称为寝宫，是一组具备日常祭祀、驻守、维护功能的建筑群落。其制起自秦汉，于陵设寝，所谓"事死如生"。汉蔡邕《独断》卷下说："宗庙之制，古者以为人君之居，前有朝，后有寝，终则前制庙以象朝，后制寝以象寝。庙以藏主，列昭穆；寝有衣冠、几杖、象生之具，总谓之宫。……古不墓祭，至秦始皇出寝，起之于墓侧，汉因而不改，故今陵上称寝殿，有起居、衣冠、象生之备，皆古寝之意也。"宋代沿袭前代制度，亦设下宫于兆域内。如至道三年（997）诏："于永熙陵下宫置殿，奉安太宗圣容。置卫兵五百人守奉，朝暮上食，四时祭飨。"⑤其时帝陵下宫位置，史料曾有明言："今请灵驾先于上宫神墙外壬地新建下宫奉安，俟十月十二日申时，发赴丙地

---

① 《宋会要辑稿》礼31之8，第2册，第1157页；《宋史》卷122《礼志二五·凶礼一·山陵》，第9册，第2848页。
② 陈朝云：《南北宋陵》，中国青年出版社，2004，第16页。
③ 杨宽：《中国古代陵寝制度史研究》，上海人民出版社，2003，第62页。
④ 冯继仁：《巩县宋陵献殿的复原构想》，《文物》1992年第6期。
⑤ 《宋会要辑稿》礼37之27，第2册，第1333页。

幄次。"①壬地，即北向偏西处，是为吉方。

关于下宫的作用与性质，文献中多有记载。《宋史·礼志》"上陵之礼"录景德三年（1006）真宗朝陵事："……帝乘马，却舆辇伞扇，至安陵，素服步入司马门，行奠献礼。诸陵亦然。又诣下宫，凡上宫用牲牢祝册，有司奉事；下宫备羞膳，内臣执事，百官陪位……"又，李攸《宋朝事实》卷一三《英宗葬永厚陵》也载：

> 英宗梓宫至永厚陵，馆于席屋。从韩公（韩琦，时为山陵使），视下宫（原文作"宫下"，疑倒置），有正殿，置龙輴，后置御座。影殿置御容。东幄卧神帛，后置御衣数事。斋殿傍，皆守陵宫人所居。其东有浣濯院、有南厨。厨南陵使廨舍，殿西则使副廨舍。

由此可知上、下宫礼仪性质之区别，即：上宫称为"宫殿"，设有大殿，举行隆重献祭仪式的献殿，里面陈设有香案，神御座就设在殿中，被古人视为清静神圣之地，非皇帝上陵日及拜扫，不得辄入。而下宫只是供奉墓主灵魂日常饮食起居的处所，其建筑虽然没有像上宫那样的大殿，却分设有两个小殿，还有其他附属建筑。其中正殿安置有龙輴（轻便的枢车，俗称小杠）、御座，影殿安置有御容（遗像），车幄安置有神帛（招魂用具）、御衣，但里面没有陈设香案，此外还设有"浣濯院"、"南厨"以及守陵宫人和卫兵的住所、陵使的官署。上下两宫宜分隔而不连属，同在兆域内而各自成区。②

陵台前置宫人像一对。南神门外为神道，两旁对称排列着石雕群像。南神门内侧又置宫人一对，其南，列石刻于神道两侧。自北南往，计：武士一对，南神门狮一对，文臣两对，武臣两对，"蕃使"三对，羊两对，虎两对，仗马及控马官（把马官）二像共两对，角端一对，瑞禽一对，象与驯象人共一对，望柱一对。望柱南为乳台，乳台南隔空地一段筑鹊台。

凡神门、角阙，下为以砖包砌之夯土台，上建楼观。砖台复分大办、次办、小办，其高递减。③乳台、鹊台亦有大办、次办两阶，上建楼观。如发掘永昭陵上宫的地面建筑基址发现，鹊台、乳台、门阙和角阙均为夯土建筑，外面包以砖，四周神墙

---

① 《宋会要辑稿》礼29之27，第2册，第1077页。
② 杨宽：《中国古代陵寝制度史研究》，第64～67页。
③ 《宋会要辑稿》礼33之25，第2册，第1250页。

为黄土夯筑，表面粉以红灰。①

5. 玄宫制度

玄宫即地宫，称为"皇堂"。文献对宋代的玄宫制度多有记载，如《宋史·礼志·山陵》载宣祖永安陵"皇堂下深五十七尺，高三十九尺，陵台三层正方，下层每面长九十尺"。又记永熙陵"皇堂深百尺，方广八十尺。陵台方二百五十尺"。②皇后的玄宫制度同样有载，如《宋史》载太祖孝明、孝惠两皇后陵寝制度时云：

> 太祖孝明、孝惠二后：乾德元年十二月七日，皇后王氏崩。二十五日，命枢密承旨王仁赡为园陵使。时议改卜安陵于巩，并以二后陪葬焉。皇堂之制，下深四十五尺，上高三十尺。陵台再成，四面各长七十五尺。神墙高七尺五寸，四面各长六十五步。南神门至乳台四十五步，高二丈三尺。③

《宋会要辑稿》礼三三之四三也详细地记载了钦成皇后陵的玄宫制度：

> 徽宗崇宁元年三月二十日，礼部言："追尊皇太后园陵修奉所状：'准尚书省札子，今来园陵皇堂用四十五尺，依朝旨参酌增损丈尺等。其修砌皇堂地宫、鹿巷、厢壁、火口、土闇在四十五尺内，并依去年皇堂故例，开深六十九尺，打筑六尺，的用六十三尺。'今来阴阳官胡晟等状，依经法开掘五十三尺，打筑八尺外，的用四十五尺。今来既用石地宫，若依修奉所状内事理，除别无典礼该载外，取到太史局状：'看详胡晟等状内所定皇堂下深并填筑丈尺，即别无妨碍。内看详神墙高一丈，即未合经法。若用九尺或一丈一尺，及神台等若依去年故例修制，各别无妨碍。'内参酌增损丈尺名件，即阴阳经书不载，若依所请，即无妨碍。又取到太常寺状，勘会建中靖国元年园陵神墙用一丈三尺。"诏用一丈一尺，余依修奉所申。

此外，程颐在元丰二年（1079）《代富弼上神宗皇帝论永昭陵疏》也为我们详细提供了北宋玄宫的建筑状况：

---

① 杨育彬、袁广阔主编《20世纪河南考古发现与研究》，中州古籍出版社，1997，第692页。
② 马端临：《文献通考》卷126《王礼考二十一·山陵》，上册，第1129页。
③ 《宋史》卷123《礼志二六·凶礼二·园陵》，第9册，第2868页。

臣颐伏睹太皇太后山陵有期，老臣之心有所甚切，不忍不言，昧死以闻，惟陛下深思而力行之，不胜大愿。往者营奉昭陵时，英宗皇帝方不豫，未能听事，朝廷罔然不知其制，失于迫卒，不复深虑博访，凡百规画，一出匠者之拙谋，中人之私意，以巨木架石为之屋，计不百年，必当损坠。圹中又为铁罩，重且万斤，以木为骨，大止数寸。不过二三十年，决须摧毁。梓宫之厚度不盈尺，异日以亿万钧之石，自高而坠，其将奈何！思之及此，骨寒胆丧。臣始则不知其详，后则无以为计。士民之间有知之者，无不痛心饮恨，况老臣之心乎？况陛下之心乎？

其后厚陵始为石藏。议者窃意主事大臣已悟昭陵之事，独陛下未知之尔。今也不幸，太皇太后奄弃天下之养，因此事会，当为之谋。窃以周公制合葬之礼，仲尼善鲁人之祔。历代诸陵虽不尽用，亦多行之。太祖皇帝神谋圣虑，超越万古。昭宪太后亦合安陵。夫以周公之制、仲尼之训、历代之旧、艺祖之法，循而行之，可无疑也。老臣愿陛下思安亲之道，为后日之虑。决于圣心，勿循浮议。奉太皇太后合祔昭陵，因得彻去铁罩，用厚陵石藏之制，仍更别加裁处，使异日虽木坏石坠，不能为害，救仁皇必至之祸，成陛下莫大之孝，复何难哉？在陛下断之而已。①

巩义北宋皇陵经过考古发掘的只有宋太宗赵光义的元德李皇后陵，它为我们解开了宋代皇陵地宫的秘密。元德李后为太宗之妃、真宗赵恒之生母，薨于太平兴国二年（977）。真宗即位后，至道三年（997）五月被追封为贤妃，继而又被追尊为皇太后，咸平三年（1000）按皇太后礼仪迁葬于太宗永熙陵之西北隅。李后陵陵园保存较好，地面存有陵台和部分阙台基址，以及30件神道石雕像。地宫位于陵台正下方，为单室砖墓，由墓道、甬道和墓室三部分组成。墓道位于陵台南部正中，全长34米，南段为斜坡状，有土台阶可供上下，墓道北端与甬道底部持平。青石质的墓门表面磨光，门额上线刻两身飞天，四周环以祥云，两扇门上各刻一高大威猛的武士，呈站姿，浓眉环目，披甲持锐，威风凛凛。墓室呈圆形，直径为7.90米，穹隆顶，高12.26米。石砌的棺床位于墓室北半部，其南面做成须弥座式，于其上装饰花纹。有10根砖砌立柱将墓壁分隔为11个区域，这些墓壁的砖上雕凿着桌椅、灯檠、衣架以

---

① 程颢、程颐：《二程集·河南程氏文集》卷5《伊川先生文一·奏疏》，第2册，第532~534页。

及门窗等图案。在阑额之上，用砖砌出斗拱等仿木架构，斗拱的表面还残留有红、白两色。墓顶则绘有星象图。①

6. 设禅院

北宋巩县皇陵区按其分布区域建有四大佛寺，为帝王追福。一为永昌禅院，或名三陵永昌院，为永安、永昌、永熙三陵共用。二为永定禅院，这是为宋真宗永定陵而建的，在其兆域之西北隅。三为昭孝禅院，是为宋仁宗永昭陵和宋英宗永厚陵建造的。四为宁神禅院，为永裕、永泰两陵的"荐福之所"。它们一般距离陵区很近，并位于皇帝、皇后陵园的西北部。②

7. 设柏子户

陵区植柏，汉代已有。唐代则称兆域为"柏域"。下逮明清，于陵地植松柏常青树种，成为我国陵墓绿化固有传统。宋制，每陵设"柏子户"若干，免去其余逋税，专责培育柏苗，养护柏林。如仁宗景祐四年（1037），"诏河南府省诸陵柏子户，永安陵、永昌陵各留四十，永定陵五十。时上封者言，陵寝已有奉先指挥给洒扫，而柏子户多富民，窜名籍中，以规避徭役，故令自上户减放之。"③ 治平三年（1066）诏：濮安懿王园庙"置园令一人，以大使臣为之，募兵二百人以奉园为额，置柏子户五十人"。④

兆域内，尤其是神道两侧、陵台处皆广植柏树，以至于史书谓"柏林如织"、"种柏成道"。如郑刚中《西征道里记并序》载："宿偃师县。仁庙永昭陵最与英庙永厚陵近，昭陵因平冈种柏成道，道旁不垣，而周以枳橘。"⑤

二 南宋皇陵

南宋六陵位于浙江省绍兴县富盛镇赵家岙宝山南麓（今"绍兴县茶场"内），北为宝山（雾连山），南为新妇尖，中为谷地，因时有土地平整，今两山间较为平坦。这里是南宋时期的高宗、孝宗、光宗、宁宗、理宗、度宗六位皇帝的陵区，俗称"宋六陵"。然而实际上，这里所葬的除上述南宋六位皇帝外，尚有北宋哲宗孟后、徽宗、徽宗郑后、徽宗韦后及南宋高宗邢后、高宗吴后、孝宗谢后、宁宗杨后，共七帝、七后攒宫，从而形成了规模颇为可观的皇陵区。

---

① 河南省文物考古研究所编《北宋皇陵》，第308~325页。
② 河南省文物考古研究所编《北宋皇陵》第6章"北宋皇陵寺院"对此有非常详细的描述，此处不赘述。
③ 李焘：《续资治通鉴长编》卷120，仁宗景祐四年七月癸卯条，1985，第9册，第2834页。
④ 《宋史》卷123《礼志二十六·凶礼二·濮安懿王园庙》，第9册，第2876页。
⑤ 《全宋文》卷3908，第178册，第308~309页。

由于平（水）陶（堰）公路横贯而过，将后陵区分作南、北两区，今人常以南陵、北陵称之。陵区整体"东南仰高、西北低垂"，是"国音"所利的地势；唯其西北部，北高南低，与"国音"相违。

元至元年间（1335～1340），宋六陵遭杨琏真伽盗发，毁坏严重，诸陵仅存封树，唯孝宗、理宗两陵存有献殿三间。明洪武三年（1370），明太祖诏令归葬宋理宗的顶骨，并以浙江地方政府献上的《绍兴诸陵图》为本，在南宋各陵上重竖碑石。经过明初的一番修葺，陵园"缭以周垣，理宗陵有顶骨碑亭、宰牲房一所、斋宿房一所。其右为义士祠。内外禁山三千七百三十五亩，田三十八亩九分"。[①]再经过了数百年的沧桑，我们今天看到的南宋六陵，其地面建筑已经荡然无存，仅存数棵古松树作为诸攒宫的地望标志。

（一）南宋诸攒宫的地理方位

根据《宋会要辑稿》、《中兴礼书》等相关文献，笔者依年代顺序，条列诸攒宫方位如下：

1. 孟后（昭慈圣献）攒宫

绍兴元年（1131）四月十四日，哲宗废后、隆祐皇太后孟氏崩于当时的行都越州（今浙江绍兴），谥曰昭慈献烈。孟氏遗诰："敛以常服，不得用金玉宝贝，权宜就近择地攒殡，候军事宁息，归葬园陵。所制梓宫取周吾身，勿拘旧制，以为它日迁奉之便。"以是月十七日大殓，遂治攒宫。李回为总护使，胡直孺为桥道顿递使。按宋朝的惯例，皇太后尝垂帘听政，当以相臣为山陵使。"是时范宗尹当轴，而止用执政为总护使，他官亦不备置者，以攒宫故，比陵寝少异也。"而朝中有些官员认为他日归祔泰陵，则山陵之制始当毕讲，今皆当略。于是，总护使首辞所赐银绢，桥道顿递使亦辞而乞受其半。章谊在台中劾之，桥道顿递使遂亦尽辞，而公使钱每料才支三百贯，不得过三料，盖不及千缗，比过去同样的事例省费四十万贯。"方是时，上距钦圣宪肃皇后（神宗皇后向氏，建中靖国元年正月崩）山陵已三十余年，中更变故，图籍无存者，而朝士多新进，亦鲜能知，于是以新江东转运副使曾纡尝为钦圣山陵使司官属，命为两浙转运副使，专修奉攒宫"。[②]依修奉官曾纡之议，"帝后陵寝今存伊洛，

[①] 张元忭等：《万历会稽县志》卷14《礼书六·祠祀之属·宋陵》，《中国方志丛书》第2册，影印明万历三年刊本，台北：成文出版社有限公司，1983，第549页。

[②] 施宿等：《嘉泰会稽志》卷6《陵寝》，《宋元方志丛刊》第7册，第6799～6800页；《宋史》卷123《礼志二六·凶礼二·园陵》，第9册，第2873～2874页。

不日复中原，即归祔矣，宜以攒宫为名"。①当时大臣都认为这一建议比较好。"是时高宗皇帝方驻跸会稽，江淮之间日事征战，昭慈之丧未能归祔，始为殡厝，盖用权宜，将以愤激三军之心，不绝中原之望也"。②高宗遂采纳了曾纡的建议。由此，隆祐皇太后之葬以不可备称帝后尊号，改隆祐攒宫为昭慈圣献皇后攒宫，是为南宋攒宫之始。

高宗遵太后遗诏，将其殡于越州会稽县上亭乡上许里。"自四月至六月，甫三十五日而攒宫告成。"③六月"壬午，昭慈献烈皇后掩攒宫"。④

昭慈圣献皇后攒宫的建筑规模较小，占地约为两亩。据熊克《中兴小纪》卷一〇云：先是有持阴阳家说，欲广攒宫禁域为二十里，但当时民间有许多坟墓在这一范围内，如果按此办理，坟墓全部要迁出去，涉及面太大。浙东帅臣王师心听到消息后，极力反对，说这一建议不可行。时监察御史任文荐奉诏监攒宫，就令按视，于是获免者达七百六十多座。不仅如此，其陵寝规制也比较简陋。据宋人李心传《建炎以来系年要录》一书所载，昭慈圣献皇后的攒宫"神围方百步，下宫深一丈五寸。明器止用铅锡。置都监、巡检各一员，卫卒百人。生日、忌辰、旦、望、节序，排办如天章阁之仪。改宝山证慈禅院为泰宁寺，专奉香火，赐田十顷。上事昭慈皇后备极孝爱，故园陵仪范，率用母后临朝之比焉"。⑤

2. 徽宗永祐陵（郑后、邢后祔）

绍兴七年（1137）正月，道君太上皇帝（徽宗崩于金国时为绍兴五年四月二十一日）、宁德太后凶问至，宋高宗举哀成服，命王伦为奉迎梓宫使。六月，宰臣张浚等诣南郊，请谥庙，号徽宗。闰十月，户部尚书章谊等言："梓宫未还，久废，谥册之礼不行，请依景德元年明德皇后故事，行理重虞祭祔庙之礼，及依嘉祐八年、治平四年虞祭毕而后卒哭而后祔庙，仍于小祥前卜日行之。异时梓宫至，宜遵用安陵故事行改葬之礼，更不立虞主。"这一建议得到了高宗的允准。绍兴八年（1138）十一月十三日，太常寺言："检会山陵故事，梓宫发引日，皇帝于宣德门外奉辞，百僚于板桥奉辞。其掩皇堂日，奏请神灵上虞主讫，埋重于皇堂隧道。"⑥绍兴九年（1139）正

---

① 王明清：《挥麈录·前录》卷1《绍兴帝后陵寝以攒宫为名》，第8页。
② 赵汝愚：《论山陵乞下礼官详议疏》，黄淮、杨士奇编《历代名臣奏议》卷125《礼乐·丧礼·山陵及祭礼》，第2册，第1647页。
③ 施宿等：《嘉泰会稽志》卷6《陵寝》，《宋元方志丛刊》第7册，第6799页。
④ 熊克：《中兴小纪》卷10，顾吉辰等点校，福建人民出版社，1985，第130页。
⑤ 李心传：《建炎以来系年要录》卷45，绍兴元年六月壬午条，第1册，第814页。
⑥ 《宋会要辑稿》礼37之15～18，第2册，第1327～1328页。

月十七日，礼部、太常寺言："国朝山陵故事，升遐后制皇堂，命宰臣上陵名。昨闻徽宗圣文仁德显孝皇帝、显肃皇后升遐，即与国朝故事不同，故未建陵名。今已将及大祥，虽未置皇堂，若不先建陵名，则春秋二仲有妨荐献行事。欲乞详酌，不候修制皇堂，先次命宰臣上陵名。自大祥后仲春之月为始，每遇荐献及非泛奏告诸陵，添设徽宗圣文仁德显孝皇帝、显肃皇后位，以称钦崇之意。"诏差尚书右仆射秦桧。不久，丞相秦桧向高宗上奏言："臣伏以荆鼎告成，永绝持髯之望；汉陵尚俭，犹勤治霸之图。兹揭令名，是伸孝志。恭惟徽宗皇帝道该众妙，心同太虚。视富贵如秕糠，等死生如昼夜。越之南，燕之北，惟推而后行；涧水东，瀍水西，将归于其室。冈重岭复，近列圣以相依；地久天长，弥万年其不朽。徽宗皇帝陵名，伏请为永固陵。"高宗采纳了这一建议，以"永固"为陵名。绍兴九年四月十三日，诏："将来梓宫至东京，权于龙德宫安奉，于西京修奉陵寝。"五月六日，宗正少卿、三京淮北宣谕官方庭实言："比缘使事至西洛，因得瞻觐祖宗陵寝。窃见宣祖皇帝永安陵，太祖皇帝永昌陵，孝明、孝惠、孝章皇后陵，制度极为简古。臣以此知太祖、太宗皇帝亲历民间疾苦，念创业之艰难。奉先之孝，所当自竭；而爱惜民力，犹务俭约。是以深仁厚泽，被于四海，使斯民至今不忘宋德。欲将来徽宗皇帝、显肃皇后山陵，只乞依永安、永昌并孝明、孝惠皇后诸陵制度，并从简俭。"诏依。六月七日，宰执进呈礼部、太常寺讨论徽宗山陵故事。高宗曰："山陵事务从俭约，金玉之物断不以一毫置其中。前世厚葬之害，可以为鉴。"秦桧等曰："此非陛下博览今古，灼见利害之实，孰敢轻议？圣谕所及，足为后世法。"二十三日，兵部侍郎兼史馆修撰张焘言："伏见宣谕官方廷实有请，乞将来先帝山陵一依永安陵等制度。臣区区愚忠，愿明诏有司，异时永固陵，凡金玉珍宝尽斥不用，播告天下，咸使闻知。如是，自然可保无虞，与天无极。惟陛下精思远虑，断而行之。"高宗一一采纳了他们的意见。七月五日，诏黄冕充山陵按行使。十五日，诏吏部侍郎周纲充按行使，梁邦彦副之。

绍兴十二年（1142）四月，礼部太常等言："徽宗皇帝、显肃皇后梓宫至，宜权设龙德宫以备安奉。迎见梓宫，皇帝及百官宜依永安陵改葬故事。"高宗听从了大臣们的建议，诏侍从台谏礼官修奉陵寝或攒宫。工部尚书莫将等请依景德元年（1004）明德皇后权攒故事修奉攒宫，诏恭依。六月十四日，绍兴府申："缴到知会稽山龙瑞宫事潘道璋陈献会稽山龙瑞图本，可以为攒宫。"高宗下令御史中丞兼侍读万俟卨前去考察，俟见得可否，续具奏闻。七月十一日，诏："徽宗皇帝、显肃皇后、懿节皇后攒宫吉地，令临安府召人陈献，将来优与酬赏。"攒宫按行使万俟卨等人实地考察后，向高宗奏道："奉旨前来按行攒宫，道士潘道璋所献会稽山龙瑞宫地，即与国音姓利相违。泰宁寺青山园地在昭慈圣献皇后攒宫之东，其地系天柱寿山，低怯，亦不可用。臣等今别按视到昭慈圣献皇后攒宫西北地段寿命主山三男子孙之位，形势高大，林木郁茂，土色黄润，一带王气秀聚。宜于此地卜穴修制攒宫，庶几山冈顺于国音，风水便于地里，乃为圣宋万世之利。又据太常寺礼直官王彦能等状，称：'元得旨，昭慈圣献皇后攒宫禁地四至各一百步，若于禁地外别立永固陵攒宫篱寨，即无妨碍。今来西、北百步禁地之外地形低下，不可安穴，分立神围。欲近北壁偏西五十步内，自南分别立永固陵外篱寨；次北偏西安穴，随地之宜，分立神围，各立内外篱寨。'臣等令勒判太史局吴师颜等相验，其地可以使用。所据太常寺礼直官王彦能等状，称：'若于昭慈圣献皇后攒宫西、北百步禁地之外，别立永固陵攒宫篱寨，缘百步之外地形低下，不可安穴，分立神围，乞于禁地五十步内分穴，尚离昭慈圣献皇后神围五十步外。更乞下太常寺看详。'本寺今检会宫陵仪制，永定陵南侵三陵禁地一里九十步。并检会陵寝地图，永厚陵东篱寨与永昭陵西禁地相侵，永泰陵东篱寨亦与永裕陵西禁地相侵。今看详，按视到永固陵攒宫地段，虽在昭慈圣献皇后攒宫禁地百步之内，若比附上件故事，即于典礼无妨碍，可差官复按之。"十三日，高宗诏资政殿学士、左朝奉郎、提举醴泉观兼侍读郑亿年充永固陵攒宫复按使，内侍省押班兼提点吴国长公主宅李珪充永固陵攒宫复按副使。八月二日，攒宫修奉都护杨存中等言："国朝山园陵神台、神围，虽各有制度，缘昨来昭慈圣献皇后攒宫系随宜修奉，（命）[今]来永固陵攒宫除神围篱寨远近步数，依按行使司所标札远近步数外，其修奉一节，欲并依昭慈圣献皇后（标）[攒]宫制度。"诏依。二十七日，礼部侍郎施垧等言："迎护徽宗皇帝、显肃皇后、懿节皇后梓宫到龙德宫殿攒，以俟修奉，未有发引月日。况丧事即远，有进无退，倘或尚淹时月，久稽安奉，不唯于礼非当，亦虑非宁（礼）[神]妥灵之义。欲乞随宜称礼，以一月为期，择日发引掩攒，庶几梓宫早安窀穸。伏望下太史局，于十月半以前选发引、掩攒日分。"从之。于是太史局选到殿攒日宜用九月九日戊戌，时宜用巽时吉。殿攒方位宜于正东偏北田地，时前祭并吉。启攒日宜用九月二十六日乙卯，时宜用艮时吉。发引日宜用九月二十六日乙卯，时宜用坤时吉。掩攒宫日宜用十月七日丙寅，兴梓宫时宜用乙时吉，掩攒宫时宜用丁时吉。诏依。同日，诏二十八日、二十九日早晚御膳并进素。同日，太常寺言："昭慈圣献皇后灵驾赴攒宫，发引日，皇帝亲行启奠、祖奠、遣奠礼，读哀册，奉辞，吉服还内，衰服并焚之。俟至攒宫，有司摄事，行迁奠并掩攒宫之礼。将来梓宫发引至攒宫，欲依故事。"并从之。①

徽宗皇帝陵名也经过了君臣的反复讨论。一开始有司拟陵名为"永固",②既而梓宫权攒绍兴府会稽,故权户部尚书张澄等言：欲拟"永祐"两字,不犯历代陵名。绍兴十三年（1143）二月一日,宋高宗下诏：徽宗皇帝攒宫了毕,委后省官看详陵名,令侍从官同共拟定,然后向其汇报。最后,朝臣们普遍以为还是用"永祐"为好,高宗采纳了这一意见。但对于称"陵寝"还是"攒宫",朝臣们也出现了争议。有的认为应该直接称为"陵寝",有的认为还是暂称"攒宫"为妥,待归葬巩洛时再正式称陵。如礼部员外郎程敦厚在丞相秦桧的授意下,独上奏言："仍攒宫之旧称,则莫能示通和之大信；而用因山之正典,则若忘存本之后图",认为"宜勿徇虚名,当示大信"。于是,议者工部尚书莫将等乃言："太史称岁中不利大葬,请用明德皇后故事,权攒。"这一建议得到了高宗的采纳,以八月奉迎,九月发引,十月掩攒在昭慈攒宫西北五十步,用地二百五十亩。十三年,改陵名曰永祐,为表示并不是正式安葬,在陵号后面特别缀上"攒宫"两字,以"永祐陵攒宫"为称。③其后高宗遗诰亦称攒,又曰永祐之权攒,永思陵、永阜陵、永崇陵并用此为故事。④

3. 韦后（显仁）攒宫

绍兴二十九年（1159）九月二十日,徽宗皇后、高宗生母显仁皇后韦氏崩于慈宁宫之慈宁殿。二十一日,文武百官赴慈宁殿听宣皇太后遗诰,曰："园陵制度,务从俭省,毋事烦劳。"十月一日,礼部、太常寺言："大行皇太后攒宫已依典故差按行使、副,检照国朝典故,园陵并系祔葬,止差按行使,不曾差覆按。昨隆祐皇太后攒宫系创始营奉,及显肃皇后攒宫系与徽宗皇帝同时迁奉,曾差覆按使,事体不同。今来大行皇太后攒宫合祔永祐陵,依典故自不合差覆按使。"从之。

显仁皇后韦氏的攒宫,依例祔葬徽宗攒宫西北。绍兴二十九年（1159）十月十二日,按行使叶义问等言："今相视永祐陵显肃皇后攒殿正西有地一段,土色黄润,林木荣盛,宜于此地安穴,堪充修制大行皇太后攒宫,即与国音并阴阳经书并无妨碍。今来永祐陵篱寨内,显肃皇后神围正西约一十九步以来,安立大行皇太后神围,内安穴

---

① 《宋会要辑稿》礼37之15~18,第2册,第1327~1329页。
② 王明清《挥麈录·前录》卷1《徽宗永固陵为永祐》载："绍兴戊午,徽宗梓宫南归有日,秦丞相当国,请以永固为陵名,先人建言：'北齐叱奴皇后实名矣,不可犯。且叱奴,夷狄也,尤当避。'秦大怒,几蹈不测。后数年,卒易曰永祐。"（第8页）
③ 《宋史》卷122《礼志二五·凶礼一·山陵》,第9册,第2859页。
④ 施宿等《嘉泰会稽志》卷6《陵寝》载："而攒宫自祖宗时有殿攒、启攒之名,皆用殡字。至显仁皇太后祔永祐陵,攒宫始并以攒字易之。"参见《宋元方志丛刊》第7册,第6800页。

即无妨碍。所有显肃皇后攒殿之西，分（挚）[擘]大行皇太后神围外，除豁二十五步安立内篱寨。西外篱寨有三十五步，缘正西俯及居民行路并昭慈圣献皇后攒宫司防守营寨，其元来西壁内篱寨至大篱寨封堠禁地七十九步，今来止有三十五步，所有增展四壁外篱寨，封堠禁地，更乞申明朝廷，下太常寺看详施行。"①本寺看详，今若于永祐陵篱寨内显肃皇后神围正西按视到大行皇太后攒宫神围地段，及增展西壁外篱寨、封堠地等，即于典礼别无妨碍。高宗下令依此办理。同日，礼部、太常寺又言："太史局选到大行皇太后攒宫兴工日分，宜用十月十八日戊辰吉，时用其日巳时八刻后丙时吉。又今来于攒宫兴工，缘俯近昭慈圣献皇后攒宫，依礼例合行奏告。"从之。十八日，礼部、太常寺言："攒宫桥道顿递使董苹等言，躬亲相视将来大行皇太后梓宫发引门户，太史局官供报状并图。一、甲方系国音福德利方，其地系在候潮门之南。看详此路自水步至江次，经隔清水浑水闸，地步稍远，今来冬月，窃虑潮水不应。一、丙方系国音利方，无凶神，其地约在嘉会门左右。看详此路至江道路稍远，兼窄狭迂曲，窃虑措置费力。一、乙方不系国音利方，无凶神，其地约在便门之南。看详此路与今来桥道顿递司画到图两桥之间开城处相去不远，若令太史局官指定乙方地步，令桥道顿递司、临安府从便措置，开城取路，直至跨浦桥次，极为快便。又缘太史局虽称其方无凶神，又称不系国音利方，有此疑虑。今议定所具三路互有利害，缘事干国音，合取自圣裁。"皇帝下诏用乙方，令太史局每天标定地步，报桥道顿递使司、临安府措办道路。二十一日，大行皇太后攒宫修奉使司言："检照昨显肃皇后攒[宫]故例，其石藏利害至重。缘二浙土薄地卑，易为见水，若不预行措办，窃虑水脉津润，于久未便，辄别彩画石藏图子一本。虽功力倍增，恐可御湿。本司欲依上件故例制造。"皇帝批准了这一建议。二十六日，礼部、太常寺又言："将来大行梓宫启攒、发引、掩攒宫，太史局依奉圣旨，选到启攒宜于十一月九日己丑，发引宜用十一月十八日戊戌，掩攒宜用十一月二十六日丙午，并用其日辰时八刻后巽吉时。"诏大行皇太后发引用十一月十六日，其时刻令太史局选定，其余依太史局所说。于是太史局选定其日辰时八刻后巽时吉，其根据是宰相汤思退等奏："臣等按《统元历》，发引用十六日丙申吉。又谨按《太祖实录》，建隆二年六月皇太后崩，以丙申成服。《真宗国史》，至道三年十二月丙申，追尊帝母为皇太后。并尝用丙申日。"二十六日，显仁皇太后梓宫掩攒。二十七日，高宗诏："昭慈圣宪皇后永祐陵攒宫旧用'攒'字，《礼》

---

① 以上参见《宋会要辑稿》礼 37 之 69～70，第 2 册，第 1354 页。

蕺涂用輴攒，音义一同。本朝明德皇后攒宫系用'攒'字，可令有司依本朝故事改正。"①

4. 高宗永思陵（吴后祔）

淳熙十四年（1187）十月八日，宋高宗崩于德寿宫。遗诰曰："山陵制度，务从俭约。"九日，孝宗诏："攒宫遵遗诰务从俭约，凡修营百费，并从内库及封桩钱物，毋侵有司经常之费。诸路监司、州、军、府、监（上）[止] 进慰表，其余礼 [物] 并免，仍不得以进奉攒宫为名，（所有）[有所] 贡献。"十一日，以少保、安德军节度使、充万寿观使、荥阳郡王伯圭为攒宫总护使，翰林学士知制诰兼侍讲、兼修国史洪迈为桥道顿递使，吏部尚书兼侍读萧燧为按行使，安庆军承宣使、入内内侍省押班吴回副之。

高宗攒宫卜建时，有大臣提出会稽的攒宫区应是和北宋巩洛永安八陵一样的皇陵区，如枢密使赵汝愚《论山陵乞遵用七月之制疏》曰："臣不避死罪，复有愚悃，仰冒天聪。臣去年十一月二十四日，恭奉太上皇帝遗诰，一时号恸，哀疚切心。伏思绍兴攒宫规制浅薄，国家不可以虚名而受实害。辄陈管见，妄致瞽言，乞遵虞夏巡狩之礼法，汉文薄葬之制，及时如礼，因山为陵，深藏固护，永为无穷之计。至十二月初一日，臣修写既成，缄封附递，行未旬浃，而伏闻有司循用近例，不待七月已卜日奉攒矣。臣仰惟太上皇帝仁圣之德，冠绝百王。陛下大孝，始终远追三代，方将以衰绖行三年之制，思极所以追慕之情，而大葬之礼尤用权宜。岁月推迁，臣所甚惧。臣闻之礼曰：'夫丧不可不深长思也。'又曰：'葬也者，藏也。'今太上皇帝梓宫虽已奉攒，要非久计。况两京在远，道路阻修，正使克复有期，岂宜更议迁改。孰若考据古谊，及时而葬，以图万世之安也。"②但他"宜复祖宗山陵之制"的建议并没有得到孝宗的采纳，"永祐、永思因仍不改，闻见习熟，视以为常，遂致诸陵尚存浅土。其制卑薄，可为深忧。复于献殿之中蔽以厦屋，不达天地之气，不睹日月之光。年岁滋深，大葬无日"。③萧燧等言："相视到（太）[大] 行太上皇帝神穴地段，系在徽宗皇帝攒殿篱围之外正西北，显仁皇后攒殿近上正西向南，乞差官覆按施行。"诏户部侍郎叶翥充

---

① 以上参见《宋会要辑稿》礼37之73，第2册，第1356页；马端临：《文献通考》卷126《王礼考二十一·山陵》，上册，第1132页。
② 赵汝愚：《论山陵乞遵用七月之制疏》，黄淮、杨士奇编《历代名臣奏议》卷125《礼乐·丧礼·山陵及祭礼》，第2册，第1646页。
③ 赵汝愚：《论山陵乞下礼官详议疏》，黄淮、杨士奇编《历代名臣奏议》卷125《礼乐·丧礼·山陵及祭礼》，第2册，第1647页。

复按使。十一月十一日，命左丞相王淮拟撰大行太上皇帝陵名。十二月十八日，攒宫修奉使司言："攒宫石藏，利害至重。二浙土薄地卑，易为见水，若不措置，深恐未便。谨别彩画石藏图子一本，兼照得厢壁离石藏外五尺，别置石壁一重，中间用胶土打筑，与石藏一平，虽工力倍增，恐可御湿。"从之。二十二日，诏："皇堂内椁令有司用沙版随宜修制，候将来掩皇堂时，先下椁底版，俟进梓宫于椁底版上定正讫，然后安下椁身，次将天盘囊网于椁上安设。椁宫已有牙脚，止用平底，可就修奉攒宫处制造。"次年二月二十八日，宰臣王淮上陵名曰永思，诏依。① 三月，高宗下葬。

吴后（宪圣慈烈）晚高宗十年卒，祔攒于"永思陵正北偏西"，其地"土肉黄润，三男旺藏，秀气所聚，委是高阜，依得昭穆次序"。② 神园营造时，因思陵的部分"铺屋"有碍，这些铺屋被拆除了。

5. 孝宗永阜陵（谢后祔）

绍熙五年（1194）六月九日，孝宗崩于重华宫重华殿，遗诰曰："山陵制度，务从俭约。"同日，光宗诏大行至尊寿皇圣帝陵名，命少保、左丞相留正拟撰。十八日，诏："大行至尊寿皇圣帝山陵，当遵遗诰，务从俭约。凡修营百费，并从内库支降，如或不足，即以封桩钱贴支，免侵有司经常之费。诸路监司、州、府、军、监等，止进慰表，其余礼物并令免进，仍不得以助修奉攒宫为名。"

当时卜选孝宗攒宫时，陵区已经非常迫隘，没有好的土地可供择用。据文献记载："绍兴初，六飞驻越，昭慈圣献皇后上宾因卜地权殡于会稽上皇村，盖便于修奉也。及卜祐陵，遂就其侧，并举显肃、宪节二后祔焉。显仁、高宗继从其兆，则迫隘已甚矣。高宗之葬也，赵汝愚时守蜀，手疏论会稽攒宫浅薄，可为深忧，宜复祖宗山陵之制。朝论不从。于是自昭慈之西连用五穴，山势渐远，其地愈卑矣。"③

不仅陵园面积非常迫隘，该地的土质也较差。绍熙五年（1194）八月十三日，攒宫修奉使司言："修奉攒宫故例，其石藏利害至重。缘二浙土薄地卑，易为见水，若不预行措置，窃虑水脉津润，于久未便。乞于厢壁石藏外五尺别置石壁一重，中间用胶土打筑，与石藏一平。虽功力倍增，恐可御湿。"他们建议对攒宫进行防水处理，光宗同意了他们的意见。判太史局荆大声等到实地相视孝宗陵寝"神穴"，认为应该在

---

① 以上参见《宋会要辑稿》礼 37 之 69 ~ 70，第 2 册，第 1354 页。
② 以上参见《宋会要辑稿》礼 37 之 73 ~ 75，第 2 册，第 1356 ~ 1357 页。
③ 佚名：《续编两朝纲目备要》卷 3《光宗皇帝》，汝企和点校，中华书局，1995，第 46 ~ 47 页；《宋史全文》卷 28《宋光宗》，宝祐五年十一月壬戌条，下册，第 1985 ~ 1989 页。

永思陵之西。但"其地土肉浅薄","开深五尺下有泉石近"（例神穴深九尺），虽民有献者，又皆窄狭，与传统的国音相妨。于是，按行使赵彦逾等人以为其地"土肉浅薄"不可用，乞于永思陵之西向南近上安建。太常少卿詹体仁也认为"永阜陵地势低下，非所以妥安神灵"。① 朱熹时在经筵，复上奏论台史国音之说不可信：

> 若夫台史之说，谬妄多端。以礼而言，则《记》有之曰"死者北首，生者南向，皆从其朔"，又曰"葬于北方北首，三代之达礼也"，即是古之葬者必坐北而向南。盖南阳而北阴，孝子之心不忍死其亲，故虽葬之于墓，犹欲其负阴而抱阳也。岂有坐南向北，反背阳而向阴之理乎？若以术言，则凡择地者，必先论其主势之强弱，风气之聚散，水土之浅深，穴道之偏正，力量之全否，然后可以较其地之美恶。政使实有国音之说，亦必先此五者，以得形胜之地，然后其术可得而推。今乃全不论此而直信其庸妄之偏说，但以五音尽类群姓，而谓冢宅向背各有所宜，乃不经之甚者。不惟先儒已力辨之，而近世民间亦多不用。今乃以为祖宗以来世守此法，顺之则吉，逆之则凶，则姑亦无问其理之如何，但以其事质之，则其谬不攻而自破矣。②

总之，他认为此地不宜建陵，宜在两浙地区另择风水佳处。他说："臣自南来，经由严州及富阳县，见其江山之胜，雄伟非常。盖富阳乃孙氏所起之处，而严州乃高宗受命之邦也。说者又言临安县乃钱氏故乡，山川形势宽平邃密，而臣未之见也。""若欲求之，则臣窃见近年地理之学出于江西、福建者为尤盛，政使未必皆精，然亦岂无一人粗知梗概，大略平稳，优于一二台史者？欲望圣明深察此理，斥去荆大声，置之于法，即日行下两浙帅臣监司，疾速搜访，量支路费，多差人兵轿马，津遣赴阙，令于近甸广行相视得五七处，然后遣官按行，命使复按。不拘官品，但取通晓地理之人，参互考校，择一最吉之处，以奉寿皇神灵万世之安。"③ 枢密使赵汝愚更是连上数章，乞求改卜，意欲以中军寨为之。其《论山陵利害乞付有司集议疏》曰：

---

① 《宋史》卷393《詹体仁传》，第34册，第12020页。
② 朱熹：《山陵议状》，黄淮、杨士奇编《历代名臣奏议》卷125《礼乐·丧礼·山陵及祭礼》，第2册，第1648页。
③ 朱熹：《山陵议状》，黄淮、杨士奇编《历代名臣奏议》卷125《礼乐·丧礼·山陵及祭礼》，第2册，第1648页。

臣闻养生者不足以当大事，惟送死可以当大事。然则大行寿皇圣帝山陵之奉，陛下安得不致其谨也！臣仰惟祖宗陵寝皆在洛阳，制度崇深，具在简策。皇堂下深五十七尺，高三十九尺，陵台三层，正方，每面长九十尺，既高且广，守卫至严。后代子孙，所宜观法。始缘南渡，暂卜稽山，号曰攒宫，盖非永制。实居浅土，蔽以上宫。本期克复神京，奏迁灵驾，虽其志甚美，而其事实难。荏苒岁时，今已六十余载矣。东南诸郡，所至皆山。凡择地者，必以山为限，地势局促，不类中原。盖自昭慈之西，已用五穴，山势渐远，其地愈卑。往岁思陵之葬，其深不盈九尺，复土之后，仅能掩棺，闻者寒心，几于慢藏。虽江南土地卑薄，难拟故都，然近畿王气所钟，岂无佳兆？其如拘以阴阳之术，限以日月之期，刑责太严，事体至重，人怀苟且，各为身谋。至于国家深长之思，君父危辱之祸，皆不暇顾恤。呜呼痛哉！①

朱熹、赵汝愚的这些建议，得到了一些有识官员的赞同。然而宰相留正极力反对。赵彦逾与复按使谢深甫附其说，乃命荆大声改卜于新穴之东，视新穴才高一尺一寸五分而已。孙逢吉为复按使，考察回来说当少宽时日，别求吉兆。而内廷左右以上久居丧次，内外不便，皆主速葬之说。光宗乃诏侍从台谏限三日集议，议者皆言："神穴未安，自合展期改卜，况朝廷礼文何尝尽循古制，岂必拘七月之期？"最后，光宗并未采纳赵彦逾等人的意见。赵彦逾只好请光宗别命其他官员按行，光宗遂诏令军器监簿、按行使司准备使唤王恬被旨审度相视，乃言乞就昭慈永祐下宫安建，比之荆大声所定高六尺三寸。光宗再改命孙逢吉按行。同月十六日，按行使副孙逢吉、吴回言："荆大声等相视大行至尊寿皇圣帝神穴在永祐陵下宫之西南，永思陵下宫之东南，那趱向南石板路上，乞差官复按施行。"②即指出那趱向南石板路上，比前所定增上一尺，委实高厚，可以安建。诏权工部侍郎兼侍讲黄艾充复按使，入内内侍省押班续康伯副之。既而黄艾、康伯等复按为是，光宗乃批准这一建议。二十四日，诏右丞相赵汝愚拟撰大行至尊寿皇圣帝陵名，宰相赵汝愚等上陵名曰"永阜"。绍熙五年（1194）闰十月七日，诏攒宫修奉司："今来修奉哲文神武成孝皇帝下宫于永思陵下宫之西修盖。"③同年十一月，孝宗出殡。

---
① 赵汝愚：《论山陵乞下礼官详议疏》，黄淮、杨士奇编《历代名臣奏议》卷125《礼乐·丧礼·山陵及祭礼》，第2册，第1647页。
② 以上参见《宋会要辑稿》礼30之24，第2册，第1117页。
③ 《宋会要辑稿》礼37之16~22，第2册，第1327~1330页。

开禧三年（1207），谢太后（成肃皇后）崩，祔葬"永阜陵正北"。吏部尚书陆峻等言："伏睹列圣在御间有诸后上仙，缘无山陵可祔，是致别葬。若上仙在山陵已卜之后，无有不从葬者。其它诸后葬在山陵之前，有神灵既安，并不迁祔。惟元德、章懿二后方其葬时，名位未正，续行追册。其成穆皇后，孝宗登极即行追册，改殡所为攒宫，典礼已备，与章懿二后事体不同，所以更不迁祔。窃稽前件典礼，只缘丧有前后，势所当然，其于礼意却无隆杀。今来太皇太后上仙，从葬阜陵，依得上件典故。"从之。①

6. 光宗永崇陵

庆元六年（1200）八月八日光宗崩于都城临安寿康宫寿康殿，遗诰曰："山陵制度，务从俭约。"十五日，宁宗诏右丞相谢深甫拟撰陵名，谢深甫等上陵名曰"永崇"。二十二日，礼部、太常寺言："检照典故，山陵皇堂、神台及上宫等不同，今来系修奉攒宫，乞依高宗皇帝、孝宗皇帝礼例施行。"宁宗同意大臣的意见。二十四日，按行使副韩邈、黄鉴言："判太史局荆大声等相视得大行太上皇帝神穴，系在永阜陵西、永思陵下空闲地段，委是国音王气秀聚之地，依得尊卑次序，可以安建。乞差官覆按。"光宗诏吏部尚书兼侍读袁说友充复按使，入内内侍省押班卢安仁副之。既而袁说友等亦以为是，宁宗乃从之。十一月六日，攒宫修奉司言："今来修奉攒宫，所有下宫俟标定上宫地段毕，依永阜陵礼例，于上宫之后随地修盖。"八日，攒宫修奉司又言："将来铺砌皇堂石藏，照得高宗皇帝、孝宗皇帝石藏里明长一丈六尺二寸，阔一丈六尺，深九尺，今乞依上件高低深阔丈尺修奉施行。"宁宗同意了他们的意见。②次年三月，光宗出殡。

7. 宁宗永茂陵（杨后祔）

嘉定十七年（1224）闰八月三日，宁宗皇帝崩于福宁殿，遗诏曰："山陵制度，务从俭约。"十月二十九日，按行使副杨烨、郑俣言："判太史局周奕等相视得泰宁山形势起伏，龙虎掩抱，依经书于此创建大行皇帝神穴，亦合随即补治，乞差官复按施行。"③但太史局周奕等于永崇陵之下视察后，看到其地靠近溪流，已经无地可择，不

---

① 马端临《文献通考》卷126《王礼考二十一·山陵》注："成穆，孝宗正妃，未登位薨。成肃，孝宗继妃，登位后立为后。"参见该书上册，第1134页。
② 《宋会要辑稿》礼37之25~26，第2册，第1332页。
③ 宋代张淏《宝庆会稽续志》卷3《陵寝》载："宁宗皇帝永茂陵，其地乃泰宁寺之旧址也。嘉定十七年冬，命吏部侍郎杨烨为按行使。烨归奏云云，独泰宁寺之山，山冈伟特，五峰在前，直以上皇、青山之雄翼，以紫金、白鹿之秀，层峦朝拱，气象尊崇，有端门旌旗簇仗之势。加以左右环抱，顾视有情，吉气丰盈，林木荣盛，以此知先帝弓剑之藏，盖在于此。寻令太史局卜格，一起一伏，至壬而后融结宜于此矣，诏迁寺而以其基定卜。"

得不另辟新区，再至泰宁寺标建，故理宗诏令宝谟阁直学士、枢密都承旨聂子述充复按使，昭庆军承宣使、带御器械、符宝郎罗舜举副之。既而聂子述等人实地考察后，认为此地极佳，遂向理宗上言："恭惟大行皇帝仙驭上宾，神宫定卜，而有泰宁寺者，素擅形势之区，名为绝胜之境。冈峦怀抱，气脉隐藏，朝揖分明，落势特达。是乃天造地设，储之数百年以俟今日之用。非大臣阅历之久，主张之力，上以开陈两宫，下以镇压群议，则僧徒宁保其不为动摇哉！今此神穴坐壬向丙壬，亦与国音为利益。伏望明饬有司，早严修奉。"理宗听后，问聂子述、罗舜举曰："泰宁与昭慈相去多少？"聂子述、罗舜举奏曰："昭慈陵侧仅一里许，往来最便。"理宗听后非常满意，于是批准了他们的建议。宝庆元年（1225）三月，泰宁寺西迁至颜家山，其地建为永茂陵。①

绍定五年（1232）十二月杨太后（恭圣皇后）崩，次年四月祔葬永茂陵。②

8. 理宗永穆陵、度宗永绍陵

理宗葬于咸淳元年（1265）三月，度宗葬于德祐元年（1275）。两陵方位，史无明文。

（二）南宋诸攒宫的陵寝规制

南宋的陵寝规制，沿袭北宋皇陵制度，设有上、下宫和收藏尸骨的玄宫。赵彦卫《云麓漫钞》云："今绍兴攒宫朝向，正与永安诸陵相似，盖取其协于音利，有上皇山新妇尖，隆祐攒宫正在其下。"③只是由于条件所限，南宋攒宫较北宋诸陵要简陋得多。宋高宗崩，右丞相周必大权太傅持节护梓宫下葬，对宋高宗永思陵的规制有着非常清楚的了解，其所著《思陵录》下之一对此做了非常详细的记载：

> 上宫者，为献殿三间六椽，中间阔十丈六尺，两间各一丈二尺，其深三丈。后为龟头三间，中间亦阔一丈六尺，两间各五尺，其深二丈四尺，皇堂在焉。初开穴南北长三丈七尺六寸，东西阔三丈二尺，深九尺，四壁用白石胶土五层，以石周砌为石藏子，长一丈六尺二寸，阔一丈六寸。所用椁长一丈二尺三寸，高七尺一寸，阔五尺五寸。纳梓宫于中，覆以天盘囊网，乃用青石为压栏，次铺承重柏木枋二十余条，次铺白毡二重，次铺竹篾，然后用青石条掩攒讫，上用香土二寸，客土六寸，然后以方砖砌地，其实土不及尺耳。

---

① 《宋会要辑稿》礼 37 之 26～27，第 2 册，第 1332～1333 页。
② 《宋史》卷 123《礼志二六·凶礼二·园陵》，第 9 册，第 2876 页。
③ 赵彦卫：《云麓漫钞》卷 9，第 150 页。

下宫之制，殿门三间四椽，每间阔一丈四尺，深二丈；前后殿各三间六椽，其深三丈，每间阔一丈四尺；东西两廊一十八间四椽，其深一丈六尺，每间阔一丈一尺；殿门东西皆有挟屋一间六椽，各阔一丈六尺，其深三丈。又有棂星门、神游亭、换衣厅。①

据此可知，南宋攒宫的规制如下：

下宫是一组具备日常祭祀、驻守、维护功能的建筑群落，其内有外篱门一座、棂星门一座、绰楔门一座、殿门一座、前后殿二座、东西廊十八间、神厨五间、潜火屋并库屋四间、换衣厅三间、铺屋和庙子一座、神游亭一座等，主要体现了寝的性质。

上宫位于下宫之南。由献殿、龟头皇堂石藏子、土地庙、巡捕房及外篱、外篱门、鹊台二座、红灰墙、南北棂门二座、殿门和"里篱砖墙"等组成。有学者根据北宋陵寝制度来研究，认为南宋六陵的鹊台位置应在龟头屋的南面，应为独立的、左右分列的高大的夯土墩台，上有楼阁。"周回六十三丈五尺"的红灰墙，其南墙的正中应是面阔三间的殿门，各间面阔较下宫殿门稍大，可能与北宋皇陵的南神门相同。据北宋皇陵的考古发现，夯土筑成的神墙即涂以赭红。以此观之，南宋皇陵陵园中的红灰墙、殿门应与北宋皇陵神墙、南神门性质、功能相同。《思陵录》载殿门内有火窑子一座，它应和下宫一样可供皇室贵戚和百官公卿谒陵焚香祭祀。火窑子以北为献殿及龟头。献殿为上宫的主要建筑，面阔三间，六椽，中间阔十丈六尺，两间各一丈二尺，进深三丈。殿外绕以砖砌的台阶，上施勾栏十七间，正面设踏道，并砌周围散水。献殿后为龟头屋三间，中间亦阔一丈六尺，

图5-2 永思陵上宫平面图

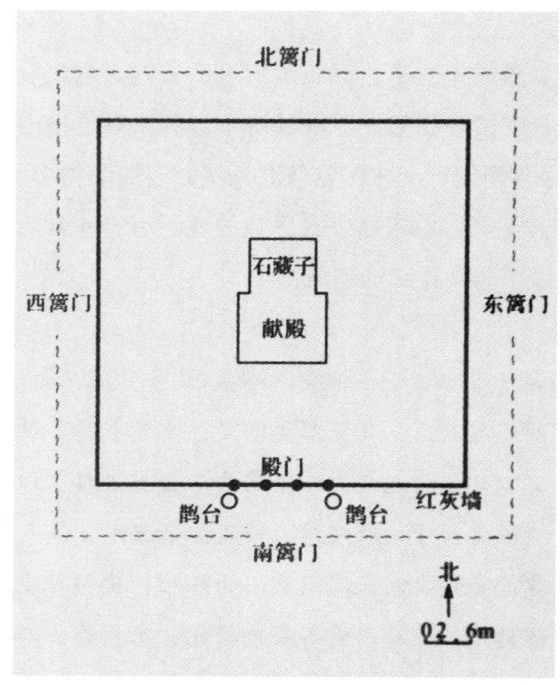

资料来源：祝炜平等著《南宋六陵考》。

---

① 《全宋文》卷5165，第232册，第126~127页。

两间各五尺,进深二丈四尺。龟头屋下为皇堂,置梓宫于内。北宋诸陵皆于玄宫之上垒土为陵台,陵台循汉代方上之制为双层或三层覆斗之制。南宋攒宫因权厝于上宫献殿之后,筑龟头屋覆之。此虽为一时权宜之策,但为我国明清陵寝之制奠定基础。明清两代宝顶之前建方城明楼,即自此演绎改进而来。①

玄宫仅为长方形石室一间,外筑石壁一重。由于江南地区"土薄地卑"、地下水位高,后又进行了防水处理。淳熙十四年(1187)十二月十八日,高宗永思陵攒宫修奉使司上奏曰:"攒宫石藏,利害至重。二浙土薄地卑,易为见水,若不措置,深恐未便。谨别彩画石藏图子一本,兼照得厢壁离石藏外五尺,别置石壁一重,中间用胶土打筑,与石藏一平,虽工力倍增,恐可御湿。"从之。二十二日,诏:"皇堂内椁令有司用沙版随宜修制,候将来掩皇堂时,先下椁底版,俟进梓宫于椁底版上定正讫,然后安下椁身,次将天盘曩网于椁上安设。椁宫已有牙脚,止用平底,可就修奉攒宫处制造。"②

(三)南宋皇陵的盗毁

元军占领南宋都城临安后,南宋皇陵遭到了毁灭性的破坏。元世祖至元十五年(宋少帝祥兴元年,1278),番僧总江南浮屠事杨琏真伽与演福寺僧允泽等人公然盗掘绍兴的南宋皇陵,进行了骇人听闻的毁灭性破坏。宋人周密《癸辛杂识》别集卷上《杨髡发陵》和元代陶宗仪《南村辍耕录》卷四《发宋陵寝》便对此做了详细的记载,据上述文献所载,杨琏真伽等盗陵共有两次。第一次发生在至元十五年。《癸辛杂识》别集卷上《杨髡发陵》载:

> 杨髡发陵之事,起于天长寺僧福闻、号西山者,成于剡僧演福寺允泽、号云梦者。初,天长乃魏宪靖王坟,闻欲媚杨髡,遂献其寺。继又发魏王之冢,多得金玉,以此遽起发陵之想。泽一力赞成之,遂俾泰宁寺僧宗恺、宗允等,诈称杨侍郎、汪安抚侵占寺地为名,出给文书,将带河西僧及凶党,如沈照磨之徒,部领人夫。发掘时,有宋陵使中官罗铣者,犹守陵不去,与之极力争执,为泽率凶徒痛棰,胁之以刃,令人拥而逐之。铣力敌不能,犹拒地大哭。遂先发宁宗、理宗、度宗、杨后四陵,劫取宝玉极多,独理宗之陵所藏尤厚。启棺之初,有白气

---

① 参见陈朝云《南宋陵寝营造规制探究》,绍兴县文化发展中心、越国文化博物馆编《中国柯桥·宋六陵暨绍兴南宋历史文化学术研讨会论文集》,西泠印社出版社,2012,第36~39页。
② 《宋会要辑稿》礼37之23,第2册,第1331页。

竟天，盖宝气也。……理宗之尸如生，其下皆藉以锦，锦之下则承以竹丝细簟。一小厮攫取掷地有声，视之乃金丝所成也。或谓含珠有夜明者，遂倒悬其尸树间，沥取水银，如此三日夜，竟失其首。或谓西番僧回回其俗，以得帝王髑髅可以厌胜，致巨富，故盗去耳。事竟，罗铣买棺制衣收敛，大恸垂绝，乡里皆为之感泣。

同年的十一月十一日，杨琏真伽等人再次盗陵，发掘徽、钦、高、孝、光五帝陵，孟、韦、吴、谢四后陵，结果徽、钦两陵里面都空无一物。"徽陵有朽木一段，钦陵有木灯檠一枚而已。高宗之陵，骨发尽化，略无寸骸，止有锡器数件，端砚一只。孝宗陵亦蜕化无余，止有顶骨小片，内有玉瓶炉一副及古铜鬲一只"，而"光、宁诸后俨然如生"。① 盗贼们不仅劫取宝物，还对遗骨进行了羞辱和毁弃。盗掘攒宫后，越七日，杨琏真伽"下令裒陵骨，杂置牛马枯骼中，筑一塔压之，名曰镇南。杭民悲戚不忍仰视"。②

第二节　家族墓地

中国古代的丧葬制度，如墓地制度中的族葬、丧服制度中的服丧等，无一不是强调与死者关系的亲疏远近。古代著名的宗法制，就是以《仪礼》书中的《丧服》经传作为依据的。古人正是通过丧葬这种形式，"从而进一步认同和强调了这种血缘或者家族关系，增强了氏族或家族内部的团结，增强了人们彼此之间的凝聚力，显示了族人的集体的力量，同时还能起到教育本族成员、强化其亲缘观念的作用。在长达几千年的中国封建社会中，丧葬文化的这一功能，对于维护封建伦理道德，强化封建秩序，起到了相当重要的作用"。③

一　北宋家族墓地的流行

北宋沿袭前朝，流行族葬。目前发现的北宋世代延续、昭穆启穴的家族墓地，除洛阳巩县北宋皇陵④外，河南韩琦、富弼家族墓地，河北临城王翬家族墓地，陕西蓝

---

① 周密:《癸辛杂识》别集卷上《杨髡发陵》，第263~264页。
② 陶宗仪:《南村辍耕录》卷4《发宋陵寝》，中华书局，1959，第43~49页。
③ 霍巍、黄伟:《四川丧葬文化》，四川人民出版社，1992，第7~8页。
④ 马端临《文献通考》卷126《王礼考二十一·山陵》:"凡陪葬子孙安陵一百二十一坟，量设三十位男子、女子，共祝版二。永昌陵十五坟，量设十位，祝版一。永熙陵八坟，量设五位，祝版一。"参见该书上册，第1130页。

田吕大临家族墓地,以及四川华蓥市东发现的安丙家族墓地(由安丙及其夫人李氏等五座石室墓组成)等,均是其中的典型代表。[①]现以河南安阳韩琦家族墓为例,做一解析。

韩琦(1008~1075),字稚圭,相州安阳(今属河南)人。北宋三朝宰相,著名政治家。韩琦及其家族墓地位于今安阳市殷都区皇甫屯村西地。2009~2010年安阳市文物考古研究所配合南水北调工程建设对该墓地进行了考古发掘,共发掘韩琦及其子韩忠彦、韩纯彦、韩粹彦,孙韩治,夫人普安郡太君崔氏等大型宋代砖石室墓葬九座,照壁、拜殿等大型宋代建筑基址两处,出土了韩琦及其子、孙、夫人墓志计八方,以及瓷器、铜镜、石刻等一批器物。韩琦及其家庭成员的墓志形体硕大,雕刻精美,内容翔实,书体优美,具有较高的文献价值、历史价值和书法艺术价值。韩琦家族墓地的发掘为研究宋代宰相一级的高级官员的墓葬形制、陵园布局以及宋代的丧葬文化等提供了科学的实物资料。[②]

关于韩琦家族墓地的具体情况,韩琦于嘉祐八年(1063)七月十三日作的《重修五代祖茔域记》中做了详细的阐述:

> 唐镇冀、深、赵等州节度判官,朝议郎,检校太子左庶子,兼御史中丞,赐紫金鱼袋,讳义宾,琦之五代祖也。初庶子以博学高节,晦道不仕;而镇帅太傅王绍鼎雅知其名,屡加礼辟,庶子不得已而起,补节度副记室事。绍鼎卒,其子太尉常山王景崇,袭有父镇,益尊礼庶子,奏授节度掌书记。时巢贼犯阙,僖宗幸剑南,景崇率定帅王处存,合邻道兵入关进讨,关辅以平,皆庶子谋也。景崇卒,其子太师镕,幼嗣父位,府事一咨于庶子。以义结邻帅,内尊王室。朝廷嘉之,故恩命累及。以光启二年八月十四日终于镇府立义坊之私第,年七十有五。
>
> 庶子曾祖讳胐,沂州司户参军;祖讳沛,登州录事参军;父讳全,隐居不仕。自隐居而上,世葬深州博野蠡吾乡之北原。博野今为永宁军。庶子以龙纪元年十月十五日,复附葬于先茔。夫人崔氏,棣州司马鲁之长女,妇道母训,为世仪法,终于天复二年七月十九日,年八十有三。其年八月十七日,归祔于庶

---

① 详见洛阳市第二文物工作队编《富弼家族墓地》,中州古籍出版社,2009;四川省文物考古研究院等编著《华蓥安丙墓》,文物出版社,2008。
② 河南省文物局编著《安阳韩琦家族墓地》,科学出版社,2012;孔德铭:《河南安阳市宋代韩琦家族墓地》图16~17,《考古》2012年第6期;安阳市文物考古研究所:《河南安阳市宋代韩琦家族墓地》,《考古》2012年第6期。

子。生二子，长讳定辞，镇冀、赵、深等州观察判官，检校尚书祠部郎中兼侍御史。好学能文，无所不览，尝聘燕帅刘仁恭，仁恭命幕吏马彧以诗赠祠部，颇炫己学。祠部即席训之曰："崇霞台上神仙客，学辨痴龙艺最多，盛德好将银笔述，丽辞堪与雪儿歌。"一座爱其辞而不能解焉，大屈服。事具《北梦琐言》。

次讳昌辞，真定府鼓城令，琦之高祖也。为政有惠爱而不寿，年二十九而亡。生一子，讳璆，广晋府永济令，琦之曾祖也。永济始自蠡吾北原徙鼓城，与夫人张氏之丧，葬于赵州赞皇县太平乡之北马村。先君令公，始葬永济与夫人史氏，暨琦祖太子中允知康州讳构与夫人李氏，于相州安阳县之丰安村。自先君之亡，诸子幼而孤，长而薄宦，奔走四方，故但能时奉丰安之祀。其于北马、蠡吾之茔，则力莫能及。年世殊邈，几于不能辨识。

嘉祐三年，琦始得北马之茔，一新封植。今年春，遣男忠彦走蠡吾，又得庶子之茔于北原。而先域之西北隅，北距唐河数里之近，尝经霖潦，暴涨浸淫，及于庶子之茔，且念神宅久安，不敢改卜，乃于嘉祐八年七月一日，遣孝彦告而启圹，自下以覈实而上，绝洳洳而止。衣衾棺椟，易而新之。然后塞隧广封，以为万世之固。逮远祖诸茔，率加治葺，剪其荆棘而易以嘉木，缭其垣墉而表以高阙。既襄其事也，遂直书营缮之始末，而纳诸圹中，且复诫于子孙曰："夫谨家谍而心不忘于先茔者，孝之大也。惟坟墓祭祀之有托，故以子孙不绝为重。琦自志于学，每见祖先所为文字与家世铭志，则知宝而藏之。有遗逸者，常精意搜掇，未始少懈。时编岁缉，浸以大备。其所志先域之所在，虽距今百有余年，必思博访而得之，卒能不坠先业，推及先茔之八世，得以岁时奉事，少慰庸嗣之志。向若家谍之不谨，祖先文字之不传，虽有孝于祖先之心，欲究其宅兆而严事之，其可得乎？后世子孙，不能勤而知此，则与夫世之绝也何异？子孙其志之。"①

从这篇文章中我们可以看出，韩氏家族乃官宦世家，崛起于唐朝。五世祖乂宾而上，皆葬博陆。乂宾仕唐，"为成德军节度判官检校左庶子，葬赞皇"。韩琦曾祖璆，"为广晋府永济令，累赠太师中书令兼尚书令齐国公"。祖构，"仕之本朝，为太子中允，累赠太师中书令兼尚书令燕国公"。父国华，"终右谏议大夫，为世名臣，国史有传，累赠太师中书令兼尚书令魏国公"，父母等皆葬安阳。

---

① 韩琦：《重修五代祖茔域记》，吕祖谦编《宋文鉴》卷78，中册，第1119~1120页；《全宋文》卷845，第40册，第46~48页。

熙宁五年（1072）二月，韩琦还在《志石盖记》一文中，对部分家族墓的分布做了交代：

> 琦始谋奉考妣归葬相州，不敢远祖茔而忘故里也。得释保聪，善地理学，遣侄公彦同往视焉。不旬日，得地于安阳县新安村之水冶为吉，乃作东西二茔，茔各三穴。西茔之壬，安皇考太师、皇妣仁寿郡太夫人、所生太宁郡太夫人；庚，安太师长子德清尉，子昉从葬焉；丙，安太师第三子司封、夫人寿春县君李氏，长女未笄而亡，从葬焉。东茔之庚，安太师第二子监簿，第四子孟州司法，司封之长子监簿景融从葬焉；壬，安太师第五子著作；丙，安德清长子太常寺太祝公彦妻贾氏。以庆历五年二月二十二日掩圹，诸茔各有铭志，今但述安神之次叙，刻于太师志石之盖，以永终古。子枢密副使、光禄大夫、右谏议大夫、上柱国琦谨记。①

韩琦因为自己四方为官，长久在外奔走，致使其五世祖墓不能"时奉丰安之祀"，且因年代久远而得不到及时的维护，以致不能辨识其原貌，而感到惭愧不已。为此，他在嘉祐八年（1063）七月一日遣儿子孝彦回去，"告而启圹，自下以甓实，而上绝沮洳而止"，死者的衣衾棺柩也全部换上新的，然后"塞隧广封，以为万世之固"。对远祖诸墓全部加以整治，清剪墓上的荆棘，在墓园种植好的树木，墓园周围筑上围墙，而表以高阁。工程结束后，韩琦详细记载整治之始末，写好后纳诸圹中，且在遗训中要求子侄道："夫谨家谍，而心不忘于先茔者，孝之大也。惟坟墓祭祀之有托，故以子孙不绝为重。"同时，要求他们注意搜集"祖先所为文字与家世铭志"，"宝而藏之。有遗逸者，常精意搜掇，未始少懈。时编岁缉，寖以大备"。"向若家谍之不谨，祖先文字之不传，虽有孝于祖先之心，欲究其宅兆而严事之，其可得乎？后世子孙不能勤而知此，则与夫世之绝也何异？"

韩琦《寒食亲拜二坟》一诗，同样具有这样的含义：

> 春色清且明，节盛一百五。寒食遵遗俗，泼火霁微雨。非才忝国恩，因病得吾土。何以知殊荣，此日奉宗祖。新安惟皇考，丰安则王父。松楸各万株，岗势

---

① 《全宋文》卷856，第40册，第70页。

拥城府。二茔相去间，近止一舍许。前晓揭旌牙，蠲洁具罍俎。芬馨达孝诚，僾若侍容语。礼成无一违，观者竟墙堵。退惟愚小子，未老膺旄斧。顾已胡能然，世德大门户。思为后嗣戒，永永著家矩。子侄听吾言，汝各志心膂。汝曹生绮纨，得仕匪艰苦。学业勤则成，富贵汝自取。仁睦周吾亲，忠义报吾主。间须求便官，坟陇善完补。死则托二茔，慎勿葬他所。得从祖考游，魂魄自宁处。无惑葬师言，背亲图福祜。有一废吾言，汝行则夷虏。宗族正其罪，声伐可鸣鼓。宗族不绳之，鬼得而诛汝。"①

韩琦在诗中要求按时祭扫祖先的坟墓，修剪墓园中的林木，修整坟茔，不要让野兽侵犯到棺木，或者让雨水流入棺椁之中。同时也不要听信风水师的话，"勿葬他所"。他认为只有这样，子女才是尽孝道。而让自己归葬于宗族公共墓地，其灵魂才会得到祖宗的庇护，得到安宁。而如果子孙违背了他的遗言，"宗族正其罪，声伐可鸣鼓。宗族不绳之，鬼得而诛汝"。

需要指出的，这一时期随着风水之说的兴起，传统的族葬制度已经开始衰落。如职方郎中辛有终，字成之，其"之先世著籍汾阳，自晋公以大臣谢事留京师。及薨，葬许州之长社。而子孙遂占数，死者以昭穆从大墓。将葬尚书，卜祔大墓不吉，卜阳翟之三封原吉，因定祢茔。诸子之先亡也，皆以次葬，公今又祔之。以熙宁元年八月甲子厝事，从日月之吉也"。②颖州万寿县令张挺卿，字斯立。为太常博士集贤校理宗古之子、尚书工部郎中直集贤院象中之孙。"张氏先世本澶渊人，东上阁门使昭允、军器库副使昭易兄弟并事太宗皇帝于晋邸，尤见亲用，即位逾年，而擢为内使。不幸俱早世，军器家留京师，遂葬开封，其后二集贤君皆祔之，凡三世矣。而阁门之子孙别葬扬州，斯立卒之明年，都官洎季弟稚卿及母夫人钱氏相继殂丧，卜葬开封不吉，卜改迁其先府君并葬扬州吉。于是彦卿同日举五榇，浮汴淮而南下，定窆江都县之某里。府君夫人合祔，余皆昭穆相从，所谓以礼葬者也。"③中书舍人新淦孔文仲，字经父。"熙宁中遭正议公忧，未几，母夫人仁和县君杨、祖母仁寿县君刘相继弃养。值岁之不易，并举三大丧，而祖茔无可葬者。遂谋去新淦而宅九江，卜德化县某乡某里之某穴吉，躬冒山谷，涉历寒暑，不数月而冢宅成，未终丧而室堂具。乡人见其区处，咸以为得礼之

---

① 韩琦：《安阳集》卷2《寒食亲拜二坟因诫子侄》，文渊阁《四库全书》本，第1089册，第234页。
② 苏颂：《苏魏公文集》卷58《职方郎中辛公墓志铭》，第882页。
③ 苏颂：《苏魏公文集》卷58《颍州万寿县令张君墓志铭》，第888页。

实。及公之丧归，集贤君挈其孤相地之宜卜某山某穴又吉，于是元祐六年某月日时，克襄大事，去正议茔相望数里而近，凡域兆堂舍亦如其制。此又得孝子善继之义也。"①

二 南宋家族墓地的衰落

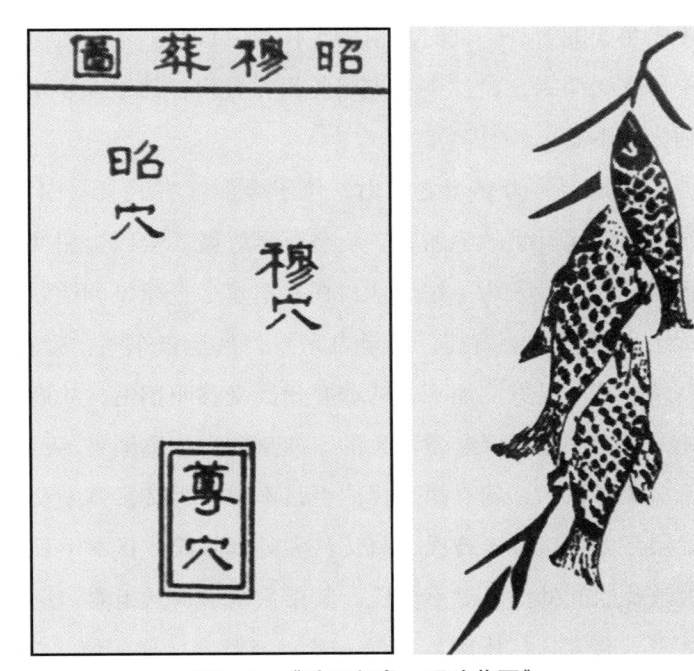

北宋中原地区以"始祖"为起点，多代延续、按长幼尊卑严谨规划的家族墓地，到南宋时发生了较大的变化。一方面，南迁来中原人士仍沿袭过去盛行的族葬传统，设立"昭穆墓地"。如绍兴宋陵自孟皇后、宋徽宗至宋度宗，共七代人聚葬。另一方面，由于江南具有不同的丧葬传统、特殊的地理环境和风水择墓观念，以及南宋初期的社会不稳定性，这种北方盛行的、五世以上的族葬殊为罕见，南方多采用"分散型"的两三代人合葬形式。

图5-3 《地理新书·昭穆葬图》

（一）南宋武义县明招山吕祖谦家族墓地

陆游曾曰："维申国吕氏，自五代至宋，历十二圣，常有显人。忠孝文武，克肖先世。婚姻多大家名胄，妇姑相传以德，先后相勉以义。富贵不骄汰，虽甚贫，丧祭犹守其旧，养上抚下，恩意曲尽。虽寓陋巷环堵之屋，邻里敬化服之。犹在京师故第时，呜呼盛哉！"②

吕氏之先最早葬于太原。天禧（1017~1021）中，吕夷简迁祖父代公魏公于郑州之管城。其时，吕氏世葬郑州新郑县怀忠乡。宝元（1038~1040）中，建寺坟侧，赐名荐福禅院。公薨，诏改赐怀忠荐福，子孙从祔。建炎初，吕好问葬夫人于新郑，赐

---

① 苏颂：《苏魏公文集》卷59《中书舍人孔公墓志铭》，第903页。
② 陆游：《渭南文集》卷36《吕从事夫人方氏墓志铭》，《陆游集》，第5册，第2336~2337页。

寺额曰元净明招。因吕好问（1064～1131）随驾南渡，"以恩封东莱郡侯"，始定居婺州金华（今属浙江）。绍兴元年（1131）七月丁酉，吕好问以疾薨于桂州，享年六十八。讣闻，诏赠五官恤礼，视常典有加。八月壬申，藁葬于桂州城南之龙泉。①

宋室南渡，中原吕氏也随之迁移到了南方各地。如在吕好问五子中，除次子吕揆中先卒于北方外，此时吕本中（1084～1145）一支居信州，吕弸中一支居婺州，吕用中一支居绍兴，吕忱中一支居衢州和婺州，其中以婺州居住人口最多，而武义明招山则为一中心。

明招山，为婺州之名山，位于今浙江省武义县白洋街道上陈村。其地最早为晋代镇南将军阮孚故宅所在，史载阮孚好屐，尝以金貂换酒，后归明招山下终老，死后也葬于此。后人为了纪念他，在这里建了金貂亭和蜡屐亭。宋"靖康、建炎间，中原学士大夫多避地南徙。巩至自东平，吕至自东莱，爱宝婺溪山之胜，家焉"。②吕氏自尚书右丞吕好问而下，皆葬婺州武义县明招山，从而形成了规模宏大的吕氏家族墓地，成为江南地区非常罕见的家族墓地。这里汇集了吕氏五代人的坟墓，即：第一代吕祖谦曾祖吕好问；第二代伯祖吕本中、祖父吕弸中及叔祖吕用中和吕忱中；第三代父亲吕大器、母亲曾氏，叔父吕大虬妻张氏，吕本中长子吕大同妻方氏等；第四代吕祖谦及原配韩氏、继室芮氏，其弟吕祖俭、吕祖泰；第五代，吕祖谦子女等。共有坟墓三十余穴。吕氏家族五代人苦心经营、世代延续、"聚族而葬"的家族墓地分布于如此小的范围之内，且相互之间的距离又非常近，这在南方地区殊为罕见。1989年，吕祖谦及其家族墓被列为浙江省文物保护单位，2013年列为第七批全国重点文物保护单位。

笔者现将吕氏家族墓地的形成过程叙述如下：

绍兴十六年（1146），吕祖谦祖父吕弸中先行入葬其南渡后的始居地婺州武义明招山惠安院，又得地于墓之东。

绍兴二十三年（1153），吕好问第四子吕用中痛感吕氏宗支之分散，立志效仿祖先的坟茔故事，重建家族墓地，于次年奉父亲吕好问之柩窆焉。③自是子孙悉祔于左右。据吕祖谦《东莱公家传》所载："公之薨也，寇难未平，葬故有阙。后二十四年，乃克改葬公于婺州武义县之明招山，实绍兴二十四年闰十二月己酉也。惟公薨，距今

---

① 吕祖谦：《吕东莱文集》卷9《家传》，《丛书集成初编》本，第3册，第212页。
② 洪咨夔：《吏部巩公墓志铭》，《全宋文》卷7013，第307册，第259页。
③ 吕好问因随驾南渡，薨于桂林，故暂殡于寓地。

逾三纪，言论风旨，浸不传于世。谨叙次终始，藏于家，使子孙有考焉。"①

绍兴三十一年（1161），吕用中遵先志，请于朝，奏请惠安禅院（明招寺）为功德坟寺，且于惠安之上冠以"元净"两字。诏额曰"元净惠安"，俗称"惠安寺"。其后，"文靖公葬于信之德源，亦以永安院请于朝，改曰怀中永安之院。皆所以遥望上世之兆域，以识终天之恨。然子孙之精神，即祖考之精神，烝尝祼馈，一气通流，固无南北之间也"。②

绍兴三十二年（1162），吕用中殁，其子吕大麟葬其明招山吕好问墓之侧。绍兴三十二年六月二十三日，吕祖谦的妻子韩氏卒于临安。这一天，吕祖谦正在绍兴赶往京城临安的路上。八月，以韩氏之丧归婺。九月二十六日，葬韩氏于武义县明招山，位于吕弸中墓之西。

隆兴元年（1163），吕忱中殁，葬明招山。

乾道元年（1165）十一月，吕大虬妻张氏殁，葬吕弸中墓之西，与韩氏仅隔一陇。

乾道二年（1166），吕祖谦母曾氏殁。次年正月二十二日，葬曾氏于婺州明招山。③

乾道七年（1171）五月十三日，吕祖谦第二任妻子韩氏又去世，所生女亦夭折；六月吕祖谦请告归婺，十七日葬韩氏于明招山。

乾道八年（1172）二月四日，吕祖谦父亲吕大器殁；十一月三日，葬吕大器于明招山，位于吕弸中墓的东面。吕祖谦丁忧复，修丧葬礼，定祭礼。

至淳熙元年（1174），明招山已有二十多人聚葬。吕大麟编订《婺州武义县来苏乡明招山吕氏坟域图》。

淳熙二年（1175）十一月十五日，吕本中长子吕大同妻方氏去世，享年四十八。其时"惟我（按：吕祖平）先祖（按：吕本中）暨先君（按：吕大同）兆域，别在信州上饶县之德源。不肖孤哀，荒颠实未克合祔，恐旦暮即死，不能终大事，亟以次年奉夫人之丧，葬于东莱公兆域之旁"。④具体来说，方氏是在淳熙三年（1176）二月二十日，葬于吕好问墓之次。从此以后，吕氏信州房支亦渐渐融入明招山墓地。

淳熙六年（1179）七月二十八日，吕祖谦继室芮氏去世。是年九月十五日，祔于

---

① 吕祖谦：《吕东莱文集》卷9《家传》，《丛书集成初编》本，第3册，第213～214页。
② 王柏：《跋敕额（代明招作）》，《全宋文》卷7797，第338册，第192页。
③ 《四库全书总目》卷27《经部二十七·春秋类二》，中华书局，1965年影印本，第990页。
④ 吕祖谦：《方夫人志》，《全宋文》卷5898，第262册，第113页。又，陆游《渭南文集》卷36《吕从事夫人方氏墓志铭》载：从事郎吕大同"葬于信州上饶县明远乡之德源山，以潦水啮墓趾，改卜于旧墓少东二百步，实庆元二年十二月庚申。而夫人初没时，祖平窭不能以柩祔从事墓，乃即婺州武义县明招山祖墓之旁葬焉。自改葬从事，诹日奉夫人归祔，而筮未得吉"。参见《陆游集》第5册，第2337页。

婺州武义县明招山先君兆域之左。①

淳熙八年（1181）七月二十九日，吕祖谦以疾终于家，享年四十五。是年十一月三日葬于祖茔之右。②

吕祖谦弟、太府寺丞吕祖俭以谪死，诏令归葬，墓近吕祖谦墓。③

迪功郎、监南岳庙吕祖泰"丧母无以葬，至都谋于诸公，得寒疾，索纸书曰：'吾与吾兄共攻权臣，今权臣诛吾死，不憾。独吾生还，无以报国，且未能葬吾母，为可憾耳。'乃卒。尹王柟为具棺敛归葬焉"。④

最后，明招山形成吕氏家族五代人比较严格按照"昭穆聚葬"的墓地。据《金华吕氏族谱》收录明崇祯年间的"坟图"，吕好问墓位次最高。据在该地进行考古发掘的浙江省考古研究所副研究员郑嘉励的研究：自上而下，五代人，即五排墓，夭折或未出嫁的成员，穿插其间，昭昭可同排、昭穆异排，从而形成了江南地区罕见的家族墓地。

（二）瑞安林氏家族墓地

北宋熙宁、元丰年间（1068~1085），瑞安林石以经学知名，但一生"独教行于乡"，不为世人知，卒于建中靖国元年（1101）。其妻为戴氏。子三人，长子林晞颜（字几老）、次子林晞孟（字醇老）皆游京师，从龚氏学，然而年纪轻轻便死了。幼子林晞韩更是早夭。长子林晞颜一支，至淳熙年间（1174~1189）已不记其事。而次子林晞孟一支却延续了下来。林晞孟生子林松孙（字乔年），举进士，以学行为乡里所敬。"绍兴之季，后进多宦达，及言高尚，有旧隐典刑，但曰乔年。"林晞孟死后，其妻曹氏改嫁城南张子充（尝举八行为国子学录，世人谓为"草堂先生"）后，生张孝恺（字思像）。二子长大后，关系甚好，都事母孝顺，"时节相问，馈不绝，有吊庆事，父兄子弟皆至，忻戚尽其情者，必两家也"。林松孙娶叶氏、谢氏，皆逮事曹氏。林松孙于乾道四年（1168）十有一月戊辰卒，享年七十四。叶氏先四十三年而卒，谢氏后十五年而卒，各生有一子。其中叶氏所生子名仲损（字炳之），"恂恂而有守，能世其家"。仲损娶东美之女，夫妇自以家法相宾，服勤米盐，以尽岁晚之欢。友人之见炳之者，则曰："是侣乔年。"见沈氏者，则曰："是侣东美也。"仲损于乾道七年（1171）三月癸卯卒，年四十九。沈氏于淳熙十二年（1185）十一月戊寅卒，年六十四岁。"至炳

---

① 吕祖谦：《吕东莱文集》卷8《祔芮氏志》，《丛书集成初编》本，第3册，第193页。
② 《宋史》卷434《儒林四·吕祖谦传》，第37册，第12874页。
③ 《宋史》卷455《忠义十·吕祖俭传》，第38册，第13370页。
④ 《宋史》卷455《忠义十·吕祖泰传》，第38册，第13372页。

之祖子孙，事其亲如一人，谓之萱堂林家云。"仲损生有三个儿子，分别名帱、载、鼎，其中幼子鼎早卒。一女适新福州古田县主簿徐宏。其一人谢氏，出今仲愚也。二子昕、充。

瑞安林氏有两处家族墓地：一在梓奥，一在新归。梓奥家族墓地葬林石夫妇等，新归家族墓地葬林石父母林定夫妻等。

新归墓地，在林氏家族聚居地唐奥西三里，而"唐奥在瑞安县治之北二十里"。其墓地"籙先生而下，再世葬梓奥，其孙讳松，孙始祔唐奥之墓东百步，曾孙讳仲损，又祔墓西一里，所凡从先生考妣葬新归者三世。于是元孙帱，载将奉其母柩合焉"。

自林定葬于嘉祐年间（1056~1063），四十年后妻戴氏祔。后七十一年，为乾道四年（1168）十一月甲申，林松孙祔之。又五年为乾道八年（1172）十二月丁酉，炳之祔。又十二年为淳熙十年（1183）十一月乙酉，谢氏合于林松孙之穴。又四年为淳熙十三年（1186）四月癸酉，沈氏合于仲损之穴。而林晞颜之子寿孙（字稚仁）、孙兴祖（字庆之），林晞孟少子时可（字叔遇）、孙诚之，皆以序从葬墓下。至于其他成员，凡不葬新归者，则多葬于梓奥墓地。

总之，林氏五世成员，一百二十九年之间，聚葬梓奥、新归两地。陈傅良得知其事，深感不易，曰："元符至今百年间，天下亦多故矣。自公侯将五世希不失者，有以布衣而燕及其后。载也从余学，又以文行见推于其友人，以为林氏必大也。呜呼！以势利者如彼，以德者如此哉！"①

（三）莆田方氏家族墓地

据方大琮《辞方广礼部及诸坟祝文》所载："山以方名旧矣，仪曹公来宅九跳之正脉，面势宏阔，从而祔者五代，此某之宗派也。每代之中，昭穆相从凡四十余。《周官》族坟墓之说，吕氏深有取焉。此山宜与婺之明招等。祭亭半圮，宝庆间高安别乘叔祖始创新之，于是拜跪饮馂有所矣。尤可喜者，聚族亦然，乌石山前，连甍接栋，无一散去者，孙枝最蕃。登桂籍将六十，仪曹房不啻半，为金紫六房之冠。"② 由此可以看出，福建莆田方广山方氏家族墓地的规划和建造，深受婺州明招山吕氏墓地的影响。"每代之中，昭穆相从，凡四十余。"具体来说，即：父昭子穆，孙又为昭，一昭一穆依次相从，共有五代四十余座墓。

---

① 陈傅良：《止斋集》卷48《新归阡表》，《陈傅良先生文集》，第609~611页。
② 《全宋文》卷7406，第322册，第341页。

第三节 墓室

一 宋代的墓室制度及建造

墓室为死者的葬身之所。自古以来，深受人们的重视。《仪礼·士丧礼》："筑宅，冢人营之。"汉代郑玄注曰："宅，葬居也。"由此可知，墓室的形制与人们的住宅格局密切相关。①

宋代的墓葬，在北宋时以竖穴土坑墓为主，也有平面长方形砖室墓。南宋时期的长方形砖室墓显著增多，且多是两室并列的夫妇合葬墓。这种同坟异藏的合葬墓，往往在两个墓室的墓墙之间开一过洞（即小龛）相通。墓室顶部盖有石板，也有少数是砖券顶。而魂道则是供死者转入鬼神世界后往来之用，如蜀人"同墓而异藏，其间为通道，高不及眉，广不容人"。②黔北大量宋代夫妻合葬墓隔墙上所留小孔，也属于这种神秘通道。③

与古人一样，宋人也非常重视坟墓的建造，且注重防盗功能的提升。程颐认为："五患既慎，则又凿地必至四五丈，遇石必更穿之，防水润也。既葬，则以松脂涂棺椁，石灰封墓门，此其大略也。若夫精画，则又在审思虑矣。……葬之穴，尊者居中，左昭右穆，而次后则或东或西，亦左右相对而启穴也。出母不合葬，亦不合祭。弃女还家，以殇穴葬之。"④又说："其穴之次，设如尊穴南向北首，陪葬者前为两列，亦须北首，各于其穴安夫妇之位。坐于堂上，则男东而女西；卧于室中，则男外而女内也。推此为法观之，葬须为坎室为安。若直下便以土实之，则许大一块虚土，压底四向，流水必趋土虚处，大不便也。且棺椁虽坚，恐不能胜许多土头，有失比化者无使土亲肤之义。"⑤

朱熹曰："人家墓圹、棺椁，切不可太大，当使圹仅能容椁，椁仅能容棺，乃善。去年此间陈家坟墓遭发掘者，皆缘圹中太阔；其不能发者，皆是圹中狭小无著脚乎处，此不可不知也。"又说："此间坟墓山脚低卸，故盗易入。"当有人问坟与墓

---

① 徐吉军、贺云翱：《中国丧葬礼俗》，浙江人民出版社，1991，第242页。
② 苏轼：《商刻东坡志林》卷7，《全宋笔记》第1编，大象出版社，2003，第168页。
③ 张合荣：《黔北宋墓反映的丧葬心理与习俗》，《贵州文史丛刊》1998年第6期。
④ 程颢、程颐：《二程集·河南程氏文集》卷10《伊川先生文六·葬说（并图）》，第2册，第623页。
⑤ 程颢、程颐：《二程集·河南程氏遗书》卷2下《二先生语二下·附东见录后》，第1册，第56页。

有何区别，朱子回答说：墓想是茔域，坟即土封隆起者。《光武纪》云：为坟但取其稍高，四边能走水足矣。古人坟极高大，圹中容得人行也，没意思。法令一品以上，坟得一丈二尺，亦是尽高矣。守约云："坟墓所以遭发掘者，亦阴阳家之说有以启之。盖凡发掘者，皆以葬浅之故，若深一二丈，自无此患。古礼葬亦许深。"朱熹曰："不然。深葬有水。尝见兴化漳泉间坟墓甚高，问之，则曰棺只浮在土上，深者仅有一半入地，半在地上，所以不得不高其封。

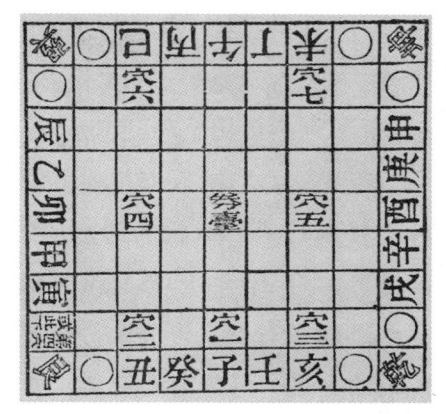

图5-4 程颐《葬说》"下穴昭穆图"
资料来源：《二程集》，第623页。

后来见福州人举移旧坟，稍深者无不有水。方知兴化漳泉浅葬者，盖防水尔。北方地土深厚，深葬不妨。岂可同也？"①至于椁外是否可用炭灰杂沙土，朱熹认为："只纯用炭末置之椁外，椁内实以和沙石灰。"又有人问曰："可纯用灰否？"朱熹回答曰："纯灰恐不实，须杂以筛过沙。久之，沙灰相乳入，其坚如石。椁外四围上下，一切实以灰末，约厚七八寸许。既辟湿气，免水患，又截树根不入。树根遇炭，皆生转去，以此见炭灰之妙。盖炭是死物，无情，故树根不入也。《抱朴子》曰：'炭入地，千年不变。'"再问："范家用黄泥拌石灰实椁外，如何？"朱熹回答曰："不可。黄泥久之亦能引树根。"又问："古人用沥青，恐地气蒸热，沥青熔化，棺有偏陷，却不便。"曰："不曾亲见用沥青利害。但书传间多言用者，不知如何。"②

二 宋代坟墓的种类及结构

在宋代的墓葬中，常见的坟墓主要有砖室墓、石室墓、土坑墓、土洞墓、土坑竖穴墓、石椁墓等，其中尤以前面两种最为常见、最为普遍。

（一）宋代坟墓的种类

1. 砖室墓

砖室墓是一种主要以砖为建筑材料而制成的墓。它由汉代中期以前盛行的木椁墓发展而来，大约始行于西汉中晚期，起初仅在中原和关中一带流行。到了东汉时期，砖室墓迅速从北方地区扩展到长江流域，并取代了过去盛行的竖穴式木椁墓，成为一

---

① 黎靖德编《朱子语类》卷89《礼六·冠昏丧》，第6册，第2286页。
② 黎靖德编《朱子语类》卷89《礼六·冠昏丧》，第6册，第2286页。

种极为常见的墓种。毫无疑义，以砖椁代替木椁，可以说是中国墓葬发展史上的一大改革。用砖筑造墓室，比木椁更为坚固，更为经济实用，且易于长期保存，故此这种墓葬形式一直沿用至今。

砖室墓的形制，依其墓室的多少，可分为单室砖墓、双室砖墓和多室砖墓三种；根据其平面形状和墓室的结构，又可分为船形、长方形、正方形、椭圆形、凸字形、刀字形、圆形、十字形、椭圆形、多边形和仿木作等数种；从砖室墓的顶部结构来看，又可分为券顶式、平顶式、穹顶式、叠涩式、船篷式等；依墓室规模的大小，可分为大型墓、中型墓、小型墓三种。每个砖室墓的结构基本相同，均由墓道、墓门、甬道、墓室四部分组成。下面，笔者对结构复杂的宋代仿木结构雕砖壁画墓做一介绍。

仿木结构建筑的砖室墓，在北方地区，特别是在北宋时期的河南等地极为流行，极具地域特色。如考古发掘的河南方城金汤寨北宋范致祥墓，安阳西郊的宋墓，荥阳地区司村宋墓、孤伯嘴宋墓、槐西宋墓，以及河南禹县白沙赵大翁墓等，均属这一墓制。① 它经过发展演变，墓室平面由圆形或方形发展为六角或八角形，墓室由单室发展至前后两室，从象征性的角柱仅承托"一斗三升"演变为五铺做重栱，墓顶也由叠涩顶发展为宝盖式盝顶藻井。室内多以雕砖和壁画为装饰，内容涉及建筑构件、生活用具、杂剧、宴饮、庖厨、散乐、供物纳财及墓主人画像等多方面。郑州南关外至和三年（1056）胡进墓、安阳天禧镇熙宁十年（1077）王用墓、禹州白沙元符二年（1099）赵大翁墓、安阳新安庄大观三年（1109）王现墓、新安李村靖康元年（1126）佚名墓等五座纪年墓，直观地反映出北宋时期仿木结构墓葬的演变轨迹。②

河南禹县白沙镇发现的三座宋墓，为北宋晚期仿木结构雕砖壁画墓之代表。在这三座宋墓中，一号墓规模最大，属前后双室；其他两座为单室。宿白于1951年主持发掘，并在1957年发表田野考古报告《白沙宋墓》。③

---

① 南阳地区文物队：《河南方城金汤寨北宋范致祥墓》，《文物》1988年第11期；武奇琦：《河南安阳西郊唐、宋墓的发掘》，《考古》1959年第5期；郑州市博物馆：《荥阳司村宋代壁画墓发掘简报》，《中原文物》1984年第2期；郑州市文物考古研究所、荥阳市文物保护管理所：《河南荥阳孤伯嘴宋墓发掘简报》，《中原文物》1998年第4期；郑州市文物考古研究院、荥阳市文物保护管理所：《荥阳槐西壁画墓发掘简报》，《中原文物》2008年第5期；吕品：《河南荥阳北宋石棺线画考》，《中原文物》1983年第4期；河南省文化局文物工作队第一队：《郑州南关外北宋砖室墓》，《文物参考资料》1958年第5期；郑州市文物考古研究院：《郑州市北二七路两座砖雕宋墓发掘简报》，《中原文物》2012年第4期；陈朝云：《我国北方地区宋代砖室墓的类型和分析》，《郑州大学学报》（哲学社会科学版）1994年第6期。
② 杨育彬、袁广阔主编《20世纪河南考古发现与研究》，第699页。
③ 宿白：《白沙宋墓》，第30页。

第五章　墓地与墓室

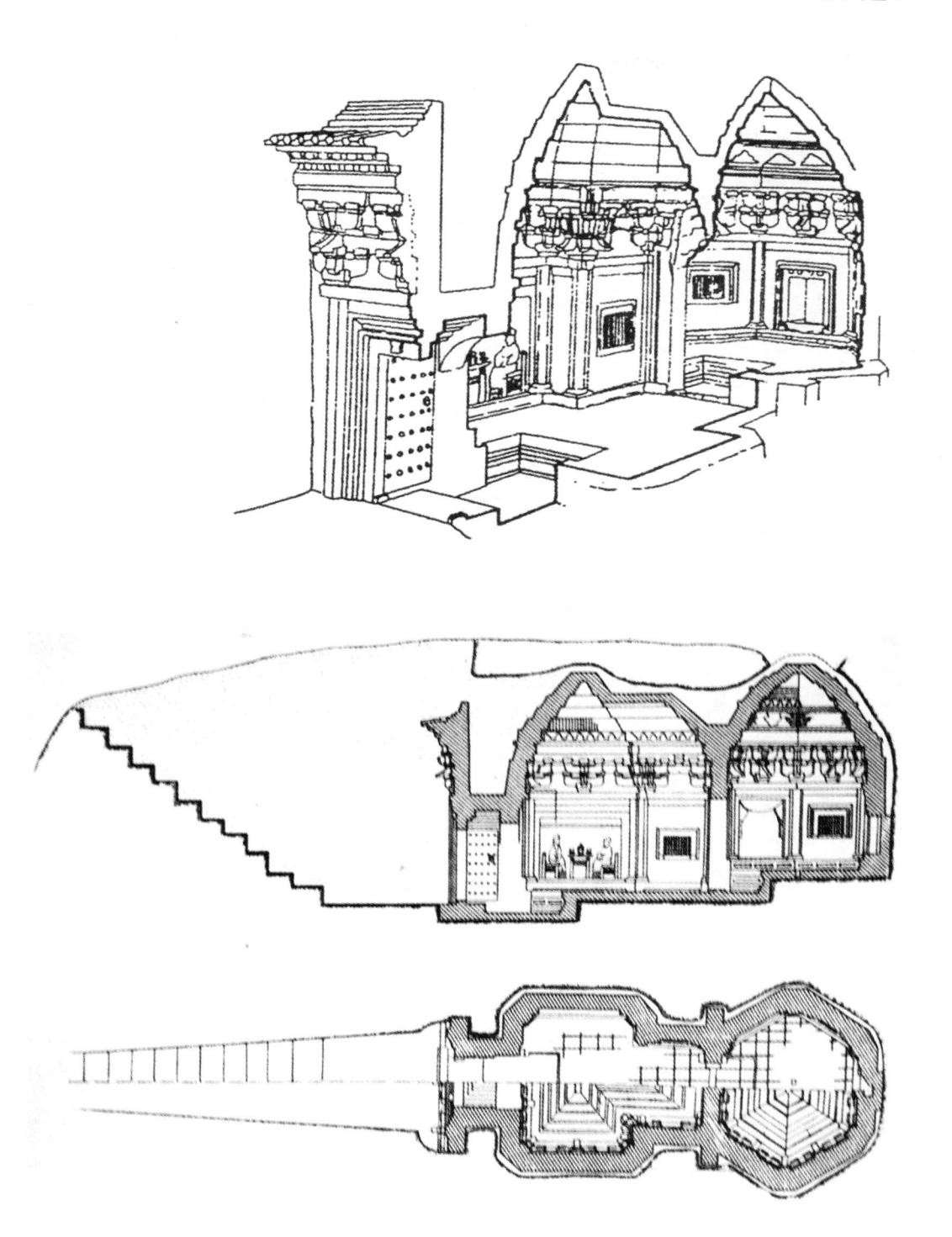

图5-5　河南白沙一号宋墓墓室结构透视图

资料来源：宿白《白沙宋墓》，第23页。

图5-6 河南白沙一号宋墓墓室外部
资料来源：宿白《白沙宋墓》，彩色图版壹。

图5-7 河南白沙一号宋墓前室西北隅铺作
资料来源：宿白《白沙宋墓》，彩色图版贰。

图5-8 河南白沙一号宋墓前室、过道顶——丁字盝顶式宝盖
资料来源：宿白《白沙宋墓》，彩色图版叁。

1991年4月，河南省温县西关三街砖厂在取土中发现一座仿木结构砖室墓。此墓由墓道、墓门和墓室三部分组成。墓室坐北向南。墓道位于墓室南部，分为两段。墓室南为长方形竖井式墓道，壁面平整光滑，南北长2.04米，东西宽0.84米，残深3.74米；竖井式南部墓道转向东北，为台阶土洞式墓道，两段墓道连接处，有一道生土隔梁，隔梁东西宽0.82米，墓道与隔梁通过一高2.08米、宽0.72米的拱形门洞相连接。台阶现存八级，上部已被挖去。台阶面遗存有踩踏痕迹，每级台阶高0.22～0.44米，每级阶面宽窄不等，在0.18～0.52米。墓道内填土为五花土。墓门位于竖井式墓道的北端，北连墓室。门呈拱券状，高1.5米、宽0.78米、进深0.56米。封门砖为纵式斜立砖，呈横人字形，砖规格为 36 厘米 ×17 厘米 ×4 厘米。墓室位于北部。平面呈八角形，转角处砌抹角立柱，柱上承托柱头仿。每壁仿上置转角铺作和补间铺作各一朵。具体砌法为：枋上置栌斗，栌斗上砌泥道拱，与泥道拱垂直相交出华拱一跳，华拱跳头承隐作令拱，令拱正中出耍头，耍头斫作蚂蚱头，令拱托撩檐枋，枋上微叠涩起券，呈弯窿顶。墓壁除南壁为墓门砌成直壁外，其余各壁皆采用相同砌法，即将各壁下部砌成束腰须弥座状，座下两侧砌出两脚，上刻海棠线。其中西南、西、东南、东壁束腰部分雕刻出花卉，有莲花、牡丹及一缠枝，因砌砖所受侵蚀严重，大部分雕花已不可辨识。各壁上部或砌成门窗、隔扇，或镶嵌杂剧散乐、妇人启门等雕砖图案。墓室地面用 38 厘米 ×17 厘米 ×4 厘米长方形青砖，一纵一横错缝平铺。各壁上部具体雕刻情况分别为：南壁为券门，门上砌一升。东南、西南壁为破子棂窗。东、西两壁相对砌成门，门楣上各饰门簪四枚，分别为圆形和方形花瓣状，门框中间各砌板门两扇。西门呈关闭状；东门呈半开状，一妇人仅露右半身，头束髻，怀抱花瓶，站立门缝间，为"妇人启门"图。西北壁上镶嵌一组杂剧人物雕砖。东北壁上镶嵌一组散乐人物雕砖。北壁浅浮雕成内室，上部为卷帘，帘由下向上翻卷，用双钩由内向外钩挂卷帘，帘两侧下垂缨络。下部雕刻四抹隔扇门，隔扇门上部窗花雕刻成圆环相套状。墓室在当时曾加以彩绘，由于年代久远，大部分业已脱落，从仅存的零星迹象看，在墓室建成后，首先全部被涂成白色，然后斗拱、门窗框边等部位用黄、红、黑彩勾边和涂画。具体情况为：将斗拱、耍头用黑色勾勒出边框，柱、隔扇、板门皆涂成黑色。窗棂涂为红色。平板枋、撩檐枋施黄底，上涂红彩，帘施黄底黑彩。[1]

砖室墓在南方地区并不盛行，主要是因为这里盗墓成风。江休复《江邻几杂志》载："钱君倚学士说：'江南王公大人墓，莫不为村人所发，取其砖以卖者。是砖为累也。近日江南有识之家，不用砖葬，唯以石灰和筛土筑实，其坚如石。'此言甚中理。"[2] 由此可见，宋代南方地区的达官富人筑墓不用砖头，只用石灰和筛土夯实，避免将来被村民发掘而盗取砖头出卖。从考古资料来看，南方地区的砖室墓，其墓葬结构明显与北方有异。如四川地区的宋代砖室墓全用素砖建造，长方形，有龛室、棺台。墓顶有拱券（单券、重券）、迭涩。墓门用砖封闭。[3]1986 年 3 月 14 日，四川汉中博物馆在汉中市城北八里桥水库清理一座宋墓，墓葬为南北向，墓道向南，为长

---

[1] 罗火金、王再建：《河南温县西关宋墓》，《华夏考古》1996 年第 1 期。
[2] 江休复：《江邻几杂志》，《贾氏谭录（及其他三种）》，《丛书集成初编》本，中华书局，1991，第 16 页。
[3] 参见王家祐《四川宋墓札记》，《考古》1959 年第 8 期。

方形砖券墓。该墓由甬道、墓门、墓室三个部分构成，全长 3.56 米，墓室宽 1.48 米，甬道长 80 厘米，宽 76 厘米。券拱南端尽头用单砖砌成墓门影壁，墓底均用方形砖平铺为丁字形。① 安徽繁昌、浙江海宁东山等地也都发现有宋代的砖室墓。② 2000 年衡水市文物管理处发掘的武邑县崔家庄四座宋代砖室墓，分两排呈方形排列，各墓之间距离不等。砌筑方法基本相同，即在地面向下挖一圆形坑作为墓穴，其南面挖一长方形竖穴与之相连作为墓道，然后在墓穴中砌砖室。墓室结构相同，均由墓道、墓门、甬道、墓室四部分组成。③

2. 石室墓

石室墓是一种以石块为主要材料建成的墓。它由先秦时期的土墩石室墓等发展而来，是随着铁器的流行而兴起的。在宋代，石室墓颇为常见，其中以重庆和川东地区最为流行。其建筑特点是墓仿木建筑结构，用石条石板嵌砌。尤其是在后龛部分往往用石材雕成柱、梁、斗拱，门上雕有假窗，顶部雕有藻井。另一特点是两壁、后龛、门、梁上常有浮雕图案或人物故事，门侧多雕两武士像，与砖墓墓门所置两武士陶俑相同。石室墓后龛内常见"妇女启门"雕刻，又或在后龛雕刻墓主人像和备宴图、交椅等。如 1959 年清理的重庆井口宋墓，全部是用石材建造的，石材全系坚硬的砂岩。发掘报告称，此墓虽系一座并列的合葬墓，但各有其单独的墓门和墓室，两室之间有前后穿道相连，其建筑形式又完全对称。墓门高 160 厘米、宽 128 厘米，两墓门高与宽之比为 5∶4。每门各以高 168 厘米、宽 70 厘米、厚 28 厘米、重约半吨的石材两块分立于左右的地栿上，各承重一吨的横额和门楣石构成墓门。门楣上再用 14 厘米厚的板石作人字形的墓檐向外挑出 16 厘米，墓的正面就像房屋的山面。2 号墓的正中有一高浮雕的镇墓兽头置于门楣上，并向外伸出 30 厘米。据推断，1 号墓门的正中当时可能也有同样对称的雕刻，由于长久暴露在外面而被毁坏。1 号墓门用三块（现仅存两块）石板横叠封门；2 号墓则以两块石板竖着封门，并加用两块石条抵门，外再以七层石条垒砌成长 128 厘米、宽 200 厘米、高齐墓口的圈栏，内填土夯实，以固其墓。2 号墓左面有与墓成八字形的挡土墙一排，高 190 厘米，据推测，1 号墓的右面亦应有同样相对的挡土墙，可能早已被破坏。两墓墓室的建造完全相同，部件结构也十分对称。各墓室东西通长 360 厘米、南北净宽 128 厘米，由陈尸台至墓顶全高 300

---

① 汉中市博物馆：《汉中八里桥水库清理一座宋墓》，《文博》1989 年第 1 期。
② 繁昌县文物管理所：《安徽繁昌县老坝冲宋墓的发掘》，《考古》1995 年第 10 期；海宁县博物馆：《浙江海宁东山宋墓清理简报》，《文物》1983 年第 8 期。
③ 衡水市文物管理处：《河北武邑崔家庄宋墓发掘简报》，《文物春秋》2006 年第 3 期。

厘米。此墓虽用石材建造，内部结构大部分采用了仿木建筑的形式，如有柱、梁、斗拱和藻井等构造。但由于受材料的限制，仿木结构的部件，多成为室内的装饰，不起实际结构的作用。墓室的底部各施长 280 厘米、宽 42 厘米、高 40 厘米、重一吨多的地栿于左右两边，陈尸台与地栿砌于同一地平线上，地栿与陈尸台之间为宽 12 厘米、深 14 厘米的水沟，环于墓室的四周。两地栿的前端（即墓门处）和后部，各立高 168 厘米、宽 70 厘米、厚 28 厘米的大石料一块（上刻人物、故事）于其上，前端的上承墓门横额（上刻朱雀）、后部的上负横梁（上刻玄武）与横额前后相对，再加上左右的两道纵向过梁（上刻青龙、白虎），便构成了藻井的第一层。1 号墓的右壁和 2 号墓的左壁结构完全一样，各有向外凸出 20 厘米的壁龛。龛高 134 厘米、宽 26 厘米，内影刻八角形柱两根，分立于两面，无柱础，柱上各置一栌斗，柱与斗实为一石材雕成，两柱以影刻的月梁相连，月梁上亦影刻一朵小型斗拱，拱呈双鱼形，拱上用一散斗承替木，与两柱的栌斗相平，共承以纵向的过梁。1 号墓的左壁与 2 号墓的右壁的结构也完全相同。两墓壁紧依，并有前、后穿道将两墓相连。从结构上看，两墓多合用一材，也可以说是两壁实为一体的两面。前穿道长 140 厘米、宽 64 厘米、高 180 厘米，有抹角方柱四根分立于穿道东西两面，柱上各雕一栌斗与柱相连，每两柱上各

图5-9 奇峰镇二号宋代石室墓墓室正视

资料来源：四川省文物考古所《泸县宋墓》，文物出版社，2004，彩版二五。

承一枋，每枋上各有散斗七个相对称，散斗之上再过梁。两壁的过梁间形成一方井，方井的东西壁各雕花卉一幅相映。后穿道长140厘米、宽60厘米、高110厘米，系以两块大石料分东西对峙，上覆以大块盖石而成。东西两壁直立的石板上，各雕八角方柱两根，柱上端刻栌斗各一，两柱间各用月梁相连，月梁两端各施雀替于下，唯月梁上之斗拱两壁略有不同，西壁刻一三斗升承上枋。东壁的月梁上影刻一斗拱，拱呈双鱼形，拱上用一散斗承以枋。两墓的后壁建造也一样，各有向外凸出的龛，深46厘米、宽83厘米、高142厘米，分两重，其平面呈凸字形，外龛由两根抹角方柱组成，柱上亦雕栌斗，上覆墓顶盖石。里龛四周各收小16～24厘米，龛壁上各刻双扇关着的菱花槅扇，槅扇的绦环板上刻团花两朵，裙板上刻如意云纹，唯2号墓的门微开。藻井有四重，共高108厘米，为叠涩而成的藻井，即四面用石条层层向上挑出加盖而成。第一重由横额及过梁组成，四周雕青龙、白虎、朱雀、玄武四神；第二重叠于第一重之上，并向中心挑出10～18厘米，构成了正方形；第三、四重为抹角结构，这种造法既省料又牢固，最上复以盖石而成藻井。1号藻井盖石上刻阳文"延长"两字，2号墓刻阳文"福寿"两字。总之，整个墓室结构严密，石材表面精工雕琢，所有石块均对缝扣合，墓内未见泥浆渗入。墓室是由地栿、支柱、墙壁、横额、过梁、斗拱、枋、叠涩石、藻井、抹角等垒筑起来的，线条基本上纵横相交，只有少数斜线条和曲线，这就使得整个建筑显得十分简朴、严整。从墓室结构的严整和对称来看，显然墓室在建筑时是经过精心设计的，在建造过程中，基本上采用了预制配件然后进行安装施工的方法。①

除四川地区外，河南、贵州、浙江、安徽等地也发现有石室墓。②河南地区的石室墓墓葬规格较高，为权重者所用。官至枢密副使的冯京和彰德节度使王拱辰，其墓葬便是建筑精致的石室墓。③2000年8月因施工在贵州遵义市桐梓县城东南侧马鞍山观音寺大殿土坎内发现四座石室宋墓，其中M1位于最东侧，用巨大砂石砌筑而成，平面呈长方形，墓室内长266厘米、内最宽118厘米、内最高214厘米。墓室两侧壁和后壁建有壁龛，墓顶为覆斗形。墓室正中置长条形石棺床，棺床四周形成排水沟。墓门、侧壁龛和后壁龛内均有繁简不一的雕刻图案。墓门系可开合的双扇仿木格

---

① 重庆市博物馆历史组：《重庆井口宋墓清理简报》，《考古》1961年第11期。
② 金华地区文管会：《浙江兰溪县北宋石室墓》，《考古》1985年第2期；张宏明：《安徽无为县发现宋代石室墓》，《文物》1987年8期。
③ 河南省文物研究所等：《密县五虎庙北宋冯京夫妇合葬墓》，《中原文物》1987年第4期；洛阳地区文物工作队：《北宋王拱辰墓及墓志》，《中原文物》1985年第4期。

子门，门框宽113厘米，门框顶、底石两端各凿一门臼供门轴开合转动。单扇墓门高107厘米、宽55厘米、厚8厘米，门上雕刻分上中下三层，上层雕樟水板饰球纹格眼，中层为双腰串和腰华板，腰华板分两格，每格雕剔地菱形花卉图案，下层樟水板饰剔地圆壶门。侧壁龛，分内外两层。外龛宽132厘米、高125厘米，龛底即墓底，龛顶石立面有四格浮雕花卉，左、右两边饰抹角八棱柱，柱下有础、柱上饰斗。两柱间置内龛高82厘米、宽62厘米，龛顶石高22厘米，立面饰菱形花卉图案。龛壁立面雕枝繁叶茂的瓶插花卉图案，花卉构图上东西两壁略有不同，东壁插花向花瓶右下侧倾斜，西壁插花则较均衡分布在花瓶上方。后壁龛，分内外两层。外龛内宽94厘米、高52厘米、深24厘米，龛顶石高27厘米，龛底与棺床水平。内龛呈方形，顶饰抹角壶门，底有一剔地方框，内凿一仿木桌，龛上部饰双扇仿木格子门，雕饰与墓门大同小异。藻井，呈覆斗形，由三层石块叠涩垒成。最底层长130厘米、宽85厘米、高26厘米，即侧壁龛外龛饰花叶纹浮雕的顶石层。中层长84厘米、宽31厘米、高7厘米，南北侧即墓顶横梁。藻井长61厘米、宽48厘米、深34厘米，南北向立面饰连弧纹浮雕。藻井顶面饰壶门忍冬团花。藻井下南北两侧石立面均雕刻菱形花卉，北侧菱形内雕牡丹花一枝，南侧菱形内雕饰蒂形枝叶四枝，正中为圆形花一朵。棺床，长172厘米、宽165厘米、厚11厘米，由前、后两块石板连接而成，略施钻路，余皆素面。①广东潮州刘景墓墓室由一块花岗岩凿成，内置棺，石板盖顶，其上再铺石灰砂，并再盖一层花岗岩石条，然后在墓上用条石围建一个椁室，最后用三合土、石灰砂和黄泥沙堆成坟丘。②

3. 砖石墓

砖石墓又可称为砖石混合墓，是一种以墓砖和条石为主要建筑材料建成的墓。1991年四川省蒲江县发掘的宋朝散大夫宋德章夫妻墓，其墓葬形制是长方形砖石墓。两墓挨连，各长3米、宽2米、高1.8米，用双层火砖构筑。正面皆用五根白砂条石封门。每根条石长1.4米、宽0.25米、高0.35米。③而江苏南部地区的宋代砖石墓，其基本特点都是用砖砌成长方形的竖穴，然后上面盖石板为顶，俗称为"石顶砖室墓"。这类宋墓也有两种形式，简单一点的，大都用长条砖平摆顺身或间以平摆纵身砌成墓壁，中隔一层砖墙，隔成两室，呈长方形或梯形。间隔中部，常

---

① 贵州省文物考古研究所、桐梓县文物管理所：《贵州桐梓县马鞍山观音寺宋墓清理简报》，《江汉考古》2013年第4期。
② 广东省博物馆：《广东潮州北宋刘景墓清理》，《考古》1963年第9期。
③ 龙腾：《蒲江县宋朝散大夫宋德章墓出土文物》，《四川文物》1995第2期。

留一个小方洞，贯通两室。后壁三分之二高处，也常砌有一个凸字形的风洞，与墓室外通连。在这类洞内，常常放置一个坑碗，似作壁龛用。墓室平顶，砖墙上盖1～5块石板不等，质料有砂石和青石等。墓底不论砖底或泥底，在两端三分之一处，各平放一块长条砖或砌成一长条，作垫棺之用。讲究一点的，在墓室以外，加砌一拱顶砖廓。①

4. 土洞墓

土洞墓主要分布于豫西，均为竖穴墓道，墓室横列。2006年6～10月，为配合南水北调中线工程建设，四川大学历史文化学院考古学系会同新乡市文物局、卫辉市文物局对位于河南省卫辉市唐庄镇大司马村村北的大司马墓地进行了抢救性勘探发掘，清理出宋代墓葬三座。这三座北宋土洞墓均为竖穴式墓道，用石块垒砌（或堆放）封门，墓道在南而墓室在北，并且均随葬钱币。其中，M7为带竖井式墓道之洞室墓，平面略呈刀形，由墓道、墓门和墓室三部分组成。墓道位于墓室南壁偏东处，平面呈长方形，直壁，平底，长2.20米，宽1.16米。墓道内填土为黄褐色五花土，土质较软，结构松散，夹杂大量料礓石以及少许炭粒、红烧土粒、瓦片等。墓门位于墓道的北端，顶部为弧形，墓门高1.16米，与墓道同宽，用不规则的石块平铺。垒砌封堵，高1.26米，厚0.20～0.40米。墓室位于墓道北部，平面大体呈圆角梯形，东北壁为弧壁，西南壁的东半部分与墓门相接，顶部已坍塌，从残痕看应为弧顶，墓室四壁由下至上略外撇，至近顶部则略向内弧。墓室长2.24米，宽1.24～1.91米，残高1.18米。墓室西部置放木棺一具，棺木已严重腐朽，仅残存棺板痕及棺钉。从残痕看，木棺长1.96米，宽0.68～0.80米，板厚0.05～0.06米，残高0.32米。棺内底部铺一层厚0.02～0.03米的青灰。木棺的放置方法比较特殊，其具体做法是：先于墓室底部掏一深0.20米的长方形坑，长宽与棺木相当，然后将木棺置于该长方形坑内。棺下半部置于坑内，上半部暴露于墓室内。②

较为独特的是，其中一些土洞墓的墓壁上或多或少地浮雕出门窗及花卉图案，这种用土壁做材质于其上雕刻图案的做法为此处仅见，或许是一种地域性差异的表现。③

---

① 朱江：《江苏南部宋墓记略》，《考古》1959第6期。
② 河南省文物局南水北调文物保护办公室、四川大学考古学系：《河南卫辉大司马墓地宋墓发掘简报》，《华夏考古》2011年第4期；郑州大学历史学院考古系、郑州市文物考古研究院：《河南荥阳市官庄遗址宋墓发掘简报》，《四川文物》2013年第4期。
③ 三门峡市文物工作队：《三门峡市北宋墓发掘简报》，《华夏考古》1993年第2期。

5. 土坑竖穴墓

土坑竖穴墓在宋代江休复《江邻几杂志》中有载：

> 吴春卿葬新郑，掘地深二丈五尺，中更掘坑子，才足容棺。既下棺，于坑口上布柏团以遮之，即下土筑，不用砖甓。吴氏葬其先亦如此。

从考古资料来看，这种规模较小、结构简单的长方形土坑竖穴墓，一般有木棺葬具，部分设有头龛和腰坑。在北宋时期的中原地区，它处于墓葬等级最底层，常见于"漏泽园"，即官办的坟场，将无人认领的军人、老人、罪人及外地人的尸体集中安葬于规定的区域时常用土坑竖穴墓。① 还有一类竖穴土坑墓单人葬和合葬并存，有木棺葬具和随葬品。② 而在南方地区，特别是在长江中下游地区，土坑竖穴墓极其盛行。1997年，湖北省文物考古研究所在湖北秭归郭家坝镇东门头墓地发掘出一座宋代土坑竖穴墓。该墓墓口长3.12米、宽1.14米，墓底长2.52米、宽0.46米、深2.6米，坑内填土呈灰褐色，土质结构疏松。③ 湖北洪湖蒋岭宋代土坑竖穴墓，墓口长2.9米、宽2.4米。④

6. 石椁墓

石椁墓以条石砌出墓壁与墓顶，内置棺木。⑤ 石椁墓依壁画装饰分为两种类型。一种是壁面无装饰，它又可分为两个亚型：（1）单室，长方形盒式，长度在4米以下。如湖北英山郭家湾宋墓，头部设一龛。云梦罩子墩 M2，椁室分头箱与棺箱两部分，以石门间隔。（2）双室，长度在4米以上。湖北浠水城关宋墓，平顶，两室不通，石椁分享堂与棺室，均长6.07米，两室分别宽3.20米、3.78米。⑥ 麻城石室墓，券顶，分享堂与棺室，长4.86米、宽4米。⑦ 另一种类型是壁面无装饰的仿木结构石椁墓。平顶，椁内有仿木构建筑构件，如门、窗、斗拱。如湖北云梦罩子墩 M2，单室。英山茅竹湾宋墓，双室，长6.2米、宽3.7米。⑧

---

① 三门峡市文物工作队：《北宋陕州漏泽园》，文物出版社，1999，第385页。
② 河南省文物研究所：《河南省新乡县丁固城墓地发掘报告》，《中原文物》1985年第4期；于晓兴：《郑州出土宋代三彩狮子枕》，《中原文物》1986年第4期；河南省文化局文物工作队：《郑州南关外发现一座宋墓》，《文物》1965年第8期。
③ 湖北省文物考古研究所：《湖北秭归东门头汉墓与宋墓清理简报》，《江汉考古》2002年第3期。
④ 洪湖市文管会、博物馆：《湖北洪湖市蒋岭北宋墓》，《考古》1993年第7期。
⑤ 黄义军：《湖北宋墓分期》，《江汉考古》1999年第2期。
⑥ 浠水宋墓考古发掘队：《浠水城关北宋石室墓发掘》，《江汉考古》1989年第3期。
⑦ 王善才、陈恒树：《湖北麻城北宋石室墓清理简报》，《考古》1965年第1期。
⑧ 云梦县博物馆：《云梦罩子墩宋墓发掘简报》，《江汉考古》1987年第1期；黄冈地区博物馆：《英山茅竹湾宋墓》，《江汉考古》1988年第3期。

7. 岩洞墓

即将安置尸骨的棺材放置在岩溶地貌的溶洞中所成之墓。这种墓葬发现于广西的南丹里湖地区。因洞内棺材数量较多，故人们又称为"棺材洞"。①

8. 火葬墓

所谓火葬墓，就是焚尸后再挖坑埋葬而建的墓。其中最为典型的是骨灰陶坛墓：尸骨火化后放入陶质容器内而后再下葬。②根据埋葬手法的不同可分为两种类型：A型无坟冢仅埋葬陶坛。如佛山澜石M7~M11、佛山鼓颡岗M1~M3等。B型地面用灰沙板建有近似长方形的假椁，椁前用灰沙板砌一个祭台，椁的正面立碑封堵，墓碑的下方挖一个深坑放置装有骨灰的陶坛，如广州简家冈M1。③

（二）宋代坟墓的结构

宋代小墓的结构比较简单，而大墓则要复杂得多，除一般均有的墓道、墓门、甬道、墓室四部分外，还有封门墙、棺台、肋拱、壁龛等。

宋代的墓葬盛行腰坑，如福建地区有一墓内两腰坑或者三腰坑者。但这些"腰坑"有一个明显的共同点，这就是它们基本都位于棺床的中央，棺椁或死者的身下，这就把腰坑或"金井"与墓主人紧密地联系在一起。据学者研究，此时的"腰坑"主要是一种实用的器物坑，以不接地的为主，丰富的内含物也体现出多样的丧葬思想，体现出物与人之间的关系。如南宋虞公著夫妇墓中的"腰坑"，用意则直接体现在了钱币组成的文字上，华蓥安丙墓"腰坑"内的八卦图也暗含了风水思想。引人注意的，个别"腰坑"内置镇墓兽，似有守护墓主之意，这跟商周腰坑中埋狗的目的其实是一致的；内置陶罐的"腰坑"在先秦也比较常见。为什么会出现这种复古现象呢？这是因为随着宋代程朱理学的兴起，葬制上也出现了某种复古潮流，如宋代帝陵封土的方上形制及三合土浇浆墓等，都可看成对先秦两汉葬制的一种模仿。而腰坑墓本身在经历了魏晋南北朝及隋唐大部分时间的沉寂后，又在宋代兴起，可以解释为宋代在葬制上"复古"的又一表现。④

---

① 广西壮族自治区博物馆:《广西南丹县里湖岩洞葬调查报告》,《文物》1986年第11期。
② 吴敬:《华南地区宋墓初探》,《四川文物》2011年第6期。
③ 广东省文物管理委员会:《广东佛山市郊澜石唐至明墓发掘记》,《考古》1965年第6期；曾广亿:《广东佛山鼓颡岗宋元明墓记略》,《考古》1964年第10期；广州市文物管理委员会:《广州河南简家冈宋元墓发掘简报》,《文物参考资料》1957年第6期。
④ 吴伟:《白沙宋墓"金井"辨正》,《四川文物》2012年第2期。

三 宋代墓室的防护

宋人非常注重墓室的防护,如程颐曰:"地中之患有二,惟虫与水而已。所谓毋使土亲肤,不惟以土为污,有土则有虫,虫之侵骨,甚可畏也。世人墓中多置铁以辟土兽。"①

从文献和考古资料来看,宋代墓室的防护措施重点放在防潮上,其措施主要有以下两个:一是使用膏泥、树皮等防止水分对墓室的渗透;二是利用木炭等吸潮。

(一)防潮密封材料的使用

宋代墓葬中的防潮密封材料主要有膏泥、木炭、石灰、松香等。

膏泥是一种颗粒非常细腻、黏性很大的土,土质较湿,不易渗水,潮湿时呈青灰色,因此得名青膏泥,晒干后呈青白色,故又称白膏泥。其主要成分是二氧化硅、三氧化二铝及钙、镁、钠、钾等氧化物,其黏性极大,分子紧密,有很强的防腐功效。如果在棺椁周围填塞一定厚度的白膏泥或青灰泥,且夯筑得宜,可使墓室与外面空气隔绝。这样"存于棺椁中不多的空气,用以氧化尸体的皮肉犹感不够,当然再无余力氧化随葬物及棺椁了"。②再者,膏泥具有相当强大的吸水性,若地下水位高及膏泥层,则可通过膏泥层的过滤,缓慢渗入墓中。水的存在虽然加速了蛋白质类物质的腐烂,但它在客观上增强了密封作用,有利于非蛋白质类物质的保存。所以,凡是用膏泥密封得严实的墓室,内中葬具及葬品大多保存得比较完好,而密封得不好或全然不用膏泥密封的墓室,内中葬具及葬品就保存得较差,甚至腐烂无存。《长沙楚墓》一文载:"长沙楚墓中棺椁葬具保存的好坏,是与白膏泥的多少或有无成正比的。凡填有白膏泥的墓葬都能发现棺椁或残存棺椁的痕迹;反之,未填白膏泥的墓葬,决不能发见棺椁的痕迹。"③《湖北江陵太晖观楚墓清理简报》亦曰:"(这里)棺椁能保存下来的原因,主要有二:一是棺椁外有白膏泥,起了防腐作用;二是地下水位高,棺材浸在水中不易腐烂。"④由此可见,白、青膏泥对防腐所起的巨大作用。

与前代一样,宋代墓葬也非常注重膏泥、三合土的使用。如湖南衡阳何家皂北宋墓,棺椁之间填满石膏,封闭严密。⑤陕西洋县南宋彭杲夫妇墓,上部为 0.5 米黄土

---

① 程颢、程颐:《二程集·河南程氏文集》卷 10《伊川先生文六·记葬用柏棺事》,第 2 册,第 626 页。
② 吴铭生、戴亚东:《长沙出土的三座大型木椁墓》,《考古学报》1957 年第 1 期。
③ 湖南省博物馆:《长沙楚墓》,《考古学报》1959 年第 1 期。
④ 郭德维:《湖北江陵太晖观楚墓清理简报》,《考古》1973 年第 6 期。
⑤ 陈国安、冯玉辉:《衡阳县何家皂北宋墓》,《文物》1984 年第 12 期。

及农耕层，下部为 0.45 米厚的白膏泥，非常坚硬。墓室用素砖砌成，拱顶，每室各自发券。拱券为双层，层间填 0.05 米厚的三合土。① 近年在南京六合城北发现的一个宋代竖穴土坑墓，棺木长 2.8 米，宽 0.65 米，高约 0.8 米。棺木主体周围还配有门、栅栏等木结构，从出土的情况看，棺木保存得非常完好。据专家介绍，墓坑宽 1.5 米，在棺木和墓壁之间全部用青膏泥封得严严实实，所以墓中棺木千年隔绝空气，一直未受潮。②

木炭、石灰由于有吸潮的作用，早在先秦时期便被统治者用于墓葬的防腐上。《吕氏春秋·节葬篇》曰："积石积炭，以环其外。"高诱注曰："石以其坚，炭以御湿。"从文献记载来看，墓室下部充以蜃、炭，只见于春秋中期的宋国君之墓。如《左传·成公二年》载："八月，宋文公卒，始厚葬，用蜃、炭。"蜃为大蚌蛤，这里指蜃灰，也就是俗称的石灰；炭即木炭。《周礼·考工记》郑玄注云："'用蜃炭'者，用蜃灰复用木炭也。"两物皆能"御湿"。此后，人们在前人的基础上对防潮方法做了改进，主要表现在缩小墓室空间、用防潮性能更好的材料填充棺椁间及棺椁与墓壁间的空隙等。其中最流行的，是在这些空隙间填塞松香、石灰或糯米石灰浆，也有填塞石膏、细砂、木炭者。③ 宋代的墓葬同样沿袭古人的传统。廖子晦问葬法，朱熹回答道："后来讲究木椁沥青，似亦无益。但于穴底先铺炭屑，筑之厚一寸许，其上即铺沙灰，四傍（此所谓四傍，谓沙灰之四傍也）即用炭屑，侧厚寸许，下与先所铺者相接。筑之既平，然后安石椁于其上。四傍（此所谓四傍，谓石椁之四傍也）又下三物如前。棺底及棺四傍（此谓棺之外、椁之内）上面，复用沙灰实之，俟满加盖，复布沙灰，而加炭屑于其上。然后以土筑之，盈坎而止。盖沙灰，以隔蝼蚁，愈厚愈佳。顷尝见籍溪先生说，尝见用灰葬者，后因迁葬则见灰已化为石矣。炭屑则以隔木根之自外至者，亦里人改葬所亲见。故须令在沙灰之外，四面周密，都无缝罅，然后可以为固。但法中不许用石椁，故此不敢用全石，只以数片石合成，庶几不戾法意尔。"④ 如陕西洋县南宋彭杲夫妇墓，棺木为内外两层，嵌入棺底凹槽，夹层底部排列一周银铃，填充木炭屑、松香和白膏泥混合物。⑤

---

① 李烨、周忠庆：《陕西洋县南宋彭杲夫妇墓》，《文物》2007 年第 8 期。
② 《六合古墓惊现美容梳妆品 "穿越"千年看宋代时尚》，扬子晚报网，2011 年 5 月 5 日。
③ 参见霍巍《关于宋、元、明墓葬中尸体防腐的几个问题》，《四川大学学报》(哲学社会科学版) 1987 年第 4 期；霍巍《论宋、元、明时期尸体防腐技术发展的社会历史原因》，《四川大学学报》(哲学社会科学版) 1990 年第 1 期。
④ 朱熹：《朱子家礼》附录，〔日〕吾妻重二著、吴震编《朱熹家礼实证研究》，第 375～376 页。
⑤ 李烨、周忠庆：《陕西洋县南宋彭杲夫妇墓》，《文物》2007 年第 8 期。

（二）"灰隔"的出现和流行

"灰隔"的出现和流行，是中国古代墓葬建筑上意义最重大的变革之一。所谓"灰隔"，又称为"灰椁"，它是指用"三合土"（通常是用石灰、沙子和黄土混合而成）或者石灰糯米汁浇浆灌注、覆盖包裹整个椁和墓圹，形成坚固严密的保护层。

"灰隔"的墓葬形式可能起源于晚唐、五代时期的南方墓葬中，但其流行时期则是在入宋以后。北宋中叶江休复《江邻几杂志》载："近江南有识之家不用砖葬，唯以石灰和筛土筑实，其坚如石。"这在考古资料中得到了有力的证实，如江苏金坛周瑀墓、上海嘉定南宋赵铸夫妇墓等就使用了这种墓葬形式。周瑀墓室为长方形券顶砖室，券顶距地面2米。墓室长275厘米、宽101厘米、高160厘米。墓壁厚15厘米，用长33厘米、宽15厘米、厚6厘米的青砖错缝顺砌，砌至高123厘米处改用长27厘米、宽8厘米、厚4厘米的青砖竖砌一层后起券，券顶厚10厘米，用长18厘米、宽10厘米、边厚分别为4厘米和2.7厘米的刀形砖砌成。墓室左右及后壁砌至45厘米高处向外砌出4厘米，凹处填细砂石灰与墓壁抹平，以防潮湿。前壁距墓底37厘米高处有一小龛，高35厘米、宽41厘米、深15厘米，内置陶瓶、木牌位、铁地券各一件。墓底铺砖5层，厚20厘米。[①]江西德安宋代纪年墓（1037）也同样使用这种防潮措施。[②]

明人陈确曾经高度评价这种新型的墓葬形式："砖葬零砌，且有空隙，而灰葬打成一具无缝之石椁，坚瑕之相去远矣！……祸莫速于浅葬，莫酷于中空。空则畜水穴虫，兼忧覆坠；浅露必不能久存，二者之祸，其理易见，砖葬者皆将不免。灰葬则实而能深，千秋之计，无以易此，非徒惜费之谓也。然事半功倍，生死两安，何校如之！"[③]

第四节　合葬与迁葬

一　合葬

宋代社会上盛行夫妇合葬。这种夫妻合葬，既有一夫一妻合葬，也有一夫与多妻

---

① 肖梦龙：《江苏金坛南宋周瑀墓发掘简报》，《文物》1977年第7期。
② 彭适凡等：《江西发现几座北宋纪年墓》，《文物》1980年第5期。
③ 陈确：《陈确集·别集》卷7《葬书下·砖灰椁解惑说》，中华书局，1979，第498页。

合葬的现象，其中以一夫一妻合葬最为普遍。

（一）一夫一妻合葬墓

受传统儒家思想的影响，夫妻"生则同床，死则同穴"的观念在宋人的脑中根深蒂固地存在着。如程颐曰："今天下臣庶之家，夫妇莫不同穴，未闻以为忌也。"① 正是在此观念的影响下，有人竟干出违法之事来。史载：张唐卿"通判陕州，其于吏事如素习。民有母再适人而死，及葬其父，恨之不得祔，乃盗母之丧同葬之。有司请论如法，唐卿时摄州事，乃曰：'是知有孝，而不知有法耳！'奏释之"。②

然而这种合葬是"同坟而异葬"，或"同垄而异圹"，即夫妻共享一个坟墓而不同室。苏轼《东坡志林》卷七载：

> 《诗》云："榖则异室，死则同穴。"古今之葬者，皆为一室，独蜀人为同坟而异葬，其间为通道，高不及眉，广不能容人。生者之室，谓之寿堂，以偶人被甲执戈，谓之寿神以守之，而以石甓塞其通道。既死而葬，则去之。某先夫人之葬也，先君为寿室，追为先人墓志，故其文曰蜀人之祔也，同垄而异圹。君实谦以为己之文，不敢与欧阳公同藏也。东汉寿张樊恭侯遗令，棺柩一藏，不宜复见，如有腐败，伤孝子之心，使与夫人异藏。光武善之，书以示百官。盖古亦有是也，然不为通道。又非诗人同穴之义，故蜀人之葬最为得礼也。

由此可见，夫妻虽然"同坟而异葬"或"同垄而异圹"，但之间留有魂道，供死者夫妇转入鬼神世界后往来之用。

"同坟而异藏，其间为通道"的夫妻合葬墓，即一夫一妻合葬墓，以长方形竖穴的"双室并列"形式，夫居右室，妻居左室，尊卑清晰。左、右室相邻的墓壁，惯常在墙上留有一个或数个小龛，把隔开的墓穴连通在一起。③ 此种现象在考古中多有发现，其中四川地区尤为突出，南宋虞公著夫妇合葬墓就是一例双室联葬。④ 此外，宋代其他地区的墓葬也存在着这种现象，1972年6月在河南郏县茨芭公社"三苏坟"院南门外东南发现的苏辙次子苏适夫妇合葬墓的墓室，为双门双室砖结构。苏适的墓室

---

① 程颢、程颐：《二程集·河南程氏文集》卷5《伊川先生文一·奏疏》，第2册，第533页。
② 李焘：《续资治通鉴长编》卷120，景祐四年闰四月己卯条，1985，第9册，第2828页。
③ 元代王文禄《葬度·杂辨》解释道："夫妻双圹穿墙孔，曰'孝顺洞'，通魂往来。"（陶宗仪编《说郛》读弓46，《说郛三种》，第10册，第1438页）也就是说，这种开在墓穴隔墙上的小龛，是供死者亡灵通行的孔道。
④ 四川省文物管理委员会、彭山县文化馆：《南宋虞公著夫妇合葬墓》，《考古》1985年第3期。

居北，南为其妻黄氏墓室。两墓门朝西，进门后为棺室，两墓室并列，外边墙体通砌而成。两室的大小几乎一样，只是苏适的墓室比其夫人黄氏的高 4 厘米。两室之间的隔墙厚度达到 0.96 米，西头有一小券门相通。①浙江武义发掘的徐谓礼夫妇合葬墓和黔北大量宋代夫妻合葬墓，隔墙上也留有小孔，这种小孔就是文献中所说的神秘通道。②由此可以看出，"同坟而异葬"、"同垄而异圹"的夫妻合葬，被宋人视为"最为得礼"的葬式。

关于合葬夫妇的方位，朱熹曾曰："某当初葬亡室，只存东畔一位，亦不会考礼是如何？"陈安卿云："地道以右为尊，恐男当居右。"朱熹曰："祭时西为上，则葬时亦当如此，方是。"③张载曰："安穴之次，设如尊穴南面北首。陪葬者前为两列，亦须北首，各于其穴安夫妇之位。坐于堂上，则男东而女西；卧于室中，则男外而女内也。"④

（二）一夫与多妻的合葬

除一夫一妻合葬外，宋代也有一夫与多妻合葬的现象。元绛，字厚之，钱塘（今浙江杭州）人。死于元丰七年（1084）。次年某月某日葬于杭州钱塘县某乡某里，去祖茔几里所。夫人太原王氏、蜀郡王氏并祔公茔。⑤

从文献和考古资料来看，这种一夫两妻的合葬墓，往往是三穴并列合葬，其位次安排是：丈夫居中室，妻室居左侧，"继室"居右侧，体现夫、前室、继室的尊卑。陕西洋县南宋彭杲夫妇墓就是一座一夫两妻的合葬墓。从清理情况来看，墓室为东西向并列的三室，中室墓主为彭杲，东室为任夫人，西室为王夫人。中室后连一个小室。墓葬平面呈"凸"字形。墓室用素砖砌成，拱顶，每室各自发券。拱券为双层，层间填 0.05 米厚的三合土。拱高 0.92 米。中室与东、西两室辟券门连通。券门高 0.96 米、宽 0.76 米、进深 0.9 米。中室与后室亦辟券门连通，门高 1.9 米、面阔 1.49 米、进深 0.7 米。设石门框、木槛。中室进深 4.2 米、宽 2.4 米、高 2.42 米。后室进深 2.18 米、宽 2.4 米、高 1.4 米。东、西两室规格相同，进深 3.9 米、宽 2.4 米、高 2.42 米。⑥

---

① 李绍连：《宋苏适墓志及其他》，《文物》1973 年第 7 期。
② 张合荣：《黔北宋墓反映的丧葬心理与习俗》，《贵州文史丛刊》1998 年第 6 期。
③ 黎靖德编《朱子语类》卷 89《礼六·冠昏丧》，第 6 册，第 2286 页。
④ 张载：《经学理窟·丧纪》，《张载集》，第 299 页。
⑤ 苏颂：《苏魏公文集》卷 52《太子少保元章简公神道碑》，第 780～789 页。
⑥ 李烨、周忠庆：《陕西洋县南宋彭杲夫妇墓》，《文物》2007 年第 8 期。

宋代张载对这种一夫与多妻合葬的现象颇为反感,他说:"祔葬、祔祭,极至理而论,只合祔一人。夫妇之道,当其初昏未尝约再配,是夫只合一娶,妇只是合一嫁。今妇人夫死而不可再嫁,如天地之大义,然夫岂得而再娶?然以重者计之,养亲承家,祭祀继续,不可无也,故有再娶之理。然其葬其祔,虽为同穴同筵几,然譬之人情,一室中岂容二妻?"为此,"以义断之,须祔以首娶,继室别为一所可也"。[①]

二 迁葬

关于改葬之礼,有人曾问朱熹,朱熹回答曰:"须告庙,而后告墓,方启墓以葬。葬毕,奠而归,又告庙,哭而后毕,事方稳当。行葬更不必出主,祭告时却出主于寝。"[②]

宋代迁葬流行撰写告皇考文、皇妣文、先妻文等等,如王之道《迁葬告皇考文》:"岁在甲寅,维暮之冬,时以不孝,获罪昊穹,官军始扰,边警继至,远迩震动,不克襄事,三日而殡,忽焉二周,眷言遗令,涕泗滂流,轩居之原,肇修新阡,归葬有期,敬以告迁。"又,王之道《迁葬告皇妣文》:"往遭闵凶,岁在阉茂。日月漂流,七年以久。方当归葬,郡寇满路。曾不旬浃,有伐其墓。皇天祐善,贼遂中止。幸不及棺,惭痛何已。哀哀先君,后兹五载。奄弃诸孤,欲养不逮。死则同穴,王诗所言。先君有命,岂敢惮烦。轩车之原,卜云其吉。祔于先君,万事永毕。童孙冢妇,夹侍其圹,肝心若裂,莫写悲怆。"王之道《迁葬告先妻文》:"汝以盛年弃诸子事厥姑于地下,在汝亦云幸矣。而诸子痴且顽:男及冠,而忽于诗礼之学;女已笄,而昧于箕箒之奉。启迪扶持,独能无意耶。先妣之死,汝实送之;先考之殂,汝其知之。今将迁先妣于祖茔之东,举先考于相山之西,而合葬于轩车之南,檀林之麓,以汝侍先妣而居于右,以亡侄童儿侍先考而居于左。汝其有知,庶鉴此心。"王之道《改葬告亡考宣教祝文》:"自初襄事,以迄于今,十有六年。两见于梦,始侍杖屦。立于冢旁,指顾其前,俾整治之。觉而茫然,莫得其处。昨也宵惊恍如,改卜百里之内。奠赗日至,神之告人,决非偶然。天诱其衷,聿来孙公,相其阴阳。旷若发蒙,趋全避缺,得地西南,稽之梦寐,实契我心,将以八月,蠲吉谋良。原起乘止,万年其藏。"[③]

[①] 张载:《经学理窟·丧纪》,《张载集》,第298页。
[②] 朱熹:《家礼》附录,〔日〕吾妻重二著、吴震编《朱熹家礼实证研究》,第381页。
[③] 以上参见王之道《〈相山集〉点校》卷28,沈怀玉、凌波点校,第344页。

王衣，字子裳。右中大夫充集英殿修撰，提举江州太平观。其先姬姓，系出晋阳，世籍大名之冠氏，后徙为济南历城人。"金紫公自冠氏迁高、曾二世葬于济南之长清，而家历城。至正议公，又移居长清，以便展省。祖母华原郡君郭氏已没未葬，而正议公捐馆，将治窀穸，公并举其丧祔于祖茔之侧，仪物甚备。"①

这种迁葬现象在考古资料中也得到了充分的反映：2001 年 10 月，在安徽省濉溪县马桥乡董楼行政村蒋店自然村西 50 米处，因修建合徐高速公路，发现有 51 座宋墓的古墓群。从考古发掘的清理情况来看，濉溪宋墓以二次葬为其突出特点。

二次葬大致有两种情况：一是原地迁葬，即同族几代人在一个不大的区域，或一个小的行政区划内，行一次葬的死者行将埋葬时，丧家把先亡者（二次葬）从另处或其他墓迁过来，几个或更多个人合葬在一起。这种情况有一个突出特点，即有一个为一次葬，其他为二次葬。二是异地迁葬。由于大的自然灾害或战乱诸因素，迁往外地定居的人不忍将家人远弃异处，把同族或长辈集体迁来定居处安葬。这种情况就不一定有一次葬，可以是集体二次葬。如前所述，濉溪宋代墓群似应为后一种情况。这种异地迁葬的二次葬，应与当时社会离乱、人口迁徙、经济重心南移的大背景有关。如刘桥周大庄的墓葬形制大同小异，葬具简陋且无陪葬品，埋葬相对集中，墓地使用时间较短，有可能是外来定居者将亲属从外地迁葬于此。②

另据有的文献记载，宋代迁墓时，是将骨骸"俱全拾于柳箱，用绵絮衬之，于生门安之"。M44 成年墓主膝部铜镜上恰留有棉絮一类的印痕，并且还粘有朽木。骨架的胫骨、腓骨以下被捡拾起来，与股骨放在一起。棺钉小而短，不似厚重棺材的用钉。由此来看，宋人迁葬时以柳箱为棺、棉絮为衬，在安阳一带当实有其事。③

第五节　墓域设施

一　神道碑表

与前代一样，宋代也有墓前立碑的习俗。魏了翁说："呜呼！墓之有碑，虽汉、

---

① 綦崇礼：《故右中大夫充集英殿修撰提举江州太平观历城县开国男食邑五百户赐紫金鱼袋王公墓志铭》，《全宋文》卷 3659，第 168 册，第 41 页。
② 安徽省文物考古研究所、濉溪县文物保护管理所：《安徽濉溪县董楼宋墓发掘简报》，《华夏考古》2009 年第 2 期。
③ 唐际根、郭鹏：《河南安阳新安庄西地宋墓发掘简报》，《考古》1994 第 10 期。

魏之末造，而人子报亲之心必诚必信，于此亦可概见。乃为勒其语于碑阴，以备来者之参考云。"①但按宋代丧葬令的规定，五品以上的官员才能享受到立神道碑的待遇。②

李澣（？～962），字日新。幼聪敏，慕王、杨、卢、骆文章。后唐长兴初，吴越王钱镠卒，诏兵部侍郎杨凝式撰神道碑，令李澣代草，凡万余言，文甚遒丽，时人看后都说写得好。③元祐元年（1086），哲宗诏故宰相王珪寿昌坊官第神道碑，额曰"懿文"，仍差中书舍人钱勰书。④权相秦桧死后，高宗追封其为申王，谥忠献，赐神道碑额为"决策元功，精忠全德"。⑤

而对一些有特殊功绩或者皇帝非常亲近的文武大臣，皇帝甚至亲自书写神道碑额，颁赐给死者家属，这在当时被视为极高的礼遇。《渑水燕谈录》载北宋御书碑额曰：

> 仁宗天纵多能，尤精书学。凡宫殿门观，多帝飞白题榜。勋贤神道，率赐篆螭首。王曾之碑曰"旌贤"，寇准曰"旌忠"，李迪曰"遗直"，晏殊曰"旧学"，丁度曰"崇儒"，王旦曰"全德元老"，文彦博父均曰"教忠积庆"，李用和曰"亲贤"，范仲淹曰"褒贤"，曹利用曰"旌功"，吕夷简曰"怀忠"，张士逊曰"旧德"，狄青曰"旌忠元勋"，其余不可悉记。或云：初王子融守河中，模唐明皇题裴耀卿碑额献之，仁宗乃赐文正碑曰"旌贤"，大臣碑额赐篆，盖始于此，其后英庙、神考，亦屡有赐者。⑥

又，《宋朝事实类苑》卷八载：

> 韩忠献公神道牌，神宗御制也。中云公薨前一夕，有大星殒于园中，枥马皆鸣。又曰公奉诏立皇子，被顾命立英宗为皇帝，立朕以承祖宗之叙，可谓定策元勋之臣。后铭其碑曰："公行不归，中夕是悼。尚想公仪，泪落苑草。"复御篆十字，填金以冠其额曰"两朝顾命，定策元勋"之碑。

---

① 魏了翁：《书魏少申谟仲碑阴》，《全宋文》卷7089，第310册，第187页。
② 按丧葬令，五品已上立碑，螭首龟趺，高不得过九尺。又云：文武五品已上致仕官薨卒者，其吊祭赗物，依见任殿中丞品第五、太常少卿品第四（见王禹偁《殿中丞赠太常少卿桑公神道碑铭》，《全宋文》卷161，第8册，第167页）。
③ 《宋史》卷262《李涛附弟澣、孙仲容传》，第26册，第9062页。
④ 李焘：《续资治通鉴长编》卷376，哲宗元祐元年四月辛亥条，1992，第26册，第9118页。
⑤ 《宋史》卷31《高宗本纪八》，第38册，第582页。
⑥ 王辟之：《渑水燕谈录》卷9《杂录》，第114页。

第五章　墓地与墓室

赵普（922~992），字则平，幽州蓟人，后徙居洛阳。北宋著名的政治家。位至宰相。皇帝闻其卒，非常震惊，对近臣说："普事先帝，与朕故旧，能断大事。向与朕尝有不足，众所知也。朕君临以来，每优礼之，普亦倾竭自效，尽忠国家，真社稷臣也。朕甚惜之。"伤心得流泪。左右的文武大臣看到后都非常感动。太宗诏令废朝五日，为其出次发哀。赠尚书令，追封真定王，赐谥"忠献"，亲书神道碑铭赐之。遣右谏议大夫范杲摄鸿胪卿，护丧事，赙绢布各五百匹，米面各五百石。葬日，有司设卤簿鼓吹如式。①

高继勋（958~1035），字绍先，亳州蒙城（今安徽蒙城）人。北宋名将。"性谦，有机略，善抚御士卒，临战辄胜。在蜀有威名，号神将"。历仕右班殿直、崇仪使、陇州团练使、滑州知府。卒年七十八岁。上令辍视朝一日，赠太尉。神宗即位，累赠继勋太师、尚书令兼中书令，追封康王，谥穆武。熙宁九年（1076），帝诏宰相王珪撰神道碑，御赐碑首曰"克勤敏功钟庆之碑"。②

寇准（961~1023），字平仲，华州下邽（今陕西渭南）人。北宋政治家。两度入相，一任枢密使，出为使相。天圣元年（1023）九月，病逝于雷州。殁后十一年，复赐太子太傅，赠中书令，赐谥曰"忠愍"。皇祐四年（1052），诏翰林学士孙抃为寇准撰神道碑，皇帝亲自篆其首，曰"旌忠"。③

也正因为如此，一些大臣死后，其家属纷纷要求皇帝亲自给死者书写神道碑额。富弼死，其子绍庭请求朝廷赐神道碑额，诏赐富弼神道碑，以"显忠尚德"为额，仍命翰林学士苏轼撰文。④这样的事情一多，让"日理万机"的皇帝不胜其烦，只得下诏："自今臣僚之家，毋得陈乞御篆神道碑额。"⑤特别是到宋室南渡后，大臣死后极少能够享受到皇帝亲自给死者书写神道碑额的礼遇。据李心传《建炎以来朝野杂记》所载，南宋大臣死后享受到皇帝赐墓碑额礼遇的屈指可数：

绍兴初，上始书韩文定神道，曰"世济厚德之碑"。其后得此赐者亦不多。秦丞相父"清德启庆"、秦丞相"决策元功，精忠全德"、陈文恭"旌忠显德"、杨和王"安民定功，佐运兴德"、刘忠显"旌忠褒节"、吴信王"安民保蜀，定

---

① 《宋史》卷256《赵普传》，第25册，第8939页。
② 《宋史》卷289《高琼子继勋传》，第28册，第9696页。
③ 《宋史》卷281《寇准》，第27册，第9534页。
④ 李焘：《续资治通鉴长编》卷395，哲宗元祐二年二月辛卯条，1992，第27册，第9629页。
⑤ 李焘：《续资治通鉴长编》卷192，仁宗嘉祐五年十一月辛丑条，1985，第14册，第4651页。

国同德"、韩蕲王"中兴佐命，定国元勋"、史太师"纯诚厚德元老"、周益公"忠文耆德"。①

需要说明的是，宋代宦官即使位居五品以上，死后也不能立神道碑。内供奉官张承素为其父赠丰州观察使崇贵立神道碑，真宗明确加以拒绝，曰："中官立碑，恐无此例。如李神福、窦神兴曾立碑即可。"②死者生前品行如不获认可，也无人为其撰写神道碑。如宋代俞德邻《佩韦斋辑闻》卷二载："秦桧为相，怙权恃援，沮复仇之议，诛杀勋旧，诬陷忠良。死之日，诏撰神道碑，士大夫无肯执笔者。"

神道碑文一般请擅长文学的名家撰写。大文豪苏轼平生不喜欢为人撰写行状、埋铭、墓碑，他在《辞免撰赵瞻神道碑状》中云："臣平生不为人撰行状、埋铭、墓碑，士大夫所共知。近日撰《司马光行状》中，盖为光曾为臣亡母程氏撰埋铭。又为范镇撰墓志，盖为镇与先臣洵平生交契至深，不可不撰。及奉诏撰司马光、富弼等墓碑，不敢固辞，然终非本意。况臣老病废学，文辞鄙陋，不称人子所欲显扬其亲之意。伏望圣慈别择能者，特许辞免。"③另据其《祭张文定文》云：苏轼一般不轻易给人撰写墓志铭，从其文集来看，他只为五人写过墓志铭，这五人都是当时社会上有"盛德"之人，即富韩公（弼）、司马温公（光）、赵清献公（抃）、范蜀公（镇）、张文定公（方平）。上述五篇为苏轼所自作，此外赵康靖、滕元发二志乃是其代张方平而写的，故不列于五人之数。即使勉强写了，也是叙事极其简略，如他作的温公神道碑。④

当然，要写好一篇神道碑文并非易事。"程文简公父元白，官止县令，以文简贵，赠太师。类无可书，欧阳公追作神道碑，至九百余言，世以为难。韩忠献公曾祖惟古无官，以忠献贵，赠太保，益无可书。李邦直追作神道碑，至三百余言，其文无一剩语，世尤以为难也。"⑤另据徐度《却扫编》载，苏轼初欲为富韩公撰神道碑，但久久没有动笔。有一天他白天睡觉，梦见一个身材魁梧、自称是寇准的男子来访，与他一起谈了很长时间。苏轼醒后，便立即下笔，首叙景德澶渊之功，以及庆历议和，不久一篇文采极高的神道碑铭便写好了，并送给张文潜看。文潜阅后说："有一字未甚安。"苏轼请他指出，文潜说："盖碑之末初曰'公之勋在史官，德在生民，天子虚己听公，

---

① 李心传：《建炎以来朝野杂记》甲集卷9《渡江后赐墓碑额》，第189~190页。
② 李焘：《续资治通鉴长编》卷76，真宗大中祥符四年六月甲子条，1980，第6册，第1727页。
③ 苏轼：《苏轼文集》卷33《辞免撰赵瞻神道碑状》，孔凡礼点校，第929页。
④ 洪迈：《容斋随笔·四笔》卷6《东坡作碑铭》，下册，第685页。
⑤ 邵博：《邵氏闻见后录》卷16，中华书局，1983，第128~129页。

西戎、北狄视公进退以为轻重,然一赵济能摇之',窃谓'能'不若'敢'也。"苏轼听后觉得他讲得很有道理,便立即根据他的意见修改了。①

由于神道碑文多是文学名家撰写,当然其润笔费也是非常昂贵。"王禹玉作《庞颖公神道碑》,其家送润笔金帛外,参以古书名画三十种,杜荀鹤及第时试卷亦是一种。"②周邦彦待制尝为刘昺之祖作埋铭,以白金数十斤为润笔,不受。刘昺无以报之,因除户部尚书,荐以自代。后刘昺缘坐王黼訹言事获罪,周邦彦亦落职,罢知顺昌府宫祠。周笑谓人曰:"世有门生累举主者多矣,独邦彦乃为举主所累,亦异事也。"③

当然收了丧家高额的润笔费,自然要在文中多加溢美之词。据宋王明清《挥麈录》载,翟无逸云:"孙仲益每为人作墓碑,得润笔甚富,所以家益丰。有为晋陵主簿者,父死,欲仲益作志铭,先遣人达意于孙云:'文成,缣帛良粟各当以千濡毫也。'仲益忻然落笔,且溢美之。既刻就,遂寒前盟,以纸笔、龙涎、建茗代其数,且作启以谢之。仲益极不堪,即以骈俪之词报之,略云:'米五斗而作传,绢千匹以成碑,古或有之,今未见也。立道旁碣,虽无愧词;诶墓中人,遂成虚语。'"④宋代费衮《梁溪漫志》卷八《程文简碑志》载:"某公在章献明肃后垂箔日,密进唐武氏《七庙图》。后怒,抵之地,曰:'我不作负祖宗事。'仁皇帝解之曰:'某但欲为忠耳!'后既上宾,仁皇帝每曰某心行不佳,后竟除平章事,盖仁皇帝甚德而度不念旧恶故也。自某公死,某公为碑志,极其称赞天下,无复知其事者矣。某公受润笔帛五千端云。予按颍滨《龙川略志》载,进《七庙图》乃程文简也夫。善恶之实,公议不能掩,所谓史官不记,天下亦皆记之矣。然程公墓志神道碑,皆欧阳公所为。凡碑志等文,或被旨而作,或因其子孙之请,扬善掩恶,理亦宜。然至于是是非非,则天下自有公论。欧阳公一世正人,而谓受润笔帛五千端,人不信也。"而有的则借撰写碑文之机发泄心中之愤。宋代田况《儒林公议》就记载了这样一个事例:故相陈尧佐既终于家乡郑州,时翰林学士李淑知郑州,陈尧佐诸子遂收集其父亲的生平事迹,将材料交给李淑,请求他给父亲陈尧佐写一篇神道碑文。李淑怨陈尧佐在职时一直不荐引自己,故此虽纳其润赂,但其在所写的神道碑文中有讥薄之意。陈尧佐诸子看后不满意,哀请李淑修改,但李淑一直不肯。陈尧佐家认为这是一种耻辱,遂不立石,且收集李淑在郑州

---

① 徐度:《却扫编》卷下,《宋元笔记小说大观》第4册,第4514页。
② 叶梦得:《石林燕语》卷10,第152页。
③ 庄绰:《鸡肋编》卷中,第70页。
④ 王明清:《挥麈录·后录》卷11《孙仲益作墓碑》,第165页。

时咏柴陵诗,"弄驷牵车挽鼓催,不知门外倒戈回。荒榛断陇才三尺,刚道房陵半仗来",向皇帝告状。"淑自负文藻,急于柄用,众恶其阴险,每入朝,则搢绅为之不安。上渐知之,故久留外郡。其诗寔由怨怼而作,遂罢禁林,主钥南都。淑上章自理不已,后因持服遂留京师。"赵彦卫《云麓漫抄》也对这种现象做了评述,他说:

> 近世行状、墓志、家传,皆出于门生故吏之手,往往文过其实,人多喜之,率与正史不合。如近日蜀本《东都故事·赵普传》,与正史迥然如两人,正史几可废。前辈尝以《邵氏闻见录》与《石林避暑》、《燕居录》等,以岁月参之,皆不合。汪彦章集有《题陈文惠公逸事后》,云:"文惠陈公相仁祖,每内批夜下不过十刻。一日夜分,有御封至,公不启封。来日袖进曰:'今中宫虚位,张贵妃有宠,恐奸人附会,请正母仪,非陛下本意。'仁祖首肯曰:'姑置之。'贵妃即追册温成皇后也。当时墓碑不敢书,公之曾孙衮始录以示人。"按李氏《长编》辨此事云:"文惠公以景祐四年拜相,宝元元年三月罢。温成以康定元年十月自御侍选才人,距文惠罢相凡二年余,虽当时已被宠幸,不应谀臣便有正位中宫之请。"汪所见衮说,非事实也。其它往往类此。①

由此可见,一些神道碑也存在着资料不实的现象。

二 石像生

在中国古代,皇帝、官员的墓地上,往往要设置石刻群,里面既有石刻人像,又有石刻动物以及传说中的怪兽等。其作用不外是标记、表示墓主人的身份等级和生前仪卫、驱邪赶鬼、护卫等。唐代封演《封氏闻见记》卷六《羊虎》载:"秦汉以来,帝王陵前有石麒麟、石辟邪、石象、石马之属,人臣墓则有石羊、石虎、石人、石柱之属,皆所以表饰坟垄,如生前之象仪卫耳。"又《太平御览》卷九五四引《风俗通》云:"墓上树柏,路头石虎。《周礼》'方相氏入圹驱魍象',魍象好食亡者肝脑,人家不能常令方相立于墓侧以禁御之,而魍象畏虎与柏,故墓前立虎与柏。"这些记载从一定程度上解释了墓前立石刻的目的。②

宋代帝陵的石刻群以石马、石虎、石羊为主。绍兴九年(1139),宗臣赵士儴同

---

① 赵彦卫:《云麓漫钞》卷8,第134~135页。
② 参见徐吉军、贺云翱《中国丧葬礼俗》,第296~297页。

张焘往省北宋皇陵，时惟昭陵无恙，哲宗犹暴骨。据同行签书枢密院事楼炤归后所述昭陵之制曰："昭陵因平冈，种柏成道。旁不垣而周以枨橘，四面阙角，所存者半。神门内石羊、马、驼马、象之类皆在。神台二层，高二丈，俱植柏。最下约广十五丈，为水道五丈。大门外石人对立。其号下宫者，乃酹献之地。今无屋，而遗基历历可见。余陵规摹皆如此。"①

图5-10　北宋永定陵石人与石马

资料来源：《中国美术全集·建筑艺术·陵墓建筑》，彩色图版三八。

据《宋会要辑稿》所载，北宋陵前石刻群的定制是望柱石一对、石马并控马者一对、石虎两对、石羊两对、文武官两对、宫人一对，但实际上常常超出定制，增加石刻内容。

宋代官僚墓园上设石像生的现象比较普遍，如浙江鄞县东钱湖南宋神道石刻，以卧羊、蹲虎、立马、武将、文臣各一对作为固定组合形式，其余牌坊、望柱、石亭、石碑等也各有定数。近年的统计数据显示，浙东约300个南宋墓道石刻中的200个集中在东钱湖畔，其中史氏一族的墓前就有160个，超出了一般规模②。与唐代一样，宋代官僚墓石刻群的主要种类也是石羊和石虎。如南宋时曾任礼部尚书兼给事中的王应麟（1223～1296），其墓确认现存有石柱一对、石羊一对、石虎一对、龟趺一对、文武官石像各一对。③

但在宋代，也有人反对此举，陆游就是其中的代表，他说："石人、石虎之类，皆当罢之。欲识墓处，立一二石柱可也。"又说："古者植木冢上，以识其处耳。吾家自先太傅以上，冢上松木多不过数十。太尉初葬宝峰，比上世差为茂郁，然亦止数亩耳。左丞归葬之后，积以岁月，林樾浸盛，遂至连山弥谷。不幸孙曾，遂有剪伐贸易之弊，坐视则不可，禁止则争讼纷然，为门户之辱，其害更甚于厚葬。吾死后墓木毋

---

① 李心传：《建炎以来系年要录》卷129，绍兴九年六月乙卯条，中华书局，1988，第3册，第2084～2085页。
② 陈锽：《浙江鄞县东钱湖南宋神道石刻调查》，《南方文物》1998年第4期；金浩：《东钱湖南宋石刻的纹饰浅析》，《文物世界》2007年第2期。
③ 杨古城、龚国荣：《南宋石雕》，宁波出版社，2006，第51页。从文物保护的观点出发，这些南宋墓前石像现在大多被移至东钱湖畔的南宋石刻遗址公园内。

过数十，或可不陷后人于不孝之地。戒之！戒之！"①即陆游要求在墓上种植数十株松树，以供识别就可以了。

三 影堂与家庙

按照中国古代儒家的礼仪，每家都应有祭祀祖先的场所。天子、诸侯、士大夫设家庙，庶人祭于寝。但在唐末、五代时期，由于社会动荡，"礼乐崩坏，三纲五常之道绝，先王之制度文章于是扫地矣"，其时"士大夫无袭爵，故不建庙"。②司马光在《文潞公家庙碑》中说："唐世贵臣皆有庙，及五代荡析，士民求生，有所未遑，礼颓教侈，庙制遂绝。"③既无家庙，祖宗又不可不祭，于是替代物便出现了，这就是原为佛教的产物——影堂。

根据文献记载，唐代的影堂还基本上是僧人的影堂，世俗中人的影堂为数尚且不多。段文昌（773~835），字墨卿，一字景初，西河（今山西汾阳）人，家于荆州。唐朝宰相。在荆州、四川皆有先祖故第，至是赎为佛寺。又以先人坟墓在荆州，遂在此建造居第，以置祖祢影堂，岁时伏腊，良辰美景，享荐之后，即以音乐歌舞继之，如同服侍他们生前一样。④唐刑部尚书致仕白居易孙白利用为河南府助教，常令修奉坟茔影堂。⑤

宋代虽曾规定建庙的制度，⑥但一直未能很好地实行。宋初以来百官家庙不复讲，"群臣贵极公相，而祖祢食于寝，侪于庶人"。⑦仁宗庆历元年（1041）虽曾诏"听文武官依旧式立家庙"，然终不得行。而从皇室、官员到士庶人家，为祖先建影堂的风气却日盛一日，影堂成为联结地下墓葬的一个纽带。宋代黄仲元便说："堂以祠名，即古家庙，或曰影堂。东里族黄氏，春秋享祀、岁节序拜之所也。堂以思敬名何？祭之所思主乎敬也。"⑧当时的影堂除主要用于祭祀祖先外，遇冠、婚、丧和升官、远行等大事，也都要到那里举行相应的仪式，其作用在于增强家族的凝聚力。⑨

---

① 陆游：《放翁家训》，《全宋笔记》第5编（8），第149页。
② 欧阳修：《新五代史》卷17《晋家人传第五》，中华书局，1974，第188页；《宋史》卷109《礼志第六十二·礼十二·吉礼十二·群臣家庙》，第8册，第2632页。
③ 司马光：《文潞公家庙碑》，见李之亮笺注《司马温公集编年笺注》，巴蜀书社，2009，第6册，第20~21页。
④ 刘昫等：《旧唐书》卷167《段文昌传》，中华书局，1975，第4369页。
⑤ 李焘：《续资治通鉴长编》卷65，真宗景德四年二月辛巳条，1980，第5册，第1446页。
⑥ 苏颂：《苏魏公文集》卷15《立家庙议》："检会庆历赦书，文武官并许依旧式创立家庙。"参见该书第206页。
⑦ 《司马光集》卷79《文潞公家庙碑》，四川大学出版社，2010，第1602页。
⑧ 黄仲元：《四如集》卷1《族祠思敬堂记》，文渊阁《四库全书》本，第1188册，第395页。
⑨ 杨志刚：《〈司马氏书仪〉和〈朱子家礼〉研究》，《浙江学刊》1993年第1期。

第五章　墓地与墓室

宋代帝王率先建立祖宗神御殿，以拟汉之原庙。"元因其制，于各僧寺设立影堂。"①据《宋朝事实》记载，北宋英宗（1032~1067）的永厚陵中，即设有安放御容的"影殿"，且于御座前方"置时果及五十味食"。司马光《涑水记闻》载："濮王薨……皇子犹坚卧不肯入肩舆。宗谔责之曰：'汝为人臣子，岂得坚拒君父之命而终不受耶？我非不能，与众执汝强置于肩舆，恐使汝遂失臣子之义，陷于恶名耳！'皇子乃就濮王影堂，恸哭而就肩舆。"②又，朱彧《萍洲可谈》卷一载："嗣濮王宗晟伯仲第十二英庙亲兄也。元丰间神考将诣睦亲宅浇奠。近亲嗣王欲邀车驾幸旧邸。会日，逼不及造朝。故事，戚里近属许献时新，即于东华门投进。时邸中无新果，求得丁香、荔枝数百枚，函之附短奏云：来日乞诣安懿王影堂烧香。进入，上果喜，曰：'十二自来晓事。'即降处分。至濮邸，望见祠貌，下辇去伞，洒泪而入。既已延见，近族慰劳，诸父加恩，各迁使相郡王。"

贵族和士大夫家也纷纷设立影堂。石介就建有拜扫堂：

> 石氏既用康定二年辛巳八月八日举夫王父下为三十三坟，葬于祖坟茔，复立祭堂于宅东北位。葬之以礼，祭之以礼也。
>
> 石氏从周得姓逮于今，二千有余年矣。自沧徙居至于今，百五十余年矣。祀远，惟介之烈考能谈其谱，讨源及流，实为详尽。小子尝受之烈考，终不有识，大惧坠落。又为石高五尺，广二尺三寸，厚一尺，列辞二千三百六十八字，表于墓前，以传千万世。
>
> 风雨燥湿，石久必泐，字久必缺，不可无蔽覆。且岁时必上冢，出必告于墓，反拜于墓，则皆有祭，不可以无次设。乃直茔前十四步为堂三楹，一以覆石，一以陈祭，因谓之拜扫堂云。
>
> 庆历二年壬午三月五日记。③

北宋时，王安石的弟弟王安国因担心其兄推行新法，尝力谏安石，以天下汹汹不乐新法皆归咎于兄，引为家祸。安石不听，安国即哭于影堂，曰："吾家灭门矣。"④至

---

① 永瑢、纪昀：《钦定历代职官表》卷20，文渊阁《四库全书》本，第601册，第545页。
② 司马光：《涑水记闻》卷9，第167页。
③ 石介：《徂徕石先生文集》卷19《拜扫堂记》，第235~236页。
④ 朱熹纂辑《宋名臣言行录·后集》卷6，文渊阁《四库全书》本，第449册，212页；李焘：《续资治通鉴长编》卷227，神宗熙宁四年十月壬申条，1986，第16册，第5532页。

南宋，此风更盛。据吴自牧《梦粱录》卷十记载，当时临安后戚府、诸王宫、家庙多设有影堂，这种现象到南宋末年犹然。"杭医老张防御，向为谢太后殿医官。革命后，犹出入杨驸马家，言语好异，人目为'张风子'。然其人尚义介靖，不徇流俗。其家影堂之上作小阁，奉理宗及太后神御位牌，奉之惟谨，以终其身焉。可谓不忘本者矣。"①赵鼎家训第四项："子孙所为不肖，败坏家风，仰主家者集诸位子弟堂前训饬，俾其改过。甚者，影堂前庭训；再犯，再庭训。"②

在宋代，影堂中还设有先人的画像。为什么要在影堂中挂先人遗像呢？阳枋《家忌图序》对此做了回答：

> 庆元间，先君子尉难江，作《家忌图》，读之流涕，以诏某兄弟。某时总角，记首引《诗》：'哀哀父母，生我劬劳，欲报之德，昊天罔极'。其中二句云：'禄不逮亲，每食必泣。'知先君不以得禄为荣，而以不能养亲为戚。其作《家忌图》，盖以识终身之忧也。自是以来，《图》日揭于影堂，欲使子孙目在而常存永言孝思之心耳。③

元丰三年（1080）三月十日，司马光《先公遗文记》载："《玉藻》曰：'父没而不能读父之书，手泽存焉尔。'扬子曰：'书，心画也。'今之人，亲没则画像而事之。画像，外貌也，岂若心画手泽之为深切哉？今集先公遗文、手书及碑志、行状，共为一楑，置诸影堂，子子孙孙，永祗保之！"④

由于影堂盛行于世，因此一些儒家士大夫撰写这方面的礼仪，对此加以规范。如司马光《司马氏书仪》卷一〇《丧仪六·影堂杂仪》：

> 主人以下皆盛服，男女左右叙立，如常仪。主人、主妇亲出，祖考置于位，焚香。主人以下俱再拜。执事者，斟祖考前茶酒以授主人，主人揭笏跪酹茶酒。执笏俛伏兴帅，男女俱再拜。次酹祖妣以下，皆遍。纳祠版出，彻月望不设食不出祠版。余如朔仪。影堂门无事常闭，每旦，子孙诣影堂前唱喏出，外归亦然。出外再宿以上，归则入影堂，每位各再拜。将远适及迁官大事，则盥手焚香以其

---

① 周密：《癸辛杂识·续集》卷下《张老防御沈垚》，第179页。
② 赵鼎：《忠正德文集》卷10《家训笔录》，《全宋文》卷3814，第174册，第372页。
③ 《全宋文》卷7484，第325册，第433页。
④ 司马光撰、李之亮笺注《司马温公传集编年笺注》卷66《论刘平招魂葬状》，第5册，第197页。

事告退，各再拜。有时新之物，则先荐于影堂。遇水火盗贼，则先救先公遗文，次祠版，次影，然后救家财。

据此可知，影堂内存放有先公遗文、祠版、祖先影图等物，平常无事，则大门紧闭。每天早晨，子孙都要到影堂前礼拜，出外归来亦是如此。如果家里有时新之食品，也要先送到影堂让祖先品尝。如果遇到水火、盗贼等灾难，则应先救先公遗文，次祠版和影像，然后才能去抢救家人和财产。

这种做法后来受到理学家程颐、朱熹等人的非议。有人问："天子七庙，诸侯五庙，大夫三，士二，如何？"程颐回答曰："此亦只是礼家如此说。"又问："今士庶家不可立庙，当如何也？""庶人祭于寝，今之正厅是也。凡礼，以义起之可也。如富家及士，置一影堂亦可，但祭时不可用影。"又问："用主如何？"曰："白屋之家不可用，只用牌子可矣。如某家主式，是杀诸侯之制也。大凡影不可用祭，若用影祭，须无一毫差方可。若多一茎须，便是别人。"① 由此可见，程颐并非完全排斥影堂，只是认为祭祀不可用影。他原意还是恢复过去的家庙制度，他说："士大夫必建家庙，庙必东向，其位取地洁不喧处。设席坐位皆如事生，以太祖面东，左昭右穆而已。男女异位，盖舅妇生无共坐也。姑妇之位亦同。太祖之设，其主皆刻木牌，取生前行第或衔位而已。妇各从夫。每月告朔，茶酒。四时：春以寒食，夏以端午，秋以重阳，冬以长至，此时祭也。每祭讫，则藏主于北壁夹室。拜坟则十月一日拜之，感霜露也。寒食则又从常礼。祭之饮食，则称家有无。祭器坐席，皆不可杂用。庙门，非祭则严扃之，童孩奴妾皆不可使亵而近也。"② 他还说："家祭，凡拜皆当以两拜为礼。今人事生，以四拜为再拜之礼者，盖中间有问安之事故也。事死如事生，诚意则当如此。至如死而问安，却是渎神。若祭祀有祝、有告、谢神等事，则自当有四拜、六拜之礼。"③ 朱熹也赞同程颐的观点。当有人问影堂序位时，朱熹回答曰：

> 古者一世自为一庙，有门、有堂、有寝，凡屋三重，而墙四周焉。自后汉以来，乃为同堂异室之庙，一世一室，而以西为上。如韩文中家庙碑有"祭初室"、"祭东室"之语。今国家亦只用此制，故士大夫家亦无一世一庙之法。而一世一

---

① 程颢、程颐：《二程集·河南程氏遗书》卷22上《伊川语录》，中华书局，1981，第1册，第286页。
② 程颢、程颐：《二程集·河南程氏外书》卷1《朱公掞录拾遗》，第2册，第352页。
③ 程颢、程颐：《二程集·河南程氏遗书》卷1《二先生语一·端伯传师说》，第1册，第6页。

室之制亦不能备，故温公诸家祭礼皆用以右为尊之说。独文潞公尝立家庙，今温公集中有碑，载其制度颇详，亦是一世一室，而以右为上，自可检看。伊川之说亦误，昭穆之说则又甚长。《中庸或问》中已详言之，更当细考。大抵今士大夫家只当且以温公之法为定也。

庶人吉凶皆得以同行士礼，以礼穷，则同之可也，故不别制礼焉。不审若然否？

恐当如此。

今有人焉，其父尊信浮屠，若子若孙皆不忍改，将何时而已？恐人子之遭此，勿用浮屠可也。至于家舍所敬形像，必须三年而后改，不知如何？

如此亦善。①

朱熹又曰：

某承询及影堂，按古礼，庙无二主。尝原其意，以为祖考之精神。既散，欲其萃聚于此，故不可以二。今有祠版，又有影，是有二主矣。②

因此，他对过去的礼仪做了一定的修正。徐乾学《读礼通考》曰："祔祭之礼，温公请祖主于庙，并设影堂、殡涂之礼。朱子除之。"③但其他方面，朱熹仍然沿用不废。如《朱子语类》载："先生以子丧，不举盛祭，就影堂前致荐，用深衣幅巾。荐毕，反丧服，哭奠于灵，至恸。"④又载："先生每日早起，子弟在书院，皆先着衫到影堂前击板，俟先生出。既启门，先生升堂，率子弟以次列拜炷香，又拜而退。子弟一人诣土地之祠炷香而拜。随侍登阁，拜先圣像，方坐书院，受早揖，饮汤少坐，或有请问而去。月朔，影堂荐酒果。望日，则荐茶，有时物，荐新而后食。"⑤当有学生问："祭先祖，用一分如何？"朱熹回答曰："只是一气。若影堂中各有牌子，则不可。"⑥

但此风一直未曾稍减。南宋牟巘《题赵主簿遗像》说：

---

① 朱熹：《朱熹集》卷63《答郭子从（叔云）》，第6册，第3298~3299页。
② 李光地：《朱子礼纂》卷4《祭》，文渊阁《四库全书》本，台湾商务印书馆，1983，第142册，第710页。
③ 徐乾学：《读礼通考》卷38，文渊阁《四库全书》本，第113册，第1983页。
④ 黎靖德编《朱子语类》卷89《礼六·冠昏丧》，第6册，第2282页。
⑤ 黎靖德编《朱子语类》卷107《朱子四·内任》，第6册，第2286页。
⑥ 黎靖德编《朱子语类》卷90《礼七·祭》，第6册，第2319页。

事亲以承颜为先，其殁也，事之如生。既为木主象其中身以祭焉，陈其衣物，思其居处与其嗜好，或求之阴，或求之阳，无所不至。《礼记》曰：三日斋，七日戒，必见所祭者，则几若音容之可接焉。吾之身即亲之身，精神气脉，相为贯属，有感必通，幽明无间也。后世之俗，生则绘其像，谓之传神；殁则香火奉之，谓之影堂。礼生非古，然方其彷徨四顾，思亲欲见而不得，忽瞻之在前，衣冠容貌，宛如平生，则心目之间感发深矣，像亦不为徒设也。昔伊川先生以为毫发之不相似者为疑，而其家自太中公以前，固尝用之，要为不可废。曩更兵火，士大夫家侈幅长帧，饰以绫锦，往往不能全。桐川赵君必满，乃独得其先主簿之遗像于东邻，虽仅片纸，粉墨惨淡，而丰神自若。盖主簿之殁以甲戌，此生前所写也。失于乙亥，得于癸巳，二十年间，若有护以待其子孙而畀之。非一念纯孝，通于造物，何以致斯耶？持白其母，装缣而揭之祠堂，如久出乍归，喜极而感，感极而潸然以悲也。予闻主簿出贵胄，能力学取文荐，不负其父料院公之训，是其有子世其传。又将辑其遗已，非独此而已。予得之予友张刚甫，因识本末，遗其子若孙，尚永此意于无穷云。①

至于祭礼，程颐曾专门撰文阐述，如其《四时祭》云：

凡祭，洒扫厅事，设几案于阶下，设盥盆帨手巾。祭前一日，视涤濯，五更起，安排如法。具时果，并菜三钉或五钉，盏盘匙箸讫，次设香桌，次设盥盆茅缩。更祭服，焚香请曰："孝孙某，今以仲春之祭，共请太祖某官、高祖某官、曾祖某官、祖某官、考某官，降赴神位。"奠酒焚香，跪执事者过酒，左手把盘，右手以酒浇酹于灌盆茅缩处。俛伏兴，再拜，左避位，遂行献。执事者注酒，下食二味，或一味，随人家贫富。顷之再拜，亚献如前，三献如前。事毕，焚香曰："祭事已毕。"捍执事者彻馔。祭祖妣亦如前式。

又，冬至祭始祖之礼为：

祭始祖，洒扫厅事，如时祭，只设一位，以妣配。祝执辞，出主人之左，东向读之，曰："维年月日，孝远孙某，敢昭告于某氏之祖妣，今以阳至之始，追

---

① 《全宋文》卷8229，第355册，第293~294页。

惟报本，礼不敢忘，谨备清酌庶羞之奠，尚享！"三献如前式。

又，立春祭先祖之礼为：

祭先祖者，自始祖而下，高祖而上，非一人也，故设二位。曰："惟年月日，孝远孙某，今以生物之始，恭请先祖祖妣以下降居神位。"余如前式

又，季秋祭祢之礼为：

祭祢曰："孝子某，今以成物之始，恭请考君某官，妣某官某封某氏，降居神位。"余如前式。①

---

① 程颢、程颐：《二程集·河南程氏文集》卷10《伊川先生文六·祭礼》，第2册，第628~629页。

第六章
葬具、明器和随葬品

第一节 葬具

葬具是指装殓死者尸体的用具。一般指棺椁，如《管子·禁藏》："棺椁足以朽骨。"《韩非子·内储上》："齐国好厚葬，布帛尽于衣衾，材木尽于棺椁。"

一 宋代的棺椁风尚

在宋代，有的人喜欢用巨棺，甚至用大块整板厚实的木材制作棺椁。如陶毂《清异录》卷下《丧葬·布漆山》载："天成开运以来俗尚巨棺，有停之中寝，人立两边不相见者，凶肆号布漆山。"天成为五代时期后唐明宗李嗣源的年号，即公元926~930年。这种习俗至宋犹然，徐积云："葬欲其速朽，欲体魄早归于土也，故棺不贵厚。近世用厚木，使体魄隔绝，数十年不朽，非礼也。古人悬棺而葬，不为墜道。又《记》曰：'封之崇四尺。'则古之四尺，今之一尺有余耳！近世用墜道，兴墓务高广，使后人安意其中，往往启盗之心，于死者殊无益也。"① 又，王琪《国老谈苑》载："卢多逊既卒，许归葬。其子察护丧，权厝襄阳佛寺，将易以巨椽，乃启。其尸不坏，俨然如生。遂逐时易衣，至祥符中犹然。"② 俞文豹对这种习俗颇为反感，他在《吹剑录外集》中说："俗以棺木厚而大为美，不知厚则重，重则难以致远，难以下圹。大则圹须宽，宽则易坏，又虚檐，则占地步，而高则足下虚，不若四直样为利多。"③

---

① 徐积：《节孝集》卷引《语录》，文渊阁《四库全书》本，台湾商务印书馆，1983，第698册，第493~494页，《全宋文》卷1616~1618收其文3卷，见该书第74册，第140~187页。
② 王琪：《国老谈苑》卷2，中华书局，2012，第79页。
③ 俞文豹：《吹剑录（附外集）》，《丛书集成初编》本，第33页。

当然也有不用椁的现象，如李衡"神父母安厝皆有棺无椁，只以砖砌，以石板覆之足矣"。①

宋代的棺椁制度与前代有一定的差异，如朱熹论"二棺共椁"制曰："盖古者之椁乃合众材为之，故大小随人所为。今用全木，则无许大木可以为椁，故合葬者只同穴而各用椁也。"②又，张载曰："古之椁，言井椁以大木，自下排上来，非如今日之笼棺也，故其四隅有隙，可以置物也。"③

二 宋代的棺椁种类

棺的种类较多，以其制作材料来说，可分为木棺、石棺、陶棺、瓦棺、土棺、砖棺、瓷棺、金棺、银棺、树皮棺等；从其形状来说，又可分为船形棺、圆形棺、方形棺等；从棺的主次来说，可分为主棺、副棺；从棺的放置位置来说，可分为内棺、外棺等；从其有无装饰来说，可分为素棺、朱棺、黑棺、画棺等。

图6-1 北宋静志寺塔基出土的金棺

资料来源：国家文物局主编《中国文物精华大辞典》（金银玉石卷），上海辞书出版社、商务印书馆（香港）有限公司，1995，图137。

（一）木棺

木棺指以木材制作的直接装殓死者尸体的葬具。以制作的木材来分，又可分为

---

① 李衡：《遗训》，《全宋文》卷4226，第192册，第46页。
② 朱熹：《朱熹集》卷63《答郭子从（叔云）》，第6册，第3295页。
③ 张载：《经学理窟·丧纪》，《张载集》，第298页。

图6-2　江西德安南宋周氏墓出土的朱漆木棺
资料来源：周迪人等《德安南宋周氏墓》，江西人民出版社，1999，彩版图一。

楠木棺、樟木棺、杉木棺、柏木棺、桐木棺等。

　　木棺所用的树木以楠木最为珍贵。宋代皇帝棺材所用的就是楠木，即俗称为"沙板"的木材。①民间同样也使用楠木棺，如话本小说《快嘴李翠莲记》载："沙板棺材罗木底，公婆与我烧纸钱。"②所谓沙板，据明人谢肇淛所说："楠木生楚、蜀者，深山穷谷，不知年岁，百丈之干，半埋沙土，故截以为棺，谓之'沙板'。佳者，解之中有文理，坚如铁石。试之者，以暑月作盒，盛生肉，经数宿，启之，色不变也。然一棺之值，皆百金以上矣。"③可见其为一种木质结构极为细致紧密的名贵木材。楠木棺在考古中多有发现，如安徽郎溪县清理出的一座宋墓就出土有楠木棺，木质仍然完好，板料厚8厘米、盖厚12厘米；棺长180厘米、宽70厘米。④1991年四川蒲江县出土的宋朝散大夫宋德章妻何氏棺也是一具楠木棺。⑤合肥北宋马绍庭夫妻合葬墓出土的两口棺材也是楠木制成。⑥

　　柏木棺也是一种比较珍贵的棺材，多为上层社会和富豪大族所用。如程颐《记葬用柏棺事》：

---

① 《宋会要辑稿》礼30之11载："皇堂内椁，令有司用沙板随宜修制。"见该书第2册，第1111页。
② 洪楩：《清平山堂话本》卷2，谭正璧校点，第63页。
③ 谢肇淛：《五杂俎》卷10《物部二》，上海书店出版社，2001，第194页。
④ 汪卫国：《郎溪县清理一座宋墓》，《文物研究》第5辑，黄山书社，1989。
⑤ 龙腾：《蒲江县宋朝散大夫宋德章墓出土文物》，《四川文物》1995年第2期。
⑥ 合肥市文物管理处：《合肥北宋马绍庭夫妻合葬墓》，《文物》1991年第3期。

> 古人之葬，欲比化不使土亲肤。今奇玩之物，尚宝藏固密，以防损污。况亲之遗骨，当何如哉？世俗浅识，惟欲不见而已。又有求速化之说，是岂知必诚必信之义，且非欲其不化也。未化之间，保藏当如是耳。
>
> 吾自少时，谋葬曾祖虞部已下。积年累岁，精意思索，欲知何物能后骨而朽。后闻咸阳原上有人发东汉时墓，柏棺尚在。又韩修王城圮，得古柏木，皆坚润如新。谚有"松千柏万"之说，于是知柏最可以久。然意犹未已，因观杂书，有"松脂入地，千年为茯苓，万年为琥珀"之说。疑物莫久于此，遂以柏为棺，而涂以松脂，特出臆说，非有稽也。不数月，嵩山法王寺下乡民，穿地得古棺，裹以松脂，乃知古人已用之矣。
>
> 自是三四十年，七经葬事。求安之道，思之至矣。地中之事，察之详矣。地中之患有二，惟虫与水而已。所谓毋使土亲肤，不惟以土为污，有土则有虫，虫之侵骨，甚可畏也。世人墓中多置铁以辟土兽。土兽稀有之物，尚知备之，虫为必有，而不知备，何也？惟木坚缝完，则不能入。求坚莫如柏，求完莫如漆。然二物亦不可保，柏有入土数百年而不朽者，有数十年而朽者。人多以为柏心不朽，而心之朽者，见亦多矣。①

松木、杉木普遍易得，故以这种木材制作的棺材极为常见。郑元祐《遂昌杂录》载：梁溪王文友，讳仁辅，刻苦读书，有文才知名于乡里。里人倪昭奎（字文光）聘请他到家中教两个儿子子瑛、元镇。多年以后，倪昭奎去世，而子瑛痴呆，只有元镇一人出应门户，由于"不胜州郡之朘剥"，家中的资产日渐耗减。不久，子瑛死，元镇因家中无钱只能买油杉棺，将其葬在芙蓉峰傍。②明人陈龙正认为："木唯杉最善，不蛀不朽，又无燥性"，适宜作棺木。③李时珍则进一步指出：杉木"有赤、白二种，赤杉实而多油，白杉虚而干燥，有斑纹如雉尾者，谓之野鸡斑，作棺尤贵。"④这种松木、杉木棺在考古中也多有发现，1991 年四川蒲江县出土的宋朝散大夫宋德章棺便是一具杉木棺。⑤

此外，还有用油黏木的。《宋史》卷六六《五行志四》载："漳有富民蓄油黏木甚

---

① 程颢、程颐：《二程集·河南程氏文集》卷 10《伊川先生文六·记葬用柏棺事》，第 2 册，第 626~627 页。
② 陶宗仪：《说郛》号 47，陶宗仪编《说郛》，《说郛三种》，第 5 册，第 2186~2187 页。
③ 《陈龙正家矩》，转引自徐乾学《读礼通考》卷 95，文渊阁《四库全书》本，第 114 册，第 309 页。
④ 参见《御定渊鉴类函》卷 413《木部二》，文渊阁《四库全书》本，第 993 册，第 104 页。
⑤ 龙腾：《蒲江县宋朝散大夫宋德章墓出土文物》，《四川文物》1995 年第 2 期。

佳，林氏子弟求之，价高不可得，因抚其木曰：'收取收取，待贾丞相用。'德祐元年，似道谪死，郡守与之经营，竟得此木以殓。"

从文献记载来看，宋代又有用油漆、沥青、松脂等涂漆木棺的习惯。如陶穀《清异录》载："余尝临外氏之丧，正见漆工髹裹凶器，余因言棺椁甚如法，漆工曰：'七郎中随身富贵，只赢得一座漆宅，岂可卤莽？'"① 朱熹曰："护丧命匠择木为棺。油杉为上，柏次之，土杉为下。其制方直，头大足小，仅取容身，勿令高大及为虚檐高足。内外皆用灰漆，内仍用沥青熔写，厚半寸以上。炼熟秫米灰铺其底，厚四寸许，加七星板底。四隅各钉大铁环，动则以大索贯而举之。"② 这种精致的漆棺在考古中也有出土，如江苏金坛南宋周瑀墓的棺材，用生漆填缝，封闭严密。棺外部以麻布作底，裱以漆灰，再髹棕黑色漆。经多次刷漆，外漆层厚达1毫米，出土后仍然闪闪发亮。棺内涂一层很薄的黑漆，已经脱落。棺盖里面无漆。③

（二）石棺

石棺指以石材为主制成的各种不同形制的藏尸器具。这种棺材在宋代多有出土，如河南洛阳博物馆就收藏有一具北宋张君墓画像石棺，此石棺是1958年修建洛孟公路时出土的。石棺前高150厘米，后高104厘米，前宽110厘米，后宽85厘米，长220厘米，棺盖及棺身均用整块青石雕成。棺盖上部正中刻墓志铭，志额有篆书"洛阳张君墓志"六字，两行，现在除"崇宁五年四月二十日"数字依稀可辨外，其余志文已漫漶不清。棺盖正面棺楣高耸，棺楣中央阴刻一线画花盆，盆内植两株牡丹，枝叶繁茂，布满棺楣。棺盖两侧为连枝大朵牡丹装饰图案，间以攀枝童子和骑兽童子。雕刻技法是物象以外减地，物象平雕，以阴线辅助造型。棺身前挡浮雕门窗，两扇大门各有一门环，乳钉五层，每扇每层三枚，共三十枚。两侧共有四个近乎圆雕的侍卫，门扉半掩，一近乎圆雕的女侍似欲启门而出，犹半遮面，富有世俗生活情趣。门窗上方两侧阴线刻牡丹图案，中央阴线刻人物。前一持幡者，宽袍大袖；后一老者相随，高冠、拱手，榜题"一翁"。身后一女侍，捧一圆筒状物，分节，盖上饰花卉。再后一老妪，躬身拱手，榜题"二婆"。身后一女侍，捧一盘子。人物足下皆有云气缭绕，似为仙人导引墓主夫妇升仙的图画，表现出汉魏升仙的余绪。棺下部四面浮雕仰覆莲，四隅各一托棺力士，当是受佛教石窟艺术影响的产物。棺左右帮、前后和上

---

① 陶穀：《清异录》卷下《丧葬·漆宅》，《宋元笔记小说大观》第1册，第137页。
② 朱熹：《朱子家礼》卷4《丧礼·初终·治棺》，〔日〕吾妻重二著、吴震编《朱熹家礼实证研究》，第292页。
③ 肖梦龙：《江苏金坛南宋周瑀墓发掘简报》，《文物》1977年第7期。

方，平服二方，连续卷枝花纹图案。两帮前半部分分别阴线刻持幡杖、端果品（另一为寿山）、捧宝瓶的仙女。人物服饰，颇似宋代名画家武宗元《朝元仙仗图》中的白描人物，饶有唐装华贵的特点。仙女足下、身前身后，间以云气。空中祥云间，各有两只翱翔的仙鹤。两帮后半部分和后挡刻有孝子列女图，皆有榜题。右帮人物是：赵孝宗、郭巨、丁兰、刘明达、舜子、曹娥、孟宗、蔡顺、王祥、董永；左帮是：鲁义姑、刘殷、孙悟元觉、睒子、鲍山、曾参、姜诗、王武子妻、杨昌、田真兄弟三人；后挡为：韩伯、俞阁损、陆绩、老莱子。共计 26 人。均作阴刻线画。石棺孝子列女二十四图，与史载传说故事情节大体相同。画面人物形象的单线勾勒技法，与宋代著名画家张择端的《清明上河图》相似，是典型的宋代世俗人物画。棺盖上精美的大朵连枝牡丹纹饰，也富有特色。①

巩县西村宋代石棺墓出土的石棺，石料呈紫红色，质地细腻、松软而易于雕刻。整个石棺是由六块石板（盖左右侧板、前后挡和底）扣合而成，榫卯扣接严密。棺下无棺床，四角各用一长方形石块支垫。棺体呈长方菱形，长 2.13 米，前端高 0.9 米、宽 0.85 米，后端高 0.85 米、宽 0.70 米。棺体上部前倾。盖前部有卷轴式棺头，棺盖左右两侧抹角棱构成斜面。此棺比例适中，美规大方。棺体底部外雕花纹，刀法可分为浮雕、减地、线刻等，内容有缠枝宝相海石榴花、缠枝牡丹、蕙草、行云、双鹤、二十四孝人物、三角几何纹饰等图案。棺盖前端的棺头正面两侧棱边上均有线刻蕙草纹饰，上平面正中是减地平雕的三朵硕大的宝相海石榴花图案。左右两边是两方连续三角形，内似太阳放光芒图案，每边刻 24 个三角形，每个三角形内有一个太阳放光图。棺盖抹角斜面与地平雕两方连续缠枝牡丹图案，每边八朵，花蕊均朝着太阳。棺盖四周棱边上全部是两方连续蕙草图案。石棺左右两侧板四周边为 0.10 米宽减地平雕的缠枝牡丹饰带。左右侧板中间分十二格，格内线刻二十四孝图，每幅均有题名，左右侧、前后板头均有线刻蕙草，带饰棺盖前横头上刻有引云对鹤纹。卷头前面刻行云纹饰。前挡刻方形乳钉，半掩门，门缝站一穿长裙、梳长发髻的女子探身向外张望。门楣上有四方柱头，门上头有神龛式左右撩起的垂幔。门两侧雕刻有金钱花楹窗图案。后挡刻有题记，楷书 8 行，共 78 字。全文如下：

西京河南府永安军奉基乡邓封村左村口

---

① 黄明兰、宫大中：《洛阳北宋张君墓画像石棺》，《文物》1984 年第 7 期。

居住税户王二翁三子同行天孝

打造石棺壹所宣和七年十一月

初五日大葬乙巳年

　　　孝男王三伯

　　　孝男王十伯

　　　孝男王十四

宣和七年乙巳岁造石棺　　　　　　蔡博士[①]

1992年2月河南洛宁县东宋乡大宋村北坡出土的一具北宋政和七年（1117）乐重进画像石棺，为青色石灰岩质，石质较粗糙，表面斑点较多。棺前部高而宽，后部矮而窄，形体厚重。石棺由盖（断为两块）、两帮、前挡、后挡、底7块石板用榫卯法连接而成。盖长225厘米，前宽95厘米、厚10厘米，后宽83厘米、厚9厘米。盖似盝顶形，中部隆起为平顶，两侧为斜坡，斜面均宽20厘米。盖下四边凿有卯，与两帮和前后挡上的榫相套合。两帮为四边形，上下各长190厘米、厚12厘米。上刻长182厘米、高5厘米的榫，下刻长102厘米、高6厘米的榫，榫上窄下宽。前挡高70厘米、上宽92厘米、下宽106厘米、厚7厘米，下榫长45厘米、高6厘米。上部左右角下凹，左下角残。后挡高61厘米、上宽56厘米、下宽72厘米、上厚7厘米，下厚8厘米。下榫长40厘米、高4厘米。底长199厘米、前宽105厘米、后宽92厘米、前厚14厘米、后厚18厘米。底面四周刻长条形卯，前卯槽长47厘米、宽7厘米，后卯槽长45厘米、宽7厘米，两侧各刻长108厘米、宽6厘米的卯槽。石棺刻有两幅孝子图，墓主乐重进夫妇观赏散乐图、妇人启门图、天女散花图，鹿、麒麟、凤凰衔灵芝献寿图，以及繁密的花草图案。乐重进画像石棺较以前洛阳出土的同时期画像石棺内容丰富，画面清晰，画技较高，对研究北宋绘画艺术、服饰、发型、散乐、杂技及生活习俗等提供了可靠的资料。[②]

（三）陶棺

陶棺在宋代四川、山西等地区极为流行。当时的陶棺，有的以"卍"为装饰。如山西五台县城关镇一座宋墓中出土的六具小陶棺，就均装饰有"卍"。"卍"是佛的三十二相之一，据《长阿含经》卷第一记载：佛的三十二相中，第十六即为"胸有万

---

① 巩县文物管理所郑州市文物工作队：《巩县西村宋代石棺墓清理简报》，《中原文物》1988年第1期。
② 李献奇、王丽玲：《河南洛宁北宋乐重进画像石棺》，《文物》1993年第5期。

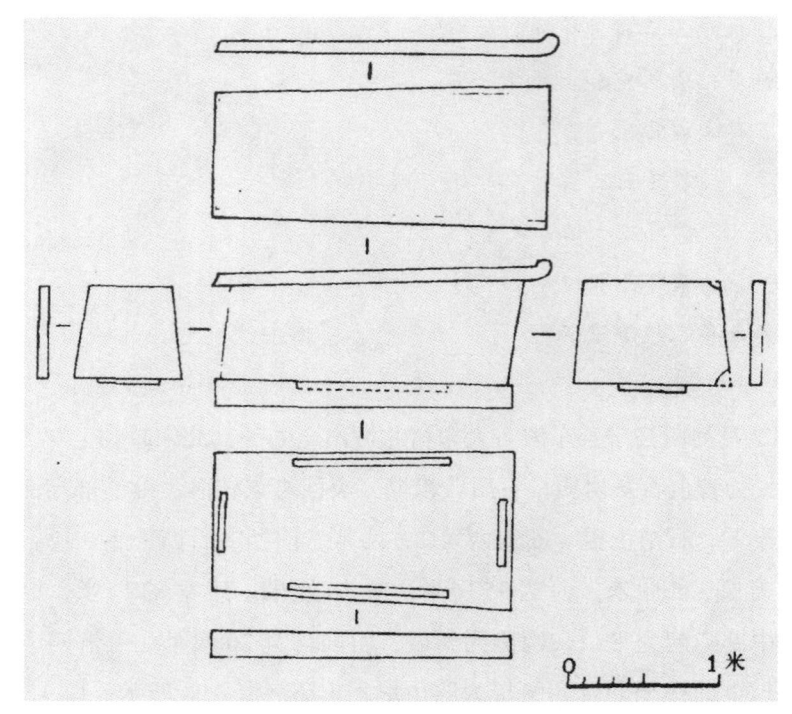

图6-3　河南洛宁北宋乐重进画像石棺结构及平、侧视图

资料来源：李献奇、王丽玲《河南洛宁北宋乐重进画像石棺》，《文物》1993年第5期。

字"。唐慧苑《音新译大方广佛华严经音义》卷上云："卍字之形，今勘梵本卍字乃是德者之相，元非字也。然经中上下据汉本总一十七字同呼为万。依梵文有二十八相，即八种相中四种相也。"又，宋法云《翻译名义集》卷六引唐慧苑《华严音义》云："案卍字本非是字。大周长寿二年，主上权制此文，著于天枢，音之为万，谓吉祥万德之所集也。"佛教造像或绘画中，此字主要见于佛的胸部。以其装饰葬具，显然是受佛教影响的结果，取其"吉祥万德之所集"之义。①

此外，宋墓中出土的陶罐葬具也属陶棺之一种。洛阳老城北关邙麓街宋墓发现6个陶罐，里面皆有骨灰。南阳东郊两座宋代竖穴土坑墓各置一个较大的陶罐，罐内立放人骨，罐上盖有大方砖，分别刻有砖铭，内容相近，其一为："大观三年一月十一日，第二都保正胡玉送到一副，本地分沿古城下见，丙寅德字号葬。"学者推测其属于漏泽园的罐葬墓。②

---

① 冉万里：《宋代丧葬习俗中佛教因素的考古学观察》，《考古与文物》2009年第4期。
② 孙广清：《河南宋墓综述》，《中原文物》1990年第4期。

第二节 明器

一 宋代明器制度的定型和纸质明器的盛行

（一）宋代明器制度的定型

宋代中国的明器制度已经定型。张景文在《秘葬经》"盟器神煞"篇中详细记载了天子、亲王、公侯卿相以及大夫以下至庶人墓葬中所使用的各种明器。该篇不但详细记载了明器的名称、尺寸和位置，还附有明器排列方位的示意图。其记天子陵墓中所用的明器为：

天子山陵用盟器神煞法：十二天官将相，本形，长三尺三寸，合三十三天也；十二元辰，本相，长三尺，合三寸，按于十二方位上。五方五呼相将，各着五方衣，长三尺五寸，安五方。二十八宿，本形，长三尺二寸，合三才二仪也。岁星长三尺，安东方。太白星长四尺，安墓西界。荧惑长三尺二寸，安南方。辰星长三尺二寸，安北方。镇星长三尺五寸，安墓心。天关两个，长四尺，安南北，地轴两个，长四尺，安东西界，各似本相也。仰观伏听，长四尺三寸，安埏道中。祖司祖明，长三尺，安后堂。四宰相、六尚书、二谏议、二金吾，各长三尺五寸，棺前面依次两下排之。墓门口安阁门使二人、皇门使二人、通使舍人二个，各长三尺五寸，各披金银甲，执金银枪，两行排之。纠弹司二人，各长三尺五寸。光禄司五人，内藏库五人，各长三尺三寸。棺西御药二人，天文院一十五人，翰林院十五人，理仪司十五人，宝贝库十五人，画院司五人，各长三尺三寸。棺后镇殿将军二人，各长三尺九寸。后宫安三十六宫，安皇后、夫人，各长三尺五寸。每一宫宫娥美女四人，各长二尺九寸。埏道口安当圹、当野二人，长三尺五寸。墓龙九尺长，安辰地。玉马长五尺，高二尺，安午地。金牛长四尺，安丑地。铁猪重二百斤，安亥地。墓堂东南角安太阳星，圆二尺四寸。西南角安太阴星，圆二尺四寸。蒿里老翁长五尺九寸，安西北角。五方五帝，长五尺五寸，镇五方界。金鸡长二尺二寸，安于酉地。玉犬一只，长二尺二寸，安戌地。方相长三尺五寸，五彩结之，有四眼，手秉抵权。观风鸟一个，长三尺。凶神王人，长三尺三寸。诸司使执弩一张，箭一只，临下事闭墓时射凶神王心，射着吉，墓内走三遭吉。乖角长三尺。咬敲援棒长三尺。擢搦长三尺。铡狭长三尺三寸。用檀木刻成半仗鸾驾，依次排之。以上天子用之吉。

亲王以下至公侯卿相墓，根据等级的不同，逐渐减少明器的种类和数目，明器的尺寸也递减。同时另有一些明器，如公侯卿相墓中以五精石镇五方折五星。"棺东安仪鱼，长二尺三寸。西北安青松，长二尺三寸。棺南安仪瓶，高一尺九寸。正南偏西安五谷仓，高二尺二寸。"棺头则安三浆水。

据该篇所载，大夫以下至庶人墓中的明器为："十二元辰，长一尺二寸，安十二方位。五呼将长一尺二寸。镇墓五方五精石，镇五方。祖司祖明，长一尺二寸，安棺后。仰观伏听，长一尺二寸，安埏道中。当圹、当野长一尺二寸。五谷仓一尺二寸。三浆水高九寸，安棺头。金鸡高一尺二寸，安酉地。玉犬长二尺九寸，高一尺，安戌地。蒿里老公，长一尺五寸，安堂西北角。天关二个，长一尺二寸，安堂南北界上。地轴二个，长一尺二寸，安堂东西界上。天丧刑祸一对，长二尺，安墓。墓龙长三尺，高一尺二寸，安辰地。金牛长二尺，高一尺二寸，安丑地。玉马高一尺，安午地。铁猪重三十斤，安亥地。四廉路神，长一尺九寸，安四角。已上皆大夫庶人用之吉。"

（二）宋代纸制明器的盛行

在这一时期，传统的明器使用由鼎盛逐渐走向衰落，如朱熹云："明器，《礼》既有之，自不可去。然亦更在斟酌，今人亦或全不用也。"① 代之而起的便是纸制明器，赵彦卫《云麓漫钞》载："古之明器，神明之也。今之以纸为之，谓之冥器，钱曰冥财。冥之为言，本于《汉武纪》'用冥羊马'，不若用'明'字为近古云。"②

纸钱作为具有祷谢禳祓功用的物品，在宋代的丧祭活动中广泛使用，人们纷纷焚化纸钱以祷神。③ 在北宋两度入相、一任枢密使的寇准（961~1023），天圣元年（1023）九月病逝于贬谪之地雷州。其妻宋氏寻乞归葬西京洛阳，得到了宋仁宗的同意。棺材经过荆南公安县，人皆设丧祭，哭于路，折竹植地，挂纸钱焚之。④ 福州的东岳行宫，人们都用纸钱去"祭神"、"祈福"。据当时人描写，这些纸钱数量之多，

---

① 朱熹：《朱熹集》卷63《答郭子从（叔云）》，第6册，第3295页。
② 赵彦卫：《云麓漫钞》卷5，第83页。
③ 高承：《事物纪原》卷9《寓钱》，《丛书集成初编》本，中华书局，1985，1212册，第340~341页。
④ 《宋史》卷281《寇准》，第27册，第9534页；李焘：《续资治通鉴长编》卷101，仁宗天圣元年闰九月戊戌条，1985，第8册，第2336页。

好似"飞雪",①最后人们将这些纸钱焚烧。《夷坚志·丙志》卷一一《施三嫂》载,梧州（今属广西）州民张元中为死去的施三嫂"买纸钱一束,焚于津湖桥下"。话本《快嘴李翠莲记》中李翠莲说:"沙板棺材罗木底,公婆与我烧钱纸。"这些都反映了民间烧纸钱风气之盛。

民间焚烧纸钱的风俗也影响到了儒家士大夫和最高统治者。大儒邵雍（1011～1077）在春秋祭祀时,约古今礼行之,亦焚纸钱。程颐看见后觉得很奇怪,遂向其询问原因,邵雍回答曰:"明器之义脱有益,非孝子顺孙之心乎?"②南宋戴埴也明确主张烧纸钱,他认为:"今儒家以为释氏法,于丧祭皆屏去,予谓不然。"他反问道:"以纸寓钱,亦明器也。与涂车、刍灵何以异?俗谓果资于冥途,则可笑。"③涂车即泥车,刍灵即茅草扎成的人、马。他认为用烧纸钱代替过去的葬实钱是一种历史的进步。

宋孝宗也赞成焚烧纸钱。史载"思陵神舆就祖道祭,陈设穷极工巧,百官奠哭。纸钱差小,官家不喜"。谏官们认为世俗使用纸钱,是佛教"使人以度其亲",但"圣主"不宜用此"以奉宾天也"。孝宗听了极为生气,他愤怒地质问道:"邵尧夫何如人,而祭先亦用纸钱。岂生人处世如汝,能日不用一钱否乎?"④

二 宋代纸质明器的种类

宋代的纸质明器,大致有纸钱、纸人、纸马、纸房屋和各种纸质服饰等种类。

（一）纸钱

1. 宋代纸钱的盛行

宋代承袭唐代,人们普遍以为阴间也通行金钱。洪迈《夷坚志·甲志》卷二〇《曹氏入冥》就生动地反映了当时人的这一观念:

> 靳师益,济州人。父守中,官至尚书郎。绍兴二十九年,靳为余杭主簿,妻曹氏以六月病卒,已敛经夕,一足忽屈伸。靳惊视之,面衣沾湿,有泣涕处。靳号恸曰:"得无以后事未办乎?他何所欲言?"拊其体,渐温,已而叹曰:"我欲钱用。"靳命焚纸锭数束。曰:"未也。"又焚之如初。久而稍苏,披之起坐,流

---

① 梁克家:《淳熙三山志》卷8《公厅类二·祠庙》,《宋元方志丛刊》第8册,第7862页。
② 祝穆:《古今事文类聚》续集卷26《珍宝部·康节焚纸钱》,文渊阁《四库全书》本,第927册,第477页。
③ 戴埴:《鼠璞》卷上《寓钱》,史绳祖《学斋占毕（外六种）》,《四库笔记小说丛书》本,上海古籍出版社,1992,第854~874页。
④ 袁褧:《枫窗小牍》卷下,《宋元笔记小说大观》第5册,第4773页。

泪滂沱，言曰："先姑唤耳！忆病昏之际，二妇人来，云：'恭人请。'即俱出门，肩舆去甚速。至官府，户内列四曹，只记其一，曰南步军司。方裴回无所之，遇阿舅生时所使老兵遮拜曰：'何得至此？'以姑命对。即引入。两庑间皆系囚，呻吟之声相属。升自东阶，舅金冠绛袍，若今王者，与紫衣、白衣人鼎足议事，且置酒。闻舅语云：'三官更代，有无未了事件？'顷之，送二客还。吾自屏间趋出拜，舅骇曰：'谁呼汝来？'亦以姑对。舅与俱入。姑冠帔坐堂上，若神祠夫人。侍儿持雉扇，环立甚众。舅责曰：'渠家儿女多，何得招致？'姑曰：'以乏钱故也。'吾又趋拜，且问：'需钱何用？'姑曰：'吾长女以妒杀婢媵，久絷幽狱，狱吏邀贿，无所从得，不获已，从汝求之。'又曰：'于汝为吾转轮藏已尽用了，更为诵《梁武忏》救吾女。'少时，舅促归，命询肩舆者食。曰：'已食。'遂遣吾出，相戒曰：'勿泄此事，恐不利于汝。'送至车上。从者十余人，皆黄衣金甲，其行如飞。既到家，黄衣求金，凡两焚钱始去。"自此疾愈，然才旬日复死。人谓其漏言不免云。

又，《夷坚志·乙志》卷一五《马妾冤》载：

蜀妇人常氏者，先嫁潭州益阳楚椿卿，与嬖妾马氏以妒宠相嫉，乘楚生出，棰杀之。楚生仕至县令，死，常氏更嫁鄱阳程选。乾道二年二月，就蓐三日，而子不下，白昼见马妾持杖鞭其腹。程呼天庆观道士徐仲时咒治，且饮以法水，遂生一女，即不育，而妾怪愈甚。常氏日夜呼謈，告其夫曰："鬼以其死时杖杖我，我不胜痛，语之曰：'我本不杀汝，乃某婢用杖过当，误尽汝命耳！'鬼曰：'皆出主母意，尚何言！'"程又呼道士，道士敕神将追捕之。鬼谓神将："吾负至冤以死。法师虽尊，奈我理直何！"旁人皆见常氏在床，与人辨析良苦，道士念终不可致法，乃开以善言："许多诵经咒为冥助，鬼领首即舍去。"越五日复出，曰："经咒之力，但能资我受生，而杀人偿命固不可免。"常氏曰："如是吾必死，虽悔之，无可奈何。然此妾亡时，有钗珥衣服，其直百千，今当悉酬之，免为他生之祸。"呼问之曰："汝欲铜钱耶？纸钱邪？"笑曰："我鬼非人，安用铜钱？"乃买寓镪百束，祝焚之，烟绝而常氏殂，时三月六日也。

宋代的纸钱用纸，不仅讲究纸的质地，还讲究纸的色彩。不同的颜色代表不同的金属货币，即"剪白纸钱得银钱用，剪黄纸钱得金钱用"。如明朝胡我琨撰《钱通》卷一九载："问曰：'何故经中为亡人造作黄幡，挂于冢塔上者？'答曰：'虽未见经释，然可以义求。此五大色中，黄色居中，用表忠诚，尽心修福，为引中阴不之恶趣，莫生边国也。又黄色像金，鬼神冥道将为金用，故俗中解祠之时，剪白纸钱，鬼得银钱用。剪黄纸钱，鬼得金钱用。'问曰：'何以得知？'答曰：'《冥报记》、《冥祥记》具述可知。'"

焚烧纸钱是当时最普遍的用法。正如宋人高翥在《菊磵集·清明日对酒》诗中描绘的那样："南北山头多墓田，清明祭扫各纷然。纸灰飞作白蝴蝶，泪血染成红杜鹃。日落狐狸眠冢上，夜归儿女笑灯前。人生有酒须当醉，一滴何曾到九泉。"

需要指出的是，宋代虽然盛行随葬纸钱，但用真实钱币、其他质类冥钱与纸质冥钱一起随葬的风气仍然存在。如四川官渠埝地区发现的宋墓里，钱币则多放在陶罐与墓葬的腰坑之中，已不见死者口中含钱币或手中握钱币的现象。① 又，江苏南京陆营的一座北宋墓出土有铜钱 220 枚。② 江西德安发现的北宋皇祐五年（1053）墓，出土有"祥符通宝"铜钱 5 枚。③ 衡阳县何家皂一座北宋墓，有铜钱 300 余枚，其中棺底石膏层上置四行十二排，共 48 枚，棺两侧石膏层中散置 200 余枚。④ 太湖县罗湾两座北宋墓出土有 110 枚铜钱，其中一座为 71 枚，另一座为 39 枚。值得注意的是，这两座墓随葬的铜钱以"太平通宝"为最多，这种现象可能与丧家希望死者的灵魂太平安宁有关，反映了当时人们的心理状况。⑤ 1991 年 12 月，江阴市博物馆的考古人员在江阴夏港镇新开夏港河工地清理了一座宋墓，内有铜钱 84 枚，此外还有压胜钱一枚，石质，正面刻"金玉满堂"四字，"金"字上面穿一小孔，用来悬挂；冥钱一枚，木质，圆形方孔，上无钱文。⑥

图6-4 江苏南京江浦黄悦岭南宋庆元元年（1195）张同之墓出土的金镶玉钱
徐吉军摄。

---

① 四川文管会：《四川官渠埝唐、宋、明墓清理简报》，《考古通讯》1956 年第 5 期。
② 李文明、李虎仁：《南京陆营宋墓清理简报》，《东南文化》1995 年第 2 期。
③ 于少先：《江西德安发现北宋皇祐五年墓》，《南方文物》1992 年第 3 期。
④ 陈国安、冯玉辉：《衡阳县何家皂北宋墓》，《文物》1984 年第 12 期。
⑤ 太湖县文物管理所：《太湖县罗湾北宋墓清理简报》，《文物研究》第 5 辑，黄山书社，1989。
⑥ 高振卫、郭红梅：《江苏江阴夏港宋墓清理简报》，《文物》2001 年第 6 期。

2. 宋代纸钱使用的几个主要时节

纸钱在宋代丧祭活动中作为禳祷之物广泛使用，主要集中在以下几个时节：

一是人刚死之时。老人刚刚"闭眼"，子孙下跪、哭啼送终之后，第一件事就是烧起身盘钱，即烧冥钱。民间以为，这样做可以使死者将其带到阴间享用。如北宋嘉祐八年（1063）三月二十九日仁宗皇帝升遐，遗诏到洛阳，城中军民以至妇人孺子，朝夕东向号泣，纸烟蔽空，天日无光。京师罢市，巷哭数日不绝，虽乞丐与小儿皆焚纸钱，哭于皇宫之前。①

二是做佛事道场时。丧家做佛事，供十王像，多烧楮镪，贿赂公行，为死者赎罪。

三是吊丧时。《司马氏书仪》卷五《丧仪一》说："诗云：凡民有丧，匍匐救之，故古有含襚赗赙之礼。珠玉曰含，衣衾曰襚，车马曰赗，货财曰赙，皆所以矜恤丧家，助其敛葬也。今人皆送纸钱赠作，诸为物焚为灰烬，何益丧家，不若复赙襚之礼。"由此可见，当时民间逢丧事，亲友们都赠送纸钱、纸绢等物。司马光和俞文豹都认为，"焚为灰烬，于生死俱无益"。②

四是入殓时。人们还将焚烧后的纸钱灰烬用瓦缶盛装起来，待入殓时纳入棺中，以为可以供死者亡魂在阴间使用。也有人将少数纸钱随墓主入葬。如江西省德安南宋周氏墓内就曾出土了十多枚极为珍贵的纸冥钱，据考古报告，"纸钱装在蝴蝶形荷包内，由黄纸剪成，圆形方孔，个别钱上印有祀字……保存完好，色泽如新。……对折后剪去半边展开而成，但极不规整"。③据学者研究，周氏墓内纸钱是剪制的，从钱形看，为对折后剪去半边展开而成，但极不规整，当是周氏家人自己剪成的。除了加工方法外，周氏墓纸剪钱还有两个特点：一是使用黄纸；二是纸上印有符号。黄纸代表金钱。周氏墓纸钱上没有汉字，当然不是"通宝"，而有另外一种寓意。钱上印的"毛"符号是佛教中标志吉祥如意的符号，反映了周氏虔诚的信仰和对西天佛国的向往。纸钱作为钱的代表物，所印符号自然不只是寓意吉祥，更重要的是可作为西天，也就是佛国的通行货币。古代有"梵阴钱"的说法，很可能就是用这类纸钱。④

五是出殡烧起身盘钱时。起身盘钱三夹烧于亡者床头，意为给亡者提供去阴曹

---

① 邵伯温：《邵氏闻见录》卷2，第16页。
② 俞文豹：《吹剑录（附外集）》，《丛书集成初编》本，第33页。
③ 李科友、周迪人、于少先：《江西德安南宋周氏墓清理简报》，《文物》1990年第9期。
④ 陆锡兴：《南宋周氏墓纸钱及有关问题考》，《文物》1993年第8期。

地府的车马费，即上路盘缠。而在有些地区，此俗又称为"撒金钱"。丧家因恐死者亡魂遭野鬼戏弄，遂将纸钱等于附近的寺院佛殿焚烧，然后将焚烧后的纸钱灰取回家中，待出殡时沿途抛撒，意在贿赂阴间的孤魂野鬼。

六是寒食或清明上坟时。范成大《寒食郊行书事》诗云："野店垂杨步，荒祠苦竹丛。鹭窥芦箔水，鸟啄纸钱飞。媪引浓妆女，儿扶烂醉翁。深村时节好，应为去年丰。"①而清明上坟，如客居外地，则盛行登上高山，眺望墓的方向而祭。届时，要将纸钱撕裂，撒向空中，让其随风飞去，称为"擘钱"。这一风俗，含有祝福死者在冥间富裕之义。如庄绰《鸡肋编》卷上载民间寒食上坟之俗道："（河东）寒食日上冢，亦不设香火，纸钱挂于茔树。其去乡里者，皆登山望祭，裂冥帛于空中，谓之擘钱。"此外，扫墓时还有挑钱的风俗。所谓挑钱，就是将纸钱挂于竹竿上，插在墓顶，或者把纸钱挂在墓旁的树枝上。

七是中元节祀先祖时。在宋代，七月十五日为中元节，是祭祀死者（即先祖）之日，民间谓之鬼节。这一天要举行各类活动。如在北宋都城开封，"先数日市井卖冥器：靴鞋、幞头、帽子、金犀假带、五彩衣服，以纸糊架子盘游出卖。潘楼并州东西瓦子，亦如七夕。要闹处亦卖果实、种生、花果之类，及印卖《尊胜》、《目连经》。又以竹竿斫成三脚，高三五尺，上织灯窝之状，谓之盂兰盆，挂搭衣服、冥钱，在上焚之。构肆乐人自过七夕，便般《目连救母》杂剧，直至十五日至，观者增倍。……城外有新坟者，即往拜扫。禁中亦出车马诣道者院谒坟。本院官给祠部十道，设大会，焚钱山，祭军阵亡殁，设孤魂之道场"。②佛家寺院则设"盂兰盆会"以荐亡者，道家以此日为地官赦罪之辰。是日，僧道满街，纸钱遍地，象征死者后辈给先人送来了生活费用。

3. 宋代纸钱盛行的原因

纸质冥钱是封建迷信的产物，它的盛行主要有以下两个原因：

一是以纸代替真实的铜钱可以节省许多钱。前代用丝织品做成明器焚烧，自然属侈靡、浪费之举。所以，宋代更多地使用纸质的明器。宋代孔平仲《珩璜新论》上说："今之流俗，不用皮革、羽毛之类置柩中，至用楮带、木笏。"

二是防止盗坟掘墓。关于第二点原因，除前面所述唐代封演《封氏闻见记》卷六

---

① 范成大：《石湖居士诗集》卷1，《范石湖集》上册，第10～11页。另，杨万里有《寒食上冢》诗："径直夫何细，桥危可免扶？远山枫外淡，破屋麦边孤。宿草春风又，新阡去岁无。梨花自寒食，时节只愁予。"杨万里：《诚斋集》卷1，《杨万里诗文集》上册，王琦珍整理，第37页。
② 孟元老：《东京梦华录》卷8《中元节》，邓之诚注，第211～212页。

《纸钱》外，历代文献多有持此说者，如李珂《松窗杂说》云："世既是妄人死而为鬼，其妄又可知无身心耳目口鼻之实，而习常不断颠倒沉迷，岂复觉悟？方其具酒肴、列明器、凿纸为钱之意，盖亦祖汉瘗钱法。原其本初就隐而埋之，盖以妄塞妄也，诚恐瘗钱必遭发掘转为死者之祸耳，后沿至唐而焚之，其来久且远。"又，朱翌《猗觉寮杂记》卷下曰："汉、晋人葬多瘗钱，往往遭发掘之祸，如盗发孝文园瘗钱是也。后人偶掘地得钱，谓之掘着窖子。今之五铢，世谓之古老钱，皆汉所瘗者。唐鉴发掘之祸，易以楮钱，亡者之幸也。李景让始贫，治墙得积钱，童仆奔告。其母郑曰：'士不勤而禄，犹灾及其身，况无妄而得，我何取？'亟令闭坎。贤哉，此母也！"

（二）纸人纸偶

纸人纸偶开始使用的时间，史载不详，但其至唐代中期以后已经流行，如司马光说："自唐室中叶，藩镇强盛，不尊法度，竞其侈靡。"人们扎成祭屋，高达数丈，宽数十步，又扎起鸟兽、花木、车马、仆从、侍女，为纸人穿上用锦绮做成的衣服，待柩车经过时，全部焚烧。①

到宋代，这一风俗已经非常盛行，史载"祷祀禳禬者用之，刻板刻印，染肖男女之形而无口"。②北宋初年，长安民间遇丧葬时，陈列偶像，其中外表用绫绢金银做成的偶像称"大脱空"，外表用纸并着色的偶像称"小脱空"。长安城里有专门生产和经销"脱空"的店铺，它们组成"茅行"，俗谓之茅行家事。③在宋人看来，纸人纸偶可模拟生人在阴间陪伴侍奉死者，这实际上是一种典型的偶像巫术。洪迈《夷坚志·甲志》卷一六《晏氏媪》就记载了当时的这种风俗：

  晏元献家老乳媪燕氏，在晏氏数十年，一家颇加礼。既死，犹以时节祭之。尝见梦曰："冥间甚乐，但衰老须人挟持，苦乏使耳。"其家为画二妇人焚之。复梦曰："赐我多矣，奈软弱不中用何！"其家感异，嘱匠者厚以纸为骨，且绘二美婢。他日来谢曰："新婢绝可人意，今不寂寞矣。"

（三）纸屋、纸衣服及其他纸制品

绍圣、元符年间（1094~1100），丧祭用纸钱，以礼鬼神。又以芦苇扎鬼屋，外

---

① 司马光：《司马氏书仪》卷7《丧仪三·亲宾奠、赙赠》，《丛书集成初编》本，第85页。
② 曾三异：《同话录·纸钱》，陶宗仪：《说郛》卷号23，《说郛三种》本，第4册，第1096页。
③ 陶谷：《清异录》卷下《丧葬·大小脱空》，《宋元笔记小说大观》第1册，第137页。

糊彩纸，屋内装潢器物，悉如生人所用，定期烧化。北宋都城东京也有此俗，七月十五日中元节这天要祭祀死者，焚烧"靴鞋、幞头、帽子、金犀假带、五彩衣服"。①

三 宋代士大夫对纸质明器的抵制与批判

与前述的反对风水、佛事等一样，宋代士大夫对丧葬、祭祀时使用纸钱的现象，多有持反对意见的。司马光、王嗣宗、龚程、廖刚、朱熹、杜衍、钱若水和俞文豹等人便是其中的代表，这在当时是难能可贵的。

司马光反对焚烧纸钱，其出发点是送丧家钱财比烧纸钱实用，更符合古人节俭之精神。他说："古有含襚赗赙之礼，珠玉曰含，衣裳曰襚，车马曰赗，货财曰赙，皆所以矜恤丧家，助其敛葬也。今人皆送纸钱赠作，诸为物焚为灰烬，何益丧家？不若复赙襚之礼。"②

钱若水不烧楮镪，吕南公为文歌颂他的行为为世人树立了榜样：

呜呼！士诚知修耶？内不欺诸己，外不欺诸人，可与修己已。呜呼！士诚有立耶？上不愧于天，下不怍于地，中不负于神明，可谓士君子已。凡唯知修，至于可立，而不欺不愧者，其备如此，虽天地神明我，斯天地神明已，岂又恤恤于诸余哉？世衰道隐，士心险惑，稔匿自危，则区区于祸福，以壮其毒。闻古之用币，以礼神祇；后之罪士为多，则假之以请祷禳祈；假之不已，则翻楮代焉而弗支。是故罪者满世，而莫救其非。肃肃邓州，唯道之繇。识起超于众谬，行不徇于时流。孰巫祝之足因，而禧祥之苟求？盖清修而不愧，则万福之来酬。是何楮镪之不然，而名位之优优。呜呼！岂弟君子，求福不回。谁其嗣之？宋有人猗！③

王嗣宗（944~1021），字希阮，汾州（今山西汾阳）人。宋太祖开宝八年（975）乙亥科状元。官终于静难节度使，以左屯卫上将军、检校太尉身份致仕。性刚正，反对迷信。至道元年（995），王嗣宗为江浙荆湖发运使时，正值江浙一带巫风盛行，民有病不服药，祭祀以禳灾。王嗣宗令毁弃祀庙，让得病之人服药康复。王嗣宗尤睦宗

---

① 孟元老：《东京梦华录》卷8《中元节》，邓之诚注，第211~212页。
② 司马光：《司马氏书仪》卷5《丧仪一·吊酹、赗襚》，《丛书集成初编》本，第55~56页。
③ 吕南公：《钱邓州不烧楮镪颂》，吕祖谦编《宋文鉴》卷74，中册，第1078页。

族，抚诸侄如己子，著遗戒以训子孙勿得析居，又令以《孝经》、弓剑、笔砚置圹中。常卧病，家人私爇纸币以祈福，嗣宗大呼而止之曰："神苟有知，岂枉法而受贿耶？"①他平生为政清廉，故有此举。

龚程，字信民，苏州（今属江苏）人。幼年丧父，发奋读书于南峰山其父墓庐，攻苦食淡，而手不释卷。他"博极群书"，"记问精确，经传子史，无不通贯"，乡人誉之曰"有脚书橱"。登熙宁六年（1073）进士第，后来历任西安丞、桐庐令等职。他刚正自守，不怵于祸福。力学，排异端。家不设佛老像，祭祀不焚纸钱。②

杜衍则以"不焚纸币"而闻名。③

廖刚（1070～1143），字用中，号高峰居士，顺昌谟武（今福建南平）人。历任刑部侍郎、御史中丞、工部尚书。他少时从学理学家杨时，成就了"道南高弟，绍兴名臣"的美名。曾在《乞禁焚纸札子》中指出："世俗凿纸为缗钱，焚之以徼福于鬼神者，不知何所据依？"他认为，这一习俗"非无荒忽不经之说，要皆愚民下俚之所传耳！使鬼神而有知，谓之慢神欺鬼可也"。此做法"积习久远"，送终祭祖者借此表示孝心，祷祀祈祝者借此致其诚意，从而"使南亩之民转而为纸工者，十且四五，东南之俗为尤甚焉"。"天下事有人情所未厌，不可以强去者。去之未见有益，存而不问未见其害，则存之可也。其有世俗积习之弊，所从来久远者，存之而民不知其非，去之而民实受其赐者，又乌可以不去之哉！此则在于圣智开天下之昏愦，以与之一新其耳目尔。""盖厚利所在，惰农不劝而趋，以积日累月之功，连车充屋之积，付之瞬息之火，人力几何其不殆哉！窃痛今天下之农夫，死于兵寇者过半矣。而东南不耕之田，在在有之，可谓民力不足之时。而迩来造纸为钱者益众，愚民终不悟其不足以救祸，然则此弊将果何时已耶！臣谓末作之妨农，其他犹或有用，若穷力以输鬼工，倾资以给野火，尤无谓也。"因此，他希望高宗能够果断地颁布禁止焚烧纸钱的法令，斥其有害于农，无补于儒家的伦理道德，使天下沉溺于这一习俗的百姓顿时能够明白其坏处，"不亦善乎！""此臣所谓去之而民实受其赐，则不可不去者也。"如果有人认为"凡民之于神鬼，孝子之于其先"，一定要有物品才能致意，则可以用佛家经幡之类的东西，"量许焚化，以贵贱为之限制，亦足以徇其情矣。此殆所谓民所未厌而存之，未见其害者也"。④

---

① 祝穆：《古今事文类聚》续集卷26《珍宝部·爇纸币求福》，文渊阁《四库全书》本，第927册，第477页。
② 范成大：《吴郡志》卷25《人物》，第367页。
③ 徐度：《却扫编》卷中，《宋元笔记小说大观》第4册，第4502页。
④ 《全宋文》卷2990，第138册，第364～365页。

理学家朱熹的见识则比常人要高出一筹。有人问朱熹:"明器亦君子不死其亲之意。"朱熹回答曰:"某家不曾用。"① 他主张丧事都不用明器、粮瓶之类,认为这些东西无益有损。棺椁中亦不应着世俗所用者一物。他在祭祀亡母或在家祭享时,就不用纸钱。凡遇四仲时祭,隔日涤椅桌,严办。次日侵晨,已行事毕。②

吕南公的态度与钱若水相同,因而写下《钱邓州不烧楮镪颂》:"古之用币,以礼神祇;后之罪,士为多,则假之以请祷禳祈。假之不已,则翻楮代焉而弗支。是故罪者满世,而莫救其罪。"从中不难看出,吕南公"深恶夫寓钱以徼福者"。③

与前面数人相比,俞文豹虽反对一概恢复赙襚之礼,但并不主张烧纸钱。他说:"今贵者官极品,富者财巨万,贫且贱者,何敢以货财为礼?"④

第三节　随葬品

一　墓志

墓志是一种埋入坟墓之中记载死者姓名、家世和生平事迹的重要袝葬品。此文体在志文之后往往附有用韵语所作之铭辞,用来统括全篇,且纯为对墓主的赞颂、悼念和慰藉之辞,故又称为墓志铭。它一般刻于石上,也有刻写在砖块上的,个别的甚至用铁铸或瓷土烧成。其作用也和墓碑一样,记载墓主人的生平梗概、埋葬情况和后人对他的颂仰祝祷,勒于石或砖,埋于墓,以期千秋万载永世流传,铭志不忘。⑤

(一) 墓志在宋代的风行

墓志在宋代大行于世。范镇与司马光相友善,生前两人约定:"生则互为传,死则作墓铭。"后来司马光先死,范镇作铭,其词阶峻。光子康嘱苏轼书之,苏轼曰:"吾不辞书,但恐非三家福耳",乃易他铭。⑥ 在北宋,按《政和五礼新仪》的规定,官员九品以下及庶人下葬时并无墓志,⑦ 在墓内安放墓志只是官员们的专利。故此,司

---

① 李光地:《朱子礼纂》卷3《丧》,文渊阁《四库全书》本,第142册,第686页。
② 黎靖德编《朱子语类》卷89《礼六·冠昏丧》、卷90《礼七·祭》,第6册,第2286、2315页。
③ 吕南公:《钱邓州不烧楮镪颂》,《全宋文》卷2373,第109册,第323页。
④ 俞文豹:《吹剑录(附外集)》,《丛书集成初编》本,第33~34页。
⑤ 罗宗真:《六朝考古》,南京大学出版社,1994,第149页。
⑥ 刘宗周:《人谱类记》卷上,文渊阁《四库全书》本,第717册,第211页。
⑦ 郑居中等:《政和五礼新仪》卷24,文渊阁《四库全书》本,台湾商务印书馆,1983,第647册,第230页。

马光论碑志，仅以官员墓志为对象，只称"刻文云某官姓名"，且详论墓主贤与不贤。① 因此一般老百姓，甚至像河南禹县白沙赵大翁那样富有的地主兼商人也没有墓志，只有一方买地券而已。但到了南宋，人们使用墓志已无严格的等级限制。陆九渊说："今人力能办者，必铭其墓。"又曰："墓铭今世皆用。"② 朱熹在《朱子家礼》中则称志石篆盖"刻云'有宋某官某公之墓'，无官则书其字，曰'某君某甫'"，甚至女子死后也可志石，如"夫无官则书夫之姓名"。③

宋代之所以盛行墓志，是人们害怕后人无知而毁墓。如范仲淹曰："葬者，藏也，欲人不得而见之也。君子之思也远，故复卜于山，坎于泉，又刻名与行，从而秘之。意百代之下，治乱之变，观其铭，思其人，而不敢废其墓。"④ 庄绰也认为："今葬者必瘗志文，盖备其必发。不然，何用置于圹中乎？"⑤ 由此可以看出，墓志已经成为宋代主要的墓中铭刻之一。

宋代墓志的书写有一定的格式要求，要较为详细地叙述墓主人的姓名、生平、官职、卒年以及家族等情况。《司马氏书仪》卷七《丧仪三·碑志》便对此做了详细的记载：

> 志石刻文云：某官姓名（妇人云某姓名妻，某封某氏），某州某县人，考讳某，某官某氏某封（无官封者，但云姓名或某氏）。某年月日生，叙历官迁次（妇人云年若干，适某氏，叙因夫子致封邑；无官封者，皆不叙）。某年月日终，某年月日葬（丈夫，云娶某氏、某人之女，封某邑）。子男某某官，女适某官某人。若直下穿圹，则置之便房；若旁穿为圹，则置之圹门。墓前更立小碑，可为二三尺，大书曰某姓名某，更不书官。（古人有大勋德，勒铭钟鼎，藏之宗庙。其葬则有丰碑以下棺耳。秦汉以来，始命文士褒赞功德，刻之于石，亦谓之碑。降自南朝，复有铭志，埋之墓中，使其人果大贤耶，则名闻光昭，众所称颂，乃流今古，不可掩蔽，岂待碑志始为人知？若其不贤也，乃以巧言丽辞，强加采饰，功侔吕望，德比仲尼，徒取讥笑，其谁肯信？碑犹立于墓道，人得见之。志乃藏于圹中，自非开发，莫之睹也。隋文帝子秦王俊薨，府僚请立碑，帝

---

① 司马光：《司马氏书仪》卷7《丧仪三·碑志》，《丛书集成初编》本，第80页。
② 陆九渊：《陆象山全集》卷28《黄氏墓志铭》，第204~205页。
③ 《朱子家礼》卷4《丧礼·刻志石》，〔日〕吾妻重二著、吴震编《朱熹家礼实证研究》，第315~316页。
④ 范仲淹：《范文正公文集》卷13《滕公夫人刁氏墓志铭》，《范仲淹全集》，第313~314页。
⑤ 庄绰：《鸡肋编》卷上，第24页。

曰："欲名，一卷史书足矣，何用碑为？徒与人作镇石耳。"此实语也。今既未能免俗，其志文但可直叙乡里世家、官簿始终而已。季札墓前有后世称孔子所篆云。呜呼，有吴延陵季子之墓，岂在多言？然后人知其贤耶。今但刻姓名于墓前，他日人自知其贤愚耳）。①

而朱熹认为司马光《司马氏书仪》卷七《丧仪三·碑志》中论及的士庶志石之制"恐所未安"。有人问："夫妇合葬者，所题之辞又当如何？"朱熹回答曰："宋故进士某君夫人某氏之墓，或云处士，下略记名字、乡里、年岁、子孙及葬之年月。"②其葬长子丧仪为："铭旌，埋铭，魂轿，柩止用紫盖，尽去繁文。埋铭石二片，各长四尺，阔二尺许，止记姓名、岁月、居里。刻讫，以字面相合，以铁束之，置于圹上。其圹用石，上盖厚一尺许，五六段横凑之，两旁及底五寸许。内外皆用石灰、杂炭末、细沙、黄泥筑之。"③

与前述的神道碑文一样，丧家也是力请文学名家撰写墓志铭。当然，名家写的墓志铭质量自然要比常人高，文采非凡。如唐宋八大家之一的苏洵写的雷太简墓志铭，只有寥寥数语："呜呼太简，不显祖考。不有不承，隐居南山。德积声施，为取于人。不献不求，既获不庸。有功不多，我铭孔悲。"时人认为"此语大妙，有三代文章骨气，为文之法也"。④其儿子苏轼写的滕元发墓志铭，里面言滕元发姿度雄爽，英伟大度，以为天下异人。因其文想其人，真卓尔不群者也。刘埙认为："坡翁此志，笔力跌荡振发，风起水涌，真足以发扬之。傥笔弱，则失之矣。"⑤但这些大家一般架子大，脾气大，写后一般不会轻易改动，即使是丧家阅后不满，往往也是无可奈何。王楙《野客丛书》便载：

> 欧公作尹师鲁墓铭，但称文章简而有法，或以为未尽。公怒，至贻书他人责之。荆公作钱公辅母墓铭，但云子官于朝，丰显矣。公辅不满，公曰："宜以见还。"二公不喜人议其文如此。仆谓荆公人有片善，称赞不已；欧公

---

① 司马光：《司马氏书仪》卷7《丧仪三·碑志》，《丛书集成初编》本，第80页。
② 李光地：《朱子礼纂》卷3《丧》，文渊阁《四库全书》本，第142册，第685~686页。
③ 《朱子语类》卷89《礼六·冠昏丧》，第6册，第2286页。
④ 赵德麟：《侯鲭录》卷8《老苏雷太简墓铭》，第38页。
⑤ 苏轼：《故龙图阁学士滕公墓志铭》，《全宋文》卷1996，第92册，第69~75页；刘埙：《隐居通议》卷15《滕元发墓铭》，文渊阁《四库全书》本，第866册，第139页。

制作，窜改无余。二公好善，动皆若此，岂有吾文未尽而反讳人议之理？不知前辈作文轻重，贵于适中，假借不欲太甚，或者往往欲其极力称借，岂二公之所乐乎？昔韩熙载尝为江南一贵人制墓铭，其间无甚可述，文竟，其人不满，再丐润色。韩书一绝却之，知此风尚矣。仆谓使其议是，二公政自心服，何至不喜，其不喜者，以妄论故耳。容斋谓二公皆不喜人议其文，是又非深知二公者也。①

这里说的是欧阳修、王安石不喜人议其文。但也有例外，如范仲淹曾为人作墓志铭，写好了以后征求尹洙的意见，尹洙认为范仲淹"名重一时，后世所取信，不可不慎也。今谓转运使为部刺史，知州为太守，诚为脱俗。然今无其官，后必疑之。此正起俗儒争论也"。尹洙指出墓志的写作，必须真实反映墓主的客观情况，使后人一看就懂，避免一味仿古"脱俗"，使后人产生异议。范仲淹听后，深有感悟，感谢道："赖以示子，不然，吾几失之。"②

有鉴于此，丧家只得找一些门生故吏来写，希望他们能为墓主美言几句。赵彦卫《云麓漫钞》便一针见血地指出："近世行状、墓志、家传皆出于门生故吏之手，往往文过其实，人多喜之，率与正史不合。"③也有一些所谓的文学名家，收了大价钱后，不惜笔墨而加以美化的，孙觌就是其中的典型代表。岳珂《桯史》载：

> 孙仲益（觌）《鸿庆集》，大半铭志，一时文名猎猎起，四方争辇金帛请，日至不暇给。今集中多云云，盖谀墓之常，不足诧。独有武功大夫李公碑列其间，乃俨然一党耳，亟称其高风绝识，自以不获见之为大恨，言必称公，殊不怍于宋用臣之论谥也。其铭曰："靖共一德，历践四朝，如砥柱立，不震不摇。"亦太侈云。余在故府时，有同朝士为某人作行状，言者摘其事，以为士大夫之不忍为，即日罢去，事颇相类，仲益盖幸而不及于议也。④

其实此为人之常情，也符合作墓志铭的初衷，宋赵德麟《侯鲭录》卷八载："铭者，刻金石以纪德也。《礼》曰：铭者，自名也。"

---

① 王楙：《野客丛书》卷26《二公不喜人议其文》，中华书局，1987，第294页。
② 毕仲询：《幕府燕闲录》，陶宗仪：《说郛》号41，上海古籍出版社，1986，第5册，第1900页。
③ 赵彦卫：《云麓漫钞》卷8，第134页。
④ 岳珂：《桯史》卷6《鸿庆铭墓》，中华书局，1981，第70页。

对宋代墓铭泛滥之风，陆九渊深为反感，他曾说："余少时见墓铭日多，往往缘称美之义，不复顾其实，侈言溢辞，使人无取信。窃念之曰：苟如是，不如无铭。"①朱熹也同样反感，因时人纷纷向其求墓铭，他说："'吁嗟身后名，于我如浮烟。'人既死了，又更要这物事做甚？"认为没有必要用墓铭。时人或曰："先生语此，岂非有为而言？"朱熹认为："也是。既死去了，待他说是说非，有甚干涉！"又曰："所可书者，以其有可为后世法。今人只是虚美其亲，若有大功大业，则天下之人都知得了，又何以此为？且人为善，亦自是本分事，又何必须要恁地写出。"②有些墓铭之请，他实在无法推托，也只好勉强应对。陈亮一子一婿吴、康同来求其写铭文，朱熹是时例不作此，但又无法推脱，只得写了"宋龙川先生陈君同父之墓"十一字给他们。婺源李参仲与朱熹为乡旧，其子亦来求墓铭，朱熹只交给他自己写的跋语。为某人所作行实，亦同样只书"宋钟山先生李公之墓"九字。③陆游同样如此，但又迫于世风，只好作铭，他说："墓有铭，非古也。吾已自记平生大略以授汝等，慰子孙之心，如是足矣。溢美以诬后世，岂吾志哉？"④

图6-5　宋承务郎致仕吕大雅墓志铭志盖拓片

资料来源：《异世同调——陕西省蓝田吕氏家族墓地出土文物》，中华书局，2013，图93。

图6-6　宋承务郎致仕吕大雅墓志铭

资料来源：《异世同调——陕西省蓝田吕氏家族墓地出土文物》，图93。

---

① 陆九渊：《陆象山全集》卷28《黄夫人墓志》，第207页。
② 黎靖德编《朱子语类》卷107《朱子四·内任·杂记言行》，第7册，第2276页。
③ 黎靖德编《朱子语类》卷107《朱子四·内任·杂记言行》，第7册，第2276页。
④ 陆游：《放翁家训》，《全宋笔记》第5编（8），第149页。

(二) 宋代墓志的形式与种类

宋代墓志的形式和种类较为丰富。如在云南彝州宋代以后的火葬墓中，就出土有一种圆形墓志。这种圆形墓志，大小有别，直径在 40 厘米至 120 厘米之间，厚约 15 厘米，一般正中刻八瓣莲花，第一晕内有 8 个圆圈；第二晕内有 8 个三角形图案，其间刻有 8 个梵文字母；第三晕内有 8 个圆圈，其间夹刻汉书 2~3 字，多为生卒年月及死者姓名；第四晕为十六瓣莲花，每瓣内刻一梵文字母，外周为水波纹。正面向上，背面无纹饰，中间微微隆起。这种墓志或刚好露出地面，或浅埋。①

墓志的载体除砖石外，还有陶瓷和金属等。

韩琦墓志由陈荐撰文、宋敏求书、文彦博篆盖。志盖为盝顶状，中间为方形，长宽均为 1 米，斜边 0.34 米，下厚约 0.1 米。志盖四坡左右各用阴线雕刻四神形象，四周伴以海水、祥云图案。志盖中间篆书"宋故司徒兼侍中赠尚书令魏国忠献韩公墓志铭"，计 5 行，每行 4 字，共 20 字。志石为方形，长宽均为 1.55 米，厚 0.26 米，是目前发现的宋代最大的墓志之一。志石侧面阴线雕刻四组人物故事图案，内容基本相同。志文计 81 行，满行 82 字，共 6000 余字。

贾昌龄墓志由范仲淹撰文、李蒙篆盖、彭余庆镌刻。墓志盖篆书"大宋故太常少卿贾公墓志铭"，共 4 行，每行 3 字，篆文布局美观典雅，字体清秀瘦长，笔法简洁流畅。墓志文为正楷，共 42 行，除题目及撰文、篆盖者结衔以及姓名字体较小外，墓志正文足行 42 字，共 1859 字，详述了贾昌龄的世系、生平履历、子嗣、姻亲等，蕴含着丰富的史料价值。墓志字体清秀，笔法刚中见柔，楷书兼具颜柳之风。②

二 买地券

买地券又称"墓别"、"地券"、"地契"、"符券"、"买地券文"、"地神券文"、"符券"、"太上女青符券"等，原是阳世土地买卖导致所有权转移的法律凭证。而古人在墓中随葬用的买地券，乃是模拟阳世的买地券而成，它并非真正的土地券约，而是一种专供死者购买阴宅、冢地的契约凭据，旨在役鬼通神，是一种阴世使用的明器，为迷信物品。

---

① 参见李朝真、段志刚编著《彝州考古》，云南人民出版社，2000，第 155 页。
② 陈朝云、许世娣:《范仲淹撰贾昌龄墓志研究——兼及出土文本与传世文本的比较》，《中州学刊》2013 年第 11 期。

图6-7　太原小井峪宋墓出土买地券拓本

资料来源：代尊德《太原小井峪宋墓第二次发掘记》，《考古》1963年第5期。

古人在墓中随放买地券，其原因大致有两个：一是以为人死后在冥世仍然需要土地，于是就如随葬象征财富的陶俑、土田和其他物品一样，模拟土地买卖的证券形式，将其随葬于墓中；二是以为墓室是阴世的住宅，即"阴宅"，而营造阴宅一定要征得土地神的同意："青乌子曰：'按鬼律，葬不斩草，买地、立券，谓之盗葬。'"①因此，必须跟土地神订立买地的契约，后人遂又称这种随葬用的地券为"地神券文"。买地券不仅可作为供冥府公验的凭证，保证墓主阴宅的私有权，还可在墓中起到镇邪压胜的作用。这种观念的产生，明显与当时人们的道教及鬼神崇拜有关。

随葬买地券的风俗，据吴天颖先生《汉代买地券考》一文所述，可以推溯到西汉初期的"薄土"随葬之俗。②如1973年湖北江陵凤凰山8号墓出土一件竹笥，内盛泥土一块，遣策标其名为"溥土"；③167号和168号墓的遣策作"薄土"。167号墓的"薄土"是绛红色绢包裹的长方形土块（长20厘米、宽14厘米、高12厘米），另有丈量土地的弓步模型以及同为财富象征的缯等物。

到宋代时，买地券已成为墓葬中一种极为常见的随葬品。如《宋史·礼志二十七》载："勋戚大臣薨卒，多命诏葬。……入坟有当圹、当野、祖思、祖明、地轴、十二时神、志石、券石、铁券各一。"北宋王洙奉敕编著的《地理新书》还对地券的放置及书写方式等做了非常详细的介绍："公侯已下皆须铁券二……其一埋于明堂位心，其一置穴中柩前埋之。"然后，还要告祝一番。祝曰："维年月日，祭主某乙致告于五方五帝、山川百灵、后土阴官、丘丞墓伯、阡陌诸神，某亲以某年月日奄逝，伏惟永往，五内分割。礼制有期，龟筮袭吉，宜于某州、某县、某乡、某山之原宅兆，以某年月日迁坐幽室。用今吉辰斩草，谨以信币、柔毛、酒礼之仪，致告于山川百灵，主恭奠于后土神，既葬之后，永无咎艰。尚飨。"其书写格式如下：

> 某年月日，具官封、姓名，以某年月日殁故。龟筮叶从，相地袭吉，宜于某州、某县、某乡、某原安厝宅兆。谨用钱九万九千九百九十九贯文，兼五彩

---

① 参见陈定荣《南宋张君重四宣义地券》，《文物》1987年第2期。
② 吴天颖：《汉代买地券考》，《考古学报》1982年第1期。
③ 不过，据裘锡圭先生《说"薄土"》（《古文字论集》，中华书局，1992，第564页）一文所述，认为凤凰山汉墓所出的土块就是遣册所记的"薄土"，是有疑问的。

信币，买地一段，东西若干步，南北若干步。东至青龙，西至白虎，南至朱雀，北至玄武。内方勾陈，分掌四域；丘丞墓伯，封部界畔；道路将军，齐整阡陌。千秋万岁，永无殃咎。若辄干犯呵禁者，将军亭长，收付河伯。今以牲牢酒饭，百味香新，共为信契。财地交相分付，工匠修营安厝。已后永保休吉。知见人：岁月主。保人：今日直符。故气邪精，不得忏□悇。先有居者，永避万里。若违此约，地府主吏自当其祸。主人内外存亡，悉皆安吉。急急如五帝使者女青律令。"①

这个买地券的范本涵盖了买地者的官职和姓名、逝世的具体时间、买地所付的费用、卖地者、地的位置和范围的大小、交易时间、见证人和担保人、对侵犯者惩罚的内容、鬼律咒语等九项内容。

经过宋代官方的规范之后，买地券行文才在民间广泛推广。如四川成都南郊北宋赵德成墓出土的一方买地券，红砂石质，方形，平放，券文向上。长45厘米，宽42厘米。镌刻粗疏，生硬，字体为楷书，券阴刻双栏，上部呈梯形，从左至右横书"赵德成地券"5字，下部呈方形，从右至左立书11行，每行13～15字不等，共156字，其文是："维元丰四年，岁次辛酉九月甲申朔十三日丙申，郎有殁故。赵德成地券，生居人世安宅地，卜筮叶从相地咸吉，宜于此广都县政路乡福地之原安厝。谨使信钱九千九万九百九十文买地。其地东至甲乙青龙，西至庚辛白虎，南至丙丁朱雀，北至壬癸真武，中方戊巳。勾陈分掌四域，封步界畔道路将军，整齐阡陌，千秋万岁。地下伯鬼不得侵夺，有知见人岁主吏自当其契，然后存亡，急急如女青律令。"②但也有文辞颇为特殊的地券，如1991年四川蒲江县出土的宋朝散大夫宋德章墓的"三五知郡地券"，其文辞如下："立兹契券，谨以将弊葬于后土□□□□，□□幽堂以藏遗体，上极太虚，下尽口地，东南西北，各广一里，所有口郡伏尸故气，盘太山泽，妖邪鬼魁，各仰明知，急急远避。如有干犯，主者收治，藏在己未，月建丙寅，其日丁酉，于蒿里。"③江西余江县锦江纪年宋墓出土的随身地券铭记也类此，其全文如下："维大宋国江南道饶州安仁县坊市殁故亡李大郎行年六十五岁，暂往南山看花，遇见仙人，赐酒一杯，迷而不返，命入黄泉。今用钱万万贯于张坚

---

① 王洙等纂《重校正地理新书》卷14，《续修四库全书》本，第1054册，第113页。
② 王方：《成都市南郊北宋赵德成墓清理简报》，《四川文物》2001年第3期。
③ 龙腾：《蒲江县宋朝散大夫宋德章墓出土文物》，《四川文物》1995年第2期。

固、李定度边买得乙向地一坟，东止甲乙，南止丙丁，西止庚辛，北止壬癸，上止青天，下止黄泉，中殃（央）便是亡人李大郎墓宅，如有外人争占，捉为奴婢驱使。谁为书？水中鱼；谁为作？天上鹤。鹤何在？飞上天；鱼何在？入深泉。若要相寻觅，但来东海边。万万九千年。维大中祥符四年岁次辛亥十二月二十一日殁故亡李大郎随身地契一本。谨记。"①

地券的内容充满了封建迷信的色彩，如北宋宣和张公地券："令奉太上老君给地券一道，永为公验，所在神祇，不得违科犯约。如有犯者，奉口准敕斩之。"又，南宋淳熙十五年（1188）曾三十七地券："谨用钱帛万万贯匹，五采信币、酒脯牲宝等，仗凭蒿里父老与神卿土官，就于皇天父邑社主边，买得良山，行龙震山、落穴作用庚向阴地一穴，左止青龙，右止白虎，前止朱雀，后止玄武，内方勾陈，上下四周，各封半为界，近修茔安厝，已后永作千年山宅。百世坟灵，子孙昌盛，富贵荣华，存亡安吉此地。如有不正故气邪精，妄敢干犯，即仰地券主同道路将军，收付河伯，行令永沉苦海者。须至戒曰：'宅兆之阳，管在口箱，道路将军，守保安康。如违此约，万里之殃。何神不伏，何鬼不藏。仗斯秘语，化气灵光。'今准奉太上五帝女青，急急如律令。"②只有极个别的地券与当时的真券无异。如1961年在江西分宜的一座宋墓中，出土有一方买地券，长宽均29.3厘米，券文为：

> 维皇宋庆元五年十一月己丑朔二十八日丙辰，江西袁州分宜县郭福寿坊居住，故孺人彭氏念一娘，行年五十一岁，身辞人世，命奄黄泉，今将钱禾酒物于地主张坚固处，买得本县化全乡德全里地名长塘村申山艮寅向受地一穴，东至甲乙青龙，南至丙丁朱雀，西至庚辛白虎，北至壬癸玄武。上至青天，下至黄泉，方阔一百二十步，与亡人永为山宅。千年不动，万年不移。所有亡人衣木万年粮食等并是生存置得，切虑地中或有五方无道鬼神妄有侵占。奉太上老君敕给地券一所，与亡人冥中自执为照，如有此色，即仰直炉太神收押赴蒿里所司，准太上老君斩之，急急如律令。卖地人张坚固，牙保人李定度，书券人功曹，读券人主簿，时见人东王公、西王母，受地亡人彭氏念一娘。③

---

① 陈柏泉：《江西出土地券综述》，《考古》1987年第3期。
② 以上均引自陈柏泉《江西出土地券综述》，《考古》1987年第3期。
③ 彭适凡、刘玲：《江西分宜和永丰出土的宋俑》，《考古》1964年第2期。

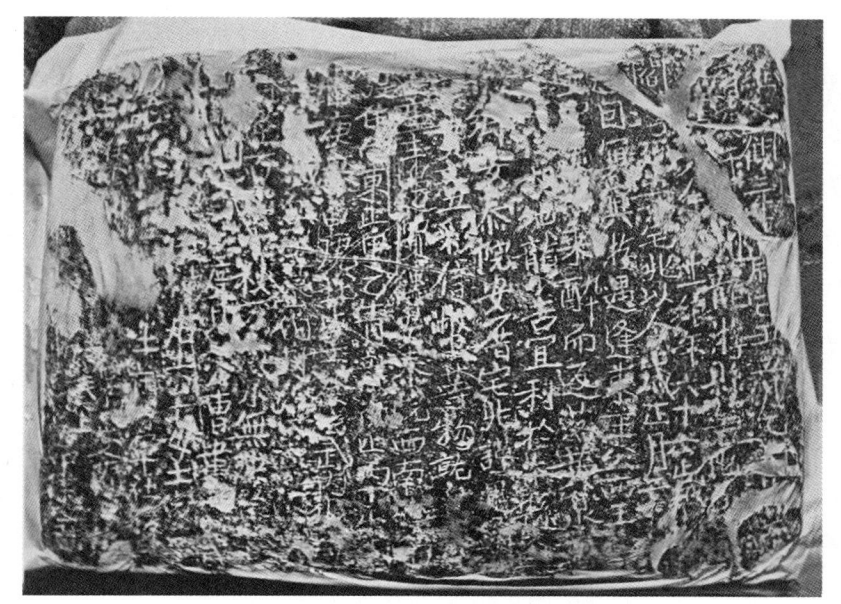

图6-8 浙江龙游寺底袁宋代墓地出土的买地券

资料来源：浙江省文物考古研究所编著《浙江宋墓》。

这一时期，买地券的书写也颇有特色，有的是一行顺书，一行倒书。

从文献和考古资料来看，随葬铁或石制地券的一般为家境好的人，贫者则使用纸质或梓木等木板作为地券材料。[①]如周密《癸辛杂识》载：

> 今人造墓，必用买地券，以梓木为之，朱书云："用钱九万九千九百九十九文，买到某地"云云。此村巫风俗如此，殊为可笑。[②]

三 镇墓券文

两宋墓葬中流行"华盖宫文"、"天帝敕告文"、"八威真文"、"安（镇）墓真文"、"消灾真文"和"炼度真文"券等，其中，"华盖宫文"券和"天帝敕告文"券属于道教上清派，"八威真文"、"安（镇）墓真文"、"消灾真文"和"炼度真文"券属于道教灵宝派。人们之所以在墓中随葬"华盖宫文"、"镇墓真文"等刻石，是希望以此祈吉驱邪。这种风俗，在四川地区尤其突出。

---

① 韩森：《传统中国日常生活中的协商——中古契约研究》，江苏人民出版社，2009，第142~143页。
② 周密：《癸辛杂识》别集卷下《买地券》，第277页。

从考古资料来看，目前还没有发现明确可定为北宋初期的镇墓券。北宋中期开始流行镇墓券，如四川成都地区发现的北宋仁宗嘉祐年间（1056～1063）之后的两宋墓葬，先后出土了大量属于道教的镇墓石刻。据学者研究，北宋中期至徽宗以前，多为一派镇墓券出土于一墓，且上清派的华盖宫文券和天帝敕告文券出土相对较多，灵宝派的真文券相对较少。可见，这一时期本地上清派势力可能较灵宝派更大。从徽宗以前两派镇墓券共存的现象相对较少来看，虽然上清派与灵宝派在丧葬信仰上已有了融合的趋势，但是两派仍表现得较为独立。徽宗末年至南宋时期，两派镇墓券共存的现象增多，可能是徽宗时期所掀起的崇道之风在北宋末期使本地区道教信仰在民间葬仪的选择上产生了合流。但是，两派镇墓券不共存的现象依然存在，而且可能此时灵宝派势力已超过了本地的上清派，因此这一时期随葬一派镇墓券的多是灵宝派真文券。[1]也有学者推测北宋用敕告文，南宋用华盖宫文。[2]

（一）华盖宫文

华盖宫文，也称"华盖宫旺气神"，它与敕告文一样，同为辟邪性迷信符物，含有镇墓辟邪、安魂、祝福死者的意思。古代文献对此多有描述，如宋代张君房《云笈七签》卷十九《第五十五神仙》云：

> 以丹书制百邪符，置于瓮水上。邪鬼见之，皆自然消去矣。诸精鬼魅、龙蛇、虎豹、六畜、狐狸、鱼鳖龟、飞鸟、麋鹿、老木，皆能为精物。犯人者，符刻之斩之，付河伯、社令。常召今日直符使六丁神守之宿卫。左文字，在八十一首玄图六甲宫四十九真中，亦有珠胎、七机、华盖、清观，皆能制百邪。

从考古发掘资料来看，华盖宫文的形状或为正方形，或为抹角的八边形，四周画八卦文，中央为字，上面往往标有"赵公明"的名字。如双流县出土的南宋绍兴二年（1132）王宜人墓华盖宫文：

> 华盖宫旺气神赵公明字子都，冢墓之中，百禁诸忌，御五土之神转祸为福，

---

[1] 张勋燎：《川西宋墓和陕西、河南唐墓出土镇墓文石刻之研究——道教考古研究之三》，《南方民族考古》第5辑，四川科学技术出版社，1993。
[2] 王家佑：《四川宋墓札记》，《考古》1959年第8期。

当使真魂安静，所至弥谐，受度南宫，脱□□籍，□后代昌隆，金玉满堂，福禄倍增，子孙荣里。一如五方使者女青律令。①

（二）镇墓真文

真文的名称较多，有名"镇墓真文"的，还有名"东方八天镇墓真文"、"东方八炼度真文"或"安灵真文"的。上面刻着8行非常难认的符体字，边上刻汉字。这些真文初见于宣和五年（1123），盛行于绍兴年间（1131～1162），当时有的墓随葬真文多达8块，淳熙（1174～1189）以后则不流行了。

从考古资料来看，镇墓真文一套为5件，其字体为道教特有的"云篆赤文"，有音释、意译、没有译文等式。如成都羊子山宋墓出土的镇墓真文书：

南方敕帝火星真文，今有奉道帝子严世广同乔世收喜娘子，解除春三月火星刑度克灾临照之灾，一如赤帝君符命。②

而有的则要复杂得多，文书内容还往往包括死者的名讳、籍贯、生卒年月、墓址及祷语等。如四川成都南宋淳熙九年（1182）墓出土的镇墓真文称：

大宋淳熙九年，岁次壬寅十二月丁酉朔初四日庚子，今有奉道弟子吕忠庆行年四十六岁，九月十六日生，遂于此成都县延福乡福地预这千年吉宅，百载寿堂，以此良辰，口掩闭，祈愿闭吉之后，四时无灾厄相浸，次节有吉祥之庆。③

毫无疑义，从其文字也可看出真文有辟邪安魂之用。④

（三）敕告文

敕告文又称天帝敕告文，是一种辟邪性迷信符物，在四川成都近郊的宋代墓葬中有发现。其形状有六角形和四方形的。最早见于北宋治平四年（1067），南宋淳熙（1174～1189）以后则不见。因其内容与买地券非常相似，故有人将其误以为是买地券。⑤

---

① 傅汉良：《成都外跳蹬河发现宋代墓葬》，《考古通讯》1956年第6期。
② 刘志坚、坚石：《川西的小型宋墓》，《文物参考资料》1956年第9期。
③ 成都市文物考古工作队：《四川成都西郊金渔村南宋砖室火葬墓》，《考古》1997年第10期。
④ 霍巍：《谈四川宋墓中的几种道教刻石》，《四川文物》1988年第3期。
⑤ 傅汉良：《成都外跳蹬河发现宋代墓葬》，《考古通讯》1956年第6期。

四　镇墓石

墓内安放镇石是一种旨在厌胜的施术法，源于古人对石头的崇拜，古人将其视作辟邪灵物而埋于地下、立于地表或嵌入建筑之中。① 这种镇墓石，一般是以青、白、赤、黑、黄五色石各代表东、西、南、北、中五方五帝，故此镇墓石又称为"五方精石"。有学者认为，此类镇墓活动，实际上就是道教科仪中的"醮墓仪"。②

与古人一样，宋代也盛行在墓中放置镇墓石。《重校正地理新书》卷一四高度概括了这一风俗："镇墓古法有以竹为六尺弓度者，亦有用尺量者。今但以五色石镇之于冢堂内，东北角按青石，东南角按赤石，西南角按白石，西北角按黑石，中央按黄石，皆须完净，大小等，不限轻重。"③ 这种葬俗在文献中多有记载，如《宋会要辑稿》礼二九之二五载乾兴元年真宗永定陵以五精石镇墓：

> （乾兴元年六月）二十五日，内降《镇墓法》、《五精石镇墓法》、《谢墓法》，令山陵修奉司委在彼祇应人，将阴阳文字看详，如得允当，即依逐件事理，候至时精洁镇谢。

考古资料也有宋墓中放置镇墓石的现象，如陈家营宋墓发现的5块三彩太湖石，呈黄、白、绿、黑、黄褐（应为红色）五色，代表了五方五色，是镇墓石发展序列中的新形式。④

镇墓石有的是天然石料，有的则是经过人工雕饰的，如山西兴县蔡家崖宋墓出土的5块红砂岩卵石即有以上两种。其中一块镌有如下文字：

> 五星入地，神星保佑。岁星在左，大白居右。荧惑在前，辰星立后。镇星守中，了辟除殃咎。妖异灾变，五星摄受。三虚安宁，生者福寿。敕急如律令。⑤

---

① 方燕：《巫术与人生礼俗——以宋代为例》，《四川大学学报》（哲学社会科学版）2005年第3期。
② 程义、程惠军：《汉中宋代镇墓神物释证》，《四川文物》2009年第5期。
③ 王洙等纂《重校正地理新书》卷14，《续修四库全书》本，第1054册，第113页。
④ 黄宝柱：《汉中市汉台区陈家营南宋墓清理简报》，《石门》2005年号，三秦出版社，2006。
⑤ 参见黄景略、吴梦麟、叶学明《丧葬陵墓志》，上海人民出版社，1998，第54页。

五 俑

俑为中国古代丧葬中用以随葬的偶人，是一种非常普遍的随葬明器。《礼记·檀弓下》："孔子谓为刍灵者，善；谓为俑者，不仁。"注："俑，偶人也。有面目机发，似于生人。"《孟子·梁惠王上》："仲尼曰：始作俑者，其无后乎？"

（一）宋代用俑陪葬之风仍存

宋代由于纸质明器的崛起，用陶瓷俑陪葬的风气日渐衰落，这在考古发掘中得到了有力的证实。1955年12月与1956年9月26日，考古工作者先后在福建连江城南发现了两座紧邻的小型宋墓。这两座宋墓在结构上本不特殊，惟出土的明器，特别是40余件造型奇特、简拙的陶俑引人注意。第一号宋墓共出土陶俑23件。这些陶俑用夹砂陶制成，表皮因火候的关系，呈灰褐色或橙黄色。陶俑全用模制，造型呆板。大小相同，高22厘米。从其外形和装饰来看，大致可以分为以下几种：文俑2件，侍俑5件，仆俑2件，十二生肖俑共14件。第二号宋墓出土陶俑的类型与第一号墓基本相同（估计可能有遗失），其中，文俑2件，侍俑4件，十二生肖俑11件，神怪俑3件。[①]据学者研究，福建地区宋墓出土的俑，多系陶制，常见十二时俑，头部捏塑十二生肖形象，或手有所执，额部往往刻"王"字。还有男女侍俑及墓龙、仪鱼等神煞俑。此外，有少量的瓷制鸡、犬俑和石俑。江西赣江流域在北宋中期以后墓葬中大量出现瓷俑，少者几件，多者200多件。[②]这些瓷俑多数放置于墓室壁龛中，但因为墓葬破坏现象严重，目前仅有南丰桑田宋墓东室（男墓主人）出土瓷俑的区域保存得相对完好。该墓东室的北壁已被破坏，出土的瓷俑分布于东、西、南三壁的壁龛内，该墓西室墓壁无龛，因此虽然有很多位置不明的俑，但是这批俑可能都出土于东室。除图6-9至6-16所列各俑外，散乱俑中还有侍俑7件、仰观俑1件、伏听俑1件、鸡俑1件、狗俑1件、僧侣俑1件、雀面人俑1件、龟面人俑1件、鹿面人俑1件、鳖面人俑1件、生肖俑3件等。在保存位置较好的壁龛内（K1~K18），除K10外的每龛内都有男侍俑。K4出土了男坐俑，男坐俑可能象征着男主人。K10与K4相对，出土了女坐俑和女侍俑。K10所在墓壁紧邻女主人墓室，可能象征女主人及其侍女。而从K10出土的僧侣俑来看，可能女主人是佛教信徒。龙面人俑位于K9，虎面人俑位于K2，两者相对，位于墓室侧壁的上层中部壁龛，该墓散乱各俑中还有雀面人俑

[①] 曾凡：《福建连江宋墓清理简报》，《考古通讯》1958年第5期。
[②] 刘晓祥：《江西九江县发现两座北宋墓》，《考古》1991年第10期。

和龟面人俑，推测其原来应位于墓室南壁和北壁的上层壁龛中。所有生肖俑都位于墓壁下层的壁龛内，每龛一件，从十二地支的排列顺序来看，下层壁龛内的十二生肖俑并没有依次排列，应是一件随意放入一龛。其他龛内的老人俑、武俑、怪兽俑、鼠面人俑的摆放位置似无规律可循，可能也是随意放入某龛。①

（二）宋代陪葬俑的类型及功用

宋代陪葬俑按其形象及功能特征，大致可以分为两大类型：

一是表现墓主生前起居生活情形的，如男女侍仆人物俑，象征"事死如事生"。福建连江城南发现的第一号宋墓，出土文俑2件，头戴冠，额刺"王"字，穿长衣，大袖，腰束带下垂齐足，手持物，拱手而立，袖口下垂过膝。侍俑5件，其中2件长须，着帽，为老人像；2件似较年轻，亦戴帽，似笠，并有帽带围于颚下；另1件头绾双髻，所戴的帽，不知属于何类。这5件侍俑，都穿长衣大袖，腰束带下垂齐足，拱手持物而立。仆俑2件，头绾髻，穿长衣短袖，一持帚，一持巾，拱手而立。②

二是反映宗教观念和堪舆迷信的各种明器神煞，如蒿里老翁、张仙人、李定度、张坚固、仰观、伏听、墓龙、仪鱼、四灵以及猪、羊、鸡、犬、马等。③

在这一时期，因受风水思想的影响，俑群中反映出行仪仗和家内奴仆形象的俑大量减少或消失，开始出现一些新的与堪舆迷信有关的压胜神物的形象，例如作老翁状的"蒿里老公"、身着甲胄的"镇殿将军"、人首鱼身的"仪鱼"、蛇体双人首"墓龙"、人首鸟身的"观风鸟"等等。

1. 墓龙

"墓龙"在文献中多有记载，如《宅经》卷上引青乌子云："其宅得墓二神，渐护子孙，禄位乃固。得地得墓龙，骧虎步，物业滋川，财集仓库，子孙忠孝，天神佑助。"宋魏了翁《家庙祭文》也曰："明年四月，伯母继卒，既逾时不举，而阴阳家者流遂得以拘忌之说肆。今年曰山头不白白矣，明年曰隧道不明明矣，又明年曰墓龙不出出矣，又明年复曰中吕不空。家蓄一书，人持多喙，虽皆诞谩不根，而人所共疑，不敢独异。绵岁历禩，事日益变。"④这种墓龙在考古中多有出土，如四川汉中石马坡墓里出土了2件陶走龙，长30厘米、高24厘米，昂首弓背。其一脊柱明显，四肢直立，通体涂白。汉中市汉台区陈家营墓里则出土有走龙的底座。这就是《大汉原陵秘

---

① 吴敬：《赣江流域宋代葬俗的考古学观察》，《东南文化》2009年第2期。
② 曾凡：《福建连江宋墓清理简报》，《考古通讯》1958年第5期。
③ 林忠干：《福建宋墓分期研究》，《考古》1992年第5期。
④ 《全宋文》卷7130，第311册，第382页。

葬经》里的墓龙，其位置在辰地，长短根据身份的高低变化。公侯将相所用墓龙长四尺，大夫至于庶人皆长三尺。因此石马坡墓墓主的身份不会太高。①

2. 铁牛、铁猪

铁牛、铁猪在墓中的用途，在《大唐新语》中有载：

> 铸铁为牛豕之状像，可以御二龙，玉润而洁，能和百神，置之墓内，以取神道。僧泓之说如此，皆前贤所未达也。②

四川汉中陈家营宋墓出土的铁牛、铁猪，根据金元时期成书的《大汉原陵秘葬经》铁猪安亥地、金牛安丑地的说法，应当分别置于墓室的东北和西北角。③

3. 仰观、伏听俑

仰观、伏听俑，上自天子、下到平民百姓均可使用。据《大汉原陵秘葬经》记载："仰观、伏听安羡道中，祖司、祖明安后堂。"④此类俑在山西、河北、四川、湖北、江西等地的宋墓里很常见。陈家营宋墓发现的仰观、伏听俑两个一起出现，⑤符合《大汉原陵秘葬经》的记载。据学者研究，这些俑的作用可能是在阴间专门替死人观风望气，卜算吉凶。而北方地区不出仰观、南方地区少见伏听，反映出南北地区在堪舆方面的一些细微差别。⑥

4. 人首蛇身俑

汉中市北郊石马坡宋墓出土有人首蛇身俑2件，高17厘米。身躯盘旋，昂头，长发下垂。⑦据学者研究，这些人首蛇身、人首鳖身、猪首人身、牛首人身俑应当是道教新创造的各式雷神的形象。雷神是较早进入镇墓神系统的神灵之一，汉墓壁画里就有连鼓雷神的形象，魏晋南北朝和隋唐时期继续沿用连鼓雷神的形象。⑧到宋代，道教徒又创造出了各种各样的雷法，相应的也需要各式各样的雷公。如《道法会元》卷二一四记载的玉音乾元丹天雷法："主法教主……人首蛇身，红发碧眼……"这些雷

---

① 程义、程惠军：《汉中宋代镇墓神物释证》，《四川文物》2009年第5期。
② 刘肃：《大唐新语》，广西师范大学出版社，1998，第526页。
③ 孟原召：《唐至元代墓葬中出土的铁牛铁猪》，《中原文物》2007年第1期。
④ 《大汉原陵秘葬经》，《永乐大典》卷8299，第91册，第25~27页。
⑤ 黄宝柱：《汉中市汉台区陈家营南宋墓清理简报》，《石门》2005年号。
⑥ 白彬、张勋燎：《道教考古》，线装书局，2006，第1683页。
⑦ 刘长源：《汉中市北郊石马坡南宋墓清理简报》，《考古与文物》1984年第1期。
⑧ 白彬、张勋燎：《道教考古》，第1733页；白彬：《四川五代两宋墓葬中猪首人身俑》，《四川文物》2007年第3期。

图6-9 陕西蓝田北宋吕氏家族墓出土的铁牛

资料来源：陕西省考古研究院等编《异世同调——陕西省蓝田吕氏家族墓出土文物》，第227页。

图6-10 北宋吕氏家族墓出土的铁猪

资料来源：陕西省考古研究院等编《异世同调——陕西省蓝田吕氏家族墓出土文物》，第229页。

图6-11 北宋吕氏家族墓出土的鎏金铜力士托座

资料来源：陕西省考古研究院等编《异世同调——陕西省蓝田吕氏家族墓出土文物》，第42页。

图6-12 浙江象山桥南宋墓出土的"亥"字文官俑 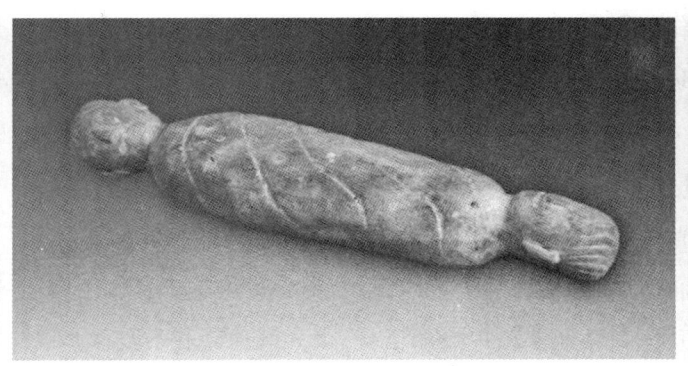　　图6-13 浙江象山桥南宋墓出土的人首蛇身俑 　　图6-14 浙江象山桥南宋墓出土的文官俑

资料来源：浙江省文物考古研究所编著《浙江宋墓》，图版七、八。图6-13、6-14、6-15 出处同。

图6-15 浙江象山桥南宋墓出土的鱼俑 　　图6-16 北宋加彩女俑

资料来源：国家文物局主编《中国文物精华大辞典》陶瓷卷，上海辞书出版社、商务印书馆（香港）有限公司，1995，图480。

神俑除了在汉中有发现外，在福建、江苏、江西等地也均有发现。毫无疑义，雷公俑的流行和南宋乾道（1165~1173）以来道教法术雷法的兴起有直接关联。①

5. 观风鸟

观风鸟也叫候风鸟、相风鸟，本是中国古代的天文仪器之一，用来观测风向。它至少在汉代张衡时代就已经出现了。道教产生以后，把许多自然现象神化，观风鸟也

---

① 程义、程惠军：《汉中宋代镇墓神物释证》，《四川文物》2009 年第 5 期。

被变得具有压镇邪鬼、护佑墓主亡灵的作用。① 观风鸟在宋代墓葬中多有出土，如汉中市北郊石马坡墓出土有三彩人首鸟身俑1件，高24厘米、长17厘米；面涂红色，长眉，大眼，大耳；双翼收束，尾下垂；胸颈部为褐釉，翼部为绿釉，尾部为淡黄釉。这件俑就是《大汉原陵秘葬经》里所谓的观风鸟。

6. 十二生肖俑

十二生肖俑，也叫十二元辰、十二时、十二月将等，其作用应当还是以保护墓主灵魂为主，使其免受其他邪精鬼魅的干扰。《大汉原陵秘葬经》曰："凡大葬后，墓内不立盟器神，亡灵不安，天曹不管，地府不收，恍惚不定，生人不吉，大殃咎也！"宋代除个别墓葬外，十二生肖俑在北方基本消失，而在南方地区则大肆流行。从出土地域看，基本集中在四川、江西、福建等地。如福建连江城南的第一号宋墓出土有十二生肖俑共14件。这十二生肖俑全用一种模子制成，额上均印有一"王"字，着长衣，大袖过膝，腰束带垂于足，拱手持笏而立。十二生肖动物是附加在俑之头上的。② 有的生肖俑还有十二时辰的题记，如江西临川庆元四年（1198）墓出土的生肖俑带有"子、丑、寅、卯、辰"等字样，③ 也有的用十二月来表明次序。④

7. 地轴

今本《唐六典》记载，唐代随葬品中有"当圹、当野、祖明、地轴"四神。⑤ 据学者研究，陈家营南宋墓三彩龟，彭杲夫妇墓三彩龟、蛇，以及汉中市北郊石马坡宋墓龟蛇正是天关地轴的原型，⑥ 即《大汉原陵秘葬经》所谓的"各如本形"。它们在墓葬中的位置，"天关两个……安子午（南北），地轴两个……安卯酉地（东西）"。⑦ 双首龙俑可能是"地轴"的变体。

8. 柏人

宋代江西地区有用柏人随葬的风俗。

考古发掘的江西北宋元祐五年（1090）墓中的柏人，其文如下：

---

① 参见耿超《唐宋墓葬中的观风鸟研究》，南开大学历史学院硕士学位论文，2005。
② 曾凡：《福建连江宋墓清理简报》，《考古通讯》1958年第5期。
③ 陈定荣、徐建昌：《江西临川县宋墓》，《考古》1988年第4期。
④ 陈行一：《江西高安县发现南宋淳熙六年墓》，《考古》1994年第2期。
⑤ 李林甫等：《唐六典》卷23《甄官署》，陈仲夫点校，中华书局，2014，下册，第597页。
⑥ 黄宝柱：《汉中市汉台区陈家营南宋墓清理简报》，《石门》2005年号；李烨、周忠庆：《陕西洋县南宋彭杲夫妇墓》，《文物》2007年第8期；刘长源：《汉中市北郊石马坡南宋墓清理简报》，《考古与文物》1984年第1期。
⑦ 《大汉原陵秘葬经》，《永乐大典》卷8299，第91册，第25~27页。

唯元祐五年，岁次庚午，癸未朔月，甲午朔二十二日，江州彭泽县五柳乡西域社傅师桥东保殁故亡人易氏八娘移去嵩里父老、天帝使者、元皇正法使人，迁葬恐呼生人，明敕柏人一枚宜绝地中呼讼。若呼男女，柏人当；若呼□师名字，柏人当；若呼家人，柏人当；若呼兄弟，柏人当；若呼咸门论诉，柏人当；若呼温黄疾病，柏人当；若呼田蚕二鄣六畜牛羊，柏［人当］；若呼一木二木，柏人当；若呼不止，柏人当。急急如律令。①

为什么宋代江西地区会盛行随葬柏人这一风俗呢？其实它的流行与该地好讼的风俗密切有关。苏辙曰："江西地薄民贫，崄而好讼。"② 黄庭坚说："江西之俗，士大夫多秀而文，其细民险而健，以终讼为能。由是玉石俱焚，名曰珥笔之民。虽有辩者，不能自解免也。惟筠为州独不嚣于讼，故筠州太守号为'守江西道院'，然与南康、庐陵、宜春三郡，并蒙恶声。"③ 黄榦也说："大抵江西健讼成风，砍一坟木则以发冢诉，男女争竞则以强奸诉，指道旁病死之人为被杀，指夜半穿窬之人为强盗。如此之类，不一而足。""临川之民秀而能文，刚而不屈，故前辈名公彬彬辈出，惟临川为盛。然其流俗之弊，亦以其刚而喜于争，以其文而工于讼，风俗不驯，莫此为甚"。④……这种风俗氛围自然要影响到当地人的丧葬观和灵魂观。他们在阳世害怕法律诉讼，死了也同样害怕，于是用这种柏人来保护墓主亡灵的安稳和其后代的事业。

六　魂瓶

魂瓶是中国古代丧葬中的一种比较常见的随葬品，因其专门用于随葬，故名，始行于先秦。高承《事物纪原》卷九《粮罂》引王肃《丧服要记》曰："昔鲁哀公祖载其父，孔子问：'宁设五谷囊者？'公曰：'否也。五谷囊者，起自伯夷叔齐不食周粟而饿死，恐其魂之饥也，故设五谷囊。吾父食味含哺而死，何用此为？'又《礼·檀弓》曰：'重，主道也。'《三礼图》曰：'重起于商代，以饭含余粥以鬲盛之，名曰重，设之于庭，恐神依之以食。今之粮罂，即古重之遗意也。'"魏晋南北朝时，长江中下游

---

① 彭适凡、唐昌朴：《江西发现几座北宋纪年墓》，《文物》1980年第5期。
② 苏辙：《栾城集》卷28《吴革江西运判》，第594页。
③ 黄庭坚：《江西道院赋》序，《全宋文》卷2278，第104册，第233页。
④ 黄榦：《复江西漕杨通老（楫）》，《全宋文》卷6538，第288册，第30页；黄榦：《临川劝谕文》，《全宋文》卷6533，第287册，第433页。

的一些贵族墓葬中时常出土造型比较独特的堆塑瓶，这便是现代考古学界所称的"魂瓶"或"谷仓罐"。①

据学者研究，古人在墓中随葬魂瓶，其意是祭祀死者、超度死者亡魂，同时也含有慰藉、取悦死者灵魂的意思。制作魂瓶，将丧仪场面再现说到底是为了还活着的人们。他们希望通过这种方法，得到死者灵魂的庇佑，给他们带来幸福，禳除灾难。迄今为止所见魂瓶上的龟趺驮碑碑铭内容，全都是"宜子孙"、"作高吏"、"其乐无极"、"富且洋（祥）"、"寿命长"、"千意（亿）万岁未见英（央）"之类的吉祥语，无一例外地道出了制作魂瓶的真正用意。②

与前代一样，宋代人为替死者引魂、安魂，也流行在墓室内放置魂瓶。如高承《事物纪原》卷九《粮罂》云："今丧家棺敛，柩中必置粮罂者。"但朱熹却持反对态度，他主张丧事都不用明器、粮瓶之类，认为这些东西无益有损，主张"棺椁中都不着世俗所用者一物"。③

宋代的魂瓶在不同的时期，其造型和装饰并不相同，具体表现为：北宋为青瓷五管瓶；南宋为影青堆塑瓶。④

五管瓶，或称多管瓶，就是在瓶的肩部增设有5个倾斜的空心管子，有圆管和多棱形两种。这些管子与六朝时期的魂瓶上的圆孔一样，都是供死者亡魂出入用的。其中，青白瓷长颈、短颈和无颈堆塑瓶在江西地区多有出土，特别是在赣中和赣东北地区，南宋墓几乎每墓必出。它们一般都是成双成对地安放在棺椁前面，有些瓶内还在出土时装有粮食。此外，与江西毗邻的湖北黄梅和黄石、浙江的江山和衢县、福建省的邵武、湖南的醴陵等地亦有零星出土。因这种魂瓶的瓶身往往堆塑有龙虎和日月的纹饰，故人们又称之为"龙虎瓶"、"日月瓶"。

从出土的众多青白瓷堆塑瓶来看，其经历了一个由简单到复杂、从低矮向高细的发展过程。早期青白瓷堆塑瓶的造型比较简单，一般为盘口、细长颈、椭圆腹，盖上塑立鸟，颈腹间有龙形堆贴，并有3个弧形鋬，通高在50厘米以下，颈长（堆塑部分）占全器的1/2。如1965年江西南城县北宋嘉祐二年（1057）墓出土的一

---

① 称"谷仓罐"的学者，其理由如下：（1）谷仓往往与饮食器皿堆放在一起；（2）"仓口百鸟簇拥，引颈展翅，生动地展现了粮食盈廪、百鸟争食的情景"（中国硅酸盐学会《中国陶瓷史》，文物出版社，2011，第161页）；（3）谷仓罐上有碑铭，自名为"廪"，即谷仓。此外，魂瓶还以龙虎纹而名"龙虎瓶"，以日月纹而名"日月瓶"，以迷信色彩而称为"净瓶"、"皈依瓶"，更有直观地称之为"堆塑瓶"等的。
② 许忆先：《魂瓶琐谈》，《南京博物院集刊》第8集，1985。
③ 黎靖德编《朱子语类》卷89《礼六·冠昏丧》，第6册，第2286页。
④ 程晓中：《魂瓶漫说》，《收藏家》2001年第1期。

图6-17 南宋龙泉窑堆塑龙纹瓶 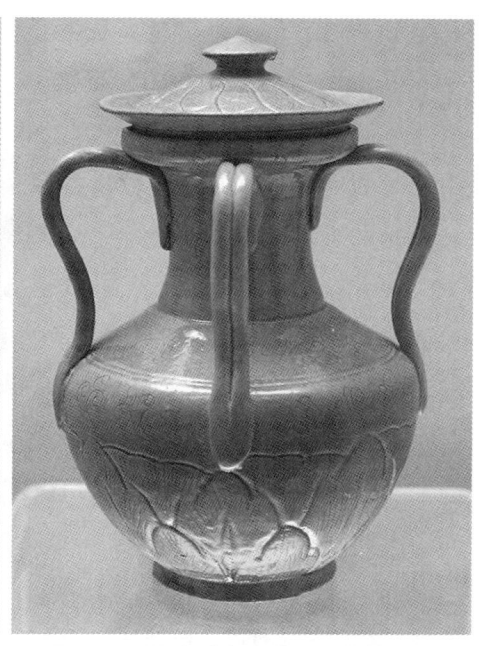　　图6-18 北宋越窑青釉刻划花粮罂瓶

图6-19 宋代墓葬中出土的魂瓶

以上均为徐吉军摄影。

对青白瓷堆塑瓶，釉呈米黄色，长颈，腹上鼓下收，圈足外撇，腹素面，肩颈相接部堆塑荷叶边形附加堆纹一周，颈饰12道凸弦纹作地，两瓶的颈部分别堆贴龙与虎，自肩至颈上部有3个半弧形把。盖作矮笠帽状，上饰一飞鸟。通高46.2厘米。

南宋时的堆塑长颈瓶出土数量特多，时代特征也非常明显，首先是体形变得修长，且由北宋的颈长与腹长相等变为颈长大于腹长。肩颈相接部普遍增加一周立俑，多为12个，仅有个别为11个或13个，颈部则堆塑有龙、虎、日、月、伏听俑、文俑、武俑、鹿、马、鸡、犬、凤凰、龟、蛇等，最多的达12种之多，且布局繁而不乱，疏密有致。盖普遍作尖顶高帽形，个别盖特高，竟占到全器高度的1/4。南宋早期，其二肩部仍如北宋时一样多饰一周荷叶形边附加堆纹，中期以后则改饰一周凸弦纹。南宋晚期开始出现龙虎头部和日月悬空凸出于器表的现象。

南宋中期以后，青白瓷堆塑瓶的瓶体逐渐增高，体形变得修长，堆塑的内容也逐渐增多。如1985年江西省临川县南宋庆元四年（1198）墓出土的青白瓷堆塑瓶，瓶高达61厘米，颈部细长，贴有龙、虎、鸡犬及流云等。特别是颈下部堆贴有一周12个手执拂尘的道士，与六朝的此类青瓷魂瓶大同小异。江西上饶出土的一对青白釉堆塑瓶，通高34.5厘米、腹径13厘米、底径7厘米。瓶带盖，上面饰有人物俑、家禽等图样。短颈、弧腹，有灰白色的矮圈足，颈部四周饰有6个人物俑，上腹堆塑下有一圈泥条状的锯齿边，堆塑人物俑间各塑有一龙一虎，通体施青白釉，釉面匀净光滑，外壁釉不及足底。此为南宋开禧二年（1206）的遗物。①

南宋晚期，青白瓷堆塑瓶的瓶身更长，堆塑也更为复杂。如1965年江西省清江县南宋宝庆三年（1227）墓出土的青白瓷堆塑瓶，高达80厘米，颈上堆有日、月、云、龙、虎、龟、蛇、鸟、鸡、犬及人物等。

需要说明的是，华南地区的"魂瓶"或"魂坛"，其装饰与江西地区有一定的差异。这里既有器物肩部堆塑的人物翩翩起舞、作祈祷升仙状的，如广宁出土者；也有堆塑菩萨、观音等造型的，如番禺小陵山M1出土者，而器身从上至下的数道波浪纹与莲瓣较为相似。②因此，有学者认为这类器物可能是受到了佛教影响而成为本地区较为流行的随葬品。③

---

① 黄美翠：《江西上饶出土宋代文物》，《南方文物》2000年第2期。
② 密火树：《广东广宁县太公山出土宋代魂坛》，《考古》2000年第3期；广州市文物考古研究所：《番禺小谷围岛小陵山宋代家族墓》，广州市文物考古研究所编《羊城考古发现与研究》（一），文物出版社，2005，第278~293页。
③ 吴敬：《华南地区宋墓初探》，《四川文物》2011年第6期。

七 镇墓兽

镇墓兽为中国古代墓中常见的随葬品，是明器之一种。古人迷信，认为人死后埋于地下会有鬼魅来滋扰侵害，故在墓中摆放镇墓兽，想用凶猛的神兽来保卫墓主的尸骨和亡魂不受阴间各路神鬼的干扰，与帝王和官员陵墓之前安放大型瑞兽以驱鬼逐邪的习俗如出一辙。

镇墓兽起源于春秋战国时期，如先秦典籍《周礼》就有方相氏入墓室驱鬼的记载："方相氏：掌蒙熊皮，黄金四目，玄衣朱裳，执戈扬楯，帅百隶而时难，以索室驱疫。大丧，先柩；及墓，入圹，以戈击四隅，驱方良。"[①]

宋代人为安抚亡灵，驱邪镇魔，墓葬中普遍使用石、铁等材料制成的镇墓兽。如程颐说："世人墓中多置铁以辟土兽。"[②]这种铁制的宋代镇墓兽，在考古中多有发现。如浙江新昌南宋墓就曾出土有许多铁制的镇墓兽。一般每墓有两只，两头相对，安放在墓室后壁两侧。[③]

此外，宋墓中青龙、白虎等神兽或人兽合一的神怪形象也较为常见。青龙、白虎列宅中十二主神的最末两位，主驱逐之事。因此，宋代墓壁雕刻多采用此类图饰。在正安官田等墓葬内还可见到人兽合一、手执兵器的神怪造型，徐苹芳认为这是用以驱邪的"明器神煞"。[④]

---

① 《周礼·夏官司马第四·方相氏》，辽宁教育出版社，1997，第 56 页。
② 程颢、程颐：《二程集·河南程氏文集》卷 10《伊川先生文六·记葬用柏棺事》，第 2 册，第 626 页。
③ 潘表惠：《浙江新昌南宋墓发掘简报》，《南方文物》1994 年第 4 期。
④ 徐苹芳：《唐宋墓葬中的"明器神煞"与"墓仪"制度》，《考古》1963 年第 2 期。

结　语

从前面的论述中，我们可以清楚地看到，宋代的殡葬具有多元性、神秘性、传承性和变异性等特征。

一　多元性

宋代殡葬中的多元性特点，体现在地域、民族、文化、宗教、阶级等几个方面。

（一）地域的区别

俗话说："百里不同风，千里不同俗。"这种现象在古代文献中就多有论述，如《颜氏家训》云："南人冬至岁首，不诣丧家；若不修书，则过节束带以申慰。北人至岁之日，重行吊礼；礼无明文，则吾不取"；"江南凡遭重丧，若相知者，同在城邑，三日不吊则绝之；除丧，虽相遇则避之，怨其不己悯也。有故及道遥者，致书可也；无书亦如之。北俗则不尔。江南凡吊者，主人不外，不识者不执手；识轻服而不识主人，则不于会所而吊，他日修名诣其家。"[①]

宋代的丧葬，受自然环境和自然资源的影响也呈现出这一特点。以墓地风水的选择来说，江淮间流行五音法，如《地理新书》卷七《取宅地》云："江淮间妄者，谓宅与墓不同，墓则随本音取向，宅则皆欲西北高、东南下，水流兼辰巳间出，兼同用丙向为上。非也。"[②]而河南、河北、关中等地则流行"昭穆"法："各贯鱼，入先茔内葬者，即左昭右穆，如贯鱼之形，仍避廉路、地轴、阴尸、阳尸、雌辕，惟河南、河

[①] 颜之推撰、王利器集解《颜氏家训集解》卷2《风操第六》，上海古籍出版社，1980，第85、101~102页。

[②] 王洙等纂《重校正地理新书》卷7《取宅地》，《续修四库全书》本，第1054册，第57页。

北、关中、垄外并用此法。"①考古资料同样证实了这一点。2001年10月在安徽省濉溪县马桥乡董楼行政树蒋店自然村西50米处，因修建合徐高速公路，发现一古墓群。此次发掘共清理宋墓51座，墓葬分布相对集中，且排列紧凑有序。质料有砖、石以及砖石混合材料，墓葬形制多数为单室墓，还有少量双室、多室墓，仿木结构砖室墓几近半数，颇具特色。墓葬平面可分为腰鼓形、船形、蝉形、近方形、圆形以及"中"字形等。②

坟墓葬深、葬浅，南北有异。有人认为："坟墓所以遭发掘者，亦阴阳家之说有以启之。盖凡发掘者，皆以葬浅之故。若深一二丈，自无此患。古礼葬亦许深。"朱熹认为此说有误，他认为："不然。深葬有水。尝见兴化、漳、泉间坟墓甚高，问之，则曰棺只浮在土上，深者仅有一半入地，半在地上，所以不得不高其封。后来见福州人举移旧坟稍深者，无不有水，方知兴化、漳、泉浅葬者，盖防水尔。北方地土深厚，深葬不妨。岂可同也！"③

祭礼同样体现了这一特点。宋代叶梦得《避暑录话》卷上便云：

> 士大夫家祭多不同，盖五方风俗沿习，与其家法所从来各异，不能尽出于礼。古者修其教不易其俗，故《周官》教民礼与俗二者不偏废，要不远人情而已。韩魏公晚年衷取古今祭祀书，参合损益，为《祭仪》一卷，最为得中。识者多用之。近见翟公巽作《祭仪》十卷，而未之见也。问其大约，谓如或祭于昏或祭于旦皆非，是当以鬼宿渡河为候，而鬼宿渡河常在中夜，必使人仰占以俟之。其它大抵类此，援证皆有据。公巽博学多闻，不肯碌碌同众，所见必每过人也。

即使是在同一地区，葬俗也具有一定的地域差别，福建地区随葬品的种类就存在着这种地域差异。谷仓类明器中的坛、模型、蟠龙壶、龙虎瓶主要见于闽北地区，寿山石雕俑则在福州地区盛行。④

（二）民族的差异

独特的地理环境、历史传统、文化氛围和心理素质，造成了风格鲜明的民族特

---

① 王洙等纂《重校正地理新书》卷13《步地取吉穴（凡八条）》，《续修四库全书》本，第1054册，第97页。
② 安徽省文物考古研究所、濉溪县文物保护管理所：《安徽濉溪县董楼宋墓发掘简报》，《华夏考古》2009年第2期。
③ 黎靖德编《朱子语类》卷89《礼六·冠昏丧》，第6册，第2286~2287页。
④ 林忠干：《福建宋墓分期研究》，《考古》1992年第5期。

色。特别是边远的少数民族聚居地，由于受儒家汉文化的影响不深，其丧仪明显与内地不同。《宋史》便载："广南东、西路……大率民婚嫁、丧葬、衣服多不合礼。"①这种现象在当时的文献记载中颇为常见。如周去非《岭外代答》云："钦人始死，孝子披发顶竹笠，携瓶瓮，持纸钱，往水滨号恸，掷钱于水而汲归浴尸，谓之买水，否则邻里以为不孝。今钦人日用以钱易水以充庖厨，谓之沽水者，避凶名也。邕州溪峒则男女群浴于川，号泣而归。"②因为钦州（今广西灵山县）、邕州（今广西南宁市）这种风俗在汉族地区是没有的，故内地去的周去非觉得很新鲜，将其记录了下来。又如在葬式或葬法上，汉族一般是土葬或火葬，但五溪"蛮人"葬俗则是"穴中藉以木，贫则已富者，不问岁月，酿酒屠牛，呼团洞发骨而出，易以小函，或枷崖屋，或挂大木，风霜剥落皆置不问，名葬堂"，即土葬若干年后再行悬棺葬或树葬。③在殡葬饮食礼仪方面，生活在钦州的少数民族和今海南地区的黎族同样与内地有异。"习俗死亡群聚歌舞，辄联手踏地为节，丧家椎牛多酿酒以待，名踏歌。"④"钦人亲死，不食鱼肉，而食螃蟹、车螯、蚝螺之属，谓之斋素，以其无血也。海南黎人亲死，不食粥饭，唯饮酒，食生牛肉，以为至孝在是。"⑤"海南有黎母山，内为生黎，去州县远，不供赋役。……其亲死，杀牛以祭，不哭不饭，唯食生牛肉"。⑥此外，黎族人用扔鸡蛋的方式来决定墓地位置的好坏："其葬也，舁椁而行，前一人以鸡子掷地，不破，即吉地也。"⑦五溪蛮葬俗则是"死者诸子照水内，一人背尸，以箭射地，箭落处定穴"。⑧这些选择墓地的方法与宋代汉族盛行的用风水理论择地的风俗完全不同。而在贵州，百姓"以水田为业，不事蚕桑，生以唱歌为乐，死以木鼓助丧，又郡连山四百里，有里人皆以鸟浒诸夷，率同一姓，男女同川而浴，生首子即食之，云宜弟。居止接近，葬同一坟，谓之合骨，非有戚属，大墓至百余棺。凡合管者则去，婚异穴则聘，女既嫁便缺去前一齿"⑨。为此，统治者下诏要求当地的地方官员加以教育引导："岭峤之外，封域且殊，盖久隔于华风，乃染成于污俗。朕博览传记，备知其土风，饮食男女之仪，婚姻丧葬之制，不循教义，有亏礼法。昔汉之任延，理九真郡，遂变

---

① 《宋史》卷90《地理志六》，第7册，第2248页。
② 周去非：《岭外代答》卷6《买水沽水》，上海远东出版社，1996，第138页。
③ 朱辅：《溪蛮丛笑·葬堂》，《诸蕃志（外十三种）》，上海古籍出版社，1993，第50页。
④ 朱辅：《溪蛮丛笑·踏歌》，《诸蕃志（外十三种）》，第50页。
⑤ 周去非：《岭外代答》卷6《斋素》，第138页。
⑥ 周去非：《岭外代答》卷2《海外黎蛮》，第35页。
⑦ 周去非：《岭外代答》卷2《海外黎蛮》，第35页。
⑧ 朱辅：《溪蛮丛笑·葬堂》，《诸蕃志（外十三种）》，第50页。
⑨ 乐史：《太平寰宇记》卷166《岭南道十·贵州》，王文楚等点校，中华书局，2007，第3178页。

遐陋之地，而成礼让之俗。是知时无古今，人无远近，但问化之如何耳，岂有弗率者乎？应邕、容、桂、广诸州，婚姻丧葬衣服制度，并杀人以祭鬼，疾病不求医药，及僧置妻孥等事，并委本处长吏多方化导，渐以治之，无峻治法，以致烦扰。"①

（三）阶级的贵贱

殡葬在中国所具有的重要作用之一，就是它具有社会教化与文化积淀功能。历代统治者之所以在丧葬礼制方面区分尊卑贵贱，使君臣士庶"丧祭械用，皆有等宜"，②"贵贱有等，长幼有差，贫富轻重皆有称者"，③这是有其政治目的的。统治者企图通过这种限制丧葬仪物的等级分配来制约风尚，区分循礼与非礼，并时刻保护特权阶层的利益不受异己力量的侵犯，在政治生活中形成金字塔般的等级序列，专制君主高居其上，芸芸众生拜伏在身着龙冠龙袍的君子脚下，聆听帝王的训谕，皇权可借此进一步神圣化。同时，丧葬中这种等级规定，也可促使生活于社会最底层的劳苦大众形成"贵贱不相逾"的社会生活方式，一切按本分行事，从而使统治者达到移风易俗、巩固统治的目的。宋太祖赵匡胤说："王者设棺椁之品，建封树之制，所以厚人伦而一风化。"④其本意正在于此。

中国的丧葬礼仪自产生之日起，便具有等级制的色彩。这种现象随着阶级社会的产生，愈来愈鲜明，愈来愈严格。特别是在进入封建社会以后，举凡"死"的名称，敛衣的袭数，饭含之用品，铭旌、明器、棺椁的尺寸大小和用材规格，抬柩的人数，仪仗的规模，乃至坟墓的大小高低，等等，差不多丧葬礼仪中的所有细节，儒家和历代统治者在丧制中都依死者的贵贱等级身份做了严格的规定。丧葬礼仪等级森严，具有强烈的阶级性。

宋代的殡葬自不例外。以陵墓为例，从考古发现看，无论是陵园的规模、神道石刻的种类大小，还是封土的高低以及玄宫建筑结构等都有比较严格的等级制度，明显反映墓主生前身份的等级区别。帝后、王、侯墓葬之间存在着十分鲜明的等级界线，很少有僭越的现象。宋代盛行的五音姓利术的使用范围，也明显与社会阶级有关。如王洙等纂的《地理新书》就指出："五姓非古也，今士大夫悉皆用之。"⑤宋代殡葬过程

---

① 《宋大诏令集》卷198《政事五十一·禁约上·岭南长吏多方化导婚姻丧葬衣服制度杀人以祭鬼等诏》，第732页。
② 《荀子》卷5《王制篇》，《诸子集成》本，中华书局，1954，第101页。
③ 《荀子》卷6《富国篇》，《诸子集成》本，第115页。
④ 王偁：《东都事略》卷2，孙言诚、崔国光点校，文渊阁《四库全书》第382册，第29页。
⑤ 王洙等纂《重校正地理新书》卷1《五姓所属》，《续修四库全书》本，第1054册，第12~13页。

中的驱鬼镇邪，常以方相、魌头驱鬼。①最初朝廷对此未加干预，至宋太宗太平兴国六年（981），政府明令禁止庶人丧葬使用方相、魌头。②官吏虽然不受此限，但具体使用仍要视死者的身份和地位高低而定，四品以上用方相，四品以下则用魌头。宋代墓葬的形制也体现了这一点。石室墓在墓葬规格上较高，为权重者所用。官至枢密副使的冯京和彰德节度使王拱辰，其墓室便是建筑精致的石室墓。③而处于墓葬等级最底层的则是竖穴土坑墓，常用于"漏泽园"，即官办的坟场，将无人认领的军人、老人、罪人及外地人的尸体集中安葬于规定的区域内时便采用竖穴土坑墓形式。

殡葬的费用，更是直白地反映了这种阶级的差异。富人往往实行厚葬，而贫者只能是薄葬。大观二年（1108），朝廷在开封府赈济贫民，凡因家贫而不能埋葬死亡亲属者，"人给钱两贯，小儿一贯"。④这与富人动辄上万贯，甚至最高统治者的上百万贯丧葬费相比，真是有天壤之别。

（四）宗教观念的不同

不同的宗教，其殡葬观念也不相同。佛教主张因果报应、轮回转生，故在葬事上也推行"荼毗火葬"，倡导佛事活动。道家乐死，认为"生死若一"，对生死抱无所谓的态度，主张薄葬。儒家讲求孝道，"事死如生"，历来在丧葬上强调"入土为安"，注重死者尸体的保护，把"慎护"先人的发肤、厚葬父母作为自己"扬名立世"的行孝方式，故此主张土葬和厚葬，极力反对火葬、水葬和薄葬行为等。同时，他们把死亡也看得非常平淡，罗大经《鹤林玉露》一书就载：

> 欧阳公问一僧曰："古之高僧，有去来倏然者，何今世之鲜也？"僧曰："古人念念在定慧，临终安得而乱？今人念念在散乱，临终安得而定？"公深然之。此说却是正理，如吾儒易箦结缨之类，皆是平日讲贯得明，操守得定，涵养得熟，视生死如昼夜，故能如此不乱。静春先生刘子澄，朱文公高弟也。

---

① 高承《事物纪原》卷9《方相》：《轩辕本纪》曰：帝周游时，元妃嫘祖死于道，令次妃嫫母监护，因置方相，亦曰防丧，此盖其始也。俗号险道神，抑由此故尔。《周礼》有方相氏，狂夫四夫大丧先匶及墓，入圹以戈击四隅，驱方良，故葬家以方相先驰。"又同卷《魌头》："宋朝丧葬令，有方相、魌头之别，皆是其品所当用，而世以四目为方相，两目为魌头。按汉世逐疫用魌头，亦《周礼》方相之比也。方相氏蒙熊皮，黄金四目，以索室驱疫。郑注云：'如今魌头是也。'疑自汉始云。然荀子有仲尼之面如蒙倛，则战国已为是名。"《丛书集成初编》本，第1212册，第341～342页。
② 王栐：《燕翼诒谋录》卷3，第24页。
③ 河南省文物研究所等：《密县五虎庙北宋冯京夫妇合葬墓》，《中原文物》1987年第4期；洛阳地区文物工作队：《北宋王拱辰墓及墓志》，《中原文物》1985年第4期。
④ 《宋会要辑稿》食货59之7，第5842页。

病革,周益公往抚之曰:"子澄澄其虑。"静春开目微视曰:"无虑何澄?"言讫而逝。①

这种不同宗教在丧葬观念上的差异,在宋代的殡葬风俗中也得了充分的反映。例如在道教盛行的江西、四川等地,其殡葬风俗所含的道教色彩就要浓厚得多,买地券、舆地风水说的流行便是其典型特征。而越是佛教盛行的地区,使用佛家荼毗火葬法和做佛事的人就越多。

除上述因素外,当然还有贫富差异。大致富家在殡葬礼仪上要比贫家隆重一些,随葬品及坟墓、棺椁等的建造也要比贫家丰厚和精致一些。

二 神秘性

法国学者列维·布留尔在其名作《原始思维》一书中说:"'神秘的'这个术语含有对力量、影响和行动这些为感觉所不能分辨和觉察的但仍然是实在的东西的信仰。"殡葬就具有这种神秘性的特点。这是由于殡葬产生时,原始人类对各种自然现象不能理解,也无法掌握自己的命运,把自己生活中的顺逆、吉凶、祸福、喜忧、生死等等都附会于某些自然力或自然物,故对自然界和祖先产生了敬畏的心理,试图借助超自然的力量来帮助和护佑自己,从而创造出某些沟通人与上帝、鬼神的渠道,这种现象导致了古人殡葬中一系列神秘信仰和习俗的产生,并一直影响至今。这正如列维·布留尔所说:"不管葬礼采取什么形式,不管尸体以什么方式处理——土葬、火葬、停放在高台上或架在树上以及诸如此类,所有这些仪式实质上都是神秘的,或者如果愿意的话,也可以说是巫术的……是把死者从活人群中彻底排除出去的仪式。"②这种神秘性现象在宋代的殡葬习俗中也可见到,如招魂、引魂、放置镇墓兽和魂瓶、使用舆地风水术、做佛事、焚纸钱等就充满着浓厚的神秘性。③洪迈《夷坚志》就记载了众多的事例,如《夷坚志·甲志》卷一四《潮部鬼》载:

明州兵士沈富,父溺钱塘江死,时富方五六岁,其母保养之。数被疾祟,访诸巫,皆云:"父为厉。"母沥酒祷之,曰:"尔死唯一子,吾恃以为命,何数数祸

---

① 罗大经:《鹤林玉露》丙编卷1《临终不乱》,第250页。
② 〔法〕列维·布留尔:《原始思维》,丁由译,商务印书馆,1987,第306页。
③ 如高承《事物纪原》卷9《寓钱》云:"今巫家有焚荐禳谢之事,亦自此也。"参见《丛书集成初编》本,第1212册,第341页。

之?有所须,当梦告我。"是夕,见梦曰:"我死为江神所录,为潮部鬼,每日职推潮,劳苦痛至,须草履并杉板甚急,宜多焚以济用,年满方求代脱去矣。"母如其言,焚二物与之,富自是不复病矣。

从上述这则故事中,我们可以看出,宋人以为如果不对尸体进行妥善的处理,必将会导致对生者的种种祸害。

毫无疑义,宋代殡葬中的这种神秘性与当时巫风及佛、道两教等的盛行密切相关。洪迈说:"吴楚之地,俗尚巫师,事无吉凶,必虑禁忌。然亦时有而效验者。如居舍修营,或于比近改作,必尽室迁避,谓之出宫。最所畏者金神七煞之类,各视其名数以禳之。俟家人出竟,乃诵咒施法,用七鸭卵从外掷之堂中,视其在亡,以应占诀。"① 江西"洪之风俗,右鬼尚巫,所居设坛场,陈旗帜,依神以卜祸福,病者则屏去亲爱,死于饥渴,则规罔寡,惟其意所出"。② 天圣元年(1023)十一月八日,户部郎中、洪州知州夏竦在给仁宗皇帝的奏议中详细叙述了当地百姓迷信巫术的情况:

……窃以当州,东引七闽,南控百粤。编氓右鬼,旧俗尚巫。在汉栾巴,已当剪理,爰从近岁,传习滋多。假托机祥,愚弄黎庶。剿绝性命,规取货财。皆于所居,塑画魅魑,陈列幡帜,鸣击鼓角,谓之"神坛"。婴孺襁褓,已令寄育,字曰"坛留"、"坛保"之类。及其稍长,则转习妖法,驱为童隶。民之有病,则门施符术,禁绝往来,斥远至亲,屏去便物。家人营药,则曰"神不许服"。病者欲饭,则云"神未听飧"。率令疫人,死于饥渴。洎至亡者服用,又言余祟所凭,人不敢留,规以自入。若幸而获免,家之所资,假神而言,无求不可。其间有孤子单族,首面幼妻,或绝户以图财,或害夫而纳妇。浸淫既久,习熟为常。民被非辜,了不为怪。奉之愈谨,信之愈深。从其言甚于典章,畏其威重于官吏。奇神异像,图绘岁增,邪篆妖符,传写日多。小则鸡豕致祀,敛以还家;大则歌舞聚人,食其余胙。婚葬出处,动必求师。劫盗斗争,行须作水。蛀耗衣食,眩惑里间……③

---

① 洪迈:《夷坚志·支庚志》卷6《金神七煞》,第1185页。
② 王珪:《华阳集》卷35《夏文庄公竦神道碑铭》,《丛书集成初编》本,第5册,第450页。
③ 夏竦:《洪州请断袄巫》,吕祖谦编《宋文鉴》卷43,上册,第652页。又,《宋史》卷283《夏竦传》:"洪俗尚鬼,多巫觋惑民,竦索部中得千余家,敕还农业,毁其淫祠以闻。诏江浙以南悉禁绝之。"见该书第27册,第9571页。

这一奏议详列了奸巫驱役幼童、使民人拒绝医药、吞没财物、骗奸妇女、勾结盗贼等恶迹。

荆湖南北路亦如此。胡颖说："楚之俗实深知之。盖自屈原赋《离骚》，而《九歌》之作，辞旨已流于神怪。其俗信鬼而好祀，不知几千百年。于此沉酣入骨髓而不可解者，岂独庸人孺子哉！虽吾党之士，求其能卓然不惑者，亦百无一二矣。"① 黄庭坚说："江汉之俗多機鬼，故其民尊巫而淫祀。虽郡异而县不同，其大略不外是矣。"② 陈淳也说："湖南风俗，淫祀尤炽，多用人祭鬼，或村民裒钱买人以祭，或捉行路人以祭。"③

文化发达的两浙地区同样如此，洪迈说："江浙之俗信巫鬼，相传人死则其魄复还，以其日测之，某日当至，则尽室出避于外，名为避放。命壮仆或僧守其庐，布灰于地，明日，视其迹，云受生为人为异物矣。"④ 另据庄绰《鸡肋编》载：

> 事魔食菜……云自福建流至温州，遂及二浙。睦州方腊之乱，其徒处处相煽而起。闻其法：断荤酒，不事神佛祖先，不会宾客。死则裸葬，方殓，尽饰衣冠，其徒使二人坐于尸傍，其一问曰："来时有冠否？"则答曰："无。"遂去其冠，逐一去之，以至于尽。乃曰："来时何有？"曰："有胞衣。"则以布囊盛尸焉。云事之后致富。小人无识，不知绝酒肉燕祭厚葬，自能积财也。又始投其党，有甚贫者，众率财以助，积微以至于小康矣。⑤

在淮南及江东地区，百姓亦是信鬼崇巫。苏轼说："江淮间俗尚鬼。岁正月，必衣服箕帚为子姑神，或能数数画字。"⑥ 南宋朱熹记其家乡风俗曰："风俗尚鬼，如新安等处，朝夕如在鬼窟。某一番归乡里，有所谓五通庙，最灵怪。众人捧拥，谓祸福立见。居民才出门，便带纸片入庙，祈祝而后行。士人之过者，必以名纸称'门生某人谒庙'。"⑦

在福建，南宋末年王应麟对建州的风俗有一概说："建俗機鬼，恶少身殉淫祠，

---

① 胡颖：《不为刘舍人庙保奏加封》，《名公书判清明集》卷14，下册，第540页。
② 黄庭坚：《江西道院赋》，序，《全宋文》卷2278，第104册，第234页。
③ 陈淳：《北溪字义》卷下《鬼神》，第65页。
④ 洪迈：《夷坚志·乙志》卷19《韩氏放鬼》，第352页。
⑤ 庄绰：《鸡肋编》卷上，第11页。
⑥ 苏轼：《苏轼文集》卷12《天篆记》，第407页。
⑦ 黎靖德编《朱子语类》卷3《鬼神》，第1册，第53页。

愚氓神事之。"①

四川地区在宋代也弥漫着巫风鬼气。如万州（治今四川万县）"风俗朴野，尚鬼信巫"。②而"涪陵之民尤尚鬼俗"。③

今贵州地区同样笼罩在巫风鬼气之下。例如珍州（治今贵州正安东北），"其俗以射猎山伐为业，信巫鬼，重淫祝，好诅盟，外痴内黠，安土重旧"。④

在广西钦州一带，百姓们则最怕家鬼。所谓家鬼，就是祖先。周去非《岭外代答》载："村家入门之右，必为小巷。升当小巷右壁，穴隙方二三寸，名曰鬼路，言祖考自此出入也。人入其门，必戒以不宜立鬼路之侧，恐妨家鬼出入"；"城中居民于厅事上置香火，别自堂屋开小门以通街"。故此，新媳妇进门拜一次家鬼之后，就再也不敢进入厅堂了，据说，如果进了厅堂，家鬼就"必击杀之"。因此，当地只有"主妇无夫者乃得至厅"。⑤而在广东南部的钦、廉一带，"子未娶而死，则束矛为妇于郊，备鼓乐迎归而以合葬，谓之'迎茅娘'"。这种冥婚，殇男所求娶的对象为束扎成年轻女子模样的茅草人，在举行仪式后，再按夫妻名分合葬。⑥

宋代北方地区盛行的冥婚，同样是巫术的表现。所谓冥婚，就是替生前未曾婚嫁的死男亡女配婚。在当时，人们称专门靠撮合未婚而死的男女间婚事为生的人为"鬼媒人"。按例，"通家状细帖，各以父母命，祷而卜之，得卜，即制衣，男冠带、女裙帔等毕备，媒者就男墓，备酒果，祭以合婚，设二座相并，各立一小幡长尺余者于座后。其未奠也，二幡凝然，直垂不动。奠毕，祝请男女相就，若合卺焉。其相喜者，则二幡微动，以致相合。若一不喜者，幡不为动。且合也，又有虑男女年幼，或未闻教训，男即取先生已死者书其姓名、生时以荐之，使受教，女即作冥器，充保母、使婢之属。既已成婚，则或梦新妇谒翁姑，姑婿谒外舅也。不如是，则男女或作祟，见秽恶之迹，谓之男祥鬼、女祥鬼"。⑦

在这种宗教氛围下，宋代殡葬礼俗也带有浓厚的神秘色彩和封建迷信色彩。镇墓兽、魂瓶、舆地风水术、佛事等在这些地区的流行，便是充分的证明。

---

① 王应麟：《四明文献集》卷5《故观文殿学士正奉大夫史宇之墓志铭》，《四明文献集（外二种）》，张晓飞点校，中华书局，1986，第239页。
② 祝穆撰、祝洙增订《方舆胜览》卷59《万州·风俗》，施和金点校，中华书局，2003，下册，第1043页。
③ 《宋史》卷89《地理志五》，第7册，第2230页。
④ 祝穆撰、祝洙增订《方舆胜览》卷61《珍州·风俗》，施和金点校，下册，第1078页。
⑤ 周去非：《岭外代答》卷10《家鬼》，第275页。
⑥ 周去非：《岭外代答》卷10《迎茅娘》，第268页。
⑦ 康誉之：《昨梦录》，陶宗仪：《说郛》卷21，《说郛三种》，第1册，第391页。

三 传承性与变异性

传承性是殡葬民俗发展过程中显示出的具有运动性规律的特征。殡葬作为一种世代相传的文化现象,在其发展过程中,其内容和形式具有相对的稳定性。陶立璠先生在《民俗学概论》一书中说:"一定地域的、民族的、社会的民俗传承,总是受一定地域、民族、社会的人们共同心理因素支配的。这种独特的心理,决定人们对祖先遗留下来的东西(包括习俗、知识、成见等)不会轻易放弃,而要千方百计地将它一代一代流传下去。一个人从降生到成年,都是处于周围民俗事象对他的浸染和熏陶之中,他自己也总是处处模仿。这种熏陶和影响是在潜移默化中进行的,这样一种潜在的心理力量,是不可抗拒的。至于那些发动民俗事象的成年人,又往往是在主动地、有目的地、积极地使原有的民俗事象一代一代延续下去。"[①]

殡葬作为民俗之一,自然也不例外。宋代的殡葬制度就基本上沿袭唐五代,如《宋史》卷一二五《礼志二八》"士庶人丧礼"中有关于太平兴国七年(982)正月命翰林学士李昉等重定的士庶丧葬制度的记载,就充分体现了这一点:

> "又准后唐长兴二年诏:五品、六品常参官,丧舆舁者二十人,挽歌八人,明器三十事,共置八床;七品常参官,舁者十六人,挽歌六人,明器二十事,置六床;六品以下京官及检校、试官等,舁者十二人,挽歌四人,明器十五事,置五床,并许设纱笼二。庶人,舁者八人,明器十二事,置两床。悉用香舆、魂车。其品官葬祖父母、父母,品卑者听以子品,葬妻子者递降一等,其四品以上依令式施行。望令御史台、街司颁行,限百日率从新制;限满违者,以违禁之物给巡司为赏。丧家辄举乐者,谴伶人。他不如制者,但罪下里工作。"从之。

从上面的记载中,我们可以清楚地看出,宋代的丧舆、挽歌、明器等制度都是依照五代后唐长兴二年(931)的制度。

宋代帝陵封土的"方上形制"及三合土浇浆墓等,都可看成对先秦两汉葬制的一种模仿。而腰坑墓本身在经历了魏晋南北朝及隋唐大部分时间的沉寂后,又在宋代兴起,可以解释为宋代在葬制上"复古"的又一表现。这些"腰坑"内大多填以黄土,

---

[①] 陶立璠:《民俗学概论》,中央民族学院出版社,1987,第37页。

通地接棺椁的做法主要体现出地与人之间的关系，是对土地的一种崇拜和向往，有死后回归故土，灵魂生生不息，天下安定之意。① 再以北宋皇祐五年（1053）知制诰王洙提举修纂地理图书《地理新书》为例，该书就依据风俗的传承与发展，在内容上做了相应的调整。例如卷十四关于斩草、祭祀、镇墓等，"并因官书旧文参定，皆世俗所用者"。② 卷一五《杂忌·丧葬、坟茔、祭祀》，"并因官书旧文参定，其抵向避忌或涉拘忌，须可行者用之，杂忌法皆世俗所用者"。③

然而随着时代的发展，殡葬风俗到宋代也逐渐发生了变化。庄绰《鸡肋编》便曰："礼文亡阙，无若近时，而婚丧尤为乖丧。又信时日，卜葬尝远，且惜殡葬之费，多停柩其家，亦不设涂甓，至顿置百物于棺上，如几案焉。过卒哭则不祭，唯旦望节序，薄具酒殽祭之，亦不哭，是可怪也。"④ 民间的丧葬费用远远高于前代。秦观说："古者吉凶之服则一比共之，祭器则一闾共之，丧器则一族共之，吉凶礼乐之器则一乡共之。凡嫁子娶妻，纯帛无过五两，凶荒则又杀礼而多婚。夫一乡者五百家，而五两者五匹耳，其用财可谓约也。今则不然，嫁子、娶妻、丧葬之费，其约者钱数万，其丰者至数百万。中人之家有一吉凶之事，则卖田畴，鬻邸宅，举倍称之息犹弗能给。然则今时吉凶之费，绝长补短殆二十倍于古也。财用安得而不竭乎？"⑤ 五代时期，居丧者食肉，人们就会将其当作一件咄咄怪事。但到宋代，即使士大夫居丧吃肉饮酒，"无异平日"，甚至互相集会宴请，"腼然无愧"，别人见后也"恬不为怪。礼俗之坏，习以为常"。⑥ 至于民间的乡村"鄙野之人"，有的在初丧未敛时，亲朋好友们便纷纷带着酒来慰问，丧家杀猪宰羊，准备丰盛的酒菜招待他们，"相与饮啜，醉饱连日"。到送葬、安葬时，亦是如此，"闻乡俗相承亲宾送葬，或至刲宰羊豕，酬酢杯觞，当此而乐"。⑦ 更有甚者，初丧时即作乐以娱尸。"及丧殡葬，则以乐导轜车，而号哭随之。亦有乘丧即嫁娶者"。有鉴于此，司马光感叹道："噫！习俗之难变，愚夫之难晓，乃至此乎！凡居父母之丧者，大祥之前，则皆未可食肉饮酒。若有疾，暂须食饮；疾止，亦当复初。必若素食不能下咽，久而羸惫，恐成疾者，可以肉汁及脯醢，或肉少许，助其滋味，不可恣食珍羞盛馔，及

---

① 吴伟：《白沙宋墓"金井"辨正》，《四川文物》2012 年第 2 期。
② 王洙等纂《重校正地理新书》卷 14《斩草》、《祭祀》、《镇墓》，《续修四库全书》本，第 1054 册，第 114 页。
③ 王洙等纂《重校正地理新书》卷 15《杂忌·丧葬、坟茔、祭祀》，《续修四库全书》本，第 1054 册，第 117 页。
④ 庄绰：《鸡肋编》卷上，第 8 页。
⑤ 秦观撰、徐培均笺注《淮海集笺注》卷 15《财用下》，第 602 页。
⑥ 司马光：《司马氏书仪》卷 6《丧仪二·饮食》，《丛书集成初编》本，第 64 页。
⑦ 真德秀：《泉州劝孝文》，《全宋文》卷 7162，第 313 册，第 27～29 页。

与人宴乐。是则，虽被衰麻，其实不行丧也。唯五十以上，血气既衰，必资酒肉扶养者，则不必然耳！其居丧听乐及嫁娶者，国有正法，此不复论。"①再以三年之丧的承重来说，"今士庶之家，子孙罕分嫡庶，其相为服，往往一概以斩衰期，或逾年从吉便行嫁娶"。②

宋代的棺椁与过去有异，朱熹论"二棺共椁"制曰："盖古者之椁，乃合众材为之，故大小随人所为。今用全木，则无许大木可以为椁，故合葬者只同穴而各用椁也。"③又，张栻曰："古之椁言井椁，以大木自下排上来，非如今日之笼棺也，故其四隅有隙，可以置物也。"④

挽联始于宋代，甚至有自己生前预作者，如陆游《老学庵笔记》卷一载，南宋初名相赵鼎被秦桧迫害致死，临死前赵鼎自书铭旌云："身骑箕尾归天上，气作山河壮本朝。"即为充溢豪情的自撰挽联。

需要指出的是，宋代殡葬民俗的传承性在其发展过程中，呈现出一种极大的不平衡状态。在文化发展条件充分的民族、地区，这种传承往往处于非常活跃的状态，也就是说在发展中显示了这种传承性；相反，在文化发展条件不充分，甚至文化发展处于停滞、落后的民族和地区，这种传承性则往往处于休眠状态，也就是说以它固有的因袭保守形式显示了这种传承性。

---

① 司马光：《司马氏书仪》卷6《丧仪二·饮食》，《丛书集成初编》本，第64页。
② 苏颂：《苏魏公文集》卷15《议承重法》，第208页。
③ 朱熹：《朱熹集》卷63《答郭子从（叔云）》，第6册，第3295页。
④ 张载：《经学理窟·丧纪》，《张载集》，第298页。

参考文献

一 古代文献

徐松:《宋会要辑稿》,中华书局,1957。

《宋大诏令集》,中华书局,1962。

《庆元条法事类》,台北:新文丰出版公司,1976。

脱脱:《宋史》,中华书局,1977。

李焘:《续资治通鉴长编》,中华书局,1979~1995。

江少虞:《宋朝事实类苑》,上海古籍出版社,1981。

长孙无忌等撰《唐律疏义》,刘俊文点校,中华书局,1983。

窦仪等撰《宋刑统》,中华书局,1984。

熊克:《中兴小纪》,顾吉辰等点校,福建人民出版社,1985。

《名公书判清明集》,中华书局,1987。

徐梦莘:《三朝北盟会编》,上海古籍出版社,1987。

陈振孙:《直斋书录解题》,上海古籍出版社,1987。

李心传:《建炎以来系年要录》,中华书局,1988。

《全宋文》,上海辞书出版社、安徽教育出版社,2006。

王应麟:《玉海》,江苏古籍出版社、上海书店出版社,1988。

黄淮、杨士奇编《历代名臣奏议》,上海古籍出版社,1989。

晁公武:《郡斋读书志》,《郡斋读书志校证》本,上海古籍出版社,1990。

欧阳健、萧相恺编订《宋元说经话本集》,中州古籍出版社,1991。

吕祖谦编《宋文鉴》，中华书局，1992。

王偁：《东都事略》，孙言诚、崔国光点校，齐鲁书社，1998。

赵汝愚编《宋朝诸臣奏议》，上海古籍出版社，1999。

欧阳修：《太常因革礼》，《续修四库全书》第821册，上海古籍出版社，2002。

徐松辑录《中兴礼书》，《续修四库全书》第822~823册，上海古籍出版社，2002。

叶宗鲁：《中兴礼书续编序》，《续修四库全书》第823册，上海古籍出版社，2002。

佚名：《宋史全文》，黑龙江人民出版社，2005。

钱若水：《宋太宗实录》，甘肃人民出版社，2005。

佚名：《宋季三朝政要》，王瑞来笺证《宋季三朝政要笺证》，中华书局，2010。

马端临：《文献通考》，中华书局，2011。

朱熹纂辑《宋名臣百行录》，文渊阁《四库全书》本。

杜大珪编《名臣碑传琬琰之集》，文渊阁《四库全书》本。

杨仲良：《皇宋通鉴长编纪事本末》，《宛委别藏》本。

郑居中等：《政和五礼新仪》，文渊阁《四库全书》本。

《钦定续通典》，文渊阁《四库全书》本。

李光地：《朱子礼纂》，文渊阁《四库全书》本。

徐乾学：《读礼通考》，文渊阁《四库全书》本。

鲁曾煜：《乾隆福州府志》，据清乾隆十九年刊本影印，台北：成文出版社，1967。

王洙等纂《重校正地理新书》，《续修四库全书》第1054册，上海古籍出版社，1985。

张元忭等：《万历会稽县志》，《中国方志丛书》，影印明万历三年刊本，台北：成文出版社，1983。

范成大：《吴郡志》，江苏古籍出版社，1986。

宋敏求：《长安志》，《宋元方志丛刊》第1册，中华书局，1990。

潜说友：《咸淳临安志》，《宋元方志丛刊》第4册，中华书局，1990。

陈耆卿纂《嘉定赤城志》，《宋元方志丛刊》第7册，中华书局，1990。

孙应时纂修《琴川志》，《宋元方志丛刊》第2册，中华书局，1990。

单庆修、徐硕纂《至元嘉禾志》，《宋元方志丛刊》第 5 册，中华书局，1990。

马光祖修、周应合纂《景定建康志》，《宋元方志丛刊》第 2 册，中华书局，1990。

张铉：《至正金陵新志》，《宋元方志丛刊》第 6 册，中华书局，1990。

施宿等：《嘉泰会稽志》，《宋元方志丛刊》第 7 册，中华书局，1990。

梁克家：《淳熙三山志》，《宋元方志丛刊》第 8 册，中华书局，1990。

罗愿：《新安志》，萧建新、杨国宜校著《新安志整理与研究》，黄山书社，2008。

罗濬：《宝庆四明志》，《宋元浙江方志集成》第 8 册，杭州出版社，2009。

志磐：《佛祖统纪》，《大正藏》第 49 册，No.1203，大正新修大藏经刊行会，1960。

张宇初：《正统道藏》，文物出版社、上海书店出版社、天津古籍出版社，1987 年《道藏》影印本。

吕祖谦：《吕东莱文集》，《丛书集成初编》本，商务印书馆，1937。

叶适：《叶适集》，中华书局，1961。

王安石：《王文公文集》，上海人民出版社，1974。

陆游：《陆游集》，中华书局，1976。

张载：《张载集》，中华书局，1978。

陈确：《陈确集》，中华书局，1979。

李觏：《李觏集》，中华书局，1981。

程颢、程颐：《二程集》，中华书局，1981。

刘挚：《忠肃集》，中华书局，1981。

范成大：《范石湖集》，上海古籍出版社，1981。

石介：《徂徕石先生文集》，中华书局，1984。

宋庠：《元宪集》，《丛书集成初编》本，中华书局，1985。

刘攽：《彭城集》，《丛书集成初编》本，中华书局，1985。

王珪：《华阳集》，《丛书集成初编》本，中华书局，1985。

吕陶：《净德集》，《丛书集成初编》本，中华书局，1985。

周行己：《浮沚集》，《丛书集成初编》本，中华书局，1985。

袁燮：《絜斋集》，《丛书集成初编》本，中华书局，1985。

苏轼：《苏轼文集》，中华书局，1986。

姚勉:《雪坡集》,商务印书馆,1986。

陈亮:《陈亮集》,中华书局,1987。

苏辙:《栾城集》,上海古籍出版社,1987。

苏颂:《苏魏公文集》,中华书局,1988。

车若水:《脚气集》,上海书店出版社,1990。

陆九渊:《陆象山全集》,中国书店,1992。

苏洵:《嘉祐集》,曾枣庄、金成礼笺注《嘉祐集笺注》,上海古籍出版社,1993。

胡寅:《斐然集》,中华书局,1993。

朱熹:《朱熹集》,四川教育出版社,1996。

蔡襄:《蔡襄集》,上海古籍出版社,1996。

陈傅良:《陈傅良先生文集》,浙江大学出版社,1999。

秦观撰、徐培均笺注《淮海集笺注》,上海古籍出版社,2000。

范仲淹:《范仲淹全集》,四川大学出版社,2002。

杨万里:《杨万里诗文集》,王琦珍整理,江西人民出版社,2006。

刘安上:《刘安上集》,《温州文献丛书》,上海社会科学院出版社,2006。

许景衡:《许景衡集》,《温州文献丛书》,上海社会科学院出版社,2006。

王之道:《〈相山集〉点校》,沈怀玉、凌波点校,北京图书馆出版社,2006。

欧阳修撰、李之亮笺注《欧阳修集编年笺注》,巴蜀书社,2007。

田锡:《咸平集》,巴蜀书社,2008。

司马光撰、李之亮笺注《司马温公传集编年笺注》,巴蜀书社,2009。

曾巩:《隆平集》,《隆平集校证》,王瑞来校证,中华书局,2012。

黄震:《黄震全集》,浙江大学出版社,2013。

王迈:《臞轩集》,文渊阁《四库全书》本。

王柏:《鲁斋集》,文渊阁《四库全书》本。

王质:《雪山集》,文渊阁《四库全书》本。

毛滂:《东堂集》,文渊阁《四库全书》本。

方回:《桐江续集》,文渊阁《四库全书》本。

方大琮:《铁庵集》,文渊阁《四库全书》本。

尹洙:《河南先生文集》,《宋集珍本丛刊》本。

吕祖谦:《东莱集》,文渊阁《四库全书》本。

刘宰:《漫塘集》,文渊阁《四库全书》本。
刘跂:《学易集》,文渊阁《四库全书》本。
刘爚:《云庄集》,文渊阁《四库全书》本。
刘岳申:《申斋集》,文渊阁《四库全书》本。
许翰:《襄陵文集》,文渊阁《四库全书》本。
阳枋:《字溪集》,文渊阁《四库全书》本。
孙觌:《鸿庆居士集》,文渊阁《四库全书》本。
牟巘:《陵阳集》,《吴兴丛书》本。
李石:《方舟集》,文渊阁《四库全书》本。
李洪:《芸庵类稿》,文渊阁《四库全书》本。
李复:《潏水集》,《关陇丛书》本。
李昭玘:《乐静集》,文渊阁《四库全书本》。
杨杰:《无为集》,文渊阁《四库全书》本。
杨时:《龟山集》,文渊阁《四库全书》本。
杨亿:《武夷新集》,文渊阁《四库全书》本。
吴潜:《宋特进左丞相许国公奏议》,《续修四库全书》本。
宋祁:《景文集》,文渊阁《四库全书》本。
汪藻:《浮溪集》,《丛书集成初编》本。
沈与求:《龟溪集》,文渊阁《四库全书》本。
陈襄:《古灵集》,文渊阁《四库全书》本。
陈著:《本堂集》,文渊阁《四库全书》本。
张栻:《张栻全集》,杨世文、王蓉贵校点,长春出版社,1999。
范祖禹:《范太史集》,文渊阁《四库全书》本。
周必大:《文忠集》,文渊阁《四库全书》本。
郑獬:《郧溪集》,文渊阁《四库全书》本。
欧阳守道:《巽斋文集》,文渊阁《四库全书》本。
居简:《北磵集》,文渊阁《四库全书》本。
契嵩:《镡津集》,文渊阁《四库全书》本。
赵鼎:《忠正德文集》,文渊阁《四库全书》本。
洪适:《盘洲文集》,文渊阁《四库全书》本。

洪咨夔:《平斋集》,文渊阁《四库全书》本。
姚勉:《雪坡集》,文渊阁《四库全书》本。
袁桷:《絜斋集》,文渊阁《四库全书》本。
柳开:《河东集》,文渊阁《四库全书》本。
真德秀:《西山文集》,文渊阁《四库全书》本。
徐积:《节孝集》,文渊阁《四库全书》本。
黄榦:《勉斋集》,文渊阁《四库全书》本。
黄公绍:《在轩集》,文渊阁《四库全书》本。
黄仲元:《四如集》,文渊阁《四库全书》本。
黄庭坚:《山谷集》,文渊阁《四库全书》本。
黄庭坚:《山谷外集》,文渊阁《四库全书》本。
曹勋:《松隐集》,文渊阁《四库全书》本。
韩琦:《安阳集》,文渊阁《四库全书》本。
韩琦:《韩魏公集》,文渊阁《四库全书》本。
韩元吉:《南涧甲乙稿》,文渊阁《四库全书》本。
程俱:《北山集》,文渊阁《四库全书》本。
舒岳祥:《阆风集》,文渊阁《四库全书》本。
曾肇:《曲阜集》,文渊阁《四库全书》本。
楼钥:《攻媿集》,文渊阁《四库全书》本。
綦崇礼:《北海集》,文渊阁《四库全书》本。
廖刚:《高峰文集》,文渊阁《四库全书》本。
戴表元:《剡源集》,文渊阁《四库全书》本。
穆修:《穆参军集》,文渊阁《四库全书》本。
魏了翁:《鹤山集》,文渊阁《四库全书》本。
吕祖谦:《少仪外传》,《丛书集成初编》本,商务印书馆,1936。
谢应芳:《辨惑编》,《丛书集成初编》本,商务印书馆,1936。
宋祁:《宋景文公笔记》,《兼明书及其他二种》,《丛书集成初编》本,商务印书馆,1936。
寇宗奭:《本草衍义》,《丛书集成初编》本,商务印书馆,1937。
陶宗仪:《南村辍耕录》,中华书局,1959。

吴曾:《能改斋漫录》,上海古籍出版社,1960。
徐兢:《宣和奉使高丽图经》,商务印书馆,1971。
沈括:《梦溪笔谈》,文物出版社,1975年影印元刻本。
洪迈:《容斋随笔》,上海古籍出版社,1978。
陆游:《老学庵笔记》,中华书局,1979。
范镇:《东斋记事》,中华书局,1980。
叶盛:《水东日记》,中华书局,1980。
洪迈:《夷坚志》,中华书局,1981。
苏轼:《东坡志林》,中华书局,1981。
王栐:《燕翼诒谋录》,中华书局,1981。
王闢之:《渑水燕谈录》,中华书局,1981。
岳珂:《桯史》,中华书局,1981。
孟元老:《东京梦华录》,邓之诚注,中华书局,1982。
邵伯温:《邵氏见闻录》,中华书局,1983。
方勺:《泊宅编》,中华书局,1983。
陈淳:《北溪字义》,中华书局,1983。
周密:《齐东野语》,中华书局,1983。
赵与时:《宾退录》,上海古籍出版社,1983。
庄绰:《鸡肋编》,中华书局,1983。
罗大经:《鹤林玉露》,中华书局,1983。
黄冀之:《南烬纪闻》,《笔记小说大观》,江苏广陵古籍刻印社,1983。
孙升:《孙公谈圃》,《笔记小说大观》,江苏广陵古籍刻印社,1983。
王巩:《甲申杂记》,《笔记小说大观》,江苏广陵古籍刻印社,1983。
吴自牧:《梦粱录》,浙江人民出版社,1984。
周密:《武林旧事》,浙江人民出版社,1984。
叶梦得:《石林燕语》,中华书局,1984。
张淏:《云谷杂记》,《丛书集成初编》本,中华书局,1985。
司马光:《司马氏书仪》,《丛书集成初编》本,中华书局,1985。
田况:《儒林公议》,《丛书集成初编》本,中华书局,1985。
高承:《事物纪原》,《丛书集成初编》本,中华书局,1985。

潘永因：《宋稗类钞》，书目文献出版社，1985。

王得臣：《麈史》，上海古籍出版社，1986。

曾敏行：《独醒杂志》，上海古籍出版社，1986。

刘昌诗：《芦浦笔记》，中华书局，1986。

费衮：《梁溪漫志》，山西人民出版社，1986。

佚名：《湖海新闻夷坚续志》，中华书局，1986。

黎靖德编《朱子语类》，中华书局，1986。

洪楩：《清平山堂话本》，谭正璧校点，上海古籍出版社，1987。

王楙：《野客丛书》，中华书局，1987。

陆游：《入蜀记》，《宋人长江游记》，春风文艺出版社，1987。

张岱：《夜航船》，浙江古籍出版社，1987。

赵翼：《廿二史札记》，中国书店，1987。

周密：《癸辛杂识》，中华书局，1988。

俞成：《萤雪丛说》，陶宗仪：《说郛》卷15上，上海古籍出版社，1988。

周遵道：《豹隐纪谈》，陶宗仪：《说郛》卷20下，上海古籍出版社，1988。

庞元英：《谈薮》，陶宗仪：《说郛》卷31，上海古籍出版社，1988。

曾三异：《同话录》，陶宗仪：《说郛》卷33，上海古籍出版社，1988。

毕仲询：《幕府燕闲录》，陶宗仪：《说郛》卷41下，上海古籍出版社，1988。

李之彦：《东谷所见》，陶宗仪：《说郛》卷73下，上海古籍出版社，1988。

叶绍翁：《四朝闻见录》，中华书局，1989。

司马光：《涑水记闻》，中华书局，1989。

朱彧：《萍洲可谈》，上海古籍出版社，1989。

陈善：《扪虱新话》，上海书店出版社，1990年影印本。

王明清：《玉照新志》，上海古籍出版社，1991。

俞文豹：《吹剑录（附外集）》，《丛书集成初编》本，中华书局，1991。

江休复：《江邻几杂志》，《贾氏谭录（及其他三种）》，《丛书集成初编》本，中华书局，1991。

顾炎武著、黄汝成集释《日知录集释》，花山文艺出版社，1991。

戴埴：《鼠璞》，史绳祖《学斋占毕（外六种）》，《四库笔记小说丛书》本，上海古籍出版社，1992。

陆游:《家世旧闻》,中华书局,1993。

姚宽:《西溪丛语》卷下,中华书局,1993。

胡寅:《崇正辩》,中华书局,1993。

周煇撰、刘永翔校注《清波杂志校注》,中华书局,1994。

赵彦卫:《云麓漫钞》,中华书局,1996。

曾慥:《类说》,王汝寿等校注,福建人民出版社,1996。

陈元靓:《事林广记》,中华书局,1999。

朱长文:《吴郡图经续记》,江苏古籍出版社,1999。

李心传:《建炎以来朝野杂记》,中华书局,2000。

王明清:《挥麈录》,上海书店出版社,2001。

徐铉:《稽神录》,《宋元笔记小说大观》第1册,上海古籍出版社,2001。

陶榖:《清异录》,《宋元笔记小说大观》第1册,上海古籍出版社,2001。

徐度:《却扫编》,《宋元笔记小说大观》第4册,上海古籍出版社,2001。

张端义:《贵耳集》,《宋元笔记小说大观》第4册,上海古籍出版社,2001。

郭彖:《睽车志》,《宋元笔记小说大观》第4册,上海古籍出版社,2001。

袁褧:《枫窗小牍》,《宋元笔记小说大观》第5册,上海古籍出版社,2001。

朱弁:《曲洧旧闻》,中华书局,2002。

张知甫:《可书》,中华书局,2002。

张邦基:《墨庄漫录》,中华书局,2002。

李廌:《师友谈记》,中华书局,2002。

彭乘:《续墨客挥犀》,中华书局,2002。

赵德麟:《侯鲭录》,中华书局,2002。

苏轼:《商刻东坡志林》,《全宋笔记》第1编,大象出版社,2003。

陆游:《放翁家训》,《全宋笔记》第5编(8),大象出版社,2012。

王琪:《国老谈苑》,中华书局,2012。

朱熹:《朱子家礼》,〔日〕吾妻重二著、吴震编《朱熹家礼实证研究》,华东师范大学出版社,2012。

孔平仲:《珩璜新论》,文渊阁《四库全书》本。

刘清之:《戒子通录》,文渊阁《四库全书》本。

佚名:《鬼董》,《知不足斋丛书》本。

佚名:《道山清话》,文渊阁《四库全书》本。
张镃:《仕学规范》,文渊阁《四库全书》本。
张九韶:《理学类编》,文渊阁《四库全书》本。
罗璧:《识遗》,文渊阁《四库全书》本。
赵善璙:《自警编》,文渊阁《四库全书》本。
祝穆、富大用:《古今事文类聚》(前集),文渊阁《四库全书》本。
祝穆:《古今事文类聚》(续集),文渊阁《四库全书》本。
真德秀:《政经》,文渊阁《四库全书》本。
黄休复:《茅亭客话》,文渊阁《四库全书》本。
章如愚:《群书考索》(后集),文渊阁《四库全书》本。
谢维新:《古今合璧事类备要》(前集),文渊阁《四库全书》本。
谢肇淛:《五杂俎》,文渊阁《四库全书》本。

二 今人著作

福建省博物馆编《福州南宋黄昇墓》,文物出版社,1982。
文物编辑委员会编《文物考古工作十年(1979～1989)》,文物出版社,1990。
陈柏泉:《江西出土墓志选编》,江西教育出版社,1991。
河南文物考古研究所编《北宋皇陵》,中州古籍出版社,1997。
三门峡市文物工作队:《北宋陕州漏泽园》,文物出版社,1999。
四川省文物考古研究院等编著《华蓥安丙墓》,文物出版社,2008。
洛阳市第二文物工作队编《富弼家族墓地》,中州古籍出版社,2009。
河南省文物局编著《安阳韩琦家族墓地》,科学出版社,2012。
潘吉星:《中国造纸技术史稿》,文物出版社,1979。
〔法〕贾克·谢和耐:《南宋社会生活史》,马德程译,台北:中国文化大学出版部,1982。
张亮采:《中国风俗史》,上海三联书店,1988年影印本。
李养正:《道教概说》,中华书局,1989。
徐吉军、贺云翱:《中国丧葬礼俗》,浙江人民出版社,1991。
霍巍、黄伟:《四川丧葬文化》,四川人民出版社,1992。
杨育彬、袁广阔主编《20世纪河南考古发现与研究》,中州古籍出版社,1997。

黄景略、吴梦麟、叶学明:《丧葬陵墓志》,上海人民出版社,1998。

李约瑟:《中国科学文明史(3)》第4章《航海术》,柯林·罗南改编,上海交通大学科技史系译,上海人民出版社,2002。

宿白:《白沙宋墓》,文物出版社,2002。

杨宽:《中国古代陵寝制度史研究》,上海人民出版社,2003。

陈朝云:《南北宋陵》,中国青年出版社,2004。

天一阁博物馆、中国社会科学院历史研究所天圣令整理课题组:《天一阁藏明钞本天圣令校证》,中华书局,2006。

杨古城、龚国荣:《南宋石雕》,宁波出版社,2006。

杨倩描:《南宋宗教史》,人民出版社,2008。

何晓昕、罗隽:《中国风水史(增补版)》,九州出版社,2008。

管成学:《南宋科技史》,人民出版社,2009。

韩森:《传统中国日常生活中的协商——中古契约研究》,江苏人民出版社,2009。

绍兴县文化发展中心、越国文化博物馆编《中国柯桥·宋六陵暨绍兴南宋历史文化学术研讨会论文集》,西泠印社,2012。

索 引

A

安葬 129，135，138，140，152，162，166，173，191，194，196，217，229，233，240，242，245~247，249，253，255，258，270，280，311，319，380，386

B

拜坟 85，86，329
薄葬 15，101，146，153，162，163，174~182，202，230，282，380
碑铭 115，129，146，158，218，237，320~322，372，382
毕仲游 128，129，135，140，141，151，153
不死其亲 42，351

C

蔡京 167，202，203，250，257
蔡确 121，173，178
蔡襄 8，14，20，64，148，150，156，157，160，166，167，182，229，230，266
蔡元定 197，198
残害死尸 38，39，140，151

曹修古 115，167，170
车若水 20，147，228，235，236
陈淳 19，24，228，234，235，383
陈傅良 171，299
陈亮 81，170，173，182，186，202，355
陈襄 16，45，96，97
陈振孙 51
程颢 15，18，39，50，53，68，71，78，81，87，88，91，101，129，140~142，146，148，150~152，163，177，178，196，201，230，231，248，274，300，313，316，329，332，336，375
程颐 15，18，39，50，53，68，70，71，77，78，81，87，88，91，101，129，146，148，150~152，163，173，177，178，196，201，221，228，230，231，234，248，273，274，300，301，313，316，329，331，332，335，336，343，375
侈葬 175，176
敕葬 33，112~115，117~119，125~127，158，174，175
敕葬破家 158

·399·

出殡 31，56，70，72，73，75，76，116，155，162，175，214，224，230，285，286，346，347

除丧 20，95，205，376

赐谥 103，111，114，119~124，156，173，321

赐葬 112

D

大小脱空 159，348

戴表元 160，173，190，191

盗墓 40，158，177，305

道家 21，25，177，224，230，347，380

等级 21，29，30，32~34，47，119，121，122，146，177，270，311，324，342，352，379，380

地理新书 183，184，187，188，269，295，358，359，364，376，377，379，386

吊服 64

吊丧 4，52，63~66，76，346

吊唁 64，76，88

丁度 183，320

丁谓 102，194，195

丁忧 89，90，94，95，98，99，297

杜祁 51

F

发冢 40，41，110，371

法界圣凡水陆普度大斋胜会 227

饭僧荐悼 6

范纯仁 121，140，148，247

范同 129，147，196

范仲淹 2，3，99，122，162，173，174，200，208，219，320，352，354，356

范祖禹 96，97，115，153，155，170，173，177~179

方相 31，73，75，77，112，113，175，324，341，375，380

放翁家训 5，24，90，172，173，180，210，214，215，221，225，233，239，326，355

非诏葬 112，126

坟墓 16，20，29，30，32，42，70，77，86，111，146，169，170，175，186，187，190，192，203，217，221，243，277，292~294，296，299~301，312，316，326，351，377，379，381

坟寺 217~221，297

坟院 217~219，250

焚化院 136

焚尸 20，39，129，132，134~136，139，141，142，145，146，148，149，152，312

焚死 16，131，134，141，145，149

风水 11，28，56，70，146，168，173，175，183，185，187~194，196~203，240，246，267~269，279，284，294，295，312，349，366，376，378，381，384

奉尸如生 16

佛家 7，16，19，20，131，146，151，217，228~231，245，347，350，381

佛教 13，16~21，24~26，28，100，107，128，132，135，137，143~145，147，204，205，207，215，217~219，222，223，226，231，234，235，238，240，245，254，326，337，340，343，346，365，374，380，381

佛事 6，20，24，28，143，144，145，171，172，204~207，209~213，215，220~222，

224，225，228，233～239，346，349，380，381，384

父母之丧　36，60，81，93，386

富弼　117，119，122，123，156，178，273，290，291，321，322

G

改葬　5，41，158，171，185，190，209，240，241，250，258，277，278，296，297，314，318

缸葬　24

高闶　51，67，68

葛胜仲　46

功德追荐　152

棺材　4，5，18，68，72，73，75，77，135，141，175，246，312，313，319，335～337，342，343

棺椁　15，29，33，34，39～41，67～70，77，140，142，146，158，161，162，168，181，185，294，300，312～314，333，334，337，351，372，379，381，386，387

棺柩　4，63，73，75，82，166，180，195，233，242，245，247～249，250，254，255，259，292，293，316

归葬　39，72，150，151，159，163，164，166，167，170，181，199，243，244，247，276，280，293，294，298，318，325，333，342

H

韩绛　66，157

韩琦　2，51，64，86，101，121，129，140，179，209，219，229，242，272，290～294，356

韩元吉　144，145，168

合葬　69，161，186，187，192，243，246，267，270，274，295，300，306，308，311，315～319，334，335，353，380，384，387

洪迈　5，12，19，20～22，26，28，86，123，130，132，134，136，138，139，148～152，158，172，173，193，199，204，210～213，215，224，247，282，322，343，348，381～383

厚葬　15，28，146，153，155，156，158～160，162，171，173～183，230，246，278，314，325，333，380，383

胡宏　233

胡寅　15，18，158，159，231，232

胡瑗　50，240

化人场　134，135

化人台　136，152，153

缓葬　239，240，241，244，246，247

皇陵　88，111，154，218，263，267，268，274～276，282，287～290，325

黄昇　160

黄庭坚　168，243，244，371，383

黄震　7，129，135，140，142，144～147，204，237

魂瓶　371～374，381，384

火化　18，20，129～132，134～136，138，139，142，145～153，181，203，236，254，312

火葬　20，28，38，39，128～132，134～143，145～149，151～153，240，244，312，356，363，378，380，381

J

祭墓　84，85，86

祭墓文　85

寄骨 4

家礼 31，43，44，50~53，55，57，64，68，70，74，79，91，145，172，173，197，201，212，238，245，247，270，314，318，326，337，352

家庙 73，76，77，150，326，328，329，330，366

家训 5，24，90，172，173，180，210，214，215，221，225，233，239，326，328，355，376

家族墓地 290，291，295，296，298，299，355

贾同 16，131，140，141，145，149

荐亡 6，20，24，172，211，223~225，227，228，235，347

金刚经 204，205，208

京镗 86，123，124，131，146，203

居丧 15，35~38，51~53，80，89~94，96~99，108，156，173，233，235，238，285，386，387

举哀挂服 117，118

聚葬 16，295，297~299

K

开宝通礼 43~45，50

堪舆 9~11，183，191，196，198，199，366，367

哭丧 76

L

乐丧 75，173

雷允恭 194，195

礼仪 29，31，42~45，47~57，62，64，67，70，71，73，77，79，80，87，91，100~103，109~112，118，125，145，155，156，172，173，196，212，233，240，271，272，274，326，328，330，378，379，381

李纲 220，246

李觏 15

李清臣 45，129，240

李焘 2，3，5，21，28，29，38，43，44，75，91，93，95，96，99，101，104，105，106，111，115，125，128，143，154，156，157，160，162，163，165，166，170，171，174，184，188，194，195，205~208，237，255，261，275，316，320~322，326，327，342

李新 47，48

李昭玘 140，141，159

李之彦 87，92，228，235

敛葬 20，65，182，346，349

梁克家 204，224，230，343

廖刚 33，34，349，350

林正仲 130，140~142

灵驾 76，82，92，100~102，105，107，108，155，188，195，214，268，271，279，285

陵名 100，102，111，112，267，270，278，280，283，285，286

陵寝 42，89，105，111，153~156，194，195，197，218，244，263，264，267，268，271~273，275~280，283，285~290

陵园 17，110，111，155，263，266，267，270，274~276，283，288，291，379

刘安上 85

刘攽 97

刘沆 161

刘居正 196，219

刘清之 142，237

刘爚 16，130，140，181

刘挚 76，120，130，141，150，164

刘子翚 98

柳开 14，162

楼钥 138，168，220，248

漏泽园 135，138，139，142，148，152，153，245，249~260，262，311，340，380

陆九渊 13，145，147，352，355

陆游 5，24，48，66，80，81，90，172，173，180，202，203，210，214，215，221，225，228，233，239，295，297，325，326，355，387

罗大经 146，147，190，203，380，381

吕大防 45，204

吕大钧 63，66，165

吕好问 163，295~298

吕氏乡约 66

吕陶 129，163，208

吕祖俭 98，296，298

吕祖谦 14，16，18，20，64，131，141，142，145，149，150，151，163，180，181，190，292，295~298，349，382

旅殡 16，165，243，247

M

马端临 50，83，84，101~103，107，108，111，154，214，264~266，270，273，282，286，290

埋瘗 5，206，252，254~257，260，262

买地券 128，352，356，358~361，363，381

买棺 4，5，165，171，290

毛滂 167

茅行家事 159，348

明旌 29，62

明器 5，12，29，31，41，70，74，75，77，101，112，113，155，169，175，177，181，207，223，266，277，333，341~343，347~349，351，356，365，366，372，375，377，379，385

冥器 6，342，347，384

冥衣 6，223，224

铭旌 29，31，53，62，66，68，72~75，77，113，353，379，387

木棺 4，310，311，334~337

墓碑 31，32，55，312，321~324，351

墓地 29，32，56，70，71，73，75，98，110，140，191，199，219，254，261，263，290，291，294~299，310，311，319，324，355，361，376，378

墓祭 53，84~88，271，292，293

墓室 6，31，32，59，74，77，137，138，254，257，263，274，300，302~310，312~317，358，365~367，372，375，380

墓室制度 300

墓田 32，42，169，345

墓志 4，5，14，16，51，58，64，69，90，96，97，99，115，129，130，131，138，140~142，144，155，157，159，160，162~166，168~173，181~183，186，187，190，191，195，196，199，201，202，210~212，229，237，238，240，242~244，246~248，254，291，294~297，308，316，317，319，322~324，337，351~356，364，380，384

墓志铭 4，5，16，51，58，64，90，96，97，99，115，129，130，138，140~142，144，155，

·403·

157，159，160，162~166，168~173，181~183，186，190，191，195，196，199，202，210~212，229，238，240，242~244，246~248，294~297，319，322，337，351~356，384

N

匿丧　34，35，89，90，94，95

暖孝　91

O

欧阳守道　24

欧阳修　2，3，16，44，45，51，66，67，94，97，122，123，165，172，173，175，176，194，212，219，243，326，354

P

陪葬品　154，319

彭仲刚　181

Q

期丧　37

齐东野语　65

迁葬　126，196，274，314，315，318，319，371

青龙白虎　184

权厝　150，160，239，244~246，289，333

R

儒家　13，14，16，25，26，28，56~58，67，70，71，77，78，89~91，100，128，145，172，173，182，188，205，212，215，221，240，270，316，326，328，343，350，378~380

入土为安　16，166，380

阮阅　150

S

撒骨池　139

三教合一　16，25，28

三年之丧　37，89，93，170，387

丧礼　19，20，31，46，51~54，57，60，62，64，68，70，71，75，77，79，80，83，89，91，93，103~105，115，117，118，129，140，146，152~156，168，177，179，194，197，201，204，205，229，230，233，235，237，238，240，245，247，277，282，284，285，300，337，352，385

丧事　4，6，24，57，62，65，91，103，112，113，118，129，146，150，156，162~167，170，174，175，177，181，205，212，214，230，232，236，238~241，244，248，256，279，321，346，351，372

丧葬　5，11，14~16，17，18，20，24，28，29，31~34，39，42，45，47，48，51，53，54，56，57，65，66，69，71，75，76，100，102，110，112~114，116，121，126，128，131，140，141，145，148，149，151，156，159~162，165，169，171~174，177，178，180，183，185，190，195，198，200，202，204，212，214，215，218，230，234，241，246，247，290，291，295，297，300，312，317，320，324，333，337，340，348，349，362，364，365，371，376，378~381，385，386

扫墓　84~86，217，347

索　引

僧道威仪　76，214

山陵使　101，155，195，266，272，276

山陵制度　100，101，105，157，266，282，283，286

上坟　5，84，86，88，187，223，347

上陵　88，89，102，106，271，272，278，283，285，286

上墓　84～86

邵雍　177，178，200，343

设魂帛　62，63

设重　62，63

神道碑　69，97，115，122，152，158，178，196，219，248，317，319～324，353，382

生死观　18～20，25，230～232

生死轮回　19

石介　33，34，122，170，240～242，327

石像生　267，270，324，325

史嵩之　95

事死　15，16，42，271，329，366，380

谥册　15，76，100，102，108，156，173，277

谥号　100，102，103，111，119，120～124，202

守墓　153，217，219～221

守丧　36～38，95，96，98，99

寿藏　166，168，169

寿坟　168，169

书仪　20，31，50～55，57～62，65，67，70～73，75，77，80，174，205，326，328，346，352，353，386，387

水陆道场　204，209，221，222，225，227

水陆法会　227

水陆会　209，227

水陆疏文　227，228

司马光　2，20，31，46，50～54，57，58，61，62，65，67，68，70，72，73，75，77～80，91～93，97，98，103，104，111，120，122，131，142，156，157，173，174，178，190，194，197，199，200，205，214，219，228，229，234，239，245，247，322，326～328，346，348，349，351～353，386，387

司马氏书仪　20，31，51～55，58～62，65，67，70～73，75～77，79，80，91，92，150，173，174，200，205，229，326，328，346，348，349，352，353，386，387

思陵记　65

祀坟　86，88

宋佖　202

宋高宗　49，90，122，140，147，152，154，164，179，206，207，233，251，253～255，260，275，277，280，282，287

宋徽宗　21，47～49，141，147，148，219，250，254，270，295

宋会要辑稿　5，48，69，76，91，102～104，107，110～112，126，135，141，143，146，148，154～156，160，171，187～189，194，195，205～207，215，216，249～262，264～266，268，270～273，276，277，280～283，285～287，289，325，335，364，380

宋陵　187，263，267，269，271，276，288～290，295，325

宋祁　14，58，65，172，173，175，176，194

宋仁宗　5，12，14，44，95，122，141，147，156，160，177，179，183，194，200，205，206，209，229，241，248，250，267，270，275，342，362

宋太宗　21，28，29，58，75，119，153，154，

· 405 ·

164，194，214，267，274，380

宋太祖　2，28，38，43，75，88，89，118，119，128，140，153，264，267，349，379

宋文鉴　14，16，18，20，64，131，141，142，145，149~151，292，349，382

宋庠　14

宋刑统　34~41，89，90，110，140，151

送死　14，15，92，128，136，140，159，162，177，220，254，285

送葬　31，55，74~76，114，176，230，233，386

苏轼　37，38，64，91，103，123，143，145，155，166，179，193，208，209，221，222，227，300，316，321~323，351，353，383

苏颂　4，8，45，89，196，219，221，243，247，294，295，317，326，387

苏洵　44，179，193，353

苏辙　123，143，145，147，170，179，193，316，371

随身灯　58，59

孙贲　140，141

孙觌　16，160，220，227，246，247，354

孙奭　58

T

太常因革礼　31，32，43~46，50，116，179

题虞主　77，78

天堂地狱　18，19，229，231，234，235

田锡　3，34，167

停丧　160，233，234，247

荼毗火葬法　20，131，151，381

土葬　141，146，148，149，378，380，381

W

挽联　64，66，387

汪伯彦　196

汪应辰　136，144

汪藻　244

王安石　2，15，16，45，65，97，123，124，142，147，157，169，178，182，208，209，217，327，354

王旦　119，123，131，173，320

王珪　97，101，103，131，155，183，320，321，382

王伦　199，277

王仁镐　207

王岩叟　98，171

王应麟　44，48，183，325，383，384

王禹偁　3，159，170，320

王渊　199

王爚　142，257

王洙　182~184，188，358，359，364，376，377，379，386

魏了翁　69，119，144，186，246，269，319，320，366

文公家礼　52

文献通考　50，83，84，101~103，107，108，111，154，214，264~266，270，273，282，286，290

问慰帖　66

五音姓利　187，188，267，268，379

X

下火文　134，135

相墓术　192

向伯元 204，228，233，239

辛炳 166

省墓 85，87

徐休复 169

悬重 62，82

Y

晏殊 2，146，320

杨时 169，210，350

杨万里 86，131，164，202，237，347

叶适 16，64，130，142，191，211

叶宗鲁 49，50

夷坚志 5，12，19，21，22，26，28，86，130，132，134，136，138，139，148～152，158，172，173，193，199，204，210～213，215，224，247，261，343，344，381～383

义冢 136，142，152，207，239，246，248～251，253～261

阴阳家 70，71，159，191，194，196～201，240，269，277，301，366，377

尹洙 155，190，242，243，246，354

茔域 64，145，149，186，196，269，291，292，301

茔原总录 11，184，185，187

影堂 51，52，73，326～331

永定陵 104，105，137，153，154，157，194，218，263，265～267，270，275，279，325，364

永厚陵 108，154，218，221，264，266，267，272，275，279，327

余靖 92，171，209，210

俞成 228，235

俞文豹 50，52，64，65，76，141，148，209，214，224，228，236，238，239，333，346，349，351

娱尸 92，173，386

虞祭 32，77～80，100，277

寓骨 131

元丰新礼 43，45

袁桷 92，143

袁燮 92，171

Z

葬说 71，146，148，196，201，230，300，301

斋醮超度 24

张齐贤 96，165

张耆 146，158

张栻 85，160，180，202，228，233，237，387

张唐卿 96，228，229，316

张唐英 195

张载 4，15，50，51，53，63，80，81，165，178，201，228，231，234，317，318，334，387

诏葬 77，112～114，125，126，358

赵鼎 66，328，387

赵匡胤 1，2，28，89，140，263，264，267，269，379

真德秀 14，15，83，129，140，142，147，152，169，181，182，228，235，386

镇墓券文 361

镇墓兽 306，312，375，381，384

郑刚中 267，275

郑居中 31，32，33，47，58，60，61，122，351

郑獬 4，17，18，20，105，145，151，157，

· 407 ·

166

政和五礼新仪 31~33，43，46~50，52，58，60，61，68，162，351

纸钱 12，59，64，65，86，88，112，139，214，335，342~351，378，381

中兴礼书 43，44，49，50，276

中兴礼书续编 43，49，50

种放 96，170

重文轻武 2

周必大 14，65，85，154，168，180，202，227，238，239，248，287

周密 6，29，65，69，181，224，244，289，290，314，328，361

周去非 59，378，384

周渭 164，165，170

朱弁 21，158，164

朱胜非 98

朱寿昌 209

朱熹 15，16，31，50，52~55，57，64，68，70，79，80，83~85，89，93，94，98，123，164，166，180，181，189，191，197，198，201，204，221，232~235，237~239，245，247，284，285，300，301，314，317，318，327，329，330，334，337，342，349，351~353，355，372，377，383，387

朱子家礼 31，51~53，57，64，68，74，79，197，201，245，247，314，326，337，352

追封册命 114，119

资冥福 19，20，172，213，215

卒哭 59，77，80，81，96，98，100，106，205，227，277，386

做道场 56，172，212

做佛事 6，20，24，172，204~206，209，211~213，222，233，235，236，239，346，381

后　记

关于中国殡葬历史与文化的研究，是我长期研究的重点之一。早在20世纪80年代，我便开始从事这方面的研究。1991年10月，浙江人民出版社出版了我与南京大学贺云翱教授合著的《中国丧葬礼俗》一书，此书约30万字，承蒙李学勤先生厚爱，他在此书的序中推荐道："这部《中国丧葬礼俗》，以深入浅出的文笔纵论古今，有缤纷多彩的世俗风情，也有鞭辟入里的讨论分析，对礼制和民俗的研究均有贡献，这是我特地加以推荐的缘由。"1994年，《中国丧葬礼俗》获浙江省第六届社会科学优秀成果三等奖。此后我再应江西高校出版社之约撰写了40万字的《中国丧葬史》一书，于1998年1月正式出版。该书为《中国丧葬礼俗》的姊妹篇，是中国大陆出版的第一部全面而系统地论述中国丧葬历史发展过程及其社会原因的学术著作。出版后得到了学界的好评，中国社会科学院学部委员陈高华、史金波、宋镇豪三位先生，以及著名民俗学家、中国民俗学会原副会长宋兆麟先生等，都对拙作给予高度的肯定，这是他们对我的鼓励和支持，也是一种鞭策。2012年，《中国丧葬史》一书由武汉大学出版社修订重版。此外，我还著有两部有关中国丧葬史研究的学术著作：一是《长江流域的丧葬》，43.7万字，湖北教育出版社2004年出版；二是《中国殡葬史》，29万字，中国社会出版社2008年出版。因此，我现在很高兴，也很荣幸参与民政部一零一研究所组织的多卷本《中国殡葬史》的撰写。经过数年的努力，终于完成了30多万字的宋代卷，并顺利地通过了专家的评审。在本书即将出版之际，我对一直支持我研究工作的前辈以及评审专家，特别是民政部一零一研究所所长李伯森先生，中国社会科学院学部委员刘庆柱研究员，北京文物研究所所长宋大川研究员，浙江大学历史系何忠礼教授，北京师范大学历史系游彪教授，表示衷心的感谢。浙江省文物考古研究所的郑嘉励副研究员曾参与本书部分章节的编写,并撰写了上万字的初稿,后来因工作太忙退出,深感遗憾,在此表示感谢。

  由于本人功力有限,时间仓促,书稿中难免有一些不足甚至是错误之处,敬请方家不吝赐教,谢谢!

徐吉军

2016 年 7 月 30 日